用不是应用

也不是用古代的什么神来

我们学习马克思主义哲学，不是为了好看，而是为了应用。这和那些应用就是说明现实生活中的新事例，或者对现实生活中某些寻找理论依据，当然也可以叫应用，但这只是初步的，是加深对理论、理解，真正的应用，或者说最后的、最根本的应用还是应用马克思主义哲学基本原理、立场、观点方法观察和解决问题。马克思主义哲学是一个工作哲学

学哲学 用哲学

上

李瑞环

中国人民大学出版社

要　目

目　录

提倡大家学点哲学

学习哲学意义重大

最近一个时期，党中央一再号召学习马克思主义哲学，哲学界的同志们也发表了不少文章谈这个问题。全党和全社会有这么一个呼声、一种舆论，实在是一件大好事。为什么要提倡学哲学，或者说学哲学的意义有哪些？我想，起码可以从以下几个方面去认识。

第一，从理论意义上讲。哲学是关于世界观的理论，它揭示的是事物发展变化的最一般的规律。世界上的事物纷纭复杂，哲学的意义就在于，任何事物的运动规律都逃不出它的范围。学好哲学，掌握了一般规律，有助于认识特殊规律。马克思主义哲学是科学的世界观和方法论，它揭示了自然界、人类社会和思维的最一般的规律，是指导人们认识世界、改造世界的最基本的思想武器。在马克思主义三个组成部分中，马克思主义哲学是理论基础。不学习哲学，不研究哲学，不懂得哲学，就不能很好地理解政治经济学和科学社会主义，也不能在实践中更好地发展这两门理论。我们提出要建设有中国特色的社会主义，什么是有中国特色的社会主义？就是马克思主义基本原理同中国现代化建设相结合。不认真学习马克思主义哲学，就谈不上结合，也就谈不上建设有中国特色的社会主义。

第二，从现实意义上讲。我们现在确实面临着一个复杂的形势。十三届四中全会以后，新的中央领导集体坚决而富有成效地组织贯彻全会精神，整个形势正朝着进一步稳定的方向发展。但也必须看到，我们面临的任务是艰巨的，困难是很多的，矛盾是复杂的，形势是严峻的。由于国际形势变化和“六四”政治风波所带来的人们思想上的疑虑和各种各样的想法，还没有全部解决。在这种情况下，要完成我们面临的任务，实现我们的奋斗目标，必须借助马克思主义哲学。小平同志讲，要冷静地总结过去、思考未来。总结经验，是一个由感性认识上升到理性认识的过程，是一个实践、认识、再实践、再认识的过程。要真正实事求是地总结人民群众在改革开放和现代化建设中的历史活动，必须做到在估价成绩和失误时，不因成绩巨大而忌言失误，也不因揭露失误而抹煞成绩；在对待具有顽强生命力的新生事物幼芽时，既肯定、保护、扶植，又不忘去掉附着在它身上的旧事物残片；在处理两难选择的问题时，既要果断又要瞻前顾后，使之对全局产生有利影响，并为今后的发展作一些铺垫。所有这些，都离不开马克思主义哲学这个伟大的认识工具。

第三，从个人的进步和提高来讲。人们要提高自己认识世界和改造世界的能力，就必须学习哲学。哲学是“明白学”，许多事情只有学了哲学才能真正明白；哲学是“智慧学”，学了哲学可以使人变得聪明，脑子活、眼睛亮、办法多。不学哲学，天赋再好也不能算明白人。不懂哲学的领导者就不可能是一个清醒的领导。我接触过若干个很不错的同志，工作很努力，天赋也很好，就是在这点上不肯下功夫，工作上常常干糊涂事、吃糊涂亏、占糊涂便宜。当然，一个人要有所作为，需要多方面的知识，而哲学可以帮助人们更好地运用这些知识。哲学不能代替具体的科学，但是哲学可以帮助人们更好地掌握和运用具体科学。一个自然科学家，一个专家，一个对某些方面业务知识比较熟悉的同志，被提拔为领导干部，那么他过去的学识、经验和阅历，能否成为他今天搞好领导工作的有利条件，能否成为他作为领导者认识和改造世界能力的积累过程，关键在于他能否对过去的专业知识和实际工作经验进行哲学的概括，把个别上升到一般。有了这种概括和上升，原有的专业知识和工作经验就有助于他适应新的工作、增强驾驭全局的领导能力。认识来源于实践，是就认识的根源讲的，不能简单地理解为认识的水平与实践的次数成正比。具体到每个人，能否进步和进步大小的一个非常重要的环节，在于能否善于使自己的感性认识变成理性认识，使具体经验上升为一般，能否在理论指导下实践，能否用理论总结实践经验，赋予工作经验以理论的意义，这是所有人能否做好工作，不断进步、提高的一个共同性问题。从这个意义上看，学习马克思主义哲学，也是提高人的素质的一项重要措施。

历史经验证明，全党哲学水平的提高能够极大地推动党的事业的蓬勃发展。在我们党的历史上，曾有过两次产生了巨大积极影响的学习马克思主义哲学活动。一次发生在建国前的延安整风时期，另一次发生在以 1978 年真理标准讨论为开端的拨乱反正到全面改革的转变时期。

遵义会议后，我们党实际上已确立了以毛泽东同志为核心的第一代领导集体。红军长征到达陕北后，毛泽东同志的正确路线已经确立但尚未被全党同志所接受。为了彻底消除王明“左”倾机会主义路线在党内的影响，毛泽东同志发表了《实践论》、《矛盾论》等哲学著作，从世界观和方法论上彻底批判了曾在我们党内造成极大危害的教条主义错误。在延安整风过程中，全党的高级干部和广大党员，联系党在土地革命、抗日战争中正反两方面的经验教训，认真学习毛泽东同志的哲学著作，积极开展批评和自我批评，自觉抛弃了主观主义、教条主义和党八股，使那种脱离国情、只知道生吞活剥地照搬马列主义词句的思想方法得到了克服，全党的认识能力有了很大的提高。可以说，没有延安整风，没有马克思主义哲学的学习，没有建党以来历史经验的总结，就不可能有全党思想上政治上的高度统一和组织上的团结巩固，也就不可能有中国民主革命的彻底胜利。延安学习哲学的深远意义，在于帮助我们党内一批高级干部养成了学哲学的习惯，使他们在尔后长期的革命和建设生涯中坚持不懈地学哲学、用哲学，许多人成长为治党治国治军的栋梁之材。陈云同志在同我的一次谈话中，亲切地回忆起他当年在延安学哲学的情景和体会，反复叮嘱要把学哲学当成大事来抓，勉励我们认真学好哲学。

1978 年开展了关于实践是检验真理唯一标准的大讨论，实质上是一次全党范围的马克思主义认识论的再教育。这次大讨论是党中央发动和领导的。邓小平同志是我们党的第二代领导集体的核心，他在十一届三中全会前后发表的《“两个凡是”不符合马克思主义》、《完整地准确地理解毛泽东思想》、《解放思想，实事求是，团结一致向前看》、《坚持四项基本原则》等重要讲话，充满着唯物论和辩证法，批判了唯心论和形而上学，使全党同志受到了生动的实事求是、理论联系实际、一切从实际出发的马克思主义思想路线的教育，极大地促进了全党的团结和统一，振奋了全党的创造精神，提高了党在人民群众中的威信。没有真理标准的大讨论，没有全党对马克思主义哲学的认真学习，没有建国以来历史经验的科学总结，也就不会有拨乱反正的胜利，更不会有今天改革开放的大好局面，人们很可能仍在“两个凡是”的死胡同里徘徊。

今天，我们党面临的形势和任务同 10 年前相比，已有很大的不同。我们有许多有利条件，邓小平同志等老一辈革命家健在，十一届三中全会以来的路线是正确的，建设有中国特色社会主义的道路已经开辟，我们国家的经济实力有了很大提高，各方面的工作都积累了一些经验，特别是十三届四中全会选举产生了以江泽民同志为核心的第三代中央领导集体。但是，我们也必须清醒地看到，继续前进所面临的困难之大、矛盾之多、问题之复杂，是绝对不可低估的。尤其是1989年这场政治风波，暴露了我们党自身存在的许多严重问题，而这些问题的解决也绝非朝夕之功。当前，从中央到各地方、各单位，大批的新干部作为接班人已经和即将走上领导岗位。接班，首先和根本的，是要接马克思主义的班。就是要使马克思主义在中国能够后继有人，并且在社会主义现代化建设的新实践中得到坚持和发展，取得新的胜利。在今天历史发展的重要关头，郑重地提出全党学习马克思主义理论、学习哲学的任务，就显得尤为重要和迫切。

（摘自1989年10月13日同出席全国马克思主义哲学研究与干部哲学教育研讨会全体代表座谈时的讲话、1990年8月16日在同黑龙江省职工群众学哲学经验交流会代表座谈时的讲话）

领导干部要把哲学作为一门基本课程

共产党的领导者，特别是高级领导者，都应该是努力学习和热情宣传马克思主义哲学的人，都要把哲学作为一门基本课程。领导干部的任务主要是了解情况、掌握政策、解决问题。不懂哲学，怎么能把情况搞全、弄准，抓住有用的东西？不懂哲学，怎么能执行好政策？怎么能将政策与具体实践结合好？不懂哲学，怎么能处理好矛盾、解决好问题？马克思主义哲学就是告诉人们如何分析矛盾、解决问题。

在新旧体制交替过程中，在改革开放的新形势下，大事多，新事多，急事多，难事多，有许多矛盾不好处理。这几年，我们常讲要理顺经济关系，我说首先要理顺群众的情绪，这是最基本的。群众最可敬，群众最可爱，群众最可怜，群众最可畏。群众最可敬，历史靠他们创造；群众最可爱，也最可怜，中国老百姓生活苦，没有什么怨言，没有什么更高的要求，不过是找个托儿所给带带孩子，孩子长大了上学给个桌子，毕业了给个工作位子，搞对象给间房子，他们只有如此简单的基本的要求；群众也最可畏，不管什么人，你若惹恼了他们，就得完蛋，即所谓“水可载舟，亦可覆舟”。这些都是马克思主义哲学的道理。

我们搞社会主义现代化建设，必须有大批懂得马克思主义哲学的领导干部。领导干部如果没有马克思主义哲学修养，势必影响社会主义改革和建设的进程，日常工作也很难做好。表现为：或者只抓住了一般性的东西而没有重点，或者只有重点而忘了全面，或者只看到局部看不到总体，或者只抓了当前看不到长远，等等。我们常讲，具体事物具体分析是马克思主义的灵魂和实质，一切都要以时间、地点和条件为转移。在不同的关系里会表现出多方面的属性。不懂这些，研究问题、处理问题、理解和执行上级的指示精神是非常困难的。要么就墨守陈规，要么一创造就离谱儿。创造性离开了原则，离开了基本原理，只能是瞎折腾。所以，搞四化建设，要把学习哲学当作战略问题来抓，领导干部都要学习哲学，了解哲学，积极支持哲学工作者来普及哲学。

现在，我们的领导干部的哲学社会科学水平，特别是马克思主义哲学的水平，从总体上讲是下降了。我们在党校搞过一次测验，我们的中青年干部中有的人连马克思主义的简单常识都不知道。中国的改革，阻力之一在于有些人思想上僵化、思维方式陈旧、思想方法落后。这个问题要靠学习马克思主义，特别是学习马克思主义的哲学来解决。现在不是一直在强调发展马克思主义吗？发展马克思主义主要是针对思想僵化来说的。马克思主义政治经济学、科学社会主义学说中的许多具体结论，都要随着社会实践的发展而发展。相比之下，马克思主义哲学比较稳定，因为它具有最大的概括性和普遍性。哲学也是时代的产物，但这个“时代”的跨度比较大。哲学讲的是科学的世界观和方法论，是最基本的原理。当然，这不是说哲学不要发展。马克思主义哲学本身就承认客观事物的运动发展永远不会完结，人们对客观世界的认识也永远不会完结；马克思主义并没有穷尽真理，真理永远不会被穷尽。这是真正懂马克思主义的人都承认的。马克思主义不承认世界上有什么永恒不变的东西，一切事物都处在永远运动变化的过程之中。世界在不断改变，人类的认识在不断改变。当然，哲学也要发展，也会改变，但必须承认，它比其他的理论稳定得多。

（摘自 1988 年 1 月 26 日在全国马克思主义哲学体系改革研讨会上的讲话）

学习马克思主义哲学由哪里入手

学习马克思主义哲学由哪里入手，学习哪几本书，以及怎样学，应该说这是一个老问题，也是一个需要认真研究和解决的重要问题。在我看来，这里首先要解决一个哲学理论的普及和哲学教学方式的改革问题。

解放以来，我们对理论的学习，特别是对马克思主义哲学的学习，走过一条反反复复的路子。主要问题有两个，一个是神秘化，再一个是简单化。毫无疑问，我们需要认真学习和研究马克思主义哲学，同时，马克思主义哲学也需要改革，这两者都是客观实践提出的要求。哲学的改革包括许多方面的含义，可以指哲学本身的改革，也可以指哲学工作的改革，如哲学教育、哲学宣传方式的改革等等。我今天要说的，是指哲学工作方面的改革，就是哲学应该由少数人研究的学问变成多数人学习的内容，把学院里研究的学问变成改革开放的武器和工具。当然，少数人的研究、专家的研究也非常必要，但要使哲学真正得到发展，真正具有生命力，就不能停留在学院少数人手里。哲学之所以重要，就在于它为人民群众认识世界、改造世界提供思想武器。哲学家的职责，主要在于深入、系统地研究哲学本身的问题，包括哲学的历史和现状，哲学同其他科学的关系，以及哲学如何不断适应时代的要求而发展的问题。这个研究过程是非常艰巨、复杂的，总不能让所有的人都去经历这个艰巨复杂的过程，而应当通过教育的方式，把少数人经过复杂的研究过程得出的简单明了的科学结论交给大多数人，变成大多数人享有的知识财富。这样，理论就能发挥它指导实践的作用。就一般来说，一个科技工作者的贡献，不只是看他在陈列室里摆了多少成果，还要看他的成果有多少转化在生产中，在社会上实现了多少价值。假如你的研究在现实生活中看不见作用，在社会上表现不出价值，那么，你的研究本身就很值得研究。因此，我觉得所谓哲学要改革，主要是做两件事：一件是深入、系统地研究马克思主义哲学本身，在实践中发展哲学；一件是研究马克思主义哲学怎样普及，以便在实践中应用哲学。要说学哲学就想让每个人都成为哲学家，这不可能。

但对基本原理、基本观点，人们都有所了解，这是应该和可以办得到的。

对学习马克思主义哲学，过去有若干主张。有的同志主张按哲学史的顺序学下来，即从欧洲哲学史学起，一直学到马列主义。还有的同志主张读原著，提出要读《反杜林论》、《哥达纲领批判》、《唯物主义和经验批判主义》等多少本书。这些主张当然都是有道理的，对一些人来说也是完全必要的，但对一般搞实际工作的人来说，我主张主要学习马克思主义哲学的基本观点。哲学家应当下点力量，为搞实际工作的同志编写一些适合于不同层次的学习资料，为他们能够较快地学懂学好马克思主义哲学的基本观点服务。如果有人在学习和掌握了基本观点之后，还有兴趣继续学原著或者研究哲学史，这当然更好。我们不可能使每个人都成为哲学家，因此没有必要也不可能使每个人都像哲学家那样去钻研哲学。世界上的事物是复杂的，许多事情当你没有深入了解时，你可能认为是简单的。一旦钻进去了，你就会发现并不简单。所谓“越学越不懂”、“越学越糊涂”，讲的就是这种情形。比如文物，笼统地说，似乎人们都知道，但仔细研究就复杂多了。从横向分类看，有建筑、碑刻、器皿、工具、书画等，好多好多；从纵向看，有上古的，哪朝哪代的，一个人一辈子能就某个门类某个时期研究出点名堂来就很不容易。人的一生，时间是有限的，精力和实践的范围也是有限的，再聪明的人也只能做有限的事。我们提倡学马克思主义哲学，归根结底，还是为了搞好我们自己从事的某方面工作，所以我认为就大多数人讲，学哲学主要是学好基本观点，如唯物的观点、实践的观点、辩证的观点、发展的观点、生产力的观点、群众的观点，等等。下大力量把基本观点真正弄懂，并且能和自己的实际工作相结合，不断提高认识水平，增强工作能力，这就是我们学习哲学的目的。

就我个人的体会看，把“两论”作为学习哲学的主要内容，是哲学入门的一个有效的途径。《实践论》、《矛盾论》是毛主席的重要哲学著作。毛主席在理论上了不起的贡献之一，就是把马克思主义哲学的主要内容概括为《实践论》、《矛盾论》，并用通俗易懂的语言和事例表达出来了。毛主席的这两篇文章是对党的历史经验的理论总结，是对主观主义特别是对教条主义斗争的产物。“两论”的许多段落，至今读起来仍然感到很亲切、很深刻。例如，毛主席在《实践论》中说：“人类的生产活动是最基本的实践活动，是决定其他一切活动的东西。人的认识，主要地依赖于物质的生产活动，逐渐地了解自然的现象、自然的性质、自然的规律性、人和自然的关系；而且经过生产活动，也在各种不同程度上逐渐地认识了人和人的一定的相互关系。”离开物质生产活动，人类就不能生存，一切知识的获得也就无从谈起。毛主席还讲：“在很长的历史时期内，大家对于社会的历史只能限于片面的了解，这一方面是由于剥削阶级的偏见经常歪曲社会的历史，另方面，则由于生产规模的狭小，限制了人们的眼界。人们能够对于社会历史的发展作全面的历史的了解，把对于社会的认识变成了科学，这只是到了伴随巨大生产力——大工业而出现近代无产阶级的时候，这就是马克思主义的科学。”在这里，毛主席把物质生产活动强调到了何等重要的地步！很可惜，长期以来我们对这个马克思主义的最基本观点注意得不够。近年来一些人对生产力标准，对以经济建设为中心等基本观点还有怀疑和动摇，这很值得我们深思。又如，《矛盾论》精辟阐述了唯物辩证法的核心问题，不但讲了矛盾的普遍性，特别重要的是讲了矛盾的特殊性，讲了具体问题具体分析，不同质的矛盾用不同质的方法解决，批判和反对孤立、静止、片面地看问题，这在今天是何等的重要！可以这样说，真正学懂了“两论”，也就基本上掌握了马克思主义哲学的主要观点。在“两论”指导下中国革命和建设取得成功的事实，是大家所熟悉的。大庆就是靠“两论”起家的。我认为，当前学哲学仍然可以提倡从学“两论”入手，这同提倡学习马克思主义其他经典著作不矛盾，同强调着重学基本观点也是一致的。在学习“两论”时，还要注意同学习邓小平等老一辈革命家的论著结合起来，加深对我们党的实事求是思想路线的认识，加深对建设有中国特色的社会主义理论的理解。

究竟怎么学习哲学，历史上我们有过经验也有过教训，曾几起几落，应当认真总结和吸取这些经验教训。如何把马克思主义哲学，把社会主义价值观念、伦理道德渗透到社会生活的各个方面去，我们的任务还很繁重。在封建时代，封建统治者为了使封建主义的伦理道德无孔不入地渗透到社会的各个方面，曾下了很大功夫。从“人之初，性本善”开始，越来越系统，越来越精巧，什么程朱理学，什么《神童诗》、《女儿经》、《治家格言》，什么三纲五常等等，唱戏、说书、讲故事都是这一套，普及工作做得相当深入。在穷乡僻壤，不识字的老头老太太都能讲出个一二三。而相比之下，我们的普及工作还做得很不够。我们要通过扎扎实实的工作，采取多种方式方法，把马克思主义哲学，社会主义的价值观念、伦理道德渗透到社会生活的各个方面去，从家庭到学校到社会，使人们在对工作的追求、进步的追求、个人爱好兴趣的追求过程中，潜移默化地受到启迪和熏陶。要做到这一点，需要动员各方面力量，做长期艰苦的工作。我认为这是加强社会主义精神文明建设的一项带有战略意义的任务。

（摘自1988年1月26日在全国马克思主义哲学体系改革研讨会上的讲话、1990年8月16日在同黑龙江省职工群众学哲学经验交流会代表座谈时的讲话）

关键在于端正学风

学习哲学能不能开展起来，坚持下去，引向深入，取得扎扎实实的效果，关键的一点在于端正学风。学风问题是一个对待马克思主义理论的态度问题。延安整风时，毛泽东同志曾把学风同党风并列加以整顿，提出学风不正是没有党性或党性不完全的表现，对于推动当时的马克思主义学习，起了极其重大的作用。这次学哲学，要始终强调坚持和发扬我们党历来倡导的理论联系实际这个好学风。

我们之所以突出地提出学风问题，是马克思主义本身的性质所决定的。学习马克思主义不是为着好看，也不是因为它有什么神秘，而是因为它是领导我们事业走向胜利的科学。我们重视马克思主义哲学，正是也仅仅是因为它能够指导行动。学而不用，就歪曲了马克思主义的性质，背离了学习马克思主义的目的，就叫做态度不端正。我们强调这个问题，一是考虑到历史上曾经有过教条主义等学风不正的严重教训。在群众性的学哲学过程中，曾经出现过走形式、“一阵风”和庸俗化的不良倾向。二是考虑到党内存在着学风不正的现状。近几年来，一些同志对中央文件采取极不严肃的态度，以一己的、局部的利益而不是以党和人民的、全局的利益为准绳，或断章取义、我字当头，或阳奉阴违、变相抵制。这种实用主义的学风，对我们党的肌体腐蚀极大，如不加以警惕和克服，在学哲学上也会表现出来，干扰我们的正常学习。马克思主义哲学，是一门党性很强的学问，是无产阶级求解放的思想武器。阶级性和实践性是它的两个鲜明特点。只有以强烈的革命事业心和为人民服务的满腔热情，联系实际老老实实地学，才有可能真正把马克思主义哲学学到手。

学习马克思主义，还必须解决学习方法问题。方法可以讲很多，但最根本的就是理论联系实际的方法。马克思主义哲学是一门比较抽象的科学。如果只是从书本到书本，从概念到概念，就很难弄懂，很多人就可能会陷入“迷魂阵”。如同毛泽东同志所说，虽然读了但是消化不了。马克思主义哲学是普遍真理，无论什么人的实践都不能逃出它的范围。如果把学习与自己熟悉的工作结合起来，拿实践的经验同理论相印证，就容易懂；把基本的观点与具体的形象的东西相联系，印象会比较深刻，就容易记；把书本的东西融入丰富生动的现实生活，干什么就从什么里头学、就在什么里头用，就容易活。

理论联系实际，不仅能够帮助和加深我们对书本知识的理解，帮助我们正确认识和解决现实问题，而且是我们能否坚持学习的关键。许多同志学习都碰到一个时间问题。离职学习，相对集中一段时间读几本书，是必要的，但这样的机会总是少的。坚持联系实际的学习，使工作的过程成为理解、验证、应用理论的过程，把读书学习同研究解决工作问题有机地结合起来，真正做到“读书是学习，使用也是学习，而且是更重要的学习”。这样就可以较好地解决学习与工作在时间上矛盾的问题。

联系经历过的实际，结合历史的经验来学，是学习理论、运用理论的重要方式。建国 40 年来，我们取得了举世公认的成绩。中国人民创造这段历史，经历了无数困难和挫折，付出了巨大牺牲和代价，应该说这是经验教训十分丰富的 40 年。对于中高级干部来说，结合这段历史学习哲学原理，不但会有重大的理论意义，而且会有重大的实践意义。40 年中尤其值得重视的是两个 10 年。一个是从 1966 年到 1976 年的“文化大革命”10 年，另一个是从1979年到1989年的改革开放10年。不了解前一个10年，就很难正确理解后一个10年。前一个10年，使我们的党和人民遭受巨大劫难的“文化大革命”，从认识论根源来说，就是唯心主义泛滥，形而上学猖獗。后一个10年，即改革开放的10年，我们的国家、社会、人民以及我们的党都发生了极其广泛而深刻的变化。一方面，就总的根本方面说，我们确实为人民办了许许多多的实事好事，唯物论、辩证法成为广大干部和群众手中认识世界、改造世界的锐利思想武器，因而在社会主义建设中进行了广泛的探索和试验，有许许多多的创举。另一方面，就各个领域的具体工作仔细推敲起来，我们也确实干了一些糊涂事、错事，形形色色的唯心主义、形而上学在经济、政治、文化和社会各个领域都有程度不同的表现，在某些时候、某些问题上甚至表现得比较突出。人们的成功或胜利，原因是多方面的，但从哲学上讲就是一条，即主观思想自觉不自觉地符合于客观规律。人们犯错误的原因也是多方面的，但从思想路线上看，根本原因也是一条，就是主观思想不符合客观实际，违背了实事求是的原则。这两个10年的情况大家都比较熟悉，许多事情也已经有了正确的定论。因此，联系这一段历史来学习，不仅有助于我们加深对哲学原理的理解，而且有助于提高我们执行党的“一个中心、两个基本点”的基本路线的自觉性和坚定性。把学哲学同总结经验很好地统一起来，使探讨工作得失的过程成为学习、运用、研究哲学理论的过程，就会推动形成一个理论学习逐步深入、工作水平不断提高、思想认识日趋自觉的可喜局面。

强调联系实际，绝不意味着否定读书的重要，恰恰相反，更要认真地读，反复地读，深钻苦研，努力读懂弄通。否则，没有掌握理论，怎么谈得上理论联系实际？在过去的学习中，特别是领导干部的学习中，往往读书不够刻苦认真，名曰联系实际学习，可是讨论起来只是从实际到实际，或局限于研究具体工作、言不及义，或海阔天空、东拉西扯，看起来气氛热烈，实际上收效甚微，甚至白白浪费了时间。当然，理论联系实际，有一个由浅入深、循环往复的过程。一方面，马克思主义哲学是严密的、科学的世界观和方法论，要完整、准确地掌握它，不可能一朝一夕就做到；另一方面，客观事物本身是错综复杂、千变万化的，丰富地占有、精确地选择材料，系统地了解周围的环境、历史和现状，也不是轻而易举就能做到的。把两者结合起来，运用学到的马克思主义哲学的立场、观点、方法去解释历史、研究现状、指导工作，更需要花大气力。因此，开始的时候不会联系实际，或者联系得不够紧密，这是正常的现象，对此别人不要挑剔，自己也不要泄气。只要有决心，有毅力，持之以恒，坚持下去就会有成绩，坚持就是胜利。我认为当前理论联系实际，主要还是学习理论、认真读书的问题。提倡学哲学已经多少年、多少次了，许多哲学书人们也读过，为什么还要强调读书呢？我感到，许多同志在读书上下的功夫还不够，或者方法不对头，没有真正读懂。对于马克思主义哲学的基本原理、基本观点，必须下功夫钻研，力求学懂、记熟、弄通。

（摘自 1989 年 10 月 13 日同出席全国马克思主义哲学研究与干部哲学教育研讨会全体代表座谈时的讲话）

学点哲学，终身受益

常委会上讲话（注：指九届全国政协第十九次常委会议上的告别讲话）之后，有人说，由一个普通农民、工人，一步步走到党和国家最高领导层真不简单，这其中一定会有一些奥秘、诀窍，应该总结一下。要我说还是那句老话：是社会主义制度的产物，当然也不能否认个人的努力。光靠努力还不行，还要得法，得法就是要学习哲学。我这一生对我帮助最大的就是马克思主义哲学。我从二十几岁开始学哲学，一直坚持在工作中学，边干边学，边学边干，几十年从未间断。许多马克思主义哲学著作我都反复认真读过，有的文章甚至可以背下来。尤金那本哲学辞典，我叨咕得非常熟，还和人搞过比赛，看谁查得快、讲得准、背得多。“文革”中造反派把我打成假学习积极分子，经常在批斗会上东一句西一句地考我，我都能说出出处或背出原文，后来他们说我不是活学活用，是“活学活说”。我当然不是提倡死记硬背，而是说学哲学必须肯下功夫。

哲学是明白学、智慧学，学懂了哲学，脑子就灵，眼睛就亮，办法就多；不管什么时候、干什么工作都会给你方向、给你思路、给你办法。我当了 15 年工人，搞过 100 多项技术革新，当时被称为革新的能手，几乎是干什么就革新什么。我搞了个木工计算法，为此还拍了个电影。60 年代初，建筑业一度抹灰工短缺，领导上要我们木工队改行作抹灰工，在一年零八个月的抹灰工作中我搞了一套机械抹灰法，据说，迄今仍有人使用。1965 年我转为干部，从一个工厂的总支书记到今天，中间多次转换工作岗位，有时工作内容和性质变化很大，但都能很快适应、很快熟悉，并有所作为、有所创新。这都是哲学帮了我的忙。哲学这门学问说来也神，你的工作越变化、越新，它显得越有用；你的地位越高、场面越大，它的作用越大；你碰到的问题越困难、越复杂，它的效力越神奇；面对的问题越关键，它发挥的作用越关键。

哲学是世界观、方法论的学问，讲的是事物最根本、最普遍的规律，讲“任何事物都逃不出它的范围”，包括熟悉的工作逃不出它的范围，不熟悉的工作也逃不出它的范围。也就是说，不会因为工作对象变化，而使你的哲学水平发生变化。哲学的意义在于你能不断地从感性认识达到理性认识，从感觉达到理解。理性认识属于本质的和规律性的认识，这些认识在新的工作中照常可以发挥指导作用。因此，不管你工作发生过什么变化，就哲学来讲，由浅入深、由片面到更多方面的认识过程没有变化，由个别到一般、由一般到个别的认识程序没有变化。

当然，强调学哲学不是说其他领域的知识、其他的学科可以不学了，相反地许多有关的知识、学科都要认真学、刻苦学，不同的是有了哲学的根底，学其他知识、学科会更便捷、更有成效。我常讲，一个人要成长进步，要有所成就、有所建树，离不开上进心、求知欲、责任感这三条，这是无法代替的。重要的是学了哲学，掌握了认识世界、改造世界的武器，养成分析综合、归纳概括的习惯，这样就不会吃糊涂亏、占糊涂便宜，避免和少走许多弯路。陈云同志讲过：“学好哲学，终身受用”。这完全是经验之谈，我非常赞成。

关于学哲学，还有一句老话，人们不经常讲，但我的体会非常重要，这就是学哲学首先要信哲学。我认为这是一个立场问题、感情问题、信仰问题，也就是为什么学的问题。共产党人信仰马克思主义，是理性的选择。信仰不是迷信，迷信是不好的，包括对马克思主义和马克思主义哲学我们都不要迷信，但是却可以信可以迷。对马克思主义哲学，只有信了才能迷，只有迷了才能钻，只有钻了才能懂，只有懂了才能用，只有用了，在用中尝到了甜头，才会更加信、更加迷、更加钻。这里关键的是个“信”字。学哲学肯定要有一个过程。对于马克思主义哲学，你不可能一下子就学懂弄通，也不可能一下子就掌握基本观点。在开始学的时候，有的书可能一时读不懂，有的观点可能一时不理解。但这不是书本身的问题，不是观点本身的问题。如果刚遇到点困难就首先怀疑马克思主义哲学是不是正确，就动摇自己的基本信仰，那就不可能学下去、钻进去。我是从最低层上来的，学哲学也是在最低层干活的时候开始的。起初，我的文化水平并不高，学哲学也并不是件十分容易的事。但我信这个，信马克思主义哲学，所以我才去钻研。你们这些身边工作人员，长期和我朝夕相处，平时这些话我讲过，今天集中讲几句，因为有些同志就要走上新的工作岗位，留在我身边的同志工作情况也会有些变化，起码会有更多的学习时间，这段话就算我退下来后对你们的赠言。希望你们都能不断地进步，为国家和人民多做贡献。

（摘自 2002 年 11 月 26 日同身边工作人员的谈话）

一、从客观实际出发

物质第一、客观第一、存在第一

我们的辩证唯物主义世界观认为，世界是物质的，物质世界是可以认识和改造的，这种认识和改造要通过实践来实现。在我们的主张里，物质第一、客观第一、存在第一。由此可以得出一个基本观点，就是客观事物的发展和变化是由其内在规律所决定的，任何违反其内在规律的外部干预，任何对复杂问题的简单处理，都是不能奏效的。

（摘自 1998 年 10 月 14 日会见美国基督教会联合会访华团时的谈话）

哲学的基本观点说来就那么几条，好像很简单，但是要真正把它弄懂，并与实际相结合，却不那么容易。我们都知道世界是物质的，物质是第一性的，物质世界是可以被认识的，认识是从实践中来的，这是辩证唯物论的基本观点。但是，就在这个基本观点上，我们过去出过多少毛病！“文化大革命”的历史是荒唐的历史，唯心主义盛行，形而上学猖獗。我们经常讲要坚持唯物辩证法的观点，反对孤立的、静止的、片面的观点，可是我们一次又一次地犯绝对化、片面性的错误。按照哲学的观点，客观事物都有它固有的规律，人们要想把工作搞好，取得预想的结果，就必须使自己的思想符合客观规律。规律是稳定的，是反复再现的。认识了规律就可以预见未来，行动就能自觉。比如，冬天冷，夏天热，循环往复，这就是规律。懂得了这个规律，就知道过冬防寒的东西要好好保存，来年再用。哲学基本观点的普遍意义就在于，它对任何人从事任何工作都是适用的。当工人的，当厂长的，当局长的，都是一样。我们要在学习、掌握基本观点上下大功夫。一知半解不行，会背会记不行，就书本谈书本不行，必须真正弄懂。要用基本观点研究现实，研究复杂、变化的各种情况，解决我们面临的实际问题；同时通过解决实际问题，加深对基本观点的理解，真正把它抠懂弄通。真正抠懂弄通了，作用是很大的。

（摘自 1990 年 8 月 16 日在同黑龙江省职工群众学哲学经验交流会代表座谈时的讲话）

注重实际是辩证唯物论的基本要求

注重实际是辩证唯物论的基本要求，是做好一切工作的基本前提。辩证唯物论认为，物质是第一性的，意识是第二性的，观念的东西不外是移入人的头脑并在人的头脑中改造过的物质的东西而已，正确的认识则是对客观实际的正确反映。所以，任何人做任何工作，要取得胜利、达到预想的结果，就必须使自己的思想合于客观实际，否则就会失败。注重实际、坚持一切从实际出发，就是坚持辩证唯物论。

我们之所以强调注重实际，是因为现在脱离实际的东西太多，弄虚作假的东西太多。假情况、假数字、假政绩到处都有，假典型、假干部、假关系时有发生。有一个县，去年乡镇企业总产值不到4000万元，而上报的却是22亿元，夸大了50多倍；有一个县，为了完成市里分解的地税任务，编造了大量虚假的纳税人，办事人员实在想不出新名字，就将“秦始皇”、“克林顿”都写成了纳税人；有一个地区，为了全省农业节水现场会的召开，花2亿多元搞了个浩大的渗灌工程，80%没有地下管道，不能用；有一个青年，被评为全国性的杰出人物，电视台报道他“造林和兴建果园4400亩，绿化荒山40余个”，但实际上他只承包了一座50亩的荒山；有一个人，既不是党员也不是干部，却伪造公文，堂而皇之地当了两年主管政法的市委副书记。像这样的例子举不胜举，我想在座的许多人都碰到过或听说过。特别是近年来冒充高层领导亲友行骗的事有增无减。别人的不讲，就讲我自己的，远的不讲，就讲近期的，有冒充我姐姐的，有冒充我妹妹的，有冒充我儿子的，有冒充我签字的，一个多月就发现了四起。冒充我姐姐的，说要到山西搞西部大开发调查，让山西省政协接待。而此时我正在天津和我姐姐在一起。假商品可恨，骗取钱财，坑人害命；假关系可恶，招摇撞骗，损公肥私；假情况可怕，干扰决策，误国误民。这些假的、糊弄人的东西，给我们工作带来的干扰越来越多，给我们事业造成的损害越来越大，已经成为社会公害。

脱离实际、弄虚作假的现象之所以盛行，原因是复杂的、多方面的。既有主观原因，也有客观原因；既有下面的原因，也有上面的原因。但不管什么原因，这种状况必须坚决加以改变。毛主席曾指出：“共产党员对任何事情都要问一个为什么，都要经过自己头脑的周密思考，想一想它是否合乎实际，是否真有道理”。我们必须在全党、全社会倡导求真务实、言行一致的作风，必须增强分清是非、辨别真伪的能力，尤其必须有坚持实事求是的态度和勇气。在工作中重视调查研究，加强制度建设，防微杜渐，堵塞漏洞，不给作假行骗者以可乘之机。

（摘自2000年9月11日听取山东省委、省政府工作汇报时的讲话）

一切从实际出发

我们的同志，在任何情况下都不能从“本本”出发，不能从经验出发，不能从想象出发，而要从客观存在的实际出发。我们有些同志对上级文件往往习惯于照抄照转，爱搞一刀切、一阵风和一哄而起，有时明明不符合他那里的实际情况，也机械执行，照办不误。这就很难谈得上实事求是，更谈不上创造性地进行工作。陈云同志深刻地指出：“不唯上、不唯书、只唯实”。中央没有想到的，地方可以想；中央没叫干的，地方看准了可以干；中央说的不适合地方情况，地方可以因地制宜地办理；如果觉得中央决定错了，地方可以提出意见。我们对于重大决策，一定要按中央指示办事，但也要结合自己的具体情况，敢想、敢干、敢于提出自己的看法，把中央指示创造性地运用到自己所在的部门和地区中去。如果说，天津工作这几年有一些体会和经验的话，这是很重要的一条。

（摘自1986年10月26日在中共天津市四届五次全委扩大会议上的讲话）

李瑞环同志（以下简称李）：马克思主义认识论的基本观点是，人们的主观愿望必须同客观实际相符合，客观世界是第一位的，主观世界是第二位的，存在决定意识。人之成功，是由于主观努力符合客观实际。人之失败，是由于主观与客观脱节。要解决好中国的经济问题，关键是要使我们的思想与中国的客观实际相符合。

基辛格博士（以下简称基）：我理解，即使不信仰马克思主义的人，听了你这段话也有助于了解客观世界。在有些马克思主义社会——如苏联，当客观实际与他们的想法不一致时，他们就要修改客观。

李：邓小平主席一贯的哲学思想就是“实事求是”，一切从实际出发。中国对“实事求是”有一个解释，“实事”是客观存在的现实，“求”就是进行研究，“是”是客观事物本身的规律性。

基：过去 15 年，我一直观察邓小平主席，我认为他是一位伟大的改革家，载入了中国历史变化的史册。

李：主观愿望必须符合客观实际。客观就是客观，不以人的意志为转移。这里的“人”包括所有的人，男人、女人，大人、小孩，高级官员、平民百姓，中国人、外国人。要解决中美之间当前存在的问题，关键也是使我们的思想与客观实际相符合。

基：我完全同意。美中双方都有敏感问题，我们两国都有自己的历史经历，这就是客观现实。

李：按照我们的理论来解释“客观”这个概念，除了自己的思想外，其他都称为客观。因此，别人的想法也是客观事实。比如，我研究基辛格博士的客观，包括博士的思想；你研究我的客观，也包括我的思想。对方的敏感情绪，包括某些冲动，都是客观现实。

基：我把我自己的观点也当作客观现实，我不是马克思主义者，所以就不如你客观。我认为美中双方应在尊重对方敏感问题的基础上处理目前两国关系。按照当年我们起草上海公报的办法，先弄清各自的观点，然后寻求共同点。

（摘自 1989 年 11 月 8 日会见美国前国务卿基辛格时的谈话）

海南的建设和发展要从海南的客观实际出发。事物的性质是由其特殊性质决定的，从实际出发，就是从特殊的实际出发。

（一）海南是个好地方

我所以感到海南是个好地方，主要是因为它具有自己的许多特点和优势。一个地方的特点未必就是优势，但优势常常和特点相联系。讲海南的特点和优势，海南的同志最有发言权，我是外来人，概括得可能不全、不准。不过，外来人也可能有长处，不是说“不识庐山真面目，只缘身在此山中”吗？海南的特点和优势，可否讲这么六个方面：

第一，气候条件好。海南岛地处热带、亚热带之间，属热带季风气候。海南四季如春，气候温和，终年无霜雪，年平均温度22～26℃，阳光、雨水充沛，年日照1 750～2 650小时，年平均降雨量 1 500～2 000 毫米，是一个“天然大温室”，适宜各种农作物尤其是热带作物的生长。

第二，自然资源丰富。在我国现有的经济特区中，海南具有独特丰富的资源优势。一是生物资源。这里是中国面积最大的热带生物园，拥有各类植物4 200多种，其中有经济价值很高的橡胶、胡椒、椰子、咖啡等。二是矿产资源。目前已探明的有 50 多种，具有开采价值的 30 多种，特别是铁矿的平均品位很高，平均达 51.2％，高的达 67％。近海北海湾和莺歌海，已探明天然气构造面积为 55 平方公里。三是海洋水产资源。海南岛沿海及南海诸岛周围海域，有十分丰富的热带海洋资源，发展海洋捕捞和海淡水养殖业有广阔前景。四是旅游资源。目前海南大部分旅游资源尚待开发，是一块依然保持着热带自然风貌的处女地。全岛可供开发利用的旅游点有 200 多处，我看过的亚龙湾海滩同北戴河、夏威夷等海滨旅游胜地比，更有自己的特色，搞好了能吸引大批旅游者。海南发展冬季旅游度假很有前途。五是土地资源。相对台湾、夏威夷等大岛屿，海南可利用面积是多的。我去过夏威夷，那里岩石多、又有活火山口，可供利用的土地面积比例不大；台湾主要是山地，平原面积只占30%多；而海南仅平原地带就占60%以上，目前还有1 000万亩土地待开发利用，这对于特区来讲，是很宝贵的。

第三，海岸线长。海南北与雷州半岛相望，西临北部湾与越南为邻，东面与南面是广阔的南海海域，岛礁星罗棋布，其中属于我国主权范围内的有260余座。海南的海岸线长达1 528公里，有天然港湾68个，可建深水港70个。海南有这么长的海岸线，加上南海诸岛地处亚太经济圈中心，是往来太平洋与印度洋之间的必经之地，这对于发展亚太经济，促进国际经济和文化交流具有重要意义。

第四，海南在海外的华侨和港澳台同胞多。世界上50多个国家、地区都有海南籍华侨和同胞，总数达200多万人，相当于海南现有人口的1/3。这是一个很大的优势。它对于增强海南同国外和港澳台之间的联系，进一步搞好对外开放，推进“一国两制”构想的实现，是一个有利条件。

第五，富有光荣的革命传统。海南是我国重要的革命老根据地之一。1927年，发动了著名的琼崖起义。在革命战争的各个时期，海南岛的党组织在党中央和毛泽东同志领导下，依靠群众，创造了“孤岛奋战”23年红旗不倒的光辉业绩。继承和发扬海南的优良革命传统，对于今天建设有中国特色的社会主义经济大特区仍然具有重大的意义。

第六，有了继续前进的基础。海南解放40年来，特别是海南建省、兴办经济大特区3年来，做了大量工作，取得了很大的成绩。这3年全省的固定资产投资就相当于过去的30多年，经济建设和各项事业都取得明显成效，特区的基础设施建设得到加强，人民群众的生活有明显改善。尤为重要的是，人们观念上的变化、素质上的提高以及海南在世界上的影响，这些都是今后发展的基础和条件。

总之，海南的优势很多，潜力很大，只要我们充分利用过去工作的基础和有利条件，海南的各项事业一定会有更大的发展。

（二）海南工作的重点是开放

无论从全局考虑，还是从海南的实际出发，海南工作的重点都应当放在对外开放上。改革开放是中央确定的大政方针。要全面落实建设有中国特色社会主义的基本路线和各项方针政策，关键在于继续坚定不移地实行改革开放的方针。没有改革开放就没有中国今天的局面，没有改革开放中国在国际上就没有今天这样的影响，没有改革开放人们对社会主义今后的发展方向就会失去信心。改革开放是我们已经定下来的大政方针，不能变也变不了，进一步深化改革和扩大开放是全国人民的愿望，也是中央的要求。海南作为中国最大的经济特区，当然应该走在前面。

海南的优势就在开放。海南的许多优势都和开放相联系，离开了开放，许多优势就未必是优势了。比如讲资源丰富，海南土地资源加在一起，也只有34 000平方公里。而海南有若干客观特点和条件，由于开放就成了别的地方不能比的特殊优势。从开放的要求讲，首先是海上运输条件。外来投资合作，必须考虑这一点，因为这是降低成本、按期交货的重要保证，而海南有很好的海上运输条件。其次是气候条件。一般来说，太冷的地方投资成本高，当然太热也不好，而海南从开放的角度来讲，是很理想的。气候与环境相联系，常常是气候条件好带来自然环境好。三是天然资源。海南经济目前还比较落后，说明尚未开发的资源还很多。四是劳动力资源。劳动力价格贵，成本就高，就没有竞争能力，就不能赚钱。因此，外商要找劳动力便宜一点的地方。中国的劳动力短期内贵不上去，因为人多。海南有几百万人口，还有 11 亿人口的大陆做后盾。这也是一大优势。五是便于隔离。在中国目前的情况下，搞经济特区，没有隔离特不起来。不隔离，就不便于给特殊优惠的政策。你们是一个岛，便于隔离。尽管现在海南很多政策还不落实，但毕竟还是经济特区，毕竟还有那么多的优惠政策，海南的地理条件完全有可能实行好这些特殊的政策。

把开放搞好是中央给海南省委、省政府的主要任务。海南省的最大特点，特在哪里？就是特在开放上。看海南的工作，主要看开放，开放工作搞不上去，海南就失去了建省建特区的意义。海南省委贯彻党的“一个中心、两个基本点”的基本路线，落实十三届七中全会精神，最重要的就是研究搞好海南的经济特区建设，进一步搞好对外开放。海南优势在于开放，海南工作的重点也在开放。

（三）围绕开放深化改革

把改革引向深入，通过改革形成和完善有中国特色的社会主义的路子，这既是第二步战略目标的任务，也是实现第二步战略目标的措施和保障。当前深化改革的步子如何迈开，七中全会已经有了明确意见，海南要认真贯彻落实。与此同时，我们必须看到，如何把步子迈得更大一点、更好一点，仍然是一个重大的课题。全国如此，各个地区、各个行业也是如此。同其他不是特区的省市相比，海南的改革开放有共性，也有特性。最主要的特性就在海南省是经济特区，中心任务和工作主题就是开放。所以，海南许多方面、许多项目的改革，都要从开放的需要出发，围绕着开放来进行，有利于促进开放事业的发展。

首先，中央已经确定的在全国范围内推行的改革内容和措施，海南要根据具体情况更好地贯彻执行。如农村的联产承包责任制、企业的承包等。这就是我们常讲的政策不变，海南也不例外。

其次，海南要根据特区的情况，根据开放的需要进行改革。要把有利于开放事业作为海南改革的出发点和落脚点。必须看到，我们原有的某些经济体制，在不开放的情况下还可以适用，但在开放的情况下就很不适用甚至成了开放的阻力。对这一类情况，海南就要从实际出发进行必要的改革。

第三，在机构体制上，应该允许海南有一些“特”。从行政区划来讲，海南是一个省，从经济地位来讲，海南是中央直接管的一个经济特区。海南许多行政机构要和中央的机构相呼应，这样便于工作，但也要允许海南根据实际情况，特别是根据开放的需要适当加以变通，不必同上面完全对口，也不必与其他省的机构设置完全一样。这就是上下不强求统一，左右不强求一致，当然上级交办的事要有部门管、有人干，不能误事。

第四，要用好中央给予海南改革开放的特殊政策。中央对海南改革开放的特殊政策要逐条地加以落实。与此同时，在贯彻落实过程中还要大胆试验，勇于探索，总结经验，使政策进一步完善起来。在建设具有中国特色的社会主义经济特区方面，海南应该多出成果，多出经验。

（四）正确处理对外开放和其他工作的关系

强调海南工作的重点是开放，并不是说可以忽视开放以外的其他工作。当前，海南面临着许多同其他省市同样的任务。比如，企业改革、农业生产、扶贫工作以及文化教育和科研工作等，特别是贫困地区群众的温饱问题，必须下大力量尽快解决。放松或丢掉这些工作，广大群众面临的实际问题得不到解决，生活得不到改善，我们就得不到广大群众的支持与拥护，而没有广大群众的支持与拥护，开放工作就一定不能搞好。

要善于把各项工作与开放事业有机地结合起来。海南只有3万多平方公里，纵横不过200公里，应该说整个省都是投资开放的环境，很难说哪个地区、哪项工作与开放没有关系。比如农村经济、城乡卫生、人的素质，等等，都影响着外来人的投资合作、旅游参观。因此，海南省各级领导要善于把各项工作赋予开放的意义，纳入开放的轨道，要从特区建设的角度来观察、研究、处理一切问题。

要树立开放意识。全省人民都要从中国最大经济特区的角度看待自己，并自觉地用开放的标准要求自己的工作。比如人们的衣着谈吐、待人接物和环境卫生、公路建筑等等，都应有这么一种意识。要使全省人民懂得，搞经济特区为繁荣我们的经济、改善我们的生活提供了非常重要的机遇，与此同时，搞经济特区也向全省每个人提出了更高更严格的要求。因为许多事情在不开放的条件下是可行的，无可非议的，但开放后就非改不行。比如过去不会讲普通话没关系，可是开放后，外地人来了听不懂你的话怎么行。

总而言之，必须使全省人民都牢牢记住，海南是全国最大的经济特区，每个人都要树立开放意识，把各项工作和开放紧密联系起来，并根据开放的要求努力学习，提高自己的水平。开放意识的形成，要从领导抓起，从党内抓起，从小学生抓起。只有这样，才能适应今后的形势，整个经济特区的工作才能上去。

（摘自1991年2月19日听取海南省委工作汇报时的讲话）

坚持唯物论，反对唯心论

空话、大话、套话，既不了解实际，也不联系实际，既不从实际出发，也不解决实际问题，是“文革”的流毒。它看起来热热闹闹，实际上毫无用处，耽误了许多时间和精力。不改变这种风气，不清除这个弊端，马克思主义的唯物论和辩证法就不可能在我们的干部中扎根。

（摘自 1985 年 5 月 25 日在落实邓小平同志“少讲空话，多干实事”指示座谈会上的发言）

现在官僚主义严重，形式主义泛滥。空话、套话、假话盛行，会议、文件、应酬成灾，占用了许多时间，贻误了正常工作，浪费了财物，得罪了群众。各种“节”五花八门，不胜枚举。人有人节，物有物节，时有时节，地有地节。过去只讲四时八节，现在已不知道有多少节了。李自成进北京后天天过年，老百姓说，因为他赶着把年过完了，所以垮台快。这虽然是迷信的说法，但从天天过年、生活腐化、浪费财物、得罪群众、不花时间研究问题考虑大事的角度看，也不无道理。应该提倡塌下心来想问题，扑下身子干实事。现在社会上蔓延着一种浮躁的情绪，这很不好。中央政治局常委在讨论 1995 年工作要点时一致认为，必须认真反对形式主义，坚决刹住虚报浮夸、弄虚作假、挥霍浪费、搞花架子等不良风气。现在有许多问题要研究、要解决。加强农业问题，抑制通货膨胀问题，搞活大中型国有企业问题等等，这些问题究竟是什么原因，如何解决，没有足够的时间去深入研究不行。形式主义不采取措施加以纠正，会断送我们的事业，将有亡党亡国的危险。

（摘自1995年1月3日听取中央统战部工作汇报时的谈话）

我们决不否定普遍性的意义，也不反对经验的重要作用。我们反对的是“唯理论”和“经验论”。我们从来认为，只有原则和理论才能揭示事物的本质，但原则、理论必须以丰富和合乎实际的材料作依据。而我们有些同志在工作中，只讲书本怎么说，不谈自己怎么看；只有原则怎么样，没有具体怎么办。人们说，“想听的他们没讲”，“所讲的都是听腻了的”，是“文人编的、报上抄的、屋里憋的、应付会的”，是名副其实的“空洞无物，言之乏味”，既没有错处，也没有用处，并讽刺说，“不是高棋，不是臭棋，而是废棋”。这些人似乎是很重视原理、原则，实则违背了“具体问题具体分析”这个最根本的原理和原则。

（摘自1985年5月为《天津日报》撰写的特约评论员文章）

要深入实际。现在浮在上面的活动太多，不解决实际问题的会议、文件太多，一般性的号召太多，表面上的应付太多，形式主义、官僚主义的东西太多，结果占用了领导者大量的时间和精力，忙而无效，劳而无功，同时又助长唯心主义，是不祥之兆。建立社会主义市场经济，是前无古人的伟大事业，存在着许多新的复杂的特殊的矛盾和问题。解决这些矛盾和问题，靠“打电话、听汇报、办公室里编套套”无济于事，靠“找上几个人儿，出上一个题儿，关上窗户门儿，做上一篇文儿”也不解决问题。只能靠在建设有中国特色社会主义理论的指导下深入实际，调查研究，不断总结实践经验，靠我们的干部、专家与群众相结合，塌下心来，深入实际，集中时间，集中力量，进行艰苦的、系统的、综合的研究工作。任何伟大的事业，都是干出来的而不是说出来的。空谈误事，空谈误国，实干兴业，实干兴邦。我们许多事情之所以办得不理想，不是因为说得不清而是因为抓得不实、干得不够。我们要大力提倡说实话、办实事、想实招、重实效，使那些专说空话、说套话、说似是而非的话以及没有错也没有用的话的人失去市场。要提倡具体抓，抓具体，抓住不放，一抓到底的作风。任务要具体，措施要具体，要求要具体，责任要具体。什么人去抓，什么时候抓到什么程度，一切都要具体，要像老鹰逮兔子一样，不撕它一块肉下来，不能撒嘴。

（摘自1993年6月10日听取安徽省委、省政府工作汇报时的讲话）

坚持马克思主义思想路线

解放思想，实事求是，是我们党70多年历史正反两方面经验的总结，是邓小平同志建设有中国特色社会主义理论的精髓，也是我们党永葆青春的法宝。十一届三中全会以来，我们之所以取得巨大成就，就在于坚持了解放思想，实事求是。在改革开放的全过程中，要始终注意解放思想，反对僵化和保守，强调勇于探索和实践。改革顾名思义就是要改变、革除、创新，其中包括领袖人物的某些提法，经典著作的某些结论，以及社会上长期沿袭的某些习惯，并根据新的实践不断丰富和发展科学社会主义理论。如果干什么事情都要以书本怎么写的，规定怎么说的，过去怎么办的，别人怎么干的为根据，改革就寸步难行。我不是说这些都不要考虑，而是说必须从对这些的迷信中解放出来，把千百万人的实践放在第一位。邓小平同志曾经指出："解放思想，就是使思想和实际相符合，使主观和客观相符合，就是实事求是。"因此，强调解放思想，也就是强调实事求是，这两者是统一的。当前经济形势很好，同时也存在着一些困难和问题，而能不能巩固和发展这个大好形势，关键仍然在于我们能不能坚持解放思想与实事求是的统一。历史经验告诉我们，形势好的时候，往往容易头脑发热，脱离实际，盲目攀比，一哄而起。这些曾经给我们的事业造成严重的危害，必须时刻注意防止。必须强调，对于上级的指示，要从总体上把握其精神实质，结合本地实际情况创造性地贯彻执行，而不能简单地照抄照转，也不能各取所需；各地情况千差万别，在指导工作时，要区别对待，分类指导，而不能搞一刀切；对于左邻右舍的新办法新经验和各种信息，要根据中央总的精神和自己的具体情况决定取舍，而不能听见风就是雨，赶时髦，随大流。只要我们全党上下都能自觉地坚持解放思想，实事求是，脚踏实地，一步一个脚印地迈进，我们就能把建设有中国特色社会主义的伟大事业不断推向前进。

（摘自 1993 年 6 月 10 日听取安徽省委、省政府工作汇报时的讲话）

坚持解放思想必须坚持实事求是，解放思想的目的是为了实事求是，只有致力于追求实事求是，才能真正做到解放思想。离开实事求是谈解放思想，很可能成为胡思乱想；离开解放思想谈实事求是，很可能流于空谈。解放思想、实事求是，是我们党在实现拨乱反正和工作重心转移的过程中确立起来的思想路线，同时也是我们实现改革和建设不断发展的必然要求。从发展的观点出发，不能把解放思想、实事求是仅仅当作一个时期的口号，而必须始终不渝地坚持，要经常讲、反复讲，这样我们的事业才永远充满生机与活力。

（摘自2000年2月24日听取浙江省委、省政府工作汇报时的讲话）

一个政党、一个国家、一个民族要适应复杂多变的客观世界，跟上时代的步伐，就必须坚持解放思想。如果一切从本本出发，思想僵化，迷信盛行，不敢冲破传统习惯和教条主义的桎梏，不能冲破思维定势和主观偏见的束缚，那么就无法前进，甚至走向衰亡。世界上不存在任何永恒不变的事物，解放思想也不能一劳永逸。客观世界的运动永无休止，解放思想也永无止境。一个时期对发展起积极作用而被肯定的东西，在另一个时期就可能成为制约发展而被否定的东西。我们要敢于自以为非，善于超越自我。中国古代思想家强调“自知者明，自胜者强”，讲的就是这个道理。

人的思想是客观实际的反映，所谓正确的思想就是对客观实际的正确反映，解放思想的目的就是使思想符合而不落后于客观实际。解放思想必须坚持以客观实际为依据，一切从实际出发，老老实实地尊重客观实际，下苦功夫研究客观规律，努力做到实事求是，使主观与客观相统一，而不能成为脱离实际的胡思乱想。这是我们想问题办事情必须遵循的重要原则。

（摘自2000年5月15日会见委内瑞拉总统查韦斯时的谈话）

全面贯彻党的基本路线，建设有中国特色的社会主义，必须解放思想，实事求是，提高坚持马克思主义思想路线的自觉性。

建设有中国特色的社会主义，必须全面地贯彻党的基本路线，扭住经济建设这个中心不放，正确处理坚持四项基本原则和坚持改革开放的关系；必须自觉地坚持马克思主义的思想路线，解放思想，扎实工作，求实进取。

建设有中国特色的社会主义是一项开创性的事业，必然会遇到许多前人没有遇到的问题和困难，如果不能打破习惯势力和主观偏见的束缚，就不能大胆创新，开拓前进。这项伟大事业是人民群众创造历史的活动，必须依靠群众的自觉和主动。领导者必须满腔热情，眼睛向下，“放下臭架子，甘当小学生”，到群众中去听取意见，集中智慧，善于发现和扶植具有生命力的新生事物。在这个活动过程中，要及时总结，既总结自己的，也借鉴别人的，不断增强做好工作的自觉性。总结经验，要用马克思主义作指导，占有丰富的实际材料，并解放思想，开动脑筋，进行科学的分析和综合。

邓小平同志在论述要坚持马克思主义、坚持走社会主义道路时指出，“马克思主义必须是同中国实际相结合的马克思主义，社会主义必须是切合中国实际的有中国特色的社会主义”。因此，我们必须认真读书学习，把马克思主义的基本原理，把中央的路线、方针、政策同自己的实际很好地结合起来，创造性地进行工作。

（摘自1991年10月25日在上海考察工作时的讲话）

解放思想必须以客观实际为依据

为什么要强调解放思想呢？就是因为我们现在的思想还不够解放。说改革很难，这是很重要的一个问题。思想不解放的表现有很多，比如说，我们常常迷信书本，用书本来套当前实践；常常迷信过时的规定，拿过时的规定来套实际工作；常常迷信过去，习惯于30多年的那套老做法，对为什么要改想不通；常常迷信别人，看别人怎么干的，自己再怎么干。总之，这些同志在改革面前，总是寻找借口，先要看书上怎么说的，规定怎么写的，过去怎么办的，别人怎么干的。我不是说这些都不要考虑，我的意思是，在改革的大原则确定之后，就应该解放思想，勇于探索，大胆试验。

解放思想，最根本的一条就是按照事物本来的固有的规律去办事，如果书本上讲的、以往政策规定的、过去实行的、别人干过的，与当前实际工作不符合，与经济发展的需要不符合，就要敢于突破。我们有些人喜欢援引某些书本，援引某些规定，援引某些讲话，但却往往忽视在实践中去探索新的东西。马克思主义认为实践是认识真理的来源，实践是检验真理的标准，实践第一。客观事物运动和发展永远没有完结，人们在实践中对真理的认识也就永远没有完结。真理都是相对的，当然，由于不断地接近于客观规律，也就有绝对的意义。这就告诉我们，在任何时候，我们都有一个不断探索客观事物发展规律的任务。只有勇于和善于实践的人，才能探索和掌握事物本来的规律，才能有所发现、有所发明。我们有的方法，用了几十年，不太管用，为什么不可以用新办法试一试呢？好比原来那个药吃了几十年，不大治病，为什么不可以吃点新药呢？我们的问题就在于，常常人家一试，就视为大逆不道。你干了30多年了就这个样子，我干半年、一年怕什么呢？你沉住气，叫我试半年、一年好不好？为什么不允许呢？说本本上没有，究竟应该先有本本还是先有实践呢？农村联产承包责任制开始搞的时候，不是有人说是“资本主义复辟”吗？假如当初匆匆忙忙作个决定，把这个联产承包责任制否掉，还会有农村今天的大好形势吗？解放思想既包括我们自己大胆地放开手脚去研究和探索，也包括让别人放开手脚去研究和探索。中国式的社会主义现代化究竟怎么搞，大的原则中央讲了很多条，具体下来还是尚待实践的问题，是一个千百万人创造历史的过程。改革的路子很宽，关键在于是不是解放了思想。

（摘自 1984 年 7 月 28 日在天津市区体制改革会议上的讲话）

真正做到实事求是并不容易

实践证明，我们取得的一切成功都得益于坚持了实事求是。当年，毛泽东同志破除各种教条主义，找到一条中国革命的正确道路，靠的是实事求是。十一届三中全会以后，改革开放和现代化建设取得辉煌的成就，成功地走出一条建设有中国特色的社会主义道路，靠的是实事求是。我们要全面实现《国民经济和社会发展“九五”计划和 2010 年远景目标纲要》提出的宏伟目标，把中国的事情办得更好，同样也必须靠实事求是。

强调实事求是，就当前来讲应当注意以下几个问题：一是要坚持一切从实际出发。各地情况千差万别，经济文化发展很不平衡，制定发展目标，开展各项工作，都必须充分考虑自己的情况，而不能脱离实际，盲目求快。快要讲条件，安贫乐道、该快不快不是实事求是，好高骛远、竞相攀比也不是实事求是；快要讲方式，重视效益和质量，不能热衷于铺摊子，追数量，重复建设；快要讲实效，搞建设、求发展，最终要体现到人民生活水平的提高上，绝不能干那些看似繁荣，实际上群众得不到实惠、甚至是劳民伤财的事。二是要注重研究深层次的问题。实事求是的本来意义就是要不断探索规律，自觉按客观规律办事。对目前经济和社会生活中存在的一些长期未能解决的突出矛盾，我们必须塌下心来，深入进去，进行系统的研究。对反复出现的问题要从规律上找原因，对普遍存在的问题要从全局指导上找原因，从而使我们的决策和工作符合实际，真正解决问题。三是要把握特点，发挥优势。我们讲认识事物，主要是认识特点；区别事物，主要是区别特点。任何地区都有自己的特点，决不能简单地模仿别人，生搬硬套，否则就会误事坏事。要认真研究本地的特点，找出本地的优势，扬长避短，取长补短，形成自己的特色。强调实事求是，不是不要解放思想。解放思想就是使主观与不断发展变化的客观实际相符合，而不是胡思乱想。只有坚持实事求是才能真正解放思想，我们要努力做到解放思想与实事求是的统一。

真正做到实事求是并不容易。要有坚定的党性，勇于坚持真理，不为各种非议所动摇，也不为个人得失所左右。要有理论修养，认真读书，掌握马克思主义基本原理，加强工作的原则性、系统性、预见性和创造性。要有务实作风，肯于吃苦，舍得下功夫做周密细致的调查研究，占有丰富的实际材料。要有科学方法，善于在唯物辩证法指导下，去粗取精、去伪存真、由此及彼、由表及里，把握事物的内在联系及其本质。总之，各级领导干部既要学习理论，又要重视实践，善于将理论与实践相结合，努力提高实事求是的水平。

（摘自 1996 年 3 月 9 日在八届全国人大四次会议天津代表团会议上的发言）

实事求是和群众路线

在回顾和展示 50 年来我们所取得的各项辉煌成就的同时，我们还应当做些什么？我在今年全国政协九届二次会议闭幕会上说，我们还应该认真地、全面地总结和汲取历史经验。小平同志非常重视总结历史经验。他曾强调指出："历史上成功的经验是宝贵财富，错误的经验、失败的经验也是宝贵财富。"成功的经验可以鼓舞士气，失败的经验可以使思想冷静。我们不应当像《阿房宫赋》说的那样，“后人哀之而不鉴之，亦使后人而复哀后人也”，而应当乐亦鉴之，哀亦鉴之，前事不忘，后事之师。50年来的经验可以说出很多，最主要的我认为有两条，一条是实事求是，一条是群众路线。

实事求是是我们党的思想路线，群众路线是我们党的工作路线。把实事求是和群众路线提高到我们党一切工作必须遵循的最根本原则，是毛泽东同志在延安时期确定的。小平同志在1977年7月他正式复出的十届三中全会上，作了题为《完整地准确地理解毛泽东思想》的重要讲话，他说：“我认为，毛泽东同志倡导的作风，群众路线和实事求是这两条是最根本的东西。当然民主与集中的关系，自由和纪律的关系，都是很重要的。对我们党的现状来说，我个人觉得，群众路线和实事求是特别重要。”回顾我们党领导全国人民建立新中国、建设新中国的奋斗历史，所有兴衰成败都与这两个问题解决得好不好紧密相关。什么时候我们坚持了实事求是、群众路线，我们就能夺取革命和建设的胜利；什么时候我们违背了实事求是、群众路线，我们就会遭受挫折，甚至已经取得的成果也会丧失。或者说，我们所有成绩的取得都是坚持实事求是、群众路线的结果，而所有失败都是由违背实事求是、群众路线造成的。实事求是、群众路线是我们事业胜利前进的基本保证，是我们党活跃于中国和世界政治舞台上的鲜明特征，也是我们始终不渝、不懈追求的奋斗目标。只有时刻牢记并努力实现这一目标，才谈得上在各种艰苦复杂的斗争中立于不败之地，才谈得上在各种消极影响和腐蚀面前保持共产党的政治本色。从这个意义上完全可以说，实事求是、群众路线是我们的命根子，我们任何时候、任何情况下也不能丢掉这个命根子。

人类历史是一个不断从必然王国向自由王国发展的历史，所谓“必然”就是客观世界的规律性，所谓“自由”就是对规律的认识和运用。而实事求是，“实事”是客观事物，“求”就是我们的工作包括研究，“是”就是事物的规律性。因此可以说，人类发展、进步的历史也就是一部实事求是的历史。

小平同志非常重视实事求是。在视察南方的谈话中，他意味深长地说：“实事求是是马克思主义的精髓。要提倡这个，不要提倡本本。”“我读的书并不多，就是一条，相信毛主席讲的实事求是。过去我们打仗靠这个，现在搞建设、搞改革也靠这个。”作为党的思想路线，实事求是的重要意义已经为全党所一致公认。但是，现实表明，要真正自觉地把它贯穿于各项工作之中并坚持下去，并不容易。我认为，这里有认识问题、作风问题、水平问题，还有一个勇气问题。所谓认识问题，就是懂不懂实事求是作为党的思想路线在理论和实践、历史和现实中所具有的深刻含义，不是把它停留在一般性口号上，而是解决所有矛盾与问题时真正把它摆在第一重要的位置。所谓作风问题，就是肯不肯抛弃官僚主义、形式主义和浮躁心态，塌下心来、扑下身子，深入到群众和实际工作中去作艰苦细致的调查研究，透过纷繁复杂的现象探求事物的本质。所谓水平问题，就是会不会在理论指导下将从实践中得来的丰富的感性材料进行去粗取精、去伪存真、由此及彼、由表及里的抽象、概括、加工，并上升为理论。而所谓勇气问题，就是敢不敢面对现实、反映现实，做到一切从实际出发，根据事情的本来面目说话、办事。我们都承认客观事实是第一性的，但是在处理问题时，在事实同文件、同讲话、同理论发生矛盾的情况下，我们常常不是去修改文件、修改讲话、修正理论使之符合事实，而是去“修改”事实使之符合文件、符合讲话、符合理论。之所以发生这种削足适履的事，很重要的一个原因就是缺乏实事求是的勇气。所以，勇气问题，既是一个解放思想问题，也是一个品质问题；既是一个理论问题，也是一个政治问题，我们必须予以重视并切实解决。

人民群众是社会实践和认识的主体，是历史发展的动力，是社会主义国家的主人。全心全意为人民服务是我们党的根本宗旨，千方百计满足最广大人民群众日益增长的物质和文化生活需求是我们全部工作的出发点、过程和归宿。因此，我们做任何工作，都必须倾听群众的意见，真心实意地向群众学习；都必须集中群众的智慧，依靠群众的力量，都必须脚踏实地地为群众办实事，接受群众的监督。群众路线同实事求是是一致的。不坚持群众路线，就不能坚持实事求是；同样，不坚持实事求是，也不可能坚持群众路线。我们的干部特别是领导干部要重视研究广大群众的劳动、工作、生活状况以及他们的思想、情绪、愿望、要求，把这些作为第一信号，作为制定和调整方针政策的最重要依据。一般说来，如果多数群众赞成拥护我们的方针政策，我们就有理由坚持下去而不要随意变更；如果多数群众对我们的方针政策有意见，那么需要纠正的就不是群众的意愿，而是我们自己的工作。

同我们党历史上相当长一段时间比，现在我们在坚持实事求是、群众路线上有差距。有些地方的领导干部天天开会、做指示，并没有经过认真的调查研究和周密的思考，并没有先当群众的学生，再当群众的先生。有的文件不是实践经验的总结、群众智慧的结晶，而是文人笔杆子的“创造”。“出上一个题儿，找上一帮人儿，关上窗户门儿，做上一篇文儿，念起来挺顺嘴儿，就是不解决问题儿。”延安整风，内容就是坚持实事求是、群众路线，经过党的七大形成全党高度的团结，大大加快了解放战争的进程。十一届三中全会之后，在小平同志的倡导下，大家本着实事求是、群众路线的原则，有啥说啥，畅所欲言，集思广益，所以才有改革开放的伟大胜利。我国当前经济建设和各项工作形势很好，但确实也存在许多复杂的矛盾和问题，有些困难如果久攻不下，会影响干部群众的信心。敢不敢实事求是地对待这些问题，在实践中大胆探索，求得新的突破，能不能充分调动群众的积极性，最大限度地取得他们的拥护和支持，关系到改革开放能不能进一步深入，关系到现代化建设的前景。因此，要把对干部特别是领导干部进行实事求是、群众路线的教育，作为党的思想政治建设的重要内容加以强调，要以此作为考察干部政治上合格不合格的重要标准，严格要求，长期坚持。

（摘自1999年9月9日听取陕西省委、省政府工作汇报时的讲话）

调查研究是做好一切工作的前提

我们搞调查研究的目的，不是为了求证现有的某个观点、某项政策如何正确，而是为了把客观情况、实际问题搞清楚，进而有针对性地提出思路和建议，供中央决策时参考。调查研究要眼睛向下，从实际出发，根据我们的基本理论和基本方针政策，根据客观情况的发展变化，对现行的措施、做法提出意见，该坚持的要继续坚持，该补充完善的要补充完善，该纠正的要及时纠正，该摒弃的要敢于摒弃。有些问题一时看不准，先把现象、事实搞准、搞全，结论可以留待以后再做。我们目前的调查研究可以说取得了很大成绩，也可以说还只是一个开端，还有不少问题有待研究，今后的任务仍然很繁重。

（摘自1999年1月20日与全国统战部长会议代表座谈时的讲话）

坚持调查研究、弄清实际情况，是做好一切工作包括政协工作的基础，也是当前需要突出强调的一个问题。我国正处在由计划经济体制向社会主义市场经济体制转轨的时期，旧体制已被打破，但还在一些环节发生影响，新体制正在建立，但在许多方面还有待完善，出现了许多错综复杂的现象。由于利益关系的影响，社会矛盾纵横交错；由于新与旧、正确与错误的观念交织碰撞，对同一事物往往产生多种甚至截然相反的看法；由于客观现实变化很快，人们的认识容易陈旧落后。特别是现在社会上弄虚作假现象相当严重，形形色色的假情况、假数字、假政绩、假商品屡禁不止，往往造成是非混淆、真伪难辨。在这种形势下，如果不下大力量加强调查研究，就很难把客观情况弄全弄准，就极容易上当受骗，就会因判断失误而把事情办坏。因此，我们必须力戒官僚主义、形式主义，切实从会议多、文件多、应酬多的状况中解脱出来，集中时间和精力，扎实、深入、反复地开展调查研究，真正抓出成效，并形成自觉、形成制度、形成习惯。

（摘自 1999 年 3 月 11 日在中国人民政治协商会议第九届全国委员会第二次会议闭幕会上的讲话）

各级领导班子要把调查研究纳入决策过程，借助于智慧和知识，实行科学决策。研究工作开展得怎么样，研究成果运用得怎么样，除了研究队伍本身的素质条件外，我看在很大程度上要取决于领导。领导离开科学研究可以说就叫“瞎领导”。加强调查研究工作，是实行领导决策民主化、科学化的一项重大措施，也是我们的领导方式、决策程序的一项重要改革。从领导的角度看，我觉得除了亲自参加调查研究之外，还要对调查研究工作经常进行指导和帮助，不断进行督促和检查，特别是当前要认真抓一下，把调查研究的风气兴起来，搞得很浓很浓，并逐步使调查研究纳入各级干部工作的正常轨道。我曾经和一些同志讲过，领导者应该同时是一个社会科学研究工作者，它的意义不仅仅在于对领导者本身的提高，而且在于对整个理论研究工作的推动，并使科学研究成为实施决策、开展工作的一部分。只有领导者重视调查研究，并投身于社会科学研究的时候，社会科学工作者才能大有作为，研究的成果才更富有实际意义。领导者不研究问题，对理论研究没兴趣，社会科学工作者为现实服务的研究就有可能成为“白研究”。因为研究成果要转化为社会实践，转化为生产力，必须通过领导决策来实行。

人的正确思想只能从实践中来，这是马克思主义认识论的一个基本观点，领导者做出的决策是否正确，首先取决于是否合乎实际，是否从实践中来。

（摘自 1987 年 6 月《大兴研究现实问题之风》一文）

领导之所以为领导，就在于能够发动和领导群众，能够组织广大理论工作者和实际工作者与群众相结合，到丰富的社会实践中去调查和研究新的问题，去归纳和概括新的理论。现在，很多有学问、有才华的人关在研究单位和大学里搞研究，题目从书本里找，材料从报刊中凑，自圆其说，写几篇文章在报刊发表，就算有成绩了；如果能写一本专著，就很了不起了，而大量的现实问题却无人去研究。我们的理论研究所以落后于实践，与这种研究方式有很大关系。所以，当前各级领导的一项重要任务，就是要把理论战线和调研部门的同志，推到改革和建设的实践中去，促进理论和实践的密切结合。

（摘自 1987 年 6 月《大兴研究现实问题之风》一文）

当前应该提倡塌下心来研究问题，或者说塌下心来了解情况，总结经验，研究未来。要提醒我们的干部重视实践，重视调查研究。提出这个问题，一方面是因为十四大召开后，许许多多新精神的贯彻，必然会带来许许多多的新情况、新问题，需要认真总结经验，深入调查研究。另一方面，现在停留在表面上的东西比较多。有些提法，或是肤浅，或是猎奇，许多问题处于若明若暗，似乎明白又糊涂的状态。不少事情，好像一、二、三头头是道，一较真就糊涂了。比如说，互相监督的问题，当然是指共产党与民主党派之间的互相监督，但更主要的是民主党派对共产党的监督。因为共产党是执政党，在中国如果出大问题还是出在共产党身上。究竟怎么样实现这个监督，可以说我们党有许多经验，也可以说还有许多问题需要下大力气加以研究。再比如，现在全国各地、各行各业都在研究如何用十四大的精神来指导好工作，都在研究如何更好地为经济建设这个中心服务，这当然是对的。但为经济建设服务，不能离开自己的特点。离开了自己的特点，就会费劲不讨好。要真正做到把握特点，就需要平心静气地、刻苦认真地进行研究。贯彻十四大精神，建立社会主义市场经济体制是非常重要的，但这里边也有许多新问题。比如，市场经济讲平等竞争。而国营企业大多是一个在岗工人后面背着一个退休工人，非生产性部门及其人员又很多，同样生产一个产品，成本投入比起私营或乡镇企业高得多，叫它们怎么平等竞争？真正搞市场经济，这些实际问题必须解决，但怎样解决很不简单。这涉及老祖宗的理论，也涉及现行的政策。目前一些地方把贯彻十四大精神简单理解为搞多少开发区，盖多少大楼，上多少项目。哪有那么多钱？你们是研究室主任，有许多调查研究的有利条件，可以研究出一些能供领导决策参考的有价值的意见。

（摘自 1992 年 12 月 7 日在全国统战部研究室主任会议座谈会上的谈话）

在统一战线工作中，要提倡深入实际，研究问题，并逐步形成制度、形成习惯、形成风气。现在，大家谈问题、论现象，能说出很多很多，但缺乏深层次的分析，深入的研究。在建立社会主义市场经济体制过程中，确确实实是矛盾交织，利弊伴生，非常复杂，简单、笼统的回答是不行的。比如，现在说，不能老用老办法，或者老的东西不能丢，这都不完全对。老办法里面有优良传统，今天仍然是适用的，要很好继承；老办法里面也的确有过时的，不能抱住不放。再比如，现在说，对社会主义市场经济条件下出现的许多新的东西，我们要加以保护，这话也不完全对。新的里面许多是有生命力的、积极向上的，这是好的，但也有一些虽然是新发生的，却并不怎么好。笼统地说老的都不好，新的都好，就不确切。许多问题之所以普遍存在，许多问题之所以反复出现，必有其深层次的原因。我过去讲过，普遍存在的东西要从方针政策里面去找答案，反复出现的东西要从规律性里面去找答案。我讲这话的意思是，对于复杂的情况，对于我们所不熟悉的问题，既不能简单地、轻易地下结论，也不能回避，要敢于正视，采取冷静分析的态度。因此我们提倡塌下心来，扑下身子，深入实际，深入群众，作充分、细致、系统的调查研究。尤其是对那些当前比较突出的问题，更要舍得花时间、花精力，深入研究，找出其内在联系和深层次原因，这样才能正确认识问题和解决问题。近来，大家比较关心宗教问题。但是对宗教形势究竟怎样估计？是说宗教形势总的是好的，也还有一些问题；还是说宗教问题很大，如果不严格依法加强管理，就不得了？还有宗教信仰自由政策，是原则还是策略？如果说是我们必须遵循的一个原则，那么，宗教活动中如果没有什么违法行为，就不能采取不恰当的措施。如果说是一个策略，我们是无神论者，对此根本不提倡，那么，政策上又怎么解释？这些都不是简单的问题。此外，还有民族问题以及其他许多问题，都需要认真研究。研究问题必须坚持“解放思想、实事求是”，创造大家能够畅所欲言的环境。在建设有中国特色社会主义的共同目标下，要鼓励人们提出新的见解、观点，允许进行新的探索。只有这样，我们的统一战线理论才能跟上实践发展的步伐，统一战线工作才能减少失误，充满生机与活力。

（摘自1996年1月25日与全国统战部长会议代表座谈时的讲话）

决策必须建立在研究的基础之上。决策特别是方针、政策的制定，重大问题的决断，阶段性的重大工作的部署，应该以科学研究的结论为根据，是科学研究成果的转化。我们的一些决策，往往缺乏科学的程序，缺乏科学的研究基础。研究部门应该先研究，根据研究的结果提出建议，然后提交决策机构考虑；而不是领导先作决定，然后由研究工作者来阐述、注解、圆场。我们决策时不能临时叫来几个人随便说说，说了就作决定，这样的草率决定还能指望不出问题？哪有这样的神仙！所以，研究对决策具有重大意义，研究必须作为决策程序中的第一道工序。

（摘自1990年12月13日在社会主义理论问题研究座谈会上的讲话）

搞好专题调研，注重建言立论

人民政协历来重视调查研究工作。近些年来，各级政协组织和政协委员围绕改革、发展和稳定中的重大问题，进行了大量的专题调研，提出了许多建设性的意见和建议，得到了各级党政领导的重视，对实际工作起到了推动作用，在社会上产生了广泛影响。实践证明，专题调研是履行政协职能的基础环节，是调动委员积极性的有效形式，也是活跃政协工作的重要途径。面对新的形势和任务，我们应当认真总结经验，发扬成绩，克服不足，把专题调研提高到一个新的水平。要精心选择课题，合理配备力量，找准服务大局与发挥政协优势的结合点；要搞好组织协调，加强与各党派、团体之间的合作，体现整体效应和政协特色；要注重成果的转化工作，搞好调研报告的报送、交流和反馈，增进与有关部门的沟通和联系。特别是要在研究上狠下功夫。不重视研究，满足于堆砌材料；不面向实际，习惯于图解已有结论；不集思广益，沉湎于少数人编词作文，这些都是当前研究工作的突出弊端。这样的研究，或者没有用处、徒劳无功，或者谬传误导、害人坏事。从一定意义上讲，研究工作决定着调研结论的对错、水平的高低和作用的大小。我们必须在材料弄全弄准的基础上，提倡运用马克思主义基本原理，吸取现代科学成果，进行深入的理性思考；提倡组织有关专家学者和经验丰富的人士参与，形成讨论问题的良好气氛，集中各方面的正确意见；提倡对材料进行郑重而不敷衍、深刻而不肤浅、系统而不零碎的分析、综合、提炼、抽象。只有这样，才能抓住事物的本质及其同周围事物的联系，才能通过调查研究达到指导实践、深化认识的目的。

我们搞专题调研，当然希望对领导有所帮助，对决策有所参考。由于种种原因，或选题不准，或深度不够，或实施条件不具备，我们的调研报告不可能都被采纳。但只要是付出了心血，只要是确有真知灼见，不用不等于无用，今天不用不等于将来也不用。自古以来，很多有识之士为国家大事建言立论，写下了若干著名的“疏”、“表”、“策”、“论”，有的在当朝当代发挥作用，有的对后人后世产生影响，有不少至今仍被人们所引用。我们的专题调研，也应当在建言立论上有所作为。“言而无文，行之不远。”我们应该对具有重要价值的调研报告精心锤炼，力求准确、生动、鲜明，并编辑成册，使之留存下来。如果我们对事关中华民族生存和发展的问题，能够提出一些带方略性的思路和主张，我们就尽到了责任，也就会感到由衷的欣慰！

（摘自 1999 年 3 月 11 日在中国人民政治协商会议第九届全国委员会第二次会议闭幕会上的讲话）

专题调研是政协履行职能的一项基础性工作，同时也是政协参政议政的一种重要方式。我们搞调研，当然总是希望建议被采纳，对决策产生影响。但是最终能否被采纳，取决于多种因素。其中有选题问题，有报告水平问题，有实施条件问题，也有认识和时机问题。八届政协期间各委员会的调研报告共 180 多份。其中有些引起了中共中央、国务院的高度重视，对实际工作起到了推动作用，比如：关于加强宏观调控、抑制通货膨胀的建议，关于农业和农村问题的建议，关于加强基础教育的建议，关于加强社会主义精神文明建设的建议，关于加强对非洲工作的建议，关于在宁夏建设扶贫扬黄灌区工程的建议，等等。但也有一些报告没有产生大的作用。我认为这些报告不用不等于无用，今天不用不等于将来也不能用。有的报告花费了很大的心血，提出了独到的见解，我们不能一送了之。我建议，对所有调研报告和有分量的会议发言，都要集中力量，加以整理，删繁就简，去粗取精，锤炼文字，编印成册，在一定范围发行，使之留存下来。中国历史上很多有识之士为国家大计上书建言，有的在当朝当代就被采纳，也有的当时未引起重视，却对后人后世产生了重大影响。孟子、荀子、韩非子，他们的著作很大一部分就是对当时领导者的进言。我们所熟悉的历史名篇佳句，有不少出自历代“疏”、

“表”、“策”、“论”。孙中山的《建国方略》，其中许多设想他并没有实施，但对后人启示很大。延安时期民主人士李鼎铭先生提出的“精兵简政”，至今仍有其现实意义。我们自己在实际工作中也常常有这种体会：正苦于对某个问题百思不得其解，偶尔发现一份材料，翻阅一下，豁然开朗。可能这份材料几年前就送来了，并未引起重视，此时才体会到它的价值。古人讲立德、立功、立言。立言就是对某个重大问题，经过调查研究，反复论证，提出“一家之言”，提出一些论点。从一定意义上讲，立言，也就是立论，专题调研做的就是立论的工作。政协不立法，但可以立论。如果我们政协每年能拿出若干调研报告，为解决国家和民族当前和今后若干重大问题提供有价值的思路、建议，在立论上有所贡献，那就是成就，就是尽职尽责。

政协可以论的题目很多。当前如何落实党的十五大精神，如何解决两个文明建设中一系列重大现实问题，都可以论。也可以论一些涉及长远的问题。中国是一个发展中国家，人口多、底子薄，真正实现现代化的目标，面临的困难很多，需要研究的问题很多。比如吃饭问题。外国人钦佩中国解决了 12 亿人口的吃饭问题，外国人担心中国吃饭终究会成为问题。围绕这个问题，可以导出许多值得研究的重大课题。前几年我们提倡实施“丘岗计划”，就是设想把南方海拔 500 米以下的有条件的山丘，由简单的绿化改为种植经济作物。以湖南为例，全省大约有 4 800 万亩农地，实行丘岗计划之后，可以增加 5 000 万亩，也就是增加一倍。我和杨汝岱同志都到湘西看过，当地的干部群众用不长的时间，就把丘岗变成了花果山。我还讲过“绿化革命”，这个概念不一定准，但问题本身很值得重视。我们从不重视绿化到重视绿化，在许多地方种草种花，这是一大进步。绿化当然要讲环境效益，但绿化要占土地、阳光和水，具体到中国人多地少这样一种国情，单纯讲环境效益就不够了，还应讲求经济效益。要有计划地扩大水果、干果树种栽植，把改善生态环境和提高经济效益结合起来。如这个意见可行，城市街道旁的行道树，公园、庭院的林木，都有文章可做。淡水问题同样也是个值得重视和研究的问题。诸如此类的问题，都是对中国未来生存和发展具有重大意义的问题。如果我们能在这类问题上提一些大的带方略性的建议，其作用将是很大的。

搞调查研究，建言立论，政协有优势。政协委员有许多是各行各业的专家学者，70％以上的人有高级职称，有100多位两院院士。政协委员位置比较超脱，不受部门和地区利益的局限，一般也有条件抽出时间，可以比较冷静、客观地探讨一些问题。对这件事，政协办公厅要统筹安排，精心组织，创造条件，搞好服务，力争搞出实效。各位副主席都有丰富的阅历和经验，建议大家选择一些自己感兴趣的题目，同有关方面结合，做一些立论的工作。这既是政协领导干部履行职能的一种重要方式，也是使各位的思考、见解、经验流传后世，对社会发挥作用的重要途径。我想，把这件事做好，对开阔政协思路，活跃政协工作局面具有重要意义，建议大家认真研究一下。

（摘自1998年5月6日在政协第九届全国委员会第四次主席会议上的讲话）

了解和反映社情民意

了解和反映社情民意工作，是八届全国政协提出并逐步展开的。几年来，各级政协把了解和反映社情民意当作一件大事来抓，取得了显著成效，不但为中央和各地党政机关的工作、决策提供了许多有价值的信息，而且促进、活跃了政协履行职能的各项工作，得到了中央和各地党政领导的高度重视，也赢得了社会各界的充分肯定。

会上，有些同志提出，社情民意应该怎样正确理解，能否有个通俗的解释？要我说，社情民意就是指社会生活的基本情况和人民群众的意见愿望。社情不等同于民意，但社情包含着民意；民意不等同于社情，但民意是最重要的社情。在许多情况下，社情就是民情。因此，了解和反映社情民意，最主要的是了解和反映民情民意。中国历史上许多思想家、政治家都非常重视民情民意，都把知民情、顺民意、得民心作为“为政之道”、“执政之要”。老子说：“圣人无常心，以百姓心为心。”管子说：“政之所兴，在顺民心；政之所废，则逆民心。”苏洵说：“服民之心，必得其情。”我们共产党人是历史唯物主义者，我们认为人民群众是历史的创造者，是实践和认识的主体，是社会主义国家的主人。我们的世界观决定了我们必须始终自觉地重视民情民意。

全面、准确、及时地了解和反映社情民意，在当前不仅非常重要、十分紧迫，而且极其复杂、很不容易。第一，客观事物本来就是复杂的，在社会主义市场经济条件下尤其复杂。当前，经济成分、经济利益日益多样化，社会组织形式、社会生活方式日益多样化，人们的思维方式、价值取向也日益多样化。社会上各种诉求日益增多，自我选择意识日益增强，不同阶层、不同群体、不同职业、不同地域的人对一件事情往往有不同的看法，一个政策、一项措施的出台也常常是有人满意有人不满意，完全赞成、一致拥护的局面比较少见了。第二，客观事物是发展变化的，当今世界发展变化之快更是超乎寻常。一些人的经济和社会地位经常发生变动，今天还是农民，明天可能就成为工人，过一段时间可能又成为农民或从事其他什么职业；今天还是工人，明天可能就下岗或失业，过一段时间可能又当了个体户或者私营企业主；今天还是干部，明天可能就成了商人或外企雇员，过一段时间可能又成为自由职业者。社会存在决定社会意识。随着经济和社会地位的变化，人们的思想、观念、愿望和要求也会发生变化。某些人今天对某一个政策、某一项措施还表示赞成、拥护，不久就可能转为不满、反对。第三，特别值得提出的是，目前弄虚作假的现象十分严重。假话、空话、套话随处可见，假情况、假数字、假政绩屡有发生，有些造假简直到了骇人听闻的地步。讲诚守信是中华民族的优良传统，实事求是是我们党的思想路线，说真话报实情是做人的基本准则。弄虚作假这种曾经给我们党、国家和民族造成严重危害的不良风气重新泛起，不能不引起我们的警惕和深思。种种客观或人为因素所产生的复杂多变的情况，确实给我们了解和反映社情民意增加了很大困难，搞得不好就会失之于片面、落后于发展甚至上当受骗，把领导机关的认识、判断、决策和部署导向错误、引入歧途。同时，这些情况也说明，在当前，切实加强、认真做好了解和反映社情民意的工作，确实具有极为重要的意义。

人民政协在了解和反映社情民意方面具有独特的优势，可以发挥重要的作用。人民政协是由界别组成的机构，包括了我国各党派、各团体和社会各界的代表人物，从一定意义上讲，了解了各界别的意见就基本上了解了多数人的意见，掌握了各界别的情况就基本上掌握了整个社会的情况。政协委员是各个界别的代表，每个委员都联系着一部分基层的群众，通过委员，能够发现其他渠道不易发现的问题，能够听到其他途径不易听到的呼声。政协组织是我国政治体制的重要部分，通过这个组织，可以使群众中分散、个别的意见得到系统、综合的表达，可以把基层的情况直接地、畅通地反映给高层决策部门。政协位置超脱，政协发表意见，可以较少受利益驱动的影响和部门或地区的局限，可以比较客观、比较准确地反映各种情况和问题。了解和反映社情民意是中央的要求，是政协履行职能的重要基础和关键环节，也是政协委员应尽的义务和受到保护的一项权利。我希望每一个委员都能认清自己的职责，发挥自己的作用，多向中央反映一些情况。同时，通过我们的努力也让人们感到，政协确是一个能够提供真实情况的地方，是党和国家决策不可缺少的信息来源。

（摘自 2001 年 6 月 29 日在政协第九届全国委员会常务委员会第十四次会议闭幕会上的讲话）

高度重视信息工作

领导工作的预见性，要求以大量的信息作基础。一切从实际出发，使我们的决策符合事物的发展规律和发展方向，就有一个科学预见的问题。这种预见，必然是对社会各种现象的本质和规律的反映。只有掌握了大量信息，决策才有底气。作为地方一级政府，既要坚决执行中央的指示精神，又有向中央提供具体意见的责任。中央的决定也是来源于群众的实践，来源于各级的意见和反映的材料。比如中央提出了四化建设总的方向，这是明确的，但是在具体步骤的实施上，则是一个由千百万人参加的创造历史的实践过程。谁也不能说，对四化建设中的每一个细节问题都已经胸有成竹了。改革也是如此，它是人民群众创造和探索的过程。因此，真正的高明见解往往来源于群众。作为一个领导者，在实际工作中不仅要认真了解上级的意图，领会上级的指示精神，也要了解群众，了解下层以及左邻右舍。就是说，把上面的精神和下面的实际结合起来，做到从实际出发，才能使我们的决策符合事物本质和发展方向。

按照实际情况决定工作方针，是我们遵循的一个基本原则。过去多年来，我们工作上一个很大的缺点，就是脱离实际，脱离群众，乱拍板，瞎指挥。脱离实际，脱离群众，就必然脱离科学、违反科学。我们要做好政府工作，搞好四化建设，使我们的工作符合实际、符合民意而不是瞎指挥，就要了解实际、了解民意。也就是说，要使我们的决策和行动符合科学，就有一个信息问题。信息是不是及时、全面、准确，直接关系到我们的决策、行动是否正确。过去，我们的工作方法常常是层层听汇报，以汇报材料作为决策的依据，而这种材料是否与实际相符又不去深究。工作方法简单，不注重信息的作用，这就很容易犯脱离实际的毛病。

各种各样的信息，大都是原始的材料。只有经过去粗取精、去伪存真、由此及彼、由表及里的加工制作，才能得出正确的结论。否则，对任何信息都不加分析，对任何材料都不作判断，以原始的信息为依据来指导工作，就不可避免地要犯错误。权力越大，带来的后果越严重。这就是政府工作所以要重视信息的原因。

信息工作的重要意义就是把各种不同利益、不同阶层的人的意见都及时反映到政府里来，使我们的决策建立在科学的基础上。要开拓信息来源，弄清楚各方面的情况，使材料丰富和合于实践。然后再把材料掰开了，揉碎了，分析综合改造加工。材料符合实际是最重要的。材料是错的，加工出来的东西也就必然是错的。所以，信息工作的重要意义就是它能及时广泛地提供材料。

如果没有事先对情况的了解，缺乏充分的准备，没有信息，也就不会做出切合实际、使人心服口服的决断。果断与鲁莽，有着本质的区别。既要决断，又要善断，这就和信息联系起来了。

没有充足的信息来源，也就不能对现象进行比较全面的分析，做出的决定只能是武断的，不可能是善断。什么都不管不顾，胡乱拍板，这是鲁莽家。朝令夕改，随意行事，是没有原则、不负责任的“政治家”。

现在，信息传递的手段先进多了。电脑的出现和发展，标志着科学技术发展到了一个崭新的阶段，也使信息传递更加广泛快速，但决不能说其他手段就不行了。我们的观点是，电脑固然重要，随着条件的改善，我们也要逐步装备、运用它，但决不能忽视现有手段，例如调查研究、家访谈心等等。总之，不要把信息说得那么神秘。

对待信息，要和唯物的观点、全面的观点、实践的观点、实事求是的观点联系起来。说到底，就是要坚持马克思主义的辩证唯物主义观点。这一点对决策机关是至关重要的。就是说，我们在工作中必须把握正确的情况，把情况搞全、搞准。今后要力求建立起多种信息渠道，使之有助于对实际工作的指导和做出正确的决断，不然就会贻误工作。当前大事多、新事多、急事多、难事多，都需要我们决策拍板，拍慢了误事，拍错了坏事。如何在这么纷繁复杂的事情面前不犯或少犯错误，抓好信息，运用信息，就成了非常重要的问题。越是忙，越要重视对实际情况的了解，对信息必须下功夫、苦思索，必须进行分析、综合、抽象、概括，以求得出正确的结论，这是今后领导干部的必修课和基本功。

（摘自1984年11月23日对《中国信息报》记者的谈话）

反映社情民意是根据当前形势需要提出来的，是政协工作的一个创造，是政协履行职能的重要内容和基础环节。几年来，政协反映社情民意工作取得了很大成绩，创造了不少经验，应当认真总结、推广、提高。反映社情民意，我觉得有四点非常重要：

第一，要力求真实。信息不真实，不仅没用，而且误事。我们应该把力求真实作为信息工作的一个首要问题、一个基本要求来加以重视。京剧《群英会》中有一段蒋干盗书，盗来了一条假信息，导致曹操错杀了自己的战将。电视剧《李克农》中也有一个情节，由于李克农同志及时向中央报送了顾顺章叛变的消息，使当时在上海的中央领导都幸免于难。由此可见，报送一条正确的信息或报送一条错误的信息，其结果大不一样。现在弄虚作假的现象很多，假商品可恨，假情况可怕，把问题绝对弄准弄真的确不容易，但从事信息工作的同志一定要力求真实，坚持实事求是，提倡讲真话、报实情，反对弄虚作假。

第二，要注重质量。真实本身就是质量，不真实就谈不上质量。这里我想从另外一个角度来强调信息的质量，就是说，我们反映的情况应该具有普遍性的意义，应该是有分量、有价值的信息。为此，必须着眼大局、贴近实际、贴近群众。

第三，要争取快速。信息最讲时效，有时候早一天得到就可以解决问题，晚一天就可能没用。现在办事情环节多、效率低，有些来自基层的信息，往往从乡里转到县里，县里转到地区，一层一层转来转去，就可能失真或贻误时机。政协下通各界、上达中央，可以将基层的情况和呼声直接送达中央领导同志，我们应该充分发挥这个优势，尽量减少环节，提高效率，特别是一些重要信息更应及时、快捷。

第四，要突出特色。政协信息常常是从不同界别、不同层次、不同角度反映各界群众的愿望和要求，而不是简单地照转一些专题性的信息。政协委员可以从不同的角度、不同的层次、不同利益群体的视野来看这个问题，把他们的意见综合起来，政协的信息就有了特色。党政部门看看政协信息怎么说，也就可以基本了解各阶层、各界别人士的想法。所以，我们在反映社情民意的时候要十分注意界别性，避免一般性，从不同方面反映社会各界群众的意见和要求。

（摘自1999年12月28日在接见全国政协办公厅第二次信息工作座谈会代表时的讲话）

实行决策的科学化和领导方式的现代化，是中央的号召、群众的呼声，也是历史发展的必然趋势。我们党在长期的革命战争和过去的经济建设中形成了许多好的领导方式和工作方法，这是我们的宝贵财富。但必须看到，要适合当前现代化建设的新的形势和任务的需要，还必须尽可能地采取一些现代化的领导方式和科技手段。领导就要决策，而决策必须有科学论证；领导就是服务，而服务就必须及时、准确、全面地掌握信息；领导工作必须正确、高效，而正确、高效就必须有好的工作方法。要做到这些，领导者不但要掌握马克思主义基本原理，还要学习和了解一定的现代科技知识，学会一些依靠科技知识、运用科技手段进行领导的方法。

（摘自1991年11月5日在九十年代科技发展与中国现代化系列讲座开幕式上的讲话）

少讲空话，多干实事

我们应当大力提倡邓小平同志说的“少讲空话，多干实事”的精神，深刻理解“少讲空话，多干实事”的重大意义。不能说中华民族有好吹的习惯，起码这些年来我们有了一种好吹的风气，突出的表现就是好说空话。说空话似乎成了一些人主要的工作，天天说，没完没了地说，一个接一个地说，上下传着说，层层往下说，上下一齐说。说起来豪言壮语，气吞山河；海阔天空，不着边际。其实是只有唱功，没有做功；嘴行千里，屁股在屋里。重说轻做，务虚不务实，必然误事、误人、误己，最终误国误民，可恶至极。

邓小平同志强调"少讲空话，多干实事"，其实质不只在于针对党风中的问题，还在于坚持辩证唯物论的思想路线。我们需要从这个高度来认识和落实"少讲空话，多干实事"。在贯彻"少讲空话，多干实事"的精神的过程中，要注意宣传和使我们的干部牢固树立党的"实事求是"的思想路线。强调"少讲空话，多干实事"，就是强调"实事求是"。具体说来，就是强调深入实际，了解实际，从实际出发；强调相信群众，团结群众，依靠群众。坚持实干，就是坚持实事求是。要完成四化大业，必须提倡一切从客观实际出发，立足群众实践，扎扎实实、踏踏实实干实事。空话不能解决实际问题，实际问题要靠实践来解决。因此要重视实践，勇于实践，善于实践。从实际出发，就要注意实际的变化，跟上实际的发展，与时俱进。一句话，必须坚持马克思主义的唯物论和辩证法。

（摘自1985年5月25日在落实邓小平同志"少讲空话，多干实事"指示座谈会上的发言）

邓小平同志最近强调，各个部门和地方，特别是主要负责同志，都要注意"少讲空话，多干实事"。小平同志的话，语重心长，切中时弊。我们各级领导干部都要深刻领会，认真思考，把自己摆进去，对照对照。

几年来，我们天津在贯彻中央一系列方针政策的过程中，强调了要多办实事，使我市的经济建设、城市建设、改善人民生活和精神文明建设等方面，都取得了可喜的成绩，党和政府的威信不断提高，人民群众的精神更加振奋，领导干部的作风和工作水平也有了新的进步。事实证明，真心实意地关心群众疾苦，切切实实地多办实事，是巩固和发展大好形势，搞好各项工作的主要动力和基本经验。

但是，我们应当清醒地看到，对这个事关四化大局的根本问题，许多同志认识还不够深刻，行动还不够自觉。在一些部门和单位的领导同志中，讲空话，图形式，不下真功夫，只搞假把式，做表面文章，甚至弄虚作假的坏作风，还严重地存在着。他们不学习，不调查，不认真思考，讲空话，讲大话，讲假话，讲一些似是而非和漫无边际的套话。他们喜欢开会，特别是开大会、开长会，满足老程式，轮流作演讲，行礼如仪；会前不准备，会上无主题，议而不决；决心在嘴上，行动在会上，落实在纸上，决而不行。他们在部门关系上，不是互相谅解，互相支持，而是抓住枝节问题纠缠不休；踢皮球，争利益，论高低，比输赢，把宝贵的时间浪费在无休止的扯皮之中。他们只讲人情，不讲原则，整天走东家，串西户，到处找人谈话，除了讲个人的私利，就是说别人的缺点，自己不工作，还浪费了别人的时间。他们热衷于设机构，争编制，机构越精简越繁，人员越压缩越多，人浮于事，无事生非，增添了环节，加多了手续，降低了效率。他们把主要精力放在应付门面上，整天忙于红白喜事，送往迎来，出头露面，陪会陪餐。他们争出国，把出国当成了待遇。出国前，大讲必要性，争取出去；回国后，强调特殊性，为了不干。出去不少，办事不多。一天只有 24 小时，如果老是陷在这些无效活动之中，除去睡觉、吃饭，还有多少时间去工作学习，还有多大精力去办实事！

“少讲空话，多干实事”，不只是个工作作风问题，而且是个精神状态和革命意志问题，是个对革命事业的责任感问题，说到底是个世界观问题。因此，要搞好四化建设，就必须下决心解决这个问题。

（摘自 1985 年 5 月为《天津日报》撰写的特约评论员文章）

空谈误国，实干兴邦

空谈误国，实干兴邦。实现宏伟目标，到 2000 年，工农业总产值翻两番；到建国 100 周年，接近和达到中等发达国家的水平，这是一项伟大而艰巨的任务，必须靠全国人民、几代人实干苦干。首先，干部要身体力行，尔后，再推广到整个民族，使少讲空话，多干实事成为一种社会风尚、行为规范、是非标准、民族气质，并持之以恒，流传后代，成为振兴中华的巨大物质力量。

我们有些同志沾染了一些很坏的风气，他们习惯于坐在屋子里，豪言壮语，气吞山河，听起来似乎决心很大，道理很多，但只有唱功，没有做功，嘴行千里，屁股在屋里。高谈使他们浪费了很多时间，阔论使他们耽误了许多事情。有些同志“茶碗一端，说话无边；香烟一点，专说人短”。他们习惯于说这也不对，那也不对，就是不说怎么样才对；他们总喜欢说这人不行，那人不行，就是不说自己行不行；他们不当运动员，只当裁判员，只吹哨不上场，谁“进球”吹谁“犯规”；你在前边干，他在旁边看，干好了他说“早该如此”，干错了他说“意料之中”。他们涣散了别人的斗志，污染了周围的空气，误事、误国、误人、误己，此患不除，四化难矣。

我们要造成社会舆论，采取有力措施，使实干为荣，使空谈为耻。评价一项工作要循名责实，看是不是取得了实际效果；考核一个干部，要听其言而观其行，看他究竟办成了多少实事。要提拔、重用、奖励那些有干劲、有才能、办实事、有成效的人。要查处一些极端不负责任、空谈误事的严重官僚主义者，以明功过，以正视听，树一代之新风，兴中华之大业。

（摘自1985年5月为《天津日报》撰写的特约评论员文章）

四化建设是亿万人民的事业。群众的信心如何，精神状态如何，积极性如何，决定着建设的进程。因此，凡真正关心四化大业的领导，都应该研究如何最大限度地调动群众的积极性。

由于十年浩劫，人们对于说空话、说大话非常反感，而对说实话、干实事十分渴望。近几年，我国形势之所以这样好，天津的变化之所以这样大，群众的热情之所以这样高，主要是坚持和办成了一些实事的结果。

办事要靠人，人要有精神。这个道理，有些同志至今尚未理解。他们不依靠群众，不动员群众，不深入群众，不研究群众的情绪，只是打电话，听汇报，办公室里憋套套；尽管忙忙碌碌，辛辛苦苦，工作却无起色。还有些同志，虽然也知道办事要靠大家，也想把大家的劲头鼓动起来，但方法不对头。他们只想让群众卖劲，不想给群众办事；只怨群众落后，不找自己毛病；好施小恩小惠，迷信权势压人。殊不知，用轰的办法，哄的办法，压的办法，怨天尤人，都是无济于事的。

群众中本来蕴藏着极大的社会主义积极性。领导者的责任就是把群众的积极性调动起来、发挥出去。领导必须使群众信得过，在群众中享有威望。领导的威望从哪里来？靠上级封不出来，靠权力压不出来，靠自己吹不出来，靠要小聪明骗不出来。

只有靠真心实意地、尽心竭力地、坚持不懈地为群众办实事，才能逐步树立起来。“领导为群众办事儿，群众为领导作劲儿”。实事越办越多、越办越好，领导威望越来越高，群众劲头越来越足，形成“良性循环”。干群一体，群威群胆，无坚不摧，勇往直前。

（摘自 1985 年 5 月为《天津日报》撰写的特约评论员文章）

四化建设最主要的是要有人才，特别是领导人才。如何选好人才，用好人才，培养、造就更多的人才，是一项关系重大，影响深远的大事。小平同志提出的“少讲空话，多干实事”为我们办好这件大事指出了正确途径。

战争时期选人，把生与死、血与火的考验作为重要标准。和平时期选人，就要把多干实事作为重要标准。评判一个人，不能只看他说得如何，在领导面前表现得如何，主要应看他是否为人民干实事，看他干事过程的表现及其结果。这样，我们就可以不被那些只有花把式，没有真本事，只要小聪明，不下真功夫，靠投机钻营的人所欺骗，就可以把那些有真才、干实事的人选到领导岗位。

选拔干部要看干实事，培养干部也要靠干实事。年轻干部上来，靠捧着、哄着、保着不行，必须把他们放到改造世界的第一线，交任务、压担子，使他们通过办实事的过程受到磨练，经受考验，增长才干，树立威望。只有这样的干部，人们才信得过，自己才站得住；也只有这样，才能把误选、误用的人暴露出来，淘汰下去。

我们的国家人多，四化建设事多。我们的伟大人民正在为我们的伟大事业艰苦拼搏，大显身手。时势造英雄，在这个过程中必将会有许多优秀人物脱颖而出。只要我们端正思想，破除陈规陋习，闯出包围圈，深入到干实事的过程中去，就一定会发现更多更好的人才。

坚持把“少讲空话，多干实事”作为出发点去选人才，用人才，造就人才，就会形成新的社会观念、社会风气。新风育新人，新人重实干，人才辈出，大业可成。

（摘自1985年5月为《天津日报》撰写的特约评论员文章）

办实事必须把握的几条原则

怎样才能使每件事、每个项目都从人民的愿望出发，体现人民的意志？又怎样把实事办实办好，取得实效？实践证明必须把握好以下五条原则。

一是办多数人受益的事。为多数人谋利益，这是社会主义制度的一条根本原则。始终关注大多数群众的利益，时刻注意解决大多数群众的问题，这也是我们政府搞好一切工作的出发点和归宿。同时，坚持办多数人受益的事情，就能够得到多数人的支持，事情就容易办好。

二是办群众最急需的事。我们主张一部分人和地区先富起来，最后达到共同富裕，但我们是社会主义国家，不能使贫富过于悬殊。关心群众疾苦，是我们共产党人和人民政府的天职。一切真正关心群众的领导，都要急人之难，救急当先，把最困难的人的疾苦时刻挂在心头，作为重点问题下力量加以解决。因此，我们每年办实事不只是注意了“锦上添花”，而且更重视“雪中送炭”。

三是办长远起作用的事。办实事，是要解决群众的急迫问题，但也不能完全急功近利。群众的利益，既有当前利益，也有长远利益；既有局部利益，也有整体利益。一般来讲，群众往往对当前的切身利益注意得多一些。而领导者的责任，就在于能够从全局出发，代表群众的根本利益，高瞻远瞩，既考虑当前又想到长远，搞好远近结合。办当前需要的事情，尽可能为长远作铺垫、打基础，而不能为将来安钉子、设障碍；办长远的事情，尽可能结合当前的需要，而不能脱离现实的条件。

四是办促进精神文明建设的事。社会主义的现代化，包括物质文明、精神文明两个方面的建设。只讲物质，不讲精神，就会迷失方向，偏离轨道，就不是社会主义现代化。因此，我们为人民办实事，不仅要努力改善人们的衣食住行的条件，同时还要注意提高人们的思想觉悟，培养良好的道德风尚，用精神上的富有战胜物质上的困难。精神文明建设成果，既是我们办实事的目标之一，又是办实事的根本保证。

五是办力所能及的事。实事求是，一切从实际出发，是我们办一切事情必须遵循的基本指导思想。历史的人必须承担历史的责任，但历史的人只能办历史的事。因此，为人民办实事必须依据客观条件，尽力而为，量力而行。当前，在人民生活中确实还存在着许多困难；群众要求解决这些问题，应当说是合情合理的。但是客观条件有限，只有那么些钱、那么些物，决定了一个时期只能集中力量解决一批问题。如果项目列得过多，把财力、物力撒了“芝麻盐”，到头来什么事情也难以办成办好，想办多，反而办少，甚至连少也办不成。当然，我们也不能以客观条件为借口，不去尽力而为。

（摘自 1986 年 3 月 17 日在天津市人民政府第十届第五次全体会议上的讲话）

说实话、办实事、想实招、重实效

实事都是具体的，要干好实事必须狠抓具体。弄清具体情况，研究具体招法，观察具体变化，解决具体问题，实属干成实事的要领、要招、要旨、要害。

抓具体之所以重要，因为它体现着特殊性，即使是“老套活”，由于时间、地点、条件的变化，也会有些“不一样”。抓具体之所以重要，也在于我们的体制存在着弊端，作风有些不正，容易扯皮。抓具体之所以重要，还在于我们进行的是开拓性的事业，常常碰到预料不到的问题。现在的问题是，我们有些同志不懂得抓具体的重要意义，工作不艰苦、不细致、不扎实，谈问题似是而非，讲道理肤浅表面。习惯于用“大概”、“或者”、“也许是”、“好像”、“恐怕”、“差不多”等模棱两可的词语。即使到基层，也是“葫芦掉在井里——在下边漂着”。此病不除，实事难以干成。

我们正处在百事待举的时期，事多事难。多，应该是拼命工作、讲究科学的理由，而不能作为大而化之的托辞；难，应该是兢兢业业、扎扎实实的根据，而不能作为逃避现实的借口。

我们必须提倡具体抓、抓具体、抓住不放、一抓到底的作风。做到讲原则而不空泛，讲具体而不琐碎。果能如此，实事就能干好，局面就会改变。

（摘自 1985 年 5 月为《天津日报》撰写的特约评论员文章）

我有一段常念的歌，叫：抓紧、抓细、抓具体，抓住不放，一抓到底。要做到这一点，就得不怕辛苦。吃苦，是办成实事的要旨、要意、要招、要害。任何工作都要抓紧、抓实，抓工程特别是重点工程，一定要抓狠，心不狠，容易动摇；手不狠，容易落空。干什么事，开始都讲要统一认识，没有统一认识，就没有统一行动。但是，很多事情开始时认识常常不能完全统一，如果要求完全统一了，那就许多事都不能干。真正的统一认识，只有通过干，在干的过程中和干成之后才能形成。只要事前考虑得周到，做到基本统一，在有些人似乎明白又糊涂时先干起来，下力量把它干好，最后在一片赞扬声中，反对的也不反对了，甚至说："我早就同意。"

（摘自 1986 年 1 月 9 日在全国第四期市长研究班学员座谈会上的讲话）

在理论上、文章上、条条上、言词上、概括什么说法上下功夫，这是我们的优点。但是在一个字、一个词、一个说法上，来回地捣鼓，来回争论，浪费时间，结果丧失了机遇。我们过去有种习惯做法，干一件事情之前，总要找出马克思怎么说，列宁怎么说，毛主席怎么说，凡没说过的就不能干。这不是实事求是的态度。要想使社会进步，还得强调实干，在整个社会提倡朴实、扎实。我曾经讲过"倡俭崇实"，提倡勤俭、俭朴，崇尚求实、充实。唐朝有一个丞相，叫姚崇。姚崇临死之前人们问他有点什么经验，他说：崇实充实。意思是说，为政只有崇实，国库才能充实。

今年我在宣传部长会议上的讲话中，引了流传在神农架的一个关于野猪的故事。去年我到了神农架的一个县考察，县长说现在方向都明确了，就是要实实在在地干，山区底子差，要真正富起来更需要实实在在地干，不能光说空话。他就讲了这么个例子。湖北神农架地区野猪糟蹋庄稼厉害，群众叫苦不迭，为此，乡村组织民兵巡逻驱赶，花费很多人力。后来有人想了一个“高招”，用录音机录上狮、虎的吼声和人声、枪声，用高音喇叭播放。开始果然有效。几天后，野猪试探着往庄稼地里凑，并用身子靠了靠绑喇叭的杆子，发现仍然只是叫喊而没动作，于是甩开嘴巴，把绑喇叭的杆子给打倒了。当地人说，说空话、唱高调连野猪都骗不了！

现在我们国家要真正搞上去，就得在全社会提倡扎扎实实的工作作风，许许多多虚华之物、浮夸之词、表面文章都应该避免。现在各地都想上得快一些，都强调解放思想，但是怎么个解放法？不扎实工作，光喊不行，有些东西道理很清楚了，就是干的问题，就是要研究如何把它干上去，干中才有招。要强调在实践里面去研究，强调干中去探索路子，这本身就是解放思想。不能把目前已有的东西神圣化，被它框住，要允许有新的实践，新的探索。

（摘自 1992 年 4 月 22 日听取山东潍坊市委负责同志工作汇报时的讲话）

务实、务实、再务实

干实事，必须务实求实。要知实情，想实招，说实话，求实效。否则就会把事办歪、办砸。

要会找事。现在是百业待兴，百事待举，要把所有的事都找出来，分分类，排排队。看看哪些该办，哪些不该办；哪些能办，哪些不能办；哪些先办，哪些后办。排列清楚，落实下去。不加选择，眉毛胡子一把抓，核桃栗子一起数，其结果必然是螃蟹吃豆腐——吃得不多，抓得挺乱。历史的人只能办历史的事。

不顾客观条件，不分轻重缓急，不排先后主次，只顾说起来好听，看起来热闹，提些不切实际的目标，到头来劳民伤财，图虚名，得实祸。

贯彻上级的指示要结合实际，既不能借口特殊，自行其是，干扰统一部署；也不能不顾实际情况，等因奉此，生搬硬套，只起录音机、传话筒的作用。那种单纯的照抄照转，看起来似乎是执行得很坚决，实则是最大的怠工，必定坏事。要吃透上级的精神，弄准自己的情况，研究切实的办法，创造性地进行工作。

要注意左邻右舍，但切忌听风办事。要注意参考别人的做法，但必须注意自己的条件，不能盲从，不要攀比，不随声附和，不听风是雨。脑袋长在自己肩膀上，不能放在别人的胳臂上。这样，才能有底气，有主见，才能在纷繁复杂的社会现象中，辨清方向，坚定信心，经得起风浪，不左右摇摆，最后把事情办好。

干好实事，要在务实。执行中央精神时要务实，运用书本知识时要务实，学习别人经验时要务实，坚持自己经验时也要务实。务实形成风气，形成习惯，形成规矩，事情就能干好。

（摘自 1985 年 5 月为《天津日报》撰写的特约评论员文章）

我们党和政府为人民办实事取得了显著的成效。但在一些地方和单位，还存在着不够扎实、不够艰苦，甚至借办实事之名搞形式主义，把实的办虚、把虚的说实等现象。正因为如此，我们大力提倡艰苦、艰苦、再艰苦，务实、务实、再务实，提倡知实情、想实招、求实效。总之，要扎扎实实地工作，一步一个脚印地前进，使群众真正感到国家的面貌发生实实在在的变化，自己的生活得到实实在在的改善。只有这样，我们党才能得到人民群众的衷心拥护，执政地位才能不断巩固。

（摘自 2001 年 5 月 25 日会见委内瑞拉总统查韦斯时的谈话）

实事都是具体的事。所谓具体，就是既有特殊性又有多样性，还有多变性。笼而统之，就不能把事弄清楚，抓得不紧不及时就可能半途而废，甚至全盘落空。因此，必须具体抓，抓具体，抓住不放，一抓到底。目标要具体，要求要具体，责任要具体，措施要具体，一切都要讲具体。这样就会出速度，出效益，出水平。

（摘自 1987 年 3 月《深化认识，提高自觉》一文）

实事是实实在在的，有些还是错综复杂的，要真正干好它，必须勤于思考，善于琢磨。

有些事所以没有干好，有的是因为一些同志看得过于简单，事前琢磨得不细，准备得不足，仓促上阵，处置失当；有的则是因为一些同志思想不对头，他们只捉摸人，不琢磨事，影响了干事。

事是人干的。干成事当然要琢磨选人、用人，做到“知人善任”，但这种琢磨的出发点是为了把事情办得更好。有些人专找干事人的毛病，甚至给人家安个小辫子，揪住不放。凡干实事的人，就要说话，就要办事，就要待人。老说话难免有失，老办事难免有错，老待人难免有怨，哪怕是万分之一。其结果，干事的人变成了毛病最多的人；不干事而整人的人反倒变成专给人“治病”的人。这是一个很坏的风气，如不改变，就没有人敢干事，也没有人愿干事，国家就无法兴旺。

每个人都有长处和短处、优点和缺点，即使先进人物也不例外，这些短处和缺点也要弥补和克服。但作为领导者，看人，首先要看长处和优点，用其所长，避其所短，在用长处的过程中补其所短；发挥优点，克服缺点，在发挥优点的过程中去克服缺点。而不是专抠人家的毛病，把人治住，结果，把人们干事的劲头给治没了。

琢磨事是研究、探索客观规律的过程，也是理论联系实际的过程。琢磨事，必须下真功夫，花大心血，熬夜、吃苦。要有“众里寻他千百度”的毅力和“衣带渐宽终不悔”的韧劲。同时还要善于琢磨，学会分析综合，认真把情况搞全了、弄准了，把材料掰开了、揉碎了，把关系理顺了、摆正了，把措施具体了、落实了。

经常不断地琢磨事，经常不断地使用思考器官，就会使我们思维敏捷；经常不断地琢磨事，就可以知道很多事，懂得很多事，提高干事的水平，为国家为人民干成很多的实事。

（摘自 1985 年 5 月为《天津日报》撰写的特约评论员文章）

二、坚持实践的观点

全面彻底地坚持实践第一的观点

实践的观点是马克思主义辩证唯物论的认识论之第一的和基本的观点。认识的来源是实践，认识的标准是实践，认识的动力是实践，认识的目的也是实践。只有在实践范畴的基础上，马克思主义哲学才超越了以往的全部哲学，才构成了唯物论与辩证法的统一。实践第一的观点，并不难懂。但全面、彻底地坚持实践第一的观点，不只是个理论问题，而且会碰到许多实际问题。根据多年的体会，主要有五个问题。

第一，怎样对待“书本”，也就是我们常说的怎样对待“老祖宗”。毫无疑问，尊重“老祖宗”是应该的。我们党一贯高度重视马克思主义理论的指导作用，坚决反对一切背离马克思主义基本原则的思想和行为。然而，马克思主义理论是从实践中产生的，并且随着实践的发展而不断地丰富和发展。我们坚持马克思主义，就必须树立实践的观点、发展的观点。一方面，随着实践的发展，马克思主义经典著作中某些个别判断和结论已经过时，不符合当前的实际情况了；另一方面，长期以来马克思主义被附加了一些东西，是“化了装的马克思主义”，离开了马克思主义的本意。我们必须坚持实践第一的观点，提高识别能力，来分清是非，辨别真伪。总之，我们坚持马克思主义，是讲坚持马克思主义的基本立场、基本观点和基本方法，而不要拘泥于那些个别的判断和结论；要随时注意与实践相结合，而不要固守“本本”，削足适履；要善于分辨真假马克思主义，而不要把那些化了装的东西当作真理。在现实生活中，有些人置丰富生动的改革实践于不顾，置生产力发展的客观事实于不顾，置国家人民的利益于不顾，只顾在那里翻“本本”、找“条条”，咬文嚼字、引经据典，凡是“老祖宗”说过的一律不能改，凡是“老祖宗”没说过的绝对不能做，企图否定已被实践证明是正确的东西。这种本本主义、教条主义的做法，不是坚持马克思主义，而是违背马克思主义。

第二，怎样看待文件。实践证明，党的十一届三中全会以来的路线、方针和政策是完全正确的。党中央和国务院制定的文件，记录了10亿人民的伟大实践和宝贵经验，具有深远的指导意义。最近几年来，我们市委、市政府根据中央的方针、政策，也制定了许多文件，实践的结果也是好的。对于上级的文件，我们应该认真地贯彻执行。一方面，这是纪律；另一方面，这些文件是以实践为依据的，许多政策的提出和形成，经过了比较周密的调查研究，是正确的。但是也要看到，文件既然是从实践中来的，它就应该接受实践的检验。我们在贯彻执行上级文件的过程中，要本着对领导负责和对人民负责的一致性，既要严格按照文件的精神办事，又要把文件中不符合实际的政策规定及时向上级机关反映。要看到一项政策的制定通常都是从全局的情况出发的，各地区、各部门必须结合自己的实际贯彻执行。毛泽东同志在《反对本本主义》中指出：“盲目地表面上完全无异议地执行上级的指示，这不是真正在执行上级的指示，这是反对上级指示或者对上级指示怠工的最妙方法。”在一般意义上讲，当文件和实践不一致时，修改的应该是文件，而不应该是实践。有些政策在制定的时候是符合实际的，但由于实践的发展，可能变得过时了，就要及时修订这些政策。有的政策从一开始就是不完善的，需要随着实践的发展而不断完善。有的政策在制定时由于缺乏深入的调查研究，条文规定不符合客观实际，那就应该重新研究。在当前改革开放的过程中，我们要牢固树立实践第一的观点，运用这个思想武器，解放思想，大胆探索，勇于创新，而不要被某个文件和某个规定束缚了思想。作为一名共产党员，要敢于提出自己的见解和意见。这不是不尊重上级部门、不尊重文件；而恰恰相反，这正是坚持马克思主义认识路线，是党性强的表现。

第三，怎样看待经验。经验包括直接经验和间接经验。经验是对过去实践活动的总结，具有宝贵的价值，对于当前的实践和今后的实践都有重要的借鉴意义。马克思主义历来强调要重视间接经验，批评那些否认间接经验的狭隘经验论。因此，我们既要珍惜和继承自己好的经验，也要认真学习和借鉴别人包括外国好的经验。但是，由于时间、地域、条件的不同和变化，有些经验在过去是成功的，在现在就可能变得不适用了；在那个地方是成功的，在这个地方就可能行不通。经验具有一定的局限性，它是不是适用、起不起作用，都要根据实践中的具体情况来决定。我们既要重视经验，又不能用教条主义态度来对待经验，不能让经验包括过去成功的经验束缚住自己的手脚。要通过不断地实践，使已有的经验更丰富、更完善，还要不断创造新经验。同时，要努力把感性认识上升到理性认识，把经验上升到理论，反过来再指导实践。当代世界发达国家的成功经验，对于我们来说，许多是可以借鉴的。但是，学习外国经验，必须从我国的国情出发来决定取舍。脱离实际，照抄照搬别人的经验，是肯定要出问题的。

第四，怎样看待权力。领导者都有一定的权力。他们根据实际情况和全局的需要进行决策，指挥人们进行各种社会实践。对于领导者的正确意见和决策，我们应当尊重和贯彻执行。但是也要看到，权力和真理是两回事，权力大，未必真理一定多；对一般情况了解多，未必对具体情况都了解。因此，领导者所提出的意见也不见得都是正确的。作为领导者一定要有自知之明，多深入实际，多倾听下面的意见，不能“金口玉言”、“唯我是从”。作为一般同志要坚持从实际出发，敢于向领导者提出意见和建议。还有一些领导者官僚主义严重，不深入实际，不接触群众，情况不明决心大，方法不对点子多。正如有的同志所反映的，他们一不懂，二主观，三有权，“三位一体”，胡拍板，乱指挥，使下边为难，使工作受损。对于这样一些领导者的意见，我们决不能盲从，要敢于抵制，乃至进行必要的批评和斗争。

第五，怎样看待“公认”。一般说来，社会上公认的东西，多数人的意见往往是正确的。从组织和领导的角度讲，领导者要尊重多数人的意见，坚持少数服从多数，实行民主集中制，决不能借口自己的意见正确而拒绝听取和接受多数人的意见。从真理观的角度讲，判断一种认识是不是真理，决不能以多数或少数为依据，而应该以实践为依据。在科学的发展史上常常有这种现象，真理往往是少数人发现的。因此，辨别一种理论和意见的正确与否，不要简单地看是多数人的意见，还是少数人的意见，要既尊重多数人的意见，又重视少数人的看法，判断是非曲直要看社会实践。

总之，我们各级领导干部必须重视实践，重视群众，重视基层，重视现实，而不能脱离实践固守理论，轻视群众盲从领导，不顾基层只看上级，离开现实专讲过去。

（摘自1987年6月11日在天津市调查研究工作会议上的讲话）

实践的观点是我们党的思想路线的本质内容

实践的观点是我们党的思想路线的本质内容。在民主革命时期，以毛泽东同志为代表的中国共产党人把马列主义的普遍真理同中国革命的具体实践相结合，形成了毛泽东思想，从而指导革命取得了胜利。在社会主义革命和建设时期，当着我们党坚持实践第一，思想路线正确的时候，我们的事业就发展、就前进；反之，就受挫、就停滞。十一届三中全会以来，我们党重新恢复了一切从实际出发、实事求是的思想路线，坚持实践是检验真理的唯一标准，批判了“两个凡是”，才有了思想上的解放，才有了路线、方针、政策上的一系列新内容、新贡献，才有了今天这样从农村到城市蓬勃发展、欣欣向荣的好局面。三中全会以来的八年所取得的重大成就，可以说是尊重实践、坚持实践第一的结果。历史的经验表明，在重大关头，只有从实际出发，重视实践，研究实践，坚持实践第一，才能提高认识、统一思想，推动社会发展。在当前的形势下，要把改革坚持下去、推向深入，也必须强调实践第一这个马克思主义的基本观点。这对于澄清思想、明辨是非，正确指导我们的政治、经济和社会生活，都具有重要意义。有的同志说，实践第一的观点，是一个基本的也是一个普通的道理，并不难懂，也不存在分歧，为什么历史上又老是在这个问题上出偏差？我想这是因为，坚持实践第一的观点，不仅有个理论水平问题，而且在实际生活中会受到许多因素的制约，经常碰到一些很难处理的问题，所以说起来容易，在思想上和工作中真正坚持就不太容易了。

（摘自1987年6月11日在天津市调查研究工作会议上的讲话）

实践的观点是马克思主义认识论之第一的和基本的观点，也是我们党的实事求是思想路线的理论基础。1978 年开展的真理标准讨论，实际上就是如何对待实践观点的问题。实践是正确思想产生的源泉，是检验真理的唯一标准，又是发展理论的动力和学习理论的目的。掌握和坚持实践的观点，说话办事、处世为人就敢于解放思想，坚持实事求是，做到一切从实际出发，冲破唯上、唯书的教条主义束缚。讲实践第一，当然不是否认马克思主义理论和各门科学理论对实践的指导作用。离开这种被实践证明为真理的理论的指导，我们的实践就会是盲目的实践。但是，指导我们实践的理论，又必须不断在实践中接受检验。在书本与实践、文件与实践、已有的经验与实践、权威人物的意见与实践、多数人公认的东西与实践发生矛盾的时候，也可以一并说成在理论与实践、经验与实践不一致的时候，敢于做到重视实践、重视实际、重视现实、重视群众，一句话，敢于依据实践检验理论、完善理论和发展理论。这里讲的实践，从我们党领导革命和建设的路线和政策来说，只能是千百万人民群众的不断发展着的实践。一个单位、一个典型的实践经验，在它们同千百万人民群众不断发展着的实践长过程相联系，并代表其前进方向的时候，就会有重要意义和生命力；反之，就没有生命力，甚至是错误的东西。

学习和掌握实践的观点之所以特别重要，是因为我们在建设有中国特色社会主义过程中面临的许许多多问题，从本质上讲都是个实践问题。10 年改革开放，方向是正确的，成绩是巨大的，经验是丰富的，但就整体来说，尚有许许多多必然王国未被认识。有些改革实践，其诸多矛盾的孕育、显露、发展、斗争、转化直至最终解决，需要较长时间，在这个过程完结之前过早和轻易地下结论都是不严肃的。解决这些矛盾，既不能指望从国外飞来什么包医百病的灵丹妙药，也不能简单地沿用那些已经大大落后于实际生活的过去的经验，而只能依靠千百万人民群众的实践。在实践过程中，肯定会有这样那样的失误，但失误常常是正确的先导。检验正确与失误要靠实践，纠正失误也要靠实践。如果要求改革开放一帆风顺，什么失误也不出，这是唯心主义的先验论，因为任何人都没有这个本事。如果把改革开放中的一切失误都说成是不可避免的，这是不可知论，因为有一部分失误主要是人们的主观因素造成的，是可以避免的，笼统地用“交学费”来辩解，是对人民不负责任的表现。正确的态度是，把实践的观点贯彻到底，不仅勇于改革开放，而且勇于用实践标准来检验改革开放的理论、观点、方针、政策、计划、方案是否合乎客观实际。在回顾总结的基础上，发扬正确的部分，纠正失误的部分，加强不足的部分。如此循环往复，我们的改革开放事业就会不断推向前进。

（摘自1989年10月13日同出席全国马克思主义哲学研究与干部哲学教育研讨会全体代表座谈时的讲话）

注重实践是马克思主义理论的显著特征

注重实践是马克思主义理论的显著特征，是我们党思想路线的重要内容。实践是认识的源泉，是检验认识的标准，也是认识发展的动力和最终目的。中国革命和建设的历史反复证明，当我们遇到困难、遭受挫折、面临重大问题需要解决的时候，使我们走出困境、赢得胜利的始终是脚踏实地的实践。江山是打出来的，成就是干出来的。大家回想一下，在民主革命时期，中国革命曾经在错误路线的影响下几乎陷入绝境，正是以毛泽东同志为代表的中国共产党人，打破教条主义的束缚，坚持在实践中探索，走以农村包围城市的正确道路，才引导中国革命取得了胜利。在“文化大革命”后期，中国的国民经济曾滑到崩溃的边缘，正是以邓小平同志为代表的中国共产党人，在历史转折关头重申实践是检验真理的唯一标准，积极支持、鼓励广大干部和群众大胆实践，才开创了我国社会主义现代化建设的新局面。改革开放以来，许多成功的路子和办法都是在实践中创造出来的。使我国农村面貌发生了根本变化的联产承包责任制，是农民群众的伟大创举；从建立经济特区到实行全方位开放，也是边摸索、边试验的产物。现在，我国的改革开放和现代化建设又到了一个重要阶段，面临着大量问题需要解决，比如：如何搞好国有企业，如何妥善安置就业，如何切实发展农村经济、提高农民生活水平，如何有效遏制消极腐败现象，如何正确协调错综复杂的利益关系，等等。面对这许多困惑和难题，是关在屋子里憋办法，还是到实践中找办法？是在书本里讨出路，还是到实践中找出路？正确的答案只有一个：注重实践，到实践中去。

应当看到，党的十一届三中全会重新确立解放思想、实事求是的思想路线之后，全党对实践重要性的认识有了很大提高，这是主流，否则我们不会取得今天这样大的成绩。但也应当看到，时至今日，我们的一些同志，或由于思维习惯，或由于理论水平，或由于心有余悸，或由于利益驱动，在理论与实践的问题上，仍然存在一些模糊认识。什么叫理论？真正的理论世界上只有一种，就是从客观实际中抽出来又在客观实际中得到了证明的理论，除此之外没有任何别的东西可以称得上我们所讲的理论。实践与理论哪一个更重要？按照列宁的说法、毛泽东的说法，实践高于理论，因为实践不但有普遍性的意义，而且有直接现实性的意义。当然，这并不是说理论不重要。没有革命的理论就没有革命的运动，没有理论指导的实践是盲目的实践。理论为什么重要？理论的重要性就在于而且仅仅在于它能够指导实践。脱离实践的理论是空洞的理论，没有任何实际意义。

（摘自2000年9月11日听取山东省委、省政府工作汇报时的讲话）

靠实践与靠群众是一致的

搞社会主义市场经济是一件新事，一定会遇到许多新的问题，对于这些问题，既不能回避，也不能简单从事。唯一的就是在实践中找出路，靠实践把问题找准，靠实践探索解决问题的办法，靠实践深化认识。靠实践与靠群众是一致的，从一定意义上讲，靠实践也就是靠群众，因为实践是社会实践，而群众是社会实践的主体。离开群众就无所谓社会实践；而没有实践，依靠群众也就成为空谈。靠实践并不是否定理论的作用，因为理论只有与实践相结合，并在实践中发挥作用才有意义。

（摘自1999年2月26日会见越共中央总书记黎可漂时的谈话）

建立社会主义市场经济体制的过程，是人民群众创造历史的过程。这场改革的成功与否，最终取决于群众。没有群众的支持与拥护，失去了群众的智慧和力量，离开了人民群众的自觉与自动，得不到群众的理解与谅解，我们的事业最终不可能取得成功。历史唯物主义有两个基本的观点，一个是生产力观点，一个是群众观点。生产力观点深刻揭示了生产力是社会发展的最终决定因素，社会主义的根本任务就是解放和发展生产力。十一届三中全会以来我们坚持这个观点，纠正了“以阶级斗争为纲”的

“左”的错误，走上了改革开放之路，解放了生产力，使国家面貌发生了根本变化。群众观点深刻揭示人民群众是历史的创造者，是实践和认识的主体，是推动人类社会前进的根本动力。根据这个观点，我们在改革的全部过程中都必须坚持一切为了群众，了解群众的情绪和意愿，把维护群众的切身利益作为根本出发点，努力使群众从我们的各项决策和工作中获得最大的益处；坚持一切依靠群众，尊重群众的首创精神，集中群众的智慧，把群众的积极性充分地调动起来，并合理地发挥出去。我认为要在干部中反复提倡反复学习群众观点。“六四”政治风波之后，我讲过我们要多做化解矛盾、活血化瘀、理顺情绪的工作。在当前改革的关键时刻，由于利益格局的重新调整，由于我们的工作难免有一些失误，群众中必然会出现一些问题、产生一些矛盾，我们同样要多做缓解矛盾、理顺情绪、活血化瘀的工作。只要绝大多数群众的情绪都理顺了，都理解、支持、参与改革，我们就能克服一切艰难险阻，把改革和建设推向前进。

一切真知都是从直接经验发源的，实践是检验真理的唯一标准。这是马克思主义认识论第一的和基本的观点。建立社会主义市场经济体制，说到底是一个实践问题。无论是研究政策制定措施，还是克服困难解决问题，无论是判别是非统一认识，还是总结经验发展理论，都必须通过实践来解决。当前改革如何深入？问题和困难怎么解决？中央要研究、制定方针政策，要确定指导思想，但中央决定的东西毕竟是着眼于全局和总体，大量的具体问题要靠大家根据中央的精神在实践中研究解决。中央制定方针政策，也是建立在大家实践的基础之上的。我们在任何时候都要牢固树立实践第一的观点，重视实践、勇于实践、善于实践，做到在理论指导下进行实践，在实践中学习理论，并通过总结和创造新鲜经验，推动理论的发展。

我们的领导干部必须认真学习马克思主义理论，特别是学习毛泽东、邓小平关于群众观点和实践观点的论述，从而提高尊重群众、重视实践的自觉性，更加主动地深入到群众中去，深入到实践中去，总结经验，研究问题，听取意见，改进工作。只有这样，我们的干部才能成为既有理论、又有实践，既能正确理解和贯彻中央方针政策、又能获得广大群众衷心拥护的人民公仆。

（摘自1994年2月17日听取福建省委、省政府和福州市委工作汇报时的讲话）

到实践中去

实践的观点是马克思主义认识论之第一的和基本的观点，也是我们必须始终重视和坚持的观点。列宁讲过一句非常深刻的话，叫实践高于理论，它不仅有普遍性的意义，而且有直接现实性的意义。实践怎么能高于理论呢？讲理论，比如讲唯物论、辩证法，可以讲一本书，而讲实践，可以随便拿一个对象，里面就包括了全部的唯物论和辩证法，同时，实践本身就是主观见之于客观的活动，而且可以把理论变为直接的现实，这是理论所不具有的。实践是检验真理的唯一标准，我们要不断地用实践来检验思想认识，看究竟哪些对哪些不对。当书本同实践发生矛盾时，应当修改书本而不是修改实践。理论来源于实践，理论只能接受实践的检验和修正，发展理论也就是修改原来的理论。这是一个很简单但非常重要的道理。十一届三中全会前后，我们开展实践是检验真理唯一标准的讨论，批判“两个凡是”，如果没有这一条，怎么搞改革开放？实践出真知、出理论。最聪明、最有知识的是那些有实践经验的人。现在有许多棘手的问题和困难急需解决，办法从哪里找？当然可以找一些人来研究，也可以借鉴国外的经验，但最重要、最根本的还是要到实践中去找，到群众中去找。改革开放以来我们许多管用的路子和办法，都不是哪个领导人拍脑袋想出来的，而是群众在实践中摸索、创造出来的。一举改变了我国农村面貌的联产承包责任制是农民群众的伟大创造，温州经验也是群众创造的。历史已经证明并将继续证明，在创造历史的过程中人民群众始终是主人，是主角。靠实践，靠群众，是保证我们做好工作、保证我们的事业不断前进的最基本、最有效的方法。

很多问题说起来很复杂，到实践中去，就容易明白，容易解决。比如，公有制和非公有制经济在全国究竟多大的比例合适？在一个地区究竟多大的比例合适？这需要结合实践，因地制宜地研究、解答。过去我们把所有制比例关系说得太绝对是不对的。一些人老是争哪里公有制少了、哪里私有制多了。这些讲法究竟对不对？有的人有时间争就让他们去争吧，大家都去争就没饭吃了。改革开放以来，我们的公有制比重是逐步增大了还是缩小了？就农村来讲，是增大了还是缩小了？很显然，非公有制经济这块是新冒出来的，是增多了，公有制比重相对来说缩小了，但由此能说改革开放以来国家的安全不如改革开放以前吗？苏联垮台是公有制比重大的时候还是小的时候？因此我说，书本固然重要，但看问题还是要从客观实际、从现实生活去看。我们的根本任务是发展生产力，还是要从对生产力发展是否有利去鉴别。马克思没有看见今天社会的模式，不知道会出现“大哥大”、计算机，他怎么可能把今天所有制面对的问题都给予科学无误的回答？十五大报告指出，公有制为主体、多种所有制经济共同发展是我国社会主义初级阶段的一项基本经济制度，非公有制经济是我国社会主义市场经济的重要组成部分，这是经过实践检验得出的重要论断，要深入领会，牢牢把握。

（摘自 2000 年 2 月 24 日听取浙江省委、省政府工作汇报时的讲话）

完成改革发展的任务，提高政协工作的水平，必须努力改进工作方法，大力提倡到实践中去。

建设有中国特色的社会主义是前所未有的崭新事业，是中国人民创造历史的伟大实践，离开人民群众的实践活动，是不可能取得成功的。历史经验是重要的，外国经验是重要的，书本知识是重要的，但所有这些间接经验只有与当前的实际相结合，通过直接经验才有现实意义。客观世界不断发展，新生事物层出不穷，间接经验不可能完全适用，也不可能完全够用，我们必须到实践中去，了解新情况，研究新问题，总结新经验，开创新局面。我们现在面临的问题很多、很棘手，有些问题长期得不到解决，固然有其自身的复杂性，但有的则是脱离实际、脱离实践、脱离群众造成的。我们必须按照毛主席的教导，到实践中去，到群众中去：满腔热忱，眼睛向下，先当学生，后当先生；集中分散意见，形成正确思想，再到群众中去贯彻，在实践中检验和完善；解剖麻雀，总结典型，以点带面，推动全局。靠实践、靠群众，这是做好一切工作最基本的方法，也是发现人才、造就人才最根本的途径。

实践的观点是马克思主义认识论之第一的和基本的观点。历史充分证明，什么时候坚持这个观点，我们的事业就顺利发展，反之就遭受挫折。在民主革命时期，我们把马克思主义基本原理与中国革命的具体实践相结合，确立了实事求是的原则，纠正了教条主义、主观主义的错误，赢得了中国革命的全面胜利；中共十一届三中全会以后，我们坚持实践是检验真理的唯一标准，冲破了“两个凡是”的束缚，制定了一系列正确的路线方针政策，取得了改革开放和现代化建设的辉煌成就。当今世界正发生深刻变化，我国建设正处于关键时期，我们必须大力发扬优良传统，时刻牢记实践第一的观点，始终坚持到实践中去，边实践边总结，发扬优点，纠正错误，努力做到有所发现、有所发明、有所创造、有所前进。

到实践中去，是做好人民政协工作的重要环节。这些年来，我们强调在实践中探索，在实践中总结，靠实践解决问题，用经验推动工作，对政协事业的发展起到了很好的作用。注重实践已经成为政协工作的基本思路，也是我们面临的课题和努力的方向。应当看到，履行主要职能取得了很大的成绩，积累了宝贵的经验，但还存在不够规范、不够经常的问题；反映社情民意提供了基层和群众的大量情况，引起了领导机关的高度重视，但还存在不够准确、不够广泛的欠缺；专题调研提出了许多重要的意见和建议，对工作起了很好的作用，但还存在不够深刻、不够全面的毛病；会议发言有很多真知灼见，产生了良好的社会影响，但也还存在不够切实、空泛议论的现象。所有这些不足，有认识问题，有水平问题，但最根本的是实践问题。希望全体政协委员和广大政协工作者，经常地、自觉地到实践中去，汲取营养、增长才干、经受考验、开拓前进，使我们多年倡导的“尽职不越位、帮忙不添乱、切实不表面”的要求进一步落到实处，提高到新的水平。

（摘自 2000 年 3 月 11 日在中国人民政治协商会议第九届全国委员会第三次会议闭幕会上的讲话）

许多问题还是一个实践的问题

我们面临的许多问题，从根本上说还是一个实践问题。解决这些问题，要靠我们在实践中进行探索、开拓、总结、积累。当然，这并不是说理论和政策不重要。这么大的国家没有一个本本，没有严格的规定，没法搞，容易乱。但我认为对现实生活中的问题可以放开思想，大胆实践，在实践中进行深入研究。毛泽东同志说过，实践的观点是辩证唯物论的认识论之第一的和基本的观点。他还引用列宁的话说，实践高于（理论的）认识，不但有普遍性的品格，而且还有直接现实性的品格。国有企业有自己的优势，如科技水平高，职工队伍素质也较好，但现在有不少在生产经营上面临着困难。这里原因很多。比如老企业负担太重，一个在岗职工养一两个退休工人，如同参加百米赛跑，别人穿着背心、短裤、运动鞋，他穿着大头靴、大皮袄，还背着个大包袱，不用赛就输了。但这并不能说明谁的本事大，让国有企业的厂长调到一些非国有企业去，我相信照样可以搞好，起码不会比别人差。国有企业的问题，还是应到企业中去，听听厂长、经理们的意见，听听职工的意见，搞若干个调查比较。现在有些理论工作者对有些问题还有争论。有些同志说，把国有企业的困难说得很多，不讲国有企业的优越性，这是对社会主义制度的态度问题。依我说，不能这么上纲，这样就没法讨论问题了。比如，在座的各位，能说谁把国有企业问题说多了，谁就是对社会主义方向有怀疑吗？其实即使是所有制问题也并不是说不可以研究。我们讲以公有制为主体、多种经济成分并存，这个多种经济成分究竟占多大的比重？在哪些行业、哪些地区占多少为宜？不能笼而统之地说国有企业的比重越大，就越是社会主义。如果那样，农村改革岂不是倒退？允许多种经济成分并存岂不是搞错了？苏联国有企业比重最高，却垮了。当前国有企业比较困难是个带普遍性的问题，一定有其深层次的内在原因，需要作深入的研究。应该动员我们的干部、专家到第一线去，到基层去，到生产单位去，与最有实践经验的企业领导者、经营管理人员和一线的工人们交流沟通，总结经验，研究办法。我们从事各方面工作的干部，都应当注重实践，在实践中逐步加深对市场经济条件下经济和社会发展客观规律性的认识，找到适合自己情况的解决问题、克服困难的办法。

（摘自 1996 年 5 月 18 日在湖北省委汇报会及企业家座谈会上的讲话）

解决问题的方法来自实践

实现“两个根本转变”、解决我们面临的各种困难和问题，研究理论、“本本”当然重要，但是许多问题的解决首先还是实践问题。这就如同老中医看病，尽管有许多成方验方，但对每个病人也要先望、闻、问、切，先开一个方子吃上，然后根据疗效再开一副方子试试，这样不断地试验、调整，最后形成一个确定的方子。我们对于目前许多不熟悉、不了解的问题，对于许多有待探索的问题，也要采取这种办法。我讲过，普遍存在的问题要到领导集团的指导思想和方针政策上去找原因；反复出现的问题要到规律上去找原因，而发现规律并不是一件容易的事。当前许多问题的深层次原因还有待深入研究，许多问题看起来很简单，实际上并没有弄清楚。所以，还是要强调解放思想，大胆实践，开拓进取。一切认识都是从直接经验发源的，不是从“本本”发源的，不是从上边发源的。真理到哪里去找？到实践中去找，到基层中去找，到群众中去找。毛主席讲，检验真理的标准只能是社会的实践。实践的观点是辩证唯物论之第一的和基本的观点。改革开放以来，我们很多路子和办法都是在克服困难中、在实践中摸索出来的。我在今年政协闭幕会上强调，实现2000年远景目标是中国人民在中国共产党领导下创造历史的过程，在这个过程中，群众始终是主人、是主角。这就是因为群众在这个过程中是直接参加实践的。我们在各项工作中，都不要忘记这一点。

（摘自1996年5月10日听取辽宁省委、省政府工作汇报时的谈话要点）

必须在研究管用的方法上下功夫。我们许多事情之所以没有办好，不少问题之所以长期得不到解决，不是因为思路不对，也不是因为原则不好，就是因为缺乏管用的方法。过去，我们为了解决吃饭问题，憋足了气儿，使足了劲儿，想尽了法儿，制定了农业四十条，提出了粮食产量上纲要、过黄河、跨长江的目标，但就是吃不饱肚子。当时，地比现在多，人比现在少，党风不能说不好，领导威信不能说不高，粮食生产之所以上不去，究其原因，就是没有找到真正体现物质利益原则的有效方法。后来，实行家庭联产承包责任制，把农业生产同农民的切身利益挂起钩来，广大农民的积极性得到前所未有的发挥，我国农业才实现了具有重大历史意义的飞跃，被国际上称为一大奇迹。可以这样说，正确的思路和原则确定之后，关键就在于找到行之有效的方法。一种好的方法、一个对路的实招，可以下活一盘棋，可以开辟一条道，可以影响一大片。我国的绿化工作要取得突破性进展，也必须开动脑筋，深入研究，积极寻找确实管用的正确方法。

真正能够解决问题的正确方法从哪里来？只能来自实践。我们应当按照小平同志的要求大胆地想，大胆地试，大胆地闯。在大西北这样的地方，有那么多土地长期荒着，当务之急是让它尽快绿起来。国家要加大基础设施建设力度，首先要解决缺水问题。同时，要解放思想，放宽政策，谁绿化谁所有，谁投入谁受益，谁经营谁得利，鼓励不同地区、不同行业、不同所有制的投资者来进行开发。我们的大目标是绿起来，只要有利于绿，绿得多、绿得快、绿得好，各种方法都可以探索和试验。在已经绿起来的许多地方，可以推广森林管护经营责任制，实行管护承包，责任到人，利益到人，并进一步明晰和稳定林地权属关系，切实减轻林业税费负担。对其他需要绿化的荒山荒地、田边路旁、公园庭院等，也应该制定一些能够体现物质利益原则的具体政策。这些想法不一定都对，还会有其他做法。我的目的是鼓励积极探索，不要坐而论道。有些事情来回地争论，争论 10 年、20 年，到头来一事无成，把时间也丢了。应先干起来再说，在干的过程中研究比较，在干的过程中总结提高。我相信，只要有这种精神，总会找到适合自己情况的绿化之路。

（摘自 1999 年 6 月 25 日在政协第九届全国委员会常务委员会第六次会议上的讲话）

在实践中创造新鲜经验

建设有中国特色的社会主义，建立社会主义市场经济体制，这是中国共产党领导全国各族人民创造历史的伟大过程，也是一个不断实践、不断认识的过程。在这个过程中，新的事物会层出不穷，新的问题会不断出现。这就要求我们努力学习、认真实践。实践和文件发生矛盾要听实践的。所以要着眼于实际，着眼于群众，学会运用邓小平同志建设有中国特色社会主义的理论去研究问题，解决问题，创造性地开展工作。

当前困扰大家的问题很多，对问题的看法也不完全一样。从大的方面讲，比如，对当前的经济形势如何看？我们认为，经济形势总的是好的，但也存在着一些不容忽视的问题，中央已经采取了措施并已初见成效，但有些问题的解决还需要一个实践的过程。再比如，经济生活中出现的问题属于什么性质？我们认为，这些问题是从高度集中的计划经济体制向社会主义市场经济体制转换过程中出现的问题，是前进道路上的问题，是难以完全避免的，其中有些问题是需要逐步解决的，而有些问题则是我们的认识需要逐步去适应新情况的问题。比如，有一部分人工资拿得多或钱拿得多，有的同志看不惯，这里有分配不公问题，也有一个认识问题。我认为，今后有一部分人就是会多拿一些钱，当然如何拿得合理可以研究。如名演员演出，票价高又卖得出去，就应该允许多拿一些；有些大的发明创造，奖励多也是应该的。要想充分调动人们的劳动积极性，就得允许有特殊本事的人多拿一些钱。所以，对有的东西看不惯，也有一个慢慢适应的问题。但是，也有些问题不属于建立社会主义市场经济体制过程中的问题，不属于前进道路上的问题，如贪污受贿、卖淫嫖娼、贩毒吸毒、拦路抢劫、车匪路霸，这是什么体制也不允许的，计划经济体制不允许，市场经济体制也不允许。这类问题属于我们打击得力不得力的问题，不能把它挂到改革的账上。又比如，经济中的问题究竟怎么解决，我们认为，根本的出路在于改革。刚才你们在汇报中也讲了，解决江西经济生活中的问题，只能靠改革，而不能回到“一放就乱，一收就死”的老路上去。走回头路没有前途、没有希望，实际上也回不去。在改革的过程中，还是要发挥我们的政治优势，还是要两手抓，在搞好物质文明建设的同时搞好社会主义精神文明建设。但也必须注意到，精神文明建设一定要与现实情况相结合。不与现实情况相结合，离现实情况太远，照样发挥不了作用。新时期有新特点，抱着原来的老办法是不行的，比如前几年有的城市一度规定不许穿喇叭裤，不许留长头发，不许唱港台歌曲，现在还这么做行吗？去年全国职工思想政治工作研究会在酒泉开年会时，有的同志说，现在经济工作是春天来了，思想政治工作是冬天来了。我说，全国人民都觉得春天来了，各行各业都热火朝天，唯独你思想政治工作感到冬天来了，那么你所希望的春天是什么模样呢？那无非是搞“以阶级斗争为纲”那一套。我说你还是得研究研究如何在这个春天里生根发芽，要不你就与全国人民不一致，就很难站得住。因此，强调发挥政治优势，必须研究如何与新情况、新特点结合。

诸如此类的问题还很多，怎么看，怎么办，都需要用邓小平同志建设有中国特色社会主义的理论来进行研究，不断地总结实践中的新经验，勇于创造新的经验。只有这样，才能把各方面的工作提到新的水平。我这次考察中发现基层同志办法就是多。如庐山管理局对中小型商店实行国有民营后，鼓励经营者对除房地产权外的全部商品实行买断，当年就见效，库存减少，流动资金周转加快，服务质量、服务水平提高，利润税收明显增多，这就不是简单的承包与租赁了。再如吉安地区中小企业的股份制，很有特点，有创造性。总的来讲，还是要解放思想，不断地探索规律，使我们的做法更符合于建设有中国特色社会主义的理论和方向。我们现在面临的问题很多，困难也不少，唯一的出路就是团结起来，艰苦奋斗，塌下心来老老实实学习，学习邓小平同志建设有中国特色社会主义的理论，研究实践中的问题，在理论与实际的结合上做好文章。我想，中国深化改革的具体路子还有待人民群众去创造，有待各省去创造。江西是创造革命根据地的地方，希望你们努力继承优良传统，不断创造新鲜经验，为全国的改革开放和建设做出新的贡献。我认为你们是有这个条件、有这个可能的。

（摘自 1993 年 9 月 19 日听取江西省委、省政府工作汇报时的讲话）

在实践中坚持和发展马克思主义

《中共中央关于社会主义精神文明建设指导方针的决议》向全党提出了一个十分重大的原则问题，即如何正确地看待马克思主义。《决议》指出："把马克思主义当作僵死的教条，是错误的；否定马克思主义的基本原则，认为马克思主义'过时'而盲目崇拜资产阶级某些哲学和社会学说，也是错误的。"正确解决这个问题，不仅是我们把握《决议》精神的关键，而且对于改革开放，乃至整个社会主义现代化建设事业，都具有决定性的意义。党的十一届三中全会以来，我们党在如何对待马克思主义问题上，有了很大的进步。全党同志从正反两方面的经验教训中，对完整、准确地掌握马列主义、毛泽东思想体系的极端重要性有了更深刻的认识，创造性地运用马克思主义基本原理解决了许多老问题和新问题。如果讲拨乱反正，在全党进一步清除唯心主义、教条主义和形而上学，重新恢复了马克思主义的实事求是的思想路线，则是最根本的拨乱反正。正因为如此，我们在复杂的社会主义现代化建设中，把握了前进的方向，各项事业获得了蓬勃发展的活力。但是，对于我们这几年所走过的道路，在认识上并不是完全一致的，还存在着不同的意见和不同的主张。每当中央提出一项重大决策时，总有那么一点点声音，说什么"离开了老'本本'，背离了'老祖宗'"；每当改革开放出现一些暂时的、局部的问题时，总有那么一些议论，说什么"越改越后退，越放越没边"；有的甚至对改革开放的社会主义性质产生怀疑。当然，这种声音不能说很大，也没有形成气候。但不容忽视的是，在一定的时间、一定的局部，这些东西也造成了一定的消极影响。为什么有些改革阻力重重，步履维艰；为什么改革中的一些成功经验和巨大成果，经常遭到非议；为什么时至今日，不少干部、群众对党的现行政策仍然怕变，其中一个很重要的原因，就是这种声音和议论还影响着一些人的头脑，还在给一些人造成心理上的压力，障碍着和谐环境的形成。同时，也有些同志看到马克思主义某些个别原理和结论不再适合今天的情况，就对马克思主义的指导作用产生了怀疑。对于这些重大原则问题，有必要加以澄清。

马列主义、毛泽东思想过去是、现在是、将来仍然是社会主义事业和党的指导思想的理论基础。我们党一贯高度重视马克思主义理论的指导作用。在党的政治生活中，我们必须坚决反对背离马克思主义基本原则的倾向和行为。然而，我们重视革命理论的作用，仅仅因为它是行动的指南，而绝不是把它当作一成不变的教条。毋庸讳言，这些年我们党的有些重大决策，在马列著作中是找不到现成答案的，有一些是和马列著作中的某些讲法不一致的。这究竟是不是背离马克思主义？对此必须作出科学的回答。

问题在于，当理论和实践不一致时，究竟应当修改谁？我们的回答是：修改的应当是理论。马克思主义认为，实践的观点，是辩证唯物主义认识论首要的和基本的观点。按照这个观点，实践是理论产生的基础，是正确思想的唯一源泉。如果不承认依据实践可以修改理论，那就等于否定了实践的基础作用。实践是检验真理的唯一标准。如果不承认依据实践可以修改理论，那么实践就失去了检验的意义。实践又是发展理论的动力和目的，既不断给理论发展提供新的课题，也不断为理论发展提供新的依据。如果不承认依据实践可以修改理论，那么实践也就不成其为动力。也正因为如此，列宁讲实践高于认识，实践高于理论，实践不但具有普遍性的优点，而且还有直接现实性的优点。在现实生活中，理论落后于实践的现象是常有的。理论只有根据实践，不断地进行纠正、补充和概括，才能正确地反映实践并指导实践。如果把理论当作包医百病的灵丹妙药，万古不变的僵死教条，据此去剪裁、判定生活，只能是束缚实践，把生活拉向后退，把理论搞死。

问题还在于，马克思主义的某些判断和结论允许不允许变化？我们的回答是：应当而且必须突破那些已被实践证明是不完善的或不适合变化了的情况的判断和结论。大家知道，人的认识总是受到历史、社会和自然等条件的限制，都有一定的局限性。世界上的一切事物又都处在永不停顿的发展变化之中，不存在任何最终的、绝对的和永恒的东西。因此，人们对客观事物的认识，只能是正确反映客观世界的一定过程和一定部分。马克思主义之所以正确，并不是因为它穷尽了真理，真理永远不会被穷尽，而是因为它在实践中不断地开辟了认识真理的道路。既然时代前进了，实践发展了，认识深化了，那么，对于马克思主义经典作家在当时历史条件下所作的某些结论，为什么不可以突破？为什么不可以根据新的实践加以充实，使之更加完备，更加丰富？主张凡是“老祖宗”说过的不能动，凡是“老祖宗”没说的不能做，固守那些过了时的观点和论断，就从根本上违背了辩证唯物主义原理。

问题集中到一点上，就是怎样才算是真正坚持马克思主义？我认为，要坚持马克思主义，就必须发展马克思主义，就必须根据历史条件的变化，从社会主义现代化建设的实际出发，适时地提出一些新的理论原则，作出一些新的理论概括，用以代替某些被实践证明不准确的结论。有些同志虽然也讲坚持，但却主张不要有任何发展和突破，原封不动的坚持，空洞无物的坚持，这根本谈不上是真正的坚持。这种对待马克思主义的态度，只能是窒息社会生活，窒息改革开放，窒息社会主义事业，同时也窒息了马克思主义理论本身。我们应当像《决议》所指出的那样，把坚持和发展马克思主义统一在革命和建设的实践之中。所谓坚持，就是坚持马克思主义的基本原则，而不是个别词句；所谓发展，就是把马克思主义的原理与变化了的实际相结合，创造性地解决前进中不断出现的新问题。一句话，要坚持就必须发展，只有发展才是真正的坚持。

马克思主义的历史，就是一部不断发展创新的历史。从马克思、恩格斯到列宁、毛泽东，他们总是不停顿地从发展着的实践中汲取营养，而且不止一次地修订某些被实践证明是不精确和不妥当的观点和论断，从而使他们的理论随着实践的发展而发展，并反过来指导实践。列宁如果不突破马克思、恩格斯关于“多国同时胜利”的理论，提出“一国首先胜利”的学说，就不可能有十月革命的成功；毛泽东同志如果不突破“城市中心论”，提出农村包围城市、武装夺取政权的理论，就不可能取得我国新民主主义革命的胜利。这些都是举世公认的、不可辩驳的历史事实。

我们还可以回顾一下党的十一届三中全会以来的事实。十年内乱之后，我们之所以能够在政治上动荡不安、国民经济濒于崩溃边缘的极端困难条件下，比较顺利地实现工作着重点的战略转移，各方面都取得了举世瞩目的成就，最根本的原因，就是我们党冲破了“两个凡是”的束缚，恢复了实事求是的思想路线，认真研究总结了我国社会主义实践的经验，在新的历史条件下，在新的伟大实践中，坚持和发展了马克思主义。我们否定了在社会主义建设时期仍然“以阶级斗争为纲”，摒弃了“无产阶级专政下继续革命”的理论，坚定不移地把工作重点转移到社会主义现代化建设上来，使我国结束了连绵不断的政治运动，实现了安定团结的局面。我们突破了对社会主义认识的一系列僵化观念，提出社会主义最根本的任务就是发展社会生产力，使各项事业真正走上不断满足人民物质文化生活需要的正确轨道。我们突破了把商品经济与社会主义制度对立起来的传统观念，提出了发展在公有制基础上有计划的商品经济的重要论断，给我国社会主义经济注入了新的活力和生机。我们突破了"一大二公"的凝固模式，提出了以公有制为主体、多种所有制形式共同发展的方针，为我国社会生产力的发展开辟了广阔的天地。我们改变了长期以来对知识分子"左"的政策，作出了知识分子是工人阶级一部分的论断，确立了知识分子在社会主义事业中的地位和作用，充分调动了广大知识分子的积极性和主动精神。我们打破了长期以来闭关锁国的陈旧观念，把对外开放作为一项基本国策，加速了我国四个现代化建设的进程。我们突破了在统一祖国问题上的一些老提法，提出"一国两制"的构想，为实现祖国统一开拓了新的路子。我们突破了在战争与和平问题上的老观点，提出和平与发展是两大主题，确立了我国外交的新格局，赢得了进行国内建设的宝贵时间。这些突破的结果如何呢？实践已经证明，它所带来的是国家更加兴旺，人民得到实惠，社会主义优越性得到进一步发挥，马克思主义理论也得到了新的发展。相反，如果"本本"上有的必须全部照办，"本本"上没有的一律不许去干，那么，我们的这些突破都属于"大逆不道"，都应予以反对和制止，那只能仍然"以阶级斗争为纲"，七斗八斗，天天折腾；仍然吃"大锅饭"，发票排队，继续受穷；而且是"七八年再来一次"，一次七八年。很显然，这是全国人民所坚决不能同意的。

用实践的观点和发展的观点来看待马克思主义这样一个基本原则，对我们的实际工作有十分重要的指导作用。然而，这个基本原则并没有在所有同志思想上扎根，在现实生活中，自觉或不自觉地背离这些观点的现象还很普遍。较为常见的有以下几种：一是只讲文件，不看实践。不加区分，生搬硬套，不顾工作损失，不越雷池一步。二是唯命是从，缺乏主见。不从实际出发，不对群众负责，思想不艰苦，甘当传声筒，工作出现失误，往上一推了之。三是高高在上，不下基层。发号施令，不切下情，群众呼声听之不多，实际情况了解甚少，情况不明决心大，方法不对"点子"多。四是只讲经验，不讲创新；只讲过去，不讲当今。把局部经验当作普遍真理，学马列无兴趣，学别人不服气。五是读书有限，套话连篇；知识浅薄，夸夸其谈。习惯于重复那些背熟了的空洞口号，与实际情况很少沾边。六是爱讲空话，不干实事。只说别人，不看自己，喜欢用过了时的条条框框品头论足。凡此种种，都是理论脱离实际、主观背离客观的表现。从思想根源上来说，都是离开了实践的观点和发展的观点。我们必须下决心改变这些不良作风。

第一，要认真学习马克思主义。大家知道，理论的东西，是反映事物本质、带规律性的东西，具有普遍性、稳定性和再现性。掌握了理论，就可以使我们在千头万绪、纷繁复杂的矛盾现象中分清主次、抓住根本，在变幻莫测的事物发展中把握方向，在困难和问题面前找到解决的基本方法。也就是说，只有掌握了理论，才能加强我们工作的原则性、系统性、预见性和创造性，真正解放思想，勇于创新。不少领导同志，特别是新进入领导班子的一些中青年干部，原来就没有系统地学习过马克思主义的基本理论，走上领导岗位以后又忙于眼前繁重的工作，学习理论的时间较少，学习空气也不够浓厚，致使理论素质不高，用马克思主义理论去分析、解决实际问题的能力就更差。所以，对于马克思主义理论，老干部要学习，新干部尤其要努力学习。

第二，要坚持一切从实际出发。我们的同志，在任何情况下都不能从“本本”出发，不能从经验出发，不能从想象出发，而要从客观存在的实际出发，按照实际情况决定工作方针。对于重大决策，我们一定要按中央指示办事，但也要结合自己的具体情况，敢想、敢干、敢于提出自己的看法，把中央指示创造性地运用到自己所在的部门和地区中去。

第三，要尊重实践，尊重群众的首创精神。在制定政策、决定问题时，要着眼于实践，着眼于群众，而不能首先着眼于某些条条框框。只要被实践证明是正确又能为绝大多数群众所接受的，就应当坚持下去。

第四，要敢于坚持真理。要创造性地工作，就必须坚持真理，有胆有识，无所畏惧。当然，不同的意见，反对的意见，也要认真听取，择其善者而从之。但是，决不能屈服于不正确的议论，否则就会脱离实际、脱离群众，就谈不上创造性地进行工作。

（摘自1986年10月26日在中共天津市四届五次全委扩大会议上的讲话）

马克思主义基本观点与改革开放实践相结合

马克思主义是我们的指导思想，是我们的理论基础。中国改革开放取得的巨大成就，是坚持马克思主义的结果，是马克思主义理论的伟大胜利。我们所说的马克思主义是科学的马克思主义。它是普遍真理，具有完整的思想体系，为认识和改造世界提供了锐利武器，它的基本原则并没有过时。我们所说的马克思主义是实践的马克思主义。实践性是它的基本特点之一，它来源于实践，指导实践，并接受实践的检验。我们所说的马克思主义是发展的马克思主义。发展是它的一个基本观点，这个观点同样适合于它自身。它开辟了认识真理的道路，而没有也不可能穷尽真理；它不断地吸收、借鉴，而不是排斥、抗拒人类文明出现的一切成果。我们坚持马克思主义，必须要有科学的、实事求是的态度，必须要与实践相结合，在结合上下功夫，在实践中求发展。怀疑马克思主义的科学性、摇摆不定是危险的；把马克思主义与实践相割裂、教条式理解、贴标签式应用是会误事的；拘泥于马克思主义的个别论断、墨守成规、停滞僵化是有害的。

（摘自 1999 年 10 月 9 日会见越共中央政治局常委范世阅时的谈话）

中国共产党在长期的革命斗争实践中认识到，领导一项伟大事业的革命政党必须有一面旗帜。没有旗帜就会迷失方向。正如越南有马列主义和胡志明思想一样，中国有马列主义、毛泽东思想和邓小平理论。

在如何对待马克思主义问题上我们有经验也有教训。新中国建立后，我国发生了翻天覆地的变化，但在 1956 年基本完成社会主义改造后的 20 年里，在取得很大成就的同时，也有过严重失误，特别是“文化大革命”10 年背离了马克思主义，唯心主义泛滥，形而上学猖獗，“假大空”盛行，导致了灾难性后果。“文化大革命”后拨乱反正，从根本上讲就是拨背离马克思主义之乱，反科学坚持马克思主义之正。改革开放以来近 20 年，我们所以取得重大成就，最重要的是因为在新的历史条件下准确地理解马克思主义，科学地坚持马克思主义，始终把马克思主义作为自己指导思想的理论基础。

——我们坚持唯物的观点，批判了主观主义、唯意志论，重新确立了实事求是的思想路线，明确了我国现在处于并将长期处于社会主义初级阶段。

——我们坚持发展的观点，反对僵化保守，大胆解放思想，吸收和借鉴人类社会创造的一切文明成果，开创了改革开放的新局面。

——我们坚持实践的观点，冲破“两个凡是”的禁锢，用实践作为检验理论和政策的标准，靠实践回答和解决问题。

——我们坚持生产力的观点，纠正长期“以阶级斗争为纲”的错误路线，明确社会主义的根本任务是发展社会生产力，把经济建设作为全党全国各项工作的中心。

——我们坚持生产关系与生产力相适应的观点，克服了超越阶段的错误观念和政策，确立公有制为主体、多种所有制经济共同发展的制度，以及按劳分配为主体、多种分配方式并存、把按劳分配和按生产要素分配结合起来的制度。

——我们坚持群众的观点，消除天才论和英雄史观的影响，强调群众是历史发展的动力，把不断提高人民生活水平作为改革开放和发展经济的根本目的，给群众创造充分施展聪明才智的机会，依靠和调动广大群众的积极性来推进我们的事业。

中国改革开放的成功实践说明，马克思主义没有过时，它的许多基本观点，它的辩证唯物主义、历史唯物主义的观点仍然有着现实的重大意义，关键是要科学地对待。坚持马克思主义就要坚持马克思主义的基本原理，而不能教条式地拘泥于某些个别论断，也不能固守某些确已过时的词句和结论，更不能被某些附加于马克思主义名下的错误论点所迷惑。坚持马克思主义必须坚持理论与实际相结合，结合是运用，结合是目的，结合是坚持，结合也是发展。离开结合谈坚持、谈坚决、谈坚定，只能是空话、大话、假话，只能给马克思主义抹黑乃至窒息或断送马克思主义。只有结合实际、结合时代，才能使马克思主义永葆生机与活力。邓小平理论就是马克思主义基本原则同中国当代实际相结合的产物，是当代中国的马克思主义。中共十五大把邓小平理论确立为我们党的指导思想，并写进党章，这是我们克服困难、把建设有中国特色社会主义事业不断推向前进的根本保障。

（摘自 1997 年 12 月 7 日同越共中央政治局常委黎可漂会谈时的谈话）

改革开放 20 多年来，中国发生了翻天覆地的变化，取得了举世公认的成就，包括那些反对我们的人也不得不承认这一点。究竟怎么解释取得成就的原因，说法就不一样了。有人说这是放弃马克思主义的结果，我们认为，这种观点是误解、是歪曲，恰恰相反，中国改革开放的巨大成就完全可以归结为马克思主义的胜利。在改革开放的过程中，我们党结合新的历史条件，准确地理解马克思主义，科学地坚持马克思主义，始终把马克思主义作为自己指导思想的理论基础。我们坚持唯物的观点，重新确立了实事求是的思想路线，明确了我国现在处于并将长期处于社会主义初级阶段；我们坚持发展的观点，大胆解放思想，吸收、借鉴人类一切有益的文明成果，开创了改革开放的新局面；我们坚持实践的观点，冲破“两个凡是”的禁锢，用实践作为检验理论和政策的标准，靠实践回答和解决问题；我们坚持生产力的观点，纠正长期“以阶级斗争为纲”的错误路线，明确社会主义的根本任务是解放和发展社会生产力，把经济建设作为全党全国各项工作的中心；我们坚持生产关系与生产力相适应的观点，确立以公有制为主体、多种所有制经济共同发展的经济制度；我们坚持群众的观点，把不断提高人民生活水平作为改革开放和发展经济的根本目的，依靠和调动广大群众的积极性来推进我们的事业。苏联东欧剧变后，世界上曾出现“社会主义失败论”，认为马克思主义没有用了。中国改革开放成功的实践证明，马克思主义没有过时，它的许多基本原理仍然有着现实的重大意义，社会主义制度仍然是最优越的社会制度。

（摘自2000年5月30日会见朝鲜劳动党总书记金正日时的谈话）

结合是坚持也是发展

我们提倡学习哲学并不是为了好看，也不是因为它有什么神秘，而是也仅仅是因为它能够指导我们的行动。对于马克思主义理论，要能够精通它，应用它，精通的目的全在于应用。把马克思主义基本观点与具体实际结合起来，既是学习的目的，也是学习的方法；既是马克思主义自身的要求，也是马克思主义生命力之所在。结合就是应用，结合就是坚持，结合就是发展。客观事物本身是活生生的，是运动的、变化的、发展的。把马克思主义的基本原理、原则与不断运动、变化、发展的现实情况相联系、相结合，求得矛盾的解决，推动历史的前进，这本身就有发展的意义。同时，有些观点就书本查书本比较难懂，而结合实际学，特别是与自己熟悉的情况一结合就容易明白。

把理论与实际的结合简单化是不对的。“文化大革命”中强加给我的一个“罪名”，就是“反对立竿见影”。本来，从物质到精神是个飞跃，从精神到物质也是个飞跃，所谓飞跃就是质变，而质变必须有一个渐变的过程，“立竿见影”的提法则否认了这个渐变的过程。理论与实践相结合是一个复杂的过程，需要具备一些条件，我体会，起码有“一个前提，三个条件”。一个前提是，必须站在人民大众的、全局的立场上，而不能站在个人的、局部的立场上，也就是过去我们常讲的马克思主义哲学党性原则的要求。三个条件是：（1）必须熟知理论。这既是结合的一方，又是加工的工具。（2）必须深入了解实际情况。只有把情况、材料搞全了、弄准了，才有条件谈结合。（3）必须有加工的本领。把理论与实际有机地结合起来，既有第一个飞跃的问题，也有第二个飞跃的问题；既有对客观实际情况不断地概括、抽象的过程，也有使理论回到实践、不断具体化的过程。这也就是毛主席讲的，在马克思主义基本原理指导下，将丰富的材料去粗取精、去伪存真、由此及彼、由表及里的改造制作的过程。强调结合，并不是说可以忽视读书，不读书是没法结合的。相反，由于结合还会发现自己有读书不熟、不准、不够的地方，从而促进自己反复查读。

（摘自 1990 年 8 月 16 日在同黑龙江省职工群众学哲学经验交流会代表座谈时的讲话）

我认为，当前马克思主义者面临着挑战，确实有一个如何坚持马克思主义的问题。我们相信用马克思主义基本原理作指导，是能够解决新出现的问题的。对马克思主义产生动摇是错误的，那样就否定了自己存在的必要性。同样，无视现实生活的新变化，不把马克思主义同现实情况结合起来也是错误的，那也不能真正地坚持马克思主义。

马克思主义同本国实际相结合，是我们的出发点，结合得好，是创造，也是对马克思主义的发展。结合的问题，是从共产主义运动一开始就遇到的一个问题。这个问题伴随着共产主义运动发展的全过程。马克思曾提出，社会主义革命将在发达的资本主义国家同时取得胜利，但后来列宁认为这与现实情况有矛盾，提出了社会主义革命可以首先在资本主义统治薄弱的环节取得胜利。于是，马克思主义同俄国的实际相结合，产生了社会主义的苏联，产生了列宁主义。毛泽东同志深刻地研究了中国的实际情况，并把马列主义的普遍原理与中国革命的具体实践相结合，提出了建立革命根据地，以农村包围城市的战略，建立了许多像井冈山、延安这样的革命根据地。中国革命胜利的道路同苏联革命的道路不同。毛泽东思想就是马列主义同中国具体实际相结合的产物。我认为这个概括今天还是正确的。

邓小平同志之所以受到中国人民这样的爱戴，是因为他把马克思主义同中国实际结合起来，提出了改革开放，提出了建设有中国特色社会主义的理论，因此中国才有了今天这样的局面。中国有 11 亿人口，占世界人口的 22%，而中国的耕地面积只占世界的百分之六到七，但基本上解决了温饱问题，市场是丰富的。如果不是搞改革开放，就不会做到这一点。中国改革开放以来的变化说明我们坚持马克思主义原理同中国实际相结合的路子是正确的，使马克思主义在中国获得了新的生机。

总之，目前国际共产主义运动的变化和某些社会主义国家遇到的问题，不能说是马克思主义的失败。我们认为，现在这种局面是对马克思主义的一个考验，是对马克思主义理论的一个检验。只要解决好同本国实际相结合的问题，我相信马克思主义会有一个新的发展。

（摘自 1990 年 6 月 30 日会见秘鲁共产党（红色祖国）代表团时的谈话）

坚持马克思主义，必须坚持马克思主义的基本观点，如唯物的观点、发展的观点、实践的观点、生产力的观点、生产关系与生产力相适应的观点和群众的观点等，而不能教条式地拘泥某些个别的词句，固守某些确已过时的结论，更不能被某些附加在马克思主义名下的错误论点所迷惑。坚持马克思主义，必须坚持理论与实践相结合，结合是运用，结合是目的，结合是坚持，结合是发展。离开结合谈坚持、谈坚决、谈坚定，只能是空话、大话、假话，只能给马克思主义抹黑乃至窒息或断送马克思主义。邓小平的伟大，就在于他坚持了毛泽东正确的东西，补充了毛泽东没有的东西，纠正了毛泽东某些错误的东西。现在我们有些同志，理论上没有的不敢干，跟理论不一样的不敢做，成功了的事找不到理论根据不敢说。如果照此下去，不能摆脱教条主义、本本主义的影响，不能使注重实践的观念在广大干部的头脑里扎下根，我们就不可能解决好面临的诸多问题，不可能有大的作为。

（摘自 2000 年 9 月 11 日听取山东省委、省政府工作汇报时的讲话）

在实践中学

我们强调实践第一，决不是说可以忽视理论。这几年，我们一再强调各级领导干部要读一点书，养成一个读书的习惯和调查研究的习惯。现在新事多，难事多，急事多，大家确实都很忙。但不管怎么忙，还是应该挤点儿时间读书，逐步做到把实际工作和理论学习联系起来。我们很多干部工作很积极，很扎实，也很辛苦。但是大家必须明白，不管工作多么辛苦，如果你不学习理论，不调查研究，长期下去就有可能变成一个忙忙碌碌的事务主义者。特别是区县局以上的领导干部，能不能认真读书，这不是个人爱好问题，从根本上讲是个革命责任心问题。有条件的话，我主张一些领导同志关在屋子里，平心静气地读几个月的书。但就大多数人来说，更现实可行的，只能是边干边学，边学边干。我体会，在工作中结合实践读书，好处很多。一是容易懂。光啃书本，很容易被唬住。我们对实践比较了解，结合实践学，可以打破理论的神秘性。二是容易记。我们作为实践者，对实践熟悉，学习理论与实际工作结合，印象就会深刻。三是容易活。因为，理论一般是枯燥的，而实践是丰富多彩的，理论与实践一结合就活了。四是老师多。在实践中学，老师就不光是书本了，客观世界是老师，周围的许多同志也是自己的老师。五是时间多。因为工作就是实践理论，学习就是研究工作。六是在实践中学，也容易坚持。

我们要求大家深入实际，也要求大家学习理论，这两个方面都必须通过调查研究的环节结合起来。我们的领导干部要尽量从具体的事务中解脱出来，深入到改革的实践中去，在马克思主义理论的指导下，下功夫分析研究改革中涌现出来的新情况、新问题，解放思想，大胆探索，推动改革实践的不断深入。在这个过程中，提高自己的理论素养和领导艺术，逐步掌握工作中的规律性，提高工作的自觉性。这样，就能使我们的干部成为有实践、有理论、有本事、有水平的实干家。

（摘自 1987 年 6 月 11 日在天津市调查研究工作会议上的讲话）

学习理论，总结经验，研究工作

我们历来强调学习理论。因为没有革命的理论就没有革命的运动，因为没有理论指导的实践是盲目的实践，还因为当前我们面临的问题，许多都涉及理论问题。学习理论，当然要读书。要认真地读，刻苦地读，重点文章要反复地读，读原著，读相关的书籍，读报刊上的文章。学习理论，光读书不行，必须联系实际。离开联系实际，学习理论就失去了目的。为什么学习，不是为了摆样子、给人看。离开联系实际，学习理论就失去了动力。学习见不到实际效果，就很难有兴趣、有劲头。离开联系实际，学习理论也就失去了衡量的标准。学习的成绩如何，不是看背多少书，而是要看实际结果。毛主席讲，如果你能应用马克思列宁主义的观点，说明一个两个实际问题，那就要受到称赞，就算有了几分成绩。被你说明的问题越多，越普遍，越深刻，你的成绩就越大。大量事实证明，只有联系实际，才能真正学懂弄通。有些同志学习时喜欢查书，从这本书查到那本书，从这个词典查到那个词典。现在有一些争论，都引经据典，谁是这样说的，谁是那样说的。你说他引的不对，是断章取义，他说你引的不准，是歪曲原意，来回争，来回查。查书无可非议，是学习理论不可缺少的重要方法。我体会还有一种方法，就是到实际生活中去查一查。实际生活这本大“词典”最丰富、最准确、最生动、最易懂。我举一个例子，我们常说，马克思主义的最本质的东西，马克思主义的活的灵魂，就在于具体地分析具体的情况。什么是具体？列宁讲，具体之所以具体，表现为过程，表现为综合，表现为质的多样性。这话单从字面理解比较费劲，如果从生活中去理解就比较容易。比如，一块木头是什么？就是一块木头，这个回答并没有错，但它还是什么？这就要看具体情况。拿它来做家具就是原料，拿它来烧火就是燃料，拿它来挑水就是工具，拿它来和坏人斗争就是武器，拿它来行凶打劫就是凶器，拿到法庭就是证据，但还是那块木头。这就是质的多样性。实践高于理论，因为它不仅具有普遍性的意义，而且还有直接现实性的意义。许多问题用列宁所说的那种最平凡、最常见、每天碰到无数次的小事去理解，用自己最熟悉的实际去理解，就比较容易弄清楚。只有联系实际，理论才是生动活泼的。我们讲马克思主义是活生生的，因为它的特点之一就是实践性，它最容易与实际相结合。实际是丰富的，不断发展、变化的，马克思主义同它一联结，就变成活生生的。僵化教条最主要的毛病是脱离实际，书本很熟，条条很多，不联系实际，有什么用处？毛主席说过，教条主义不如屎，人屎可以喂狗，狗屎可以肥田，教条主义既不能喂狗，也不能肥田。只有联系实际，学习才能长期坚持下去。我们现在都很忙，时间有限，事情很多，加上业余活动丰富多彩，要长期地不间断地坚持学习真不容易，结合实际学习可以较好地解决这个问题。因为，一方面，读书是学习，使用也是学习，而且是更重要的学习；另一方面，由于结合实际，读书的过程就成为研究实际的过程，工作的过程也就成为学习和应用理论的过程。由于工作实际的需要，迫使你研究理论，迫使你读书、查书。这样工作不间断，学习也就不间断。工作学习相统一，工作能力、理论水平共同提高。

我们一贯提倡总结经验。因为总结经验是由感性认识到理性认识的一个环节。实践可以产生理论，但必须经过总结这个环节。我们党的历史上两次大的飞跃都得益于总结经验。七大的总结奠定了新民主主义革命胜利的基础，十一届三中全会的总结开创了建设有中国特色社会主义的新局面。总结经验是推动工作的重要方法。任何一项工作要想不断地提高，必须坚持及时总结经验，发扬成绩，纠正错误，深化认识，作到吃一堑长一智，打一仗进一步。还因为总结经验是每个人提高与进步的有效途径。我们周围有许多很好的同志，有的相互之间天赋相近，学历相同，经历相似，实干的劲头也差不多，但他们提高和进步的程度却相差很大，重要的原因就在于如何对待总结经验。提高快的人每做完一项工作，都要琢磨琢磨，总结一下，找出成功包括部分成功的原因，或失败包括部分失败的理由，做到不占糊涂便宜，不吃糊涂亏。提高慢的人说干就干，干完就散，不动脑、不总结，马马虎虎，稀里糊涂，知其然不知其所以然。总结经验有三个条件。第一个条件要有材料，材料要全，不能缺东少西；材料要准，不能虚假差错。材料不全不准不能加工出好的产品。第二个条件要有武器，也可以叫工具，没有工具没法加工。工具是什么？马克思主义理论就是工具。第三个条件要有加工的本事。有了材料、工具，没有手艺不行。同样的工具和材料，手艺不同制作出的产品一定不同。手艺怎么来？就得学，就得练。怎么学，怎么练？就得不断地使用工具加工材料，也就是不断地用马克思主义理论去加工实践中的材料，即不断地用马克思主义去总结工作。总结不是一件简单的事，不是编顺口溜，凑四六句，而是在马克思主义理论指导下，将丰富的材料加以去粗取精、去伪存真、由此及彼、由表及里的改造制作，经过艰苦的思考、分析、综合、概括、抽象。科学的抽象不是主观臆造，而是更深刻、更正确、更完全地反映着自然。总结经验的整个过程都是理论与实际相结合的过程。总结经验要应用理论，学习理论要结合总结经验。

我们十分重视研究工作。因为人类与其他动物的区别，在于人有自觉的能动性，人们的重大活动、重要工作，都要通过认真的研究，形成一套构想和思路，形成判断、决心和部署。因为客观世界十分复杂，要正确地认识事物，抓住事物的本质，抓住事物的全体，抓住事物的内部联系，就不能凭主观想象，不能靠一时热情，而必须进行认真的研究。还因为“集中起来，坚持下去”是我们的领导方法，而研究工作正是实行这个方法的结合点。所谓研究，就是集思广益，把分散的、无系统的意见加以集中、条理，然后变成计划、部署，贯彻实行。郑重的、系统的研究工作，一是要找一帮合适的人，这些人应是了解情况和从事这方面工作的人，而不能只是编词作文的人。二是要有必要的材料，现在浮夸造假现象十分严重，要真正把情况搞得实在、明白，很不容易，但这是基础。三是要有正反两方面的经验，经验是人民群众实践的总结，重视经验、解剖典型是研究工作的重要方式，也是辩证唯物论认识论的基本要求。四是要在理论指导下深入地思索，要不间断地思索，方方面面地思索，连贯起来思索。在这个过程中，理论、材料、经验分分合合，难解难分；各种设想、方案、景象不断闪现，浮想联翩；肯定、否定、修正对照比较，反复选择。所谓"一觉醒来，疑团顿解"，实际上是一夜未眠，冥思苦索。讲艰苦，这种头脑的加工最艰苦。思想上的艰苦，勤于和善于思考问题，是长期训练而形成的。头脑这个加工厂也需要不断更新和改造，使其能够适应不断发展变化的情况，加工出各种高水平的产品。我们有些同志只看到人家决策时的果断，而看不到人家事前所下的功夫；只看到人家处置问题的自如，而看不到人家平日长期的积累。世界上哪有这样的人，张口就说，说了就对；拿来就拍板，拍板就正确。某项工作干得不错，各方面反映很好，其实都经过了一个相当复杂乃至相当长时间的谋划研究过程。没有"十月怀胎"，哪能"一朝分娩"？我们现在有些部门、有些工作，第一缺乏研究，塌不下心来，舍不得时间，豁不出辛苦。第二研究的方法不对，对现实情况了解得不够，对典型经验重视得不够，特别是在理论指导下思索得不够。我们常讲，"为着领导，必须预见"，"运筹帷幄、决胜千里"，"不打无准备之仗"。所谓预见、运筹、准备，都是研究，都需要认真研究，研究工作是领导者和领导机关的基本工作方法。

归总起来说，学习理论、总结经验、研究工作有机结合，三位一体，是学习的方法、总结经验的方法，也是搞好工作的方法。我很相信这个方法，向大家推荐这个方法，希望各位自觉地运用这个方法。

（摘自 1997 年 6 月 29 日在政协第八届全国委员会常务委员会第二十一次会议闭幕会上的讲话）

把抓认识与抓行动统一起来

干实事不抓认识不行，思想不明确，行动不自觉，好事也会干砸。但只抓认识，醉心于无休止的议论，耽误了行动，事情办不成，最终认识也解决不好。因此，必须把抓认识与抓行动统一起来，结合进行。

“无论事大小，认识先抓好”，这是我们的传统。现在的问题是，一些人把抓认识当成了坐而论道、不干实事的借口。他们只讲空理论不讲实道理，只讲大原则不讲真问题；“事小道理大，个小帽子高”。你急得坐立不安，他说你不懂政治。他们不分大事小事、难事易事，一律都要“找”上一帮人关门去开会，结果只听楼梯响，不见人下来，占去了很长干事的时间。事实说明，许多事情常常不是失之于方向不对，道理不清，而是失之于空论太多，久议不决，坐失良机。抓认识，本来是为了更好地行动，空论太多，反而影响了行动。

有些事情比较简单，只要去干，很快就可以办完，议来议去，越议越复杂，反而变成了难事。有些事情难度较大，涉及面广，需要花一定时间统一思想，但也不能议论起来没完。人们的认识总有差异，所谓“完全一致”只是一种说法。实际上只有通过干的过程，通过事实，即在改造客观世界的过程中，改造人们的认识，才能逐步地把思想统一起来。任何一个大的社会变革，思想的真正统一，常常不是在变革之前，而是在变革之中，变革之后。如果片面强调不统一思想就不能行动，实质上就是取消了行动，同时也就否认了纪律的必要性。

我们不反对必要的议论，但议论是为了干；如果只是停留在一般议论上，就失去了议论的目的。议论和行动要相辅相成，在议的基础上干，在干的过程中议，知行统一，开拓前进。

（摘自 1985 年 5 月为《天津日报》撰写的特约评论员文章）

关键是狠抓落实

历史经验表明，一个好的文件、好的方针政策，只有通过艰苦细致的工作，真正变为广大干部、群众的实际行动，才能取得好的效果。在这方面过去我们有不少经验和教训。比如，七大的文件是好的，落实也是好的，取得了新民主主义革命的胜利，建立了新中国。八大的文件是好的，但由于多种原因没有得到很好的贯彻，八大二次会议以后又提出了另外一套，致使我国政治经济的发展走了一段弯路，吃了一个大亏。十一届三中全会以来的路线、方针、政策是好的，总的来讲，全党全国人民贯彻得也是好的，所以我们实现了第一步战略目标，取得了举世瞩目的成就。现在，十三届七中全会的文件是好的，当前的关键就是要狠抓全会精神的落实。最近，中央政治局讨论通过的政治局常委会今年工作要点，强调要改进作风，狠抓落实，力戒空谈，扎实工作。这既是以江泽民同志为核心的党中央的殷切要求，也是广大干部群众的强烈愿望。这不只是工作方法问题，也是牵动全局的工作指导思想问题。我在全国宣传部长会议上根据这个精神讲了一篇话，题目叫《团结起来、扎实工作》。当前，如何把七中全会的精神落到实处，如何转变作风、扎实工作，我想有三点要强调一下：

第一，必须克服各种各样的形式主义，腾出主要时间和精力来研究、解决重大问题。十三届四中全会之后，由于国内外一些重大事件的影响，社会上有各种各样的议论，党内思想也比较混乱。针对这种情况，前段时间会开得多一点，话讲得多一些，文件发得多一点，是必要的。因为对一些重大方针政策、对一些重要问题有一个明确的、统一的说法，便于大家统一认识、统一行动。现在，情况不同了，该讲的话都讲了，该有的精神都有了，各级领导应该把心静下来，扎扎实实地研究和解决问题。中央认为，目前会议太多，文件太多，题词、照相太多，形式主义的东西太多，必须认真加以改变。各级领导要下决心精简会议，精简文件，坚决砍掉那些不必要的活动，克服各种形式主义的东西，改变领导同志的时间被严重肢解的状况。现在北京开个什么会，什么人出席讲话，回到地方传达时，也要比照着来。如果主要领导同志不按照北京的规格出席、讲话，就是不重视，这样下去怎么得了？各级领导同志特别是主要领导同志，如果整天忙于应付这个会那个会，陷入“文山会海”不能自拔，还有多少完整的时间来钻研工作？群众批评说：“行动在嘴上，决心在会上，落实在纸上”，不能说没有一点道理。这种状况如不痛下决心改变，要实现第二步战略目标是很困难的。大家可以回顾一下，十一届三中全会后的十年，根据邓小平同志倡导的少讲空话、多干实事的精神，我们从拨乱反正到全面改革干了多少实事。例如：纠正“以阶级斗争为纲”的错误，把全党工作重心转到经济建设上来，纠正“文化大革命”中的冤假错案，纠正 1957 年反右扩大化的错误，实行家庭联产承包责任制，创办经济特区，搞企业承包，按照“一国两制”的原则解决港澳问题，等等，至于这些年来经济建设方面从中央到地方完成的重点工程就更不胜枚举了。各级领导应当把这种好的作风继承下来，在落实七中全会精神的过程中，集中精力，深入实际，调查研究，使具有普遍指导意义的中央精神同本地实际结合起来，扎扎实实地解决一批重大问题，推动建设和改革事业的发展。

第二，要密切联系群众。这是狠抓落实、扎实工作的重要一环。我们的一切工作都不能离开宣传群众，组织群众，调动广大群众的积极性。从根本上讲，实现第二步战略目标的过程，是群众创造历史的过程。密切联系群众，千方百计调动广大干部和工人、农民、知识分子的积极性，这既是落实七中全会精神的一个关键，也是检验七中全会精神落实程度的一个标准。因此，领导干部必须深入实际，深入群众，认真调查研究，悉心倾听群众的意见和呼声，了解民情民意，革除群众反映强烈的毛病，兴办群众高兴满意的事情。如果连群众满意什么、不满意什么都不清楚，怎么谈得上办群众满意的事呢？密切联系群众是我们的优良传统，得到广大群众的支持和拥护，是我们的政治优势，也是当前亟待解决的重要问题。我去年在河北讲过，“六四”风波有那么多人上街，除有资产阶级自由化的影响，国外敌对势力的插手，西方资本主义推行“和平演变”等因素以外，也有群众对我们工作有意见的因素。不承认这后一条是不对的。前几年我们工作确有失误，比如在处理物价、工资等问题上确有脱离群众、脱离实际的毛病。不能因为平息了“六四”风波，加强了反对资产阶级自由化的斗争，就可以忽视群众意见，不去认真改正我们工作中的缺点错误。总之，密切党群关系、干群关系，把大家的积极性都调动起来，这是贯彻七中全会精神最可靠的保证。

第三，必须养成具体抓、抓具体的工作作风。对于一些矛盾和问题，要抓住不放，一抓到底，像老鹰逮兔子一样，不逮下一块肉来不撒嘴。没有这种作风就难以干成大事。说了不办或说得多办得少，比不说还坏。必须改变说空话、说大话、说套话的坏毛病，改变那种说似是而非、含糊其词的话，说没有错也没有用的话，说"大概"、"或者"、"也许是"，"好像"、"恐怕"、"差不多"一类废话的坏毛病。各级领导一定要扎实工作，对每一项工作，要具体研究应当怎么办，谁去办，什么时候办到什么程度，一件一件地落实，使少讲空话、多干实事形成风气，形成习惯，形成规矩。

（摘自 1991 年 1 月 27 日听取云南省委工作汇报时的讲话）

有些同志总是希望不断听到新精神。其实新精神太多是不正常的，不断出新精神有朝令夕改之嫌，使人无所适从，反而对推动工作不利，是工作没有走上正轨的表现。现在，基本精神都十分明确，也就是说大政方针已定，主要是抓落实的问题。《邓小平文选》第一、二、三卷已出版发行。十四大、十四届三中全会和四中全会、全国统战工作会议、全国经济工作会议等，都有若干重要讲话，基本精神很明确。要抓落实，抓结合，抓经验。抓落实，就是认真贯彻邓小平同志建设有中国特色社会主义理论和党中央的政策精神，使之变成广大干部群众的自觉行动。抓结合，就是把邓小平同志建设有中国特色社会主义理论和中央的政策精神同你那个地区你那个部门的实际情况，通过创造性的工作结合起来。抓经验，就是抓结合得好的经验。这种结合本身就是一种创新。不久前，在全国地方政协工作经验座谈会上我曾讲过一句话，就是"结合新情况，落实老精神"。今后相当长一段时间的工作，都要把着力点放在抓落实、抓结合、抓经验上。

（摘自 1995 年 1 月 3 日听取中央统战部工作汇报时的谈话）

中央关于今后一个时期西藏工作的大政方针、目标任务都已经明确，现在关键是狠抓落实。

开会是重要的，重要在于可以研究问题、统一思想、形成决策。但研究问题是为了解决问题，统一思想是为了统一行动，形成决策是为了付诸实施。离开抓落实，会开得再好，也只能是劳而无功。我们过去有些事情办得不好，不是失之于会议开得不好，政策制定得不好，而是失之于落实抓得不好。就大的方面来说，党的七大开得是好的，落实得也是好的，结果是取得了中国革命的最后胜利，建立了新中国；八大开得是好的，但落实得不好，结果是预期目标未能达到，社会主义建设走了弯路。就西藏工作来说，第三次西藏工作座谈会开得是好的，落实得也是好的，结果是这几年西藏的改革开放和现代化建设取得了显著成绩，当然不落实的事情也有。这次会议，花费了这么大的精力，制定了这么好的政策，安排了这么多的项目和资金，能不能达到预期的目标，能不能收到良好的效果，关键取决于我们能不能在落实上狠下功夫。

一般地说，落实总比开会难。会议所确定的方针、政策、部署属于主观的东西，落实是主观见诸客观的东西，主观认识部分地不符合客观实际是难免的；落实有一个过程，在这个过程中必然会碰到新情况、新问题；落实总要牵扯到上上下下、左左右右、方方面面诸多工作和利益关系，处理不好往往会影响全局。特别是这次西藏工作座谈会精神的落实，其难度切不可低估。一是工作量大。中央和有关省区市先期安排的建设项目就有 187 个，总投资 322 亿元。要在几年时间内用好这么多资金，建成这么多项目并予以有效管理，即使在沿海省份，也不是一件简单的事。有的同志说，要钱容易花钱难，建设容易管理难。我看这句话可以改为：要钱不易，花钱不易，花好了更不易；建设不易，管理不易，管出水平更不易。二是施工条件差。西藏特殊的地理、气候和交通条件，会给材料运送、人员调配和施工组织等带来许多难以想象的问题。三是牵扯面广。承担援藏任务的单位，包括中央有关部委和几乎所有的省区市，如何协调各方，减少扯皮推诿现象，使援藏工作形成一个有效的整体，如何调动大家的积极性、主动性、自觉性，需要做大量艰苦细致的工作。四是目前社会上存在着说得多做得少、布置多落实差的不良风气，就像老百姓批评的那样，"决心在嘴上，行动在会上，落实在纸上"。这给我们的工作带来了不可忽视的消极影响。总之，我们对落实这次会议精神的艰巨性和复杂性要有足够的认识，必须抓紧抓紧再抓紧，精心精心再精心，务求有实实在在的成效。

（摘自 2001 年 6 月 27 日在第四次西藏工作座谈会上的讲话）

工作要艰苦，思想更要艰苦

这几年，我们一再强调各级干部要有一个好的作风。在引滦工程中，我们反复讲"抓紧、抓细、抓具体，抓住不放，一抓到底"。这句话，现在已成为天津广大干部的共同语言了。

为什么抓作风？其一，因为任何事物都是复杂的、变化的，不深入实际，不下一番苦功夫，就不能真正了解事物，更谈不上解决问题。其二，长期以来在我们一些干部中形成了一种毛病，就是作风不深入，不艰苦。有些人讲道理似是而非，谈问题肤浅表面，满足于"大概"、"或者"、"也许是"，"好像"、"恐怕"、"差不多"之类的说法。很多事情不是失之于道理不清、方法不明，而是失之于抓得不紧、不细、不具体。其三，抓作风可以锻炼和考验干部。有的人学了这么一套，有问就答，有零有整，有情况、有数字，但都是编的。如果不抓作风，不仅做不好工作，还会毁掉一批干部。要掌握真实情况，不付出辛苦，不豁出时间，不真正下去，不认真研究问题，是做不到的。为什么强调真下去？因为有的人也下去了，坐着汽车到下边转一圈，听几句汇报，然后说几句，吃顿饭，坐车回来了。照这样天天跑，满场飞，一问什么都似是而非，照样不解决问题。

付出辛苦，不仅仅是胳膊腿勤，很重要一条是思想必须艰苦。事实上，思想的艰苦对于一个领导干部来讲，才是最重要、最困难的。应该既能深入下去，又能坐得住，看东西，听意见，想问题，憋主意。比如想年初怎么开局，年底怎么结束；怎样既照中央精神办，又结合实际，更好地落实中央的精神，有一点自己的创造；一年的任务或一项任务，提冒了不能实现，提低了不鼓舞人心，如何确定一个既鼓舞人心，又跳一跳可以达到的目标。这些问题都要花时间研究琢磨。要找一些做实际工作的人谈，找一些文人来论，采取多种途径，听取各方面群众的意见。比如，派人下去了解情况，搞居民户卷调查，请人民代表座谈直接听取意见，给咨询委员会出调查题目，等等。然后，进行综合研究，根据国家的计划安排和财力、物力的可能，形成工作部署和具体安排。

提倡既要肯艰苦，又要会艰苦。要想得进去，既能展得开，又能拢得起，在把情况弄全、弄准的前提下，把材料掰开了、揉碎了，把关系理顺了、摆正了，把措施具体了、落实了。这样分类排队，分析综合，才能得出正确的结论。材料不全、不准不行，有了材料不会分析综合也不行。先分析后综合，分析本身也就是综合。而分析综合的过程是很艰苦的，有时一两夜才捋出一个头绪。领导干部的讲话、文章不单纯是文字问题，而是对事物的看法，对客观规律的认识，对改造世界的意见，不是说着顺嘴就行了。起草文稿是很锻炼人的，尤其是年轻干部必须养成这个习惯，要自己动手写稿子，能不能提高水平，能不能有个飞跃的进步，过好这一关非常重要。

要向实践学习，向群众学习，向书本学习。新同志上来以后事情很多，天天忙忙碌碌，如果自己不自觉挤时间学习，不经常翻翻书，这个不行。年轻干部必须学习马克思主义的基本理论，特别是哲学，必须下大功夫学懂弄通，把它变成自己的思想方法。哲学、历史、现代的经济理论等等，材料很多，既要肯学，又要抓住重点，同时和自己的工作结合起来，用理论来总结工作中的经验，在研究工作中用理论来加以指导，把学习和工作统一起来。这样，理论水平和工作能力就可以同步增长。要力争把文字水平、理论水平和工作水平一致起来，不然，就将是会写的不会办事，会办事的不会写。作为一个领导者，没有马克思主义基本理论的基础，不懂得哲学，没有一定的历史知识，是很难胜任工作的。当然，向群众学习、向实践学习的领域更为广阔，不学习是不行的。进步的关键在于学习。

（摘自1985年1月9日同《中国城市经济社会年鉴》记者的谈话）

抓紧时间，埋头苦干

落实政府工作报告，实施“九五”计划和2010年远景目标纲要，是全国人民面临的宏伟而艰巨的任务。现在条件很好，机遇难得，关键是要抓紧时间，埋头苦干。

改革开放18年来，我国社会生产力有了很大发展，综合国力有了显著增强，人民生活有了明显改善，整个国家充满生机与活力。对我们的成就，广大群众充分肯定，国际社会也评价很高。同时我们必须看到，我国人口多，底子薄，资源相对不足，地区发展不平衡；我国人均国民生产总值在世界上仍处于较低水平，不仅落后于发达国家，即便同有些发展中国家相比也有较大差距；世界各国都在致力于加快发展，经济、科技竞争日趋激烈，我们不加倍努力，差距还有拉大的可能；我们曾经失去许多宝贵时间，错过不少发展良机，今后不能再有丝毫的耽误。我们要始终保持清醒的头脑，充分认识所担负的历史重任，解放思想，大胆实践，抓紧时间，埋头苦干，一年一年地苦干，一代一代地苦干，一刻也不放松地苦干。

当前，我国国民经济持续快速健康发展，宏观调控收到很大成效，各项改革措施平稳出台，社会局面保持稳定，从总体上说，经济和社会发展是顺利的。同时我们必须看到，在前进过程中还存在不少困难和问题，如经济结构不合理，农业基础薄弱，数千万人口尚未脱贫，部分国有企业生产经营困难，下岗失业人员增多，等等。这些都是牵动全局、久拖不利但解决起来难度很大的问题。解决这些问题需要多方努力，需要多种措施，但最基本的是需要抓紧时间，埋头苦干。苦干可以出思路出办法，苦干可以出成绩出经验，苦干可以战胜困难，开拓前进。没有埋头苦干，一切无从谈起。

中共十一届三中全会以来，我们重新确立了解放思想、实事求是的思想路线，举国上下坚持以经济建设为中心，求实务实的精神得到发扬。这是我们的一大进步。同时我们必须看到，现实生活中确实存在着浮躁虚华的风气，存在着不扎实、不艰苦、不谨慎、不负责任、不讲实效、不思进取的现象。这些尽管是局部的，但影响甚坏，危害很大。人民群众希望我们少讲空话，多办实事；希望我们塌下心来，研究问题；希望我们抓紧时间，埋头苦干。

埋头苦干，是老一辈革命家的嘱托。早在革命胜利前夕，毛泽东同志就告诫全党："中国的革命是伟大的，但革命以后的路程更长，工作更伟大，更艰苦。这一点现在就必须向党内讲明白，务必使同志们继续地保持谦虚、谨慎、不骄、不躁的作风，务必使同志们继续地保持艰苦奋斗的作风。"改革开放以来，邓小平同志反复强调要抓紧时间、埋头苦干。他说："从现在起到下世纪中叶，将是很要紧的时期，我们要埋头苦干。我们肩膀上的担子重，责任大啊！"这是《邓小平文选》第三卷最后一段话，是邓小平同志对我们的殷切叮嘱。埋头苦干，是以江泽民同志为核心的中共中央的一贯要求。江泽民同志指出："过去干革命需要艰苦奋斗，今天搞社会主义现代化建设，同样要靠艰苦奋斗。衷心希望共产党员特别是我们的领导干部，要自觉地起来大兴艰苦奋斗之风。"埋头苦干，是我们的优良传统，是中国人民自强不息的民族精神。在建设有中国特色社会主义的伟大事业中，我们要大力弘扬这种精神。

（摘自 1997 年 3 月 12 日在中国人民政治协商会议第八届全国委员会第五次会议闭幕会上的讲话）

三、重视总结经验

重视总结经验

总结经验的重要性，马、恩、列、斯、毛、邓和江泽民同志都有过论述。毛主席有一段著名的话："人类总得不断地总结经验，有所发现，有所发明，有所创造，有所前进。停止的论点，悲观的论点，无所作为和骄傲自满的论点，都是错误的。"人类的历史是一个不断地从必然王国向自由王国发展的历史，是一个实践、认识、再实践、再认识循环往复的过程，总结经验则是这个过程中不可或缺的一个环节。

毛主席一生重视总结经验，他的许多文章都是在总结经验。1965 年，毛主席在中南海接见李宗仁夫妇和程思远先生时，程思远告诉他，国外许多人都赞扬毛泽东思想，说毛主席"调查不够不决策，条件不备不行动"。毛主席笑了笑，问程思远："你知道我是靠什么吃饭吗?"程说不知道。毛主席徐徐地说："我是靠总结经验吃饭的。"

（摘自 2001 年 12 月 6 日在全国地方政协工作经验座谈会上的讲话）

我们正在进行的四化建设是一场前所未有的伟大事业。建设具有中国特色的社会主义，没有现成的答案，在我们面前存在着许多未被认识的必然王国，只有经过千百万人的反复实践，并经过认真的总结，才能得到解决。我们的伟大人民，正在为着我们的伟大事业英勇奋斗，创造着光辉的业绩和丰富的经验。我们应当把它集中起来，概括起来，指导我们的实践，并载入史册，成为历史的财富。我们有许多成功的工作，凡成功的就一定有许多正确的东西，只有通过认真总结，不占糊涂便宜，从中找出它的根本原因，即事物的本质，打一仗、进一步，使实践更符合客观规律，才会成为社会的精神财富；我们也有许多失败和挫折，有些甚至付出了巨大的代价，只有通过总结，不吃糊涂亏，才能找出它的内在原因，吃一堑、长一智，避免重犯过去的错误，使之成为成功的先导，转变为宝贵的财富。

总结经验是提高认识、增长才干、搞好工作的关键环节，是学会开创新局面的重要途径。我们的同志，特别是各级领导干部，要养成总结经验的习惯，提高总结经验的能力，经常和及时地总结经验。这是领导者必须具备的素质，也是应尽的责任。随着开创新局面的进程，我们要不断地实践，不断地总结，使我们的认识水平不断提高，使我们的工作逐渐自觉，像毛主席讲过的，改造客观世界，也改造自己的主观世界，改造自己的认识能力，改造主观世界同客观世界的关系，从而为四化大业做出更多的贡献。让我们在开创新局面中来个竞赛，看谁总结的经验多，看谁总结的经验好，看谁通过总结经验提高得快。

（摘自 1984 年 4 月 2 日在天津市十届人大二次会议上的政府工作报告）

实践出理论离不开总结经验

第二步战略目标是宏伟的，令人鼓舞的；实现这个目标的任务是十分艰巨的，碰到的困难一定会是很多的。对此我们必须有足够的思想准备。如何克服各种困难，做到尽量少犯错误，避免挫折，把工作干得更好一点，就有一个重视实践经验的作用、正确地认识和总结实践经验的问题。

重视总结实践经验是马克思主义认识论的一个基本要求。人的正确思想、认识不是主观自生的，也不是天上掉下来的，只能来自实践。实践出真知、出理论，离不开认真总结经验。同是一个实践，不总结或者总结得不好，未必能得到真知、理论。这种总结就是将丰富的感性材料科学地加以概括，进行去粗取精、去伪存真、由此及彼、由表及里的加工改造。具体地讲，就是把材料搞全了、弄准了，把问题掰开了、揉碎了，把内在联系理清了、摆正了，这样才可以得到反映事物本质的真知和理论，才可以发现事物运动的规律。

认真总结经验也是我们党的优良传统。我们党就是通过正确总结实践经验而不断提高，不断成熟，不断走向胜利的。党的七大认真总结了历史经验，制定了正确的路线，形成了全党的团结，指引人民推翻了三座大山，取得了新民主主义革命的胜利。党的十一届三中全会认真总结了建国以后特别是十年“文革”的历史经验，确立了党的基本路线，实行了改革开放等一系列方针政策，创造了举世公认的成就。我们不妨回想一下，十一届三中全会之前，我们面临着“文化大革命”造成的什么样的局面。那时经济到了崩溃的边缘，思想政治上一片混乱。但是在以邓小平同志为核心的第二代党中央领导集体的带领下，我们纠正冤假错案，落实知识分子政策，农村实行家庭联产承包责任制，城市扩大国营企业自主权、实行承包制，兴办特区和合资企业，等等，很快打开了局面。大家想想看，这十年干了多少这样的大事，各省干了多少实事！十年中尽管也出了一些娄子，但总的讲，干的事是相当多的。现在应该认真总结一下前十年的经验，看看哪些是成功的，哪些是不足的。这对今后的工作具有十分重要的意义。

总结实践经验也是干部提高水平、增长才干、减少失误、搞好工作的重要环节。只有通过总结经验，才能找到成功和失败的原因，做到坚持正确的，克服错误的，吃一堑长一智，打一仗进一步，不吃糊涂亏，不占糊涂便宜，才能把感性认识上升到理性认识，从个别经验中得出具有普遍意义的东西。比如，究竟如何进行科学决策？社会主义优越性确实很多，但由于我们决策失误，或者由于我们工作不得法，使这个优越性没有得到充分发挥。今后究竟怎么进行宏观决策，历史上的经验应该好好总结。同世界其他政党比起来，我们党是组织最严密的一个党，我们党是有马克思主义科学世界观作指导的党，应该搞得更好一点。我觉得江苏省委这十几年的工作是相当出色的，各方面工作是做得好的。江苏省不仅在经济上对国家作出了很大的贡献，而且在许多方面特别是发展乡镇经济走在了前面，给全国提供了带有开创性的经验。这是江苏省委、省政府等几套班子、退下来的老同志，以及全省人民坚决贯彻党的十一届三中全会以来的路线、方针、政策，团结一致，努力奋斗的结果。对于这些经验，认真加以总结，对全国今后的发展是会有很好的作用的。我希望在这个问题上，你们省委多做点工作。

总之，党的十一届三中全会以来，全党全国各族人民团结奋斗，做了大量的工作，开拓了崭新的局面，积累了丰富的经验。这些经验是来之不易的，是极为珍贵的。前事不忘，后事之师。

正确地总结、对待这些经验，对于我们统一思想认识，搞好今后工作，有十分重要的作用。各级领导干部要养成总结的习惯，提高总结的本领，使我们的工作干得越来越好。

（摘自1991年4月20日听取江苏省委工作汇报时的讲话）

要注重实践，同时要注重总结。按照毛主席说的，经过去粗取精、去伪存真、由此及彼、由表及里的加工整理，把感性材料上升为理性认识，才能得到反映事物本质的真知和理论，摸索出一些规律性的东西。我们的各项工作，只有通过认真总结，才能知道哪些是成功的需要继续坚持，哪些是不足的需要予以弥补，哪些是失误的需要加以改正，从而发扬成绩，克服缺点，不断争取新的进步。我们每个人也只有通过不断总结经验，不吃糊涂亏，不占糊涂便宜，才能吃一堑长一智，打一仗进一步。浙江的成绩令人赞佩，浙江的现象值得研究，浙江的经验应该总结。现在就全国来讲，总的形势是好的，取得的成绩是举世公认的，但面临的问题也是非常突出的，如部分国有企业困难，下岗职工增多；一部分群众生活困难，情绪不顺；一些地方社会风气和秩序不好，干群关系比较紧张等。这些问题在浙江不能说没有，但相比之下解决得比较好。普遍存在的现象要从指导思想、方针政策上找原因，反复出现的事情要从规律上找原因。浙江为什么能多年保持连续、平稳的发展？浙江的老百姓为什么能比较心齐气顺？必有其深层的内在理由，应当认真深入地进行总结。浙江的许多经验来之不易，十分宝贵。希望你们客观地全面地给予总结并上升到理论，以使今后的工作减少盲目性，增强自觉性。这件事做好了，不仅对于浙江而且对全国一些突出问题的解决，都有重要意义。

（摘自2000年2月24日听取浙江省委、省政府工作汇报时的讲话）

面向群众，面向实际，面向基层

总结经验，要做到正确的总结而不是错误的总结，就必须以马克思主义理论为指导，面向群众，面向实际，把立足点真正摆到党领导的广大人民群众建设有中国特色的社会主义的伟大实践中来。陈云同志多次讲："不唯上、不唯书、只唯实"。生气勃勃的社会主义事业是人民群众创造的事业。建设有中国特色的社会主义，是中国人民改造社会、创造历史的伟大工程。我们讲历史，讲发展，讲创造，都离不开人民群众这个历史发展和社会改造的动力，离不开人民群众这个认识和实践的主体。总结经验也是如此，不能照搬外国，不能面向过去，不能只靠少数人，不能理论脱离实际。

毫无疑问，研究外国、借鉴外国经验是非常重要的。改革开放以来，在这方面做了不少工作，今后还要坚持做下去，关注的领域还应当拓宽，考察的层次还应当加深。但是必须指出，像我们这样大的一个国家，又有着独特的历史发展和革命经历，要实现现代化，是没有现成道路可走的。无论是发达的资本主义国家，还是某些新兴的工业化国家，都不可能为我们提供照搬照抄的模式，只能从中国的实际出发，走自己的路。

毫无疑问，我们党的历史上积累了丰富的经验。许多经验，就其基本精神来说，对于我们今天搞社会主义现代化建设和改革开放，仍然具有指导意义，必须认真研究和运用。特别是党的优良传统是我们的政治优势，一定要继承和发扬。这些年在这方面确有削弱，是一大教训。同时，我们必须看到：形势、条件、任务都发生了许多变化，好的传统只有同新的情况相结合，在新的群众实践中才能获得新的生命力，发挥新的作用。新的形势和任务，给我们的工作带来了不少新的课题，需要我们依靠群众，在现代化建设和改革开放的广泛实践中，从多方面去创造许许多多新经验、新办法，这是我们的历史责任。不到新的实践中去创造新的经验，实际上等于放弃了历史赋予我们的把事业推向前进的责任。

毫无疑问，我们要尊重知识，尊重专家、学者，这是我们党的群众路线的组成部分。我们说人民群众是认识和实践的主体，其中就包括专家、学者在内。在社会主义现代化建设时期，这一点尤其重要。同时必须指出，在研究和解决中国社会主义现代化建设和改革开放问题的时候，必须实行领导、专家和在实践第一线的广大干部、群众相结合。实现这种结合，专家和群众这两方面都要提高自觉性，而关键在于领导者的自觉性。如果各级领导不去促进这种结合，怎么能够得到有价值的研究成果呢？还有各级政策研究机构也很重要，对领导决策的影响更加直接。但是，如果不到群众中去，不到实践中去，也不听专家、学者的意见，那又怎么能够帮助领导经常地及时地了解群众的情绪，摸清群众的脉搏，集中群众的智慧，形成正确的观点和决策呢？总之，看不起群众的经验，以为少数人关起门来研究，就可以拿出周密完善、万无一失的方案，党和群众只要照着去办就行了，这只能是一种幻想。

总结经验，这是研究马克思主义理论，把马克思主义理论与实践结合起来的一个极其重要的方法。我们坚持马克思主义，忠于马克思主义，坚决反对那种公开否定马克思主义，或者借口“发展”、“创造”、“更新”而实际上抛弃马克思主义基本原理的资产阶级自由化倾向。近年来马克思主义理论学习遭到削弱的状况，必须切实改变。如果不这样做，我们就不是真正的马克思主义者。同时，坚持和忠于马克思主义，又不能停留在口头上，不能把它当成万古不变的教条。中国的马克思主义者，必须紧密结合我国现代化建设和改革开放的实际，结合世界形势的新发展，来运用理论，检验理论，发展理论。我们的根本原则，是理论与实际相结合。这个结合，就是坚持，也就是发展。坚持和发展，二者统一于理论与实际结合的过程之中。邓小平同志去年5月在会见外宾时指出："真正的马克思列宁主义者必须根据现在的情况，认识、继承和发展马克思列宁主义。世界形势日新月异，特别是现代科学技术发展很快。""不以新的思想、观点去继承、发展马克思主义，不是真正的马克思主义者。""固定的模式是没有的，也不可能有。墨守成规的观点只能导致落后，甚至失败。"

这里还要特别强调，总结经验，要注意面向基层。最广大的人民群众在基层活动，许多新鲜活泼的经验都是在基层创造出来的。抓住基层创造的成功经验，加以总结，用政策的形式加以推行，从而引起我们经济和社会面貌的重大改变。可以说，这是十年改革成功的奥秘之一。看看中国农村改革的历程，这一点就很清楚。整个说来，考察我们体制的利弊如何，政策的得失如何，它是解放生产力还是束缚生产力的，归根到底，都要到基层去看。在农村，要看人高兴不高兴，牛高兴不高兴；在工厂，要看工人干活作劲不作劲。只有这样，才能了解到真实的情况，也才有进行科学分析和总结的基础，避免主观臆断。

（摘自1990年4月11日在新华社国内工作会议上的讲话）

注重经验是我们党的优良传统，是我们提高认识、做好工作、增长才干的必要途径。实践可以产生理论，但不能自然而然地产生理论。从实践中得到的感性认识，必须经过加工改造、认真总结，才能上升为反映事物本质的理性认识。战争年代，我们用打一仗总结一次经验的方法从不会打仗到会打仗；建国后，我们也是用边干、边学、边总结的方法从不会搞建设到会搞建设。我们党的两次大的思想飞跃，得益于两次大的总结。今天我们要想取得建设有中国特色社会主义这项崭新事业的成功，也只有靠不断在实践中总结。

当前，确有不重视经验的问题。不重视历史经验，包括一些付出惨痛代价才得到的基本经验；不重视总结新鲜经验，叫干就干，干完就算，知其然不知其所以然。特别是在如何总结经验上存在着一些问题。有的总结只是感性材料的堆积，表面现象的罗列，甲乙丙丁、一二三四，没有分析，没有观点；有的总结缺乏充分的材料，大概念套小概念，大观点加小观点，空话连篇，牵强附会；有的总结纯属胡编乱造，"文件中抄的、报纸上套的、屋子里憋的"，说得天花乱坠，毫无事实根据。有的在总结经验的方法上有毛病，起承转合，千篇一律，编顺口溜，凑四六句，念起来合辙押韵，实则八股习气。江泽民同志最近指出："形式主义泛滥，大量名目、口号，实在太多，一个口号尚未吃透，贯彻有效，第二个口号又来了。"群众批评说"口号提得多，经验出得快"，常常上面刚发出一个号召，没几天就推出许多典型。总结经验必须有老老实实的态度，规规矩矩的方法，必须克服庸俗肤浅、八股习气。

（摘自 2000 年 9 月 11 日听取山东省委、省政府工作汇报时的讲话）

养成总结经验的习惯

人类的历史是一个不断地从必然王国向自由王国发展的历

史，是一个实践、认识、再实践、再认识循环往复的过程，总结经验则是这个过程中的一个重要环节。我们干了许多事情，其中有些是完全成功的，有些是部分成功的，有些是部分失败的，有些是完全失败的。实践证明，成功有其内在的因素，失败存在必然的根据，总结经验就是找出这些内在和必然的东西，使其上升到理论，用以指导实践，做到打一仗进一步，吃一堑长一智。

总结经验既是习惯，也是本领，有其必然的程序和途径，有一定的条件和要领。最重要的有以下三条。

首先，要占有材料。材料一要全，不能缺东少西；二要准，不能虚假、错差。材料不全不准，无法总结，勉强总结其结论也没有用，甚至导致谬误，贻害工作。把材料搞全弄准并非易事，必须处处留心，随时积累，特别是在实践过程中就要有计划、有记录。计划要深思熟虑，记录要详实准确。医院化验的结果是大夫治病的依据。化验结果准确，大夫可以据以治病救人；化验结果错误，不仅不能据以治病，甚至还可能害人。材料是总结的基础，搞好总结必须从积累材料开始。

第二，要掌握理论。打仗要有武器，做活要有工具，“工欲善其事，必先利其器”。马克思主义哲学，列宁称为人类的认识工具，毛主席讲是认识事物的显微镜和望远镜，是任何人的实践都逃不出其范围的科学。要想学会总结，必须学懂理论。哲学的基本原理就那么几条，但要真正学懂并不容易，会背的很多，会用的甚少。学习必须刻苦，来不得半点虚假，必须得法，结合实践去学。工业的总结，农业的总结，城建的总结……都离不开其行业特有规律，因此，还要掌握有关的专业知识。有些同志不会总结或总结不好，就是因为缺乏这些必需的手段。

第三，要学会加工。实践可以产生经验但不等于经验，如同木头可以做桌子而不等于桌子一样。有了材料，有了工具，还得有加工的本事。同样的材料，同样的工具，加工出来的成品水平相差很多。必须将丰富的材料加以去粗取精、去伪存真、由此及彼、由表及里的改造制作。首先是去粗取精、去伪存真，没用的舍掉，虚假的不要，然后再由此及彼、由表及里进行加工改造，也就是概括抽象。概括抽象不是胡编乱造，不是凑四六句、顺口溜，追合辙押韵，而是经过思考的作用，揭示出事物的本质和内在联系，更正确、更深刻地反映事物运动的规律。只有这样，才能再现、预见，指导今后的工作。

天津这几年的工作有成绩、有创新；如果能认真进行总结，一定会产生许多有用的理论。天津的干部就总体来讲素质很好，许多人有文化、有专长，懂理论、肯实干；如果能养成总结经验的习惯，学会总结经验的方法，进步一定是很快的，贡献也一定是很大的。

（摘自1988年4月与天津市部分青年干部的谈话）

随时随事总结经验

总结经验，是一件非常重要的事情。从大的方面来讲，是马克思主义认识论的基本要求，是我们党的优良传统。我们党历史上两次大的成功，都是和重视总结经验有直接的关系。党的七大认真总结了历史经验，制定了正确的路线，指引全国人民取得了全国解放的胜利。党的十一届三中全会认真总结了建国后特别是十年“文革”的历史经验，把全党工作重心转移到经济建设上来，提出了改革开放等一系列方针政策，取得了举世公认的成绩，出现了18年来这样一种欣欣向荣的局面。所以，我们每一条战线的工作，必须通过总结经验，纠正错误，发扬优点，不断夺取新的胜利。从小的方面讲，总结经验，这是每个同志提高水平、增长才干的一个重要环节。比如说，我非常赞成大家读书，但离开总结经验，把书读懂、用好是很难的。我讲过这样一句话，书，特别是马克思主义的书，会读、会背的甚多，会用、用好的甚少。很重要的一条原因，就是没有坚持理论联系实际，而怎么联系实际，关键就是总结经验。只有通过总结经验，才能把理论弄懂弄通。又比如说，我们有许多同志，年龄差不多，经历差不多，天赋差不多，实干精神也差不多，进步快慢却差得很多。原因可以找很多，其中一条就是善不善于总结经验。有的同志每干完一件事，都要琢磨琢磨，找出对的在哪，错的在哪，这叫做“吃一堑，长一智”、“打一仗，进一步”。而有的同志叫干就干，干完就算，稀里糊涂，马马虎虎，知其然，不知其所以然，因而进步就慢。按时间来说，每年，乃至每一天，干得怎么样，都回顾回顾，琢磨琢磨，我看好处甚多。我自己几十年来，就有这样一个习惯，每天晚上睡觉前都想想今天干得怎么样，有没有虚度时间。我个人觉得很有益处。

我们很多同志是由别的部门调到统战部来的，也许我们统战部的同志将来还会调到别的单位去工作。如何把过去做的若干工作，以及现在做的工作，变成做其他工作的积累，比如说，盖楼的经验怎么用在办报上，办报的经验怎么用在搞统战工作上，搞统战工作的经验怎么用在搞农村工作上，这里的关键在于会不会把个别的经历、个别的经验，概括和抽象成一般的东西。我们所说的总结经验，既不是一般现象的罗列，也不是简单地编顺口溜、四六句。总结经验，是一个很不容易的过程。首先必须把材料搞全搞准，不能有丝毫虚假差错。还要掌握理论，特别是马克思主义哲学，这是人类的认识工具。还必须学会加工。把材料掰开了，揉碎了，理顺了，去粗取精、去伪存真、由此及彼、由表及里地概括抽象。我经常说，木头可以做桌子，但木头不等于桌子，能不能做成桌子，还要看手艺。我希望从事统一战线工作的同志都要养成总结经验的习惯，学会总结经验的本领，形成总结经验的风气，不断推动统战事业的发展。

（摘自1996年12月25日同全国统战部长会议代表座谈时的讲话）

总的路线对了，不等于各项具体路线、方针、政策、制度、办法都成熟和完备了，更不等于说理论上的许多问题都清楚和明确了。面对国内国际现实生活中的众多复杂问题，我们在理论上还缺少准备，缺少研究，有许多还没有作出深刻的说明和科学的回答，也不可能从过去的本本找到现成的答案。所以，不管是总的路线和理论，还是各方面的具体路线和政策，以及我们所干的每项工作、每件事情，都需要根据马克思主义的基本原理，结合新的情况，总结新的经验，进一步探索、创造、发展。这里特别要强调，经验要及时总结。这样，正确的经验才能较快地推广，错误才能较快地纠正。过去十年，我们工作指导上的某些失误，一个重要原因就是没有能够很好地做到这一点，老是“交学费”，群众很不满意。所以，能否及时总结经验，是关系到能否减少失误，少走弯路，少付代价，较快地获得正确认识，较顺利地推进我们工作的一个重要环节。

（摘自1990年4月11日在新华社国内工作会议上的讲话）

用辩证唯物主义指导引滦入津工程

在引滦工程建设中，学习和运用辩证唯物主义的世界观、方法论，对工程的指挥起了重要的作用。“抓重点，抓特点，抓具体”，成了各级指挥和广大参建人员的普遍语言和行动。实践使我们深深体会到，做好工作，特别是指挥好像引滦这样的重点工程建设，对领导者来说，自然科学知识固然不可缺少，同时，马克思主义哲学理论更是不可缺少的，尤其是困难越大、问题越复杂时，越显示出其威力。

第一，集中力量抓重点，以重点带动全局。根据抓主要矛盾的思想，在工程指挥上把抓重点作为最基本的工作方法，每个单位、每项工作、每个阶段有重点，处处、时时、事事有重点，从指挥部、施工单位到班组都有自己的重点，工作抓重点，问题找重点，汇报讲重点。重点要找得准，抓得狠，顾得全，跟得上。重点工程并非所有项目、所有部位都是重点，重点部位也并非在所有阶段中都是重点。必须根据对实际情况的分析，抓住那些制约和决定着全局、影响着发展的主要矛盾，作为真正的重点。抓重点，还要兼顾好一般，不能因为对一般的放松而出现不应有的新的重大制约。要随着工程的进展，及时组织重点的转移和重点部位的调整。

第二，精心研究特点，从实际出发决定工作方法。引滦的实践告诉我们，任何一项工程都有它的特殊性，每个项目、每个阶段又各有不同的特点。工程上不去，主要是由于对工程的特点认识不足；工作搞不好，常常是由于没有把握住它区别于别的工作的特殊性。在引滦工程指挥上，把抓特点贯穿于始终，上上下下都研究特殊性，具体问题具体分析，着力找出不同点，较好地确定了工作方针，避免了大呼窿、一般化的指挥。就整个工程来说，针对引滦入津与一般水利工程有许多不同的特点，确定了“齐头并进，突出重点，洞成水通，逐步完善”的方针，充分利用空间，最大限度争取时间，采取长线短打、交叉作业等办法，力争以通水为中心的最佳总体进度。就每个项目看，打隧洞艰巨，建泵站技术复杂，修水库、挖明渠受季节限制大、可用工期短。针对这些，一一采取了相应的措施。就工程的阶段看，工程初期，常常是互相牵制，互相等待，摆不开阵势，我们就强调上马要快，抓开工，促勘测、促设计、促准备，把布局放在首位；工程后期，项目零碎，计划难度大，思想容易松，搞不好往往犯“进入收尾阶段，速度越来越慢，宣布基本竣工，时间还得一半”的毛病，我们采取零活不散干，编成小战役打，强调全神贯注，善始善终，收尾要急，力戒拖沓。这些都对好、快、省地完成任务提供了指挥上的保证。

第三，把握矛盾的发展，适时做出抉择和部署。在工程施工中，一个工序提前，会带来一系列工程的变化；一个工序拖后，会带来一大片的窝工；一个零件不全，会带来整个计划的变动；材料供应运早了碍事，运晚了误事，运多了挡道，运少了等料。凡此种种，都要求指挥人员灵活反应，随时修改计划并作出恰当的部署。尤其重要的是对某些工程的决策，必须能够捕捉时机，果断作出抉择。

第四，处理好阶段性和连续性的关系，不断地组织战役。在工程指挥上，我们十分注意了把握阶段性，把整个工程分为若干阶段，一个战役一个战役地打，每个阶段和战役都有明确的目标和口号，使工作有波澜，有起伏，使所有参建人员不断受到鼓舞，保持高昂的情绪，使工程进展既不间断，又有层次，一浪高一浪地胜利前进。

（摘自 1983 年 9 月主持起草的《引滦入津工程总结报告》）

外环线义务劳动的启示

外环线义务劳动的巨大成功，提出了许多值得思考的问题，给了我们许多发人深省的启示，创造了许多极其宝贵的经验。对这些认真地加以概括和总结，无疑是一笔宝贵的财富。

启示之一，广大群众中蕴藏着极大的建设四化、改变家乡面貌的积极性，这是我们的优势所在。

在筹划这次义务劳动时，有些同志曾怀有疑虑，认为在当前的情况下，这样浩大、艰难的工程，靠义务劳动是根本不行的。他们担心群众发动不起来，担心几十万人的队伍难以组织，担心冲乱了正常的工作，担心说又搞“左”的一套。广大群众在外环线义务劳动中的实际行动再一次雄辩地证明，这些担心是没有根据的。我们的郊县农民，表现了高度的集体主义精神，仅用了5天的时间，就拆迁了2 200多间民房，迁走了15 000多座坟墓，使外环线建设畅行无阻；并在自带工具、没有多少报酬的情况下，出色地完成了承担的土方工程，展示了新时期新农民的新风貌。我们的广大职工，表现了强烈的主人翁责任感，工交、经贸等系统不但高速度、高质量、高水平地完成了施工任务，在整个工程中发挥了主力军作用，而且前方促后方，后方支前方，齐心合力，共同奋战，实现了百万产业工人提出的“把生产搞上去，把红旗扛回来”的豪迈誓言。我们的驻津部队、天津警备区和武警部队，怀着“为民造福，建设四化”的崇高理想，不畏艰难，顽强拼搏，3万多名指战员日夜奋战在泥浆里，靠手挖、肩抬，清除了几十万方的淤泥，完成了工程中最艰巨的任务，为天津的建设再一次作出了卓越的贡献。我们的基建队伍，吃大苦、耐大劳，把建设新天津作为自己义不容辞的责任，他们克服种种困难，只用了 14 天，就保质保量地完成了 100 多万立方米的土方任务，在全线起到了开路、示范作用。我们的商业职工，在保证全市日常供应的同时，想方设法，积极支前，在外环线开设了 200 多个网点，出动了近百辆“大篷车”，后勤供应做得十分出色。我们的广大师生员工和医务人员多次利用公休假日参加义务劳动，教卫系统不但出色地完成了土方任务，而且送医到前线，开展各种有益活动，受到人们的好评。我们的公安、政法部门，维护交通安全，做好保卫工作，为保持良好的施工秩序作出了贡献。我们的宣传、新闻单位，深入现场，昼夜奋笔，使外环线的意义深入人心，使修建外环线的动人场面家喻户晓。我们的文艺团体争先恐后，纷纷奔赴施工第一线，用最精彩的节目慰问劳动大军。还有许多人主动为外环线建设捐献资金，他们中既有领导干部，也有居民群众；既有国营企业职工，也有个体劳动者。男女老少都用不同的方式争先表达对外环线的一片心意。一个幼儿园的小朋友，把自己最爱吃的葵花子偷偷留下来，找到工地，说这是我最心爱的东西，只送给修外环线的叔叔。天津人民的这种精神，在许多地方被传为佳话，视为奇迹，深深地感动着人们。一位日本老人让她在津的女儿代她捐钱，以表达对天津人民的钦佩。有些外埠来津参观的同志和外国留学生也情不自禁地挥锨、拉车，加入了义务劳动的行列。这一切都充分说明，我们的群众具有高度的政治觉悟，在他们中蕴藏着极大的社会主义积极性，他们迫切希望依靠自己的力量和智慧，改变家乡的面貌，加快四化建设的步伐。充分估计群众中所固有的积极性，坚定不移地相信群众的基本觉悟，并通过各种工作和方式把群众的积极性、主动性、创造性发挥出来，这是我们的一个根本观点。中央领导同志前不久视察天津时曾指出：经常合理地组织群众参加义务劳动，依靠群众的力量和智慧，改变家乡面貌，改善生活环境，这是政治，这是我们的优势，我们的同志无论在任何时候、任何情况下，都不要忘记这个优势，而且要通过我们的工作，把这种优势最大限度地发挥出来。

启示之二，动员和组织群众参加义务劳动，必须符合群众的意愿。

历史上，我们曾搞过不少群众性的义务劳动，有些取得了很好的效果，但也有教训。有些义务劳动违背了群众的意愿，伤害了群众的利益，滥用了群众的积极性，这是群众对某些所谓义务劳动缺乏热情、以致产生厌恶心理的重要原因。我们现在组织的义务劳动，群众所以一呼百应，充满了热情，最根本的是摒弃了这种“左”的做法，始终把尊重群众的意愿放在首位。我们可以回顾一下，天津这几年干的很多事情，都是全市人民盼望已久的好事，因此一声号召，就群起响应，有的捐款相助，有的义务参建，有的牺牲了自己的利益，心甘情愿做出了无私的奉献。这次外环线义务劳动，为什么群众表现出那样高涨的劳动热情？为什么会出现人人争光荣、个个抢红旗的热烈场面？就是因为“一线连着众人心”，群众懂得，大干有利于自己，贡献是为了收获。广大群众说，外环线是繁荣城乡经济的路，是人民共同致富的路，是美化生活环境的路，是造福子孙后代的路，是称心如意的路。这就揭示了一个深刻的道理，要想靠人民，首先为人民。群众最有数，群众最讲理。你为群众办事，群众才为你作劲。无论干什么事情，都要细心体察民情，倾听群众呼声，按照人民的意愿办事，而决不能干那些违背群众意愿、伤害群众利益的事情。要干那些受益面大、长远受益的事情，干那些群众最关心、最紧迫要求解决的事情，干那些群众力所能及的事情，切忌勉强群众干那些可望而不可及、可说而不可干的事情。

启示之三，要努力培养良好的社会风气，把群众激励振奋起来。

外环线工程，能够在那样短的时间内，动员起 20 多万义务劳动大军；能够在那样艰苦的条件下，人人拼搏，个个争先；能够在全市范围内，形成一个“到处谈外环，争相做贡献”的生动局面，原因之一，就是天津有个好的社会风气。有人讲，天津办事有“仙气”，一抓就灵，一办就成。什么是“仙气”，就是全市人民那种团结向上，自尊、自信、自强的精神，就是 800 万人民共同培育的良好的民风、民气。正是有了这样一种好的风气，我们的群众对党和政府的号召就一呼百应，对国家的困难就主动承担，对一些不遂心的事情就能正确对待，对家乡的每一项建设成就都引为自豪，从而出现了一种心齐气盛、万众一心、团结奋斗建设家园的可喜形势，使天津的各项事业蓬蓬勃勃、越干越好，使天津城市面貌的变化越来越大、日新月异，使天津的大好形势日益巩固、不断发展。社会风气是人们思想文化素质、道德水准和文明程度的外在表现，也是人们精神面貌的集中反映。一种好的社会风气一旦形成，会对人们产生很大的鞭策、激励、规范和引导作用。好的社会风气不是自然而然形成的，而是通过全体社会成员的长期努力，通过大量富有成效的工作，逐步培养和树立起来的。好的社会风气要靠教育。几年来，我们的各级党组织和思想政治工作部门，在全市人民中广泛开展了“四有”、“五爱”教育，始终注意把先进性和广泛性恰当地结合起来，既鼓励先进，又照顾多数，既不提脱离群众觉悟的过急过高要求，又在全社会积极宣传共产主义道德风尚，从而使立志建设、开拓进取、顾全大局、克己奉公等先进思想深入人心。好的社会风气要靠提倡。几年来，我们的宣传、新闻、文艺等部门，热情地宣传各条战线的成就和经验，颂扬奋发向上、公而忘私、忠于事业的先进人物和事迹，这种社会舆论，让人振奋，给人以希望和信心。好的风气要靠扶植。几年来，我们既揭露和批判各种腐败落后现象，同时更注意表彰先进、树立楷模、扶植正气，使先进的思想不断传播，先进分子的队伍不断扩大。好的风气要靠不断地积累和发展。几年来，我们每完成一项重大建设工程，都锻炼一批人才，培育一种精神，总结一套经验，使良好的社会风尚日益普及。培养好的社会风气，是物质文明建设的迫切需要，也是精神文明建设的重要内容，又是克服和纠正各种不正之风的有效措施。对于党内和人民群众中存在的不正之风，毫无疑问要进行批评教育。但更重要的，也是从长远和根本上起作用的，是要扶植正气，树立好的典型，宣传积极向上的东西，以此去影响、削弱和克服消极落后的东西，这是引导群众进行自我教育的形式和过程。天津能够有今天这种好的社会风气，是几年来全市人民共同努力的结果。我们每一个同志都要倍加珍惜和爱护，并且要继续努力，把这种好的风气发扬光大。

启示之四，要不断提高领导干部的水平，使群众的积极性得到合理的发挥。

这次外环线义务劳动所以能这么快地把群众动员起来，所以能使几十万人、几百个单位、几千部机械在71.44公里的长线上，搞得既热火朝天又井井有条，实现了多快好省、安全施工，关键是有一支强有力的领导骨干队伍。我们常讲，所谓领导，一是领，二是导，就是身先士卒，谋划有方。在组织这次外环线义务劳动中，从基层到区县局的领导，意义认识得清楚，责任规定得明确，工作抓得具体实在。特别是各个单位的主要负责同志亲自带队，干在工地、吃在工地、住在工地，同群众甘苦与共，并肩作战；并能精心组织，精心指挥，从而得到了广大群众的高度信任和赞扬，做到了说话硬、指挥灵。这就告诉我们一个道理，作为领导干部，一是要勤，二是要苦，没有这两条就不能实行真正的领导，也就不能算作好的领导。作为领导干部，特别是年轻的同志，很重要的一条，就是要和群众比吃苦、比受累。只要我们比群众吃的苦多、受的累多，我们就可以受到群众的信任，得到群众的拥护，取得真正的领导权。外环线的经验还证明：一个好的领导，必须不断提高组织领导水平。如果由于我们组织领导水平不高，群众的积极性或是不能充分发挥，或是用在了不恰当的地方，群众的情绪就会受到压抑，群众的热情就会受到挫伤，以致对我们的号召怀疑冷漠，无动于衷。因此，领导者必须要研究两个方面的学问：一方面，如何把群众的积极性充分调动起来；另一方面，群众的积极性起来之后，如何合理地使用和发挥。这是一个综合的领导水平。而这种水平，不是天上掉下来的，也不是坐在屋里憋出来的，必须在实践的过程中，认真学习理论，深入研究问题，不断总结经验，日积月累，逐步提高。总之，对于肩负着四化大业的各级领导干部来说，一要会多谋善断，二要能身体力行。前者讲水平，讲能力；后者讲觉悟，讲作风。这应当作为我们行动的准则，努力的方向，追求的目标。

启示之五，必须两个文明一起抓，把二者统一在改造客观世界的过程中。

现在，两个文明建设“两张皮”的现象还十分普遍，这是我们必须下决心解决的一个重要问题，外环线义务劳动的实践在这方面提供了一些有益的经验。全市人民用这样短的时间完成了这样浩大的土方工程，无疑是丰硕的物质成果；广大群众通过亲自参加建设家乡的辛勤劳动，受到了锻炼，共同培育了新的“外环线精神”。这就是：艰苦奋斗、迎难而上的拼搏劲头，雷厉风行、说干就干的工作作风，顾全大局、克己为公的奉献精神，相互支援、团结协作的高尚风格。同时，探索、总结了一套动员群众、激励群众的思想政治工作新鲜经验。这些无疑都是丰硕的精神成果。精神文明建设，包括思想道德建设和教育科学文化建设两个方面，渗透在整个物质文明建设之中，体现在经济、政治、文化、社会生活的各个方面。因此，两个文明建设完全可以结合。我们过去长期以来一个最大的毛病在于，把本来是统一的东西人为地分割开来，对立起来，结果给人们的思想造成很大创伤，给我们的事业造成很大损失，其恶劣影响至今不能完全消除。今后，我们必须认真吸取这一教训，在一切工作中都要坚持两个文明一起抓，两项任务一起下，两副担子一起挑，两个成果一起要。这样，我们的物质文明就能不断地为精神文明的发展提供物质条件和实践经验，我们的精神文明就能更好地为物质文明的发展提供精神动力和智力支持。

总之，外环线义务劳动的伟大实践，为我们在新时期搞好两个文明建设增添了宝贵财富。当然，义务劳动不始于外环线工程。早在引滦入津时就有数十万义务劳动大军的参与。此后几乎所有市政重点工程都有浩浩荡荡的义务劳动队伍。外环线工程仅是一个缩影，体现了天津开展义务劳动的特色。我们要认真地学习、研究、运用义务劳动精神，使之结出更加丰硕的果实。

（摘自 1986 年 11 月 26 日在天津市外环线工程义务劳动总结表彰会上的讲话）

天津铁路枢纽改造工程的诀窍

天津铁路枢纽改造工程是我国“七五”期间的重点工程。全部工程包括扩建改造天津站和南仓编组站，增建北环部分复线，新建南曹联络线，并同步建成邮政枢纽、商业服务楼、地下商场和有关市政公用配套设施。在党中央、国务院的亲切关怀下，在国家计委、铁道部、邮电部、建设部的大力支持下，建设工期仅用了 17 个月零 10 天。经国家验收委员会鉴定验收，整个工程，包括规划、设计、施工，全部评为优良。通车启用后，效果良好。这样浩大而复杂的工程，用这样短的时间，高质量、高水平地完成，确实是一件了不起的事情。这在天津历史上是空前的。

这里边究竟有什么力量和诀窍？在总结铁路枢纽改造工程经验的时候，我们应该认真地研究一下，从中找出一些带有普遍意义的东西，用以指导今后和其他的工作。那么，我们究竟有些什么具有指导意义的东西呢？这可以讲很多条，比如，必须坚持改革，必须尽可能地采用现代化的科学技术，等等。但我觉得最重要的是充分发挥我们的政治优势。这些优势在历史上曾经发挥过巨大作用，在当前改革开放的形势下，也仍有重大意义。我认为，铁路枢纽改造工程的经验之一，就是较好地发挥了这些优势。

我们是社会主义国家，我们有凝聚群众利益的共同理想。天津老龙头车站建站百年，从未进行过大的改造，场地狭小，站房简陋，设备陈旧，客货运输长期处于超负荷状态，直接影响和限制了京山、京沪两大干线的运输能力，与整个国民经济的发展很不适应，与天津在全国的地位极不相称。改造天津站是全市人民多年的夙愿。党和政府确定改造天津铁路枢纽的消息一传开，立即在全市引起强烈的反响，成为街谈巷议的重要话题。全市形成了一个人人谈论、个个关心、争做贡献的生动局面。可以说，天津铁路枢纽改造工程好快省的完成，是全市人民集体智慧和力量的结晶。实践再一次证明，我们办任何事情，都要认真倾听群众的意见，了解群众的愿望，真正做到想群众之所想，急群众之所急，办群众之所需。只有这样，才能得到广大群众的拥护，才能创造出人们公认的业绩。

我们是共产党领导的国家，我们能够有效地实行统一领导。天津铁路枢纽改造工程涉及的单位很多，直接参建单位60多个，援建和支持单位300多个，要把这些部门和单位有效地组织起来，必须有一个集中统一的组织领导。在工程开始前，我们首先成立了工程领导小组，领导小组之下，设立了施工现场指挥部。这个指挥部有许多特点，一是有广泛的代表性，二是有较强的工作能力，三是工作扎实，四是有权威。可以说是一个有干劲、有本事、有权力，既能多谋善断、当机立断，又能身先士卒、号令三军的班子。正是因为有了这样的自上而下的各级指挥系统，才能使那么多的参建单位和人员热烈而镇定、紧张而有秩序地工作；才能真正做到令行禁止、步调一致，既各负其责，又顾全大局。最近几年来，我们在改革中强调放开搞活，并取得了很大的效果，但也应该看到，我们在放开搞活的同时，有些忽视集中统一的倾向，存在着散、乱的问题。铁路枢纽改造工程的经验之可贵，就在于既全面地进行了改革，从上到下实行了各种形式的承包制，又始终坚持了步调一致，集中统一。

我们有以党员、团员和领导干部为核心的骨干队伍。整个参建单位都建立了党的临时组织，并经常不断地开展各种活动，注意发挥党团员的模范作用。他们自觉地把全部精力投入到建设中来，表现出很高的觉悟、很大的干劲和无穷的智慧。事实雄辩地证明，党员和骨干的表率作用，对于动员广大群众，是无形的力量，无声的号召。

我们有行之有效的思想政治工作。在整个工程建设中，我们始终注意发挥思想政治工作的强大威力，经常不断地和形式多样地大讲工程同四化建设的关系，大讲为民造福的意义，大讲人民群众的企盼，使每一个建设者都具有一种光荣感、责任感和紧迫感。同时，充分利用各种宣传工具、采取多种宣传形式，在全市上下、工地内外造成强大的声势和舆论，使工程建设带上“仙气”，从而获得了各方面的支持，又促进了各方面的工作。铁路枢纽改造工程经验证明，灿烂的思想政治之花，必然结出丰硕的经济之果。不断地加强思想政治工作，把群众的积极性最大限度地调动起来，并合理地发挥出去，就一定能够战胜种种困难，创造出惊人的业绩。

我们有辩证唯物主义的科学方法。天津铁路枢纽改造工程是一个综合性的系统工程，是在不中断铁路运输的情况下进行的。我们较好地处理了重点和一般的关系，强调每个单位、每项工程、每个阶段，都要抓重点，通过抓重点带动一般。我们较好地处理了时间和空间的关系，强调充分利用时间、合理运用空间，做到空间上占满，时间上不断。我们较好地处理了阶段性和连续性的关系，在工程建设中不断地组织战役，每个大战役又包含若干个小战役，一仗接一仗，层次分明，环环扣紧，目标常新，波澜起伏，一浪高一浪地胜利前进。我们要求在战略上藐视困难，树立压倒一切困难的气概，在任何情况下，不被困难所吓倒；我们也强调在战术上正视困难，总是把困难估计得多一些，尽可能把问题想全、想细、想具体、想到底、想到万一。这些都证明马克思主义的力量和威力。

天津铁路枢纽改造工程的胜利完成再次证明，充分发挥我们的政治优势，就会具有无坚不摧的巨大力量，就能创造出辉煌的业绩。

（摘自1988年10月11日在天津铁路枢纽改造工程庆功表彰大会上的讲话）

把实事办实，好事办好

实践证明，市政府每年做出决定，为人民办几件事，并公之于众，这种做法有利于教育我们的干部，激励我们的干部，依靠群众监督我们的干部。这里需要说明的是，群众中需要解决的问题很多，我们不可能把多年积累的问题一下子解决。我们是历史的人，只能办历史的事。我们讲为人民谋利益，是指在现实条件下尽心竭力。生活的事有大有小，大事固然要抓紧，小事也要尽心办，“于细微处见精神”。群众的困难，在你则小，在他则大。有些问题的解决是要花钱的，有些问题，是不需要花很多钱甚至不花钱就能解决的。有些事情办起来难度很大，只要各级领导真正地积极采取措施，尽了心，竭了力，即使一时没有办成办好，群众也会谅解。我想，一年年这样干下去，就一定会把党的优良作风发扬光大，不断密切党和政府与人民的血肉关系。

根据这几年的实践经验，在为群众办事时，至少有下列几点是必须加以注意的：

（一）必须通过各种渠道，广泛听取和采纳群众的意见。可选择群众最关心的问题，作为办实事的重点。为此，要不断完善政府负责人直接听取人民代表意见、定期接待群众来访、建立街道信息网络、进行民意调查和联系新闻媒介等行之有效的联系群众的制度，十分注意了解群众的疾苦，听取对政府工作的意见，检查工作的进度和工作的效果，研究人民群众对哪些工作满意，哪些不满意，为什么不满意，以及怎样克服仍然存在的阴暗面和官僚主义恶习，改进政府工作。

（二）必须坚持实事求是的原则。既要高标准、严要求，使提出的目标，都要“跳一跳，摘果子”，都得经过一番辛苦才能达到，反对那种知难而退、无所作为、不想开创新局面的思想；又要有十分的务实精神，一切从当地的情况和人财物力的可能出发，量力而行。我们讲“尽心竭力”的“力”，是指尽主观的努力，而不是竭国家的财力。竭国家的财力最终将伤害人民的利益。每办一件大事，都要事先周密计算，提出相应的政策措施和组织方法，不说空话，不瞎许愿，不搞花架子，不打无准备之仗。决不再搞那种盲目的、形式主义的、非科学的、劳民伤财的、没有意义也不见成效的荒唐事情。

（三）必须把改善人民生活的重点放在增加集体福利设施和人民急需的公益事业上。反正国家只有那么多钱，什么都办，做不到，只有着重办一些大家受益、长远受益的事，“兴天下之利”。我们有些同志一讲改善生活，就片面地理解为增加工资、多发奖金，理解为扩大个人消费基金，甚至借口关心群众生活，违反规定，滥发奖金，滥发实物。这种做法是非常错误的，这不是真正的关心人民生活，而是用损害国家和多数人民利益的办法去增加少数人的收入，最终影响人民生活的改善。

（四）必须着眼于长远，着力于当前，善于选准近期目标。长期和中期规划必须有。国民经济和社会发展规划应当包括城乡建设的规划和改善人民生活的计划，以免由于大的盲目性造成在基础设施方面越干越乱，来回折腾。但同样重要的是必须选定恰当的近期目标。只讲长远的、总体的，总不见近期的、单项的，工作就没有波澜起伏，群众就没有干头和盼头，欣欣向荣的局面就不会出现。经过十年动乱，群众对于空洞的口号和渺茫的许诺已经十分反感，党和政府必须不断给人民以看得见的物质福利，才能提高自己的威信。不论哪一级，都要在群众生活方面年年选准几件群众急需、经过努力又可以办到的事情，集中力量去办，务必于短期内见成效，让群众看得见，摸得着，真正得到实惠。选择项目不但要估量客观条件，也要善于审时度势，体察民心民气，善选时机。有些看来难度很大的工作，只要民心所向，气势已成，乘势而上，就可以干成，收到预想不到的成果。

（五）必须把事关人民生活的重大建设与城市的总体规划和当年的基本建设任务结合起来。重要的公益建设都须包括在基建盘子之内，而不是另搞一套。这样做，一方面为了保证建设总规模不致失控，另一方面也只有如此，才能使公益建设的资金、材料、施工力量和组织指挥得到保证。问题在于很好地从每年基本建设任务中选择那些与人民生活关系较大的项目，按照建设程序和正常的渠道加以安排，并且由政府公之于众，使之受到全社会的关注和监督。这样做，既使原来的常规工程带上“仙气”，建设单位感觉受到人民的重托，倍加努力，不敢懈怠，也使近期的建设符合城市的长远发展，避免为今后的建设造成障碍。

（六）必须坚持人民城市人民建、大家的事大家办的方针。就是说，要动员各方面、各层次的力量，在一定限度内，有力出力，有钱出钱，造成一种热心办公益事业的社会风气。我们国大人多，很多小问题因消极等、靠而变成了大难题。解决这些难题也只能靠大家搭把手，出点力。很多事单靠国家短期难以办到，而大家出点力就可以很快办好。现在预算外资金不少，在市政府统筹下，企业单位为公益事业做点贡献，这不叫“乱摊派”。所谓大家出力，还有一个重要的意思，就是把富余的人力、废弃的材料、闲置的物力动员和利用起来，建设自己的城市和乡村，这无疑是一笔巨大的投资。只要很好地加以组织和运用，我们城乡的建设都可以大大节约，大大加快。

（七）必须发扬艰苦奋斗、勤俭办一切事业的精神。重点项目要少占土地，合理设计，严格管理，尽量节约，坚决克服“重点工程大手大脚花钱”的现象。便民的设施要从有利于服务出发，不贪大，不求高，少花钱，多办事，力戒华而不实、铺张浪费。

（八）必须把改善人民生活的工作与精神文明建设结合起来，抓住为人民办事的每一件成果，开展“五讲四美三热爱”的教育。在绿化美化、改造街道、整顿市容的同时，要提倡讲文明、讲卫生、讲公德，大力开展建设文明街、文明村的工作，使城市的、街道的、村镇的、家园的面貌年年改变，人们的精神风貌年年刷新，文明程度年年提高。

（九）必须坚持抓落实、抓具体、抓住不放、一抓到底的工作作风。一般来说，群众生活问题多是具体的、琐碎的问题，解决起来又往往受到一些繁琐制度的束缚，如果只是停留在一般号召、原则领导上，而不是深入实际，扎扎实实地解决问题，很多事情就会落空。一定要逐级建立责任制，事事有人负责，有人检查，定一件，办一件，办一件，成一件，以期取信于民，鼓舞士气，促进工作，教育干部。

（十）必须加强两个方面的教育。一方面教育干部，时刻把人民的冷暖挂在心上，把人民的生活问题摆在应有的位置，用为民造福的伟大思想激励自己，反对和克服漠视人民疾苦的官僚主义，把群众的赞扬和拥护作为今后工作的动力，更加兢兢业业、尽心尽力、为民操劳。另一方面也要教育群众，生活的改善只能逐步实现，由于历史的原因，人民生活欠账较多，国力有限，不可能百废俱兴，要体谅国家当前的困难，不要提出过高的要求。领导高标准，群众低要求，一高一低，想到一起，双方满意，互相鼓励，心气越来越高，事情就会越办越好。如果忽视了第二方面的教育工作，尽管花了钱、费了力，群众也未必满意，还可能把喜事办成了“丧事”，大家的信心就会受到影响，困难就会增加。

（摘自 1984 年 2 月 18 日在天津市人民政府全体会议上的讲话）

用经验推动工作

用经验推动工作是我们党的优良传统，也是做好各项工作的基本方法。战争年代正是用“打一仗总结一次经验”的方法，使我们从不会打仗到会打仗，建国后我们也是用这种方法从不会搞建设到逐步学会搞建设。用总结经验来推动工作是马克思主义辩证唯物主义的具体运用。马克思主义认为，一切真知都是从直接经验发源的，群众是历史的主人，是实践认识的主体。所谓总结经验，就是把群众在社会实践中获得的感性认识进行加工制作、抽象概括，上升成为理性认识，即规律性的认识，这种认识具有普遍性的意义。把这些经验加以推广，就成为更多的人解决其他类似问题的有力工具。

用经验推动工作，对政协来说具有特殊重要的意义。这是因为，一方面，新时期人民政协如何开展工作，许多问题还有待于我们根据中央的原则精神在实践中探索；另一方面，全国政协与各地方政协之间的关系是指导关系，不是领导关系，而通报信息、情况，总结、交流经验，则是实现这种指导关系的重要形式。今后，我们应该重视这种形式，进一步研究、发展、完善这种形式，努力把它搞得更加广泛、更加经常、更加丰富多彩。

（摘自 1994 年 12 月 9 日在全国地方政协工作经验座谈会上的讲话）

冷静深入地想一想政协工作的得失

政协第八届全国委员会已进入第五个即最后一个年头，今年要在继续推进履行主要职能各项工作的同时，把总结经验作为一项重要任务认真抓好。中共中央要求做好召开政协第九届全国委员会的各项准备。认真、全面、深入地回顾总结八届政协以来的工作，找出成绩和不足、经验和教训，就是很有意义的准备。

八届政协的工作，在邓小平建设有中国特色社会主义理论的指引下，在以江泽民同志为核心的中共中央的领导下，在有关部门的大力配合下，经过全体委员的共同努力，取得了多方面进展。我们修改了政协章程并把参政议政列入主要职能，拓宽了政协工作的领域；制定了关于政治协商、民主监督、参政议政的规定，促进了政协工作的规范化制度化；开展了反映社情民意的工作，为党和政府提供了基层和群众的大量实际情况；围绕党和国家的重大决策以及群众关心的问题调查研究，提出了许多重要的意见和建议；扩大同海内外爱国人士的联系，推进了在统一祖国、振兴中华共同目标下的大团结大联合；拓展对外友好交往，增进了同各国人民的相互了解和友谊；深化理论政策研究，增强了工作的自觉性和主动性；加强机关建设，为政协开展工作提供了有效的服务；等等。本届政协在工作过程中，始终坚持解放思想、实事求是，努力探索新形势下履行职能的途径和方法，使各项工作积极、稳步、活跃、有序地向前推进。我们一贯注意发扬政协优良传统，保持政协固有的性质和特点，不比不套，坚持政协就是政协；牢牢把握团结民主两大主题，广泛联系，求同存异，实事求是地推进民主政治建设；强调政协履行职能必须坚持中国共产党的领导，必须服从服务于国家的大局，必须注意从实际出发，必须加强同有关部门的配合；认真选好角度、发挥优势，做到尽职而不越位，帮忙而不添乱，切实而不表面；重视政协组织的界别特点，促进委员同本界群众的联系，把界别活动与政协统一活动结合起来，使政协成为各界各民主党派参政议政的场所；充分尊重政协委员的民主权利，努力探索调动委员积极性的途径，依靠广大委员活跃和深化政协工作，不断提高参政议政的水平；把专委会作为政协工作的重要基础，通过专委会联结和组织各方面人才，收集、整理散见于群众中的见解和建议，发挥下通各界、上达中央的桥梁作用；注重实践经验，加强同地方政协的联系，经常总结交流各级政协的好做法，用经验推动和指导工作。我们的工作还存在一些不足，与中共中央的要求、政协章程的规定和社会各界的期望还有差距。有的工作刚刚开始，还没有真正落实；有的工作缺少必要的制度，还不够规范；在新的历史条件下政协如何更好地发挥作用，还有许多尚待研究的课题。

总结经验是马克思主义认识论的基本要求，是事业兴旺的有效途径，也是个人进步的重要环节。希望各级政协组织和广大政协委员，把几年来做过的事情认真总结一下，冷静、深入地想一想本届政协工作有哪些得失，自己作为委员有哪些收获和缺憾，使我们用心血换来的经验教训，变成今后搞好工作的宝贵财富。同时也希望大家努力养成总结经验的习惯，逐步提高总结经验的本领，使我们的认识日益自觉，工作不断进步。

（摘自 1997 年 3 月 12 日在中国人民政治协商会议第八届全国委员会第五次会议闭幕会上的讲话）

去年，我在八届全国政协第十三次常委会上就政协履行职能问题讲了十条意见。一年来的实践证明，这些意见对于政协工作起到了积极的推动作用。其中一条提出政协履行职能必须遵循的四条原则，我认为这个问题非常重要，今天再展开讲一下。

第一，必须坚持中国共产党的领导。人民政协是共产党领导的多党合作和政治协商机构，从它诞生之日起就在共产党的领导下开展工作。共产党的领导是人民政协在我国政治生活中正确发挥作用的根本保证，也是我们所实行的社会主义民主区别于西方议会民主的主要标志。我们反复强调在中国不搞西方式的议会民主。西方议会民主就其实质来说是资产阶级民主，就其表现形式来说有两个显著特点：一是无论实行一院制的还是两院制的，都存在反对党，各政党之间互相争斗，争夺执政权；二是国家的立法权、行政权、司法权分别由议会、政府和法院行使，三权鼎立，互相牵制。我们搞的是有中国特色的社会主义民主，实行的是人民代表大会制度与中国共产党领导的多党合作和政治协商制度。在我国，参加政协的各民主党派、各人民团体、各族各界人士都接受共产党的领导，不是反对党或反对派；人大、政府、政协、司法机关都在党的统一领导下各司其职，共同致力于中国的社会主义现代化建设。中国共产党在国家生活中的领导地位是我国宪法所规定的，拥护共产党的领导是我国每一位公民、每一个社会团体、每一个党派的法律义务。我们一定要自觉地、始终不渝地坚持共产党的领导，不论是建言献策还是批评监督，都要从有利于加强和改善中国共产党的领导出发。

第二，必须服从和服务于国家的大局。推进改革开放和现代化建设，维护安定团结的政治局面，是当前我们国家的大局。各级政协都必须自觉地树立大局意识，找准自己在大局中所处的位置，围绕大局履行好自己的职能。只要有利于大局的事，就应当大胆探索，积极去做。同时我们应当看到，人们对各种问题的观察和判断难免受到自身地位和视角的限制，有些意见在一时一地看来是有道理的，而从大局上看来就未必全面、恰当。政协在提出各种意见和建议时，要注重调查研究，善于从大局出发观察和判断问题。

第三，必须注意从实际出发。当前的实际是，各地的情况千差万别，对政协工作的认识、要求、指导和帮助都存在着一些差异，各地政协自身条件也不尽相同。因此，政协在履行职能的各项工作中，在选择题目、组织活动、提出建议等各个环节上，都要充分考虑实际情况、实际需要和可能产生的实际效果。我们既要满腔热情、锲而不舍地工作，又不能仅仅从抽象的原则和良好的愿望出发；既要虚心学习借鉴别人的经验，又不能简单地照搬其他地方、其他机构的做法，盲目攀比。我们要注重对客观情况的调查研究，实事求是，积极稳妥，按照政协职能的要求创造性地开展工作。

第四，必须加强同有关部门的配合。政协履行职能，无论是协商、监督，还是参政议政，与其他部门的工作都有着广泛、密切的联系，都要依靠其他部门的支持与配合。所以，政协在履行职能的过程中，应主动加强与有关部门的沟通协调，设身处地体谅实际工作的困难，及时提供情况、交流材料、反馈信息。在其他部门希望政协给予什么帮助时，都应尽心竭力做好。要始终注意平等待人，诚恳待人，以礼待人，做到热情、友善、周到、细致。我们要把自己的位置选准，把上上下下、方方面面的关系理顺，为履行职能创造良好的外部环境。

上述四条，是我们的经验，也是我们的规矩。这几条坚持得好，我们就能肩负起历史赋予的责任，就能把履行职能的工作扎实有效地向前推进。

（摘自 1996 年 6 月 14 日在政协第八届全国委员会常务委员会第十七次会议上的讲话）

认真总结新时期的统战工作

在长期的统一战线工作实践中，我们党形成了优良的传统，积累了丰富的经验。党的十一届三中全会以来，统一战线工作在邓小平同志建设有中国特色社会主义的理论指导下，继承传统，积极探索，又创造了一些适应新时期要求的重要原则和方式方法。认真总结这些经验，对于做好新形势下的统战工作，具有十分重要的意义。

第一，坚持平等相待，充分尊重统一战线中各党派、各民族、各团体及其广大成员。统一战线是各种社会政治力量在共同目标基础上的自愿联合。统一战线中各方面成员，尽管人数有多寡，历史有长短，但都代表和联系着各自的群众，各有自己的社会历史作用，都享有在宪法范围内的组织独立、政治自由和地位平等，都应该受到尊重。共产党处于领导地位，这种领导主要靠正确的政治主张和自身的模范行动去实现，而不是唯我独尊，盛气凌人，强制人家服从；更不是干涉、包办、代替其他党派、团体的内部事务。只有坚持平等的原则，才能真正互相尊重，实现真诚团结，共同前进。

第二，坚持民主协商，在协商过程中加强党的领导。民主协商是实现党对统一战线领导的主要方式，是处理统一战线内部关系的重要原则，也是统一战线开展工作和活动的主要方法。通过民主协商，完善党的方针政策；通过民主协商，宣传贯彻党的方针政策；通过民主协商，加强和改善党对统一战线的领导。民主协商的要旨在于决策前的充分协商和讨论。民主协商的特点是，尊重各方，照顾少数。在协商前，要认真做好准备工作，使参加协商的各方面人士全面了解有关情况，并有充分的时间进行考虑和酝酿。在协商中，要从善如流，凡是能够采纳的意见都要采纳，不能采纳的要说明情况和原因。

第三，坚持求同存异，正确对待统一战线中的各种差异和分歧。统一战线是同和异的矛盾统一体。有同无异，就没有必要建立统一战线；有异无同，就建立不起统一战线。求同存异，才能建立和发展统一战线。我们既要善于求同，又要正确对待异。统一战线中，有各种不同性质的异，要具体分析，区别对待。有的异无关宏旨，无碍大局，可以存而不论。有的异，其是非长短还有待反复比较和实践检验，可以长期讨论。有的异对改进工作、减少失误大有好处，与其说允许存在，毋宁说应当欢迎。有的异涉及重大是非、重大原则问题，要旗帜鲜明地坚持正确的立场，做好思想引导工作。对严重危害国家利益和社会稳定的错误行为，决不能迁就、妥协和退让，要进行必要的斗争。

第四，坚持自我教育，不断提高统一战线成员的思想素质。统一战线中的思想教育工作，有着光荣的传统，也曾受到“左”的严重影响，应该认真总结经验和教训。坚持“自己提出问题，自己分析问题，自己解决问题”和“不打棍子，不扣帽子，不抓辫子”的方针，是搞好统一战线思想教育的关键所在。在新形势下，要继续提倡“三自”、“三不”，通过学习与讨论、交流与恳谈、批评与自我批评，不断深化自我教育。要提倡统一战线广大成员认真学习政治理论，学习方针政策，提高自身素质，增强参政议政的能力。

第五，坚持真诚服务，切实帮助党外人士解决实际问题。在实际生活中，民主党派和党外人士确有许多困难需要我们帮助解决。我们是执政党，是领导部门或工作机关，许多问题解决起来比他们容易。统一战线工作的一个重要内容，就是为党外人士搞好服务。这是我们党全心全意为人民服务的宗旨在统一战线中的具体体现，是统一战线历来的方针，也是新形势下统一战线增强凝聚力和感召力的重要途径。办实事是统战工作的方法，办实事就是工作。我们要进一步树立服务观念，尽心竭力地为党外人士解决实际问题，努力为他们排忧解难，为他们施展才华、发表意见创造条件。

第六，坚持广交朋友，注重做好党外代表人物工作。善于交党外朋友，通过社会各界代表人士扩大影响，开展工作，这是统战工作行之有效的一条基本经验。要广交党外朋友，对不同资历、不同职业、不同年龄、不同性格的党外人士，都要满腔热情，建立起友谊。要深交党外朋友，平等待人，坦诚相见，持之以恒，做到肝胆相照，荣辱与共。广交深交党外朋友，心要热，腿要勤，言必信，行必果，以自己的道德风范赢得党外朋友的信任。要确定范围，建立名单，分工负责，形成制度。

第七，坚持群众路线，依靠社会各方面力量做好统战工作。随着社会主义市场经济体制的建立和完善，统战工作范围不断扩大，成员、任务和工作内容也发生了新的变化。必须改变统战系统的封闭状况，进一步克服行政化倾向。必须依靠党的各级组织和广大党员，依靠行政、经济等有关部门，依靠各人民团体和社会组织，依靠机关、企业、学校、乡镇、街道等单位，共同开展工作。必须把统一战线工作融于改革开放之中，使统战工作同各项实际工作有机结合起来。

第八，坚持抓紧抓细，把各项统战工作落到实处。统战工作的大政方针是由中央统一制定的，各地的任务主要是结合本地实际情况，狠抓方针政策的落实。我们工作的成效如何，常常取决于这种落实的情况。统战工作有许多事务性工作，政策性、时间性很强，必须抓紧、抓细、抓具体。粗枝大叶，往往会出现纰漏，造成严重的后果。统战部门工作涉及面宽，任务繁重，必须实行分工负责制。什么工作由什么人去做，什么时间做到什么程度，都必须明确具体，件件有着落。

（摘自1993年11月5日在全国统战工作会议上的讲话）

积极探索职工思想政治工作的经验

我们党的思想政治工作有几十年的优良传统和丰富经验。这些被实践证明行之有效的成功经验，我们应该很好地运用，并继续探索，不断完善。

第一，坚持以经济建设为中心，密切结合经济工作一道去做。

十一届三中全会以后，党的工作重心转移到经济建设上来。邓小平同志反复强调："社会主义的最根本任务是发展生产力"。要横下心来"始终如一地、贯彻始终地搞这件事，一切围绕着这件事"。"对实现四个现代化是有利还是有害，应当成为衡量一切工作的最根本的是非标准"。思想政治工作和党的其他工作一样，理所当然地要服务于经济建设这个中心，有利于促进生产力的发展，促进社会主义现代化的实现。企业的思想政治工作围绕企业的生产和经营来进行，这是一个不可动摇的原则。

多年来正反两方面的经验证明，企业思想政治工作只有结合经济工作一道去做，才会取得成效和富有生命力。在企业中，职工的主要实践活动是生产和经营。职工的喜怒忧乐、情绪起伏，不少是发生在生产、经营过程之中，国家、企业、个人三者利益的协调与冲突，计划定额、工资奖金、住房福利等方面的问题与矛盾，干部与群众之间、职工之间的纷争与磨擦，大都直接或间接地与生产、经营有联系。我们的思想政治工作只有渗透到生产、经营、管理、服务、分配等各个环节，才能及时地把握职工的思想脉搏，找到解开“扣子”、化解矛盾的办法，才能使思想政治工作具有针对性和有效性。在企业中，我们开展各种教育，其现实的主要目的就是为了调动、发挥职工群众的积极性和创造性，把经济搞上去，发展生产力。离开了这一条，我们的教育工作就失去了依托，就不能落实，企业就不欢迎，群众也会有反感。对于这一点，在基层工作的同志都是有深切体验的。我们应该在这方面比过去做得更好。

第二，坚持先进性与广泛性的统一，正确处理提倡先进道德同执行现行政策的关系。

加强道德建设与执行现行经济政策，应当是互相促进的。我们是社会主义国家，我们的改革开放是以马克思主义为指导的，是为了发展社会主义有计划的商品经济。经济政策的制定和实施，不仅要讲求经济效益和工作效率的提高，而且要有利于人际关系的协调和健康良好的社会道德风尚的形成。道德的教育和宣传，不仅要致力于提高全民族、全社会的道德水准，而且要有利于现阶段各项经济政策的实施。如果把二者对立起来，彼此排斥，道德与政策顶牛，其结果不是冲了道德建设，造成精神滑坡，风气败坏；就是冲了经济政策，造成平均主义、“大锅饭”的重新泛滥。

努力寻求道德建设与经济政策的具体的历史的统一，是思想政治工作的一个重要课题。在进行关于道德的教育和宣传时，要处理好三个关系，即现实与未来的关系，多数与少数的关系，广泛性与先进性的关系。在实际工作中，我们应根据不同对象的情况、不同时期的实际，讲究道德的层次性，注意工作的渐进性，明确区分应当提倡的、必须做到的、允许存在的和坚决反对的，既照顾多数，又鼓励先进，连结和引导不同觉悟程度的人们一起向上。

第三，坚持自我教育，重视和开发群众在教育过程中的主动精神。

人民群众是历史的主人，是创造物质文明的主人，同时也是创造精神文明的主人。人民群众自己解放自己，包括政治的解放，经济的解放，解除束缚自身的种种思想包袱的精神解放，所有这些解放都不能靠神仙皇帝，只能靠人民群众自己。

人民群众是实践和认识的主体。人民群众实践的过程，改造客观世界的过程，同时也是改造自己主观世界的过程，实际上也就是自我教育的过程。思想政治工作的责任，就是在马克思主义和党的路线方针指导下，不断发掘人民群众在实践中涌现的代表历史发展趋势的先进思想、先进经验，帮助他们加以总结、概括，使之系统化、科学化，同时利用各种形式进行宣传、推广。这个总结、推广、再总结、再推广的过程，就是实践、认识、再实践、再认识的过程。这就是马克思主义的认识论，也是我们常说的从群众中来、到群众中去的马克思主义的工作方法。

人民群众自己教育自己，不仅决定了教育内容以及教育者与教育对象之间的平等关系，而且决定了必须采取启发式的教育方法。对人民群众的各种教育，都必须采取耐心说理、平等讨论、互教互学等民主的方式方法。启发式教育的意义在于，开掘和发挥教育对象内在的积极因素，使思想教育的过程成为信息交流、思想交流和感情交流的过程，使教育者发出的思想信息被顺畅地接受，并产生共鸣，从而增强教育效果。

第四，坚持正面教育为主，善于用积极因素克服消极因素。

坚持以正面教育为主的方针，实际上是一个相信真理的力量、相信人民群众基本觉悟的问题。我们所从事的事业是正义的，是符合和代表人民利益的，尽管有时会有曲折和错误，但是整个说来，正面的事物、积极的因素、光明的东西总是居于主导地位的。这就决定了思想政治工作必然要把激发人们内在的积极因素、促进先进思想的发扬光大，作为最基本的任务和内容。

坚持正面教育为主，最基本、最生动、最有效的方法是开展树先进、学先进的活动。这种活动的教育作用是其他任何思想政治工作方法所不能替代的。各条战线的先进模范人物是走在时代前列的先进分子，他们产生于并生活在群众之中，他们的事迹群众熟悉，易于学习，是最实在、最具体的活教材。他们不仅告诉人们应该做什么，不应该做什么，并且具体地告诉人们应该怎么做，不应该怎么做。当然，对先进模范人物的宣传必须坚持实事求是的原则，对他们的成绩、优点要讲得恰如其分，不要人为地夸大、拔高，更不能编造，即使是细节也应如此。

第五，坚持为群众办实事，把热情服务和耐心教育结合起来。

坚持为群众办实事，把解决思想问题同解决实际问题结合起来，应当作为思想政治工作的原则、内容和方法。我们的思想政治工作当然要讲道理，帮助群众解开思想疙瘩，但是必须看到，当前群众中存在的思想问题，有相当一部分是由于实际问题得不到妥善解决而引起的。群众中的某些不满情绪，不少是由于我们一些干部不关心群众疾苦，光讲空话、不办实事的官僚主义作风造成的。这种因实际困难而产生的思想问题，不从解决实际问题入手，仅仅靠空洞的说教是解决不了的。人家在困难中烦恼，你的道理讲得再好，话讲得再动听，他也很难听得进去。实践证明，不办实事，只说空话，思想政治工作就插不进手，贴不上身，就无法取得做好工作的基本条件和主动权。

第六，坚持寓教于文、寓教于乐，让群众在丰富多彩的精神文化生活中受到感染、熏陶。

追求丰富多彩的精神文化生活是人类固有的特性，不断满足人们对精神文化的需求，是社会主义建设的重要目标，随着经济的发展和物质生活的改善，人民群众对文化生活和娱乐活动提出了新的更高的要求。富而思文，富而思乐，这是社会发展的趋势。近几年社会上出现了许多新的文化现象，社区文化、企业文化、校园文化、家庭文化的兴起越来越受到广大群众的欢迎。如何把思想政治教育渗透到各种文化、娱乐活动中去，在满足人们审美需求和兴趣爱好的过程中，使群众得到哲理的启迪，心灵的感染，情操的陶冶，进而帮助人们分清是非，提高觉悟，树立正确思想，升华精神境界，这是我们的思想政治工作面临的一个重要而紧迫的课题。

第七，坚持尊重人、理解人、关心人的原则，增强思想政治工作的吸引力、说服力。

我们党的根本宗旨是全心全意为人民服务，我们党历来强调相信群众，依靠群众，尊重群众的首创精神。这就决定了必须把人民群众放在主人的地位，在任何工作中都要正确地对待人民群众。尊重人、理解人、关心人，就是坚持这一根本宗旨和群众观点在思想政治工作中的体现。思想政治工作是做人的工作，只有努力使一个个人感到受到尊重、关心、理解，才能启发他们自觉地提高主人翁责任感，接受党的思想政治引导，发扬积极创造精神，克服自己身上的消极东西。这样的思想政治工作，才是真正有效的。尊重人，就是平等待人，尊重人的人格和权利。理解人，就是要理解每个人的具体处境和个性，承认人们不同的性格、爱好和兴趣。关心人，就是要对人满腔热情、诚恳宽厚，为人排忧解难。只有这样，才能把思想政治工作做到人们心里去，尽可能地使更多的人高兴、舒畅，充分调动人们的积极性，让各阶层的人都能在四化建设中发挥自己的聪明才智。这是我们几十年来，在处理人民内部和革命队伍内部关系问题上形成的一个优良传统。是否尊重人、理解人、关心人，这是检验我们在思想政治工作中是否真正相信、依靠人民群众的一个重要标志，也是衡量思想政治工作干部是否合格的一个起码条件。

尊重人、理解人、关心人，是社会主义制度的必然要求，是社会主义制度优越于资本主义制度、比资本主义制度更有吸引力的一个重要方面。在社会主义制度下，人民群众的根本利益是一致的，这就决定了人与人之间应该是诚恳宽厚、平等互助、团结友爱、和谐融洽的新型关系。尊重人、理解人、关心人，是社会主义新型人际关系的一个重要表现，也是建设社会主义新型人际关系的一个基本方法。

尊重人、理解人、关心人，绝不是不讲原则、放松管理、取消批评，绝不是迁就不合理的要求或容忍不守纪律的行为。但是要注意把人们的缺点和特点区别开来，不要把人们的特点误认为是缺点加以抹煞。在批评人的错误时，一定要从团结的愿望出发，与人为善，好心帮助。只有这样，才能把坚持原则同尊重人、理解人、关心人很好地统一起来。

第八，坚持言教与身教结合，发扬严于律己、以身作则的优良作风。

思想政治工作要真正说服人，一靠真理的力量，二靠人格的力量。所谓真理的力量，就是宣传者、教育者讲的东西必须合乎实际，反映事物的本质和社会进步的趋势；所谓人格的力量，就是宣传者、教育者必须以身作则、言行一致，带头实践自己提倡的道德标准和价值观念。

为什么要强调言教与身教相结合？为什么要强调以身作则？因为只有你按照自己说的去做，人家才会信你说的是对的；要求别人做到的，自己首先做到，人家才会口服心服；信了服了，你讲的道理人家才能听得进去，才能照着去做。有了这种人格的力量，真理的力量才能发挥。不少事实说明，我们的有些教育工作收效不大，往往不是因为教育的内容失当，而是由于“语言的巨人，行动的矮子”、“台上他说，台下说他”这种现象的结果。假如你对群众讲的是“吃苦在先，享受在后”，而群众看到你的行为却是“好处全占，吃亏不干”；你对群众讲的是艰苦朴素、勤俭节约，而群众看到你的行为却是挥霍浪费、铺张排场，群众怎么能信服你讲的东西，这个教育又怎么能收到效果？公生明，廉生威。言行一致，则一言九鼎；言行相悖，则一文不值。只有严于律己，才能产生巨大的感召力量。

（摘自 1990 年 5 月 18 日在全国职工思想政治工作研究会第六次年会上的讲话）

京剧音配像工程的有益启示

这次音配像工作时间不长，花钱不多，配戏不少，效果不错，这件事给了我们一些有益的启示。一是研究实招。做好任何工作，光喊重要不行，光有热情不够，光表决心也没用，必须有真招实招。世上凡普遍和长期存在而解决不了的问题，必然有其深层次的、内在的原因。京剧及其他戏剧当前面临的问题，是多种因素造成的，需要更多的人，从多方面采取切实有效的招法才能解决。二是坚持实干。我们许多事情没有干好，不是失之于道理不明，也不是招法不对，而是缺乏实干苦干。这次音配像，一年的时间搞了 50 台戏，由找录音、选录音、整理录音，到找演员、选演员、训练演员，直至合拍合成，工作量很大。正是由于同志们冒着寒冬酷暑，不分白天黑夜，废寝忘食，顽强拼搏，才有这样好的结果。三是注意用人。事在人为。要办成事，就要找一批想办事、肯办事、敢办事、会办事的人。想办事是愿望，肯办事是热情，敢办事是勇气，会办事是本领。这次音配像确实碰到很多难题，如录音带有的不全缺些东西，有的总体不错局部不好，有的光听声音却弄不清是什么动作，所有这些难题都是靠行家、靠经验、靠本事、靠智慧逐一解决的。四是加强协作。许多事情都是一个互相联系、互相制约的有机整体，如果离开相互协调、相互支持，只顾局部不顾全局，只管眼前不管长远，只讲索取不讲奉献，就很难办成。这次音配像工作，人员来自四面八方，事事都求人，事事靠协作，事事要支持。只是凭着大家弘扬民族文化的执着精神和各个方面的鼎力相助，才使音配像这台大戏演得有声有色、协调有序，称得上众志成城，共襄盛举。

（摘自1995年10月31日在《中国京剧音配像精粹》首发式上的讲话）

中国乒乓球队长盛不衰的原因

作为中国乒乓球协会名誉主席，我非常高兴地欢迎你们凯旋，再一次向你们表示最热烈的祝贺，感谢你们为祖国为人民争了光。

中国乒乓球队长期地、反复地在国际大赛中取得优异成绩，保持世界领先地位，是很不容易、很不简单的，应该大力表彰，应该认真总结。一般来说，凡长期、反复出现的现象，都不是偶然的，都有其内在的、必然的东西。我们应该通过总结中国乒乓球运动四十年来的经验，把其中带规律性的东西找出来，这对于推动包括乒乓球在内的各项体育项目和今后的工作具有十分重要的意义。

中国乒乓球队到底有多少值得总结的经验？岚清同志刚才讲了四条，绍祖同志谈了“乒乓精神”，蔡振华教练也概括了几点，我认为讲得都非常好，非常重要。除此之外，我再做一些补充，这不一定完全是乒乓球队所特有，但在乒乓球队的确体现得比较突出。

比如，注意选好苗子。农民种地非常讲究有好种子和好苗子，没有好的种苗，不可能有好的收成。运动员没有好的苗子，再努力培养也不会有大的作为。个头高就去打篮球，个矮就不要去打篮球，如同京戏一样，个头高的唱大武生好，个矮的唱武丑好。乒乓球如何选苗，大家长期以来进行了不断探索。1991 年我曾讲过，“撒大网、建基地、抓小孩”，就是要从普及开始，百里挑一、千里挑一，选早、选好，然后送进基地进行强化培训。当时乒乓球面临一点危机，男队成绩滑坡，女队后备力量缺乏。后来体委重视了选苗，时间不长就出现一批优秀的年轻选手。这一条经验很重要，也不简单。

比如，重视科研创新。没有科研，就很难创新；没有创新，就很难战胜对手、保持领先。体育项目竞争激烈，发展迅速，必须跟上形势，必须研究一般规律，研究发展趋势，研究重点人物。乒乓球在很早以前就进行模拟训练，让自己的队员模仿外国重点人物，如模仿荻村、瓦尔德内尔等，有针对性地开展训练，革新技术。我过去也打过乒乓球，现在的打法简直不可思议，与容国团时代相比，变化太大了。摆短可以摆得那么短，出手可以在台里很低就起板。这就是科研创新的结果。这些年来，乒乓球队面对世界打中国的局面，每次大赛出征，多少都有一些新东西，这就很难得。

比如，善于运用辩证法。徐寅生同志当年的讲话直到现在对乒乓球工作仍有很大的影响作用。体育比赛是双方斗智斗勇斗技，一切必须从客观的现实的发展的情况出发，研究对立双方、知己知彼，研究长处短处、避其锐气、攻其弱点，研究形势、灵活多变、出其不意，等等，这里面充满了辩证法。也许我们一些年轻选手还没有明确认识到这点，没有意识到自己在运用辩证法。但实际上教练们对你们的要求，给你们制定的训练计划、比赛方案本身，都贯彻了唯物辩证法的指导思想。打球过程中，有的球，你看起来好像劲很大，实际上是错觉，乒乓球这样的例子很多。比赛最激烈时，往往看到发一个简单的球，对手还“吃”，就是因为在这个时刻，对方一定猜想发球很转，很紧张。结果猜错了，你这个球一点儿也不转，使劲一搓，球就出界了。中国队在运用辩证法上比起对手占了许多便宜。这次比赛反败为胜的情况出现了许多，关键分我们都拿下来了。这种现象，你说是运气，为什么运气老在我们这一方，这就不是偶然因素了。

比如，设法解除后顾之忧。对退役运动员、教练员一定要妥善安排。这一点对现在的队员影响很大，至少可以使他们看到出路、希望，从而全身心地投入训练比赛。运动员一生运动年华非常短暂，训练时不能读更多的书，只有一些运动成绩，没有其他专长，退役后再让搞别的业务一时难以适应，如果不关心、不照顾，以后谁还来打球呢？乒乓球队这方面做得比较好，能出国的还积极帮助联系。

当然，这几点未必准，但对乒乓球队来说确实管用。总结经验、用经验推动工作，研究具体、从个别抽象一般，这是马克思主义的基本工作方法，是领导机关应尽的职责，也是我们的传统和习惯。大家刚刚载誉归来，希望认真搞好总结，体育总局要总结，乒乓球代表团要总结，球队要总结，个人也要总结，不吃糊涂亏，不占糊涂便宜，发扬优点，克服不足，戒骄戒躁，再创辉煌。

（摘自 1999 年 8 月 13 日接见中国乒乓球队时的讲话）

乐亦鉴之，哀亦鉴之

今年是中华人民共和国建国五十周年，也是中国人民政治协商会议成立五十周年。1949 年 9 月，毛泽东主席在中国人民政治协商会议第一届全体会议上庄严宣告："占人类总数四分之一的中国人从此站起来了"，中国历史从此开辟了一个新的时代。经过五十年的奋斗，伟大祖国发生了翻天覆地的变化。社会生产力和综合国力有了很大发展，主要工农业产品产量跃居世界前列；十二亿人民基本解决了温饱问题，物质文化生活整体水平接近小康；社会主义精神文明建设取得丰硕成果，全民族的科学文化素质普遍提高；社会主义民主与法制逐步健全，人民当家作主的国家政权日益巩固；爱国统一战线不断扩大，中华民族的大团结、大联合空前增强；"一国两制"的伟大构想深入人心，祖国统一大业取得历史性进展；我国国际地位显著提高，成为世界上维护和平与促进发展的重要力量。特别是中共十一届三中全会以来，我们把马克思主义同中国实践和时代特征结合起来，形成了邓小平理论，制定了社会主义初级阶段的基本路线，走出了一条建设有中国特色社会主义的道路。五十年在历史长河中是短暂的。中国人民在中国共产党领导下，以如此巨大而坚定的步伐走向富强、民主和文明，这在中华民族发展史上是前所未有的，对整个人类社会的发展也产生了广泛而深远的影响。每一个中华儿女都为此而欢欣鼓舞，无比自豪。五十年来，人民政协始终与人民息息相通，同国家休戚与共。历届政协组织和政协委员为国家的繁荣、祖国的统一、社会的进步、人民的幸福，为人民政协的建设与发展，尽心竭力，作出了不可磨灭的贡献。今天，回顾半个世纪的光辉历程，我们对先辈们无限景仰和怀念。我们要学习他们的优秀品格，弘扬他们的崇高精神，把他们开创的伟大事业继续推向前进。

在中国这样一个人口众多、经济文化落后的东方大国建设社会主义，是前无古人的崭新事业，外部环境又十分复杂。在几十年的奋斗和探索中，我们经历了种种曲折坎坷，战胜了无数艰难险阻，付出了沉重的代价，同时也积累了丰富的经验。这些经验凝聚着人民群众的智慧，蕴含着兴衰成败的哲理，揭示了治国安邦的真谛，是我们继往开来的重要条件。邓小平同志要求我们重视历史经验，他强调指出："历史上成功的经验是宝贵财富，错误的经验、失败的经验也是宝贵财富。"成功的经验符合客观规律，具有直接的指导意义，能够鼓舞士气、坚定信心；失败的经验因为吃过苦头，有着刻骨铭心的教训，有益于保持冷静和清醒。以史为鉴，可以知兴替，可以使思想更加主动自觉，可以使工作避免重犯老毛病。在庆祝建国五十年来所取得辉煌成就的时候，我们应该认真地、全面地总结和汲取历史经验，乐亦鉴之，哀亦鉴之，前事不忘，后事之师。

总结历史是为了开辟未来。当前，我国总的形势是好的。在以江泽民同志为核心的中共中央坚强领导下，我们经受住了亚洲金融危机和严重洪涝灾害的考验，国民经济较快增长，各项改革继续推进，人民生活不断改善，社会局面保持稳定。但也应当看到，我们在改革和发展中还面临许多困难和问题。这些困难和问题，有的是世界各国在发展过程中普遍存在的，有的是在中国特殊国情下产生的，有的是在探索中难以避免的，也有的是我们体制和作风方面的弊端造成的。解决这些困难和问题，需要研究新情况，学习新知识，寻找新思路，创造新方法。特别重要的是，在这个过程中必须坚持马克思主义的基本原理，必须遵循事物发展的基本规律，必须记取长期积累的基本经验。比如，我们在任何时候、做任何工作都必须坚持解放思想、实事求是，必须尊重实践，从实际出发，理论联系实际，认真研究事物的内在规律，达到主观与客观相统一。比如，我们在任何时候、做任何工作都必须坚持群众观点、群众路线，必须维护群众的利益，倾听群众的呼声，依靠群众的力量，接受群众的监督，永远保持同群众的血肉联系。对这些来之不易的、长期起作用的基本经验，我们应当百倍地珍惜，很好地继承，并在实践中不断加以丰富和发展。

（摘自1999年3月11日在中国人民政治协商会议第九届全国委员会第二次会议闭幕会上的讲话）

新中国建立四十多年来，总的讲，取得了很大成绩，也遭受了一些挫折，积累了宝贵经验，也有不少惨痛教训。我们的经历使我们体会到，共产党执政后必须把主要精力放在经济建设上。如果经济长期搞不上去，人民生活长期得不到改善，综合国力得不到增强，人民就不会满意，最终仍然有可能遭受失败。所以，共产党执政后必须把发展经济作为奋斗目标和中心任务，作为检查路线、方针、政策正确与否的根本性依据和标准。

社会主义究竟怎样搞，过去大家都是抄苏联的，因为苏联毕竟是第一个社会主义国家。但是实践证明，简单地照抄照搬不行，必须从本国的实际出发，必须适应世界经济、科学技术发展新的变化。为此，就必须对社会主义国家的生产关系和上层建筑进行必要和及时的调整。说社会主义就不需要改革，不需要开放，这是违背马克思主义原理的。你讲许多国家对这个问题认识迟了，动手晚了，我看这确实是当前许多社会主义国家遭受挫折的一个重要原因。

改革开放是共产党领导的社会主义制度的自我完善。改革是为了巩固无产阶级的政权，而不是推翻无产阶级的政权。因此，在改革开放的过程中，我们始终都要坚持四项基本原则。这就是我们党的一个中心、两个基本点的基本路线。一个中心是经济建设，两个基本点一是坚持四项基本原则，二是坚持改革开放。正是由于坚持了这一基本路线，中国在过去十年才能取得大家公认的成绩，才能在复杂的国际形势下、在社会主义受到如此冲击下继续稳住阵脚。

中国今后会继续碰到各种困难和问题，在国际环境中碰到的问题会更多一点，但是只要很好地坚持一个中心、两个基本点的基本路线，保持坚定的信念、勇敢的精神，十分谨慎地妥善地处理各方面问题，就一定会稳步前进。

（摘自 1991 年 9 月 6 日会见波兰前总理拉科夫斯基时的谈话）

今年是中华人民共和国成立五十周年。我们隆重庆祝国庆，目的是回顾走过的路程，总结正反两方面的经验，振奋人民的精神，把各项工作做得更好。中国在改革开放以来取得了巨大发展，但总体上经济比较落后，要赶上像法国这样的发达国家，还需要很长很长时间的努力奋斗。为了专心致志地发展经济，中国政府和人民真诚希望在国内有一个团结稳定的局面，在国际有一个和平安宁的环境。

（摘自 1999 年 9 月 13 日会见法国参议院代表团时的谈话）

新中国建立后，有两个 20 年的经验值得认真总结。一是

1957 年到 1976 年，我们走过了一条曲折的道路，特别是发生了“文化大革命”那样的灾难，导致国民经济到了崩溃的边缘。一是 1978 年到现在，综合国力得到很大提高，人民生活有了明显改善，整个国家面貌发生了翻天覆地的变化。天还是这块天，地还是这块地，为什么前后 20 年反差如此之大？这是因为前 20 年我们党在指导方针上有严重失误，而后 20 年我们党坚持以经济建设为中心，坚持改革开放，坚持四项基本原则，实行了一整套符合实际的路线、方针、政策。

（摘自 1998 年 4 月 13 日会见斯里兰卡统一国民党代表团时的谈话）

坚持真理，修正错误

这次来延安，时间很短，所见所闻，使我深受教育，更加深刻地理解到中国共产党成功的历史根据和理论根据，更加深切地感受到创业之艰难和我们责任之重大。

唐朝李世民时代，名臣魏征曾讲过：“善始者实繁，克终者盖寡。”为什么开始能成功，到后来都出事了呢？魏征分析说：“盖在殷忧必竭诚以待下，既得志则纵情以傲物；竭诚则吴越为一体，傲物则骨肉为行路。虽董之以严刑，振之以威怒，终苟免而不怀仁，貌恭而不心服。”意思是说古代的君王在创业时都能谨慎行事，宽厚待人，所以能建功立业，而一旦大功告成往往纵情傲物，以致至亲成为路人，当然要失败了。魏征指出的这种历史教训，值得后人深思。

在革命战争年代，在当时延安那样艰难困苦的环境里，由于我们党和人民结下了情同骨肉的鱼水深情，一切为了人民群众，一切依靠人民群众，终于赢得了革命的胜利。全国解放 41 年，我们取得了很大的成绩，也出现了不少问题。取得很大成绩的一个重要原因，是我们坚持了延安作风；出现不少问题的一个重要原因，则是我们违背了延安作风。七大这段历史，很值得我们重视。

我们经常讲发扬延安精神，但是什么是延安精神，怎样发扬延安精神，需要深入研究。延安精神最集中地反映在毛主席延安时期的著作里，这个时期的著作是毛泽东思想成熟的标志。它批判了“左”倾机会主义路线，科学地总结了从井冈山斗争以来的历史经验，包括阐述了毛泽东的军事战略思想。毛主席著作里涉及的方面很多，内容很丰富，核心有三条：第一是实事求是，第二是群众路线，第三是独立自主、自力更生。我觉得，这三条在今天仍然是我们党克服困难、解决问题、纠正错误、不断胜利前进的根本性问题。

在七大这段历史时期内，毛泽东思想理论化、系统化了。看了七大的会场，感触很深。主席台上方悬挂着“在毛泽东的旗帜下胜利前进”的横幅。会场两侧的墙上插了 24 面旗帜，象征着中国共产党走过了 24 年的光辉历程。旗帜下是“坚持真理，修正错误”的标语，表示我们党在这 24 年中有成绩也有错误，我们的胜利是建立在坚持真理、修正错误之上的。“坚持真理，修正错误”，实际上就是认真总结历史经验，也就是坚持实事求是的思想路线。现在我们党同群众的关系，总的来讲是好的，但也存在着严重的问题。去年那场风波之所以有那么多的人卷进去，当然有国外、国内特别是党内各种因素起作用，但是，必须承认，那么多的人卷入，有的坏人竟然能明目张胆地在天安门广场兴风作浪，说明我们确实在教育方面有很大失误，说明我们确实在相当多的问题上脱离了群众。比如，我们有些干部官僚主义作风相当严重，长期不深入基层，不了解民情，即使到基层去，名曰深入群众，实则扰民不安。这是一。第二是有些干部以权谋私的问题比较突出。第三是在一定范围用人不公的现象比较严重。老百姓有副对联："说你行你就行，不行也行；说不行就不行，行也不行"，横批是"不服不行"，尖锐地批评了这种现象。我在天津讲，当领导干部，除了管住自己，首先要管住孩子、老婆和身边的人，否则上梁不正下梁歪。对脱离群众的问题要切实加以解决。我们在自力更生方面也存在问题，表现在过分地依靠上边，依靠外国。进口那么多的外国水果、汽水、烟酒、小汽车干什么？开放是为了增加自己的力量，就像吃一点补药，为的是使自身机能得到提高，自身机能不提高，完全靠吃补药，健康得了吗？自力更生和改革开放并不矛盾，改革开放还是以自力更生为主，中国不能买来个社会主义现代化。可见，毛泽东思想的三个核心，不仅在当前有重大的现实意义，从长远来说也是我们党和人民进行改革和建设的传家宝。

来到延安，抚今追昔，深有感触。我认为，认真地面向群众、面向实际，科学地总结七大前后这一段历史经验，并使全党和全国人民了解这段历史，对于我们党进一步团结起来，重振雄风，很有必要。

（摘自 1990 年 4 月 20 日听取延安地区工作汇报时的讲话）

改革开放有许多成功的经验，也有教训

11 年的改革开放，确实取得了巨大成就，有许多成功的经验，应该通过总结把它们肯定下来。但与此同时，也确实做了一些不太好的事情，也有教训。比如，一手软、一手硬，忽视四项

基本原则，在理论、实践、政策上都带来了一些毛病。又如“六害”的出现，卖淫、赌博、拐卖妇女这些社会丑恶现象，过去早已绝迹了，现在又沉渣泛起。不能简单地说这些都是改革造成的，但和改革过程中的工作有联系。我们不能因噎废食，因此就不搞改革了，更不能做“没治了”的结论，但教训应当汲取。比如说，进口那么多小汽车干什么，进口那么多水果干什么，进口那么多外国香烟干什么，电视机生产线引进可能也多了一些，等等。改革开放取得了巨大成就，尤其是展示了方向的正确性和继续发展下去的潜力，但也确实有许多经验教训应该总结。我们不是打了败仗才被动地总结经验，而是要通过“实践——认识——再实践——再认识”的过程，使自己得到长进，把改革开放搞得更好些，把工作做得更好些。在我们纠正错误的时候，难免有人借治理整顿之名，违反中央的精神，把已经放了的权偷偷收回去。这种情况要警惕。但有一些确属于不好的东西和做法，必须进行纠正，这不能叫改变方向。

（摘自1990年4月28日在《人民日报》国内记者工作会议上的谈话）

许多外国朋友关心中国的改革开放问题，为了便于理解，我把这个问题概括成三句话：一是方向不变；二是总结经验；三是重在实干。所谓方向不变，就是我们不仅要继续坚持改革开放的方针，而且要加快改革开放的步伐，把改革开放进一步引向深入。10年来我们国家之所以发生那么大的变化，关键在于实行了改革开放。如农村实行改革，使粮食连年稳定增产，基本上解决了11亿人口的吃饭问题。过去我们提出粮食亩产“跨黄河”、“过长江”。“跨黄河”就是亩产500斤，“过长江”就是800斤，但费了很大的劲，真正达到这个指标的不多。现在平均亩产

1 000多斤的地方相当普遍，还出现了一些亩产 2 000 斤的吨粮乡、吨粮县。如果有机会，你们可以到中国农村去看一看，许多地方的农民把地种得像地毯一样，连屋边院落、犄角旮旯都种上东西。这在 10 年前是难以想象的。过去农民养点鸡呀、猪呀或种点什么拿出去卖，就被说成是“资本主义尾巴”，甚至要受到批判。我讲这些就是要说明改革开放确实调动了广大群众的积极性，使经济建设有了巨大发展，人民生活有了很大改善。现在改革开放已经深入人心，是不会改变的，谁要变谁就站在了人民群众的对立面。所谓总结经验，就是 10 年改革有许多好的东西必须坚持，同时，也存在着一些教训需要吸取。由于改革开放是新生事物，由于法制还不够健全，我们在工作中出现了一些问题。比如，有的引进是重复的，是不必要的，甚至是过时的。国外报纸就讲中国引进了一些别人抛弃不要的东西。另外，对一些全世界都认为不好的东西，比如“黄赌毒”，控制不严，造成了不良影响。这些都需要我们总结经验，好的发扬下去，不好的改正过来，把改革开放搞得更好。所谓重在实干，就是不尚空谈，扎实工作，在改革开放方面多干实事。一段时间里，国内外许多人都很关心中国今后的改革开放搞不搞，怎么搞，这说明人们还不太放心。为了解除人们的疑虑，除了必要的宣传解释外，很重要的就是要实干，把改革开放的事一件一件做好了，人们自然就不会怀疑了。

（摘自 1991 年 6 月 3 日会见日本民社党委员长大内启伍一行时的谈话）

要从苏东事件中认真总结经验教训

要从苏东事件中认真总结经验教训。一是共产党执政后，必须集中力量把经济搞上去。列宁讲过，社会主义之所以能够最终战胜资本主义，就在于它可以提供比资本主义更高的劳动生产率，从而使人民的生活水平比资本主义提高得更快。列宁对于马克思主义的一个重要贡献，就是他提出社会主义可以首先在资本主义统治最薄弱的国家取得胜利。列宁的话同时也说明一个问题，即社会主义国家开始都比较穷，经济基础比较差。社会主义国家在刚建立的一段时期内，生产和生活水平同资本主义国家相比有差距，这是历史原因造成的，人民是可以理解的。但是如果经济长期搞不上去，人民生活长期不能提高，人民是会有意见的。邓小平同志说，马克思主义政党在执政以后，一定要致力于发展生产力。只有致力于发展生产力，使国家日益强盛，使人民生活逐步改善，广大群众才会进一步坚定走社会主义道路的信念，社会主义制度才能进一步巩固和发展。如果在一个很长的历史时期内，社会主义国家生产力发展的速度比资本主义国家慢，还谈什么优越性？二是为了把经济搞上去，把国家搞好，就必须坚持改革开放。社会主义国家的经济和政治体制不是一成不变的，必须与各国的具体国情相适应，必须及时对其中已经不适应新情况的东西进行变革。有的社会主义国家之所以出问题，一个重要原因在于它们多年来抱着一种固定的模式不放，固步自封，不思变革。有的社会主义国家的领导人同我交谈时问：“社会主义制度是最好的，为什么要改革？”这就否定了改革的必要性。中国之所以在1989年政治风波后能够稳住社会局面，顶住国际上的反社会主义浪潮，原因之一就是十年改革开放破除了旧体制中那些束缚生产力发展的东西，使我国经济建设有了很大的发展，人民生活有了显著的提高。三是在经济建设和改革开放的过程中，必须坚持四项基本原则。必须十分明确，社会主义国家的改革，是共产党领导的自我完善，是社会主义制度的自我完善。

如果改来改去把党的领导和社会主义制度都改没了，那叫什么改革？那叫打着改革的旗号打倒社会主义，那是西方敌对势力所希望的“改革”，和我们所讲的改革是两回事。我们党在提出改革开放的同时，强调要坚持四项基本原则，这就保证了改革开放的健康发展。

（摘自 1991 年 8 月 29 日会见巴勒斯坦共产党总书记巴希尔·巴尔乌西时的谈话）

一个民族要及时地经常地检讨自己

历史告诉我们：一个民族要实现振兴，就必须千方百计地振奋民族精神，把全民族的积极性都调动起来，潜力都挖掘出来，人心都凝聚起来，依靠本民族的艰苦奋斗，克服困难，创造业绩；一个民族要不断进步，就必须及时经常地检讨自己，总结经验，既要看到已取得的成绩，又要正视出现的失误，更要记取付出沉痛代价换来的刻骨铭心的教训，切实改正错误，改善工作，改革一切阻碍发展的不合理的体制；一个民族要跟上时代，就必须大胆地融入国际社会，善于同其他国家和民族进行广泛的交流与合作，学习和借鉴外来的一切文明成果，取诸家之长，走自己的路。作为真正的朋友，我们不单是向你们介绍我们的成就，还希望你们了解我们走过的曲折道路，我们认为这比介绍成就更重要。

（摘自 1999 年 10 月 12 日会见委内瑞拉总统查韦斯时的谈话）

总结经验十要领

总结经验有三个基本要求，也可以叫三个要素：一是要有丰富切实的材料，否则就是无源之水、无本之木；二是要有加工的工具即科学的理论，主要是马克思主义的理论；三是要有加工的本领，能使用工具把材料加工成成品。材料、工具、本领三位一体，缺一不可。

如何坚持这三个要素，在坚持过程中有没有具体的要求、要领、注意事项？我想应该是有的。我这里列举几项，有的可能与三个要素交叉重复，有的则是三个要素的应用和细化。

（一）要有正确的态度

总结经验的出发点不同，其过程、方法、结果都会不同。如果是出于公心，为了搞好工作、推进事业，为了实事求是、探索真理，这样的总结就会是可靠的，运用的材料就会是真实的，由此形成的经验对自己有用，对别人管用，以后长时间内都会起作用。如果是出于私心，为了应付上级、邀功买好，为了登报扬名、哗众取宠，这样的总结就是靠不住的，再活灵活现的故事都可能是虚构的，由此形成的结论毫无用处，甚至骗人骗己，误事误国。就当前的实际情况看，应该说前者较多，后者也不能说很少。在有的地方，常常是上面刚刚发出一个号召，没几天就推出了许多相应的经验，群众批评说“口号提得多，经验出得快”。态度问题是根本问题，态度端正与否，对总结经验至关重要。

（二）要下大功夫搜集材料

要广泛搜集，掌握与事物相关联的一切情况；要注意事物发展的全过程，了解过程中的各个方面；要善于抓典型，解剖麻雀。总之，要尽可能把材料搞全了、弄准了。材料缺东少西、虚假差错，工具再好，加工的本领再大，也不会制作出好的成品。我这里讲一个笑话，从前有一个秀才的老婆生孩子在炕上叫唤，秀才写文章没词在地下叫唤。老婆生气地问："我是因为孩子生不出来难受叫唤，你瞎叫唤什么?"秀才煞有介事地回答说："你是肚子里有东西生不下来，我是肚子里没东西硬要生，我比你更难受呀!"我不相信这件事是真的，但我相信确有这种没有材料、硬憋文章的人。有些总结深入调查不够，基础材料不够，或偷工减料，或假冒伪劣，一看就是屋里憋的、文人编的，是表面文章、空中楼阁。马三立相声《学瞎话》讽刺的那种总结确实存在。搜集材料要花很多时间，但这是必需的，是总结经验最大量、最经常、最具基础性的工作。

（三）要学会分析综合

先分析、后综合，在分析过程中综合，这是认识事物也是总结经验的基本方法。分析就是分析矛盾，把统一整体分解为各个部分、方面和要素来考察。综合是综合分析的结果，就是在分别考察的基础上把各个部分、方面和要素联结为一个整体来认识。分析不是简简单单地分，而是依据事物的性质和特点来分；综合也不是随随便便地合，而是按照事物的内在逻辑来合。分要分得开，合要合得整。分析是综合的基础，没有分析作为前提，综合就无从谈起；综合是分析的归宿，只分析不综合，分析就没有意义。分析和综合不是截然分离的，二者相互依存、相互渗透、相辅相成。在人们的实际思维活动中，往往是分析中有综合，综合中有分析，分析的过程同时就是综合的过程，概括抽象的过程。我们总结经验，就是要将繁杂、零散的材料掰开了、揉碎了、摆正了、捋顺了。要分好类、排好队、归好堆、论好辈，不断地分，来回地分，边分边合，分分合合。这是一个寻找事物内在联系、探求客观规律的过程，是一个由简单到复杂、由复杂到简单、循环往复、螺旋式上升的过程，是最难的一步，也是最苦的一关。这要用相当的功夫，谁怕用功夫，谁就找不到真理。

（四）要重视特殊性

由特殊到一般，由一般到特殊，是人类认识的两个过程。就总结经验来讲，主要的还是认识特殊性。特殊性是事物的特殊本质，是事物存在和发展的特殊原因，是事物彼此区别的根据。总结经验就是要在若干一般原理的指导下，在许多相对事物的比较中，找出特殊性，按照毛主席的说法，这是“认识事物的基础”。特殊性和共同性是相对的，在这个领域看是特殊的，从另一个领域看又可能是共同的。比如，人相对于其他动物的特殊性，在人类领域又是共同性；女人相对男人的特殊性，在女人领域又是共同性；幼儿相对大人的特殊性，在幼儿领域又是共同性。正因此，才有科学领域的划分和研究，才有研究对象的区别和联系。强调总结经验要抓住特殊性，也就是抓住总结对象领域里的共同性。我们说总结政协工作的经验，就是要抓住政协工作相对于其他领域工作的特殊性，而这些特殊性在政协工作领域又是共同性。毛主席是运用一般原理分析特殊性的大师，他对中国革命战争特殊性的把握到了出神入化的地步。在《中国革命战争的战略问题》这篇著名文章里，他首先强调的就是“我们不但要研究一般战争的规律，还要研究特殊的革命战争的规律，还要研究更加特殊的中国革命战争的规律”。“如果不懂得这些，就不能在中国革命战争中打胜仗”。特殊性与共同性、相对性与绝对性的道理是辩证法的精髓。要学会总结经验，就必须懂得这个道理。

（五）要注意从偶然中找必然

总结经验，目的是找出事物的必然。偶然潜藏着必然，必然通过偶然表现出来，并为自己开辟道路。人类历史表现为无数抱有千差万别目的的个人的活动，似乎是偶然现象的堆积，但就在这大量个人活动的杂乱现象的背后，隐藏着人民群众是社会发展的决定性力量，是历史的创造者的必然性。透过现象看本质，通过偶然发现必然，这是人们熟知的道理。人类历史上许多重大发明，许多具有深远影响的真理、定律，都是从偶然中发现的。如牛顿由苹果落地发现了万有引力定律，瓦特从沸水冲开壶盖受到启发发明和改进了蒸汽机，锯子的发明传说也是鲁班因刺草划破手皮而得到灵感的。当然，真实的过程不会像传说的那么简单。总结经验要接触大量的现象，这些现象都是本质的反映。现象的特点是丰富而易逝的，本质的特点是稳定而再现的，只要我们留心、细察、敏感，善于研究大量现象和现象之间的内在联系，就会透过现象抓住本质，通过偶然找到必然。

（六）要尊重前人的成果

人类认识的特点是连续性。前人的成就是后人前进的基础。总结经验是为了探求规律、发现真理。什么是真理？真理是客观规律在人们头脑里的正确反映。因为它是客观规律的反映，凡真理都具有客观的绝对的意义。因为事物的复杂性、认识的局限性，凡真理又都具有相对的意义。真理都是绝对和相对的统一。基于这一原理，我们应当不断解放思想、大胆创新，特别注意发现新生事物，要与时俱进而不能僵化保守。基于这一原理，我们必须重视前人的成果，在前人认识的基础上前进。牛顿是在伽利略、开普勒等人的基础上发现了万有引力定律的，爱因斯坦是在洛伦兹等人的基础上提出了相对论的。马克思主义理论的三个组成部分都有其来源，其实作为马克思主义来源的德国古典哲学、英国古典政治经济学和法国空想社会主义，也都有自己的来源。我们总结经验，不能离开已有的基本原理、基本原则，而是要在这些原理、原则指导下，对现实材料进行加工制作。实践证明：总结经验必须认真读书，掌握原理，理性的东西懂得越多，发现真理的可能性就越大。

（七）要走群众路线

群众是真正的英雄，而我们自己则往往是幼稚可笑的。联产承包责任制，主要不是哪个领导或个人的杰作，而是农村最基层群众的创造。我们讲总结经验，主要是总结来自社会实践的经验。群众是实践、认识的主体，总结经验由始到终、由调查到研究，都要走群众路线。否则，总结出来的所谓“经验”，既缺乏鲜活的东西，也不会得到群众的认同。尤其是在目前，弄虚作假成风，假情况、假数字、假政绩比比皆是，歪曲、背离本质的假象屡见不鲜，要想真正把材料弄全弄准，使之合于实际，实在是不容易的事。我们必须像毛主席所说的那样，满腔热忱，眼睛向下，放下臭架子，甘当小学生。只有如此，群众才能讲真话，我们才能了解到真实情况，才能用群众的智慧弥补自己的不足，才能总结出具有实际意义的经验。要善于吸纳意见，多听意见，听各种意见特别是听和自己不同的意见，择善而从之。要勇于自以为非，不要自以为是，一经发现自己的错误就及时果断地进行纠正。人的成长进步就是在不断地自以为非、不断地纠正错误过程中实现的。实事求是和群众路线是相辅相成的，不走群众路线就做不到实事求是，不坚持实事求是也不可能走好群众路线。

（八）要多实践几次

任何一个成功经验的形成，总要经过一个实践过程；任何一个经验的再实践，自始至终都是一个新的认识过程。就这次会上交流的一些经验来说，从目前看是成熟的，当把它们重新应用于实践时，这就不仅是在应用经验，同时也是在检验经验、完善经验。还以联产承包责任制为例，当初在小岗村出现时就比较原始简单，后来被中央认可、推向全国农村直到今天，其内涵就丰富、完善多了。因此，这种以检验经验为出发点的再实践，应该是自觉的实践，应该是有目的、有计划、有记录地进行。肯定经验的价值和作用，要求大家认真学习、切实推广，决不意味着经验本身已完好无缺，从认识发展的意义上说，从全局和长远的角度上看，再实践、再检验、再提高更加重要。

（九）要使大脑真正成为加工厂

古人讲“心之官则思，思则得之”，“行成于思”；毛主席讲“多想苦想”，“多想出智慧”，“开动机器”，“改造制作”，强调的都是用头脑思索。人与动物的区别就在于人能思索。人的大脑潜力很大，一般正常人的大脑约由 1 000 亿个神经细胞组成，可以储存 1 000 万亿个信息单位，而一个人一生中能够利用的只不过 10％左右，据说爱因斯坦用得最多，也就 17％。大脑这个东西越用越好用，越用越聪明。有的人之所以本事小、办法少、进步慢，主要原因不是脑子笨，而是脑子懒。我们应当充分发挥大脑加工厂的作用，勤于思索，善于思索。要处处留心，多问几个为什么。许多事情似乎早就明白，如果问上几个为什么，就会发现自己并不明白而是糊涂；经过认真思索之后，就会变糊涂为明白，这个明白才是真明白。要善于联系，把现象变成概念。现象和现象相联系，事物与事物相联系，理论与理论相联系，理论与实际相联系。联系可以发现问题，联系能够发现规律。我们应当十分珍惜时间，有效地利用时间。不要忽视零碎时间，理发、洗澡、散步、坐车等头脑空闲的时候，都可以用于思索；要把零碎的事情捆起来办，切忌东一榔头、西一棒子地肢解时间；要想方设法挤留出大块的整块的时间，使自己静下来，翻点材料、读点书，系统地想点问题。我们应当不断完善大脑这个加工厂，使其能生产多种多样的产品。要在这个加工厂里形成各种储存库，有不断吸收新材料的原材料库，有经过一定加工的零配件库，有经过较大加工的半成品库、成品库，一旦需要，重新思索，组合制作，就会变成新的产品。总结经验主要不应是文字上搬来搬去，而应是脑子里想来想去。我们现在有些总结搞得不好，或只有材料没有观点，或只有观点没有材料，或观点和材料不统一，一个重要原因就是缺乏思索。

（十）要处理好总结经验和写文章的关系

我没有专门学习过写文章，现在也不能说会写文章，但我做过一些实事，研究和处理过一些问题，总觉得写文章与总结经验有密切关系。什么是文章？文章是客观事物的反映，文章的目的是反映客观实际，反映事物的本质和规律。为什么总结经验？总结经验的目的是研究分析客观实际，找出事物的本质和规律。就这个意义上讲，写文章和总结经验要求是一致的，道理是相通的。领导干部、领导部门的文章，都是围绕现实生活和实际工作提出问题、分析问题和解决问题而展开的，离开总结经验，离开研究问题，就无法写出有实际意义的文章。写文章讲准确性、鲜明性、生动性，讲谋篇布局、遣词造句，但如果缺乏对生活实践的深刻了解，缺乏对实际问题的深入研究，言之无物，无病呻吟，也就无法写出具有“三性”的好文章。我们有些文章写得不好，不是词汇不够多、句子不够美，而是动机上、内容上、方法上有毛病，在鼓捣字儿上花的时间太多，在研究事儿上下的功夫太少。为文章而文章，从文章到文章，这种方法，永远写不出好文章。

以上十点，关联着总结经验，也不只是关联总结经验，起码关联着思想方法、思想作风，当然关联总结经验的也不只是这十点，还可列举出许多点。我的上述讲话，未必完全正确，目的是想引起大家对总结经验的兴趣，总结出更多更好的经验。

（摘自 2001 年 12 月 6 日在全国地方政协工作经验座谈会结束时的讲话）

四、掌握辩证分析方法

不能不讲辩证法

天津城市总体规划修编有进展。人们对规划稿关于城市性质、规模、布局的论述都表示赞同，特别是对“一个扁担挑两头”，一头是老市区，一头是滨海新区，认为这是一个突破。大家对“三环十四射”道路网络也是赞同的，认为这是一个合理的超前的设想。但一些同志对外环线有不同看法，认为红线太宽，十条车道没有必要，担心实现不了。这些同志提意见的出发点可能是好的，但他们的思想方法有局限，缺乏辩证法。城市领导、城市规划，没有长期总体观念，没有发展的眼光，肯定是要吃大亏的。过去批大马路主义，北京批机场路，天津批西青道，今天看如何？哪个是大马路？有些同志说先搞窄一点，将来需要了再加宽。但这些同志没有考虑，规划红线一定下来，两侧房子建起来，再拓宽道路就很难了。我看京津塘高速公路将来就是个麻烦。这么大的两个城市，这样近的距离，搞双向四条车线，无论如何也不合适。北京市的领导和我们看法都是一样，最少是六条线或者更宽一点。两市都同意，宽的那部分两市自己拿钱，结果上边没批准。我又出了一主意，先把红线定出来，把地留出来，先建四条线，预留地先做绿地，结果还是不同意。我断定这条路将来一定受埋怨。外环线是天津自家的事，什么时候实现可以商量，但规划必须搞好。发展的观点是马克思主义的基本观点，世界万事万物都处在永恒运动变化之中。我们一些人只看眼前，不看长远，只算死账，不看变化。

另外一个意见就是对外环外侧的绿化带不赞成，认为 500 米宽、70 多公里长的绿带占地太多，是浪漫主义。这个问题和上个问题一样，也是缺乏辩证法，不仅没有发展的观点，而且没有联系的观点。世界是一个普遍联系的有机体，万事万物之间在其发展过程之中，都是互相影响、互相制约、互相作用的，看发展不能离开联系，讲联系也不能忘了发展。孤立地看，就道路论道路，500 米绿带是宽了，50 米也不能算窄。如果联系整个城市的发展看，情况就不同了，将来三五十年之后，天津市内人多了，楼多了，路多了，污染源多了，没有大片绿地，空气怎么净化？这 500 米的绿带实际上是天津城市的环境保护圈。

现在这样，表面看占地很多，实际上调整了农业结构，由种粮食改为种果树，就农民来讲效益更高。就规划来讲，这里今后就再不允许搞建筑了。大城市建绿化带，美化环境，净化空气，不是我的发明，世界上若干城市早就做了。目前这个问题在我国还不那么急迫，人们对它的功能、必要性还没有认识，但等到将来急迫了，人们也认识了，再想搞代价、难度就大多了。你们这些人多是市委、市政府机关干部，通过这次参加规划修编，你们不但学到了规划知识，就是对你们较为熟悉的理论，包括今天讲的辩证法，也一定会有更新、更深的体会。

（摘自 1985 年 2 月 1 日对天津城市总体规划修编人员的谈话）

要精心再精心地分析和解决矛盾

毛主席纪念堂建筑工程，能够在半年内多快好省地胜利完成，首先应归功于伟大领袖毛主席的崇高威望，归功于党中央的正确领导，归功于全国亿万军民的大力支援，同时也归功于全体参战人员的共同努力。如果说我们参加建设担负一些领导工作的干部也做了一点工作的话，那就是我们在施工实践中始终认真地学习了毛主席的哲学思想，特别是《实践论》、《矛盾论》的基本思想，精心设计，精心施工，精心组织，精心指挥。以下结合施工的实践谈几点体会。

（一）必须精心地抓矛盾的特殊性

大量的事实使我们体会到，研究和掌握事物矛盾的特殊性，是认识事物的基础。不在这个问题上下功夫，就像是螃蟹吃豆腐，吃得不多，抓得很乱，不可避免地要犯片面性的错误。毛主席纪念堂工程，就一般来讲，它的工作范围也是建筑、市政、电力、电讯、园林、绿化、地下、地上这一套。但如果只停留在一般性的东西上，不去研究它的特殊性的东西，工作难免还是被动，这方面我们是有一些教训的。我们有的同志，在工程开始以前，仅仅粗枝大叶地看到一点矛盾的形相，就以为纪念堂工程“面积不大，人力不少，材料不缺，比较好搞”，结果一上来就出了问题。比如搞钢筋混凝土，有的单位认为这是建筑业的家常便饭，没有深入研究这里的特点，就把一般工程中采用的先立一面模板，然后再绑钢筋的方法用到了这里。结果，因为这里的抗震强度高，结构形式特殊，钢筋长得、密得出奇，老一套办法就不能适应这里的情况，最后只好把模板拆了下来。到了这个时候，人们才认识到这里的钢筋和别处不一样，“一长、二密、三焊接”。又比如，在别的地方，进料早，运得全，是成功的经验。可是这里单位多，材料多，场地小，“运早了，碍事；运晚了，误事；运多了，挡道；运少了，等料”。可见，仅仅粗枝大叶地看到一点矛盾的形相，不研究矛盾的特殊本质，就动手去解决，是非吃苦头不可的。

工程党委经过反复研究，决定放手发动群众，揭矛盾，摆问题，抓特点，以此来统一认识。经过揭、摆、抓，大家发现，纪念堂工程有许多不同于其他工程的特点，有一系列的特殊要求，必须精心地分析才能加以解决。

一是工程量大。这里的工程不仅要搞地上，而且要搞地下，不仅要建纪念堂，还要扩建天安门广场，翻修正阳门以及修建一些配套的工程。在一般情况下，工程量大，面积就大，施工场地就大，而这里是小面积含大工程量，上人少了完不成，上人多了放不下；力量的组织、时间空间的利用，都是重要问题。

二是技术复杂。其中有些活是我们从来没有干过的，比如像这样高的抗震要求和这种结构形式，在我国还是第一个。特别是有关毛主席遗体保护的工程带来的一系列问题，对我们都是新的课题。

三是质量要求高。一般地说，质量要求高就是要严格符合国家标准。在这里，却要求所有的项目都达到或超过同类项目的历史最高水平。工人讲，这是“硬碰硬”，来不得半点马虎。

四是工期紧。中央要求 1977 年 9 月 9 日保证群众瞻仰。从开工到 9 月 9 日，满打满算，只有九个月的时间。除去给建筑工程完成后才能进行的如水晶棺及其专用设备的安装、工艺美术和室内布置以及设备综合调试等工作留下的时间以外，用于建筑工程的时间，最多也只有六个月左右。六个月要完成这样一个工程，显然是一个很艰巨的任务。

五是涉及方面多。一是工程本身就需要较多的单位支持，二是所有省市都要求做贡献。结果是全国各个省市都有项目，直接和我们打交道的单位就有一万多家。要在半年时间内，把材料设备的设计搞出来，下达到各地去，然后再组织运输进来，高质量地用在工程上，组织工作是个很复杂的问题。

六是四边施工。一般讲三边施工，即边设计，边准备，边施工，就算比较特殊了，而在这里又增加了一个边拆迁。有几万平米的房屋要拆除和迁移，到开工时还没有动手，这也给施工带来了一系列的问题。

七是冬季施工。六个月的工期，其中四个月在冬季，且不说滴水成冰的季节给施工带来的困难，单防火一项就是个大事。这个工程用火量大，焊接活多，一百多台电焊机，日夜不停地在上万米的木材、几万张用于保温的草帘附近工作。防止发生火灾，是个十分艰巨的任务。

八是没有生活住地和办公的地方。在有限的面积上，参战的单位很多，再加上义务劳动的人员，不用说吃住，办公和存放东西的地方都很难找出来。同时施工占用的场地又大多是正式工程用地，常常是今天占，明天搬。有些单位只好在汽车上办公。

打倒“四人帮”，全国的政治形势大好，纪念堂工程的广大参战人员，干劲冲天；但另一方面，这几年来，“四人帮”把人的思想搞乱了，把各项合理的规章制度搞没了，他们的流毒还没来得及肃清，这也不免给施工带来了很多的困难。

上述这几方面的特点，是我们这个工程的矛盾特殊性的反映。经过我们反复分析，认为大工作量、复杂的施工程序与时间、空间的矛盾，是我们建筑纪念堂工程的特殊矛盾。正因为纪念堂工程在结构形式和室内的技术装置上，与其他建筑如学校、医院、礼堂、住宅等都有所不同，所以，它在施工程序上就显出很大的特殊性。许多活不但没干过，而且有一些技术问题还需要在施工过程中去解决。如果施工时间较长，面积更宽阔些，那我们可以逐一地进行试验、研究，解决后再施工。但中央指示要确保 9 月 9 日以前竣工，这样，特定的工作量和复杂的施工程序与时间、空间的矛盾，就十分突出地成为纪念堂工程特有的矛盾，它规定了纪念堂工程施工的特殊本质。我们感到，纪念堂工程，有利的条件是空前的，艰苦复杂的程度是少有的。

实践使我们体会到：把握矛盾的特殊性是个很复杂的问题，要真正地分析好工程总体和各个阶段的特殊性，并根据这个分析找出解决矛盾的方法，就必须精心地抓好以下几个环节：

第一，必须把材料搞全了，弄准了。一个事物的特点是这一事物本身固有的，分析则是我们主观对客观事物的分析。材料不全、不准就动手加工，再卖力气也做不出优质产品。在这方面，我们是有经验教训的。比如，我们根据材料进场的时间和数量，制订了进度计划，但对材料的品种事前没有认真地了解，结果数量够了，品种不对号，进来的料是后期用的，造成了计划的变更。再如，我们在分析石料安装时，只算了石工师傅的需要量，没有对各地石工的特点进行认真的了解，结果有的地区来的石工，是做艺术品的，并不熟悉建筑石料工作，造成个别地方石工跟不上。事实证明，不把情况摸清弄准，就不会有中肯的分析。

摸情况，必须深入实际，发动群众，扎扎实实地去摸。必须改变那种只靠“打电话、听汇报，办公室里憋套套”的作风，必须反对那种“情况不明决心大，方法不对点子多”的作风。为了掌握情况做到准确无误，我们在施工过程中，采取了有关单位汇报情况、领导派人调查情况、组织班子核对情况的方法。不管工作多么紧张，在每个战役之前，我们都要把场内的千百个项目的设计、要求、机具、材料、场地、交通、关联、配套的情况，施工单位的人力、技术、领导、干劲等问题，以及场外的加工定货、运输装卸等方面摸清弄准。实践证明，这是正确地分析矛盾、解决矛盾的前提。

第二，要把问题择清了，捋顺了。一个大的事物里面，有许多矛盾；一个复杂的矛盾里面，又有许多方面。矛盾和矛盾之间，方面和方面之间，互相联系，互相制约，它们的关系不是一眼就能看穿，各自的特点也不是一把就能抓住，必须精心地进行具体分析。纪念堂工程是一个综合性的工程，讲专业有几十个，讲单位有上百家，论人员最多时曾达到三万多，日夜川流不息，千头万绪。我们体会，不管问题有多少，都必须逐一地进行具体分析，“不但要在各个矛盾的总体上，即矛盾的相互联结上，了解其特殊性，而且只有从矛盾的各个方面着手研究，才有可能了解其总体。”拿市政工程为例，纪念堂的市政工程很复杂，既有新建，又有迁移，冷眼一看，楼内楼外、地上地下到处有它。但如果把它按照管线、点站、园林、地面分开项目，然后再把每个项目分开，比如把管线中的管和线分开，在管中再把上水管和下水管分开，在下水管中再把雨水和污水分开；在地面中把庭院地面和交通路面分开，再把主路面和便路面分开，还要把砖路面、混凝土路面和沥青路面分开；在砖路面中又要把大方砖和小方砖分开，把预制砖和现制砖分开；如此等等。总之，大分之后再小分，尽量地分，在分析的过程中，分门别类，对号排队，然后再按技术要求、数量大小、时间长短、场地条件、材料设备等问题，逐一地同其他工程中相同的项目加以比较、进行研究，这样既找出了各种矛盾的特殊性，又认识了同类事物的矛盾普遍性。这就是分析与综合的过程。先分析，后综合，分析中有综合，在综合中就可以找出解决矛盾的方法来。因此，所谓择清、捋顺，就是通过分析、综合找出事物内部固有的关系。这样做好像是斤斤计较一些琐事，“这的确是琐事，但这是显微镜下的解剖所要做的那种琐事。”

第三，必须把关系串好了，摆正了。具体的分析并不是孤立地看问题，是为了找出这个问题与它周围的事物的关系。把事物各个方面掰开揉碎地来分析，也不是单纯看这个事物的片面和现象，而是要看事物内在的本质。离开了相互关系，就谈不上全面的分析，也无法确定事物。丹东的连日大雨，闹得我们两夜没有睡觉；杭州因“四人帮”干扰破坏严重，造成我们很大的不安；福建的大好形势，成全了我们 4 月份跃进计划；山东的努力、苏州的大干促成了我们 5 月 24 日提前竣工。这些事听起来似乎缺乏联系，实际上是事物本质联系的反映。丹东的大雨把石矿泡了，影响了纪念堂丹东绿的地面材料按期运到。我们憋了两日两夜，才找到了近似丹东绿的莱阳绿来代替，如此等等。任何一个具体的事物，都不是孤立存在的，对事物的认识，就是认识事物的运动规律。因此，必须把它们之间的关系串好，特别是找出哪个是主要的，哪个是次要的，哪个是根，哪个是枝，把它们的位置摆正。按工人的说法，“分开类，排好辈，找准了头，抓住了根”，就比较容易看清全局和发展的方向了。

第四，必须把解决矛盾的方法具体落实。分析矛盾，其目的是为了解决矛盾，只有分析好，才能解决好。就一般情况来讲，分析矛盾的过程，也是研究解决矛盾的方法的过程。但这并不是说，分析了矛盾就等于解决了矛盾。常常有这样的情形，分析得并不错，但由于解决的方法不当，或抓得不力，最后，矛盾解决得并不理想。不同质的矛盾用不同方法去解决，并不是说一个问题只有一个方法才能解决。常常有这样的情况，对问题的分析是一致的，对问题的解决方法却有分歧，这就要具体地比较，看究竟哪个方法更好一些。特别重要的是，要从实际情况和客观条件出发，不能只强调应该怎么样好，而要看实际怎么样行。我们强调具体落实，就是要把方法研究细，有着落，不能粗枝大叶地决定“就这么办吧！”究竟怎么办？能不能办？由谁去办？什么时候办？什么时候办完？必须抓紧抓细抓具体。只有这样，才能达到我们解决好工作中的问题的目的。

（二）必须精心地抓事物的主要矛盾

在分析矛盾的特殊性中，要注意抓主要矛盾，否则就将陷入一般的研究，结果还是如堕烟海，找不出解决矛盾的方法。抓不住主要矛盾，工作就没有秩序，必然是乱乱哄哄，没头没脑；抓不住主要矛盾，就不能抓住全局，必然是辛辛苦苦，稀里糊涂；抓不住主要矛盾，就不会有正确的部署，必然是不能合理地使用兵力，眉毛胡子一把抓。纪念堂是一个综合性的复杂工程，车水马龙，昼夜不停，复杂多变，如果抓不住主要的问题和关键的环节，那就不可避免地要打乱仗。

相对于其他建筑工程而言，纪念堂的工程量、施工程序和时间、空间的矛盾，是纪念堂工程要解决的特殊矛盾；在整个工程的建设中，这一矛盾也是这个工程的根本矛盾，因为它贯穿于整个工程的始终，规定了整个工程的本质。在工程施工进展的各阶段中，它的表现是很复杂的。因此，我们必须抓住各个阶段的主要矛盾，从而把主要的精力、注意的重心放在这些地方。用我们的话叫“抓根找头”，“一棵大树抓住根，带动树叶和树枝；一团大绳先找头，捆在一起牵着走”。这样，由于各阶段重点的解决，最后就造成了贯穿工程始终的根本矛盾的解决。实践使我们体会到，抓住各阶段的重点，使工程顺利地完成，是一个很重要的问题。根据我们的体会，必须抓住以下几个环节。

第一要抓得准。主要矛盾并不是哪个人凭自己的主观愿望任意决定的，也不是哪一级领导随便“任命”的，它是客观的存在，是事物互相联系、互相制约规律的反映。根据我们的体会，决定着全局的部位，制约着发展的主要问题，一般都是主要矛盾。比如，4 月份，我们把外檐装修中的廊柱作为重点。因为，外廊柱墙面和柱子石头的安装，金字匾和额枋花纹的安装以及外廊的油漆彩画工程，都要等到廊柱工程完成之后才能进行，而且它不仅制约和影响着楼内的装修，也影响着庭院的市政和绿化，上面影响着琉璃檐子，下面影响着管线地面。总之，廊柱的完成就会使整个工程进入一个新的阶段。所以我们把它作为全局的一个重点，集中了人力物力来完成它。主要的领导人、重要的力量也集中到这里，由政治动员到具体组织，以至施工方法、操作工艺，一项一项地研究落实。这样一项工程，按正常情况至少也得两个月的时间，由于准备充足，组织合理，又采取了一些革新措施，结果只用了 28 天时间，就实现了落架子、亮灯的目标。

第二要抓得狠。看准了哪个是主要矛盾，就必须集中力量加以解决。“集中兵力”往往说来容易，实行颇难。常常有这样的情况，主要矛盾是找准了，但却没有解决好。原因很多，其中一个很重要的原因是抓得不狠。抓得狠，首先必须是心狠。狠了心，铁了心，毫不含糊，不被非议所动摇，不被困难所吓倒，有困难也要给顶过去，不抓到底誓不罢休。二是豁得出力气，下得了“本”。在关键的问题上，要集中绝对优势的力量把它搞下来。实践中我们体会到，抓重点得有个狠劲，心不狠就容易动摇，手不狠就会落空。

第三要顾得全。主要矛盾之所以主要，是因为它决定着其他，带动着其他，但并不是说其他矛盾不抓就自然而然地解决了。实践证明，对于次要矛盾如果不注意适当地处理，不但会妨碍主要矛盾的解决，而且在一定条件下，还可以转化为前进的障碍，使主要矛盾无法解决。比如，纪念堂的屋顶是最高的部位，最后的工序，我们想怎么也不会影响其他的工程，因而我们放松了这个工作。结果，这项工程本身虽然没有影响其他工作，但给它运料的塔吊机器占压一块地面，造成有关的大片工程都不能施工。这下子我们急了，只好调动力量来个大突击。可见，重点对一般有制约和决定作用，反过来，一般对重点也有影响和制约作用，只是程度不同。所以，在集中力量解决主要矛盾的同时，必须照顾好其他矛盾，以推动主要矛盾的顺利解决。否则，欲速则不达，回头来还得照顾全才行。

第四要跟得上。主要矛盾是在一定的条件下形成的。条件变了，主要矛盾也要发生变化。有时，这个变化是很快的，今天它是大家“保”的对象，明天就可能成为“保”别人的“配角”。如果跟不上这个变化，那就会使我们处于被动地位。我们有过不少这样的教训。比如打桩，是我们初战阶段的重点，我们认真抓了这件事，采取一系列措施拼命地打。这个单位用了七日七夜的时间，打了以前需要半年的工作量，但在桩打到一定的部位和数量的时候，虽未全部完成，但它已为下一个重点工程上马创造了必要的条件，这时它就不再是重点了。但这个单位的某些同志没有跟上这个变化，看不到全局的重点已经转移了。结果跟新上来的已成为重点的工程“打架”：争地盘，抢时间。后来，我们找他们反复讲：打桩所以是重点，因为桩打不到一定程度，下一个工程不能开工，其他一切都干不了，现在你们给他们创造了条件，他们能上马了，你们作为重点的条件就丧失了。这以前，你们工作的好坏主要看进度快慢；这以后，你们工作的好坏主要看配合如何。影响了他们，你们再快也是问题；配合好他们，即使慢点也是成绩。这样一来他们懂了，主动让方便，结果，在配合中他们自己也完成了任务。

我们感到，看主要矛盾是否转移，要看成为主要矛盾的原因或条件是否仍然存在。一个事物的主要矛盾之所以成为主要矛盾，它总有个原因，或者是因为它决定着全局，或者是规定着其他事物的发展，所以就要看影响全局的因素还存在不存在，规定其他发展的作用还起不起。如果这些都没有了，它作为主要矛盾的地位也就丧失了。

（三）必须精心地把握矛盾的发展

事物的矛盾的发展是唯物辩证法的一个基本观点，也是实际工作中的一个重要问题。矛盾的分析，形势的估计，计划的确定，方法的采用，都是根据客观条件来的。时间和条件变化了，主观上的认识也应随之而变化。这种客观发展引起主观变化的事情，在我们工作中随时都有发生，顺利的时候有，困难的时候也有。一个单位提前完成任务，会促进另一些单位往前赶任务。相反，一个部位的拖期，会造成一系列的计划变更；一辆车的停放位置不当，会造成上百辆车的堵塞；一种材料的供不应求，会造成大面积的停工。所以，毛主席讲指挥员最困难的问题就是善观风色，善选时机，审时度势，灵活用兵。我们体会，在工程施工中也是如此。

我们由开工起就比较地注意了这个问题。我们认识到，要想不失去主动和自由，不断争取胜利，必须在思想上要随时地注意发展，在工作上要紧紧地跟上发展，特别重要的是在调整平衡中要促进发展。平衡是相对的，不平衡是绝对的，因此，根据客观发展的综合平衡工作是不断进行的。在综合平衡工作中常常采用的有三种做法：一是压高就低的平衡，二是拉低压高的平衡，三是促低就高的平衡。采取哪种为宜，主要依具体情况而定，我们体会要尽量采取第三种做法。比如，我们的结构工程原计划在两个 35 天内打完混凝土，也就是 4 月 5 日完成结构。后来因为工程进展很顺利，我们提到 3 月底，根据进展又提到 3 月 24 日。为此，我们对进度慢的部位催促他们往前赶。对此，有的单位的领导思想不通，说："你们的计划还有准吗?"我们说，别的单位可以提前，你一家跟不上，跟不上也得跟，帮助你跟。结果 3 月 22 日完成了结构。又如，原来订 5 月 24 日竣工计划时，是甩下了广场上一个旧变电站拆迁以及它所影响的一些工程。后来电业局采取了有力的措施，可以在 5 月 22 日中午提前把设备搬完，这样到 24 日还有两天时间。在两天多的时间内能不能把这两层楼房搬走，把它影响的地下管线、水坑、电井和地上的花草、树木、铁栏杆、路灯杆、马路牙子、地面大方砖这些活干完？开始有一部分同志担心，怕到 24 日弄个半拉子，影响不好。后来，我们把有关单位组织在一起，反复地研究，一个工序一个工序地研究，一个钟点一个钟点地安排，结果像打球一样，到时间该上的就上，该下的就下，穿插配合，到 24 日上午就完成了。

在处理发展的问题上，不仅要注意事物的复杂性、多变性，而且要注意发展过程中的阶段性。光强调发展，不讲究阶段，这就是否认了事物的相对稳定性，在实践工作中也就否认了计划性。具体目标没有了，具体的口号也没法提了。工人们批评这种领导说："拼着命地干，一个劲地变，不知到哪算一站"。这样，工作必然是没有棱角、没有起伏，"老和尚的帽子平塌塌"。

事物发展的阶段性是客观的。这是因为事物发展过程的根本矛盾的性质和过程的本质虽然没有变化，但是根本矛盾在长过程中的各个发展阶段上采取了逐渐激化的形式。并且，被根本矛盾所规定或影响的许多大小矛盾中，有些是激化了，有些是暂时地或局部地解决了，或者缓和了，又有些是发生了，因此，过程就显出阶段性来。我们的任务就是努力使这阶段的工作更好更快地完成，而不能超过一定阶段做不可能做到的工作。拿工程收尾竣工阶段来说，过去往往犯“进入收尾阶段，速度越来越慢，宣布‘基本竣工’，时间还得一半”的老毛病。我们对这一工程收尾竣工阶段进行了认真的分析，找出了量小项目多、各种专业多、搭接配合多、联系制约多、意外任务多等五大特点，采取了一系列的措施，提出在5月24日奠基半周年的日子，达到“地净场光，花草芬芳，设备安完，水通灯亮”的奋斗目标。“五一”节时还有未完工的上千个项目，但24天后全部完成了。可见，事物发展过程中的阶段性虽是客观的，但我们工作的好坏，对事物发展阶段的过程可以起加速或延缓的作用。

处理好阶段性和连续性的关系也是一个很重要的问题，忽视了连续性，就会出现干一阵歇一阵的现象。工人管这种做法叫“发疟子式的工作方法”，“抽风式的指挥”，“蹦一蹦歇三歇的战术”。我们的体会是，要根据前一阶段实践的发展情况，准备好衔接下一阶段的工作，下力量抓好本阶段，抽力量准备下阶段。实践使我们体会到，准备工作不宜迟，动员工作不要早。准备迟了就会造成下一步的被动，不能很好地衔接；动员早了就会分散基层的精力，失去了重心，混淆了阶段性。我们专门设了个综合计划组，每个阶段一开始，他们就根据党委的精神投入了下阶段的准备工作。比如，在5月份，他们奋战了十几个昼夜，把上千个项目绘成的图表，编成计划，经党委扩大会讨论，认真分析了5月24日竣工的重要性、可能性和艰巨性，并逐段进行落实。4月30日召开动员誓师大会，讲形势，摆矛盾，提要求，鼓干劲。在整个施工过程，我们基本上都是采取这个做法。这样，工作既不间断，又有层次和起伏。

事物矛盾的发展是个大题目，诸如大阶段中的小阶段问题等等。这里谈的只是我们体会较深的几个问题。

纪念堂工程能够多快好省地完成，归根到底，还是因为它是毛主席的纪念堂。我们在那里做了一点工作，但更重要的，还是受到了锻炼和教育。严格地说，我们的学习和工作，还存在着不少的问题，还有不少需要吸取教训的地方。讲这点体会的目的，是想说明学习毛主席哲学思想的重要性，以便把各项工作搞得更好。

（摘自发表于《哲学研究》1978 年第 1、2 期合刊的同名文章）

从对立统一中把握事物及其发展过程

列宁曾经指出："可以把辩证法简要地确定为关于对立面的统一的学说，这样就会抓住辩证法的核心。"列宁还说过："要真正地认识事物，就必须把握住、研究清楚它的一切方面、一切联系和'中介'。我们永远也不会完全做到这一点，但是，全面性这一要求可以使我们防止犯错误和防止僵化。"任何时候，研究任何问题，我们都应该从对立统一中把握事物及其发展过程，坚持辩证法的全面性，避免形而上学的片面性。

片面性、极端化、绝对化曾经给我们的革命和建设带来严重损失。近几年来，在处理经济、政治、文化和社会的诸多基本问题上，也存在着显而易见的片面性需要纠正。例如，坚持四项基本原则与改革开放，不能"一手软、一手硬"；要坚持公有制为主体，又要积极发展多种所有制经济；高度集中、统得过死的计划体制应该改革，市场作用应当充分发挥，但不能因此而不要计划，要做到有计划地放开，有控制地搞活；乡镇企业要合理发展，这有助于摆脱8亿农民搞饭吃的落后状况，但粮食生产和农业投入不能忽视；要紧紧扭住经济建设这个中心，但精神文明建设和思想政治工作决不能放松；要纠正社会主义建设时期仍然“以阶级斗争为纲”的错误，但不能忽视思想领域的斗争；如此等等。我们要防止在纠正这一方面的片面性时，又陷入另一方面的片面性。例如，在处理“四个坚持”与改革开放的关系上，我们纠正“一手软、一手硬”，应当使软的一手变硬，而不应当使硬的一手变软，要使两者在前进中统一起来，结合得更好。这种统一和结合，绝对需要的就是唯物论和辩证法，而容不得半点唯心论和形而上学。

（摘自1989年10月13日同出席全国马克思主义哲学研究与干部哲学教育研讨会全体代表座谈时的讲话）

用唯物辩证的观点看待形势

如何估量形势是一个很大的问题。我们走过曲曲折折的路，有经验，也有教训，仔细想一下，都和我们对形势的看法有关。大家对形势关心，说明了我们这一代大学生对当前最基本的也是最重大的问题的关心。

形势是由条件决定的，形势是各方面条件的综合反映。所谓各方面的条件，主要是政治、经济和人民生活三个方面。当前的形势好不好？或者说是大好，还是小好？应首先看看这三方面的情况。

先谈政治方面。在座的都比较年轻，对“文化大革命”不大了解。且不说“文化大革命”中我国政治如何混乱，就说粉碎“四人帮”之后吧，全国是个什么局面？经济到了崩溃的边缘，政治一片混乱，许多是非不清。比如知识分子，被看作是“臭老九”，是改造的对象。那么，现在与当时对比又如何呢？短短几年，就从那种混乱的状态变成今天这样大家心情舒畅、安定团结的局面，我是没有想到的。那么多的历史遗留问题得到比较合理的解决；各行各业都在研究自己的本行，都在努力工作；读书的也有了一个比较好的环境。这种局面是来之不易的，是解放30多年来最好的。

再说经济方面。政治上的大好局面，说到底是经济稳定和发展的表现。经济形势大好，可以列举许多数字来说明，这里我仅讲几个主要数字。全国的工业生产，“六五”期间平均增长10.5%；财政收入，今年全国可以达到1 700个亿，地方和企业拥有的预算外资金还有1 300个亿，总数达到3 000个亿，比1980年增长近一倍。粮食全国人均达到800斤，接近世界平均水平；棉花自给有余。1980年天津农村人均收入为190元，现在达到500多元；城市职工收入，1980年人均不到1 000元，现在达到1 200多元，剔除物价上涨因素，人民生活水平的提高也是相当快的。尤其是农村的形势是很好的。前几天我去西郊区王稳庄乡小孙庄看了一下，很受鼓舞。这个乡今年向国家交售200万斤肉鸡、肉鸭，300万斤鸡蛋、鸭蛋，400万斤鱼。就是说，他们每年可以向天津市城镇居民每人提供一斤鱼。像这样的村子，天津已有好几个了。这样发展下去，天津能有40个这样的村，吃鱼难的问题就可以解决了。

人民生活方面的改善更是显而易见的。只要看一看家里住的、屋里摆的、身上穿的、嘴里吃的，就不难得出结论。困难户当然也有，但总的讲是提高多了。天津职工家庭的电视机普及率已达97%，其中90%是十一届三中全会以后买的。现在人们买电视机，一要彩色的，二要大个的，三要名牌的，四要进口的。高档商品多数脱销，而低档商品多数滞销，卖不动。高档毛料不好买，涤卡、纯棉布不好卖。很多脱销的商品，不是因为生产能力降低了，而是人们手里钱多了，购买力提高了。天津城市面貌这几年变化也是很大的。如住宅，最近4年新建的住宅，相当解放时天津房屋总量的一倍半，每年新建住宅都保持在300多万平方米。天津过去有三大怪：“坐车不如走的快，临建棚拆的不如搭的快，自来水腌咸菜”。现在临建棚消灭了，多年喝苦咸水的问题解决了。“三级跳坑”房是天津历史遗留的老问题，今年全部改造了。当然，大家还有些意见，比如肥肉多，瘦肉贵，我们正在发展瘦肉型的猪。但就这条意见本身，也说明人民生活水平提高了，1960年连肥肉也买不着。天津的变化，是贯彻中央的正确方针、政策的结果，是全国大好形势的一个部分，也可以说是全国大好形势的一个缩影。现在的形势大好，是有目共睹的，是不容置疑的。

看待形势必须有正确的观点。一是要有唯物主义的观点。毛泽东同志说过，只有感性材料丰富（不是零碎不全）和合于实际（不是错觉），才能得出正确的结论来。如果不是从事实出发，不是以事实为依据，而以虚假作为前提，并以此推理，方法上是错的，其结果也必然是错的。二是要有全面的观点，既要看到各个方面，又要分清主流和支流。一分为二是马克思主义的观点，但不能把一分为二理解为一半对一半。必须要弄清哪个是主要面，哪个是次要面，不分不对，颠倒和不分主次也不对，这才是辩证法。我认为只要用这样的观点去看待当前的形势，就可以得出正确结论，同时也并不否认存在的问题。三是要有发展的观点。对形势不能孤立地、静止地去看，不能只看眼前，要看到长远，要看到发展趋势。我们不是天天说小孩子不如大人吗？但发展地看，最终还是小孩子战胜大人。改革过程中出现了一些问题，许多是前进中的问题，是可以在改革的进程中逐渐解决的。只有把握住这些基本的观点，才能够正确地观察形势。

（摘自 1985 年 10 月 23 日在天津大学部分学生座谈会上的谈话）

比较是认识自己、了解别人的重要方法

比较是认识自己、了解别人的重要方法。毛泽东同志说："有比较才能鉴别。"有比较才能知长短、见优劣、辨方向。比较，不仅要纵比，而且要横比；不仅要经常比、反复比，而且要多方面比、多角度比。20 多年来，我国经济增长速度一直名列世界前茅，目前国内生产总值居世界第 7 位；钢铁、煤炭、水泥、化肥、电视机、谷物、棉花、肉类、水产品等主要工农业产品产量居世界第 1 位；进出口总额和外汇储备分别由 1978 年的第 23 位和第 39 位跃居世界第 8 位和第 2 位；科学技术取得巨大进步，有些领域处于世界领先地位。这些成绩是亿万中国人民汗水和智慧的结晶，值得我们自豪。但也必须看到，由于人口多、底子薄，我国许多指标仍相当落后，目前人均国内生产总值居世界一百多位；耕地、森林、淡水、石油和一些重要矿产资源的人均占有量大大低于世界平均水平。环顾世界，中华民族面临难得的有利形势和机遇，也面对巨大的压力和挑战。邓小平同志强调指出，拿国际水平的尺度来衡量一下，中国是一个落后国家，即使赶上中等发达国家的水平，从 20 世纪末算起也还需要 50 年左右的时间。要承认落后，承认落后才能改变落后；要学习先进，学习先进才能赶超先进；要加快发展，加快发展才能赢得人心。目前，国际社会对中国发展的状况有各种议论，有人认为中国前景不妙，有人认为 21 世纪将是中国的世纪。不管别人出于什么意图，对我国进

行何种估计，我们自己必须保持清醒的头脑：决不能因为别人的低估就妄自菲薄，悲观失望；也不能因为别人的高估就妄自尊大，忘乎所以。我们想问题、办事情都必须坚持一切从实际出发，居安思危，埋头苦干，一点一滴地积累，一步一个脚印地前进。

江泽民同志指出："现在，我们正面对着世界经济和科技前所未有的大发展，也面对着前所未有的激烈的国际竞争。这是一场全球范围的大竞争，任何国家、任何民族都回避不了。在这场竞争中，就如同逆水行舟，不进则退。"我国将要加入世界贸易组织，在更广泛的领域里和更深刻的程度上参与国际合作和国际竞争。在可预见的将来，更多的国内企业和产品将在国际市场直接与人一比高低，更多的外国企业和产品将在我国境内直接与我展开较量。这场竞争是一个漫长的过程，几乎涉及所有地区、部门、行业和产品，影响经济和社会生活的各个方面。应该看到，我们参与国际竞争有诸多的有利条件，可以发挥后发优势，实现跨越式发展；也应该看到，现有市场就那么大，资源就那么多，竞争规则又往往有利于发达国家，要赢得竞争绝非易事；还应该看到，国际上一些敌对势力不希望社会主义中国强大，总是处心积虑遏制我们发展。我们要认清形势，趋利避害，锐意创新，开拓进取，在激烈的国际竞争中发展壮大自己。

（摘自2001年3月12日在中国人民政治协商会议第九届全国委员会第四次会议闭幕会上的讲话）

具体问题具体分析

马克思主义的最本质的东西，马克思主义的活的灵魂，就在于具体地分析具体的情况。什么是具体？列宁讲，具体之所以具体，表现为过程，表现为综合，表现为质的多样性。这话单从字面理解比较费劲，如果从生活中去理解就比较容易。比如，一块木头是什么？就是一块木头，这个回答并没有错，但它还是什么？这就要看具体情况。拿它来做家具就是原料，拿它来烧火就是燃料，拿它来挑水就是工具，拿它来和坏人斗争就是武器，拿它来行凶打劫就是凶器，拿到法庭就是证据，但还是那块木头。这就是质的多样性。实践高于理论，因为它不仅具有普遍性的意义，而且还有直接现实性的意义。许多问题用列宁所说的那种最平凡、最常见、每天碰到无数次的小事去理解，用自己最熟悉的实际去理解，就比较容易弄清楚。只有联系实际，理论才是生动活泼的。我们讲马克思主义是活生生的，因为它的特点之一就是实践性，它最容易与实际相结合。实际是丰富的，不断发展、变化的，马克思主义同它一联结，就变成活生生的。

（摘自1997年6月29日在政协第八届全国委员会常务委员会第二十一次会议闭幕会上的讲话）

现实生活中各种各样的问题，有些发生在宗教徒身上，有些里面有若干宗教徒参与，但我们不能笼而统之地都归为是由宗教引起的。如果这样简单地归纳，我们就会自觉不自觉地把宗教问题炒热，要具体问题具体分析。比如说，在新疆、西藏这样大多数群众信教的地区，如果发生问题，就往宗教上归，就会扩大牵扯面，使问题复杂化，反而增加解决问题的难度。我们在处理宁夏西吉事件时，没有把宗教搅和进来，而是提出要高举“两面旗帜”，一是维护人民利益，二是维护法律尊严。不管什么教，违法就不行；不管什么人，在法律面前都得人人平等。这样我们就占住了理，赢得了群众，问题很快得到了解决。我们一方面必须看到，西方敌对势力总是想通过各种各样的办法，把社会主义的中国搞垮，这是他们的既定方针。宗教是他们必然想方设法要利用的。宗教工作必须要有这根弦，心中要有数。如果我们忽视这一条，放松了警惕，就要吃大亏。但另一方面，从整个工作上看，就大多数宗教教徒来说，不能简单地认为信教的人就是我们的对立面。现在信教人数增多，原因要具体分析，不能简单地、笼而统之地归结为敌对势力的渗透和插手。我们工作上的不细致、不深入，一些干部严重脱离群众、不关心群众疾苦乃至出现腐败等问题，也是造成一些基层群众转而到宗教中去寻求帮助、慰藉的原因。在国际范围内，全世界 60 多亿人口中信教的有 40 多亿，如果把他们都视为我们的对立面，被孤立的不成了我们自己吗？

（摘自 1996 年 12 月 25 日同全国统战部长会议代表座谈时的讲话）

于细微处见精神

办实事工作就得实，不然实事可能办虚；办好事方法就得对，否则好事也可能办坏。自古以来，“善始者未必善终，善作者未必善成”，我看都可能和方法、作风有关。

所谓工作要实，最重要的是三条：一是狠抓具体的作风。实事都是具体的事。所谓具体，就是既有特殊性又有多样性，还有多变性。笼而统之，就不能把事弄清楚，抓得不紧不及时就可能半途而废，甚至全盘落空。因此，必须具体抓，抓具体，抓住不放，一抓到底。目标要具体，要求要具体，责任要具体，措施要具体，一切都要讲具体。这样就会出速度，出效益，出水平。二是讲求实效的作风。办实事最忌形式主义，搞花架子。因此一事当先，不能贪图个人脸面光彩，不能计较个人利害得失，不能追求表面花花哨哨、热热闹闹。而是要想招、使实劲，使群众真正得到实惠。三是知难而进的作风。一般地讲，实事都是难事，没有一种吃苦的精神，没有一股拼命的劲头，事情是很难办成的。有位同志说，为群众办实事，不但要一步一个脚印，还得要一步一个血印、汗印。就是说办实事要舍得花心血流汗水。我看这话是很有道理的。这种扎实的工作作风是我们搞好各项工作的法宝，我希望大家不要丢掉。

（摘自 1987 年 3 月《深化认识，提高自觉》一文）

我们讲要全心全意为人民谋利益，是指应该在现有条件下尽心竭力。生活中的事有大有小，大事固然要抓紧，小事也需认真办，“于细微处见精神”。群众的困难，在你则小，在他则大。有些问题的解决是要花钱的，有些问题则是不需要花很多钱甚至不花钱就能解决的，有些事情只要各级领导真正地积极采取措施，尽了心，竭了力，即使确实办不到，群众也会谅解。我想，一年年这样干下去，就一定会把党的优良作风发扬光大，不断密切党和政府同人民的血肉关系。

我们应该在可能的情况下，把有限的钱集中起来，干几件大的公益事业，不但可以使当代人受益，还可以为子孙造福。比如，实现了煤气化，我们首先受益，也给后人留下一份家产。又比如，我们植树绿化，是“前人栽树，后人乘凉”，功在当代，造福子孙。人类总是在享受前人留下的物质和精神财富的同时，又为后人创造更丰厚的物质和精神财富。我们是以为人民谋利益为天职的共产党人，更应如此，而且要超过前人。

（摘自 1985 年 3 月《把为人民办实事提高到新水平》一文）

设身处地研究具体人的具体问题

最近几年来，我们市委、市政府反复强调每年要给群众办几件实事，使群众真正得到实惠。我想，对于为自己的婚事而苦恼的大男大女来说，对于为他们的婚事而牵肠挂肚的家长和亲朋来说，帮助他们建立起文明幸福的家庭，应该说是一件最实惠的事。我们常说，要为群众解除后顾之忧，使他们能安心地干四化，我想，对于没有成家的大男大女来说，帮助他们组成一个美满的家庭，应该说是帮他们解除了最大的后顾之忧。

人民是由具体的人组成的。我们在讲全心全意为人民服务的时候，就要设身处地研究一下具体人的具体问题。离开了这些具体人的具体问题，就不存在所谓为人民服务的问题。既然如此，那么对想结婚而不能结婚的大男大女来说，他们的具体问题，我想可能就是要找一个理想的配偶。你说什么叫大问题，我看这个问题就比较大。你说这是“琐事”，这的确是“琐事”，但这是与大事紧密联系的“琐事”，是搞好大事的必要条件，是大事中的组成部分。列宁曾批评看不起这类“琐事”的人是“浅薄的人”，我希望我们各级领导不要做这种“浅薄的人”。我们要通过为他们分忧解愁，使他们深深感到我们的党、我们的社会主义制度、我们的国家十分可爱，这本身就是思想政治工作。为一个同志解决了件切身大事，比给他上多少次空洞的大课效果都好。

（摘自1984年1月20日在天津市解决大男大女婚姻问题经验交流会上的谈话）

和平区多种渠道、多种形式办托幼园所之所以解决得好，我看主要是区委、区政府、区妇联以及各有关单位领导思想比较统一，认识比较明确、深刻。各单位今天来学习和平区的经验，主要学这一条。就客观条件讲，和平区是我们天津市房地面积最紧张、人口密度最大的一个区。最紧张、最困难的区能做到，其他区、其他单位为什么做不到？我看是个认识问题。直到今天，我们还有相当一部分领导同志把兴办托幼园所看成是个人的、眼前的、琐碎的事情，因而没有摆上议事日程，既没有明确的目标，也没有具体的措施，更谈不上分工负责制。这些同志没有看到由于小孩不能入托，或者虽然入托了而离家太远，给职工带来了多少困难。你说工作是个大事，四化是个大事，经济效益是个大事，但是，在孩子妈妈看来，孩子没人看管是压倒一切的大事。她上班时，孩子的影子总在脑子里转，老是想着孩子怎么样了，掉地下没有，工作怎么能安心？事实上，由于这个问题没有解决，已经影响了不少职工的工作、生活和身体健康。由于不能及早地入托、入园受到应有的教育，也已经影响了孩子们的成长。目前打击刑事犯罪的事实已经证实了这一点。在抓获的犯罪分子中，18至25岁的占80%多。在青少年犯罪问题调查中发现，他们之中多是在“文化大革命”那几年处于没人管的状况，“文化大革命”以后我们忙于经济建设，又忽视了对这一部分人的补课，加上这几年来自社会上的不良影响，致使他们“先天不足，后天失调”。现在的孩子十几年、二十几年以后，将是建设国家的主力，如果我们不从现在抓起，势必影响到我们整个国家和民族的前途。所以，解决“入托难”既是当前的、个人的问题，又是长远的、关系到国家、民族前途的大问题；既是生活问题，也是生产问题；既是具体的工作问题，也是重大的战略问题。如果我们真的提到了这个高度来看待，我相信天津的托幼事业不会是今天这个局面。

（摘自 1984 年 1 月 16 日在天津市和平区举办家庭托儿所现场会上的讲话）

要研究一下在尊老敬老这件事情里面有些什么问题，特别是在当前的情况下存在些什么问题，用什么办法去解决。通过听取刚才几位同志的发言，我对当前存在的问题有了一点印象。从老年人和青年人的关系来看，有老年人的问题，比如用老观念看待儿女，用过去那种“多年的媳妇熬成婆”等想法去支配青年人；也有青年人的问题，甚至可以说主要是在青年人身上，在晚辈身上。老年人有做得不当的地方，但他们已经成了老爷子、老太太，除了离了谱的以外，就一般的、个人的生活习惯而言，当晚辈的不应苛求，更不要试图去“改造”。现在有不少年轻人还不懂得这一点，或者还做不到这一点。从男同志和女同志的关系来看，有男同志的问题，比如今天有个男同志发言也说了，男同志有时候不会做事，或者事情做得笨些，或者本身有些毛病等等；也有女同志的问题，甚至可以说主要是女同志的问题。在座的女同志不少，对这个说法不知能不能接受。有的女同志不孝敬公婆，也有的男同志不孝敬老丈人、老丈母娘，但现在主要的、多数的是出在不孝敬公公、婆婆上。有一个比较普遍的现象，有小孩以后，老丈母娘看小孩常常可以凑合下去，老婆婆看小孩处得好的就不多。女同志在家庭里的影响和在搞好家庭关系上的作用是很大的。当然，搞好尊老敬老是件比较复杂的事情，各家各户的情况不一样，造成问题的原因不能一概而论。但有一条要明确，我们现在搞计划生育，讲生男生女一个样，在处理家庭关系上，应该强调同时孝敬公公、婆婆和岳父、岳母。搞不好家庭关系，有生活习惯不同、性格不同和观念不同的问题，也有经济上的问题，而且，照我看，相当多数是经济上的问题。因为在吃饭、花钱、买东西等等经济开支问题上有不同的意见，常常引起家庭的矛盾。有些女同志总是觉得给公公、婆婆那份钱是多余的，她的孩子花多少钱她都是高高兴兴的，公公、婆婆花一点钱她就感到多余，老是看着别扭。在处理这个问题上，男同志要会做工作。第一步要对自己的爱人进行教育。教育得有个过程，短期内教育不过来就得有点法儿，关键还是要耐心地做工作。在这里我劝对丈夫管得太死的女同志，能够开明一点。总之，要组织一些人研究一下，找出在尊老敬老上的比较普遍的问题，实事求是地分析造成问题的原因，下功夫找出做好这方面工作的方法。

（摘自 1987 年 3 月 11 日在天津市尊老敬老报告会上的讲话）

具体分析和纠正不正之风

我们共产党是讲理想的。在战争年代，许多同志置身家性命于不顾，出生入死，历尽艰辛，他们有工资吗？有奖金吗？有价格补贴吗？统统没有，而大家心甘情愿。他们凭什么？为什么？就是凭理想、凭信仰，有为人民解放、为祖国富强、为实现共产主义的远大理想。理想给了他们方向，理想给了他们勇气，理想给了他们智慧，理想给了他们力量。对比之下，我们现在有些党员理想怎么样？条件比他们好多了，而理想比他们差远了。现在有些共产党员，目光短浅，胸无大志，打小算盘，孜孜为利。你给他讲理想，他说是空话；你给他讲信仰，他说是迷信；你给他讲长远，他说看不见；你给他讲现实，他说就是钱。他们见利忘义，把“实惠”当成了信条，把“干货”当成了准则。他们把党章忘了，把自己填的入党志愿书忘了，把自己是个共产党员忘了，甚至不如一个普通老百姓，成为政治上的庸人。

我们共产党是讲宗旨的。我们党能从小到大，从弱到强，克服重重困难，战胜强大敌人，取得今天的胜利，凭什么？就是凭着坚持全心全意为人民服务这个根本宗旨。我们的广大党员在任何时候都能把人民的利益放在第一位，心中装有群众，关心群众疾苦，尽心竭力地为人民办实事，吃苦在前，享乐在后，因而得到群众的信赖和支持。这是我们党区别于其他政党的一个显著标志，是我们党取得第一次革命胜利的基本经验。而现在，我们有些党员对这个宗旨不仅不坚持，反而违背了。清查不正之风的事实证明，确有一些党员，一事当前，先为自己打算，以权谋私，与民争利。有些群众形容他们是："耳朵灵，有了好事不落空；脑袋尖，哪有好处往哪钻"。"分房子由他拣，调工资他优先，安排子女挤别人，各种好处他都沾"。这符合我们党提出的群众的利益高于一切的要求吗？这种党员能够有威信吗？能够团结和带领群众吗？能在改革中发挥作用吗？这些问题不加以解决，第二次革命能够搞好吗？

我们共产党是讲变革的。发展的观点是马克思主义的一个根本的观点。我们承认世界上万事万物都处在永恒的发展变化之中，我们反对停止的论点、悲观的论点、无所作为和骄傲自满的论点。依据这个观点，我们党进行了推翻三座大山的革命；依据这个观点，我们党做出了经济体制改革的决定。但我们党内有些同志却不懂得这个观点，不坚持这个观点。他们因循守旧、抱残守缺，总觉得过去一切都好，改革是自找麻烦。他们对改革中出现的新事物这也看不惯，那也不顺眼，抓住一点枝节问题就大惊小怪，横加指责。他们不是站在群众之前，而是站在群众之后，不是站在改革之中，而是站在改革之外，指手画脚，评头品足，不干实事，专挑毛病，只当"裁判员"，不当"运动员"，专吹哨子不上场。现在的一种不祥之兆是“评论员”太多，“裁判员”太多，“运动员”太少。对于这些党员，必须向他们大喝一声，使他们觉醒，否则他们将会成为第二次革命的绊脚石。

我们共产党是讲大局的。个人服从组织，局部服从全局，这是我们党的组织原则。全局代表着全国人民的最高利益和长远利益，是我们行动的出发点和归宿。共产党员和群众相比，任何时候总是少数，他们所以有力量，是因为他们有一个共同的纲领和目标。我们要求所有党员都要搞好本职工作，搞好所在单位、所在部门的工作。因为任何单位和部门的工作都是党的事业，都是全局的一个部分。部分搞好了，有利于全局。但是，我们强调为了全局而搞好局部，绝不能为了局部而损害全局。因此，我们一贯主张，当局部和大局发生矛盾的时候，共产党员就要毫不犹豫地顾大局、保大局。目前有些情况恰恰相反，有些单位的党员和党的干部只讲本单位的利益，不讲党的利益，为了本单位的利益，他们可以弄虚作假，甚至不顾党纪国法，破坏大局。有的党员领导干部对一些人的无理要求不是教育劝阻，而是迎合怂恿，甚至假借群众名义干扰中央的统一部署，阻碍改革的进行。为了捞选票，他们慷国家之慨，乱发奖金、实物，上下其手，对付国家。这种现象如不纠正，我们的许多同志就会犯错误，革命事业就不可能发展。

我们共产党是讲原则的。我们历来要求共产党员在大是大非面前，立场坚定，旗帜鲜明，坚持真理，坚持原则。我们一贯认为，艰苦不要紧，砍头不要紧，原则最要紧。正因为如此，我们才能不被任何困难所压倒，而最后战胜困难，在任何情况下都能保持我们共产党人的凛然正气。令人忧虑的是，现在有些党员根本不懂原则，不讲原则，在重大是非面前不坚持原则。有些党员对歪风邪气不敢顶，对老大难问题不敢抓，对困难任务不敢接，对坚持原则的好人好事不敢支持。有些正确的主张，因为有人反对，他们不敢坚持；有些错误的东西，因为有人支持，他们也不敢反对，人云亦云，随声附和。他们的处世哲学是，“紧睁眼，慢张口，碰到矛盾绕着走”；“多栽花，少栽刺，运动来了没有事”。他们信奉的是“你好、他好，全都好，归根结底自己好”；“你讲你的马列主义，他讲他的个人主义，我讲我的自由主义”。他们在党的生活中搞“商品交换”：你给我方便，我给你好处。这种腐朽的观念，不良的风气，给我们党带来极大的损失和危害，是四化建设的大敌，改革的大敌，必须动员起来，加以肃清。

我们共产党是讲政策的。我们一贯认为，党的政策是党的生命。我们要求共产党员做执行政策的模范。我们一贯把对政策的态度作为衡量党员对党的态度的一个标准。而现在有些党员政策观念很差，对党的政策不严肃、不认真，甚至采取实用主义的态度，各取所需，对自己和本单位有利的就拥护，不利的就借口情况特殊，消极抵制，阳奉阴违。在当前改革过程中，有些政策和规定不够完备，他们不是从党和国家的利益出发，积极补台，而是想方设法钻空子，打着改革、搞活的旗号，大刮不正之风。

我们共产党是讲纪律的。我们始终认为，纪律是执行路线的保证。没有铁的纪律，就不能统一全党的行动，党就不会有战斗力。所以，我们要求共产党员做遵守纪律的模范。在任何情况下，对党的纪律，都不能讲“放开”、“搞活”、“松绑”、“特殊”。而一个时期以来，我们对纪律讲得不多，执行得不严。有些党员胆大妄为，目无法纪，在一些重大问题上，事先不请示，事后不报告，对党和政府的指示、决定敷衍塞责，自行其是；对明确禁止的事情，虽三令五申仍置若罔闻，我行我素。他们认为，撑死胆大的，饿死胆小的，谁敢顶谁占便宜，谁守纪律谁吃亏。这种现象如不扭转，改革能搞好吗？四个现代化能建成吗？

我们共产党是讲教育引导的。我们承认群众是历史的主人，共产党必须相信和依靠群众。同时，我们也要看到领导的作用。没有党的领导，群众的积极性既不能持久，也不能提到高级程度。因此，我们不能借口群众是主人而放松领导。宣传群众、组织群众和依靠群众是一个有机整体，不能割裂。而现在有些党员领导干部，一方面不依靠群众，不听取群众意见，不接受群众监督，不注意调动群众的积极性；另一方面，又放弃了对群众的领导和对群众的教育，对群众中出现的错误东西不是批评、教育、引导，而是纵容、迎合、迁就。必须指出，群众中总会存在这样那样的问题，总是有先进、中间和落后。正是因此，才需要党的领导。对群众中出现的问题，不去教育引导，或者简单归结为群众落后，是群众自己的问题，这实际上是否认了领导存在的必要。所有群众中的问题，既是群众自己的事，又是领导的问题。作为党组织和党员，首先应该看到领导方面的问题，否则就是尾巴主义。

我们共产党是讲艰苦奋斗的。我们过去搞革命靠艰苦奋斗，今天搞四化建设仍然离不开艰苦奋斗。艰苦奋斗是我们党的传家宝。而现在有些党员却认为，艰苦奋斗过时了，现在条件好了，应该享受了。雷锋同志说得好，工作上向上比，生活上向下比。而我们有的同志只比生活不比工作，在生活上只往高比，不往低比。汽车比牌子，房子比大小，职务比高低，工资比多少。他们以各种理由请客送礼，讲吃讲喝；以各种借口游山逛水，自我快活；挥霍国家的资财不手软，不吝惜。当然，我们不是反对人们提高生活，不是主张苦行僧，不是说党员不能生活好一点，不是说吃的越差、穿的越破越好。我们进行四化建设的目的，就是要使人民的生活逐步提高，但艰苦奋斗的精神永远不能丢掉。只有这样，我们才能保持旺盛的斗志、纯洁的队伍，才能得到群众的拥护，我们的革命才有成功的可能。

我们共产党是讲马克思主义的。马克思列宁主义、毛泽东思想是我们的指导思想，是我们的四项基本原则之一。现在有些党员对学习马克思主义兴趣不浓，风气很差。有的党员干部甚至连马克思主义的起码常识都没有。一些年轻干部的马克思主义理论水平比老一辈革命者差多了。有些人分不清什么是唯物主义，什么是唯心主义；什么是辩证法，什么是形而上学；什么是社会主义，什么是资本主义。对党的方针政策，只知其然，不知其所以然。在一些大的原则问题上，听风办事，来回摇摆，以其昏昏，使人昭昭。这种情况不迅速改变，我们就不能做好各项工作；尤其重要的是，就不能培养造就一批懂得马克思主义的接班人。这是关系到党和国家前途命运的大事，必须引起全党同志的高度重视。

（摘自1985年5月9日在天津市党员领导干部会议上的讲话）

综合抓，抓综合

把实事办好，还有个方法问题，就是毛主席说的要过河必须解决桥和船的问题。这几年，我们在办实事中，摸索、创造了许多好的方法，诸如义务劳动、现场办公、下放权力、分工包干等等，其中有一种方法对我们办实事产生了很大的作用，但至今还没有被所有的同志所认识、所掌握，这就是“综合抓、抓综合”的方法，即从综合的目标出发，采取综合的方法，进行综合的工作，达到综合的效果。这是我们办成许多大事、难事的要招。对这个方法，希望同志们作些研究。

城市本身是一个复杂的有机体，具有多功能、多层次、高度综合的性质。许多事情既表现为各种矛盾的互相对立、互相制约，又表现为互相联系和多样性的统一。因此，对城市工作必须有综合的观点，切忌孤立、静止的观点，要从多方面观察研究问题。有一些事物在这个范围里是一个性质，在另一个范围里又是一个性质；在这里是包袱，在那里就是财富；在这方面是废料，在那方面就是原料。有很多事情，孤立看一筹莫展，综合看柳暗花明。比如外环线建设，专家们曾评价是一个很有气魄的规划，但是个很难实现的“美丽幻想”。由于我们着眼于综合，使人们难以想象的困难被克服了，以人们难以相信的速度实现了。我们挖了一条环路河，不仅解决了路基土源，又为城市排洪、农村养鱼、农业用水提供了一条渠道；结合调整农业结构，种果树，挖鱼塘，不仅可以较快地建成一条500米宽的环城绿化林带，也为农民致富创造了条件；我们用了大量的钢渣、粉煤灰垫路基，不仅节省了大量投资，又为消灭钢渣堆、粉煤灰堆这些环保上的老大难问题找到了出路。现在看来，用不了多长时间，“美丽幻想”就会变成动人的现实。再比如，我们在城市建设中始终坚持了综合治理、综合开发的方针，抓了“五个结合”：把城市建设同经济发展结合起来，把城市建设同解决各种难题结合起来，把单项建设和综合开发利用结合起来，把新建、改造同提高完善城市功能结合起来，把改变城市容貌同建设精神文明结合起来，都取得了许多意想不到的综合效益，即经济效益、社会效益和环境效益，可谓是一举多得。

当然，综合不是捏合，也不是凑合。综合抓，不是“胡子眉毛一把抓”，而是对事物本质规律认识的结果。这种综合的本事也不是从天上掉下来的，它来自于对情况的全面了解，来自于对工作的呕心沥血，来自于反复实践和理论的指导。我希望大家试一试这个方法，对于提高本领、搞好工作会大有好处。

（摘自1987年3月《深化认识，提高自觉》一文）

过去，我们有一个很大的失误，就是对城市缺乏综合的系统的观念。管工业的只着眼于建工厂，扩大再生产，而忽视相关的城市功能的提高；管城建的单纯抓城建，很少考虑与其他方面发展的有机协调。由于头痛医头，脚痛医脚，往往顾此失彼，“按下葫芦起来瓢”。事实上，有些事物从这方面看是一个性质，从那方面看可能是另一种性质；在这方面是包袱，在那方面可能是财富；在这方面是废料，在那方面又是原料。有很多事情，既表现为各种矛盾的互相对立、互相制约，又表现为互相联系和多样性的统一。城市本身就是一个极其复杂的有机体，具有多功能、多层次、高度综合的性质。因此，对城市工作必须有综合的观点，必须从多方面去观察研究，切忌孤立、静止地看待。比如我们治理城市环境污染，对那些废水、废气、废渣、垃圾、噪音等等，如果孤立地一项一项解决，合起来需要上百亿元，无论如何负担不起，而且也很难收到好的效果。如果从综合的角度研究，采取综合的方法，进行综合的工作，就可以达到综合的效果。我们的外环线建设就是这样一个综合性工程。它既是城市的基础设施建设，又是农村的致富渠道，也具有环境治理的效果。只要遵循事物的客观规律，把单项建设与综合开发利用结合起来，把城市建设同解决各种难题结合起来，许多问题都能迎刃而解，取得意想不到的综合效益。如果离开综合的观点处理城市规划、建设和管理中的问题，那就会人为地割裂事物内在的联系，背离城市发展的规律，使城市的持续协调发展难以实现。

（摘自1986年5月27日在垃圾堆山开工会议上的讲话）

“综合治理”这个概念究竟包含哪些内容？我认为，最根本的就是要把整个城市环境作为一个系统来研究、来对待。说得更具体一点，就是对任何整治对象都要有一个综合的目标，进行综合的工作，采取综合的方法，最终达到综合的效果。

所谓综合的目标，就是不能单打一，只看某一个方面，比如不能只看这座房子是否好看，只看这条道路是否好走，只看这块地绿得如何，而要把它们放在一个整体里边，从整个环境的要求来考察。有些事就一个局部来看，可能是对的，但放在整体里看，就可能是错的。比如，八里台立交桥周围原来想搞些雕塑小品，后来去掉了。因为立交桥本身就是一大堆水泥钢筋，那里需要点缀的是绿，不应再搞很多建筑小品。即使如此，目前看，绿得还不够，仍然发干。佟楼路边的小公园搞得不错，还有个植大树的方案，这是对的。如果没有绿的点缀，这一带都成了房子，效果就不好。从综合的目标考虑，跟不从综合的目标考虑，效果是不一样的。有些街边厕所修得很漂亮，上边还带几个小古建楼子，但从综合的效果看那是失败的。因为厕所最好不显眼，搞得很显眼、很漂亮，到处突出的是厕所，就是败笔了。所以研究整修的对象要从大环境这个整体出发，不能只从局部需要出发。

所谓综合的工作，就是不能把城市环境的治理简单地看作只是区街、规划局、房管局的工作，或任务所在单位的工作，而应看作是全市人民、各行各业都涉及的工作。比如，修中环线搞拆迁，既要做思想工作，还得讲一点实际利益，人家照顾大局，你也得帮助人家解决实际问题。这就牵涉到很多的单位，如果单靠某一个部门是很难实现的，必须有多方面的参与。

所谓综合的方法，就是解决一个问题并不只是一个方法，可以从各个方面、用各种方法来解决，不能“吊死在一棵树上”。就拿整治街道来说，如果只有靠政府拨款这一个办法，这样所需要的钱是拿不起的，如果采取综合的办法，就好解决了。比如，他正好要盖楼，我这里正好需要整修，那么好，就请你给我盖一个什么模样的楼。再比如，企业要调整，我这里的街道正需要改造，两方面一结合，问题也就解决了。这样，我们就把街道的整治同各行各业的发展结合起来了。如果结合所有单位工作的发展，动员和借用各个方面的积极性，一起纳入到城市治理过程中去，视野就宽了，方法就多了，力量也就大了。单从一个方面出发，只想着一个法，有些大题目是做不了的。

总之，城市是个综合的有机体，一切都应该综合地考虑，按照城市科学固有的联系进行研究。这样就可以一步一步地把棋走顺，就可以使城市不断地向前发展。这个月一看，变了，下个月一看，又变了，今年看看是这样，明年肯定会更好。这是我们的经验，也是我们的努力方向。

（摘自1985年12月17日在天津市城区综合治理研讨会上的讲话）

把环保工作与各项工作结合起来

我国正在进行大规模的经济建设，各行各业都在为实现翻两番的战略目标开拓奋进。就一般来说，这给环保工作带来一个好的形势，但具体来说，也给环保工作带来一些新的问题。一是经济建设项目上得快，难免顾前忘后，顾此失彼，容易给环保造成新问题；二是各方面都在争资金，造成资金紧张，国家拿不出更多的资金解决环保问题。这些都将是较长期的现象。环保工作要上去，就必须研究这种现象，在认识必然中求得自由，求得发展。一方面，要有一个总体规划，坚持综合治理，避免头痛医头，脚痛医脚；另一方面，要动员全社会都来重视环保工作，为保护环境做贡献，把环保工作纳入各单位的工作范围；再一方面，就是充分利用各方面发展之机，把环保工作插进去。我觉得这是一个非常重要的问题。环保工作者不能只埋怨国家给钱少，埋怨别人不重视，而必须善于根据各方面的发展计划，利用各单位发展自己的积极心理，抓住各个具体时机，把环保工作与各项工作结合起来，分解在各行各业的发展之中。只有这样，才能摆脱环保工作的被动乃至与各项工作对立的局面，解决环保工作最大、最难的问题——资金问题，在经济建设发展的过程中把环保工作搞上去。这就是我们讲的综合的方法。

（一）把环境保护同工业调整、改造结合起来

天津是个老工业城市，长期以来布局杂乱，设备陈旧，工艺落后，产品老化。有些产品，市场不需要，企业没效益；有些产品，虽然经过改造会有些前途，但企业分散在居民区，发展受到限制。天津经济要有个大的发展，必须破除陈腐的“门类齐全”的观念，动一些大的手术，关掉一批，转移一批，合并一批。这对工业来讲，是一项战略性的措施，对环境来讲，也提供了治理的良机。前几年，通过调整，全市已消灭了108个工业污染点。今后，如果我们领导上思想自觉，环保部门工作主动，一定可以再解决一批。技术改造是“七五”期间的工作重点，工业企业几乎都有个技术改造问题，这方面安排的投资是很大的。如果我们所有的技改项目都同时注意抓好污染的治理，我相信，在这个过程中将会解决一大批环保问题。“七五”期间新建的工业项目也很多，如果我们的计划、建设、财政、环保部门认识一致，共同努力，坚决按“三同时”办事，对于违背环境保护法的项目不列入计划，不予设计、施工，也会解决一大批问题。

（二）把环境保护同城市建设、改造结合起来

为了把天津建成多功能、开放型的中心城市，近几年我们结合震灾恢复重建和城市建设，在基础设施和旧城改造方面采取了几个大的步骤，搞了一些大的项目，使城市功能有了较大的提高，同时也使环境条件有了明显的改善。比如，结合解决城市用水问题，搞了引滦入津，同时也改变了天津饮水的质量；结合解决污水排放和增加水源，搞了污水处理厂和一些排水设施，同时也推进了污水资源化、无害化；结合改善人民生活和改变燃料结构，搞了全市民用煤气化，同时也促进了大气净化；结合交通的综合治理，建设了道路网络，淘汰了一批耗能高、速度慢的车辆，方便了交通，同时也减少了噪音扰民；结合街道整修，搞了街头绿化，增加了住宅区绿地，同时也减少了城市粉尘，美化了环境；等等。所有这些城市建设中的大项目，又都是环保上的大措施，使环境面貌发生了大变化。如果单从环保的目的出发，不与城市建设、改造相结合，实现这么大的变化所需的投资几乎是无法解决的。当前，天津的城市建设和改造任务仍然相当大。我们要充分利用这个条件，把环保工作结合进去，在提高城市功能的过程中，把环境质量再提高一步。

（三）把环境保护同各单位的日常工作结合起来

大环境是由小环境组成的，每个工厂、商店、工地、机关、学校、部队以及街道等等，都是城市环境的组成部分。要把环保工作搞上去，必须各行各业、全市人民共同努力。这几年，我们在动员全社会人人关心环境保护方面做了一些工作，特别是把环保和企业单位的整顿、管理结合起来，收到了好的效果。我们纠正了一些单位“金玉其外，败絮其中”的毛病，开展了整顿机关、单位容貌的活动，实行了“门前三包”，全市出现了许多花

园小区和文明工厂、学校、街道。我们提倡每个单位都应该立足本职，关心全局，为全市的环境保护增辉而不是减色，更不能以邻为壑，方便自己，贻害别人。我们还坚持了以美化促净化的做法，通过各个局部的美化，最终构成了整个城市的美化和净化。实践证明，这种社会性、区域性、单位性的经常性工作非常重要，必须紧紧抓住这个环节。

（四）把环境保护同加强城市管理结合起来

治理和管理是一个问题的两个方面。一些专家认为，加强环境管理，就可以解决50％的环境污染问题。尤其在当前环保设施不足、许多人还未养成爱护环境习惯的情况下，加强管理尤为重要。几年来，我们在这方面有了一些进步，但相对治理来讲，管理工作还比较落后。现在管理机构的人并不少，但工作比较薄弱。实践证明，治理和管理必须结合进行，管理工作必须加强。

要加强环境卫生管理。现在主要干道和繁华地区的卫生状况有所改善，但僻街小巷和车站、码头等公共场所的问题还很多。当前一个突出问题是垃圾的清运、处理。要尽快实现清运及时、彻底、不洒漏。垃圾的出路现在尚无较好的方法。外国的垃圾可以用来燃烧发电，中国的垃圾可燃烧的东西不多。我认为把垃圾集中起来堆山，是一个变害为利的方法，必须下决心搞出成果。要继续实行和完善包干负责制，明确分工，专人负责，定任务，定质量，及时检查，严明奖惩，务必使明年的环境卫生有一个大的进展。

要加强城市绿化管理。据分析，我市大气污染有30％是由风沙、施工扬尘和道路灰尘引起的。解决这个问题，最重要的办法是绿化，搞好花草树木的种植和保护。今后，要把道路和庭院的覆盖作为一个课题进行研究，或软覆盖或硬覆盖，尽可能不留裸露土地。软覆盖就是种草、种花，硬覆盖就是修砖地面或柏油、水泥地面。没有覆盖，到处露土，不下雨是“扬灰地”，一下雨是“水泥地”，很难打扫干净。各公园和街头的园林绿地都要以绿为主，多种花草树木，建筑小品不可占地过多。所有的公园都要学习北宁公园的经验，精心管理，提高水平，切实解决园内的脏、乱问题。街道两旁的绿化要因地制宜，实现多层次、立体绿化，同时推广庭院绿化、阳台绿化。各小区、庭院的管理要发挥居委会的作用，广泛动员群众，坚持和完善绿化“三包”责任制。

（五）把环境保护同精神文明建设结合起来

一个城市的环境如何，从一个侧面反映出这里人们的文化素养和精神状态。同时，一个好的环境又可以陶冶人们的性情，培养人们讲卫生、守秩序的文明习惯。所以，环境同人的精神面貌，二者是统一的，是互相促进的。要在动员人民群众治理污染、保护环境的过程中，使人们认识环境保护的重要意义，养成自觉保护环境的社会风尚，提高自身的文明程度。要将环境保护同“五讲四美三热爱”和“四有”教育活动结合起来，使之成为人们的行为准则之一；要同贯彻执行《市民守则》结合起来，使之落实到每个市民的具体、点滴活动之中；要同中小学教育结合起来，使之列入课程内容，让孩子们从小养成爱护环境的良好习惯。几年来的实践证明，把环境保护同精神文明建设结合起来，既可以充实精神文明建设的具体内容，又可以使环保工作有更高的意义，必须坚持下去。

（摘自 1987 年 2 月 15 日在天津市城建工作会议上的讲话）

城市工作中的几个矛盾

大家都知道，任何事物都有主要矛盾，做好工作必须抓住主要矛盾。城市科学的主要矛盾是什么，我一下说不清楚。但我作为市长，希望把城市科学研究的着力点放在城市实际工作中的一些基本问题和难点问题上。就城市工作来讲，在这方面常碰到的主要有以下几个问题。

首先是现实与长远的关系问题。这是我们多年来没有解决好的问题。不重视长远，不研究长远，不根据长远的发展采取必要的措施，人为地给自己造成障碍，这样的苦头我们吃得很多。比如，在吴家窑大街的西头、南开大学的边上，搁了个纸厂，吴家窑大街以后还怎么改造？气象台路是个很完整的三块板的路，可是在南头西侧盖了一溜商业网点，把西边那块板吃掉了，变成了两块板。诸如此类的问题，如认真找，还会有很多。当然，反过来讲，离开现实，好高骛远，结果不能够实现，也会误事。常有这种情况，有些东西明知道将来可能不适用、还要变，尽管努力为今后着想，但由于条件限制，也只能先如此。比如说，全国有22个城市有管道煤气，天津号称中国三大城市之一，直到今天才刚刚有一个管道煤气厂。解放以来，天津在煤气设计问题上进行过三次大辩论：是伍德炉好，鲁奇炉好，还是焦化炉好，各说各的理由，最后也没有得出个结果。1981年我来天津，又论，论了又有一年，还是各执己见，不能达成共识。我说算了，你们别再论，再论又丢了，就是伍德炉，可能落后点，但这个保险。这样我们天津终于有了煤气。再比如，塘沽的给水，用1.5米的管子比1.2米的给水多，谁都知道，不用争论。问题是，现在集资 9 000 万元，已经把大家挤得很厉害了，如果修再大一点的，就得 1.5 亿元，哪里拿这个钱呢？光凭愿望，不考虑条件，也不是科学。从实际可能出发，先搞 1.2 米的，现在水通了，大家喝上了甜水，以后有条件再加一根管或更换粗管嘛！我讲这些的意思是说，我们必须总结过去 35 年来不注意发展，不注意长远，因而造成很大损失的教训，应尽可能想得远一点，从全局出发，从长远出发。但与此同时，也必须注意到我们目前实际的可能。所以，我认为理论工作者和实际工作者、科学研究与政府工作要很好地衔接，把长远和眼前、必要性和可能性有机地结合起来，处理得当。

第二是生产与生活的关系问题。这个问题在我们国家不断地出毛病，多是因为注重发展生产而忽视提高人民生活。现在，城市里面出现的许多市政、公用设施不配套和人民生活中的“几难”，都是这种思想和做法造成的。在研究城市时，有一个观点必须明确，无论是什么单位、行业，无论从事什么工作、活动，归根结底都是为了人民生活。马克思的生产力学说，基础就是从生活、生存提出来的。我们经常讲两句话：一句话是一切生产活动归根结底是为了生活，包括四化建设也是为了人民的生活；第二句话是随着生产的发展使人民的生活逐步提高。一叫为了生活，二叫随着生产的发展不断地提高生活。不能离开生产发展谈生活，也不能等到整个生产都搞好了再去提高生活。万变不离其宗，这个“宗”就是要老百姓的生活比以前逐步提高而不是降低。我觉得这个观点和我们研究城市关系极大。比如，我们每年财政收入超额分到一点钱，应该有一部分用来改善生活，按照现在的做法，生产基金、福利基金、奖励基金叫“四、三、三”或是“五、三、二”。我们决不能用挤老百姓的牙缝、挤占群众公共福利的做法去发展生产。生产是要发展的，因为没有生产的发展，生活也没法提高，但发展生产主要靠调动起来的群众积极性和智慧，靠技术进步、技术革命。当然，我们要求群众艰苦奋斗，体谅国家困难，但这个要求是希望群众不提过高的要求，而不是不顾群众的生活。那样做，生产发展不起来，即使发展了还会倒回去。

第三是经济发展与城市基础设施建设的关系问题。工业的发展、经济的发展是很重要的。但是，忽视了城市基础设施建设的发展，工业、经济还是不能发展，即使勉强发展上去，最终也会出问题。过去，我们没有认识到影响城市功能的各个构成部分是经济发展的基础和条件，因而造成了很多“骨”“肉”失调的问题。有些人对花大力气搞道路交通、给水、排水、电力、电信、环境保护等基础设施不理解，不懂得基础设施对城市整体和未来的作用和意义。我相信，这一点越往后看越明显，越发展越显得重要。所有生产部门不仅要保持自身的发展，而且必须注意不能影响其他单位的发展，特别是不能影响总体的发展。我们现在有两方面问题，一是总体上基础设施落后，一是使用上不合理，有些单位占用基础设施很多，但效益很差，对社会贡献甚少，存在不如不存在，发展不如不发展。今年提出“腾笼换鸟”，就是要把这些工厂停下来，腾下的厂房、能源、材料用于生产社会需要、经济效益好、市场有销路的产品。因此，发展经济必须同时研究基础设施的建设，并尽可能地做到基础设施适度超前。

第四是旧城改造与新区建设的关系问题。昨天一位中央领导同志去解放北路，看到那里的房子后说，这种房子应该认真加以保护，咱们现在盖不起这样的房子。解放北路应当恢复原有的功能，比如把机关等部门搬出去，把这些房子给那些商业和银行部门，恢复原来的商业金融一条街。必须把新的建设和旧房整修统一起来，建一个新的要带起几个旧的，形成一片街景，而不能新的建得越多、越好，旧的显得越破、越旧，要有个先来后到，后建的要兼顾先前的，同时又具有现代水平，我认为这是个大题目。在新区的建设上，一个问题是很不注意街景观瞻，临街的房太单调，路口之间没呼应。在老区的改造上，一个最不好的提法是“见缝插针”。中心公园的花园路，周围是非常漂亮的小洋楼，新盖了个化工站的办公楼，整个街景就破坏了。我们必须明确，旧城区里有的实在不能再修复、丧失存在价值的建筑物可以拆掉，但新建筑必须照顾到新旧之间的协调，不能破坏原有的风格。历史就是历史。旧城区如何改造，这是个老问题。北京把城门楼和城墙拆了，护城河填了，盖了很多新的楼房，原来的风格没有了。上海、天津也是这样。如何把新与旧结合起来，这是一个很不简单的事情。从总的讲，天津的房屋要以多层为主，少盖高层，住宅以砖混为主，少搞框架，讲究建筑艺术、建筑风格。按照这样的要求去做，既现实可行，又容易与旧建筑从整体上协调。建设要讲究布局，我们设想，今后兴建的大型工厂放到海河二道闸到塘沽段和塘、汉、大沿海一线，靠近高速公路、京山铁路、北环线、津塘公路、李港铁路、津港公路。在工业布局上，必须注意到与周围生活环境的关系。我们搞工业的时候常常强调“专款专用”，而与此相关的市政、公用设施没人考虑，人民生活没人研究，结果设施不配套，绿地不够，美化也不好。此外天津还有两个毛病：一是见草就拔，一是见坑就填。有些坑应该挖成湖，都填死了，没有水面，必然干燥，风沙就多。这是很值得注意的。

第五是物质生活与文化生活的关系问题。城市的发展既要注意到物质生活，又要注意到文化生活，使人们的衣、食、住、行和文化生活都有一个提高。天津现在没有一个像样的体育馆，没有一个像样的礼堂，没有一个拿得出手的群众活动场所。几年前一位外国人曾写信给我说，到了北京、上海，像到了国际上现代化的大城市；到了天津，似乎到了农村。天津确实很土呀！对精神文明设施，我们必须引起极大的重视，否则，就会脱离新的一代，即年轻、有文化的一代。我们不能以个人的情感、好恶去要求别人，不能以自己在特定历史条件下形成的习惯作为标准去衡量新一代，特别是我们在座的掌权的同志要注意这一点。所谓思想教育，一个重要方面就是使受教育的人通过日常的活动，从喜闻乐见的文化体育等活动中汲取营养，受到潜移默化的教育，或者叫寓教于乐、寓教于活动之中。如果对精神生活不加以重视，不加以研究，不加以引导，我们就跟不上新的形势。

（摘自 1984 年 12 月 31 日在天津市城市科学研究会成立大会上的讲话）

规划和设计的辩证关系

我根据大家的发言，把规划设计中经常碰到的、比较具体的问题，可以说是多发病、常见病，归纳成十个问题，或叫十对矛盾或关系，谈点个人的看法，作为引玉之砖，和大家共同商量。

（一）当前与长远的关系

如何处理当前与长远的关系是我们多年来的老问题，也是规划设计工作中一个带根本性的问题。我们所讲的当前，常常表现为具体的、个别的、计划的东西，长远则表现为总体的、普遍的、规划的东西。一个城市的面貌，总是要通过当前的建设和长远的规划来得到体现。发展是连续的，当前是由过去发展而来的，长远则是当前发展的延续。当前要以长远作为自己的目标，要体现长远的要求，而长远要以当前作为出发点，并指导当前的发展。当前离开了长远就会失去方向，长远离开了当前就会落空。城市规划的作用，就在于能够从全局出发，高瞻远瞩，既考虑当前又规划长远，远近结合，由近及远，以最优的方案、最小的代价，一步一步地实现长远的设想。在城市建设过程中，影响城市发展的因素在不断变化，所以，规划也要随着城市的发展而加以修改或补充，因而是变化的、滚动的。进行当前的建设，要尽可能地为长远打好基础，而不能设置障碍；编制长远规划，要尽可能地结合当前的需要，而不能脱离现实的条件。

作为城市的领导者，有没有远近结合的规划意识，工作成效是大不一样的。我们的城市建设不能急功近利，以牺牲长远为代价去迁就当前，比如规划的道路红线要从长远考虑，一下子把红线搞够，先控制起来，根据条件逐步实现，有条件时陆续完成，不搞够不行。有些同志不懂，主张把路先修起来，有钱以后再加宽。其实有钱时就宽不了了，两边都盖起了房子，怎么加宽？当然，我们的规划也不能超越现实，贪大求洋，要从可能条件出发，力求适当。

（二）区街规划与总体规划的关系

总体规划是指导城市合理发展的大纲，是区街详细规划的依据。区街详细规划是总体规划的基础和具体化。两者的关系是全局与局部、总体与部分的关系，是互为条件、互为依存的。没有总体规划，区街详细规划就失去了依据和遵循；而没有区街详细规划的制定和实施，总体规划也就成了空中楼阁，只能是“规划规划，墙上挂挂”。我们天津的总体规划已经搞了18稿，最近又搞出一稿，应该说又有了很大的进步。现在广大群众和各个方面都要求尽快把这个总体规划通过，以便有所遵循。总体规划确定以后，才能最后确定区街详细规划。但是，总体规划总是离不开天津的现实，也有一些难以更改的事实。因此，尽管目前总体规划没定下来，但许多地方已不需要、也不可能再有大的变化，着手搞好区街详细规划还是有条件的。

区街规划是一个区街范围建设的依据，我们既要抓紧尽早把总体规划定下来，又不能以此为理由放松区街的规划工作。天津的旧市区、旧街道究竟怎么改，大的方面许多地方已成定局。例如，污染的、扰民的、剧毒的、易燃易爆的工厂逐步搬出市区，市中心区以居住区、文化区和行政区为主，这个方向不会有大的变化。文化教育区域大体上也定了，有天津大学、南开大学等高等院校在那里，想搬也不可能。所以，现在按照总体规划大体定下来的轮廓，一个区、一个街、一个胡同、一块一片地搞好区街详细规划，是完全需要的，也是可能的。至于规划中填平补齐的工作，欠账就更多。许多街道，我们事先说不清缺什么，多什么，最终的样子是什么。因此，区的规划部门成立以后，就要把主要力量放在这方面，尽快地把每个街的规划都搞出来，先有个轮廓，待总体规划定下来后，再据以调整，逐步完善。这样，既为制定总体规划打下底子，也使区街建设不致盲目进行，避免为今后设置障碍。

（三）整修与新建的关系

新建的概念，包括新建小区和旧区内的新建。整修，主要是老房子、老街道的整修，同时也包括部分近几年新建房屋的整修。一方面，毫无疑问，我们面临着庞大的新建任务，将有很多新的建筑物陆续在全市矗立。其中包括若干大厂的建设，还有其他一些商贸、文教、科技设施项目等等。我们希望所有的新建都要按照规划建设，符合时代的要求，为城市增辉，而不能减色，努力做到随着城市建设的发展，使城市面貌不断改观。另一方面，必须搞好旧区的整修。我们要承认这个事实：天津的旧城区不可能全部推倒重建，也不应永远破烂不堪。这就有一个新建房子和旧有房子的结合、旧房子维修和改造的问题。房管局今年整修十条街道的意义，不仅在于街景发生了变化，更重要的是提供了一条经验，许多外形很差的房子是可以经过整修改变外貌的。天津现有5 000多万平方米的房子，除少数需要拆除的，大多数要保留下来，进行整修。这项工作刚刚开始，要根据现在的经济力量，本着少花钱、少扰民的原则，把旧房子、旧街道逐步地整修好。我市最近整修的旧围墙有创造，旧的围墙不动，就是把它铲铲，略勾一个帽子，抹上点灰，弄点水泥花，上面点上点儿丙烯酸，既简单又美观。过去的红砖墙房子也可以把窗间墙弄一点塑料或水泥，做成花饰、假浮雕，效果就很好。大城市的改造是一个大的难题。考虑新建的时候，老市区里只能“填平补齐”，不能“见缝插针”。“见缝插针”本身就是不要规划。我们现在的规划除了逐步地建设卫星城市以外，还要逐步地把工业区往东移，从二道闸沿海河两岸一直到塘沽，最后形成滨海新区。有些工厂陆续布置在海河下游两侧。沿津塘公路南侧是办公楼，北侧是居民区，海河边是工厂。然后开发海河，利用海河搞海运。再搞一个高速的高架铁路，由市里直通塘沽，解决交通问题，改变人们的距离观念，逐步把市中心区人口东迁。如何在旧街道里使新建的房子与旧房子协调起来，使一幢新房子能带动一片旧建筑，如何使旧房子能够整旧如新，与周围的新建房子协调起来，使整条街道旧貌变新颜，这是一篇大文章，必须下力量做好。最近我们向英国、德国各派出一个考察团，学习人家的经验，这方面它们有些做法是可以借鉴的。

（四）个体与群体的关系

如何把个体的多样性与群体的协调性结合起来，是规划设计中经常遇到的一个需要费心思、用气力解决的问题，也是检验规划设计人员水平的一个重要方面。当前，我们的规划中群体问题较多，不太注意前后左右的衔接，没有做到高低有别、错落有致、统一多样，形成好的街景，常常出现一个苍蝇坏一锅粥的现象。建筑设计首先要讲大效果，讲群体，讲街景。有些房子一个个看还不错，加在一起就不好了。这就有一个整体效益、社会效益和环境效益的问题。一幢房子，住房子、使用房子的是几家人，而观瞻这房子的是大多数人。我们常常忽视众多的人对房子的评价、欣赏，以及从这座建筑物所受到的影响。当然，强调总体协调，并不是不要重视个体设计。群体是由个体组成的，没有好的个体也就谈不上好的群体。个体搞不好，必然会影响群体，正是从群体观瞻上考虑，提高了对个体建筑重要性的认识，提出了在个体上下功夫的要求。目前，我们在个体设计上搞得不深，下功夫不够，缺乏特色，千人一面。城市建筑是百年大计，要经得起历史的检验。个体设计，要几遍、十几遍地研究琢磨，提高水平，讲究特点，注意多样性。规划和设计应该是一致的，规划和设计的一致可以充分体现群体和个体的关系。规划较多的是从全局的角度考虑群体的关系；而设计较多的是从单体建筑的角度考虑个体的特性。因此必须把规划与设计紧密地结合起来，通过规划、设计人员的创作，在个体的多样性和群体的协调性上取得更理想的效果，这就是我们的追求。

（五）标准化与多样化的关系

这个问题反映较多，难度也很大。规划设计既要讲标准化、规范化，又要讲特殊性、多样性。在国外，例如像巴黎这样的大城市，任何一个新的建筑，都不准与旧的雷同。国内对我们的“方盒子”、“仪仗队”、“秃脑袋”建筑也有很多议论。这些意见总的来说是对的，可是解决这个问题难度很大。因为多样化会影响标准化，而没有标准化，就很难实行建筑业的机械化、工业化，直接影响建设的速度和造价。但这个文章必须做，总是应该力求丰富一些、多样一些，不应该以标准化为理由拒绝尽可能的多样化。标准化不应该是房子模样的标准化，而是便于工业化生产的内部构件的标准化，参数、模数的标准化。楼板可以标准化，结构、空间也可以标准化，但要研究在这些基础上建筑外形的多样化。同样的构件，形式、高度、色彩可不可以有些变化？阳台、栏板、窗套、窗间墙可不可以有些变化？檐口可不可以有些变化？我认为是可以的。日本的石英表，机芯都是统一的，但表的外形却五花八门，各式各样。世界上汽车的许多零配件是统一的，但车型却多种多样。我们中国建筑是很讲究标准化与多样化统一的。比如古建筑的木构件都是有一定制式的，但盖出来的房子却各不相同。再比如，中国的普通砖尺寸一样，但可以砌出一顺一丁、三顺一丁、梅花丁等各种花式的砖墙。因此，我们不能以标准化为理由，忽视对多样化的研究。现在有很多用同样标准化构件盖的房子外形差别很大，好坏差别很大。所以必须在标准化、多样化上做文章，把标准化与多样化统一起来。

（六）使用与观瞻的关系

一个建筑之所以需要，一般都是由它的使用功能所决定的。从这个意义上讲，任何建筑物都是使用功能第一。但是，由于建筑物还有观瞻的作用，所以人们总是在满足使用的条件下，尽可能搞得美观一些。从建筑是城市文化的重要方面、是“凝固的音乐”这个意义上讲，观瞻本身也是一种功能，或者说是功能的重要组成部分。而且有些建筑物由于位置重要，首先要考虑的是街景和观瞻，观瞻就成为这些建筑物的最重要的功能。一个城市的面貌，是由城市各个街道组成的。能不能做到每一个建筑，既照顾了使用需要，又满足了街景要求，使每个建筑物都为街景增辉而不减色呢？我认为，只要认真下功夫，是可以做到的。必须指出，不重视外立面，不讲究建筑艺术，这是多年来“左”的影响的结果，我们已经吃了苦头，今天应该摒弃这样的观点和做法。建筑作为一种历史文化、民族文化，作为劳动人民智慧的结晶，作为一个民族科学技术发展的重要标志，应该讲求艺术、表现水平。在座的有不少是建筑师，建筑师不重视建筑艺术，实际上就是否认了自己存在的必要，起码是否认了自己的重要性。我提出这个问题，是针对天津市在外立面上的文章做得不够而言的，并不是说使用功能不重要，也不是说在使用功能上不需要改进和提高，而是要求把使用与观瞻有机地结合起来、统一起来，尽可能搞得更好一些。

（七）降低造价与提高水平的关系

前面讲的都是强调提高水平，这就碰到一个问题，按照一般的理解，提高水平就要多花钱。我认为必要的、该花的钱还是得花。但是，提高水平并不一定等于多花钱。而且严格地讲，高水平本身就包含着低造价。高明的建筑师之所以高明，就在于他能把这两者很好地统一起来。有的建筑钱多花了，房子反而难看了，花钱买了个难看。建筑物的外饰面全是单一的红砖墙是不好的。我们最近正在研究不同颜色的砖，强调在檐口、阳台、窗口、窗套上做文章，改变单一红色的毛病。但是，把整个楼、整条街都搞成干粘石白色的，这不同样单调吗？现在世界上把大量使用干粘石当作教训，认为易脏、难看、难修。我们不否定必要的、局部的使用干粘石，但是，我不主张大面积搞这个东西。它脏了没法刷，破了没法补。同样，建筑外墙用瓷砖、马赛克太多了，效果也不好。过几年风吹日晒掉下几块，补也没法补，即使补上了，也像是旧衣服加了个新补丁，很难看。什么叫水平高？我认为把美观、适用、省钱结合得好才是水平高。好的建筑师不在于多花钱，而在于花同样的钱却能做到更美观、更适用。建筑得讲究美术上的点缀，要点缀得有层次，要眉清目秀。另外，我们有些建筑的基础搞得过大，浪费很多。保险和保守是两个概念，不能因为要保险而变成保守。地震要考虑，但要有区别。首先区别地质情况，其次区别使用对象。抗 8 度与抗 7 度，在用钢材上差 1 倍多，混凝土差多少，造价差多少？再有结构形式，我说过多次，框架结构偏多。这一点一直不被设计人员所理解。我不反对有些建筑必须采用框架，但不加区别地大面积搞框架是不合理的。我们不能把高水平和低造价简单地对立起来，而应该研究提高水平和降低造价的关系。有一段时间，为了降低造价，把住宅的标准越搞越低，面积越搞越小，居住很不方便，这是不可取的。必须明确，在保证使用功能和观瞻效果的基础上，把造价降下来，这才叫真水平。

（八）设计与施工的关系

这也是工程建设的一个老问题，有过多次的反复。设计是属于主观活动，施工则是主观见之于客观的活动。任何一个设计，都是要通过施工和使用的实践来检验的。所以，设计和施工必须很好地结合，不能彼此脱节。在相当长的时间里，由于设计与施工结合得不够，设计脱离实际，施工违反设计，效果不好，经济效益也不好。有一度曾提出设计为施工服务，犯过施工主宰设计的毛病，主要表现在统管施工、设计的建委，常常偏重于施工，着眼于完成任务，代表施工单位的意见压设计；施工单位有时为了图快、图省事，不按设计施工，随意减少施工项目，砍掉必要的装饰；或者由于施工人员不懂设计，机械地按图纸办事，不能体现设计思想，结果影响了工程速度和质量，甚至造成隐患。因此，施工人员必须重视设计，懂得设计，研究设计，体现设计，以避免失误，进而起到补充、完善、提高设计的作用。同样，也有过设计不考虑施工，不同施工相结合的问题，主要表现为片面地强调按图施工，不听取施工人员的合理意见，否认在不影响最终效果的前提下以多快好省为目标修改设计，造成了不少无意义的劳动、无效果的投资，损失和浪费是相当大的。因此，设计人员必须懂得施工，了解工艺，知道在施工过程中该如何操作，才能使设计符合实际，才能使工程尽可能多快好省。事实上，许多建筑在功能、观瞻不受影响的情况下简单地改变一下设计，施工就可以省很多的时间和投资。我曾建议，要有计划地组织设计人员参加一段施工，搞几个不同结构形式、不同施工工艺的工程，通过设计和施工的相互了解与结合，一方面修改和完善某些不合理的设计，另一方面又可用科学合理的设计去引导施工，优化施工工艺，提高管理水平。这样，对设计和施工都有好处。设计内部几个专业的关系也要研究。如建筑与结构的关系，结构设计除了偏于保守之外，还偏于迁就建筑，也可以说建筑不太尊重结构。建筑、结构与电、水、暖的关系也要研究。总之，要做到经济效益、社会效益、环境效益的统一，必须认真研究设计与施工的结合，处理好设计与施工以及设计内部各个专业之间的关系。

（九）规范与规律的关系

规律是事物之间内在的、本质的和必然的联系。这种联系不是偶然的，而是不断重复出现的，它决定着事物发展的趋势。所以，规律具有普遍指导意义。规范是实践经验的总结，规范反映规律，是明文规定或约定俗成的，并经过国家或政府有关部门批准、颁布的标准和规定，是在一定范围内所有部门、单位必须遵守执行的。没有规范，或者有了规范不按规范执行，那就必然出现偷工减料、粗制滥造等质量事故或其他问题。但是，一方面，由于规范具有普遍性、一般性的作用，很难完全概括特殊的、具体的工程，并且规范是人定的，由于人对客观规律的认识是个过程，而人在制定规范时，要受到当时形势、政策、人员思想等诸多因素的影响，难免存在不符合实际情况的内容。另一方面，客观世界也在不断地发展变化，如新技术、新材料、新工艺的应用等等，过时了的规范就应当进行修改。而且，全国性的统一规范还应当结合当地情况运用，不能简单地套用。如何把规范的普遍性与当地的、具体的特殊性结合起来，做到每一项工程的多快好省，这是一个大题目。

有人问，规范、规律究竟谁大？我说这是两个不同性质的问题，但归根结底规范要符合规律，反映规律。违背客观规律的规范，不管是哪里通过的，都应该修改。我认为，在贯彻全国统一规范的情况下，各个地区都要根据不同情况，研究和制定本地区带有补充性质的具体规定。天津这么大的城市，有这么多的工程技术人员，天津大学等高校还有专门搞土建专业教学的，我们完全有责任、有能力在贯彻全国统一规范的过程中，根据研究成果和实际情况向中央有关部门提出建议，制定出符合当地情况的规定。当前最急迫的是：要根据不同建筑的功能、性质、特点和地区，研究确定建筑的抗震标准，尽快改变不分地段、不管用途，一律 8 度设防而造成巨大浪费的不合理现象。同时，对抗震的一些措施也要进行研究。

（十）放开搞活与集中统一的关系

简单地讲，规划要集中统一，设计要放开搞活。当然，规划和设计都有一个深化改革、调动各方面积极性的问题。规划是全局性、综合性的东西，不能分散，必须集中统一。目前反映在规划中的问题，多属于工作问题、作风问题，而不是集中与分散的体制问题。规划需要改革，是应当为大家服务的，但规划的改革必须有利于集中统一。在强调规划集中统一的同时，如何解决规划设计工作中存在的问题，是否也要改革也要放开搞活呢？我认为，在大的统一前提下放一些不应当集中统一的权力给下边，使下边有一定的主动性、创造性，这就叫放开搞活。现在郊县有了规划员，市区有了规划处，双重领导，业务上以市规划局为主。各市区规划处主要研究本区的区街详细规划，对每条街道的性质、红线、高度、形式、色调等提出自己的意见，上报市局批准。在这个基础上，各区有权对每一幢建筑物批准建筑执照。规划集中统一表现在对各区规划工作的加强。各区成立规划处以后，要加强力量，保持相对稳定，以便对本区的地形、街道、房屋、道路、园林、绿地等情况搞清、搞熟。要深入下去，经常到各街道去看看。市局管大的，一定功能，二定红线，三定高低，四定大小，五定形式，六定颜色，等等。在这个大原则下，设计可以变化，可以创新。设计必须改变一家独揽的局面，逐步进入市场，参与竞争。允许有条件的单位，经审查批准，组织设计机构，承担设计任务，以解决任务大、人手少的矛盾。同时，这样各显其能，开展竞争，也有利于改变目前设计单一和水平不高的问题。

（摘自 1984 年 10 月 10 日在天津市规划设计工作会议上的讲话）

抓重点，带全局

中央确定的改革开放的基本方针是正确的，取得了举世公认的成就。这几年的经济发展，总的讲不算慢。但是，我们总觉得应该也可能再快一些。

我们酝酿了这样一个构想，即：稳定全局，重点突破，以点带面，梯度推进。

稳定全局，就是在全国范围内，在全局和总体上，实行稳妥的方针，尽量避免和减少大的波折和社会震动，特别是把占人口80％的广大农村稳定住，按照“七五”计划要求，抓好两个文明建设，在安定的前提下使经济稳步前进。重点突破，就是按照把东部地区作为发展重点的指导思想，进一步缩紧拳头，在一两个能带动和影响全国的沿海城市，实行大胆突破、超前发展的方针，集中各类人才，放手利用外资，形成综合优势，加快建设步伐，争取用10年左右的时间达到发达国家现代化城市的水平。以此为基地，由点及面，梯度推进，波浪式前进。

提出这个构想的主要根据是：（一）改革是一个探索搞活创造历史的过程，新旧体制的交织、转换必然要持续较长时间。10亿人口的大国，千差万别的状况，如果不加区别地实行同一办法，企望同步转换，必然增加改革的难度，延缓改革的进程，也容易加重社会的心理负担。若选择一两个有影响的城市，给它们以更多的条件，先行一步，取得经验，以此来带动和指导全局，这样做可能对整体改革更加有利。（二）我们的国家大、人口多、底子薄，地区发展程度很不平衡。如果把有限的资金平均分配，分散使用，其结果必然是大家都想上，谁也上不去。在这种情况下，如能按照区别对待、确保重点、有快有慢、梯次发展的原则分配和使用力量，从眼前看，对某些方面会有点影响，但从全局和最终结果看，可能会更好些。（三）当前世界经济形势出现了一个新的特点，就是国际资本迅速增长，频繁流动。日元升值，石油降价，发达国家资本过剩，急于寻求出路。这不仅为我们利用外资提供了一个极好机会，也对我们使用外资的本领提出了更高的要求。用得好，可以加快经济发展；用得不好，也会造成债台高筑。如果我们选择一两个经济技术基础好，消化吸收能力强，有创汇和还款能力的大城市，把特区的成功经验推而广之，让它们放手利用外资，加快行进速度，像上海、天津，10 年各用上它百把亿美元，就全国来讲，也不会有大的风险。

如果这个构想得以实现，我们就可以较快地建立起反映当代科技水平的新兴工业体系；就有了我国自己的用现代技术改造国民经济的基地；就能够为全国提供参观、借鉴的现代化城市样板。特别是全国人民对现代化的认识，就会更加直观、更加具体，产生巨大的鼓舞作用；同时，也就在国际上树立起中国现代化的美好形象，使我国的开放政策产生更大的吸引力。这就像我们党在革命战争时期建立根据地那样，先红一点，再红一片，燎原之势，遍及全国。

（摘自 1986 年 8 月 19 日向邓小平同志汇报材料）

工程施工组织的基本工作方法是自始至终注意抓重点，抓主要矛盾。不抓主要矛盾，工作中就会如坠烟海，失去重心，没有秩序，不分巨细，眉毛胡子一把抓；不抓主要矛盾，就不能把握全局，辛辛苦苦、忙忙碌碌而成效甚微；不抓主要矛盾，就不会有正确的部署和计划，不可避免地要打乱仗；不抓主要矛盾，就无法缩短工期，实现多快好省。人们常说干什么都要“抓根找头”，“一棵大树抓住根，带动树叶和树枝；一团大绳先找头，捆在一起牵着走”。我的体会，抓好重点需注意以下四个环节。

第一是抓得准。主要矛盾并不是哪个人凭自己的主观愿望任意决定的，也不是哪一级领导凭自己的权力随便“任命”的。它是客观存在，是事物相互联系、相互制约规律的反映。重点是相对的，每个部位、每个环节、每个班组都有自己的重点和主要矛盾。重点工程是相对于一般工程而言；就重点工程本身来讲也并非所有的项目和部位都是重点，而非重点工程也不是没有重点。什么是重点？一般来说，就是那些制约和决定全局、影响发展的主要矛盾，具体到工程施工来说，就是制约工期的阶段、部位和项目。天津铁路枢纽改造的天津站工程必须“雨季前抢基础，冬季前抢封顶”，这是两个不同时期的重点，对整个工程的工期和质量起决定性作用。安排施工一定要狠抓这些重点。雨季到来前抓紧把基础做完，出了地面，即使遇到连续下雨，也不会耽误主体施工。否则，到了雨季，基础没法做，勉强施工也保证不了质量。冬季到来前如果主体施工不能封顶，敞着盖，就不能安窗户、通暖气，想搞室内装修也干不成，一耽误就是几个月的时间。时间是施工的最重要资源和条件，我们必须抓紧再抓紧，一点都不应浪费。施工特别是重点工程施工，一定要时间不断，空间占满，昼夜兼程，连续作战。

第二是抓得狠。常常有这种情况，主要矛盾是看到了，但没有解决好。这里的原因可能很多，但一个重要的原因就是抓得不狠。对于看准了的主要矛盾，一定要集中人力物力，狠得了心，下得了本，在一定时期内可以不惜代价地拿下。从局部和暂时看，这样做似乎不合算，但从全局和长远看，是很合算的，很必要的。狠抓，首先要心狠，不被困难所吓倒，不被非议所动摇；其次是手狠，抓住不放，一抓到底。心不狠容易动摇，手不狠容易落空。对重点就是要舍得下本，集中绝对优势力量，充分利用时间、空间，确保如期完工。过去打仗是这样，现在搞工程建设也应该有这种精神。比如，引滦入津工程中的引水隧洞，是整个工程的咽喉部位，是能否尽快把滦河水引到天津的关键，从一开始，指挥部就把它作为全线的重点，集中了精兵强将，由驻津部队和铁道兵部队的两个师承担。两支部队久经考验，团结一致，攻断层，战淋水，舍生忘死，前仆后继，只用了一年零两个月就把 12.39 公里长的隧道打通，使我们在全局上赢得了主动。

第三是顾得全。主要矛盾之所以成为主要矛盾，是因为它决定着全局，带动着其他。抓主要矛盾并不是说其他矛盾就可以不抓，就自然而然地解决了。我们讲抓主要矛盾可以使其他矛盾迎刃而解，但“解”也要有“刃”。实践证明，次要矛盾解决不好，也会妨碍主要矛盾的解决，甚至转化为前进的障碍。比如，安电梯、安窗口，从全局看不是主要矛盾，但如果看不到它的关联性，忽视它，不认真对待，就会给后期施工带来麻烦。我一直主张，在条件基本具备的情况下，要早安窗口、早安电梯。因为只有安了窗口，才可以进行内外装修；只有早安电梯，才能撤掉外部的脚手架，及时从内部运料进行施工。所以，在抓主要矛盾的同时不要忘记抓次要矛盾。整个工程是一盘棋，车马炮和小卒子哪一个也不应少，哪一个都有自己的岗位和作用。

第四是跟得上。主要矛盾是在一定条件下形成的，也会在一定条件下转移。施工中今天它是重点，大家都“保”它；明天它不是重点了，大家就要去“保”新生成的重点。原来是重点的，要跟上这个变化，主动去当配角，去“保”别人。最典型的例子是大型土建和工业项目，需要进行复杂的设备安装，开始时以土建为重点，因为土建不到一定程度设备不能安装；可是当安装一投入，土建就要服从安装，为安装服务。军事上讲审时度势，灵活用兵，讲的主要就是这种重点转移。各个施工单位都要正确认识自己在整个工程建设中的地位和作用，增强全局观点，摆正自己的位置。该当主角时要上得去，攻得下；该当“配角”时要搞好服务，做好应该做的工作。

对于一个工程指挥者来说，要做到真正抓好重点，抓好主要矛盾，关键是自身要有好的作风。没有好的作风，重点就找不准，抓不狠，干不实。因此，一是要训练把握和驾驭矛盾发展的能力；二是要养成到第一线深入调查研究、面对面进行指挥的习惯；三是要培养对工作抓紧、抓细、抓具体、抓住不放、一抓到底的顽强作风。我希望通过几个大工程的锻炼培养，涌现出一批善于抓重点、抓关键的新的指挥人才来。

（摘自 1987 年 5 月 29 日察看天津铁路枢纽改造工程后在工程指挥部的讲话）

没有重点就没有章法

重点一般是制约全局、影响发展的具有决定意义的问题。什么是“扫黄”的重点？这应当因时、因地而异，就全国范围来说，当前要集中力量解决“黄源”的问题。对那些制作、贩卖淫秽出版物严重的单位和地方，不集中力量加以清除，“扫黄”就永远扫不净。有的地方卖淫嫖娼成风，“黄、赌、毒”俱全，已经形成了一股地下黑社会势力。对这些黑据点必须坚决拔掉，不允许姑息养奸。有些省份包括内地省份的一些出版社、印刷厂和书商，大量编辑出版、印制不堪入目的淫秽读物、低级庸俗读物和“黄色”录像带，并且有一套组织严密的地下发行网点。对这些单位必须彻底整顿，不能走过场。坏书要收缴封存，出版社、印刷厂要关闭，责任者要查处。我们现在一些地方出版社过多过滥，有些人员素质低下，组织混乱，正好借这个机会砍掉一批。对那些查实确有印制“黄色”物品的出版社、印刷厂等，要吊销其营业执照，对其人员特别是负责人要进行必要的教育、处理，不仅给予经济上的处罚，还要追究其行政或法律的责任。对那些专门制造淫秽录像、书刊和非法出版物的黑窝子，一定要“连锅端”，对主要的组织者、生产者、销售者要依法给予严厉打击。还有那些“一切为了赚钱”，卖书号、刊号助纣为虐的单位和个人，以及“黄色”书刊、音像带的掮客，也要重点查处。

各地要根据实际情况精心研究确定自己的工作重点。在地区上，全国有全国的重点，地方有地方的重点；在工作上，不同的地区和单位，侧重点和工作进度有所不同；同时，随着工作的进展，重点也会发生变化。因此，要注意具体分析，分类指导。对领导不重视的，重点要解决领导重视的问题；群众没发动起来的，要首先发动群众；工作不实的，要狠抓落实。抓重点必须下决心、下力量，锲而不舍，狠抓到底。在舆论上，要造成声势，引起全党和全社会的关注；在力量上，要调集精兵强将，集中力量打歼灭战；在部署上，要注意科学组织力量，选好突破口，有秩序地开展工作；在实施上，要雷厉风行，敢于碰硬，不达目的，绝不罢休。

当前，在清理各种非法的、反动的、有严重政治错误的出版物和音像制品的同时，要注意首先集中必要力量清理“黄色”制品。区分“黄色”作品与非“黄色”作品并不十分困难。除了明显的色情、淫秽的出版物、音像制品等外，对夹杂有色情内容、裸体半裸体画面的作品，主要看它创作、制作的目的和出发点，看整个作品的基本格调和基本趋向。在一些文学名著里，出于情节的需要，讲到男女私情时，有些细微描写或形象的图画，但整个作品的基本格调是高雅的、健康的、有益的，这类书刊或其音像、电影制品不应列为“黄色”的东西。有些作品不是这样，它夹杂色情、裸体半裸体东西的目的，是为了变着法子、拐弯抹角地兜售和宣扬淫秽的东西，或者是以淫秽的东西作为招徕观众或读者的手段，作品的基本格调是低下的、庸俗的、萎靡的，其社会效果是有害的，这一类作品就是“黄色”的东西，决不是什么“擦边球”，应该坚决予以禁止和取缔。还有一种情况，有些作品主题是正的、好的，但十分细致地展示和突出了作品中邪恶的东西或不健康的情节，或者脱离主题的需要安排一些“暴露戏”，以迎合观众不健康的情趣。这一类作品含有较多不健康的东西，要审慎地加以鉴别和处理。

抓重点，看准了就要抓住不放。要不为非议所动摇，不被困难所压倒。布置工作，有些只需要一般性讲讲、一般性号召一下，而对需要重点落实的工作就要想法子盯住不放。要用一切办法，使他感觉到他那里的工作在领导的头脑里挂了号，不认真抓落实不行。毛泽东同志说过：“世界上怕就怕‘认真’二字，共产党就最讲认真。”“扫黄”就得有这股认真劲！主管“扫黄”工作的同志，必须对自己负责的工作有清醒的认识，必须亲身参与重要工作的落实。总之，要注意抓重点。没有重点就没有政策，没有重点就没有章法，没有重点工作就没有波澜起伏，我们都应该学会抓重点。

（摘自1989年9月11日在南方四省“扫黄”工作座谈会上的讲话）

政法工作的基点和根本

政法工作必须明确的一个基本指导思想，即“为了人民，保护人民，依靠人民”。

当前，改革、开放已进入一个新的阶段，向政法工作提出了许多新的要求。比如，经济体制改革的不断深化和政治体制改革的逐步展开，需要政法工作及其他工作为其创造良好的社会环境；我国社会主义民主的日益发展，社会主义民主制度化、法律化的客观进程，要求进一步健全社会主义法制；在加强社会治安和维护社会秩序的过程中，要求精神文明和法制宣传紧密配合，教育手段和法律手段同时并用；同时，我们还要继续坚持依法从重从快打击严重刑事犯罪和严重经济犯罪，继续坚持同各种违反社会治安管理的行为作斗争，继续坚持进行社会治安的综合治理；等等。总之，在新的形势下，政法工作的任务不是轻了，而是重了，政法工作只能加强，不能削弱。对于这一点，我们不能有任何的动摇和放松。为了加强政法战线的工作，我们必须进一步明确政法战线的根本任务。我们的各项事业归根结底都是为了人民的利益，都是体现人民的愿望和要求的。政法工作作为整个革命事业的一个重要组成部分，不言而喻，它的根本任务也必然是为了人民、保护人民利益的。

明确保护人民利益，是我们政法工作的根本任务，有利于正确判断是非，妥善处理矛盾。我们所进行的改革是社会主义制度的自我完善，是历史的必然。它不仅符合全体人民的长远和根本利益，而且在当前也给多数人带来了实惠。因此，从本质上讲，改革本身不存在产生冲突的根源。但是，由于新旧体制交替，各种利益关系不断调整，法制建设和商品经济新秩序尚不完善，再加上由于工作中缺乏经验而出现的一些失误和漏洞，这些都有可能带来一些不安定因素，有时在局部地区和有限范围内也可能发生一些不应当发生的事情，乃至有少数群众闹事。这种闹事现象错综复杂，有的是人民内部矛盾的激化，有的是不满情绪的变态反映，有的是少数坏人的蛊惑煽动，有的是境外腐朽思想的渗透和敌对分子的破坏，这就增加了我们掌握原则、辨别是非的难度。但只要我们坚定不移地把保护人民利益作为根本任务，我们就能准确、有效地打击少数坏人，取得广大群众的支持和拥护。

毛泽东同志在讲到抗日战争时说过："战争的伟力之最深厚的根源，存在于民众之中。"战争时期如此，和平时期也是如此；经济建设如此，政法工作也是如此。为了群众必须依靠群众，这是我们一切工作的基本原则，也是政法工作的力量源泉。历史和现实的大量事实都证明，只有依靠人民群众，得到广大群众的支持，我们才能耳聪目明，才能形成强大震慑力量，才能有全社会的长治久安。

近几年来，天津之所以能够保持一个稳定的社会局面，天津政法工作之所以能够取得显著进步，受到中央的表扬，得到人民的拥护，原因是多方面的，但总的来讲，政法战线始终较好地坚持了依靠人民群众这个基本原则和基本方法，则可以说是一条最基本的经验。从大的方面说，天津人民为建设家乡、改变家乡面貌而进行的辛勤劳动，所取得的巨大成就，在人民中间形成的心齐气顺、奋发向上的精神风貌，为我们政法工作创造了一个良好的"大气候"，提供了一个很好的条件，这就是人民对我们的支持。具体讲，广大人民群众检举揭发坏人，提供破案线索，见义勇为同犯罪分子进行斗争，为教育挽救失足青少年进行艰苦的工作，以及普遍开展的法制宣传员、人民调解员、人民陪审员、户院联防、轮班巡逻等，都直接参与和有效地支持了政法工作。他们虽然不在编制之列，不穿制服，但他们确实是维护社会治安的一支巨大力量。所以说，我们的力量来源于人民，我们的一切成绩应该归功于人民。

今后，我们要继续把搞好政法工作的基点放在依靠人民群众上，坚持和发扬依靠人民群众搞好政法工作的优良传统。具体讲，要搞好三个结合。

首先，要把"严打"同综合治理结合起来。"严打"方针必须坚持，"严打"势头必须保持，任何时候都不能动摇。越是严，犯罪的越少，越是松，犯罪的越多。天津的一条重要经验，就是坚持“严打”不放松，今后还要继续下去。与此同时，必须依靠群众进行综合治理。要深入发动各行各业、各个阶层的人民群众，对社会治安齐抓共管，把惩治与教育结合起来，以形成正常的社会秩序和良好的社会风气。要采取政治的、文化的、教育的、行政的、法律的各种手段，来预防犯罪、减少犯罪、惩治罪犯、改造罪犯。必须明确，群众是综合治理的主体，群众中当然难免会有这样那样的缺点，但必须相信，群众通过参加综合治理会受到教育，得到提高，成为有道德、守纪律、敢于同坏人作斗争的公民。这就是马克思主义所说的，人民群众在改造客观世界的同时也在改造着自己的主观世界。与此同时，必须加强改造罪犯和帮教有罪错的人的工作，提高改好率，降低重犯率。要继承我们党在这方面的优良传统和丰富经验，探索在新的形势下，劳教、劳改部门与企业、学校、家庭、社会互相结合的各种教育和改造的方式。我们共产党人以解放全人类为己任，我们政法部门的同志也一定能够通过自己卓有成效的工作，化消极为积极，化腐朽为神奇，改造罪犯，使他们浪子回头，重新做人。

其次，要把专门工作同群众路线结合起来。政法各部门都要加强自身的业务建设，政法战线每个同志都要精通业务技能，熟悉法律知识，钻研政法理论，懂得犯罪心理，一句话，要提高业务素质，使各项专门工作更加适应新形势的要求。同时，在各项工作中都必须注意依靠群众、发动群众。政法战线的每一位同志，应该既是一名战斗员，又是一名宣传员、组织员。要善于组织动员群众，努力提高群众自防自治的能力。由于我们代表了人民的利益，只要真心实意地依靠群众，群众就一定会支持我们，同我们紧密配合。我们在实践中创造了许多专门工作同群众路线相结合的好做法，应该很好地总结、推广、提高，并且不断地创造出一些新的经验来。

第三，要把现代化的手段、方法同我们的优良传统结合起来。随着科学技术的发展，现在许多犯罪活动常常采用一些新的手段，我们必须以其人之道还治其人之身，用现代化的手段、方法、装备来对付犯罪分子，来提高我们的机动能力、应变能力和战斗能力。我们说要加强政法工作，就包含着这方面的内容。但是，仅仅靠现代化手段是不够的，我们还必须把现代化的手段、方法同我们政法工作的优良传统有效地结合起来。建国初期，我们的装备十分落后，但我们用很短的时间，就把一大批反革命分子镇压下去，就消灭了各种社会丑恶现象，建立了世所公认的良好社会秩序和治安秩序。我们要继承和发扬在长期斗争中形成的政法工作的优良传统，如爱民的传统，当好宣传员、工作员的传统，深入群众调查研究的传统，等等，这些都是依靠群众的传统。我们必须明确，任何现代化的方法、措施、手段的运用，都必须立足于依靠人民群众这个基点之上，离开了人民群众的支持和配合，不管多么现代化的手段也会失去效用。假如我们忽视了光荣传统，单纯地依靠武器、装备，就会变成“唯武器论”。我们要坚决反对神秘主义、孤立主义、技术至上的思想，把我们的工作深深地扎根于群众之中。

以上所讲的三个结合，核心是依靠群众。离开了这个核心，所有的方法就失去了灵魂，就会成为徒具形式的东西。对敌斗争是如此，处理人民内部矛盾也是如此。毛泽东同志早在 31 年前就指出：“什么叫正确解决人民内部矛盾？就是实事求是，群众路线。归根到底就是群众路线四个字。不要脱离群众，我们跟群众的关系，就像鱼跟水的关系，游泳者跟水的关系一样。”这是一条颠扑不破的真理。

（摘自 1988 年 7 月 30 日在天津市政法工作会议上的讲话）

选人主要看政绩

选人配班子，是个十分重要又十分复杂的问题，既要考虑全面，又要突出重点。

（一）要广泛听取意见。过去我们配班子，主要靠组织了解，这当然很重要，今后也还需要，但实践证明，这种单靠组织或少数人的方法也有毛病，容易看不准人。孟子曾经讲过："左右皆曰贤，未可也；诸大夫皆曰贤，未可也；国人皆曰贤，然后察之；见贤焉，然后用之。"他都懂得要多方面听取意见和亲身考察。大范围的民主推荐或对干部进行大范围的评议，不但可以避免少数人在用人上搞不正之风，同时，把这种方法普及开来，形成制度，坚持下去，就会增强干部的民主意识。因为决定他升降的不只在领导，主要在群众。报纸也要发一些这方面的文章，讲一些用人之道，反映一些群众的意见，使更多的人关心这件事，有个正确的看法，这本身也就是政治体制改革。

（二）要找正派的人。"要配好班子就得找好人"。这话当然是对的，但这里所讲的好人不是一般意义上的好人，指的是道德品质好和思想觉悟高的人。具体来说，他们必须是拥护十一届三中全会以来的路线、方针、政策，坚持十三大通过的"一个中心、两个基本点"，坚持四项基本原则，积极主张并参加改革开放，不搞自由化和僵化的；他们必须是全心全意为国家办事、为人民谋利益，一切言行都是以党和国家民族大业为出发点，而不是以其他，例如，以个人、小团体利益为出发点的；他们是尽心竭力、兢兢业业拼命工作的，不怕苦、不偷懒、不停顿地想事，没完没了地干事，永不满足，永不懒惰；他们光明磊落，有话讲在当面，有错不怕批评，不搞小动作，不搞拉拉扯扯，不搞团团伙伙；他们坚持原则，坚持真理，不怕得罪人，不当老好人，敢于仗义执言，为真理不顾一切；他们为人诚恳，待人宽厚，决不背后整人，对任何人哪怕是犯了错误的人，反对过自己的人，也是满腔热情地去帮助、去对待，甚至“书生气”地宣传这些人的长处。当官对他们讲是什么？就是受苦；有权对他们讲有何用？就是负责。这样的人才是我们需要的人，只有选这样的人进班子，天津的各项事业才有希望。

（三）要注重办事能力。什么叫做好班子？简单的讲就是忧国为民能办事的班子。忧国为民是德，是觉悟；能办事是才，是水平。首先应该重视的是德，是为人民服务，对人民负责。但一个好的班子不只是要有德，而且要有才，要能办事。从某种意义上讲，班子重要的就是因为它要办事，班子好，可以办很多事；班子不好，许多事就办不成。办事，包括肯办事、敢办事、会办事。能办事是个综合指标，没有理论不行，光有理论没有实践经验也不行。比如有些人话说得挺顺溜，找毛病没有，论用处不大，也就是人们常说的既没有错处，也没有用处；药方开得挺多挺全，但不对症下药，不能治病。这种人，一方面缺乏实际工作能力，不能办事，容易误事；一方面又容易讨好，容易通过。要配好班子就不能用这种人。

（四）要讲究结构配比。一个领导班子，特别像天津这样大城市的领导班子，它的任务是很重的。要办的事不仅很多，而且涉及的方面很广。要应付这么个局面，把事情办好，必须有各方面的知识能力。具体到人上，就是必须有熟悉和擅长各方面的人才。如同一个好的乐队，有会吹的、有会打的、有会弹的、有会拉的，还得有会指挥的，否则就不可能演奏出好的乐章。一个好的班子必须是你擅长这方面，他精通那方面，各有长短，组合在一起就成了面面都行的好班子。当然也要有比较全面一点的、知识多一点的人负责全面工作，如同乐队的指挥。但这种人也不能多，多了也可能误事。有的班子之所以一个个数不软，加在一起不强，毛病就在这里。满盘象棋都是车，见面就“兑”没法走。因此，配班子选人，首先是从各方面的工作需要出发，因事选人，其次才是按人派事。比如，选工业方面的领导，必须是在熟悉工业工作的优秀人才中去比较、去挑选。同样，要找教育方面的领导，也必须从熟悉教育工作的优秀人才中去比较、去挑选，而不能从根本不熟悉的人中去挑选。现在建筑常采用钢筋混凝土结构，因为它可以经受各方面力量的冲击，而钢筋混凝土是很讲究配比的。钢筋受拉好，受压不行，混凝土受压好，受拉不行。把两者结合在一起就产生了一种特殊的力量。但如果把配比搞错了，或只用一种缺一种，这座建筑就会出问题，乃至发生事故。我看班子配比不好也会出现问题，也会发生事故。

（五）看人主要看政绩。一个人怎么样，主要看他的工作过程及结果，而不是凭关系，更不是凭领导印象。政绩是一个人各方面的综合反映，工作不肯干，政绩出不来；没有真本事，政绩出不来；群众不拥护，政绩出不来。所谓能办事，主要的标准就是政绩。我们现在的毛病在于一方面大家都反对说空话的人，另一方面干事多的人又常常得不到支持，甚至干事越多，人们意见越多。凡干事的人就得说话，就得办事，就得待人，而老说话难免有错，老办事难免有误，老待人难免有怨，加在一起就叫做说错了话，办错了事，得罪了人。结果缺点比不办事的人还多。办事不多的人，你说不出他有多少具体的毛病，常常容易通过。但如果以这种人为主体组成一个班子，我看不行，因为他只想当好人，不想多干事，也很难说他能忧国为民。坚持用人看政绩，即不要只听他怎么说，主要的是看他干了哪些事，这样公道、科学，人们服气，也可以避免发生大的偏差。如果真的这样做并不断地宣传、提倡，久而久之，逐步形成风气，使干事的人光荣、受尊重，不干事的人耻辱、吃不开，人们就会去努力干事，而不是把精力用在串门、送礼、搞关系上。

（六）要正确看待优点和缺点、特点和弱点。人和其他任何事物一样，都是一分为二的。由于时间有限，实践的范围有限，一个人往往是这头长那头短，那头长这头短，有时长是短的原因，短是长的结果，完美无缺的人世界上根本不存在。同时有些优点和缺点是伴生的，如果不注意保护优点，一味死抠缺点，缺点是没有了，但优点也就没有了。对一个人要一分为二，但一分为二不是半对半，不分主次是折衷主义。一个人七分或八分是优点，优点又很突出，那就是好的，就是我们需要的。相反，如果这个人七分是缺点，那就基本不行。因此，必须把握好优缺点的分量。如果把缺点一味渲染扩大，三就变成了四或五或六了，同时再把优点一贬低，这样稍一偏，优、缺点分量就不准了，优秀的人才可能被看作毛病很多的人物。看人必须抓主要面，看主要面是缺点还是优点，既要看缺点对国家有多大害处，更要看优点对国家有多大用处，要估计得恰如其分。就一般讲，要先看长处后看短处，发挥长处避其短处，在发挥长处过程中补其短处；先看优点后看缺点，在发挥优点过程中克服缺点，而不是首先抠缺点把人制住。有些同志常常以个人好恶作为标准，把别人的特点、个性当成了缺点。如这个人活跃一点，就说他咋咋呼呼；这个人稳当一点，就说他暮气沉沉。我们为什么“万金油”式的人多，我看是和我们不允许个性存在有很大关系。如果人人都按一个模式、一个标准，管得又严又死，就会把人搞得圆头圆脑、没棱没角，使特点不能发挥，从而埋没了人的才华。一定的实践范围造就一定的人才，有些真正可贵的东西，很可能就是你看不惯的东西，个性的东西，即所谓殊众的东西。王维讲“贱日岂殊众？贵来方悟稀”，是说可贵的东西开始不明显，不注意容易丢失掉。

（七）要努力区分主见、主观，自信、自满。主观和自满对一个领导者来说确实是一个大的忌讳。领导的高明之处并不是一般地讲个人的才智，最主要的是他善于把群众中好的东西集中起来、坚持下去。我们的基本理论是群众创造历史，群众是历史的主人；我们讲的实践是社会的实践，而不是讲某个人的实践。所以一个领导者不坚持群众路线，不吸收群众的智慧，不能团结、带领群众，是个光杆司令，就不可能很好地完成任务，也不能算是好的领导者。但人们常常忽视与此相联的另外一面，即领导者有没有主见与自信也是个重大原则问题。作为领导者自己没信心，怎么叫人对你有信心？自己没主见，遇事拿不出办法，或有办法而不敢决断，人云亦云，东倒西歪，今天这么着，明天那么着，怎么能保证政策的连续性和理论的一贯性？别人怎么能跟随和遵循？多谋善断，当机立断，历来是做领导的基本要素。这个要素也表现为能够力排众议，坚持自己的意见，这个坚持在没有结果、是非未分时，也可能被人们认为主观。因此，领导干部主观、自满不行，没有主见和自信也不行。没有主见和自信的人干不成大事。自满和自信，主观和主见有时很难分辨和区分，它们有很多形似之处，真把它们分得很清也不容易，但我们在思想上必须明确，不能以反自满和主观为名，搞一些没有主见、没有信心的窝窝囊囊、随风倒的人上来，这是能否把班子配好的一个关键。

（八）要正确理解知识、才能与学历、文凭的关系。为了提高干部队伍素质，适应四化建设的需要，我们必须注意干部的科学文化知识，正因为如此，这几年我们在选人员、配班子时比较重视学历与文凭。就一般来讲，学历和文凭可以代表或说明一个人的文化水平，应该说这是我们的一大进步，也取得了很大成绩。但在坚持这一条的过程中，我们确实也犯过一些毛病，乃至因此吃了一些苦头，这就是我们有些人把学历、文凭看得过于神圣，过于绝对，似乎只要有了文凭就有了一切。其实，学历、文凭并不等于知识；文凭、知识也不等于才能；知识、才能更不等于贡献。而我们要选的是那些既有知识、有才能又能做贡献的人。什么是知识，概括地讲是生产斗争和阶级斗争的知识，具体下来，确实是一个非常宏大的领域，书本上的知识只是一部分；同时，书本也包括在工厂、家庭自学的书本。我们有许多人没有上过大学，看学历很低，要文凭没有，可是论对某一方面的了解，包括书本知识，比有大学文凭的人还要多，我们怎么能把这样的人排斥在外呢？四化建设既是个大考场，又是个大课堂，我国正在用人之际，切不可忽视这个课堂。至于贡献，这是一个更为复杂的问题，不仅联系才，而且联系德。不是讲“才华秀出谓之英，胆力过人称之雄”吗？而胆力是一个更为复杂的问题。因此，把学历、文凭绝对化不对，把知识、才能绝对化也不对。

（九）要警惕嫉贤妒能。笑人之无，气人之有，这是中国流传久远、影响较深的一大毛病。现在一个普遍现象是表彰谁谁挨攻，宣传谁挑谁的毛病，因此许多人怕表扬，怕“曝光”。这是一个很不好的现象，如果不警惕并采取必要的措施，有能力的人就提不上来。我们是要坚持群众路线，广泛听取群众的意见特别是基层广大群众的意见，但有时对有的意见也要加以分析。古人讲“忠直之忤于主，独立之负于俗”。忠直的人为了坚持真理常常跟领导有些争议，有独立见解的人常常跟多数人看法不一样。地球是圆的，开始创立这个学说的人，不是很孤立嘛！所以，马克思主义讲检验真理的唯一标准是实践，不是“公认”或“多数人的意见”。不知道大家是否看过《基度山恩仇记》，你看嫉妒可以产生什么结果。其中有个长老，好像叫法利亚，以自私和嫉妒作为依据，分析推理主人公的仇人是谁何等准确。无数的事实证明，嫉贤妒能极大地影响我们社会的安定团结，影响了一些人才的发现、使用和发挥作用。我们中国历史上很早就把克服嫉才当作大问题，提倡任人唯贤，反对任人唯亲，提倡外举不避仇等等。管仲和齐桓公原来是什么关系？“射钩之仇”；魏征和李世民原来是什么关系？冤家对头。但管仲和魏征仍能被委以重任，难道我们还不如封建社会统治阶级的头子？我们要提倡荐贤为公，不以个人亲疏为根据，不以个人好恶为标准，而应以大局为重，党和国家事业为重，广大人民的利益为重，并且表彰那些为国荐贤的人，警惕、抵制和批评那些搞宗派、搞小动作，不琢磨事、光琢磨人、专门琢磨干事人的人，以保证我们选人过程不出大的问题，换届工作顺利进行。

（十）要使干部能上能下经常化、制度化。中国目前是个特殊的阶段，要一下子完全解决干部能上能下问题不大可能，但这个方向必须坚持，起码可以是老人老办法，新人新规矩。新上来的大多是解放后参加工作的人，为什么同时期的人这个能上来做领导而那个就不行，原因只有一条，就是看谁能够给国家和人民办事。因此，凡能给国家和人民办事的干部，也就是称职的干部，可以接着干下去，否则就应该下来。这不是哪个人的问题，而是国家和人民的大利益。我们常讲不要占着茅坑不拉屎，不称职的干部要比占茅坑不拉屎严重得多，领导干部没有功就是过，没有成绩就是问题。现在领导都要讲工作，讲指标，讲效益，一个人的工作好坏联系到整个的局面；其实自己干不了，又不下来，对自己也是一种折磨。同时，在一个班子中，你不称职，又不下来，别人就进不来了，这不利于新的优秀人才的发现和锻炼。打破终身制，首先要解决观念问题，要宣传干什么都一样的观点。不是讲“智者尽其谋，勇者竭其力，仁者播其惠，信者效其忠”吗？能干什么就干什么嘛！有什么不好呢？一个人对社会的贡献大小，不取决于职务而在于尽心竭力；只要全心全意，只要工作第一、他人第一、革命第一，就是个高尚的人，有益于人民的人。外国的政界大都是先在议会当议员，然后逐步参加竞选当总理或总统。我们现在是市委、市政府下来再到人大、政协，这样就注定了人大、政协的成员年龄都大。因此，我们想逐步地加以改变，由现在的单项改成双项，即人大、政协也要搞些年轻人。因为对有培养前途的年轻人，需要叫他们早些接触上层，在人大、政协锻炼一阵，得到提高以后，有的可以到市委或市政府工作。当然，还会有由市委、市政府退下来的到人大、政协。这就叫做双向流动，这样人大、政协也会增加活力。总而言之，要提倡流动，能上能下，能官能民，能干这个也能干那个。

（摘自1988年3月5日关于《天津日报》“您心目中的领导者形象”专题讨论的总结）

处处都有辩证法

任何个人、任何政党、任何国家，要想赢得主动、有所作为，都必须放眼世界、放眼未来，都必须提倡思考、提倡探索，做到与时俱进。要具体地思考、深入地思考、连贯系统地思考，思考现在、过去和未来，思考自己、他人和整个世界，思考实践、理论和理论与实践相结合。

（摘自2002年5月23日会见乌克兰总统库奇马时的谈话）

地球越来越小，发展越来越快，慢走一步，差之千里；耽误一时，落后多年。

（摘自 2000 年 3 月 11 日在中国人民政治协商会议第九届全国委员会第三次会议闭幕会上的讲话）

如果只研究中国，不研究世界，就会落后世界潮流；如果只研究世界，不研究中国，就会脱离中国国情。

（摘自 2001 年 7 月 2 日接见中国经济社会研究会理事时的讲话）

简单地说别人的东西都不好，或简单地说我们的东西都不行，都是十分错误的。吸收别人好的东西，保持自己特有的东西，把他的好与我的好相加，等于比他更好。

（摘自 1993 年 1 月 27 日听取深圳市委、市政府工作汇报时的讲话）

伟大的任务需要广泛的团结，广泛的团结创造伟大的业绩。

（摘自 1993 年 3 月 27 日在中国人民政治协商会议第八届全国委员会第一次会议闭幕会上的讲话）

人多是中国的基本国情，中国许许多多问题是人多造成的，许许多多问题的解决也必须在人多上打主意。

（摘自 1999 年 6 月 25 日在政协第九届全国委员会常务委员会第六次会议上的讲话）

讲超编，整个国家都超编！中国很多人没活干，也有很多活没人干。只要方法得当，人多可以变成优势，“包袱”也可以变为财富。

（摘自 1996 年 12 月 2 日在听取天津海防路工程建设情况汇报时的讲话）

要承认落后，承认落后才能改变落后；要学习先进，学习先进才能赶超先进；要加快发展，加快发展才能赢得人心。

（摘自 2001 年 3 月 12 日在中国人民政治协商会议第九届全国委员会第四次会议闭幕会上的讲话）

中国存在的许多问题，或者说有许多“病”，根子都是“穷病”，是由于贫穷带来的“病”。对于我们来说，发展是硬道理。

（摘自 2000 年 10 月 10 日会见玻利维亚前总统、左派革命运动主席萨莫拉时的谈话）

中国存在许多问题根本都是个发展问题，中国要解决许多问题关键也在于加快发展。

（摘自 2000 年 6 月 11 日会见新加坡内阁资政李光耀时的谈话）

过去讲，“卫星上天、红旗落地”；现在看，要想红旗不落地，卫星必须早上天。

（摘自 1991 年 5 月 21 日听取浙江省委、省政府工作汇报时的讲话）

夏天有苍蝇、蚊子，但夏天能长出我们所必需的粮食和各种作物；冬天虽然少一些害虫，但冬天也不长庄稼，因此，谁也不会希望总是过冬天。

（摘自 1995 年 6 月 22 日会见巴西总统卡多佐时的谈话）

一个时期对发展起积极作用而被肯定的东西，在另一个时期就可能成为制约发展而被否定的东西。我们要敢于自以为非，善于超越自我。

（摘自 2000 年 5 月 15 日会见委内瑞拉总统查韦斯时的谈话）

中国是一个巨人，只要稳步走，步子就是大的；只要不摔跤，就是一个了不起的成绩。最可怕的是自己折腾自己，自身先发起烧来。

（摘自 1988 年 3 月《谈城市协调发展》一文）

迈小步不停步，少走弯路回头路。

（摘自 1987 年 12 月 26 日在中共天津市委会议上的讲话）

主张开放，是马克思主义的应有之义，否认开放不是真正的马克思主义。对中国人来讲，马克思主义本身就是从外国引进来的。

（摘自 1989 年 10 月 30 日会见美国前总统尼克松时的谈话）

改革开放是一场革命。都看得惯，就不叫革命了；都和过去一个样，就不叫进步了。

（摘自 1987 年 6 月 15 日与天津警备区部分干部战士的对话）

改革不可能每一步都使每一个人得到利益，但无论如何不能损害多数人利益；改革从总体上提高了人民的生活，但无论如何不能忘记生活暂时遭遇困难的人；改革必须依靠精明的领导者、依靠科学技术，但无论如何不能忽视劳动人民的作用。

（摘自 1993 年 6 月 10 日听取安徽省委、省政府工作汇报时的讲话）

在改革开放的全过程中，始终都要把握好改革的力度、发展的速度、稳定的程度，处理好改革、发展、稳定三者的关系。

（摘自 1995 年 4 月 10 日—16 日在辽宁考察工作期间的谈话要点）

如何做到有计划地放开，有控制地搞活，是一个必须研究解决的大课题。放得开、放得活，是控制能力强的表现。要放风筝，不要“放生”，就是放得出去又收得回来，从放的程度看收的本事。

（摘自 1989 年 9 月 9 日—14 日考察广东时的谈话）

我们纠正“一手软、一手硬”，应当使软的一手变硬，而不应当使硬的一手变软。

（摘自 1989 年 10 月 13 日同出席全国马克思主义哲学研究与干部哲学教育研讨会全体代表座谈时的讲话）

有些事情在新形势下是必需的，不能用旧观念把它看成是问题；有些事情在任何时候都是不好的，不能以新形势为借口不把它看成是问题。

（摘自 2001 年 9 月 29 日在政协第九届全国委员会常务委员会第十五次会议上的讲话）

任何一项改革措施出台都要考虑前行后序，左邻右舍，统筹谋划，整体推进，审慎地把握好人民群众总体受益原则和总体承受能力原则，以便把改革可能引起的社会震荡减小到最低程度。

（摘自 2000 年 5 月 11 日在加中贸易理事会举办的午餐会上的讲话）

配套改革是协调发展的动力，协调发展是配套改革的目标。我们必须对两者统筹兼顾，以配套改革促进协调发展，以协调发展支持配套改革。

（摘自 2000 年 5 月 11 日在加中贸易理事会举办的午餐会上的讲话）

一个国家、一个民族、一个政党，最大的忧患是没有忧患意识，最大的问题就是对问题缺乏警觉。

（摘自 2002 年 3 月 5 日看望政协中共界委员时的讲话）

我们自己必须保持清醒的头脑：决不能因为别人的低估就妄自菲薄，悲观失望；也不能因为别人的高估就妄自尊大，忘乎所以。

（摘自 2001 年 3 月 12 日在中国人民政治协商会议第九届全国委员会第四次会议闭幕会上的讲话）

判断一个国家是否构成威胁，不在于它发展快慢、是否强大，正像一个人是不是伤害别人，并不在于他的个子大小、身体强弱，而要看他的品德和为人。

（摘自 1999 年 12 月 11 日就“中国威胁论”等问题接受日本广播协会（NHK）电视采访时的谈话）

一个地球，一块地；一个星球，一片天。海水没有边界地来回流动，空气不用签证地进进出出。环境保护，不仅需要各国自己的努力，还需要加强国际合作，靠大家共同努力来解决。

（摘自 2001 年 9 月 4 日会见出席“二十一世纪论坛”会议外方代表时的谈话）

地球是慷慨的，她养育了一代又一代人类；地球是无情的，她也报复了恣意施虐、过度索取的人类。地球是我们唯一的栖身之所，糟蹋地球就是糟蹋我们自己。

（摘自 2002 年 5 月 27 日会见英国副首相普雷斯科特时的谈话）

保护环境就是保护人类，拯救地球就是拯救未来。

（摘自 1999 年 6 月 23 日在国际建筑师协会第二十届大会开幕式上的讲话）

许多事情我们可以讲一千个理由、一万个理由，但老百姓吃不上饭，就没有理由。“民以食为天”，“饭”字半边是“食”字，半边是“反”字，没有食就会反。

（摘自 1999 年 7 月 6 日听取伊春市委、市政府工作汇报时的讲话）

利益的作用激发了人们的进取意识和创造热情，给社会注入了发展活力；利益的驱动也使一些人的私欲膨胀，带来诸多消极负面的东西。

（摘自 2000 年 12 月 6 日在全国统战工作会议上的讲话）

四项基本原则和改革开放，是四化建设最根本的问题，都是为了经济建设这个中心，都是为了发展社会生产力，很难说哪个是主，哪个是次，不存在什么“纲”与“目”的关系。

（摘自1987年6月15日与天津警备区部分干部战士的对话）

有些人形成了一个习惯，对任何事情都要先定性，先问是社会主义还是资本主义。我讲过，先生孩子后起名。孩子生下来，先起个小名，这小名不讲究，叫阿猫、阿狗、铁蛋都可以，关键的问题是孩子要养得好，要结实，要聪明，要有本事。

（摘自1998年4月17日同温州市领导和企业界人士座谈时的讲话）

不同的人或同一个人在不同时期，思想问题是不完全一样的，不能企图用一种方式、一个办法，比如开一次会或者谈一次话，就能把情绪都理顺，把积极性都调动起来，事情没有那么简单。

（摘自1990年11月18日听取湖北省委工作汇报时的讲话）

大步向前，有人在后边嚷两句、骂两句，不要紧，不要管他。你越把他当个事，他越觉得自己很了不起。

（摘自1986年1月9日在全国第四期市长研究班学员座谈会上的讲话）

按锁配钥匙，锈锁先膏油。把思想问题比做锁，是先有锁，钥匙后配。对很落后、难办的人，转化得有个过程，得先点一点儿油，慢慢再捅，不然不是把锁捅坏了，就是把钥匙弄断了。

（摘自1989年11月8日在京津沪企业思想政治工作研讨会上的讲话）

我向来不赞成随便划分“左”“右”的做法。一般的是非问题不能说左和右，是什么就是什么，何况现在许多问题到底怎么看还在实践、研究过程中。

（摘自1998年7月9日、13日与部分政协委员就经济问题座谈时的谈话）

假如你对群众讲的是“吃苦在先，享受在后”，而群众看到你的行为却是“好处全占，吃亏不干”；你对群众讲的是艰苦朴素、勤俭节约，而群众看到你的行为却是挥霍浪费、铺张排场，群众怎么能信服你，你讲的还有什么用？

（摘自1990年5月18日在中国职工思想政治工作研究会第六次年会上的讲话）

民主建设是一个永无休止的过程，所有的国家都处在这个过程之中。尽善尽美、无须再发展的民主是不存在的。

（摘自1997年6月2日会见希腊议长卡克拉马尼斯时的谈话）

否定民主对社会发展的进步作用，对民主政治建设不积极不热心是错误的。不顾我国具体国情，照抄照搬西方民主模式是危险的。把发展民主看得过于简单，急于求成是会误事的。看不到我国民主政治建设所取得的成就，对前景缺乏信心是没有根据的。

（摘自1999年3月11日在地方政协主席座谈会上的讲话）

足球、篮球比赛都有边线，出线不行，在线内折腾也有许多规矩，马拉松赛跑也有规定路线和终点嘛！

（摘自 1989 年 8 月 9 日在文化部汇报会上的谈话）

真实、全面、及时地弄清群众在想什么，并不容易。如果没有民主、和谐的气氛，就不容易听到真话；如果缺乏闻过则喜的胸怀，就不容易听进真话；如果对听到的情况不作科学的综合分析，就不容易抓住事物的本质和主流。

（摘自 1991 年 3 月 17 日在重庆考察工作时的讲话）

社情不等同于民意，但社情包含着民意；民意不等同于社情，但民意是最重要的社情。在许多情况下，社情就是民情。因此，了解和反映社情民意，最主要的是了解和反映民情民意。

（摘自 2001 年 6 月 29 日在政协第九届全国委员会常务委员会第十四次会议闭幕会上的讲话）

在群众观点的指导下进行民主政治建设，在民主政治建设中体现群众观点，这是我国民主政治的显著特征和固有优势，也是发展我国民主政治的必然途径和基本方法。

（摘自 1994 年 3 月 19 日在中国人民政治协商会议第八届全国委员会第二次会议闭幕会上的讲话）

我们的目标在哪里？动力在哪里？智慧的源泉，是非的标准，克服困难、坚持原则的勇气在哪里？统统在这里，在为人民靠人民之中。

（摘自 1990 年 1 月 6 日在河北省六大班子成员座谈会上的讲话）

只有心中有人民，人民心中才有你。

（摘自1989年10月14日会见中华教育艺术研究会刘吉、曲啸、李燕杰、李永田四同志时的谈话要点）

要想靠人民，首先为人民。

（摘自1986年11月《两个文明结硕果，共同理想放光辉》一文）

要经常想想群众在我们心目中占什么位置，我们在群众心目中是什么形象。

（摘自2000年9月11日听取山东省委、省政府工作汇报时的讲话）

人民群众是我们的生存之本、胜利之本，离开了人民群众我们就一事无成、一无所有。对共产党的领导干部来说，心里没有群众，就是忘本；对群众的疾苦漠不关心，就是变质；滥用手中的权力欺压群众，就是对共产党的背叛。

（摘自2000年9月11日听取山东省委、省政府工作汇报时的讲话）

多想些群众的冷暖，少想点个人的“政绩”；多搞些“雪中送炭”，少搞点“锦上添花”；多办些具体的必要的事，少讲点空话、废话。

（摘自2001年3月7日在九届全国人大四次会议天津代表团会议上的发言）

靠实践与靠群众是一致的，离开群众，就无所谓社会实践；

没有实践，依靠群众就成为空谈。

（摘自 1999 年 2 月 26 日会见越共中央总书记黎可漂时的谈话）

四化为了富民，也只有富民才能实现四化。四化每前进一步，人民就富裕一步，一步步“化”，一步步富。不能设想让人民长期忍受困难，寄希望于遥远的将来。

（摘自 1984 年 2 月 18 日在天津市人民政府全体会议上的讲话）

群众的某些困难，在你可能不算很大，在他则可能关系重大；在你可能不费太大的劲就能解决，在他则可能费很大的劲也过不去。

（摘自 1988 年 1 月 12 日、18 日在听取天津市第五次党代会报告起草组汇报时的谈话）

群众最可敬，他们有无穷无尽的力量，社会的财富靠他们来创造；群众最可爱，只要你真心实意地为他们服务，他们就真心实意地支持你；群众最可怜，他们确有许多实际困难，而对我们的要求并不高；群众最可畏，不管什么人，惹怒了他们就可以使你垮台。

（摘自 1987 年 2 月在研究起草市政府全体会议讲话时的讲话）

全心全意为人民服务是我们的最低要求，也是最高要求。所谓最低要求，是每个共产党员必备的条件；所谓最高要求，是我们要为之终身奋斗也办不完的事情，“鞠躬尽瘁，死而后已”。

（摘自 1986 年 1 月 9 日在全国第四期市长研究班学员座谈会上的讲话）

困难中包含着胜利，艰苦中孕育着光荣。困难越大，成绩越大；辛苦越多，荣誉越高。

（摘自 1988 年 3 月《一切为了人民，一切依靠人民》一文）

我们许多事情没有干好，不是失之于道理不明，也不是招法不对，而是缺乏实干苦干。

（摘自 1995 年 10 月 31 日在《中国京剧音配像精粹》首发式上的讲话）

现在是百业待兴，百事待举，要把所有的事都找出来，分分类，排排队。不加选择，眉毛胡子一把抓，核桃栗子一齐数，其结果必然是螃蟹吃豆腐，吃得不多，抓得挺乱。

（摘自 1985 年 5 月为《天津日报》撰写的特约评论员文章）

中国的小勺多，你别看小，锅再大也经不起捞。

（摘自 1986 年 11 月 5 日答中央电视台记者问）

坚持协调渐进，注意整体效应。古人说：倾国宜统体，谁来独赏眉。五官单个虽好，但相互不协调，也是丑八怪。

（摘自 1990 年 5 月 25 日听取珠海市领导班子汇报时的讲话）

国民经济是一个有机整体，其各个组成部分互相联系、互相制约。这就如同一架机器，各个部件各有功能，其正常运转是由部件和总体性能决定的，能快不快就会浪费机器，盲目求快就会损坏机器。

（摘自 1995 年 10 月 7 日在政协第八届全国委员会常务委员会第十四次会议上的讲话）

许许多多的事情，如果不注意内在联系和整体协调发展，不讲“微调”，只搞“大修”，没有不吃亏的。

（摘自 1988 年 3 月《谈城市协调发展》一文）

存在差异并不都是坏事，差异使世界丰富多彩，差异使交流与合作成为必需。

（摘自 1997 年 12 月 17 日在澳大利亚总理霍华德为庆祝中澳建交 25 周年举行的招待会上的讲话）

事物是可分的，但斗争是多样的，两个人谈心、争论，把思想统一了；手术刀和病灶斗，把病去掉了；扁担和肩膀斗，把水挑回家了。这就是斗争方式的多样性。

（摘自 1999 年 9 月 9 日听取陕西省委、省政府工作汇报时的讲话）

整个世界竞技运动的发展都是以对方强大为提高自己的前提。对方强了你打不过，你就要想办法，就可以发展；如果对方越打越软，就促进不了自己的发展。比如说武松是英雄，那是因为他打死了老虎，他要是打了一只猫，就算不上英雄了。

（摘自 1991 年 5 月 13 日接见第四十一届世界乒乓球锦标赛中国代表团时的谈话）

许多比赛之所以不能取胜，不是输给对手，而是输给自己，因为自己身上的包袱太重。骄傲是包袱，急躁是包袱，气馁是包袱，想得太多、患得患失、不动脑筋、马虎大意也是包袱。

（摘自 1994 年 9 月 27 日为第十二届亚运会中国体育代表团送行时的讲话）

在估价成绩和失误时，不因成绩巨大而忌言失误，也不因揭露失误而抹煞成绩；在对待具有顽强生命力的新生事物幼芽时，既肯定、保护、扶植，又不忘去掉附着在它身上的旧事物残片；在处理两难选择的问题时，既要果断又要瞻前顾后，使之对全局产生有利影响，并为今后的发展作一些铺垫。

（摘自 1989 年 10 月 13 日同出席全国马克思主义哲学研究与干部哲学教育研讨会全体代表座谈时的讲话）

冷静地想一想，掌声、歌颂未必真帮忙，批评、反对不是都添乱。

（摘自 2002 年 2 月 1 日听取中央统战部汇报时的谈话）

听到闲言碎语，不要垂头丧气；听到赞扬颂歌，不要洋洋得意；做到骂街的多了不动摇，喊好的多了不昏然。

（摘自 1985 年 1 月 9 日与《中国城市经济社会年鉴》记者的谈话）

统一战线是同和异的矛盾统一体。有同无异，就没有必要建立统一战线。有异无同，就建立不起统一战线。求同存异，才能建立和发展统一战线。

（摘自 1993 年 11 月 5 日在全国统战工作会议上的讲话）

我们共产党和民主党派要“长期共存”，就要以对方的存在、发展为前提和条件。“肝胆相照”，要有“肝”有“胆”，光有“肝”没有“胆”，怎么“相照”？

（摘自 1993 年 3 月 23 日在全国统战部长座谈会上的谈话）

长期共存是互相监督的前提，没有长期共存，监督就无从谈起；互相监督是长期共存的目的，离开互相监督，共存就失去意义。

（摘自2000年8月11日在中国农工民主党成立七十周年纪念大会上的讲话）

我们讲研究问题，最主要的是研究特点；讲认识事物，最主要的是认识特点；讲结合实际，最主要的也是讲结合特点。

（摘自1993年9月19日听取江西省委、省政府工作汇报时的讲话）

我们这么个大国，960万平方公里的地方，11亿人口，经济上不平衡，情况千差万别，企图用一句话把全部问题概括出来，很难不出娄子。

（摘自1989年8月26日接见全国整顿清理文化市场工作会议代表时的谈话）

特殊性和共同性是相对的，在这个领域看是特殊的，从另一个领域看又可能是共同的。

（摘自2001年12月6日在全国地方政协工作经验座谈会结束时的讲话）

一块木头是什么？就是一块木头，这个回答并没有错，但它还是什么？这就要看具体情况。拿它来做家具就是原料，拿它来烧火就是燃料，拿它来挑水就是工具，拿它来和坏人斗争就是武器，拿它来行凶打劫就是凶器，拿到法庭就是证据，但还是那块木头。这就是质的多样性。

（摘自1997年6月29日在政协第八届全国委员会常务委员会第二十一次会议闭幕会上的讲话）

世界上的事情是复杂的，有些事情要多做多说，有些事情要多做少说乃至不说，有些事情必须做、经常做但未必经常说，尤其不能不分场合地说，比如，人人都要吃饭，都要拉屎，而人们常常只说吃饭，却很少说拉屎。

（摘自2001年2月12日在中央工作会议上的讲话）

坚持马克思主义必须坚持理论与实际相结合，结合是运用，结合是目的，结合是坚持，结合也是发展。离开结合谈坚持、谈坚决、谈坚定，只能是空话、大话、假话，只能给马克思主义抹黑乃至窒息或断送马克思主义。

（摘自1997年12月7日同越共中央政治局常委黎可漂会谈时的谈话）

怀疑马克思主义的科学性、摇摆不定是危险的；把马克思主义与实践相割裂、教条式理解、贴标签式应用是会误事的；拘泥于马克思主义的个别论断、墨守成规、停滞僵化是有害的。

（摘自1999年10月9日会见越共中央政治局常委范世阅时的谈话）

邓小平说，不争论，是他的发明。人们说，不争论，是邓小平的高明。

（摘自1999年12月2日会见斯里兰卡总统库马拉通加时的谈话）

有些事情来回地争论，争论十年、二十年，到头来一事无成，把时间也丢了。应先干起来再说，在干的过程中研究比较，在干的过程中总结提高。

（摘自1999年6月25日在政协第九届全国委员会常务委员会第六次会议上的讲话）

讲原则而不空泛，讲具体而不琐碎。

（摘自1985年5月为《天津日报》撰写的特约评论员文章）

脑袋长在自己肩膀上，不能放在别人的胳膊上。

（摘自1985年5月为《天津日报》撰写的特约评论员文章）

说什么事情不行、不对容易，而说怎么行、怎么对很难。

（摘自1992年8月10日听取内蒙古自治区党委负责同志汇报时的讲话）

我们以往的毛病多在于把问题看得过于简单。由于看得简单，结果反而使问题复杂化。

（摘自1997年11月27日在全国地方政协主席座谈会闭幕会上的讲话）

不能简单地以自己为标准评判他人、评判是非。比如，自己长得丑并不希望找个老婆或丈夫也丑；自己没文化总不希望自己孩子也没文化。

（摘自2001年5月2日在出访亚非四国结束午餐会上的即兴讲话）

和你一样的不一定就对、就好，和你不一样的不一定就错、就差；你对很多人看不惯，其结果常常是很多人对你也看不惯。

（摘自2001年5月2日在出访亚非四国结束午餐会上的即兴讲话）

权力和真理是两回事，权力大，未必真理一定多。

（摘自1987年6月11日在天津市调查研究工作会议上的讲话）

认为自己凡事都能说明白的人，这个人常常是不明白。若干人就是因为老认为自己什么都明白，最后做了很多糊涂事，这叫做“假明白真糊涂”。

（摘自1998年3月7日同港澳地区全国政协委员座谈时的讲话）

许多事情似乎早就明白，如果问上几个为什么，就会发现自己并不明白；经过认真思索之后，就会变糊涂为明白，这个明白才是真明白。

（摘自2001年12月6日在全国地方政协工作经验座谈会结束时的讲话）

我们有些文章写得不好，不是词汇不够多、句子不够美，而是动机上、内容上、方法上有毛病，在鼓捣字儿上花的时间太多，在研究事儿上下的功夫太少。

（摘自2001年12月6日在全国地方政协工作经验座谈会结束时的讲话）

人类的知识有两个特点：从纵向讲是知识的延续性；从横向讲是知识的借鉴性。人类社会知识的发展，纵向靠继承，横向靠借鉴。

（摘自1989年10月30日会见美国前总统尼克松时的谈话）

新的里面，许多是有生命力的、积极向上的，这是好的，但也有一些虽然是新的，却并不怎么好。笼统地说，老的都不好，新的都好，就不确切。

（摘自1996年1月25日与全国统战部长会议代表座谈时的讲话）

领导班子的配备要讲究结构合理。一个班子就像混凝土结构，有钢筋、水泥、沙子、骨料。光是钢筋就没法受压，没有钢筋，混凝土一拉就裂了，所以要讲合理地配比。

（摘自2000年2月20日在余杭市部分离退休老同志和有关单位负责人“三讲”教育座谈会上的谈话）

一个好的班子必须是你擅长这方面，他精通那方面，各有长短，组合在一起就成了面面都行的好班子。当然也要有比较全面一点的、知识多一点的人负责全面工作，如同乐队的指挥。但这种人也不能多，有的班子之所以一个个数不软，加在一起不强，毛病就在这里。满盘象棋都是车，见面就“兑”没法走。

（摘自1988年3月5日关于《天津日报》“您心目中的领导者形象”专题讨论的总结）

要办成事，就要找一批想办事、肯办事、敢办事、会办事的人。

想办事是愿望，肯办事是热情，敢办事是勇气，会办事是本领。

（摘自 1995 年 10 月 31 日在《中国京剧音配像精粹》首发式上的讲话）

有那么一小部分人，在领导面前是奴才，干起工作来是庸才，一切活动为了升官发财，一旦掌权就搞独裁。我们必须防止这种人投机上来。

（摘自 1984 年 4 月 5 日与天津市部分人民代表座谈时的谈话）

组织路线中最根本的问题，就是用人不能失去群众，群众不接受、不拥护的人，你咕噜半天好话也不行。

（摘自 1990 年 2 月 27 日同津冀鲁三省市党委负责同志座谈时的讲话要点）

什么部门、什么工作、什么职务都有它特定的地位。一个人在家里，要么是儿子的爸爸，要么是爸爸的儿子，要么是妻子的丈夫，要么是丈夫的妻子。不懂得自己的特定地位，就不可能尽到自己的责任。

（摘自 1994 年 6 月 25 日在听取政协八届常委会第七次会议准备工作汇报会上的谈话）

领导的威望从哪里来？靠上级封不出来，靠权力压不出来，靠自己吹不出来，靠耍小聪明骗不出来。只有靠真心实意地、尽心竭力地、坚持不懈地为群众办实事，才能逐步树立起来。

（摘自 1985 年 5 月为《天津日报》撰写的特约评论员文章）

领导为群众办事儿，群众为领导作劲儿。

（摘自1985年5月为《天津日报》撰写的特约评论员文章）

领导者必须要有主见和自信。作为领导者，自己没信心，怎么叫别人对你有信心？自己没主见，遇事拿不出办法，或有办法而不敢决断，别人怎么能遵循和贯彻？

（摘自1988年3月5日关于《天津日报》“你心目中的领导者形象”专题讨论的总结）

我们有些同志只看到人家决策时的果断，而看不到人家事前所下的功夫；只看到人家处置问题的自如，而看不到人家平日长期的积累。世界上哪有这样的人，张口就说，说了就对；拿来就拍板，拍板就正确。

（摘自1997年6月29日在政协第八届全国委员会常务委员会第二十一次会议闭幕会上的讲话）

领导者的作用，就在于把多数人的积极性充分调动起来并合理发挥出去。领导者的积极，归根结底是为了使更多的人积极，如果领导者的积极带来周围的人都不积极，这个积极就值得怀疑，这个积极就不如不积极。

（摘自1999年1月20日与全国统战部长会议代表座谈时的讲话）

履行程序需要花费时间和精力，是有一些“麻烦”，但它是民主权利的体现，也是集思广益的过程，添了一些小“麻烦”，可以减少决策失误导致的大“麻烦”。

（摘自1995年6月5日在政协第八届全国委员会常务委员会第十三次会议上的讲话）

普遍存在的问题要在方针政策上找原因，反复出现的问题要从发展规律上找原因。

（摘自1996年5月10日听取辽宁省委、省政府工作汇报时的谈话要点）

我们确实取得了很大成绩，但也确实犯过不少的错误，我们应该听点意见，改点毛病，长点出息。

（摘自1990年5月25日听取珠海市领导班子汇报时的讲话）

我们领导者，在工作中常常碰到两种人：一种是顺着捧的，一种是顶着干的。一般来说，对顶着干的，我们比较注意；对顺着捧的，我们则常常上当吃亏。不信可以回头想想看。

（摘自1990年12月13日在社会主义理论问题研究座谈会上的讲话）

最怕碰上“不懂、主观、有权”的领导。不懂不可怕；不懂、不听别人意见才可怕；不懂、不听意见、但说了可以不算也无大害，最可怕的是碰上不懂、主观又有权“三位一体”的人，其破坏性常常是无可弥补的。

（摘自2000年2月10日关于三亚城市建设的谈话）

如果天天都有新精神，这是没有走上正轨的表现。

（摘自1990年5月25日听取珠海市领导班子汇报时的讲话）

一种好的方法、一个对路的实招，可以下活一盘棋，可以开辟一条道，可以影响一大片。

（摘自1999年6月25日在政协第九届全国委员会常务委员会第六次会议上的讲话）

在工作中注意坚持统筹兼顾，区别轻重缓急，讲求先行后续，实行配套推进。

（摘自1993年12月28日在政协第八届全国委员会常务委员会第四次会议上的讲话）

横向，在空间方面要重视协调；纵向，在时间方面要注意渐进。

（摘自1988年3月《谈城市协调发展》一文）

搞建设要有渐进性、同步性、迂回性。渐进性、同步性是讲协调，迂回性就是有时候得停一下、转个弯。

（摘自1990年5月25日听取珠海市领导班子汇报时的讲话）

不要光看别人赚不赚钱，还要看自己赚不赚钱；不要光看眼前赚不赚钱，还要看长远赚不赚钱；不要光看某个具体项目赚不赚钱，还要看总体上赚不赚钱。

（摘自1991年2月19日听取海南省委工作汇报时的讲话）

现在说，不能老用老办法，或者，老的东西不能丢，这都不完全对。老办法里面有优良传统，今天仍然是适用的，要很好继承；老办法里面也的确有过时的，不能抱住不放。

（摘自1996年1月25日与全国统战部长会议代表座谈时的讲话）

坚持不是简单照搬，而是要有所区别，有所侧重，在坚持中前进；继承不是墨守成规，而是要结合新情况，创造新经验，在继承中发展。归结起来，就是要坚持正确的，改正错误的，抛弃过时的，创造新鲜的。

（摘自 1998 年 3 月 16 日在政协第九届全国委员会常务委员会第一次会议上的讲话）

就一般来讲，不同单位有不同的事情，同样的事情在不同单位可以有不同的干法。对政协来讲，就需要研究如何把我们特有的事情干得更好，如何把我们与别人共有的事情干得更能体现政协的特点和优势。

（摘自 1993 年 3 月 28 日在政协第八届全国委员会常务委员会第一次会议上的讲话）

对民族、宗教纠纷要尽可能解决在萌芽状态，宜解不宜结，宜疏不宜阻，宜散不宜聚。尤其不能用夸大问题的严重性，来掩盖自己的错误，掩盖自己的无能。

（摘自 1993 年 2 月 24 日在听取中央统战部关于民族、宗教工作汇报时的谈话）

形式是必要的，因为没有形式就不能有效地开展工作，但形式主义是不能要的，因为形式主义不讲实效、劳民伤财，有些已发展到误事误国的地步。

（摘自 2001 年 9 月 29 日在政协第九届全国委员会常务委员会第十五次会议上的讲话）

政绩是要讲的，因为政绩是考核干部的一个重要依据，但“政绩工程”是不能搞的，因为“政绩工程”沽名钓誉、华而不实，有些甚至用老百姓的救命钱往自己脸上贴金。

（摘自 2001 年 9 月 29 日在政协第九届全国委员会常务委员会第十五次会议上的讲话）

在对外开放上眼界小、胆子小、本事小、招法小、步子小，“五小”办“洋务”不会有大起色，最多是老牛换毛驴，太快不了。

（摘自 1984 年 3 月 29 日在沿海部分城市座谈会上的发言）

自己满脸脏东西，怎么号召人家讲卫生？你在台上讲人，人在台下讲你，你讲的还管什么用？

（摘自 2001 年 9 月 29 日在政协第九届全国委员会常务委员会第十五次会议上的讲话）

单靠条条，是无法管全、管细的。线条画得再多，也有空白。

（摘自 1986 年 1 月 9 日在全国第四期市长研究班学员座谈会上的讲话）

有很多事情，既表现为各种矛盾的互相对立、互相制约，又表现为互相依存、互相联系，孤立看一筹莫展，综合看柳暗花明。

（摘自 1985 年 12 月 17 日在天津市城区综合治理研讨会上的讲话）

城市领导的决策必须依靠城市科学，离开城市科学的领导是“瞎领导”；同时，城市科学也必须围绕城市领导的需要进行研究，脱离领导的研究是“白研究”。

（摘自 1987 年 2 月 18 日在天津市城建工作会议上的讲话）

要特别强调把问题搞准，搞过了不好，当然不及也不好。二者相权，宁可一时不及也不要过，一时不及，我们还有时间继续往下搞。

（摘自 1989 年 8 月 24 日在全国整顿清理书报刊及音像市场电话会议上的讲话）

既要突出主旋律，又要坚持多样化；只有坚持多样化，才能更好地表现主旋律。

（摘自 1990 年 2 月 20 日同全国故事片创作会议代表座谈时的讲话）

现实是历史的延续，不讲继承，搞历史虚无主义，发展就失去前提和基础，民族的长处和特征就难以保持。现实是历史长河中的一段，不讲发展，不研究与时代结合，传统文化就失去生机，也不可能很好地继承。

（摘自 1998 年 6 月 10 日会见意大利总统斯卡尔法罗时的谈话）

中国人只要自己不内耗，别人是打不垮的。

（摘自 1997 年 3 月 3 日在政协八届五次会议文艺、教育、特邀联组会上的讲话）

历史上整文人最厉害的往往是文人，特别是有威望的和掌了权的文人，反动统治者往往利用这一点使文人自相残杀。

（摘自 1986 年 6 月 28 日在天津市文艺创作座谈会上的讲话）

中国人倒霉的时候容易团结，打胜仗以后常常不团结，我们一定要牢记历史的教训。

（摘自1995年3月13日同港澳地区全国政协委员座谈时的讲话）

问题当然要正视而不能回避，缺点当然要改正而不可掩饰，情绪当然要理顺而不容大意。但是，一切困难和问题，都不应成为悲观失望、无所作为的理由，而应成为团结一致、艰苦奋斗的根据；不应成为心烦气躁、怨天尤人的借口，而应成为磨炼意志、施展才干的机会。

（摘自1995年3月14日在中国人民政治协商会议第八届全国委员会第三次会议闭幕会上的讲话）

要叫别人看重自己，首先自己看重自己。

（摘自1985年10月23日在天津大学部分学生座谈会上的讲话）

我们讲自觉性，这话包括了对自己的不足和缺点的认识，也包括对自己的成绩和优点的认识。对优点不认识也叫盲目。你要知道你值钱的可贵的东西在什么地方。

（摘自1985年11月13日视察天津经济技术开发区的谈话）

比较是认识自己、了解别人的重要方法。有比较才能知长短、见优劣、辨方向。比较，不仅要纵比，而且要横比；不仅要经常比、反复比，而且要多方面比、多角度比。

（摘自2001年3月12日在中国人民政治协商会议第九届全国委员会第四次会议闭幕会上的讲话）

尊重人，就是要平等待人，尊重人的人格和权利。理解人，就是要理解每个人的具体处境和个性，承认人们不同的性格、爱好和兴趣。关心人，就是要对人满腔热情、诚恳宽厚，为人排忧解难。

（摘自 1990 年 5 月 18 日在中国职工思想政治工作研究会第六次年会上的讲话）

同志之间应该是待人以诚而去其诈，待人以宽而去其隘；作为领导更要有宽广的胸怀，诚恳待人，平等待人，一视同仁，知人用人；要看得远一点，想得大一点，心胸宽一点，姿态高一点。

（摘自 1989 年 10 月 4 日在天津市委常委扩大会议上的讲话要点）

要注意把人们的缺点和特点区别开来，不要把人们的特点误认为是缺点加以抹煞。

（摘自 1990 年 5 月 18 日在中国职工思想政治工作研究会第六次年会上的讲话）

还有这种情况，两人闹不团结不是因为你做错了，而是因为你做对了；不是因为你太穷了，而是因为你太富了；不是因为你太笨了，而是因为你太能了。

（摘自 1995 年 3 月 13 日同港澳地区全国政协委员座谈时的讲话）

咱们过去来回争是非，争得没完没了，到底哪个真的是，哪个真的非？整来整去，谁成了英雄了？结果都是两败俱伤，两人都怄了一肚子气，都弄了一身病，最后两人死了悼词都差不多。

（摘自 1997 年 3 月 3 日在政协八届五次会议文艺、教育、特邀联组会上的讲话）

大家在一起总是要多看别人的长处，多给别人留些存在与活动的余地。如果你挤得人家一点空间都没有，互相一伸胳膊、一伸腿就碰上了，不能怨别人蹬了你，而要怨你自己留给别人的空间太小。

（摘自1993年6月1日与全国政协机关干部座谈时的讲话）

多一些理解宽容，少一些斤斤计较。

（摘自1994年3月5日在政协第八届全国委员会常务委员会第五次会议上的讲话）

看人必须抓住主要方面，看主要方面是缺点还是优点，既要看缺点对工作有多大害处，更要看优点对事业有多大用处。就一般讲，要先看长处后看短处，发挥长处避其短处，在发挥长处的过程中补其短处；要先看优点后看缺点，在发扬优点的过程中克服缺点。

（摘自1988年3月5日关于《天津日报》“您心目中的领导者形象”专题讨论的总结）

人心换人心，真诚换真诚。只有真诚地尊重别人，才能得到别人的真诚尊重；批评别人对自己不真诚，首先要反省自己对别人是否有虚假。

（摘自2002年5月20日会见斯洛文尼亚国民协商会主席赫罗瓦特时的谈话）

人人都需要别人理解、谅解，人人都应当理解、谅解别人；希望别人理解、谅解，自己必须首先学会理解、谅解别人；不懂得理解、谅解别人，也常常得不到别人的理解、谅解。

（摘自2003年2月17日会见赞比亚总统姆瓦纳瓦萨时的谈话）

中国有句俗话："要想公道，打个颠倒。"说的是为人处世不要只从一面去想，而要注意替对方想想，换个位置想想。只要能设身处地看问题，就容易增进了解，消除误解，加深理解，达到谅解。

（摘自2001年5月1日会见土耳其总理埃杰维特时的谈话）

有些人专找干事人的毛病，甚至给人家安个小辫子，揪住不放。凡干实事的人，就要说话，就要办事，就要待人。老说话难免有失，老办事难免有错，老待人难免有怨，哪怕是万分之一。其结果，干事的人变成了毛病最多的人，不干事而整人的人反倒变成专给人"治病"的人。

（摘自1985年5月为《天津日报》撰写的特约评论员文章）

有的人不琢磨事，光捉摸人，专门捉摸干事的人，你在前边干，他在后边看，干对了，他说早该如此，干错了，他说意料之中，"常有理"。

（摘自1986年1月9日在全国第四期市长研究班学员座谈会上的讲话）

我们是历史中的人，我们也是历史中的一段，我们现在评价历史，将来历史也会评价我们。

（摘自1997年3月3日在政协八届五次会议文艺、教育、特邀联组会上的讲话）

我常讲历史的人要办历史的事，这包含两个意思，既不要超越历史，去干那些办不到的事情；也不要推卸历史的责任，该干的事情也不去办。

（摘自1986年12月30日在京剧“梅花奖”评委座谈会上的谈话）

历史给领导者提供了充分施展才智的机会，而领导者的所作所为又影响着历史的发展，或给人类带来福音，或给人类造成灾难。历史最终都将无情地对每个领导人作出评判。

（摘自1997年6月10日会见德国总理科尔时的谈话）

人民是杆秤，历史是杆秤，政治家的分量最终都是由他们来衡量的。

（摘自1998年7月14日会见巴勒斯坦总统阿拉法特时的谈话）

五、注意研究特殊性

要重视特殊性

由特殊到一般，由一般到特殊，是人类认识的两个过程。就总结经验来讲，主要的还是认识特殊性。特殊性是事物的特殊本质，是事物存在和发展的特殊原因，是事物彼此区别的根据。总结经验就是要在若干一般原理的指导下，在许多相对事物的比较中，找出特殊性，按照毛主席的说法，这是认识事物的基础。特殊性和共同性是相对的，在这个领域看是特殊的，从另一个领域看又可能是共同的。比如，人相对于其他动物的特殊性，在人类领域又是共同性；女人相对男人的特殊性，在女人领域又是共同性；幼儿相对大人的特殊性，在幼儿领域又是共同性。正因此，才有科学领域的划分和研究，才有研究对象的区别和联系。强调总结经验要抓住特殊性，也就是抓住总结对象领域里的共同性。我们说总结政协工作的经验，就是要抓住政协工作相对于其他领域工作的特殊性，而这些特殊性在政协工作领域又是共同性。毛主席是运用一般原理分析特殊性的大师，他对中国革命战争特殊性的把握到了出神入化的地步。在《中国革命战争的战略问题》这篇著名文章里，他首先强调的就是："我们不但要研究一般战争的规律，还要研究特殊的革命战争的规律，还要研究更加特殊的中国革命战争的规律”。“如果不懂得这些，就不能在中国革命战争中打胜仗”。特殊性与共同性、相对性与绝对性的道理是辩证法的精髓。要学会总结经验，就必须懂得这个道理。

（摘自2001年12月6日在全国地方政协工作经验座谈会结束时的讲话）

必须下力量研究特点、发挥优势

任何地方的工作要想搞好，必须下力量研究特点，发挥优势。任何事物都是共性和个性的统一。列宁讲过：“从最简单、最普通、最常见的等等东西开始；从任何一个命题开始，如树叶是绿的，伊万是人，哈巴狗是狗等等。在这里就已经有辩证法”。树叶是绿的，树叶是个性，绿是共性；伊万是个人，伊万是个性，人是共性；哈巴狗是条狗，哈巴狗是个性，狗是共性。世界上的东西都有个性，也都有共性，共性寓于个性之中，没有绝对一样的东西。两张桌子、两个凳子是按一个图纸做的，看着像是一样，其实不一样。一个牌子、一样大小的灯泡，看起来完全一样，严格检查还是不一样。双胞胎外人怎么看都是一样，其实不一样，他父母他爱人就能区别出来。认识事物，首先的主要的就是认识事物的个性或特点，认识“不一样”。陕西省，省是共性，陕西是个性，认识陕西省主要不是认识省，而是认识陕西，看它同甘肃、河南、辽宁等省有什么区别或不同。找准区别点，认识特殊点，就是毛主席说的认识事物的基础。当然，特点不等于优势，但优势必定和特点相联。研究特点、发挥优势是领导工作的基本任务。

总而言之，不研究特点，不知道优势，就很难把工作做好。我讲过这样一个例子，一个人个子很高，当运动员你可以去打篮球，不要去搞体操，唱戏你可以扮武生，但不能扮武丑。扮武丑个子高不划算，翻跟斗半径太大不方便，相反个子矮扮武丑占便宜，扮武生则不气派。我举这个例子，是想提醒大家由上到下都要重视研究特点、优势。这是干部提高水平和能力的一个基本途径。

（摘自 1999 年 9 月 9 日听取陕西省委、省政府工作汇报时的讲话）

任何事物都是个性与共性的统一，认识事物的基础是认识个性。我们强调具体问题具体分析，一切从实际出发，就是由事物的个性决定的。我们讲把中央的精神与本地的实际相结合，就是指共性与个性相结合。共性个性、绝对相对的道理，是事物矛盾问题的精髓，不懂得它，就等于抛弃了辩证法。

（摘自 1999 年 3 月 28 日听取云南省委、省政府工作汇报时的讲话）

我们讲研究问题，最主要的是研究特点；讲认识事物，最主要的是认识特点；讲结合实际，最主要的也是讲结合特点。抓住特点，发挥优势，是搞好工作的基本要领。当然，特点和优势不是一回事，但特点常常联着优势。我在井冈山座谈时说过，中国革命的道路从根本上说是从井冈山开始的，是毛主席上井冈山才找到了一条农村包围城市、武装夺取政权的道路。毛主席认真地研究了当时中国的特点，分析了中国红色政权发生和存在的原因。中国是一个大国，东方不亮西方亮，黑了南方有北方，不愁没有回旋的余地；中国是一个经济发展不平衡的国家，很多地方交通很不发达，有的地方可以坐飞机、坐火车、坐汽车，而有的地方连独轮车都走不了，现在老区交通普遍不发达，而当时找的就是这些地方；中国是一个半殖民地的国家，军阀后面有帝国主义的支持，帝国主义之间的矛盾必然反映为军阀之间的矛盾，反映为他们的封建割据和争夺城市的战争，这也就有了很多边区的小块块，使我们可以钻空子，可以站住脚。此外，中国经过了第一次国内革命战争，共产党人建立了工农红军，有了自己的武装，敌人的强大，红军的弱小，等等。由这几个特点出发，他得出结论，中国红色政权不仅能够存在而且能够发展。

讲这段历史的意思就是说，只有研究了特点，才能找到发展的道路，才能发挥优势。

（摘自1993年9月19日听取江西省委、省政府工作汇报时的讲话）

要把本地区的经济和社会发展规划编制好，除了要吃透中央的精神外，很重要的一条是应认清本地区的特点和优势。从认识论来讲，认识事物，不但要认识事物的普遍性，主要的是认识事物的特殊性或特点。特点和优势是相联的，当然特点并不等于优势，但一般来说优势必定反映特点。我们国家幅员辽阔，经济文化发展很不平衡，重视特点，研究特点，把握特点，发挥优势，这是正确认识事物的基础，也是做好各项工作的关键。过去我们常犯“一刀切”的毛病，“一刀切”就是忽视特点和优势。那样做，已经使我们吃了不少苦头，今后必须加以避免和克服。

总之，我们应当正确认识本地区的特点和优势。这样就能做到既服从全局，又从省情出发，充分发挥自己的特点和优势，把

“八五”期间的经济工作和其他工作做得更好。

（摘自1990年8月17日听取黑龙江省委工作汇报时的讲话）

注重把握社会主义市场经济的特殊性

发展社会主义市场经济是个全新的事业，在这个过程中，在所有工作中，都要注重把握其特殊性。当前我国总的经济形势是好的，这些年来中央对国有大中型企业是很重视的，下的功夫是很大的，也取得了一定的成绩，有了一些新的经验。但总体上讲，还没有取得突破性进展。今年一季度以来，国有企业利润下降现象比较普遍，下降的幅度也比较大。刚才武钢的同志讲，冶金企业的利润大幅度往下降。其他行业也有这种情况，纺织是全行业亏损，机械工业也遇到很大困难，像北京汽车行业就是全行业亏损。这究竟是什么原因？怎么解决？中央开过若干次会，找过若干专家包括企业家研究，形成了若干的文件。这些文件应该说很多内容是来自基层的实践或各方面专家的研究成果，具有重要的指导意义。但是，要把它变成工作，取得实际效果，还有很长的路要走。我过去反复讲这么一个道理，凡是普遍存在的问题，要在方针政策上去找根源；凡是反复出现的问题，要在客观规律里去找根源。我们过去搞计划经济有一套办法，西方国家搞资本主义市场经济也有一套办法，但是社会主义市场经济怎么搞，在全世界也是一个新问题。在计划经济向社会主义市场经济转变的过程中，一定会碰到许多问题，而这些问题往往具有我们过去乃至现在世界上资本主义国家经济都没有的特点。有些问题看来似曾相识，是过去问题的重复，但实际上由于社会主义市场经济的发展，由于大背景的变化，由于时间、地点、条件的变化，其性质也发生了变化。认识事物主要是认识特殊性，而按照辩证法的道理，各个物质运动形式的矛盾，各个运动形式在各个发展过程中的矛盾，各个发展过程的矛盾的各方面，各个发展过程在其各个发展阶段上的矛盾以及各个发展阶段上的矛盾的各方面，都有它的特殊性。研究任何矛盾的特殊性，都不能带主观随意性，都必须进行具体的分析。用这个道理观察和认识问题，就得承认，比较于我们过去的计划经济和资本主义市场经济，社会主义市场经济有它的特殊性，而这个特殊性究竟是什么，我觉得现在并没有完全认识和把握。我们熟悉的还是计划经济，这几年对市场经济虽然有所了解，但一些研究和说法，有不少是沿袭西方国家的，而它们那个市场经济是以私有制为基础的，与我们的国情有很大差别。我们搞社会主义市场经济的时间还不长，经验还不足，需要有一个探索的过程。我举个例子，中医看病讲对症下药，好的中医虽然手里有若干成方验方，但他每给一个病人治病，也总要先号脉，通过望、闻、问、切，根据具体病情下药。第一次下药不重，第二次根据疗效对方子加加减减，斟酌损益，进行调整，这样两三服药用过去后，看准了再下重药治病。我们搞社会主义市场经济，现成的方子本来就不多。我们现在大体上有两个方子，一个是过去搞计划经济时的一套方子，还有一个是改革开放以来向西方学了点方子。用这两个方子解决我们面临的问题，都不完全对症。社会主义市场经济体制是崭新的，过去没有先例，没有经验，是中国的一大创造。在这个过程中必然会碰到许多过去没有碰到过的问题。对于这些带有特殊性的问题，不能简单地用过去的或外国的办法去套，不能浅尝辄止、轻易地下结论，而要深入实际，进行具体的研究。毛主席讲，认识事物最重要的就是认识事物的特殊性。现在，我们就是要承认当前各种问题的特殊性，重视这些特殊性，下大功夫研究这些特殊性，根据这些特殊性决定我们的工作方针，用不同方法解决建立社会主义市场经济体制中的不同问题。

（摘自 1996 年 5 月 18 日在湖北省委汇报会及企业家座谈会上的讲话）

当今中国的时代画卷

全面科学地分析和认识我们所处时代的社会历史条件，准确地把握对社会发展趋势起主导作用的重大问题，是我们党制定路线、方针、政策的依据，也是做好包括统一战线工作在内的一切工作的前提。党的十一届三中全会以后，我国进入了社会主义现代化建设的新的历史时期。在这样一个新的历史时期，哪些是主导着中国社会发展的带根本性的问题？至少有以下几个方面：

第一，经济建设成为党和国家的中心任务。党的十一届三中全会以后，我们党提出社会主义的根本任务是发展社会生产力，提出了社会主义初级阶段的理论，作出了以经济建设为中心的战略决策。这是我们党的历史上的一个重大转折，给中国社会带来了翻天覆地的变化。国民经济迅速发展，综合国力稳步增强，人民生活明显改善，社会主义优越性得到进一步发挥，马克思主义显示出勃勃生机。这个转折的最重大意义在于，它结束了在社会主义改造基本完成以后至党的十一届三中全会以前长达 20 多年的“以阶级斗争为纲”的历史。过去那种热衷于无谓争论、无限上纲、无穷折腾的做法，耗费了民族的宝贵精力，耽误了国家的发展良机，被人们所厌恶和反对。搞建设，求发展，重实际，已经成为当今人们的追求目标和社会风气。这个转折的重大意义还在于，它明确了各项工作同经济工作的关系。在党和国家的全部工作中，只有经济建设这一个中心，不能偏离这个中心，不能搞多中心。在正常情况下，我们要坚持这个中心，在非常情况下，除非发生大规模外敌入侵，也要紧紧扭住这个中心不放。当前的国际形势对中国的发展既是机遇，又是挑战，任何对坚持经济建设这个中心的游离和动摇，都会使我们再次丧失不可多得的时机。因此，任何部门、任何个人，只有在坚持、围绕、服从和服务于经济建设这个中心的过程中，才能找到合适的位置，发挥应有的作用，体现自己存在的价值。

第二，改革开放成为不可逆转的时代潮流。改革开放是决定中国命运的一招，是振兴中国的唯一出路，也是新时期最鲜明的时代特征。改革开放，冲破了旧体制的束缚，引起了社会结构、利益关系的深刻变化和重新组合，极大地调动了广大群众的积极性、创造性，使我国生产力获得了大发展。改革开放，突破了迷信本本、崇奉教条的僵化观念，重新确立了实事求是、一切从实际出发的思维方式，带来了全民族的思想新解放。改革开放，破除了长期以来姓“社”姓“资”的争论对人们的困扰，是否有利于发展社会主义社会的生产力，是否有利于增强社会主义国家的综合国力，是否有利于提高人民的生活水平，成为各项工作总的出发点和检验标准。改革开放，打破了固步自封、闭关锁国的状态，开阔了我们的眼界，有力地推动着我国大踏步进入国际社会和世界市场，使我国的现代化建设进程大大加快。15 年的改革开放，确实给人民带来了实惠，得到了人民的拥护，也改变了中国在国际上的形象，受到了国际社会的赞扬。没有改革开放，就没有中国的今天，就没有社会主义的活力。可以断言，时至今日，改革开放的潮流席卷祖国大地，已势不可挡。任何部门、任何个人都不能观望彷徨，更不能逆流而行，都必须主动投入改革开放的大潮，与之相顺应、相合拍、相协调。

第三，建立社会主义市场经济体制成为经济改革的总体目标。在相当长一段时间内，我们把计划经济和市场经济作为划分社会主义和资本主义的一种标准，对计划经济较为熟悉，并形成了一套与之相适应的规则和习惯，而对市场经济则缺乏了解，存有偏见和疑虑，甚至视为洪水猛兽，加以抵制。现在，我们把社会主义基本制度同市场经济有机结合起来，把建立和完善社会主义市场经济体制作为经济体制改革的总体目标，这确实是一个很大转变，反映了我国社会经济发展的必然趋势，体现了我们党对社会主义建设规律认识的一个飞跃，它已经并将继续对解放和发展生产力产生巨大作用。建立和完善社会主义市场经济体制，是一项崭新的事业，是一场深刻的革命，是一个较长的过程，一定会对过去许多习以为常的东西产生强烈的冲击，一定会出现新旧碰撞、好坏交织、利弊伴生的复杂局面，一定会对我国的经济、政治和社会生活产生广泛而深刻的影响。对此，我们必须有足够的思想准备。任何部门、任何个人都要了解和研究这个社会发展的大趋势，努力使自己的思想和工作与市场经济发展相适应。

第四，社会主义精神文明成为我国现代化建设的重要特征。我们党的工作重心转移以后，就明确提出了坚持四项基本原则，实行“两手抓”、“两手硬”的战略方针。十多年来，我们在这一方针指导下取得了很大的成绩，同时，在这个问题上也有过深刻教训。当我们只忙于经济建设的时候，当精神文明建设面临新情况、新问题的时候，往往容易发生问题。必须明确，没有社会主义精神文明，有中国特色的社会主义事业就无从谈起，如果不一以贯之地坚持“两手抓”、“两手硬”，中华民族的优秀文化和党的优良传统就有可能在我们这一代手里丢掉，革命前辈创建的社会主义事业就有可能在我们这一代手里葬送，祖先留下的家业就有可能在我们这一代手里衰败。精神文明建设体现在现代化建设的一切环节，渗透在政治、经济、文化、社会生活各个方面。所有部门特别是各级领导干部必须保持清醒的头脑，始终坚持党的“一个中心、两个基本点”的基本路线，始终重视社会主义精神文明建设，始终抓紧反对腐败，加强党风建设和廉政建设，始终注意思想教育工作，并紧密结合实际，切切实实地做出成效。

第五，“一国两制”成为解决祖国和平统一问题的基本政策。由于历史和人为的一些原因，香港、澳门被外国长期占据，大陆与台湾多年处于分裂对峙状态。实现国家的和平统一和全民族的伟大复兴，是包括台港澳同胞和海外侨胞在内的全体中华儿女的共同愿望。我们党从中华民族的根本利益出发，考虑到历史和现实的因素，充分尊重和照顾台湾同胞、港澳同胞的利益和要求，提出了“一个国家，两种制度”的构想。这是把和平共处原则运用于解决国家统一问题的一大创造，也为国际上解决类似问题提供了一个范例，是对马列主义国家学说的重大发展。这一基本政策使中英、中葡政府间达成了香港、澳门地区回归祖国的协议，也为解决台湾问题指明了正确的道路。这一基本政策改变了大陆与台港澳同胞之间交往的长期不正常状态，使各种人员往来日益密切，经济、文化、科技交流合作不断发展。我们每个部门都应该认清这一有利形势，认真研究和解决大陆与台港澳在各种交流、联系中出现的问题，为进一步密切大陆与台港澳的关系多做工作，为实现祖国统一多做贡献。

第六，邓小平建设有中国特色社会主义的理论成为一切工作的指导思想。十一届三中全会以来，邓小平同志结合新的历史条件和时代特征，在亿万群众社会实践的基础上，总结汲取历史的经验教训，坚持了马列主义、毛泽东思想的基本原理，克服了对马列经典著作中某些结论的教条式理解，特别是纠正了毛泽东同志晚年的严重失误，创造性地提出了一系列指导改革开放、现代化建设的重大方针政策和思想观点，逐步形成了建设有中国特色社会主义的理论。我们的改革开放和现代化建设之所以取得如此辉煌的成就，我国人民的生活之所以有如此明显的改善，我们的国家之所以在风云变幻的国际环境中站稳脚跟，一句话，我们的党、国家和人民之所以有今天，都是这一理论指引的结果。邓小平建设有中国特色社会主义的理论是当代中国的马克思主义，是指引我们建设社会主义事业的伟大旗帜，是实现民族振兴的强大精神支柱，是我国新的历史时期的主要标志。党的十四大确立了邓小平建设有中国特色社会主义的理论在全党的指导地位，并提出用这一理论武装全党。这是十四大最重要的历史功绩之一。所有部门和个人要想为社会作出贡献，在事业中有所作为，都必须深入学习和贯彻这一理论，从中汲取智慧和力量。

以上几个问题大体构成了当今中国的时代画卷，是决定和影响我们国家总体面貌和发展趋势的本质要素，也是了解和研究当代中国问题的基本线索。任何一个党派、团体或个人，任何一个方面的工作，在新时期的地位和作用如何，都必然同这些问题密切相关。统一战线工作作为事关全局的一项重要工作，必须从研究把握这几个问题入手，找准位置，发挥优势，在推动当代中国的全面进步中发挥积极作用。

（摘自1993年11月5日在全国统战工作会议上的讲话）

在建设有中国特色社会主义的基础上把统一战线事业搞得更好

共识是团结统一的基础，是共同奋斗的目标，是规范行为的准则。因此，一个国家，一个地区，一个社会，一个时代，一般都非常重视取得广泛共识的问题。共识不是一成不变的，不同的时期，不同的历史条件，人们有着不同的共识。抗日战争时期，中华民族到了最危险的时候，“工农兵学商，一起来救亡”，抗日救国成为全国人民的共识。解放战争时期，国民党反动派卖国独裁打内战，人民大众奋起反抗，“打倒蒋介石，解放全中国”成为全国人民的共识。历史的经验说明，人们思想的统一，行动的一致，力量的凝聚，各方面积极因素的调动，都需要以取得共识为前提。共识形成之日，就是人民事业胜利推进之时。在我国改革开放和现代化建设的新时期，中国人民的最大共识是什么？就是邓小平同志倡导的建设有中国特色的社会主义。

当代中国人民取得这样一个共识是不容易的。建国初期，我们缺少建设社会主义的经验，在帝国主义长期孤立和封锁我们的条件下，只能以苏联为师。这样做确实起到过积极的作用，但这种体制存在着弊端，而且随着世界经济、科技的迅速发展，变得愈来愈不适应，最大的问题是生产力发展不快，人民生活改善不多。在毛泽东同志领导下，我们对中国建设社会主义的道路进行过独立的、规模空前的试验和探索，取得了伟大成就，但同时也走了不少弯路，出现了“左”的错误，特别是像“文化大革命”那样的错误，使国民经济一度濒临崩溃的边缘。邓小平同志作为中国共产党第一代中央领导集体的重要成员和第二代中央领导集体的核心，凭借他的丰富经验、卓越智慧、过人胆略和历史地位，把马克思主义的基本原理同中国实际和当今时代发展的新情况相结合，正确总结历史的经验，吸取人民群众的创造，经过拨乱反正和全面改革，提出了建设有中国特色社会主义的理论。十多年来，尽管在前进中遇到许多困难，国际上风云变幻，但中国人民按照这个理论奋勇向前，使中国的面貌发生了巨大变化，国民经济持续高速增长，人民生活显著改善，综合国力日益增强，国际地位不断提高，国家统一大业稳步前进。这一切有目共睹，举世公认，中国人民身受其惠，有着深刻的体会。建设有中国特色的社会主义成为中国人民的最大共识，乃是历史的必然。

统一战线是同和异的统一体。有同无异，就没有必要建立统一战线；有异无同，就建立不起统一战线；求同存异，才能建立和发展统一战线。同，有大有小，有主有次，而在当今中国人民中间，最大、最重要的同，就是建设有中国特色的社会主义。这个同也就是共识。只有承认和坚持这个共识，统一战线才有灵魂，才可能不断巩固和扩大。坚持这个共识可以“警惕右”，右是否定社会主义，背离社会主义方向；坚持这个共识也可以“防止‘左’”，“左”是否定中国特色，不看时代发展，固守关于社会主义的某些过了时乃至严重扭曲的观念。只有深刻领会、正确理解建设有中国特色社会主义的内涵与要义，才能不断增强恪守这个共识的坚定性，才能在这个最大共识的基础上把统一战线事业搞得更好，把范围搞得更宽，把人团结得更多，把工作方式方法搞得更活，从而为振兴中华、统一祖国作出更大的贡献。

在我们党统一战线理论形成和发展的过程中，毛泽东同志以其特有的学识和才能，进行了深刻的研究和丰富的实践，作出了卓越的贡献，使统一战线发展到一个崭新的阶段，与武装斗争、党的建设并列为中国革命的三大法宝，在完成不同时期党的基本任务中发挥了巨大的作用。毛泽东同志提出的一些观点，如团结一切可以团结的力量，调动一切积极因素，努力化消极因素为积极因素；坚持共产党对统一战线的领导，尊重和照顾同盟者的利益；共产党与民主党派长期共存、互相监督，共产党员必须与党外人士合作共事；等等，至今仍然闪耀着真理的光辉，具有重要的现实指导意义。遗憾的是，由于种种原因，毛泽东同志未能将他的正确理论观点贯彻始终，50 年代中期以后，尤其是在他的晚年，坚持“以阶级斗争为纲”，一大批党外朋友受到了伤害，统一战线工作像党的其他事业一样遭到了严重的破坏，留下了深刻的教训。

中共十一届三中全会以后，邓小平同志领导我们党进行拨乱反正，实现了伟大的历史性转变。他确立了解放思想、实事求是的思想路线，纠正了在社会主义社会仍然“以阶级斗争为纲”的错误方针，完成了党和国家工作重点的战略转移，开辟了改革开放的伟大事业，阐明了我国还处在社会主义初级阶段的科学论断，作出了建立社会主义市场经济体制的决策，制定了政治体制改革必须与经济体制改革相适应和建设社会主义民主政治的目标，强调了坚持党的基本路线一百年不动摇，提出了关于社会主义本质的概括和“三个有利于”的标准，明确了以公有制为主体、多种经济成分共同发展的方针，阐述了科学技术是第一生产力和把科技、教育摆在发展战略的首位的观点，肯定了知识分子是工人阶级的一部分，创立了“和平统一、一国两制”的宏伟构想，等等。这一系列新思想、新论断、新概括，既是事关全局的大政方针，从总体上为我国的社会主义建设事业廓清了迷雾，指明了航向，同时所有这些论述，都与统一战线密切相关，构成了新时期统一战线的宏观背景，对于统一战线的性质、范围、对象、任务、作用及工作方式等各个方面，都产生了极其深远的影响。

适应新时期改革开放和现代化建设的形势和需要，邓小平同志还就统一战线工作提出了一系列具有时代特点的观点和方针政策，为我们党的统一战线理论宝库增添了全新的内容。比如关于新时期统一战线已经发展成为全体社会主义劳动者、拥护社会主义的爱国者和拥护祖国统一的爱国者的最广泛联盟的观点；关于统一战线的范围以宽为宜，宽有利，不是窄有利的观点；关于共产党领导的多党合作是我国政治制度的特点和优点，共产党在国家政治生活中处于领导和执政地位，更加需要听取、接受来自包括民主党派在内的各个方面的批评和监督的观点；关于人民政协是巩固和扩大我国爱国统一战线的重要组织，也是我国政治体制中发扬社会主义民主的重要形式的观点；等等。

总之，邓小平同志坚持了毛泽东同志关于统一战线的正确观点，完善了不够完备的地方，落实了尚未做到的事情，纠正了某些错误的提法和做法，并根据新的情况，提出了一系列毛泽东同志没有提出过的观点。邓小平同志关于新时期统一战线的论述，是建设有中国特色社会主义理论的重要组成部分，是马克思列宁主义、毛泽东思想关于统一战线的基本原理与当代中国实际相结合的伟大创造，对于我们做好新时期的统一战线工作，发展、完善共产党领导的多党合作和政治协商制度，具有极为重要的指导意义。我们要认真学习建设有中国特色社会主义的理论，加深对邓小平同志新时期统一战线理论的理解，提高做好统战工作的水平，充分发挥统一战线在改革开放、现代化建设和统一祖国大业中的重要作用。

（摘自1994年1月22日在民主党派、工商联、无党派领导干部理论研讨班结业时的讲话）

新时期统一战线的基本社会职能

新时期新形势向统一战线提出了新要求，而统一战线又以其独特的优势和作用，推动新时期各项工作向前发展，显示出其存在和发展的客观必然性。

第一，爱国统一战线是实现广泛团结，凝聚人心，完成新时期总任务的基本保证。实现改革开放和现代化建设的各项任务，建设有中国特色的社会主义，是一项宏伟而艰巨的历史使命。完成这样的使命，必须依靠全党的团结，必须依靠广大工人、农民、知识分子的团结，必须依靠国内各民族的团结，必须依靠海内外中华儿女的共同奋斗。统一战线的本质就在于大团结、大联合。新时期统一战线是由全体社会主义劳动者、拥护社会主义的爱国者和拥护祖国统一的爱国者组成的最广泛的联盟。这一联盟从总体上看包含了三个方面的内容：以建设有中国特色社会主义为基础，实现大陆范围人民的团结；以拥护祖国和平统一为基础，实现大陆同胞与台港澳同胞的团结；以促进中华民族伟大复兴为基础，实现海内外全体中华儿女的团结。有了这种空前广泛的联盟，我们就能够把一切共产党员和非共产党员，马克思主义者和非马克思主义者，无神论者和宗教信仰者，汉族群众和少数民族群众，国内同胞和海外侨胞，总之，把一切可以团结的力量都团结起来，把全民族的意志和智慧凝聚到实现四化、统一祖国、振兴中华的总目标上来。这样，我们建设有中国特色社会主义的宏伟事业，就会获得取之不尽的力量源泉；实现中华民族的伟大复兴，就会形成更加广泛和坚实的社会基础。

第二，爱国统一战线是多党合作，参政议政，发扬社会主义民主的有效形式。中国共产党领导的多党合作和政治协商制度，是马克思主义政党理论和统一战线学说与我国实际相结合的一大创造，是我国政治制度的一大特色。坚持和完善这一制度，是我国社会主义民主政治建设的一大任务。各民主党派和各界党外人士，积极参与改革开放和现代化建设中各项决策的协商讨论和民主监督，可以促进决策的民主化和科学化，使我们党少走弯路，少犯错误。从这个意义上说，统一战线中各党派、各界党外人士参政议政作用发挥得越好，对于我们的事业就越有帮助。统一战线中的民主监督是我国监督机制中不可或缺的组成部分。这种民主监督首要的是民主党派和党外人士对我们党的监督。在当前我国历史发展的重要时期，我们特别需要统一战线中那种敢于仗义执言、据理力争的党外诤友，特别需要把民主党派、党外人士的监督作用充分发挥出来。必须看到，在我们的不少党员领导干部中，还严重地存在着听不得批评意见，容不得民主监督的现象。切实解决这一问题，对于推动社会主义民主政治建设，加强和改善共产党的领导，意义极其重大而深远。

第三，爱国统一战线是协调关系，化解矛盾，维护社会稳定的积极力量。新旧体制的交替，各种利益关系的调整，不可避免地会产生一些新的矛盾。由于国际上局部地区民族、宗教冲突的加剧，我国社会中的一些不稳定因素有可能被触发以至激化。国际敌对势力颠覆社会主义的图谋一直没有停止。维护社会稳定始终是我们必须高度重视的重大任务，也是统一战线应该担负的一项重要工作。协调好统一战线内部各党派、各民族、各团体以及各方面成员之间的关系，是巩固发展团结、稳定、和谐的社会政治局面必不可少的重要环节。统一战线汇集了各方面党外代表人士，他们在各自所联系的群众中往往具有我们党不可替代的影响。同样的语言，由他们向自己代表的群众说出来，有时比我们说更容易被接受；同样的工作，由他们到自己代表的群众中去组织和开展，常常比我们去做效果更显著。通过统一战线，协调关系，沟通思想，理顺情绪，化解矛盾，可以有效地消除各种不稳定因素，对实现我国社会长治久安具有重要的作用。

第四，爱国统一战线是体察民情，反映民意，密切党同群众联系的重要渠道。密切联系群众是我们党的优良传统。群众路线是我们党的生命线。在建立社会主义市场经济体制条件下，我们党能否始终保持和发展同人民群众的血肉联系，警惕并随时克服一切脱离人民群众的倾向，这对能否巩固执政党地位是一个严峻考验。密切联系群众，必须体察群众意愿，关心群众疾苦，听取群众意见，解决群众困难。统一战线中各党派、各团体、各界党外人士，联系各自的群众，代表各自群众的利益，反映各自群众的要求。他们站在不同的角度想问题、提意见，仁者见仁，智者见智，既有共识，也有歧异；既有正确的意见和建议，也有不那么正确、甚至错误的看法。唯其如此，才能真实、准确地反映社会现实。从这里，我们能够了解到通过其他渠道不易掌握的社会信息和情况，听到不易反映上来的呼声和意愿，获取难以得到的建议和批评。这就有助于我们党在研究形势时，更全面地掌握实际情况，做到胸中有数；在制定政策时，更准确地体察群众的心理，做到符合民意；在解决问题时，更切实地想群众之所想，急群众之所急，办群众之所需。只有这样，我们才能不断赢得民心，真正获得广大群众的拥护、支持，永远立于不败之地。

第五，爱国统一战线是安排人事，合作共事，加强国家政权建设的必要途径。充分发挥参政党和党外人士在管理国家事务和社会事务中的积极作用，是我国社会主义民主政治建设的重要内容，是共产党领导的多党合作和政治协商制度的具体体现，也是统一战线的一项传统工作。实践证明，搞好党外人事安排，加强共产党员与党外人士的合作共事，有利于巩固和完善人民民主专政的国家制度，有利于保证各方面人民群众广泛行使当家作主的民主权利，有利于调动各种社会力量一起贯彻中国共产党的方针政策。党外人士是我们国家各领域、各层次干部队伍的重要来源之一。安排一批人，影响一大片。统一战线的人事安排，是一项十分重要而复杂的工作。做好这项工作，需要各级党政主要领导干部有全局观念和政治眼光，亲自动手，过细工作；需要有关部门高度重视，紧密配合；需要及早发现人选，长期培养帮助。

第六，爱国统一战线是联络友谊，沟通感情，促进实现“和平统一、一国两制”的桥梁纽带。对港澳恢复行使主权，保持港澳的长期稳定繁荣，不仅需要中英、中葡政府间信守协议，更有赖于港澳各阶层同胞与我们党和政府和衷共济。实现海峡两岸的和平统一，必须贯彻“寄希望于台湾当局，更寄希望于台湾人民”的方针，需要海内外一切拥护祖国统一的仁人志士的共同努力。和平统一祖国，必须发挥统一战线联系面广的优势，依靠统一战线大团结、大联合的力量。统一前，必须通过不断发展壮大爱国主义基础上的广泛团结，增进交流，联络友谊，沟通感情，寻求共识，化解隔膜与障碍；统一后，在两种社会制度并存的条件下，更需要依靠统一战线来广泛团结意识形态不同、生活方式不同的人们，同心同德，携手奋进，一起谱写振兴中华的新篇章。

以上几条，是新时期统一战线的基本社会职能，也是有中国特色社会主义事业赋予统一战线的光荣使命。在新形势下，统一战线仍然是我们党的一大法宝，其范围不是缩小了，而是扩大了；对象不是减少了，而是增多了；任务不是减轻了，而是加重了。一句话，统一战线不是可有可无，而是比过去任何时候都更加重要。

（摘自 1993 年 11 月 5 日在全国统战工作会议上的讲话）

人民政协在我国民主政治建设中具有独特地位和作用

中国人民政治协商会议是我国最广泛的爱国统一战线组织，

是中国共产党领导中国人民长期革命斗争的胜利成果，是具有中国特色社会主义政治体制的重要组成部分。中国人民政治协商会议建立以来，中国共产党的杰出领导人毛泽东、周恩来、邓小平、邓颖超、李先念先后担任主席。在他们的卓越领导下，几十年来，人民政协为建立中华人民共和国，为推动社会主义革命和建设，为促进中华民族的大团结和国际友好交往，发挥了重要的作用。特别是中共十一届三中全会以来，在拨乱反正、巩固和发展安定团结的政治局面中，在推进改革开放和两个文明建设中，在促进祖国统一和维护世界和平的事业中，人民政协都做出了重大的贡献。中国共产党和各民主党派、无党派民主人士共同开创的人民政协事业，是我们的传家宝，我们一定要百倍地珍惜，很好地继承和发展。

人民政协是实现中国共产党领导的多党合作和政治协商这一基本政治制度的重要组织形式，在社会主义民主建设中发挥着积极作用。建设高度的社会主义民主，是历史发展的必然趋势，是人民群众的共同愿望，是中国共产党长期奋斗的目标之一。中共十四大报告指出："人民民主是社会主义的本质要求和内在属性。没有民主和法制就没有社会主义，就没有社会主义的现代化。"我国实行的人民代表大会制度和共产党领导的多党合作和政治协商制度，是符合我国国情的一种新型的民主制度。这种制度既不同于一些国家的议会制和多党制，也有别于一些国家的一党制。在这种制度下，人民在通过选举、表决行使民主权利的同时，还可以就重大问题进行充分协商；在实行法律监督的同时，还可以实行广泛的民主监督。人民政协所实行的民主协商方式，有助于充分吸纳各民主党派的意见，使共产党的领导作用和民主党派的参政议政作用同时得到发挥；有助于拓宽人民群众发表意见的渠道，做到既尊重多数人的共同意愿又照顾少数人的合理要求；有助于在团结稳定的前提下发扬民主，在发扬民主的过程中巩固和发展团结稳定的政治局面。这种民主协商方式，是我国民主政治建设的一大创造，也是我国社会主义民主制度的一大特色、一大优势。

政协八届全国委员会任期内的五年，是实现我国现代化建设第二步战略目标非常关键的时期。这五年里，在邓小平同志建设有中国特色社会主义理论和社会主义初级阶段基本路线的指引下，按照中共十四大的部署，要抓住有利时机，使国民经济再上一个新台阶；加快改革开放步伐，在建立社会主义市场经济体制方面取得新的突破；进一步加强社会主义民主法制和精神文明建设，促进社会全面进步；贯彻“一国两制”方针，推进祖国和平统一大业；积极发展对外友好关系，为国内建设创造良好的国际环境。新形势、新任务向人民政协提出了新的要求。人民政协肩负的任务不是减轻了而是加重了，发挥作用的天地不是缩小了而是扩大了。我们要充分认识人民政协在新时期的重要地位和作用，适应新形势，探索新路子，做出新贡献。

（摘自 1993 年 3 月 27 日在中国人民政治协商会议第八届全国委员会第一次会议闭幕会上的讲话）

人民政协是发扬社会主义民主的重要形式。它所具有的统一战线性质，使它在组织上有着广泛的代表性，在政治上有着很大的包容性，有利于参加人民政协的各党派、各团体、各界别广泛参与国家政治生活。它所体现的多党合作关系，既能够使执政党经常听到来自民主党派的意见，又便于发挥民主党派的参政作用，有利于长期共存和互相监督。它所实行的民主协商方式，既能够反映多数人的普遍愿望，又便于吸纳少数人的合理主张，有利于增强决策的民主性和科学性。所有这些都是人民政协的特点和优势，也是人民政协履行政治协商、民主监督、参政议政职能的理由和意义。人民政协的主要工作就是履行职能，只有在履行职能上有所作为，才能在建设有中国特色社会主义的伟大事业中有所贡献。

（摘自 1995 年 6 月 5 日在政协第八届全国委员会常务委员会第十三次会议上的讲话）

人民政协是由中国共产党、各民主党派、无党派民主人士在长期革命斗争实践中，经过慎重周密的考虑，从我国国情出发而创建的。从诞生之日起，它就是我国民主政治建设的重要组织形式，体现了发扬民主同维护国家稳定、促进社会进步的统一。当然，我国民主政治建设需要多方面的努力，包括坚持和完善人民代表大会制度，坚持和完善中国共产党领导的多党合作和政治协商制度，推进国家领导制度的改革，加强基层民主建设，保障人民群众的各项民主权益等等。就人民政协自身来说，它的具体组织形式和工作方法也不是已经完美无缺。但是，它在我国民主政治建设中的特殊地位和作用，它的独创性和有效性，已经得到历史的证实。从这个意义上讲，承认民主重要，就不能不承认政协重要；承认稳定重要，也就不能不承认政协重要；承认既要发展民主又要保持稳定，就必须认真研究和充分发挥政协的作用。

（摘自 1993 年 5 月 21 日在政协第八届全国委员会常务委员会第二次会议上的讲话）

选好角度，找准位置，扬长避短

今后五年我们政协如何以邓小平同志建设有中国特色社会主

义理论为指导，实施本届大会确定的方针任务，我看关键是选好角度、发挥优势。就一般来讲，不同单位有不同的事情，同样的事情在不同单位可以有不同的干法。对政协来讲，就需要研究如何把我们特有的事情干得更好，如何把我们与别人共有的事情干得更能体现政协的特点和优势。总之，在如何使政协的工作尽职而不越位，帮忙而不添乱，切实而不表面，更加生动活泼、富有成效方面，需要我们大家都来动动脑筋。

（摘自 1993 年 3 月 28 日在政协第八届全国委员会常务委员会第一次会议上的讲话）

政协有许多特色，说它是官又不是官，它没有多少决定权；说它是民又不是民，它参与国家重大问题的决策。所以我讲政协说官亦官、说民亦民、非官非民、亦官亦民。从民的意义上讲，它可以直接接触三十几个界别的委员及其联系的群众。从官的意义上讲，许多政协委员是各级领导干部或曾经是领导干部。它下通各界，上达中央，有许许多多的有识之士，是人才库。社会上普遍反映政协每次大会的发言和许多建议水平高，有深度，中央领导同志都很重视政协会议的简报、建议。我在全国政协八届第一次常委会上讲了三句话：尽职不越位，帮忙不添乱，切实不表面。对这三句话有的同志有不同意见，说我们政协有什么位？我说什么都有位，省委书记有位，省长也有位，省委书记、省长如果没有位，你就党政不分，什么都管了。干任何工作都要注意选好角度，找准位置。

（摘自 1996 年 5 月 11 日—14 日考察四川时的谈话）

专门委员会的工作如何更加富有成效地开展起来，要依靠大家在实践中探索。有一点可以肯定：就是必须从政协的实际出发，扬长避短，发挥优势。政协有哪些优势？至少有这么几条：一是人才荟萃，智力雄厚，能够深入研究一些宏观的、重大的、深层次的问题。二是代表性强，信息量大，能够反映各方面群众的意见、愿望和要求。三是位置超脱，视界宽阔，能够比较客观地提出意见和建议。四是下通各界，上达中央，能够发挥民主渠道作用。从上述几条可以看出，政协专委会开展工作的天地是很广阔的，关键是选好题目。有些事情政协可以为主去做。比如，在四化建设中各行各业有识之士提出了许多真知灼见，其中相当部分由于体制、渠道以及官僚主义作风等诸多因素，滞留于下层，散佚于民间。如果政协专委会通过广大委员有计划、有组织地搜集、整理这些意见和建议，并利用政协的特殊条件送领导机关研究，使之进入决策过程，这将是一项很有意义的工作。有些事情政协可以配合去做。比如，发展科技教育、繁荣文化艺术、扩大海外联谊、促进祖国统一等。政协专委会集聚了大批热心和熟悉这些领域工作的专家和人士，可以出谋划策，政府有关部门也希望政协为此作出贡献。当然，也必须看到，政协的主要任务是参政议政，而且老同志、二线同志和兼职同志比较多，有些事情并非政协力所能及，也未必勉强去做。

（摘自 1993 年 5 月 21 日在政协第八届全国委员会常务委员会第二次会议上的讲话）

如何使政协工作“尽职而不越位，帮忙而不添乱，切实而不表面”地开展起来？对于我在政协八届一次常委会议上讲的政协工作要“切实而不表面”这一句，大家在讨论中争论不大，而对于“尽职而不越位，帮忙而不添乱”这两句，还有些不同的意见。我认为，只要有分工，所有的工作都有个尽职而不越位的问题。如果政协去干人大的事、国务院的事，就是越位了。越位的事做多了，就会产生同其他系统、部门的矛盾，同时也不能尽到自己应尽的责任。就好比政协开会，我坐在主席这个位置上可以，如果你坐这儿就越位了。怎么能说没有越位的问题？在实践中处理好“尽职”与“越位”的问题，不是一件容易的事，也需要我们认真研究，不断总结经验。

（摘自1993年6月1日与全国政协机关干部座谈时的讲话）

我在政协八届常委会第一次会议上讲过三句话：政协工作要做到尽职而不越位，帮忙而不添乱，切实而不表面。对“尽职而不越位”始终有不同看法。在几次会议上，都有一些委员提出质疑，认为政协现在是没有“位”，根本谈不上“越位”。其实，任何部门、任何工作、任何职务都有它特定的地位。一个人在家里，要么是儿子的爸爸，要么是爸爸的儿子，要么是妻子的丈夫，要么是丈夫的妻子。不懂得自己的特定地位，就不可能尽到自己的责任。搞好政协工作，必须抓住特点，找准位置。

（摘自1994年6月25日在听取政协八届常委会第七次会议准备工作汇报会上的谈话）

人民政协要突出界别特色，发挥委员作用

人民政协由界别组成，政协委员是各界别的代表。人民政协必须重视界别的特点，加强政协委员队伍的建设。

人民政协现有34个界别，包括了当今中国各党派和主要社会团体，集中了社会各界的代表人物。这种按界别组成的形式，

可以为各个党派、团体以组织名义发表主张提供场所，可以使群众中分散、个别的意见得到系统、综合的表达，可以广泛吸纳社会各方面人士的智慧，也有利于通过界别协调关系、化解矛盾。从一定意义上讲，了解了各界别的意见就基本上了解了多数人的意见，掌握了各界别的情况就基本上掌握了整个社会的情况。人民政协只有突出界别的特色，发挥界别的作用，才能更好地履行职能，使各项工作生动活泼、富有成效。

政协委员来自各个界别，代表本界别群众参与国事。政协委员选得如何，政协委员做得怎样，关系到所在界别的意见能否得到充分反映，关系到人民政协在我国民主政治建设中的地位和作用。新时期的政协委员，应当是各个领域的代表人士，在业务上有突出的成就，在本界别有较高的威望；应当与本界别群众保持密切的联系，认真听取和表达群众的意愿，自觉维护群众的利益；应当在社会上有良好的形象，遵守国家法律和社会公德，以模范行为影响他人和社会；应当有参政议政的能力，履行政协章程规定的各项职责，在协商大政方针和重要问题时能够积极提出意见和建议。政协委员都有自己的事业、自己的追求，努力发展自己的事业、争取更大的成就，这是理所当然的，是应当鼓励和支持的，但还应该有更高的境界，把国家和人民的利益摆在更加重要的位置。政协委员是地位，是荣誉，更是责任。我们要经常想想自己的身份，看看自己的言行，力求无愧于政协委员的光荣称号，以实际行动维护政协组织的形象。

政协组织应当努力为发挥委员的作用创造条件。要认真研究新时期社会各阶层的状况，重视各种利益群体的变化，从实际出发合理设置界别；要根据界别的特点和要求开展活动，充分调动各界别参政议政的积极性，认真探索发挥界别作用的方法和途径；要维护委员的民主权利，畅通委员发表意见、反映社情民意的渠道，依靠广大委员推动政协工作。

（摘自 2001 年 3 月 12 日在中国人民政治协商会议第九届全国委员会第四次会议闭幕会上的讲话）

统战干部要形象好、人缘好、富有人格的力量

统战干部与从事其他工作的干部一样，要求具备许多基本的条件，如思想觉悟、文化素质、办事能力，等等。但是统战干部还应当具备一些特殊的条件，其中很重要的一条就是要形象好、人缘好、富有人格的力量。

就一般来讲，我们做人的工作一要靠真理的力量，二要靠人格的力量。所谓真理的力量，就是所宣传所提倡的东西合乎客观实际，体现人民利益，代表社会正义，反映时代潮流；所谓人格的力量，就是以身作则，带头实践共同目标和道德标准，具有感召力和亲和力，令人心悦诚服、愿意接近。在我们工作中常常可以看到这样的现象：同样的话，有的人去说是“一言九鼎”，有的人去说却“一文不值”；同样的事，有的人去办就顺利，有的人去办就困难。

对统战干部之所以要特别强调形象好、人缘好、富有人格的力量，是因为，统战工作是联系、团结的工作，如果你让别人见了感到别扭，避之唯恐不及，本身就是“裂变”因素，怎么能去联系人、团结人呢？统战工作常用的是平等、商量的方式，如果你居高临下，作风霸道，把个人意见强加于人，怎么能同别人合作共事呢？统战工作主要是靠带动、靠影响，如果你言行不一，不能以身作则，率先垂范，你讲的道理怎么能使别人信服呢？统

战干部具有桥梁、纽带的作用，如果你的言行违背党的宗旨，不能使人感受到党的正确和温暖，党的方针政策又怎么能很好地得到贯彻落实呢？因此，形象问题、人缘问题、人格力量问题，对统战干部来讲，不是无关紧要的小问题，而是涉及统战工作能否真正收到实效、统一战线能否巩固和发展的大问题。统一战线工作重视发挥人格的力量，是我们党的优良传统和重要经验。在中国革命的历史上，一大批党外人士之所以冒着各种危险聚集在我们党的旗帜下，倾心支持我们的事业，同我们肝胆相照、荣辱与共，固然是因为我们党有正确的政治主张，也是与我们党有许多像周恩来那样高风亮节、富有人格魅力的同志相联系的。很多党外朋友说，同周恩来在一起“如沐春风”。现在统一战线工作的环境、对象、任务都发生了很大变化，但这个优良传统和重要经验决不能忘记、决不能丢掉，必须努力继承和发扬。

我们的统战干部队伍总体上是好的，他们忠实地贯彻执行党的统战政策，为统一战线巩固和发展付出了很多的心血，作出了很大的贡献，赢得了党外朋友的好评。但也必须指出，在统战干部队伍中确有一些人存在不少毛病。就一般情况说，统战部门是清水衙门，干部的腐败行为相对较少，当然也不是没有问题，但更突出的问题还是一些人在党外朋友中形象和人缘不那么好。有的不平等，以势压人，对党外人士甚至党派领导人不够尊重；有的不诚恳，拿腔作调，对党外人士敷衍应付；有的不虚心，自以为是，听不得不同意见；有的不热情，一副冷面孔，拒人于千里之外。这样的干部怎么能做好统战工作呢？严格地说，有他们还不如没有。

小平同志多次强调，在选人的问题上，要注意形象，要注意社会公论，要使人放心。这个思想对我们统战部门具有特别重要的意义。各级党委和统战部门要按照小平同志的要求，加强对统战干部的教育，注重选拔、任用那些在党外朋友中形象好的干部，对那些屡加教育而不能改正的人要及时加以调整。从事统一战线工作的同志要提高自觉，注意修养，努力使自己成为和蔼可亲、深受党外朋友欢迎的合格的统战干部。只有这样，我们的统战事业才有希望。

（摘自 1999 年 11 月 2 日在邓小平新时期统一战线理论研究班座谈会上的讲话）

把《人民政协报》办出特色

刚才大家对如何办好《人民政协报》发表了很好的意见。我根据自己对新闻工作的了解，并结合政协工作的实际，讲四句话。

第一，要把握中央精神。我们的报纸是党、政府和人民的耳目喉舌，必须在政治上同中央保持一致，始终坚持正确的舆论导向，始终坚持在一切重大问题上按中央精神办事。《人民政协报》作为全国政协的机关报，作为全国统战系统唯一的大报，在这一点上任何时候都不能含糊、不能动摇。

第二，要了解读者愿望。办报首先要弄清读者是谁，办给谁看，他们究竟在想什么，需要什么。《人民政协报》有特定的读者群，只有下功夫研究读者心理，刊登他们想看、爱看的东西，尽量满足他们的需求，才会赢得他们的信赖和赞许。我一直主张报纸要扩大信息量，提倡短新闻，标题有内容。我赞扬过一些好标题，比如“赫鲁晓夫死了”，这个标题多好，一目了然，下面再写就是交代他何时何地得何种病死的，如果读者没有时间，读了这个标题也就可以了。现在报纸上的不少新闻，同样的内容在标题里讲一遍，在导语里讲一遍，在正文里还要讲一遍，来回重复，浪费版面，读者也不爱看。

第三，要尊重新闻规律。报纸是以新闻为主，不同于书籍，也不同于杂志，有其自身的规律。在一次短新闻的评奖会上，我曾提出新闻第一要真、第二要新、第三要短、第四要活。新闻姓“新”，要讲时效性。《人民政协报》改为日报后，许多过去不需要“抢”的新闻也要“抢”了。另外，从标题、导语到内容，要尽可能使用群众熟悉的语言，要善于使用成语和典故。蒲松龄的《聊斋志异》，文章那么短，那么生动活泼，一个重要原因就是使用典故。提高报纸的可读性和提高政策理论水平同样重要。如果费了半天劲，科学性、理论性都有了，就是不吸引人，等于把白纸变成花纸，没有多少实际意义。

报纸的评论很重要，建议你们多写点小评论。我在天津工作的时候，曾对《天津日报》的同志说，你们的评论太长，没有味道，应该写得短一点，七八百、五六百字一篇，让人边吃着饭边掀开报纸，扫几眼就读完了，从中得到启发。他们写了给我看，我又觉得短是短了，但干干巴巴没味道。他们很为难：“又要写短，还要生动活泼，怎么个写法?”于是我连续十天给他们写了十篇小评论，就是后来收在书里的十谈少讲空话、多干实事。希望政协报能下功夫搞些小评论，运用群众中生动活泼、寓意深刻的语言，对现实生活中大家关心的问题发表议论，给人一点启迪，给人一点知识，给人一点乐趣。

第四，要勇于探索创新。《人民政协报》办了 13 年，积累了一些经验，但是要真正形成自己的风格，办出自己的特色，还必须勇于开拓，大胆创新。办出特色，不是件简单的事。所谓特色，就是相对于《人民日报》，相对于《经济日报》、《光明日报》，相对于《工人日报》、《农民日报》，相对于各省党的机关报，乃至相对于民主党派的《团结报》，应有自己鲜明的个性和特点。要使人不看报头就知道是《人民政协报》。就像我们每个人说话，一张嘴，一听声音，就知道是谁。政协报有难办的地方，因为涉及面比较广，既要立足统战、政协，又要面向社会；但也有好办的地方，因为它毕竟不像《人民日报》那样直接代表党中央指导工作。希望你们在牢牢把握中央精神的前提下，大胆一点，活泼一点，在扩大信息量、增强可读性上多下功夫。

总之，政协报要办出特色，不能叫人家有了《人民日报》、《光明日报》或其他什么报纸就可以把你给代替了。如果拿别的报纸就能代替你，那你存在的必要性就没有了。要研究如何才能不被别人所代替。这个话说起来简单，办起来可不容易。

（摘自1996年12月27日在《人民政协报》改日报座谈会上的讲话）

从中国国情出发制定民族宗教政策

民族和宗教问题是当今世界的一个热门话题，也是一个十分复杂、十分敏感的问题。新中国建立以来，我们党把马克思主义基本原理与我国民族和宗教的实际情况相结合，形成了一整套正确的观点和政策，积累了许多宝贵的经验，取得了巨大的成绩。同时应当看到，国际国内都出现了一些新的情况，我国的民族、宗教工作也面临着一些新的课题；我们有些干部对党的民族、宗教理论和政策了解不多，对新形势下出现的新问题研究不够。这种状况应当引起全党的重视。

中国是一个统一的多民族国家，由56个民族组成，每一个民族都是这个多民族大家庭中不可缺少的成员。我国的少数民族，第一是人数多，加起来有1亿人口；第二是居住地域广，民族自治地方面积加起来占国土总面积的64%，我国两万多公里陆地边境线绝大部分位于少数民族聚居区；第三是混居程度高，一个民族常常散布于许多地方，一个地方常常生活着若干民族。在中国，保持国家的统一，维护领土的完整，实现人民的团结，都离不开各民族的共同努力。讲任务，是56个民族共同的任务；讲成绩，是56个民族共同的成绩；讲困难，是56个民族共同的困难；讲前途，是56个民族共同的前途。56个兄弟民族情同手足，休戚与共，一荣俱荣，一损俱损。

我们党关于民族问题的基本观点和政策主要有：（一）民族的产生、发展和消亡是一个漫长的历史过程，社会主义时期是各民族共同发展、繁荣的阶段，各民族间的共同因素在不断增多，民族特点、民族差异将长期存在。（二）民族问题是社会总问题的一部分，我国现阶段的民族问题只有在建设有中国特色社会主义的共同事业中才能逐步解决。（三）国家统一是各族人民的最高利益，各族人民都有维护祖国的安全、荣誉和利益的义务。（四）各民族一律平等，国家保障少数民族的合法权利和利益。（五）各族人民要互相尊重，和睦相处，不断巩固各民族的大团结。（六）各民族要加强互助合作，努力实现共同进步和繁荣。（七）发展经济、改善生活是我国现阶段民族工作的主要任务，是解决其他各种问题的基础。（八）民族区域自治是中国共产党对马克思主义民族理论的重大贡献，是解决我国民族问题的基本制度。（九）不断提高各族人民的思想道德素质和科学文化素质，努力造就一支宏大的德才兼备的少数民族干部队伍。（十）民族问题和宗教问题在一些地方往往交织在一起，在处理民族问题时要注意贯彻党的宗教政策。

当前，我们的民族工作形势是好的，民族地区总体上是团结稳定的，但也存在一些不容忽视的问题，主要是极少数的民族分裂主义分子在境外敌对势力支持下，千方百计地从事破坏民族团结、制造祖国分裂的活动。对此，我们必须始终保持警惕，进行坚决有力的斗争。否则，少数民族群众的利益会受到损害，社会的稳定、边疆的巩固、国家的统一都会受到威胁。同时必须明确，经济建设仍然是民族地区的中心任务。这是因为，坚持以经济建设为中心，努力提高人民群众的物质、文化生活水平，是现阶段及今后很长时期全国人民的共同任务。民族地区的经济发展和生活水平相对落后，民族地区人民求发展、求富裕的愿望更为强烈。这还因为，现在民族地区的许多问题都和经济问题联系着。经济搞不上去，人民生活不能改善，我们就没有吸引力、凝聚力，社会就很难稳定，其他工作也难以做好。我们还必须明确，56 个民族的干部都是党的干部，56 个民族的人民都是中国人民，他们的绝大多数是拥护党和政府、反对分裂的，搞分裂活动、反对我们社会制度的人只是极少数。我们应该作这样的基本估计，第一，这是客观事实；第二，这是对我们几十年工作的肯定。在这个问题上，我们既要自信，也要互信。政策和策略的统一，原则性和灵活性的统一，动机和效果的统一，这是个理论问题，也是个实际问题，是做好领导工作必须研究和把握的问题。世界上的事情是复杂的，有些事情要多做多说，有些事情要多做少说乃至不说，有些事情必须做、经常做但未必经常说，尤其不能不分场合地说。比如，人人都要吃饭，都要拉屎，而人们常常只说吃饭，却很少说拉屎。

宗教问题是一个重大而特殊的问题。据有关方面的材料，现在全世界 60 多亿人口中，信教的约有 48 亿，我国相对比例较小，但绝对数字也有 1 亿人左右，一些少数民族几乎全民族信教。在我国，宗教具有群众性、民族性、国际性、复杂性、长期性的特点。处理好宗教问题，关系到广大人民群众的切身利益，关系到社会稳定和民族团结，关系到我国的国际影响。因此，我们必须像列宁讲的那样，对待宗教问题采取“特别慎重”、“十分严谨”、“周密考虑”的态度。

我们党关于宗教问题的基本观点和政策主要有：（一）宗教有其发生、发展和消亡的过程，在社会主义社会将长期存在，不能用行政力量去消灭宗教，也不能用行政力量去发展宗教。（二）宗教信仰自由受国家宪法保护，公民有信仰宗教的自由，也有不信仰宗教的自由。（三）要宣传无神论，但不能把有神论和无神论的区别等同于政治上的对立。要坚持政治上团结合作、信仰上互相尊重。（四）国家依法对宗教事务进行管理，保护正常的宗教活动和宗教界的合法权益，制止和打击利用宗教进行违法犯罪活动。（五）我国宗教方面的矛盾主要是人民内部矛盾，但在一定条件下也可能出现对抗性的问题，要严格区别、妥善处理两类不同性质的矛盾。（六）坚持独立自主、自办教会的原则，在平等的基础上开展宗教方面的对外友好交往，抵制境外敌对势力利用宗教进行渗透，不允许任何境外宗教团体和个人干预我国宗教事务。（七）爱国宗教团体是党和政府联系信教群众的桥梁，要支持它们加强自身建设，自主开展活动，充分发挥作用。（八）爱国宗教界人士是团结信教群众、维护社会稳定的重要力量，宗教界要有计划、有组织地培养爱国宗教教职人员队伍。（九）积极引导宗教与社会主义社会相适应。宗教界要把爱教与爱国结合起来，在国家法律和政策范围内进行活动。（十）所有宗教团体和宗教界人士都必须维护法律尊严，维护人民利益，维护民族团结，维护国家统一。

我们党关于宗教问题的基本观点和政策，是经过深思熟虑的，是经受了实践检验的，是严肃的、真诚的，是要下功夫实行的而不是说着听的、摆着看的，是要长期坚持的而不是权宜之计。比如，尊重和保护宗教信仰自由，这是宪法规定的。因为宗教作为人类精神生活的一种普遍、长期存在的现象，有其深刻的认识根源和社会根源，有其不以人的意志为转移的客观规律；因为我国是人民当家作主的社会主义国家，人民享有广泛的自由和民主权利，包括对宗教信仰的自由选择权利；因为信教群众和不信教群众在政治上经济上的根本利益是一致的，只有尊重信教群众的宗教信仰，才能把他们团结起来共同致力于社会主义现代化建设。又比如，坚持独立自主、自办教会，这也是宪法规定的。因为历史上殖民主义和帝国主义曾把天主教和基督教当作侵略中国的工具，中国天主教会和基督教会曾被外国势力所控制，中国人民深受其害。新中国建立后，爱国宗教界人士和信教群众不愿意中国的宗教再受外国势力的支配，实行独立自主、自办教会。这一选择，是我国信教群众和不信教群众的共同愿望，是我们抵御外国势力干涉我国宗教事务、利用宗教进行渗透的有效屏障，是我们维护国家主权和民族尊严、避免历史悲剧重演的重要保证。

民族、宗教无小事，不能掉以轻心、麻痹大意；民族、宗教问题很复杂，不能用简单化的方法对待、处理；民族、宗教工作涉及方方面面，不仅统战部门，而且各有关部门都要重视、都要去做；民族、宗教领域的新情况、新问题较多，要及时研究，不断总结，作出新的概括，但一定要瞻前顾后，慎之又慎。

（摘自2002年1月《中国共产党关于民族问题的基本观点和政策干部读本》代序言）

民族工作在我国始终是一件大事

民族工作在我国始终是一件大事。

第一，它关系到国家的统一。我们中国是由 960 万平方公里领土、56 个民族、12 亿人口组成的，每一个民族都是这个多民族大家庭中不可缺少的成员。我国少数民族有近 1 亿人口，分布在全国各地，民族自治地方有 157 个，占国土总面积的 64%。因此，我们讲人民的团结，领土的完整，国家的统一，都是以各民族的团结为基础的。没有各民族的团结，中国就会陷于动乱和分裂，中国就不成其为中国。

第二，它关系到社会的稳定。民族是历史的产物，在历史发展过程中各民族形成不同的风俗、不同的习惯、不同的语言和不同的生活方式，各民族之间的差异是客观存在，而有差异就会有矛盾。这些矛盾的妥善解决，始终是实现社会稳定中极为重要的一个方面。历史和现实都反复证明，民族地区的各种矛盾解决得好，民族关系和谐融洽，就为全国的社会政治稳定创造了有利的条件。

第三，它关系到经济的发展。我们讲现代化建设，讲提高综合国力，讲实现“三步走”的战略目标，都是就包括所有少数民族在内的整个中华民族这个整体而言的。如果民族地区经济长期处于落后状态，我们的各项宏伟设想，就不可能完全实现。这些地区的经济长期搞不上去，发达地区的经济也会由于资源和市场的制约而难以保持发展后劲。

第四，它关系到边防的巩固。我国陆地边境线 2.1 万公里，绝大部分位于少数民族聚居区，仅内蒙古、新疆、西藏、广西自治区就达 1.5 万公里。只有把民族地区建设好，把各族群众的爱国主义热情进一步激发出来，共同承担守疆卫土的光荣责任，才能筑起一道坚不可摧的边防长城，才能保护祖先留下的疆域不受任何外来侵犯和蚕食。

第五，它关系到全民素质的提高。我国人民整体素质的提高，是建设富强、民主、文明的社会主义现代化国家的基本内容和基本条件。如果不大力推进民族地区的经济发展和社会进步，不切实提高 1 亿少数民族人口的思想道德、科学文化水平，就谈不上整个中华民族素质的提高。

第六，它关系到挫败国际敌对势力的图谋。在当今世界政治格局中，民族问题日益显示出其重要地位，一些国家的动乱、分裂、解体，多数都与民族问题密切相关。国际敌对势力也力图把挑拨、离间民族关系作为遏制、搞乱中国的突破口。我们只有重视和做好民族工作，谨慎和妥善地处理好民族关系，不断巩固和发展民族团结，才能在复杂的国际斗争中掌握主动，立于不败之地。

（摘自 1994 年 9 月 8 日在各界少数民族人士座谈会上的讲话）

我们实行宗教信仰自由政策是真诚的

通过与一些外国朋友接触，我感到大家共同关心的一个问题是中国的宗教问题。有些朋友，也不排除国内有些人，对我们的宗教信仰自由政策总抱有疑虑：你们不是主张唯物论吗，你们不是无神论者吗，怎么可能真诚地贯彻执行宗教信仰自由政策呢？我们说，我们实行宗教信仰自由政策是真诚的。我们之所以实行并只能实行这样一种政策，是基于以下一些原因。

第一，这是我们的基本观点所决定的。我们的辩证唯物主义世界观认为，世界是物质的，物质世界是可以认识和改造的，这种认识和改造要通过实践来实现。在我们的主张里，物质第一、客观第一、存在第一。由此可以得出一个基本观点，就是客观事物的发展和变化是由其内在规律所决定的，任何违反其内在规律的外部干预，任何对复杂问题的简单处理，都是不能奏效的。所谓客观，除了自己的思想，其他都是客观，宗教的存在也是客观。正是基于这种观点，我们认为，宗教作为人类精神生活中一种普遍、长期存在的现象，有其发生和发展的社会根源和认识根源，有其不以人的意志为转移的客观规律，企图用行政手段去限制甚至消灭它是行不通的，当然，企图用行政力量去发展宗教也是错误的。我们对宗教的认识也有一个从比较肤浅、比较片面，向着比较深刻、比较全面发展的过程。过去的解释，认为宗教的发生和发展是由于社会生产力、科学技术水平以及人们对自然界的认识能力低下。现在的情况是，人们对自然界的认识越来越深入，改造自然的能力越来越加大，但宗教信仰者并没有减少。全世界58亿人口中有40多亿信仰宗教，其中包括许多对自然现象有深刻认识的科学家和有广泛影响的政治家。这就要求我们对宗教作进一步观察，针对新的情况作出新的解释，要求我们尊重宗教内在的发展规律，对宗教问题采取非常慎重的态度。

第二，这是我们的根本宗旨所要求的。中国共产党和中国政府的根本宗旨是全心全意为人民服务，也就是为了多数人，团结多数人，依靠多数人。我们的一切努力，都是为了实现和维护广大人民群众的基本权利，其中当然也包括了他们对自己宗教信仰的自由选择权利。我国宪法明确规定，中华人民共和国公民有宗教信仰自由。我们在宗教工作中始终强调是否信仰宗教、信仰哪一种宗教，是公民个人的私事，不应受任何国家机关、社会团体和个人的干涉，这都是为了实现和维护宗教信仰的自由选择权利。在中国，信教和不信教群众在思想信仰上的差异是次要的，在政治上经济上根本利益的一致才是主要的。中国的宗教信仰者有1亿多人，一些少数民族如藏族、回族等多数群众信教。只有尊重公民的宗教信仰自由权利，才能调动广大信教群众的积极性，才能使信教和不信教的群众在根本利益一致的基础上团结起来，把意志和力量凝聚到建设现代化国家、实现更加美好生活的共同目标上来。

第三，这是引导宗教在我国社会中发挥积极作用所必需的。中国有五大宗教①，各宗教倡导的伦理道德都有热爱祖国、服务社会、弃恶扬善、造福人群的内容，如佛教的“庄严国土、利乐有情”，基督教的“荣神益人”，道教的“慈爱和同，济世度人”，伊斯兰教的“两世吉庆”等等。这些内容从一个方面反映了人类对美好世界的向往和对真善美的追求，长期以来在人民群众中产生了广泛、深刻的影响。这些内容有许多与我们共产党人所提倡的精神文明是一致的。在一定意义上可以说，我们同宗教信仰者的区别，只是对事物本原的认识和追求目标的方式上的区别，而目标本身常常是相同或近似的。只有实行宗教信仰自由政策，才能对宗教中积极、向上的内容加以挖掘、整理，使之在现实生活中发挥积极作用。当然，我们也支持宗教随着现代社会的进步开展必要的神学建设，以更好地与社会主义社会相适应。

第四，这也是与中国的历史文化传统相一致的。中国在其漫长的历史上一直是一个世俗国家，政权高于神权，没有出现过政教合一的全国性政权，也没有发生过欧洲历史上那种宗教战争。中国又是一个讲求“和合”文化的国家，主张“以和为贵”，对各种文化兼容并包，包括对待宗教。中国现有的五大宗教，除了

---

① 五大宗教指佛教、道教、伊斯兰教、天主教、基督教。

道教是中国本土产生的，其余都是外来的。中国历朝历代的统治者，有过偏信某一种宗教的情况，如有的偏重佛教，有的偏重黄老之学，但总体上讲对各种宗教都是宽容的。中国传统文化有相当部分与宗教文化有联系，特别是佛教文化对中国传统文化的发展作出过相当大的贡献。与此同时，各种外来宗教也不断从中国传统文化中汲取养料，不同程度地“中国化”。我们所实行的宗教信仰自由政策符合中国的历史文化传统，既符合信教群众的要求，也为占人口大多数的不信教群众所接受。

综上所述，我们的宗教信仰自由政策是一项长期政策，而决不是什么虚伪之辞、权宜之计。那种认为无神论与宗教信仰自由之间势不两立，一讲宗教信仰自由政策就是放弃唯物论、无神论的看法，是错误的；同样，那种认为一讲坚持唯物论、无神论就是要对宗教采取反对态度的看法，也是错误的。当然，我们也承认在执行宗教信仰自由政策的过程中有的时候有的地方可能会出现偏差，不仅仅在宗教政策方面，在其他方面也都可能出现偏差。我们会努力改进工作，解决这些问题，也欢迎外国朋友们提出善意的批评和积极的建议。

（摘自 1998 年 10 月 14 日会见美国基督教会联合会访华团时的谈话）

高举“两面旗帜”，坚持“四个维护”

西吉事件是由宗教内部纠纷引起的，但发展到后来，发展到现在，已变成一种聚众械斗，抓人、打人、杀人，扰乱社会秩序，损坏人民财产，死伤了那么多人，造成那么多人民群众无家可归，生命安全失去保障，这就不能再把它看成是宗教内部纠纷了。事件的性质已演变成为目无政府、目无法纪、乱打乱杀的严重违法犯罪问题了。在家庭中，父子吵架，夫妻不和都属于家庭纠纷，但是如果杀了人，无论是父亲杀儿子，还是丈夫杀妻子，就不能再说成是家庭纠纷问题了。《宪法》第 36 条规定："国家保护正常的宗教活动。任何人不得利用宗教进行破坏社会秩序、损害公民身体健康、妨碍国家教育制度的活动。"任何宗教、任何教派、任何个人都不能把自己置于国家法律之上。

处理西吉事件，必须高举"两面旗帜"。必须高举保护人民的旗帜——保护人民利益，保护人民生命财产安全；必须高举维护法律的旗帜——维护法律的尊严，制止一切违法犯罪行为。这是核心问题，是我们制定文件的根据，也是执行文件的目的。我们的党是为人民谋利益的党，我们的政府是全心全意为人民服务的政府。我们不是常讲要与人民同呼吸、共命运、同甘苦、共患难吗？现在，西吉一些群众在那里蒙受苦难，迫切希望我们去解救他们。如果我们或无动于衷，或无能为力，那我们还算什么共产党、人民政府！同心县有个同志对我讲，他有个亲戚也在械斗的人里面，亲戚告诉他说，双方群众都希望政府采取果断措施，说只要政府向天上放几枪，他们借机会就跑了，不想在那里折腾了。还有人告诉我，械斗时冲在前面的、被杀的，多是老实百姓，是没有钱没有权的人。所以，老百姓非常希望政府伸出手，双方群众都埋怨政府拖延不力。我敢断言，宁夏的广大干部、群众，包括西吉沙、陈两方的多数群众，都不愿看到这种局面再继续下去了。迅速平息西吉事件，停止流血，停止杀人，恢复正常生产、生活秩序，这是大得人心的。

（摘自 1993 年 8 月 30 日听取宁夏回族自治区党委工作汇报时的讲话）

在我们国家，任何人、任何团体，包括任何宗教，都应当维护法律尊严，维护人民利益，维护民族团结，维护国家统一。在我们国家，任何人、任何团体，包括任何宗教，都绝不允许违反国家法律，损害人民利益，制造民族分裂，破坏祖国统一。这是最基本的行为准则。

（摘自1995年11月10日在班禅转世灵童寻访领导小组第三次会议上的讲话）

我们所讲的积极引导宗教与社会主义社会相适应，从根本上说，就是任何宗教都要维护法律尊严，维护人民利益，维护民族团结，维护国家统一。这“四个维护”体现了党和政府对宗教界的基本要求，反映了宗教界人士和信教群众的普遍共识，是所有宗教团体、宗教界人士必须遵循的行为准则。实践证明，坚持“四个维护”，有利于全面贯彻宗教信仰自由政策，有利于保障宗教界的合法权益和地位，有利于宗教活动的正常开展。希望宗教界发扬爱国主义优良传统，为“两个文明”建设做出新贡献。

（摘自1996年2月13日同全国宗教团体负责人座谈时的谈话）

中国民主建设必须适合中国国情

从整体上说，民主是个好东西，是社会进步的标志，是人民的愿望，也是任何一个进步政党和组织的奋斗目标。但就具体情况而言，民主又和一个国家的经济、文化、社会制度、思维传统和文明程度有直接联系，民主发展的程度也很难突破这些因素发展的程度。因此推进民主必须十分慎重，否则非但推进不了，反而会引起后退。在这个问题上，以江泽民同志为核心的党中央的认识是十分清醒的，即中国要搞的是社会主义民主，是必须适合中国国情的民主制度，其中包括人民代表大会制度及共产党领导的多党合作和政治协商制度。在中国，发展经济、保持稳定是首要的任务。中国不能乱，乱了不得了，乱了什么也搞不成。对于民主，世界上有各种各样的标准和尺子，用外国的模子往中国身上套，怎么套也是不合适的。在建设社会主义民主方面，我们面临三个问题：一是我们对社会主义民主建设的宣传不够，国外对中国进行民主建设的情况不够了解；二是国内外都有一些人在歪曲中国的民主，想搞乱中国；三是中国几千年封建传统很容易形成与民主相违背的东西，我们也确实还有一些做得不够的地方。对这些问题，我们的态度是，对第一个问题要多做宣传解释工作，对第二个问题要顶住，对第三个问题要不断改进工作。中国唐朝有一个叫姚崇的四朝丞相，他为政廉洁。他说："只有崇实，才能充实"，用我的话讲叫作求是、务实。我们在建设社会主义民主方面，也要提倡这种精神。

（摘自1993年7月9日会见美国驻华大使芮效俭时的谈话）

民主是历史发展的必然趋势，是社会进步的重要标志，是人民群众的普遍要求，也是中国共产党和各民主党派、无党派民主人士长期为之努力奋斗的目标。中国共产党领导中国人民推翻三座大山，建立新中国，举的就是新民主主义的旗帜。中共十一届三中全会以来我们积极推进政治体制改革，一个重要目标就是扩大社会主义民主。我们一直认为，在这个方面已经取得了很大成绩，但是任务还远未完成，在建设有中国特色社会主义的进程中，民主政治建设始终是一个重要内容。同时，我们也一直认为，民主是相对的、历史的、具体的，一定的民主必然与一定的时代相联系，与一定社会的政治、经济、文化发展水平相适应。中国是一个有十一亿多人口的大国，革命胜利前是半封建半殖民地社会，缺乏民主传统；目前尚处于社会主义初级阶段，经济和文化总的水平比较落后，各地发展也不平衡；在从高度集中的计划经济体制向社会主义市场经济体制过渡进程中，必然会出现许多错综复杂的矛盾和问题。这些就决定了我国的民主政治建设必须从我国的实际出发，符合全国人民的根本利益；必须在团结稳定的前提下进行，巩固和发展团结稳定的社会政治局面；必须有利于坚持以经济建设为中心，促进经济和社会的发展。邓小平同志说过，“我们是要发展社会主义民主，但匆匆忙忙地搞不行”。匆匆忙忙地搞、脱离国情地搞，就会破坏社会的稳定，就会造成国家的混乱，就会影响经济的发展。在我们这个大国，一旦搞乱了，将会是什么样的局面？那将是一场大灾难，一切无从谈起，“包括民主、‘双百’方针等等，统统谈不上”。这样搞所带来的只能是破坏，而不是建设，只能是“民苦”，而不是民主。现在国外在民主问题上对我们有些议论。有的是由于对情况不了解，有的是别有用心，也有的确实指出了我们有待改进之处。对此，我们应当冷静分析，区别对待。总之，我们必须明确，中国的民主政治建设如同经济建设一样，要有中国的特色，要符合中国的情况乃至考虑到中华民族的文化传统、道德观念、思维方式等，要积极稳妥地向前推进。

（摘自 1993 年 5 月 21 日在政协第八届全国委员会常务委员会第二次会议上的讲话）

最了解一个国家情况的是这个国家的人民

充分尊重别国人民独立自主选择本国社会制度和发展道路的权利，不干涉别国的内部事务，是中国政府在国际交往中严格遵循的一条基本准则。最关心一个国家命运和前途的是这个国家的人民，最了解一个国家情况的也是这个国家的人民。一个国家究竟走什么样的道路，只能由这个国家的人民自己决定。历史已经证明，不顾别国的国情和人民的意愿，把某一种社会制度、意识形态强加于人，是行不通的，这样做极易导致国际间的争端和冲突，不仅损害有关国家的主权和人民的利益，归根结底也不利于自己的国家和人民。世界各国历史传统、民族习惯、宗教信仰、经济状况千差万别，发展道路各具特色。正是这种差别和特色，使得我们的世界丰富多彩，也使得各个国家可以相互学习、取长补短，共同推动人类社会不断发展。当然，一个国家选择自己的道路难免会经历一些曲折和反复，但是人民经过实践的检验，经过自己的思考和比较，最终总是能够找到适合本国国情、为大多数人所认同的道路。

（摘自1998年5月15日会见罗马尼亚总统康斯坦丁内斯库时的谈话）

中国有12亿人口，经济不发达，还有几千万人未解决温饱问题，文化教育相对落后，至今尚有两亿多文盲。中国领导人考虑一切事情，都必须从这个国情出发，特别是时刻不能忘记12亿人的吃饭问题。我们重视并认真听取别人的意见、建议乃至批评，但是这12亿人的生活问题，毕竟最终还得靠我们自己解决。

我们重视外国的经验，但管理12亿人衣食住行的经验别人没有，懂得其中酸甜苦辣的只有我们自己。我们的国情决定了我们必须营造一个和平友好的国际环境，以便于我们专心致志地发展经济、改善生活，并与世界各国开展合作，学习借鉴别国一切先进的文明成果。我们无意同任何国家闹矛盾、搞磨擦，我们希望国际社会了解我们、支持我们。有着12亿人口的中国搞好了，是对人类社会的重大贡献。

德国是经济发达国家，中国是最大的发展中国家，搞好两国关系对双方都极为重要。我们尊重你们的社会制度、价值观念，认真地对待你们对我国提出的意见和建议，同时，也希望你们尊重我们根据自己国情所作出的各种选择以及我们对一些问题的看法。只要我们双方遵循求同存异的原则，互相尊重、互相理解，就能够把两国关系不断推向前进，为两国人民谋取更多的利益。

（摘自1997年6月11日会见德国联邦议院议长聚斯穆特时的谈话）

人权的普遍性原则必须
与各国的具体情况相结合

我们应当主动地、全面地谈谈人权问题。这次出国，天天都碰到所谓“人权问题”。每个国家的领导人在谈话之后，总有一段批评中国人权的话。他们除了借口攻击社会主义制度外，讲的道理也非常片面，只讲人权的普遍性原则，不讲中国的特殊情况。而我们的回答理由也不全面，只讲发展权、生存权，不讲政治权利和人的自由。我们应当按照马克思主义观点理直气壮地谈谈我们的人权观，不但要讲特殊性，而且要谈普遍性，谈普遍性与特殊性的关系。世界上的事物都是普遍性和特殊性的统一，没有离开个性的共性，也没有离开共性的个性。任何事物都是共性个性的统一。每一项工作，如统战工作、政协工作、民族宗教工作等，也都有一个共性和个性的关系问题。现在先把在比利时皇家国际关系研究所的讲演稿写好，主题就是中国的人权情况和我们的基本观点。回国后再找机会理论结合实际地谈谈共性和个性、普遍性和特殊性的问题。

（摘自 1994 年 5 月 16 日在丹麦同身边工作人员的谈话）

在这次访问过程中，一些国家的领导人和朋友们从不同角度、以不同方式谈到了人权问题。我愿借此机会就中国的人权观点作一个简要介绍。

首先，我们尊重国际社会关于人权的普遍性原则。国际社会公认的关于人权的正确原则对于人类发展与进步具有积极的意义。中国作为联合国人权委员会的成员国，支持联合国按照《联合国宪章》的宗旨和原则，为促进和保护人权与人的基本自由所作的努力，并积极参加了联合国人权领域的各项活动。中国参与了联合国人权文书的起草和制订工作，加入了《世界人权宣言》、《德黑兰宣言》、《发展权宣言》等八个国际人权文书。对去年世界人权大会通过的《维也纳宣言和行动纲领》，中国积极参与了讨论、起草和制订，作出了重要贡献。

第二，我们强调人权的普遍性原则必须与各国的具体情况相结合。对待人权问题也像其他事物一样，离开共性与个性的统一，就无法收到实际效果而流于空谈。由于历史背景、文化传统和社会经济发展水平不同，各国在实行人权的普遍性原则时，从内容到形式，从方法到步骤，都会有所不同。不考虑特殊性，要求不同国家套用同一模式，沿用同样办法，采用同等步骤是行不通的。对于许多发展中国家来说，首先需要实现的人权是生存权和发展权。当然，这并不是说可以忽视其他人权和自由。但如果那里的多数人连起码的生存条件都不具备，还有什么其他人权和自由可言？当前许多发展中国家人民生活贫困，外债负担沉重，国际社会尤其是发达国家对那里人权状况的关注，应当充分考虑和认真推动这些问题的解决。

第三，我们认为人权表现为历史的过程。所有的国家都毫无例外地处在这个过程之中。各个国家的人权状况都不可避免地受到社会发展程度的制约，同时又都应随着社会的发展和对人权认识的深化而不断改善，因而都有进一步提高本国人民享有人权程度的任务。如果把世界各国分为两类，一类专门监督他国人权状况而自己却无需改善，一类只被别国监督而没有发言权，这本身就是对人权的普遍性原则的否定。事实上在一些发达国家，也有相当一部分人生活在贫困线以下，种族歧视远未解决，也存在着进一步改善人权状况的问题。

第四，我们警惕有的国家借口人权干涉别国内政。我们赞成在实施人权普遍性原则的过程中，各国互相尊重，增进了解，求同存异，共同进步。但我们反对以人权为借口，搞霸权主义、强权政治，干涉别国内政，因为这本身就是对别国全体人民人权的侵犯。中国人民百余年来饱受帝国主义的侵略和欺凌，深知个人的人权与自由同整个国家的主权是紧密联系的，如果国家丧失独立，那么任何个人的人权也必然丧失干净。因此，中国人民对以任何形式干涉中国内政的做法都是十分敏感和不能容忍的。

第五，我们愿意参与人权领域的国际性对话。国际社会中对人权问题存在不同看法是正常的，有了分歧可以协商对话、交换意见，而不应动辄诉诸压力和制裁。对话总比对抗好。大量事实证明，通过对话可以增进了解，加强理解，消除误解，达到谅解。中国作为联合国安理会常任理事国，将一如既往地为增进国际社会在人权领域的合作，尽到自己的责任，作出应有的贡献。

（摘自1994年5月18日在比利时皇家国际关系研究所的讲演）

记者朋友总是希望找机会问一些别人关心的事情。我也就借这个机会说几句想说的话。

我们认为，人权的普遍性原则必须得到尊重，这些原则是人类文明进步的结果，中国政府签署并遵循有关人权的国际公约。我们也认为，人权的普遍性原则必须与各国具体情况相结合。即使是世人公认的最一般原则，如果脱离了具体情况，也未必行得通。比如生孩子，生多少是妇女的基本权利，是再自然不过的事情，但在中国就必须加以引导，否则就会产生严重的后果。中国现在有12.5亿人口，如果没有计划和倡导，过不了多久就会翻一番，也就是25亿人，再翻一番就是50亿人，再翻一番就是100亿人。请诸位想一想：那时中国会是什么样？世界会是什么样？我们共同居住的这个星球又会是什么样？

我们还认为，人权是一个过程，每一个国家都处于这个过程之中，处于前后左右不同的位置上，不存在哪一个国家人权已经尽善尽美，不需要再改善了，也不应该由哪个国家专门对别国人权指手画脚！

国际上，有些人对中国人权说三道四，无非有三个原因。首先，中国像其他国家一样，难免在人权问题上还有这样那样需要改进的地方；其次是对中国的真实情况不了解；第三就是妄图利用人权问题遏制中国的发展。

我们愿意就人权问题进行对话。这些就是我想说的。

（摘自2000年5月17日在特立尼达和多巴哥就人权问题答记者问）

“中国威胁论”是站不住脚的

所谓“中国威胁论”是完全站不住脚的。这些年中国经济确实发展很快，综合国力不断增强，但是历史和现实都表明，一个国家是否对他国构成威胁，不完全在于实力强弱。这正如一个人，个头很大，未必就会去欺负别人；有的人个头很小，但也会寻衅惹事。散布“中国威胁论”的人，有的他们自己国家就很富，是否他们的国家就一定会“威胁”别人？中国人民在近代历史上长期遭受外来势力的欺凌，深知被侵略的痛苦。“己所不欲，勿施于人”，爱好和平的中国人民绝不会把这种悲惨的境况加于别国人民。新中国建立后，始终奉行独立自主的和平外交政策，在任何时候都没有欺负别的国家，都没有侵占别国一寸土地。一个最明显的事实是，中国实行改革开放以来，经济是发展了，国力也增强了，不仅没有给任何国家造成威胁，相反却给周边国家和发达国家带来了巨大利益。一位东南亚国家的领导人说，我们担心的绝不是一个富裕的中国，而是一个贫穷的中国。许多到中国投资的外国企业家也说，中国经济发展越快，我们同中国的生意做得就越大，钱赚得也就越多。这些是公道话。如果按照“中国威胁论”者的逻辑，中国最好永远不要发展，永远处于贫穷、落后状态。果真如此，那将是什么局面？我想，只要有百分之几乃至千分之几的中国人因为贫困跑到国外，就会给周边国家造成冲击，给世界带来麻烦，那倒真的成了一种“威胁”。我们常说，拥有12亿人口的中国保持稳定和发展，本身就是对世界稳定与和平的一大贡献。这不是自我吹嘘，而是一种客观事实。一些人炮制并宣扬“中国威胁论”，其目的是遏制中国的发展，这不仅对中国不利，对亚洲和世界的安全也非常不利。

（摘自1995年12月22日接受泰国记者联合采访时的谈话）

近年来，国际上有人散布“中国威胁论”，这是完全没有道理的。我认为，判断一个国家是否构成威胁，不在于它发展快慢、是否强大，正像一个人是不是伤害别人，并不在于他的个子大小、身体强弱，而要看他的品德和为人。

中国发展了决不会威胁别人。中国一贯奉行独立自主的和平外交政策，中国希望同各个国家长期和睦相处，有一个和平稳定的国际环境。我们实行这个政策是郑重的、真诚的，是长期不变的，因为这符合中国人民长远的根本的利益。中国有崇尚“和为贵”的道德传统。100多年以来，中国曾饱受外来势力欺凌之苦，“己所不欲，勿施于人”，爱好和平的中国人民憎恶侵略，绝不会把这种苦难强加给别人。目前中国经济发展水平仍比较落后，人均国民生产总值不到800美元，只相当于日本的1/40。按照我们的设想，再过50年，也只能达到中等发达国家水平。再过100年，中国能不能赶上发达国家的水平？到那时，世界将是个什么样子？国与国之间的关系将是个什么样子？我是乐观主义者，人类社会尽管有曲折，但总是向前、向上，朝着更加文明、更加理性的方向发展。

中国不发展倒会带来麻烦。中国有12多亿人口，如果经济长期不发展，不仅国内得不到安宁，而且人们还会因为饥馑、贫困往国外跑，那将是一个什么样的局面？这倒可能是一种“威胁”。这些年中国经济迅速发展，增强了国际经济合作的能力，和中国交往合作的国家包括日本在内，不都从中获得了利益吗？中国的稳定与发展，有利于世界各国，本身就是对世界和平与发展的重大贡献。

中国的发展不可阻挡。极少数敌视中国的人不断鼓噪“中国威胁论”，其目的就是束缚中国的手脚，不许中国发展。中国要发展就是威胁别人，名曰“中国威胁论”，实为“威胁中国论”。中国人民永远不会忘记落后就要挨打的教训，过去积贫积弱，任人宰割，今天发愤图强，靠自己的力量维护国家安全。中国决不威胁别人，也决不能再受别人威胁，“人为刀俎，我为鱼肉”的时代决不允许再出现。中国老百姓有句俗话，“听蝲蝲蛄叫，还能不种庄稼？”“中国威胁论”只会激发中国人民同心同德，专心致志，发展更快更好。

（摘自1999年12月11日接受日本广播协会NHK电视采访时的谈话）

个性共性的统一
构成国际合作交流的基础

观察国际问题同观察任何其他问题一样，必须重视客观实际，研究客观实际，做到从客观实际出发。我们所在的这个星球上共有180多个独立主权国家，它们的社会制度、历史文化传统、民族和宗教信仰以及所处的社会发展阶段都不尽相同，都具有自己的个性。正是这种个性，使我们这个世界丰富多彩，使各有长处与不足的不同国家需要相互学习、取长补短，不同社会制度和意识形态的国家应该求同存异、和平共处。世界上各个不同国家之间也有许多相同的东西，有许多共同的利益、共同的愿望、共同的任务，存在着共性。正是这种个性和共性的统一，构成了国际合作与交流的基础，使各个国家可以而且应当在相互尊重的基础上，通过平等协商寻求建立大家共同遵循的国际行为准则。这是人类进步的重要条件，也是人类在处理相互关系中更加成熟的重要标志。人类应当超越历史遗留下来的种种陈腐观念，共同面对我们这个星球上越来越多的、需要国家之间谅解与合作才能解决的问题。

（摘自 1994 年 5 月 18 日在比利时皇家国际关系研究所的讲演）

世界各国在文化传统、民族习惯、宗教信仰、经济状况等方面都各不相同，都有自己的个性。随着人类文明的发展，国际社会在相互交流中也逐步形成许多共同遵循的行为准则。但这种共同的东西是从各国的不同和个性中发源的，提炼总结的，是同各国的个性相统一的。其实，承认各国独立处理自身事务、选择自己发展道路的权利，本身就是国际社会共同准则的重要内容。

在当今世界上，某些国家出于一己私利，把自己的价值标准和发展模式强加于人，以自己为尺子衡量别人，稍有不同就视别人为异类，横加指责和干涉。这种君临天下、称霸世界的做法，是违反国际关系准则的，是违背时代发展潮流的，是不得人心的，是注定行不通的。

（摘自 1995 年 12 月 12 日会见马来西亚总理马哈蒂尔时的谈话）

城市的特殊性与城市科学研究的重要性

从一般意义上讲，城市的特殊性决定了城市科学研究的重要性。城市是经济、政治和文化的中心，它代表着一个社会经济文化发展的高峰，是人类活动的中心舞台。马克思曾经这样说过，城市的发展，造成新的力量、新的观念，造成新的交往方式、新的需要和新的语言。城市的这种地位和作用，就表明了城市的发展有着自身的客观规律，有着区别于农村和一般地区的若干特点，因此，要使一个城市协调、健康地发展，就必须认识城市的特点，把握城市运动的规律性。然而这是我们长期没有解决好的一个问题。建国以来，经过中央的一再倡导，一大批干部在研究城市、认识城市方面作出了很大努力，对城市工作的领导有了显著进步。但由于我们党走的是以农村包围城市、最后夺取城市的道路，原有干部的主要成分是农民，多数时间活动在农村，这就形成了一整套与农村相适应的思想观念、领导方法和领导作风，这种观念、方法和作风，至今还不断地表现出来。相比之下，我们对城市本来就不很熟悉，而这些年又没有把它作为一门科学的对象进行认真、系统的研究，这就使城市工作存在着很大的盲目性。有的同志讲，现在流行着各种“城市病”，比如，人口膨胀，供应紧张，各种“难”越来越多；污染严重，噪声成灾，自然环境不断恶化；基础建设、公用设施同城市发展相脱节，城市长期处于超负荷运行；等等。这些问题，在很大程度上反映了我们还没有掌握城市发展的规律，对城市的认识还有许多必然王国。目前，我们国家 30 万人口以上的城市有 173 个，这里集中了我国绝大部分的物质技术力量和教育、科学、文化力量，是连接幅员辽阔大地、星罗棋布乡镇的纽带，是我们向现代化宏伟目标进军的主要依托。如何使这些城市在社会主义现代化建设中发挥更大的作用，这已经成为一个十分重要、十分紧迫的问题。如果我们的城市领导工作仍停留在原来的水平上，或是把领导农村的做法继续简单地搬到城市中来，城市的发展和城市作用的发挥都将受到极大的限制，甚至会造成新的失误。城市科学是研究和解决城市问题的学科，它对于城市的许多问题，如城市的运动规律，城市规划的原则、理论和方法，城市在国民经济和社会发展中的地位和作用等等，都有科学的理论依据和明确的规定性。它的许多成果都是人类在城市发展的过程中经过曲曲折折、付出巨大代价而得来的，我们应当把这些宝贵的财富自觉运用到城市工作的实践中去，并不断地探索开拓，运用科学的观念和科学的方法，指导城市规划、建设和管理。可以这样说，城市科学是每个城市领导者的基本功和必修课，今后城市工作的水平，将很大程度取决于城市科学研究开展的广度和深度。

就特殊意义上讲，新形势给城市提出了许多新的要求。当前，城市正面临着改革开放的新形势，新情况、新问题之多，各项任务之重，是过去任何历史时期所不能比拟的。许多前人未走过的路需要我们去探索，许多重大历史课题需要我们去解决，甚至许多工作都需要重新认识、重新谋划、重新实施，这就使城市科学研究工作比任何时候都显得更重要、更紧迫。我们正在进行的城市改革，是要通过实行新的经济体制、经济政策来调动企业和劳动者的积极性，促进社会生产力的发展。这最终要表现在企业生产水平的提高或生产规模的扩大，表现在为劳动者自身素质的提高和繁衍生息创造良好的生活环境和教育条件。这就必然要涉及经济结构的调整，企业的改造、扩建，新项目的上马，相应基础设施的建设等一系列复杂问题。这里需要解决的一类是体制、政策和制度问题，再一类是生产、生活的物质条件问题。如何把这两类问题解决得更合理更有效，都需要从城市的总体和发展上即城市科学的角度上，进行综合系统的研究。

（摘自 1986 年 8 月 30 日在中国城市科学研究会首届年会上的讲话）

城市改革要注意城市区别于农村、工业区别于农业的特殊点

城市的改革与农村的改革在一个基本点上是相同的，就是要通过改革，打破管理过死和吃“大锅饭”的局面，充分调动人们的社会主义积极性。城市应当从农村成功的改革中汲取经验，就是要具有一种革命魄力，为了国家和人民的利益，敢于冲破一切不适合生产力发展的旧框框，排除阻力，把改革坚决推向前进；就是要从实际出发，因地制宜，寻找出最适合目前生产力发展水平、群众最乐于接受的形式，不搞一刀切；就是要充分相信群众，发挥群众的创造精神，不搞命令主义，不搞一哄而起。与此同时，我们也决不可忽视城市区别于农村、工业区别于农业的特殊点。研究和把握这些特殊点，并以此作为基础来指导城市的改革，是使改革工作有秩序有步骤进行的一个关键。我们不妨列举一些特殊点。第一，城市人口密度大、分工细。居民靠货币收入购买商品来生活，无论衣食住行，生老病死，上学就业，都要依赖社会。不论哪一个环节出了问题，即使是一些非常简单的、在农村不成其为问题的问题，例如，一天没有煤，一天供不上菜，

一天没人淘大粪，产妇住不了医院等等，在城市都会直接影响人民的生活和社会的安定。这就决定了城市的改革必须更加细致、周到，绝不能因为改革单位的利益而影响城市的正常生活或者损害广大群众的利益。第二，城市的专业化协作程度高。工业、交通、基建、内贸、外贸、科学、教育等各个部门，相互依存，相互制约，形成一个有机的整体，不论哪一个部门的工作跟不上，都会影响其他行业以至整个社会经济活动的正常进行。这就决定了城市各个部门的改革要互相衔接，密切配合。第三，城市是经济中心。像天津这样的城市，经济面向全国，工业产品的一半以上供应全国各地，仅纯碱一项，就供应19个省市和中央20个部门的直属企业，搞得不好，就会影响整个国计民生。这就决定了城市和工业的改革必须有全局观点，不要因为一个城市某些单位出了问题而打乱全国的经济秩序。第四，城市提供的积累，对国家的财政收入有举足轻重的作用。城市的改革如果不能确保国家财政任务的完成，就会影响四化建设的大局。这就决定了城市的每一步改革都要有所计算，保证国家多收。第五，城市的生产力状况比农村复杂，城市内部各行业之间、各企业之间，生产力水平和生产关系的差异也很大。自动化、半自动化、机械化、半机械化以及手工劳动同时并存；国家、集体、个体以及中外合资经营等多种所有制形式同时存在；生产经营形式和分配形式也各具不同特点。这种复杂性决定了城市改革形式的多样性。第六，城市的改革、特别是工业的改革，受国家现行体制和各项政策的制约比较大。任何真正的改革，都势必触动现存的计划体制、流通（包括外经外贸）体制、劳动工资制度、价格体系等各个方面。这就决定了城市的改革必须注意到若干重要方面的同步性。第七，农村实行的多种形式的经营承包责任制，不仅适合当前农业生产力发展水平，而且广大农民也比较熟悉，乐于接受。城市现行的经济管理体制，尽管人们感到有种种弊端，但是因袭已久，形成了一套相应的组织机构、生活习惯和价值观念。改变这种旧的秩序，实行新的经营管理方式，带有更多的开拓的性质，人们不大熟悉，习惯势力对改革的阻力比较大。这就决定了城市在改革的过程中，必须以更大的努力去提高人们的认识，改变人们的习惯。第八，从主观上讲，由于历史的原因，我们党对农村的情况和农业生产比较熟悉，相对来说，对城市和工业的认识则差得多，还存在着很大的尚未认识的必然王国，需要在实践——总结——再实践这样循环往复的过程中加深认识，摸索规律。这就决定了城市和工业改革的探索性、渐进性。

从上述的分析中可以得出这样的结论：不改不行，小改不行，慢改不行，但是，不从实际出发、不经过深思熟虑地乱改也不行。我们应当积极地把群众的改革热情引导到中央确定的总方针上来，为了充分发挥社会主义制度的优越性，从实际出发，全面而系统地改，坚决而有秩序地改，有领导有步骤地改。

（摘自 1983 年 3 月 6 日与新华社记者的谈话）

城市建设应在个性上做文章

三亚

三亚是中国一块宝地。海南是中国一个很特殊的地方，三亚则是特殊地方中的特殊地方。就自然环境而言，三亚在中国独一无二，海水、海岛、海滩在世界上也是好的。如何把这块地方规划、建设、管理好，是三亚的事情，也是中央和海南省的事情，当然，对三亚意义更大、更直接。可以这样说，把三亚城市规划、建设、管理好，是三亚的名誉、地位、利益，也是三亚义不容辞的责任。三亚地方很小，名气很大，在全国很有地位。大家来三亚玩得高兴，花了钱还说三亚好，义务宣传三亚，扩大了三亚的影响，使来三亚花钱的人越来越多。这就是名誉、地位、利益的统一。如果三亚的城市规划、建设、管理搞不好、搞坏了，就对不起国家，对不起人民，对不起祖先，对不起子孙后代。

三亚城市总体规划将三亚定位为“国际性热带滨海风景旅游城市”，这个定位总体上是正确的，但还可以更准确一些。我觉得把三亚定位为“旅游度假区”、“生态示范区”比较合适。三亚“旅游度假”是“热带”的，是“国际性”的，这没有什么争议。把三亚环境搞好了，许多人，不仅是台、港、澳的人，外国人都会来。随着国内生活水平的提高，必然有更多的人会到三亚来，甚至在这里买套房子，闲时住一住。就 12 亿人口的国家来讲，这种人相对数是很少很少，但绝对数会很大很大。

现在城市建设的一大毛病是过于雷同。三亚在中国是个很有特色的地方，天涯海角，得天独厚，城市建设应该突出个性。三亚的环境、三亚的建设、三亚的绿化，都应在个性上作文章，体现热带风光、海岛景致。

三亚整个区域为 1 919.6 平方公里，城市规模定为 52 平方公里，属于中等城市。中心城市和郊区要有明确划分、不同分工，但就三亚城市性质来说，城乡不一定像其他城市那样有严格的区分。现在有城乡一体化的提法，也就是把城乡发展结合起来。三亚郊区种植业很有特色。把农村的种植与旅游联系起来，把民族村寨与旅游联系起来，很可能是个优势。如把农村的木瓜园、椰子林、芒果树以及各种花木苗圃作为观光点，既可以增加农民收入，又丰富了旅游的内容，也是一个特色。

三亚的绿化是一篇大文章。最基本的一条是保持特点、发挥优势。必须力求采用热带树种、花草，许多品种应该在非热带地区看不到。乔木、灌木、花草要搭配有方，要有美感，不能只是一片森林。设计要多样、不单一。对行道树要下功夫，高、低、疏、密都要有讲究，要尽可能把道路周围的景观拉近，而不能让两旁的树把道路同景观隔绝。不好的景观应下力量改善而不能只去遮挡。当年我在天津提倡“拆裙子”、拆围墙，就是使院内和路旁的绿化交融借景。

三亚降雨量不多，上游来水目前还能保障，但随着城市发展和游人增多，用水量还会逐步加大。你们的浇灌还不普遍，有些花、树显得缺水。淡水对三亚是一个不容大意的问题。三亚的污水必须处理，处理标准太高了办不到，太低了不解决问题，就目前的条件应该达到农业浇灌的水平，把污水变成资源，能够用来浇花、浇草。污水往海里排放很有危险，如果海水被污染了，三亚的优势就没了，发展就难了。三亚是个条形城市，且高差很大，污水怎么处理，是集中处理还是分散处理，可以研究，但必须处理好，这是不容争论的问题。

三亚山多，这是城市美化的优势。但有的山很小，或景观不好或被建筑破坏，整修起来很难，还挡着后面更好的山景，倒不如削掉，把后面更好的景观显露出来，削山的土也可以垫地，石渣可以做建筑骨料，一举几得。这当然要十分慎重。

三亚的最大优势是有漂亮的海滩。这在国内绝无仅有，在国外也不多见。我所看到的海滩，古巴是最好的，但也比不上三亚。如何把海滩及沿海周围的土地充分利用好，这是三亚规划、建设、管理工作的重点。所谓三亚的个性化、特殊化，重要的就是突出热带滨海特色。建筑体形不宜太高太大，横向距离要拉开。海滩是大家共享，不能让给某一个单位。政府在规划上要严格把关。归结起来说：（1）不要在靠近海滩边上建房子；（2）不能出让海滩；（3）海边要多种花草、灌木；（4）点缀的树种树貌要突出热带滨海特色。

你们讲建筑南洋风格，我提不出不同意见，南洋风格是什么样需要具体化。有几点可以肯定：房子不宜太高太大，个别需要高大的要搁在合适的地方；形式要统一但必须多样，高低有别、错落有致，丰富多姿而不零乱；用色要柔和、和谐。你们反对外饰面用瓷砖，我支持这个看法，用涂料选色自由，施工简单，刷新方便，但涂料必须是调和色，这需要反复试验，找出理想配比。总之，大小、格式、色调是三大要素，万望引起重视。

（摘自 2000 年 2 月 10 日《谈三亚的城市建设》一文）

桂林

我这次来赶上桂林地区和桂林市合并。把原桂林地市合并起来组成新的桂林市，这是非常正确的决策。原桂林市只有几十万人，就这么点面积，扛不起世界旅游名城这个旗子。把地市合并到一起，统筹规划，对于充分发挥桂林的旅游资源优势，实行城乡优势互补，加快整个区域经济的发展，提高人民生活水平，都有好处。对地市合并后桂林如何发展，我讲不出具体意见，我只讲一个概念性的问题，即桂林地市合并以后，农业和农村的比重大了，但从性质来说，桂林市是“城市”，而且不是一般的城市，是世界著名的风景区，是“山水甲天下”的旅游名城。这一点必须明确。

桂林市虽然市区规模不大，但其影响远不是普通城市乃至一般大城市能比的。在中国，可能知道桂林的人要比知道南宁的人多，桂林的名气比南宁大多了。不久前克林顿来我国访问，国内许多城市的领导都希望克林顿能去那里参观，虽然都知道不能与克林顿做买卖，但都希望借此提高自己地方的知名度。当时桂林正发生洪涝灾害，我们劝他去别的地方，他不同意，说就是要到桂林。比利时首相昨天也来了。桂林之所以在国内国外都颇有影响，就因为它拥有特殊的天然条件，是我国非常重要的风景旅游城市，是我国的一个门面。凭这个天然条件，国内外游客来这里旅游，在这里消费，为当地扩大开放、发展经济带来了好处，为政府、为群众带来了利益。因此，与其他城市相比，桂林市既有发展经济、改善人民生活等一般性的共同任务，又有保护与建设风景名胜区的特殊要求。这一条在桂林市委、市政府的工作中占有非常重要、非常突出的地位。

我三次到桂林都讲这样的话：桂林不要盖高房子，不能搞有污染的工业，不能损害环境，不能破坏旅游资源。加强环保工作，保护好风景名胜，对桂林来说，是名誉，是地位，是资源，是利益，也是责任，是社会责任，是历史责任。祖先把这么好的地方传到我们这一代手上，我们要管理好、保护好，这样才上对得起祖先、下对得起后代。桂林市委、市政府一定要切实履行好自己保护环境的责任，书记、市长要亲自负责。如果不注意这个问题，急功近利，把环境给破坏了，那就必将受到后人的谴责。这些年桂林市在这方面做得不错，很有成绩，在今年全国城市环境质量评比中获得第一，可喜可贺！希望你们在已有成绩基础上，进一步加大力度，切实把这项工作抓实抓好，取得更大的成效。

（摘自 1998 年 11 月 7 日在桂林考察工作时的讲话）

厦门

厦门是什么？从地理上讲，厦门是个岛屿、海岛；从经济上讲，厦门是个经济特区；从历史文化上讲，厦门是个历史名城，这里发生过很多有影响的事件，出过很多有名的人。毫无疑问，厦门也是个国际港口城市。

厦门又是什么？是处于祖国东南方、风景优美、气候宜人的旅游休闲城市。在改革开放以前，人们就把到厦门观光、到鼓浪屿看日光岩当作一件胜事。世界上有些地方，它什么都不生产，比如夏威夷，还经常闹火山，刮台风，比如威尼斯，饭店旅馆价格相当昂贵，比如法国的尼斯，就靠一块海滩，那个海滩比厦门的海滩差多了，还有摩纳哥、马来西亚的浮罗交怡（兰加威岛）、泰国的普济岛、太平洋上的斐济等等，就是靠它特殊的自然和人文环境，吸引大量的旅游者来花钱，每年收入高得惊人。由此看来，厦门完全有条件利用自己丰富的、得天独厚的自然环境资源和人文环境资源，把环境保护搞好，把基础设施搞好，把进出交通搞得非常通畅，真正成为不仅是投资的好场所，而且是观光、旅游、度假、居住的好地方。我相信，只要厦门城市建设搞得好，随着国家经济的日益发展、人民生活水平的不断提高，随着海峡两岸交往的扩大和“三通”变成现实，一定会有更多的人到厦门来旅游，来买房子定居，这些人的衣、食、住、行都在这里，各种消费都在这里，将有力促进厦门各项事业的全面发展。到那个时候，推动厦门发展最有力的因素很可能就是我说的旅游休闲、观光度假。

厦门还是什么？是大陆距离台湾最近的城市。现在，我们的口号是“和平统一，一国两制”，台湾那边是“三民主义统一中国”。我们的“一国两制”容得了国民党，而他们的“三民主义”容不了共产党，我们比国民党肚量大。过去国民党经常航漂空漂送蜡烛过来，说我们这里没有光明。现在厦门发展起来了，环岛路修好了，这里的夜景、街景比他们那里如何？哪里光明？我们现在拿着望远镜看大担、二担、大金门、小金门，他们也在对岸拿望远镜看厦门：哪里是国际会展新城，哪里是什么什么楼。所以，厦门建设得好坏，对台湾影响极大，对祖国统一大业影响极大。

因此，搞好城市规划、城市建设、环境保护，对厦门来讲，是名誉，是地位，是资源，是利益，当然也是责任。我希望厦门市领导好好琢磨琢磨这个问题。研究问题，当然要研究它的一般性，但更要研究它的特殊性，特殊性决定事物的本质，是最基础、最根本的东西，是做工作的出发点。只有把厦门的特殊性研究琢磨透了，厦门的城市建设才不会失于偏颇。

（摘自 1998 年 11 月 10 日在厦门考察工作时的讲话）

承德

承德在历史上的地位以及它在海内外的影响必须引起足够的重视，必须千方百计保护好这块土地上的宝贵历史遗产。一方面，要把避暑山庄和外庙保护好，让人一看，确实有清朝皇家建筑的气派，是避暑胜地的风貌，其他地方无可替代。另一方面要把旅游、度假、休闲结合起来，有计划地搞点现代化的东西，比如度假村、娱乐中心之类。如果人们到承德仅仅是参观文物古迹，那么来一次，第二次就不来了，承德进一步发展就有困难。清帝每年能在这里住半年、几个月，北京人为什么不可以到这里休假、度周末？这种消费是可以引导的。

承德市规划要以离宫、外庙为中心，现代建筑不能离古建筑太近，不能影响古建筑，不能和古建筑抢风头，不能把古建筑比没了。这种古建筑群、古城的规划是很严格的，要请一些专家来帮助研究。城市各个区域及其功能设计要清楚、协调。搞得不好，老的不老，新的不新，古味没有了，新味又感觉不出来。

尽可能保持避暑山庄和外庙建筑的原物、原貌是规划中必须坚持的，任何影响、伤害都不能有，新的建筑、道路要让路，过去搞的违反这一条的要逐步改掉，只有这样才能提高承德的地位、保持承德的优势。古建筑中能够抢救的，要抓紧落实资金，及早施工抢救。这些东西早抢几天可能就存下来了，晚抢几天可能就丢了，以后再搞也是假古董。可以先抢建筑主体，避免塌毁，装饰晚一点关系不大。要在全国、全世界保住承德的影响和位置，就靠保持这些东西。这和经济发展并不矛盾。

要充分利用靠近北京的有利条件，尽可能从各个方面同北京拉紧，北京越发展，这里就越受益。按这个路子搞，承德的发展就大有希望。

（摘自 1993 年 7 月 2 日—5 日在承德考察工作时的谈话）

大连

从辽宁乃至从整个东北看，最具有成为经济发展中心条件的还是大连。大连对于东北应当类似浦东对于华东一样，成为经济位置、经济功能、经济总量都十分突出的城市，成为东北的龙头、窗口。或者叫以大连为龙头，以辽宁为基础，进而辐射东北。如果实现这一点，东北的对外开放、经济发展等各方面都将发生深刻的变化，国有大中型企业也将成为宝贝。我想，如果能把这一条写进国家计划，整个辽宁的问题也就好办多了。辽宁省要充分认识这件事对全省的战略意义，从各方面支持大连的工作。大连要认识到大连之所以重要，是因为有沿沈大公路各城市业已形成的工业经济带作为依托，有辽宁作为腹地，从而自觉地把自己的发展同全省的发展衔接起来，为全省的发展服务，在全省共同发展中发展自己。大连不仅要宣传自己有优越的港口，也要宣传自己有广阔的腹地。港口本来就应该是商业性的，谁来用都行。

大连要重视城市基础建设，让外商一进来就满意，就愿意留下来。城市建设是一门专门的学问，要多听各方面专家的意见。

要改变建筑的单一状态，讲究建筑艺术、建筑风格，高层建筑最好相对集中，不能东一个、西一个。楼房外饰面不宜多搞，特别是马赛克，新的时候也不能说有多么好看，出了毛病又很难处理。大连是一个缺水城市，必须下决心解决供水问题，否则其他发展问题都无从谈起。要尽快把饮用水同其他用水分开，工业冷却要尽可能地多用海水，同时要大力提倡节约用水。

大连开发区有 20 平方公里，已经是一个不小的城市了。老北京城区才 30 多平方公里。要以开发区为基础，逐步形成一个大连新区。开发区外围的生活区，可以再安排大一点。我相信，大连具有广阔的发展前景，大有希望，大有作为。

（摘自 1995 年 4 月 10 日—16 日在辽宁考察工作期间的谈话）

走马观花说特点

山西

把水引进来，把路通出去，是山西大发展的两大战略要素。在我的脑子里，没来山西之前，只有一个煤的问题。到了这里，听了你们几次介绍后，我又形成这样一个看法，除了煤以外，山西有两大问题。首先是水的问题。山西境内水资源贫乏，从黄河引水是最便捷的一个出路，你们要早为之计，这个问题不解决，山西就很难有大的发展。第二是交通问题。能不能从长远上、从战略上考虑，从山西往华北平原上铺几条大型公路，直插到海边，使华北平原包括北京、天津、唐山有一个可靠的能源基地，山西就会同华北平原连在一起，也等于把山西拉到海边，局面马上就会发生大的变化。至于什么时候搞，可以视情况而定，而作为规划必须有所考虑。

（摘自 1989 年 8 月 11 日—18 日考察山西时的谈话要点）

黑龙江

黑龙江省究竟有哪些特点和优势呢？这个问题你们最有发言权。这里，我提出几条不成熟的看法，同你们一起研究。

一是地广人稀。全省面积 45.39 万平方公里，人口 3 510 万人，平均每平方公里 70 多人，而全国平均每平方公里是 110 多人。黑龙江不但耕地面积居全国首位，而且土壤肥沃，有开发后劲。

二是资源丰富。黑龙江的耕地资源、森林资源和石油、煤炭、黄金等矿产资源都十分丰富。资源型的省按理说应当是富省，世界上许多资源型国家都一个个富起来了。但是，在我国不少资源丰富的省发展慢而且穷，原因是多方面的。对黑龙江来说，要抓住调整产业结构的有利时机，让一批企业往资源的深加工上转，在资源加工增值上下功夫。

三是同苏联接壤，发展对苏贸易和经济往来潜力大。黑龙江与苏联远东地区接壤 3 000 多公里，有 18 个市县隔江相望或陆地相联，发展中苏贸易和经济技术合作的前景广阔。苏联远东地区在能源、冶金、森林工业等方面较为发达，我方在农业、轻工业、机械电子工业等方面则有明显的优势。

四是重工企业多。重工企业是整个国家工业的基础。看一个国家经济的实力和发展后劲，很重要的就是看这一块。目前因为处于调整时期，重工企业有些困难。随着国民经济的进一步发展，随着对外贸易和经济技术合作的进一步发展，重工业这一块一定会大有用武之地。

五是科技力量比较雄厚。黑龙江高等院校 42 所，其中有哈工大等著名的重点大学，还有一批实力较强的科研院所。许多大型重工企业集中了相当数量的技术人才。在边远省份中，可以说你们省是科技力量比较雄厚的省份。

六是富有革命传统。解放战争期间，黑龙江作为巩固的东北根据地的主要组成部分，对解放全中国作出了重大贡献。举世闻名的大庆油田和铁人王进喜就出在黑龙江。大庆经验和铁人精神，对我国工业的发展，对新一代工人的成长，起过重大的作用，至今仍然是我们进行社会主义建设的宝贵财富。

当然，黑龙江省气候冷，无霜期短，这也是个特点。这个特点总体上讲不能说是优势，但也不要把冷说得太可怕。世界上一些比较寒冷的国家，例如挪威、瑞典、芬兰等，工业都很发达。

（摘自 1990 年 8 月 17 日听取黑龙江省委工作汇报时的讲话）

内蒙古

内蒙古的优势十分突出：一是地上地下资源丰富。草原和森林面积均居全国之首；已探明的矿种中有 42 种的储量居全国前 10 位，其中稀土占世界总储量 80%，煤居全国第二位。内蒙古作为我国重要的能源和原材料基地，潜力很大，旅游资源也得天独厚。二是北与俄罗斯、蒙古接壤，有 4 200 公里的边界线，连接欧亚大陆桥的两个陆地口岸就在内蒙古，具有发展对外贸易的有利条件。三是“八五”和“九五”期间国家在内蒙古的投资将会大幅度增加，内蒙古完全可以利用国家赋予的民族区域自治权利，实施更加优惠的政策。

如何发挥内蒙古的优势，大有文章可做。比如，你们在煤电发展计划中提出，电力发展起来和北京并网后，由中央来管，但在人才、管理、资金、利润等方面，地方也要有一块，这是应当考虑的。只有从煤、电等资源优势中拿到地方应得的部分，长期得益，才有可能依靠资源优势实现经济的发展目标。这就要制定相应的资源政策。再比如木材，如果做一些深加工，搞成通用的胶合板，就可以增值两三倍。此外，牛羊肉以及皮毛等，也要精加工、深加工，才能提高价值。边境线长这一优势的文章也要做好，切实搞好边贸，打出去，站住脚。

（摘自 1992 年 8 月 10 日听取内蒙古自治区党委汇报时的讲话）

广西

多年来，由于广西地处援越抗法、援越抗美和对越自卫还击战的前沿，经济建设投入少，起步晚，发展慢。广西人民为了国家的大局做出了巨大的贡献，付出了相当大的牺牲。今天广西相比其他省市经济发展缓慢，不是广西人民没有努力，也不完全是广西的自然条件差，而是由这种客观和历史的原因造成的。现在，长期制约广西发展的国际环境发生了变化，我们和越南的关系改善了，越南国内政策也变了。原来的战争前沿一下子变成开放的前沿，原来的劣势一下子变成优势。当前，我国改革开放和经济建设的形势很好，这为广西发展提供了极为有利的国内环境。西南几个省、自治区在发展中急于找出海通道，你们可以和它们结合，为它们服务，在结合和服务的过程中发展壮大自己。

广西究竟怎样发展，从哪里发展，我想你们已经有了全面的考虑。我只看了几天，实属下车伊始，很难说看得很准。心有所思，一吐为快，仅供你们参考。我主要谈一个问题，就是广西沿海的发展问题，也就是“南（宁）、北（海）、钦（州）、防（城港）”的发展问题。你们原来的沿海发展规划不包括南宁，我建议你们加上南宁，这有很大的意义。这块地方叫什么，我说可以叫钦州湾地区，有的同志不同意，这还可以商量。这块地方条件很好，潜力很大，土地大约 6 万平方公里，约占全区土地的 1/5，人口约 1 000 万，占全区人口的 1/4。在今后几年内，广西应把这个地方作为重点。这块地方抓好了，发挥出窗口和辐射作用，就可以带动全区。这里是广西的希望所在。

我为什么如此强调这么一块地方呢？道理很简单，世界上经济发达的国家和地区几乎毫无例外都沿海，不沿海、没有深海港口而很富裕的国家几乎没有。当然沿海的国家未必都富，但没有海洋条件的国家，很难富。没有深海运输条件，就很难进入国际市场同世界各国进行物资交流。你们有港口这个先决性的条件，劳动力又便宜，又有南宁这么一个邻近港口的中心城市，再加上背后是中国大西南这么大的一个地方，所以我认为钦州湾这块地方是广西发展的牛鼻子，对全区经济发展具有决定性意义。此招一胜，可活全局。钦州、北海的港口，条件是很难得的。南宁离钦州只有八九十公里，和天津市区到塘沽港的距离差不多。如果采取措施，比如搞封闭式公路，还可以把南宁与海边拉得更近。自治区党委和上上下下都要统一认识，把发展这个地区作为整个经济起飞的重点，调遣精兵强将，形成拳头力量，争取突破性进展。

（摘自 1993 年 4 月 18 日听取广西壮族自治区党委工作汇报时的讲话）

宁夏

宁夏是个好地方，发展经济大有希望。宁夏特殊的优势，最明显的有两条：

一是水、土资源丰富。肥沃的土地，丰富的水源，再加上充足的阳光和比较适宜的温度，数者兼备，是非常难得的。从水方面看，黄河流经全区 12 个市、县，流程达 397 公里，过境流量达 325 亿立方米，新老引黄灌区目前达 400 多万亩。宁夏平原地区海拔只有 1 000 米多一点，而大柳树水利枢纽建成后海拔是 1 350米，大部分平原地区可以自流灌溉。过去讲“天下黄河富宁夏”，实际上讲的就是水资源优势。从土方面看，全区现有耕地 1 200 万亩，有待开发荒地 1 000 多万亩，可开发利用的草原 4 000多万亩。水、土相加，再加上光照，宁夏完全可以建成我国可靠的稳产高产农业基地。现在的问题是，要很好地研究如何把西北高原的水用得更有效。首先应该用在农业以及与农业有关的恢复植被方面，采用科学的方法，把这点水用来搞粮食、搞绿化。

二是煤炭资源丰富。这里的煤炭资源不仅储量大、煤种齐全、煤质优良，而且已具有相当规模的生产和加工能力。一个地方如果光有煤没有水，发展经济很受限制，但宁夏有水有煤，搞火电的条件很好；再加上与湖北、四川距离不远，输电距离都在 1 000 公里左右，技术上是可行的，也是比较经济的。搞远距离输电，这很可能是解决宁夏煤炭运输的大招数，但如果规模太小了不上算。

（摘自 1993 年 8 月 30 日听取宁夏回族自治区党委、政府工作汇报时的讲话）

江西

一是区位优势。江西地处我国东部和中部地区的结合部，距离上海、江苏、浙江、广东、福建都不远，这个地理位置别人是没法抢去的。在交通方面，北有长江黄金水道，沿长江顺流可以下到沿海；浙赣线横贯全省北部；正在施工中的京九线很快又可以形成纵贯全省的大动脉，这样的格局有利于江西向四面都打开大门。

二是气候优势。气候是经济发展很重要的因素，它对农业、对环境、对生态的改善起很大的作用，同时对工业的生产、对外资的引进等也都有很大的影响。外商搞投资，当然是哪里容易赚钱往哪里去，哪里舒服往哪里去。

三是资源优势。江西矿产资源品种多、储量大，是我国矿产资源配套程度较高的省份之一，其中有 13 种储量在全国居第一。江西又是我国最重要的林产省之一，森林覆盖率居全国第二位。江西是农业大省，粮食和猪、鱼等农副产品资源都很丰富。江西还有很好的旅游资源，很多名胜在全国是很有名的，如庐山、井冈山、九江、南昌，当然，有的地方还有待进一步开发。

四是政治优势。江西是老革命根据地所在地，对中国革命的胜利做出过重大的贡献。井冈山精神至今仍是江西人民引以自豪、鼓舞江西人民前进的力量。毛主席讲红色政权能够存在的根据时，其中一条就是经过了第一次国内革命战争，因为经过了和没有经过不一样。

五是后发优势。江西经济发展起步较晚，经济的水平还不算高，但从另外一方面讲，可开发的潜力就大，也可以比别人少走弯路，还可以借鉴别人的经验。

（摘自 1993 年 9 月 19 日听取江西省委、省政府工作汇报时的讲话）

新疆

新疆是块宝地，地广人稀，资源丰富，同八个国家接壤，与欧亚大陆桥贯通，加上 40 多年的工作基础，具有进一步开发、发展的巨大潜力。新疆加快经济发展的主要制约因素是水利和交通。只有解决了水利和交通问题，才有可能将资源优势转化为经济优势，新疆的经济才能活跃起来。新疆的水资源潜力很大，地表水年径流量和可开采的地下水共 1 100 多亿立方米，相当于两条黄河。要研究水资源分布的特点，制订合理开发和科学利用的总体方案。要加快水利建设，控制水资源流失，提高水的利用率。要尽量把水用于发展农牧业与种植业，以利生态环境的改变。兰新铁路复线明年通车以后，将对新疆经济起到巨大的促进作用。现在南疆地区主要靠公路运输，货物进出难度大，要采取有效措施改变这种状况。

（摘自 1994 年 8 月 28 日在新疆考察时的讲话）

贵州

贵州经济发展中有两个问题值得重视，一个是“钱”的问题，一个是“粮”的问题。

第一，关于“钱”的问题。贵州要解决“钱”的问题，关键还是在于把资源优势转化为经济优势，或者换个说法，就是使资源和能源相结合变成财源。贵州水能资源、煤炭资源很丰富，有水、有煤就可以转化为电。同时，贵州铝、磷、汞等矿藏在全国居前五位，铝土储量就有 4.1 亿吨，炼铝又恰恰是用电量大的行业，是其他大多数省干不起的行业。所以，贵州的发展就是要在这上面做文章。

第二，关于“粮”的问题。粮食怎么搞上去？我认为，第一是要多搞一些好地。讲种植条件，主要是土地、水、阳光、温度，还有其他别的条件。贵州有水，有阳光，有合适的温度，就是缺好地。只要把土地质量提高，单产完全有可能实现较大幅度的提高。因此，凡能搞成高产田的地方，都应该下大力量搞成稳产、高产田。我沿途看到你们这里的一些坝子，一平方公里、几平方公里一块，往往就有几十个标高，这块是坡的，那块是平的。如果把它平整好，改成高标准的水田，那么将会大大提高单位面积产量。第二是山区、丘陵地区要坚持坡田改梯田，逐步扩大耕地面积。贵州尚未利用的山和丘陵很多，这方面还有很大的潜力，要当个大事抓下去。第三是利用现有的山，因地制宜，搞多种经营。要抓紧研究如何开发利用占贵州87%的山区。应宜农则农，宜牧则牧，宜林则林，宜茶则茶，宜果则果，宜桑则桑，宜药则药。有的地方从种粮食的角度看可能是不利条件多，但从另一种特定经济作物的角度看可能就是有利条件多。

“钱”的问题主要是工业问题，“粮”的问题主要是农业问题。这两个问题，我认为在贵州整个经济发展的大思路中，是覆盖整个工作、起主导作用的。

（摘自1994年10月19日听取贵州省委、省政府工作汇报时的讲话）

青海

畜牧业是青海的特点，也是青海的优势。青海有可利用草地5亿亩，发展畜牧业有得天独厚的条件。你们提出在青海湖南岸搞个现代化畜牧业示范基地，我认为这个想法很好，建议把这个设想纳入我们研究的规划里面。要讲扬长避短，你们就应往这方面多动脑子。如果是比在高海拔上养多少牛、多少羊，比人均畜牧业产值，广东、江苏敢跟你们比吗？

要考虑水电资源的开发利用如何加快，如何更加合理，如何以此带动青海经济的发展。中国现在搞火电的地方很多，也有搞核电的，而按一般原理，迄今为止最合算的还是水电。欧洲有些国家，只要有个小河沟，有一点落差，就搞梯级电站，水流有多大的高差，就做多大的文章。像青海这么高的落差，这么大的流量，如果按这个思路去研究，低水头不用说，仅高水头就可以搞多少梯级？你们不是讲你们最穷吗？我说论水电资源，你们最富。与电相联系，我觉得青海应在发展耗电量大的项目上多做一点文章。青海有条件成为中国铝生产的一个最主要的基地。

（摘自 1996 年 7 月 25 日听取青海省委工作汇报时的讲话）

陕西

从区位上讲，陕西既属西部地区，开发大西北有它的一份；又不完全是西部，就连结首都及沿海发达地区来讲，陕西比西部其他省份都更便捷。

从历史文化上讲，陕西有炎黄子孙顶礼膜拜的黄帝陵，自周至唐有过 13 个王朝建都，仅皇帝陵就留下 72 座，有被誉为世界第八大奇迹的秦兵马俑。中国古代近代史上有很多故事在这里发生，有很多著名人物在这里活动。看中国五千年文明，首先要到陕西来看。这是陕西非常鲜明的特点，其他任何省市无法相比，也是陕西十分突出的优势，为旅游业的发展蕴藏了巨大的潜力。我希望陕西的同志在发展经济的过程中，把文物的保护和开发当成一篇大文章，做足了，做好了。

从农业上讲，陕西土地多，土质好，日照适宜，温差较大，适合于各种果树的种植。你们的猕猴桃、苹果品质都很好，现在已经形成了气候。

你们的科技力量比较雄厚，这对你们发展至关重要。还有，延安曾经是我们党中央多年的所在地，从抗日战争到解放战争，许多重大事件都与这里息息相关，我们党的很多事都在这里发生，我们现在开展社会主义精神文明建设所要继承的不少优良传统和作风，有很多都是在这里形成的。这一条对你们来说是一个可以引为自豪的优势。

陕西是我国西北地区的重要省份，处于我国中西联结部。

西安是西北地区最大的中心城市，是贯连我国东西，辐射西北、西南的交通通讯枢纽。可以说，陕西是开发大西北的“桥头堡”，是必经之地。开发大西北对陕西来讲是难得的历史性机遇。

（摘自1999年9月9日听取陕西省委、省政府工作汇报时的讲话）

格尔木

从地图上看格尔木是中国西部的中心，这里离甘肃的敦煌五六百公里，离新疆的南疆四五百公里，离西宁八百公里。格尔木是平川，海拔比西宁也高不了多少，比青海湖还要低。地上水量17个亿，地下水我认为也一定会很多，因为格尔木这边是祁连山、那边是昆仑山，两山之间，地上水有条件渗透成为地下水。格尔木地势平坦辽阔，有土，日照也好，如果再有水，我认为这个地方有很大的开发潜力。格尔木是西藏的后方，进藏的物资、人员，大多要经过这里。假如下决心把格尔木建设成为中国西部的一个中心城市，发展到一定的规模，由此联结南疆、甘肃、特别是西藏，将对西北和西藏经济的发展，对国防的巩固，产生非常重要的战略作用。当然，格尔木的发展，光靠你们一个省不行，国家也得有几个大的动作，包括解决你们讲的电的问题、交通的问题等。我多次说过，制定“九五”计划时我也提过这个意见，就是修筑由格尔木到拉萨的铁路，逐渐把由格尔木到西宁、兰州的铁路改成双线。假如再跟南疆接上，作用就更大了。格尔木的建设短期内见效固然不容易，但也不一定非用很长时间。假如单独给它个名义，比如说深圳叫作“窗口”，浦东叫作“龙头”，把格尔木作为西部战略格局的重要环节，投进几百亿资金去，不用很长时间就可以看出模样了。这件事事关青海的发展，事关西藏和大西北的稳定和发展，事关边界的安全。我希望青海的同志们把它作为一个大的题目，真正重视起来。我回北京去，也会把这件事当成大事，和中央领导同志交换意见。

（摘自 1996 年 7 月 25 日听取青海省委工作汇报时的讲话）

伊春

伊春行政区划面积是 3.2 万平方公里，林业施业区面积是 4 万平方公里，耕地是 100 万亩，人口是 132 万，人均不到一亩耕地。海南面积是 3.4 万平方公里，台湾是 3.6 万平方公里，伊春和这两个地方差不多，但可用面积伊春比台湾多多了。你们这里都是好地，最高的山也只有一千多米。这么一大块黑土地，这么一大块树林子，养活一百来万人根本不在话下！应该说，伊春的条件是好的，现在的关键是要找对发展的路子。就长远的、战略的构想讲，你们还得在林业上做文章。所谓在林业上做文章，就是要想方设法找到一条路子，即：使森林资源越种越多、越种越好，由此带来的经济发展越来越快，人民生活越来越改善。国家也应该在这方面给予支持，给点政策。伊春的林业很有特点，应该成为全国独一无二的特殊林区。不要因为现在可采的木头少了，就放弃林业改走别的路子。改走别的路子，伊春就没有特色了，就占不上位置了。

由过去的砍伐森林变成不准砍或者少砍，变成育林、护林，这是一个很大的转折。这个转折毫无疑问给你们带来很多的困难，同时也给你们带来许许多多的别人不可比的机遇。由于全国都实行这个政策，我相信不用很长的时间，在市场上木材就会变成一种稀缺珍贵的东西。而你们的木材不管怎么说还是多啊。

如何在林业上求发展，由长远和总体上讲，关键是要在大力培育森林资源、合理利用森林资源上做文章，我相信这方面还有很多很多的文章可做。将来这个地方应该成为全国独一无二的特殊地方，既是一个茂密的、茂盛的、原始式的天然森林公园，是一个休闲、旅游的胜地，又是一个中国最大的木制品加工基地和林特产品基地。

（摘自 1999 年 7 月 6 日听取伊春市委、市政府工作汇报时的讲话）

学习马克思主义、学习哲学，主要是学习他这种分析问题的方法，不是学他对某些问题的结论。任何结论都是一定条件下的结论，情况变了，结论未必完全适用，更何况很多问题，马克思他并没有见过。

而这种分析问题的方法永远适用。比如在和平时期，在改革开放的形势下，文艺工作的究竟是什么。经典著作中有许多的论述，有些这个问题的讲法今天看来也不适应，

的具体

时间地点

具体时

具体情

以经济建设为中心的

目的

因不会应用

也不是因为他有什么神秘

我们学习马克思主义哲学，不是为了好看，而是为了应用。在初始阶段，应用是说明现实生活中的某个事例，或者对现实生活中某件事找理论依据，当然这也可以叫应用，但这只是初步的，是加深对理论的理解，真正的应用，或者说最经常、最根本的应用还是应用哲学基本原理（方法论、观点方法）观察和解决问题。哲学是个整体

学哲学 用哲学

下

李瑞环

中国人民大学出版社

要　目

目　录

六、坚持发展的观点

发展是永恒的

发展的观点是马克思主义的基本观点，是我们必须始终重视和坚持的观点。这个观点认为，运动变化是绝对的，发展是永恒的。世界上不存在任何永恒不变的东西，只有一个永恒的道理，就是永恒的发展。我们反对僵化、保守，因为僵化保守违背永恒发展的原理。当前，科学技术突飞猛进，新生事物层出不穷，人类社会的发展变化速度之快、范围之广，前所未有。对许多事情我们刚刚有所认识，但很快就变得过时；有很多老问题还没有解决，新问题又摆在了面前。比如，现在我们积极努力争取参加世贸组织，一旦加入后又将会给我国经济包括社会生活各方面带来一些新的问题。现在有的同志对问题常常是从产业结构、企业机制和管理体制上考虑，这不能说没道理，但许多则是思维方式、思想观念的问题。

（摘自 2000 年 2 月 24 日听取浙江省委、省政府工作汇报时的讲话）

马克思主义承认变化是永恒的，不承认有什么永恒不变的东西，一切都表现为过程。重视实践，着眼发展，这是两个最基本的观点，什么时候都不能忘记。

（摘自1992年8月10日听取内蒙古自治区党委负责同志汇报时的讲话）

马克思主义认为，客观世界是不断发展的，人类的实践活动是不断发展的，人们的认识、理论也应该是不断发展的。马克思主义没有穷尽真理，只是开辟了认识真理的道路。马克思主义还认为，人类的物质生产活动是最基本的实践活动，是决定其他一切活动的东西，人类对自然的认识极大地影响着对社会的认识。当今世界科技日新月异，经济快速发展，人们对自然界的认识不断深化，已远远超过了马克思、恩格斯所处的时代。马克思、恩格斯没有见过飞机，更没有见过电脑、人造卫星、互联网、生命克隆。我们不能苛求马克思、恩格斯在一百多年前就对我们今天发生的事情提供现成的答案。

（摘自2000年9月11日听取山东省委、省政府工作汇报时的讲话）

马克思主义是发展的科学

马克思主义是发展的科学。“马克思认为他的理论的全部价值在于这个理论‘按其本质来说，它是批判的和革命的’。”客观世界的变化运动永远没有完结，人们在实践中对于真理的认识也永远没有完结。马克思主义没有结束真理，而是在实践中不断开辟认识真理的道路。理论来源于实践，指导实践，又在实践中接受检验、得到发展；理论与实践相结合，既是马克思主义自身的要求，又是马克思主义生命力之所在。我们讲发展，就是运用马克思主义这个认识世界和改造世界的强大精神武器，不断结合发展变化着的实际，探索解决新问题的答案。从一定意义上讲，结合就是运用，结合就是发展，把结合的成果加以总结、概括、提炼，上升到理性认识，这本身就是发展马克思主义。发展马克思主义与坚持马克思主义是一致的。绝对不允许借“发展”之名行背离之实。

（摘自 1989 年 7 月 20 日在全国宣传部长会议上的讲话）

社会主义制度要巩固和发展就必须进行改革，马克思主义理论要永葆生机与活力就必须同时代相结合。我们坚信社会主义，因为它不是来自主观的愿望，而是一个不可抗拒的客观历史进程。但同时必须看到，社会主义像其他任何事物一样，有一个由不成熟到成熟的过程，必须不断地探索、完善和发展。这种探索、完善、发展就是改革。离开改革，谈坚持社会主义，只能是一句空话。当然，在改革过程中难免会出现这样那样的问题，但我们不能“因噎废食”。而且，这些问题最终也只有通过进一步改革才能解决。我们坚信马克思主义，因为它是从实践中产生并已被实践证明了的真理。但同时必须看到，马克思主义没有穷尽真理，只是开辟了认识真理的道路，必须随着实践的发展而发展。我们不能苛求经典作家在几十年、上百年前就把现在的一切预测得那么准确，不能教条式地对待他们的某些论述。我们必须把马克思主义与不断发展变化的客观实际相联系、相结合，在联系和结合中使之汲取营养，丰富内容，获得新的生命力。

（摘自 1997 年 7 月 15 日会见越共总书记杜梅时的谈话）

马克思主义指导中国的改革取得了伟大的成就；改革的伟大实践又极大地丰富和发展了马克思主义。中国改革开放的巨大成就充分证明：马克思主义是真理。我们要想克服前进过程中的困难，不断夺取新的更大的胜利，仍然要坚持马克思主义。当然，我们所讲的坚持，是指坚持马克思主义的基本原理，而不是拘泥于在特定历史条件下提出的具体结论。一部马克思主义发展史，就是一代又一代共产党人不断弥补前人的局限，提出新的观点的历史。不讲发展，教条式地对待某些过了时的结论，这不是真正地坚持马克思主义，只能误国误党。列宁如果不根据当时俄国实际，提出社会主义可以首先在资本主义统治最薄弱的国家取得胜利，就出不来列宁主义。毛泽东如果不根据当时中国革命实际，提出农村包围城市、最后夺取政权，就出不来毛泽东思想。邓小平如果不是根据当代中国建设实际纠正毛泽东的某些结论，创造性地提出一系列新的论断，也出不来邓小平理论。因此，必须坚持把马克思主义基本原理同本国实际和时代特征相结合。结合既是运用，也是发展。只有这样，马克思主义才充满生机与活力。

（摘自 1997 年 9 月 30 日会见印度共产党（马克思主义者）总书记苏吉特时的谈话）

当今世界发展变化越来越快

人类文明发展到今天，地球变得越来越小，整个世界都纳入到一个交织联结的网络之中，所有的国家、所有的民族都难以置身其外。知识与技术的更新周期大大缩短，科技成果以前所未有的规模和速度向现实生产力转化；信息技术极大地突破了人类活动的时空局限，为世界的联系和交往提供了便捷的手段；各种竞争空前激烈，“异军突起”和“昙花一现”的事例屡见不鲜；科技和经济的迅速发展深刻地改变着人们的精神世界，新的思维方式和价值观念不断形成。人类文明发展到今天，各个领域突飞猛进，“一日千里”、“瞬息万变”通常只是一种形容，如今许多已经成为现实。在这种形势下，任何闭关自守、试图封闭起来求发展，任何唯我独尊、企图称霸天下，任何固步自封、陶醉于以往成绩，任何因循守旧、拘泥于不合时宜的观念和做法，都是行不通的，都必将被时代潮流所淘汰。在这种形势下，任何国家和民族都必须面向世界、研究世界、融入世界，都必须面向未来、研究未来、筹划未来。能不能既立足本国、坚持从自己的国情出发，又具有世界眼光、加强同各国的交流与合作；能不能既保证自己的经济安全、有效抵御各种外来冲击，又趋利避害、积极参与国际分工；能不能既扎扎实实做好当前的事情、不急于求成，又高瞻远瞩、准确地把握世界的发展变化；能不能既保持优秀传统、继承和发扬前人留下的好的东西，又与时俱进、大胆地进行改革和创新；……这是所有的国家、所有的民族以及所有想要有所作为的企业都必须面对的重大问题。广大华侨华人身居世界各地，之所以能够在海外艰苦的环境中创基立业，许多人之所以能够在激烈的竞争中脱颖而出，成为各行各业的佼佼者，多是因为能够放眼世界，跟上时代，善于抓住机遇发展自己。我们希望华侨华人朋友认真总结交流这方面的经验，在新的世纪里、新的形势下，创造新的辉煌。

（摘自 2001 年 9 月 17 日在第六届世界华商大会开幕会上的致辞）

过去的一个世纪是人类社会取得巨大进步的世纪，科学技术和经济的发展创造了空前的财富，人类认识和改造自然的能力提高到了空前的水平。过去的一个世纪也是人类社会蒙受巨大灾难的世纪，特别是两次世界大战、连绵 40 余年的冷战和大大小小的局部战争，给许多国家的人民带来深重的生命财产损失和心灵伤害。在新世纪即将来临之际，我们应当对过去作一番冷静深入思考，汲取历史教训，继承、发扬好的方面，抛弃、克服不好的方面，不断地向上、向前，向着更加文明、更加进步的方向发展。但是，历史在前进的过程中，总会有曲折、反复甚至倒退，一些反动势力总想依仗武力，以大欺小，以强凌弱，给前进造成障碍，给人类带来痛苦，因此，人类社会必须保持清醒的头脑，必须团结起来，反对战争，维护和平。我们坚信，真理定能克服谬误，正义总会战胜邪恶，光明终将驱散黑暗。人类创造的巨大文明必然为人类造福，而不会用来毁灭人类自己，这是不以人的意志为转移的客观规律。“世界潮流，浩浩荡荡，顺之者昌，逆之者亡。”那些置人民的愿望于不顾、逆潮流而动的行径是注定不能持久、注定要失败的，历史最终也会作出公正的评判。

（摘自 1999 年 5 月 11 日会见韩国总统金大中时的谈话）

惜时如金，与时俱进

人类社会已经跨入公元 2000 年。在这千年更迭、世纪交替之际，抚今追昔，倍感时光之易逝，时间之宝贵。正确认识时间，有效利用时间，对于我们的国家、我们的民族、我们的事业、我们的同志，具有特殊的重要意义。

公元 1000 年开始的时候，中国正值北宋时期，在科学技术、思想文化、生产力水平等诸多方面都已领先于世界。特别是造纸、火药、印刷术、指南针的发明、传播和应用，成为推动人类社会变革的巨大杠杆。而当时西方还处于中世纪，仍然在黑暗中徘徊。自 14 世纪起，欧洲兴起文艺复兴运动，冲破神权禁锢，思想空前解放，科学技术迅速发展，到 18 世纪实现了以蒸汽机为标志的产业革命，完成了向资本主义工业社会的转变。而中国在这数百年时间内却没有大的突破和进展，国势渐趋衰微。1840 年开始的鸦片战争，西方列强的坚船利炮打破了中国大门，在 100 多年时间里，中国沦为半殖民地半封建社会，陷入连绵不断的战乱和动荡之中，根本谈不上建设和发展。为了民族的独立和解放，中国人民进行了艰苦卓绝的斗争，取得了伟大的胜利，终于在中国共产党的领导下，推翻了三座大山，建立了新中国。建国初期，掌握了自己命运的中国人民，发愤图强，急起直追，社会主义建设取得了很大成绩。但由于缺乏经验，也由于指导思想一度出现偏差，我们走过了曲折的道路，甚至发生了“文化大革命”那样的严重错误，失去了许多宝贵时间。中共十一届三中全会以来，我们总结历史经验，实行改革开放，集中精力进行经济建设，生产力空前发展，综合国力大大提高，人民生活显著改善，社会事业全面进步。这 20 多年，我国发生的变化十分显著，我们取得的成就举世公认。面对 20 年辉煌，回顾千年往事，一个深刻的教训就是，过去耽误的时间实在太多了！

当今世界正发生着人类有史以来最为迅速、广泛、深刻的变化。以信息技术为代表的科技革命突飞猛进，知识与技术更新周期大大缩短，科技成果以前所未有的规模与速度向现实生产力转化。经济全球化趋势加快，世界市场对各国经济的影响更加显著，国际竞争与合作进一步加深。思想观念不断更新，各种文化交流日益扩大，开放意识、竞争意识和效率意识明显增强。可以说，地球越来越小，发展越来越快，慢走一步，差之千里；耽误一时，落后多年。从当前世界发展的大局大势来审视我们自己，中国同过去比确有很大进步，但与发达国家比还有较大的差距，要赶上发达国家，任务十分艰巨。特别是，我们发展别人也在发展，而且是在更高的起点上发展。我们再不能丢失时间，时间对我们实在太紧迫了！

时间与空间一起，构成物质存在的基本形式。时间对于整个物质世界来讲是无限的，而对于每一具体事物来讲则是有限的。马克思说，时间的节约与分配是首要的经济规律，一切节约归根到底都是时间的节约。古圣先贤都无比看重时间，把时间视为速度，看成力量，比作金钱，等同生命，认为浪费别人的时间是谋财害命，浪费自己的时间则是慢性自杀。邓小平同志在探索建设有中国特色社会主义道路的过程中，始终把时间问题摆在十分重要的位置，在《邓小平文选》第二卷的60篇文章中，直接讲到时间、速度的有51篇，在《邓小平文选》第三卷的119篇文章中，直接讲到时间、速度的有102篇。可以说，争取时间、加快发展是邓小平理论的一个重要内容和显著特点。他反复强调要抓紧时间，指出我们过去耽误的时间太久了，生产力发展太慢了，世界形势日新月异，不搞快点不行；他一再叮嘱要有效利用时间，批评形式主义太多，要少说空话，不搞争论，腾出时间多办实事；他多次指出要抓住机遇，现在就是好机会，不抓就丢掉了，要讲协调、讲质量、讲效益，发展才是硬道理。正是基于这种思想，邓小平同志提出我国现代化建设“三步走”的战略目标：从1980年起，用10年实现国民生产总值翻一番，解决温饱；再用10年实现国民生产总值再翻一番，达到小康；再经过50年的奋斗，使我国赶上中等发达国家水平。世纪之交是个十分重要的时间标志，此时此刻，我们重温邓小平同志关于时间的论述，格外发人深思。对我们国家和民族来说，时间就是发展，时间就是前途，时间就是命运。时间对我们实在太重要了！

当前，大多数同志都在抓紧时间、努力学习工作，但不可否认仍然存在着许多不珍惜时间的现象：大量宝贵时间或消耗在人浮于事、互相扯皮中，或浪费在文山会海、空话套话中，或耽误在无事生非、无谓争论中，或损失在盲目决策、胡乱指挥中，或荒废在无所用心、无所事事中，甚至消磨在灯红酒绿、纸醉金迷中。凡此种种，实在令人痛心和忧虑。时间的最大特点是一维性，时不我与、时不我待、时不再来。我们必须下大决心，采取有效措施，切实改变这种误人误己、误事误国的不良风气。我们是社会主义国家，有共产党的领导，能够集中力量办大事；我们的人民勤劳智慧勇敢，拥有许多出类拔萃的人才，能够在各个领域攀登高峰；我们有邓小平理论的指引，有一整套符合中国国情的路线方针政策，能够利用后发优势逐步赶上世界先进水平。事物对立的双方在一定条件下是可以相互转化的，人类历史上通过跳跃式发展而后来居上的事例屡见不鲜。我们应当继承和发扬中华民族惜时如金、与时俱进的精神，坚定信心，集中精力，埋头苦干，使我们的祖国在21世纪以更快的步伐走向现代化的辉煌。

（摘自2000年3月11日在中国人民政治协商会议第九届全国委员会第三次会议闭幕会上的讲话）

重视稳定发展

稳定发展的方针，是正确把握和驾驭形势的方针。我们强调稳定发展，并不是说出了什么不可收拾的大问题。总的讲，我们的形势是好的，有利条件很多。党的十三大总结了十一届三中全会以来的历史性成就，指出由于执行全面改革和对外开放的方针，经济建设取得了很大进展，人民生活有了相当的提高。在我们的政治生活、经济生活和社会生活中，存在一些不安定的因素，但大都是前进中的问题，是新旧体制交替中不可避免的阵痛。我们之所以强调稳定发展，目的在于提醒大家在顺利发展的形势下保持冷静的头脑，对于已经存在和可能发生的问题，有个清醒的认识。建国以来的历史教训深刻地说明，情况一顺利就容易头脑发热，形势一好转就容易胡乱折腾，办事情、想问题，习惯于带政治运动色彩，这是一个顽固的老毛病。我们犯错误，出问题，很多是由于要求过急、过快。因此，必须把稳定发展作为始终注意的大问题，随时加以警惕，防止急于求成、盲目折腾。只有解决了这个问题，我们才能像列宁指出的那样，获得必要的政治敏感，敏捷而正确地解决各种复杂的政治倾向，做到居安思危，审时度势，随机应变，驾驭局面，永远立于不败之地。

稳定的方针，是积极进取的方针。稳定不是原地不动，更不是消极退缩，而是为了更扎实、更顺利地前进，更好、更快地发展。保持稳定发展，并不是轻而易举的事情，而必须做大量艰苦细致的工作，决不可以慢慢腾腾、拖拖拉拉、散散漫漫、冷冷清清。该办的事情仍然要办，该快办的事情仍然要快办，而且都要办得更好、更节省。特别是对于我们正在进行的改革，要进一步加快步伐，在更广阔的领域和更深入的程度上展开。即使是必须缓办、停办的事情，也不允许消极被动，敷衍了事，也要全力以赴，妥善处理，做到平衡衔接，井然有序。为了保持稳定发展，各级领导需要更加振作精神，克服消沉畏难情绪，兢兢业业地扎实工作，动员起千百万人的力量，万众一心，艰苦创业，共同战胜暂时的困难。这就是说，只有用积极进取的态度，才能获得局面的真正稳定；只有保持局面的真正稳定，才能更好地积极进取。稳定当然有取有舍，有进有退，但小有所舍是为了大有所取，退一步是为进两步。我们共产党人以改造世界为己任，当前要建设有中国特色的社会主义，谁不想把事情办得多一些，把建设搞得快一些？问题在于是真想、实想，还是假想、空想。真想快，就必须按客观规律办事，稳步前进，不能急于求成，盲目行动，草率决策，操切从事。否则，只能是欲速则不达，想快反而更慢。我们这个国家人多、国大、底子薄，情况复杂，想在短时间里出现什么人间奇迹，只能是一种幻想。按照规律，循序渐进，在稳定中求发展，持之以恒，积以时日，我们就一定能够一步一步地达到预定的目标。这样做，看起来慢些，实际是更快。

稳定的方针，是协调发展的方针。人类社会是一个互相联系、互相制约的有机整体，有着不以人的意志为转移的比例关系。因此，要取得社会的进步和经济的发展，必须把各方面的关系理顺，使各种比例基本保持平衡。各方面不协调，畸形发展，就犹如一辆轮子不全的汽车，强行驾驶必然导致翻车。因此，稳定与协调是前进与发展必不可少的条件。只有不断地做好稳定协调的工作，才能求得在稳定中前进，在协调中发展。稳定与协调密不可分，稳定必须协调，协调才能稳定，稳定就是协调。保持稳定，搞好协调，这是个有关国计民生的大问题，不仅关系到经济建设的稳步发展，也关系到政治局面的安定团结；不仅关系到局部，而且关系到全局；不仅关系到眼前工作的开展，而且关系到长远的发展。我们必须从有利于全局和长远利益出发，把稳定协调发展的方针作为一条长期的指导方针和基本的领导方法，确定下来，坚持下去，不断提高自觉性，以保证我们的改革开放和四化建设能够较为平衡地顺利进行，不断取得扎扎实实的成效。

要使稳定发展的方针得到全面、正确的贯彻，保持积极向上、协调发展的好势头，需要采取正确的领导方法，科学妥善的措施，需要做大量艰苦细致的工作。这就对我们的领导水平、领导作风以及观察和驾驭形势的能力，提出了更高的要求，对各级领导是一次很好的锻炼和严格的考验。各级领导要根据自己所担负的任务和面临的实际情况，很好地进行研究，把问题想细，把思路搞清，把工作抓实。

（摘自1987年12月《关于稳定发展方针》一文）

稳定·稳步·稳妥

坚持稳定发展是天津的一条重要经验。几年来，我们一直把稳定发展作为一条重要原则，并贯穿于一切工作的过程和归宿。我们反复强调审慎从事，强调“迈小步不停步，少走弯路回头路”。我们提出要“三稳”：一是稳定，注意理顺各种关系，特别是人们的情绪，使整个社会有一种和谐、融洽、协调的环境；二是稳步，强调各项事业、各项工作既要积极进取，又不要操之过急，而是谨慎从事，平稳推进；三是稳妥，对于任何工作，特别是重大改革措施和政策的出台，要周密准备，把握时机，尽量避免失误，减少震动。稳定，最主要的是人民群众的稳定，没有人民群众的稳定就不会有其他的稳定。因此，我们始终把人民群众的情绪作为第一信号，把人民群众的切身利益作为第一位的问题。为了理顺群众情绪，我们说了很多话，费了很多劲，花了不少钱，办了不少事。我们之所以这样做，是因为群众是社会的主体，群众不满意就不会有整个局面的稳定。群众是历史的主人，改革开放、四化建设，归根结底得靠群众去完成，群众不高兴，不积极，各项工作就不可能真正干好。实践证明，关心群众利益，强调稳定发展，与搞好其他工作并不矛盾，天津这几年许多工作在全国并不落后，就是一个生动的例证。

（摘自 1987 年 12 月 26 日在中共天津市委全委会议上的讲话）

把握好改革的力度、发展的速度、稳定的程度

我国是个发展中国家，必须把握好稳定、改革、发展三者结合的度。稳定压倒一切。稳定当然不是死水一潭，不是不要改革和发展。离开改革和发展，不可能有真正的稳定、长期的稳定，但是离开了稳定，一切改革和发展都谈不上。当前，经济生活中出现了不可掉以轻心的不稳定因素。我们解决经济问题，不能就经济论经济，还要着眼于政治，着眼于群众的力量。经济领域进一步治理整顿所面临的矛盾，不少是多年积累形成的。这些矛盾发展到今天，仅仅靠经济手段已很难奏效，必须综合治理。许多解决办法往往既有“利”的一面，又有“弊”的一面，我们只能以十分慎重的态度，具体问题具体对待，兴其利而去其弊，不搞“一刀切”、“一阵风”和走极端，不搞形而上学的肯定或否定。总的要求是，必须把治理整顿同深化改革有机地结合起来，采取积极进取的办法，不是停滞下来整顿，而是给人们以信心，激励人们向前看，在前进中整顿。

（摘自 1989 年 10 月 13 日同出席全国马克思主义哲学研究与干部哲学教育研讨会全体代表座谈时的讲话）

在研究和实施改革措施时一定要把握好总体受益原则和总体承受能力原则。总体受益原则，就是任何一个改革措施出台，要能让多数人受益，不能让多数人吃亏。当然，改革不可能使所有的人都受益或所有的人都同等程度受益，但从总体上讲，改革必须能够使大多数人受益，否则，就违背了改革的初衷，改革也无法进行下去。总体承受能力原则，就是改革必须考虑大多数群众能否承受得了。如果超出了多数人的承受能力，即使这项改革措施是必要的，也不能出台，否则就要碰钉子。总之，改革措施究竟先出台哪些，后出台哪些，力度如何把握，一切都必须从实际出发，从多数群众的利益和愿望出发。

（摘自 1994 年 2 月 17 日听取福建省委、省政府和福州市委工作汇报时的讲话）

在中国这样一个大国进行现代化建设，必须始终重视并处理好改革、发展和稳定的关系。这是以往我们之所以能取得巨大成就的一条基本经验，也是今后仍然要十分关注的一项重大课题。

改革是动力。实践使我们认识到，改革是使中国摆脱贫穷、走向富强的根本途径。没有改革开放，就不能实现经济的发展，就没有中国的现代化，就没有人民的富裕和国家的富强。发展是目标。长期蒙受贫穷落后之苦的全体中国人民迫切要求发展经济。近些年中国的国民生产总值有了较大幅度的增长，但按人口平均在世界上仍然处于较低水平，中国仍然是一个发展中国家。过高地估计中国的经济实力是不符合实际的。中国拥有世界 1/5 的人口，每年新增加的人口即相当于一个中等规模的国家，不保持一定的发展速度就必然导致人民生活水平的下降。当然，我们也反对脱离实际的高速度，我们主张经济的发展既要快速又要持续、健康。稳定是前提。我国和世界上一些国家正反两方面的经验都证明，稳定是深化改革、促进发展必不可少的先决条件。没有稳定和谐的社会环境，各项事业都难以进行。因此，我们提出任何一项改革措施，都十分注意把握好人民群众总体受益原则和总体承受能力原则，以便把改革可能引起的社会震动缩小到最低限度。总之，不深化改革，就不能解放和发展生产力；不重视发展，就不能提高人民生活水平；不保持稳定，一切都无从谈起。当然，没有改革和发展，也难以实现和保持稳定、和谐的社会局面。把握好改革的力度、发展的速度、稳定的程度，是我们研究处理中国问题始终重视的一大原则。

（摘自1994年5月9日在瑞典瑞中贸易理事会的讲演）

在坚持中前进，在继承中发展

人类社会总是在不断继承前人的基础上向前发展的。九届全国政协是历史进程中的一段，我们的工作不应该也不可能脱离历史和现实的条件。我们必须了解、熟悉人民政协的全部历史，研究、汲取历届政协的成功经验，把前人的成果作为我们工作的起点。八届全国政协结合新的形势，在总结历史经验基础上提出的一些原则和做法，已被实践所检验、社会所公认，得到了中央的肯定。比如，要保持政协固有的性质和特点，不比不套，坚持政协就是政协；政协履行职能必须坚持中国共产党的领导，必须服从和服务于国家的大局，必须注意从实际出发，必须加强同有关部门的配合；要选好角度，发挥优势，做到尽职而不越位，帮忙而不添乱，切实而不表面；要注重实践，在实践中探索开拓，在实践中总结积累，靠实践解决问题，用实践经验推动工作；等等。所有这些，对于九届全国政协的工作仍然具有重要的指导意义，我们应当很好地坚持和继承。当然，坚持不是简单照搬，而是要有所区别，有所侧重，在坚持中前进；继承不是墨守成规，而是要结合新情况，创造新经验，在继承中发展。归结起来，就是要坚持正确的，改正错误的，抛弃过时的，创造新鲜的。我们这一届政协要适应时代的要求，尽到自己的责任，对前人有新的发展，对后人有好的交代。

（摘自 1998 年 3 月 16 日在政协第九届全国委员会常务委员会第一次会议上的讲话）

政协工作必须在前进中开拓，在开拓中前进。首先要前进，就是要把已经看准的、条件成熟的、力所能及的那些事情先干起来，很快形成一个活跃的工作局面，在这个过程中去探索去开拓去创新。我们提倡开拓、创新，因为没有开拓、创新，就不可能持续地前进。但我们不能一开始就把主要精力花费在那些条件尚不具备的事情上。政协工作面临的问题和困难大体有两类，一类是新形势下出现的，需要研究探索，需要有一个解决的过程；一类是历史遗留下来的，其所以长期未能很好解决，一定有内在的理由和根据，两者都不能看得过于简单。我们以往的毛病多在于把问题看得过于简单。由于看得简单，结果反而使问题复杂化。这就是说，能干的要先干、多干，不能干的要积极探索。

（摘自 1997 年 11 月 27 日在全国地方政协主席座谈会闭幕会上的讲话）

人类历史是一个不断创新的过程。人类在改造世界的实践中总会有新的认识，在新的认识指导下改造世界又总会有新的提高，总会“有所发现，有所发明，有所创造，有所前进”。社会实践是不断发展的，人的认识是不断深化的，创新活动是永无止境的。创新是一个相对的概念。创新既有质的飞跃，也有量的变化；既有大的突破，也有小的改进；既有内容的更新，也有形式的改变。创新是继承与发展的辩证统一。创新作为对已有成果的丰富、扩展或扬弃，离不开对前人成就的扎实研究和深刻了解，离不开一点一滴的积累和长期不懈的努力，离不开坚韧不拔的意志和百折不挠的精神。

（摘自2002年3月13日在中国人民政治协商会议第九届全国委员会第五次会议闭幕会上的讲话）

坚持协调渐进

我们总是希望发展速度快一些，但是必须注意协调适度，如果忽视经济各种要素、各个领域之间内在的联系和制约，就可能欲速则不达，即使一时搞上去也还会掉下来。当然，我们也不能放过加快发展的机遇。我们总是愿意积累多一些，但是必须注意积累和分配兼顾，如果积累比重过大，人民的生活不能随着生产的发展而提高，就可能诱发一系列社会问题。当然，我们也反对脱离现实的高消费。我们总是主张全体人民共同富裕，但是必须允许和鼓励一部分地区、一部分人先富起来，如果固守平均主义政策，就可能压抑人们发展经济的积极性，最终导致共同贫穷。当然，我们也十分警惕贫富两极分化的问题。在中国发展社会主义市场经济还会遇到许多新的情况，面临许多新的课题。经历过困难和挫折的中国人民一定会十分注意总结实践经验，发扬成绩，纠正错误，不断前进，顺利地达到预期的目标。

（摘自1995年6月26日在智利联合国拉丁美洲及加勒比经济委员会的演讲）

国民经济是一个有机整体，其各个组成部分互相联系、互相制约。这就如同一架机器，各个部件各有功能，其正常运转是由部件和总体性能决定的，能快不快就会浪费机器，盲目求快就会损坏机器。实现经济建设协调、有序地发展更是一件复杂的事情，只有按照客观规律办事，才能做到既抓住机遇加快发展，又避免脱离实际而造成忽冷忽热、大起大落；既抓住不同阶段的发展重点，集中力量办几件大事，又避免照顾不周而出现顾此失彼、结构失衡。计划的重要意义就在于使整个国家的建设横向关系协调，纵向发展适度。制定中长期计划，必须通过周密的调查研究，科学的分析综合，合理地确定各方面的任务和总体目标，才能促进国民经济持续、快速、健康地发展。

（摘自1995年10月7日在政协第八届全国委员会常务委员会第十四次会议上的讲话）

重点突破，梯度推进，共同发展，是邓小平同志的重大战略思想。在我们这样一个人口多、底子薄、地区条件千差万别的大国搞现代化建设，企求齐头并进、同步发展是不现实的。选择像上海这样若干基础好的沿海地区实行重点突破，可以比较容易地消化吸收世界先进的技术和管理，为全国起到示范、借鉴作用；可以使这些地区的优势和潜力充分发挥出来，超前发展，然后以此为基地，形成由点及面、梯度推进的格局。当然，沿海地区先行一步，还不简单等同于全国共同发展。在我国，无论是国土面积，还是人口数量，内地都占大头。没有内地的发展，就不可能有整个国家的发展；没有内地的稳定，就谈不上整个国家的稳定；内地长期落后，反过来也会严重制约沿海地区的进一步发展。

（摘自 1996 年 4 月 3 日在上海考察工作时的讲话）

“协调渐进”应该是研究发展的一个核心问题。横向，在空间方面要重视协调；纵向，在时间方面要注意渐进，这是做好城市领导工作的一条重要原则，或者叫基本的领导方法。

世界一切事物的发展，都是通过量变达到质变的，忽视渐变的作用，不做扎实具体的工作，就不可能较快地实现突变。世界一切事物之间，以及每一事物内部的各个部分、方面、要素之间，都是相互联系、相互制约的。不坚持联系的观点，忽视从事物固有的联系中考察构成这种事物联系的条件及其变化，就不能协调发展，获得好的整体效应。

协调、稳定对我们的各项工作实在太重要了。我们回顾一下建国以来的历史，许多事情总是干一阵又停下来整顿一阵，走得急、停得长，大起大落，损失实在太大。一条很重要的教训，就是忽视协调渐进。在经济建设中，先行后续的连续性和各个方面相互制约的整体性是不容忽视的。做任何事情，只有对其整体的每个组成部分通盘考虑，统筹安排，才能协调地、稳定地、持续地发展。同样，社会发展中许许多多的事情，如果不注意研究它们内在的和相互制约的联系，不注意其整体的协调发展，不讲“微调”，只搞“大修”，没有不吃亏的。

当然，世界上的事情是复杂的，要处理好各个方面的关系，实现稳定协调发展的目标，并不是一件容易的事。一方面，客观事物本身是不断发展的，从一定意义上讲，协调、稳定、平衡都只能是相对的。一方面，人们对客观世界的认识也有一个由浅入深、不断总结经验、修正错误的过程。先知先觉、百战百胜的领导者和指挥员，事实上是不存在的。聪明的领导者应善于审时度势，驾驭局面，勇于探索，开拓进取，及时总结经验，尽量减少失误，避免大的挫折和失败。

长期以来，从工作指导上看，所以造成不稳定、不协调，有思想方法上的原因，也有历史和政治方面的原因。其主要表现：

一叫急功近利。"大跃进"、"公社化"等许多经验教训表明，我们犯错误，出问题，很多是失之于要求过急过快。形势一好转、一顺利，就头脑发热，胡乱折腾，几乎成了一个顽症。许多时候因为不顾客观条件，脱离国情，脱离实际，以致欲速不达，事与愿违。譬如，对生产资料私有制的社会主义改造，成绩固然很大，不容否认，但也有过急、过粗、过分之处。由于在思想方法和工作指导上，存在片面性、单打一，常常把复杂的事情看得过于简单，顾此失彼，不讲协调，对我们的事业造成了极大危害。我们在战术上对每一项具体工作，都应该抓紧抓实，力求速战速决，而在总体上、战略上则要注意量力而行，尽力而为，力求迈小步不停步，少走弯路回头路。要坚持量变，不能停顿；同时把握突变，在时机成熟时不要犹豫，敢于突破。历史的人只能做历史的事，既不能做超越历史条件的事，也不能逃避历史的责任，具备条件或可能创造条件的事也不努力去做。中国国大、人多、底子薄，10亿人口、8亿农民，而且经济发展极不平衡，各地区的情况差别很大。在这样的国情下搞改革、搞建设，必然是一项十分复杂而艰巨的系统工程，要准备若干代人的艰苦奋斗。我们共产党人以改造世界为己任，谁不想把事情办得多一些，把建设搞得快一些，问题在于是真想、实想，还是假想、空想。真想快，只能是在尊重客观规律的基础上发挥主观能动性，按照客观规律办事，摸着石头过河，扎扎实实、一步一个脚印地去干，而不能不顾客观条件，操切行事。这样，按规矩办，循序渐进，看起来慢一些，实际上是快的。有人讲，中国是一个巨人，只要稳步走，步子就是大的；只要不摔跤，就是一个了不起的成绩。最可怕的是自己折腾自己，自身先发起烧来。我认为这话是非常深刻的。

二叫主观片面。凡属重大政策措施，都应该在全面认真地调查研究、审慎周密地分析测算的基础上，提出若干具体方案，经过比较、选择、论证和典型试验，再最后敲定下来，颁布实行。可是，现实生活中往往不是这样。有些政策、措施、意见、办法，是某些人主观意志的产物，或者是少数人在屋里憋出来的。由于产生得简单，改变起来也就比较随便。常常是今天一个精神，明天又一个精神，而这些精神又常常相互矛盾，使人们无所适从。加之我们有些领导干部和宣传理论工作者，不是从马克思主义基本原理和中国实际的结合中引出正确的观点，借以指导和解释现行政策，而是常常跟着“风”跑，习惯于按照所谓的政治气候和某些领导人的意志来阐述理论、回答问题。来一个政策，他就宣传该政策如何重要如何有理；政策调整了，他又说变得如何应该、如何及时。这种决策上的主观性和理论上的摇摆性，是我们许多方面的工作缺乏客观的、全面的、长远的考虑，许多政策缺乏科学性、连续性的一个重要原因。这个问题不解决，所谓协调就是一句空话。不协调就一定不稳定，不稳定也就一定不能持续发展。城市工作也是这样，单靠长官意志，单凭主观愿望，而不去下功夫研究城市固有的规律，这不行。不是讲不唯上、不唯书、只唯实吗？所谓实，就是客观实际，就是事物的本质和内在联系，就是事物自身固有的客观必然性。在改革开放的新形势下，提倡唯实精神显得非常重要。我相信，只要把各方面的人员和专家发动起来，花一点时间总结一下我们过去的经验教训，同时注意学习研究一点国外城市建设的经验，我们的城市一定会建设得更好。

三叫运动方式。我国的革命走的是一条农村包围城市的道路，是靠枪杆子取得政权的。因此在建国以后，农村的痕迹，战争的色彩，运动的方式，常常在我们的工作中反映出来。强调一项工作重要，就只讲一点，不及其余；要统则统得过多过死，要放则放得无约无束。其结果，往往是一哄而起，一哄而散，纵向不衔接，横向不协调。城市建设也沿用了不少政治上“左”的一套做法。我们的城市经济，在一定程度上还是自然经济加产品经济，比如商业的主要功能还停留在“保障供给”上。城市究竟建成一个什么样子，它有些什么样的功能，这些功能相互间的关系怎样，如何从经济和社会发展的全局上去把握这些关系，加快城市建设的步伐？诸如此类的问题，直到今天，我们还缺乏一个比较明确比较统一的认识。所以我希望天津的专家、学者能够结合天津的实际，研究一些既特殊又一般的东西。讲特殊，是城市相对于中国广大农村而言；讲一般，是指城市发展的普遍规律。通过这样的研究，来提高认识，统一思想，规范我们的行为。总之，如何从旧的、“左”的一套做法中解脱出来，用反映客观实际的新观念、新原则、新方法来组织我们的经济工作，建设和管理我们的城市，确实是一个非常重要的问题，是一件必须抓紧做而做起来又难度很大的事情，但也是一定要做好的一篇大文章。

（摘自1988年3月《谈城市协调发展》一文）

在城市建设和发展的过程中，必须坚持横向在空间方面要讲协调，纵向在时间方面要讲渐进。大家知道，世界上一切事物之间，以及每一事物内部的各个部分、方面、要素之间，都是相互联系、相互制约的。坚持联系的观点，就必须从事物固有的联系中考察事物，充分注意到构成这种联系的条件及其变化，坚持协调渐进，注意整体效应。古人说：倾国宜统体，谁来独赏眉。五官单个虽好，但位置不协调，也是丑八怪。还应看到，城市是一个极其复杂的有机整体，它的各个组成部分之间存在着内在的、必然的、相互联系和相互制约的关系，功能是多方面的。因此，研究城市必须认真研究这种关系，并通过工作，经常、及时地解决各种不协调、不稳定的问题。我看了有关材料，一部汽车的零部件参数是 10 的 5 次方；喷气式飞机零部件参数是 10 的 7 次方；而一个城市，规划和建设的单元参数是 10 的 8 次方，如果改造一个老城市，参数就要多达 10 的 9 次方，上亿个。这样一个复杂的有机体，不讲协调是很难想象的。建国以来，我们有一条很重要的教训，就是忽视协调渐进，造成干一阵又停下来整顿一阵，走得急、停得长，大起大落，损失实在太大。不会微调，只讲“大修”，没有不吃亏的。出现这种状况的原因，一叫贪急求快的毛病，形势一好转、一顺利就头脑发热，就胡乱折腾。因为着急，往往不顾客观条件，脱离国情，脱离实际，急功近利，盲目冒进；因为着急，难免急中有乱，急中有错，欲速不达，事与愿违。自己不折腾、不发烧，稳步前进，中国这个巨人就了不起。二叫唯意志论，决策上的主观性和理论上的摇摆性，造成许多工作缺乏客观的全面的长远的考虑，许多政策缺乏科学性、连续性。三叫运动式的方法，在我们的工作中常常带有农村的特点，战争的痕迹，运动的方式。经济建设，爱大搞，好突击，走极端，多偏激。我曾经说过，搞经济工作，如果天天都有新精神，这是没有走上正轨的表现。哪有那么多新精神、新名词？新名词搞得大家眼花缭乱。老是用打仗的办法，打一仗换一个地方，运动式的。由于这个问题，我们吃的苦头是相当多了。我们要祖祖辈辈地过日子，不能搞得那么紧张，东一个口号、西一个名词。要规规矩矩的，有条不紊的，路是路、水是水，花是花、草是草，上班是上班、休息是休息，这才是生活，才是社会。我们确实取得了很大成绩，但也确实犯过不少的错误，我们应该听点意见，改点毛病，长点出息。我说过搞建设要有渐进性、同步性、迂回性。渐进性、同步性是讲协调，迂回性就是有时候得停一下、转个弯。总的说就是要稳步前进，别太急。

一个城市要做到协调渐进，就要注意处理好五个方面的关系。

一是生产与生活的关系。我们过去生产一着急就丢了生活，结果生活出了问题就放下生产抓生活，这造成了很大损失。今后，研究生产的发展，必须正确对待人民生活的需要；人民生活的改善，也应该是随着生产的发展逐步加以解决。要十分注意关心人民的生活。特别是在农村贫困地区，要为了生活而发展生产。农村发展了生产就增加了粮食，增加了棉花，整个国家就有了稳定的基础；发展了生产就有了钱，有了钱就有了购买力，有了购买力就有了市场，这样，我们的整个经济就会活起来。

二是城市建设与经济建设的关系。城市经济的发展，取决于城市的功能，取决于城市这个载体的能力，因此，必须把城市建设放在十分重要和先行的位置上。当然，城市建设是花大钱的，必须十分细致、认真。

三是城市与农村的关系。不能说城市这边出钱多，农村出钱少，这个讲法是不行的。就像你珠海一定要保持相当范围的农村，这样你的副食品才有来源，整个城市工作才有基础。这是个战略问题。据我所知，带有农村的城市市长，常常是不太重视这个关系，因为它主体是城市，主体上是工业。这个毛病要改正。城市要把农村看作自己发展的基础条件；农村要把城市的需要看作自己发展的方向，使城乡有机地结合起来。

四是政治与经济的关系。经济的问题应该主要从经济工作本身去研究，但有许多问题不能就经济论经济。我们这几年有毛病，强调按经济规律办事，忽视了思想政治工作，这要注意，应当充分发挥我们固有的政治优势，结合着经济工作，把思想政治工作做好。

五是领导与群众的关系。就是我们最近一再讲的六中全会精神。要注意群众的情绪和生活，把群众的积极性调动起来，把更多的人团结起来。政治、经济和社会的稳定，归根结底是人的情绪的稳定，人的思想的稳定。离开人的稳定，其他一切无从谈起。所以要尽可能地协调好，大家不要为一些小事互相埋怨，这是不好的，还是要努力把各方面的情绪理顺。我曾讲过，整个国家要振奋精神，整个民族要振奋精神，每个人都要振作精神，振奋起来，团结起来，行动起来，我们国家才有希望。如何把领导同群众的关系理顺，这是当前的一个大问题。

（摘自 1990 年 5 月 25 日听取珠海市领导班子汇报时的讲话）

始终重视经济与社会协调发展

中国在改革开放近 20 年的实践中认识到，在改革的整个过程中，必须始终重视经济与社会协调发展的问题。社会主义国家应当集中精力发展经济、改善人民生活，对此要坚定不移。在大规模经济建设中，在深化改革的转折时期，会出现一些经济与社会发展不够协调的情况，发生这样那样的消极现象。这些问题，有的是经济落后造成的，有的是改革和发展进程中难以完全避免的。对这些问题，要客观分析，不能以偏概全，不能惊慌失措，更不能因噎废食，由于一时的曲折或某些非议而动摇改革、发展的信心。当然，对这些问题不能麻痹大意，掉以轻心。因为放任不管，任其滋长，我们的社会就会变成畸形的、病态的社会，在这种社会环境下，经济增长不可能持久，即使一时上去了终究也会掉下来。因此，我们在任何时候都要保持清醒的头脑，在抓好经济工作的同时，下大力量促进社会的全面进步，实现经济与社会的协调发展。

（摘自 1997 年 12 月 8 日会见越南国家主席陈德良时的谈话）

实现经济与社会的同步发展，是一个既明确又难办的问题。发展中国家要集中力量发展经济，这个决心必须下死。只有把经济搞好，不断地壮大自己，其他问题才能解决，社会进步才能有必要的物质基础和条件。但这并不是说其他方面不重要，也不是说经济搞上去了，其他方面也就自然而然上去了。许多国家的实践证明，在发展经济的过程中，如果为了一时的快速发展而忽视精神文明建设，如果不下大力量去抓社会进步，如果不能在思想道德、科学文化以及民主法制建设方面取得与经济建设相适应的成果，人心就会涣散，社会就会畸形，国家就不能长治久安，经济即使一时上去了也很难长期维持。解决社会进步问题之所以不容易，既有主观认识是否充分的问题，也有物质投入能否保证的问题，还有思路、方法是否得当的问题。中国改革开放以来，一直在寻求与人民愿望相符合、与经济发展相适应、与民族优秀文化传统相结合的社会进步的路子，应该说取得了一些成绩，但也存在一些问题。新加坡在这方面有许多成功的做法，我们愿意与你们进行广泛的交流，汲取你们的经验。

（摘自 1995 年 12 月 18 日会见新加坡总理吴作栋时的谈话）

改革要配套，发展要协调

在经济全球化加快、中国即将加入世贸组织的新形势下，中国的改革和发展面临许多新情况和新问题，深入研究这些情况，妥善解决这些问题，不仅有助于搞好国内建设，而且有利于促进对外经贸合作。

我国的改革已进入攻坚阶段，更加重视配套改革。我国初始阶段的改革从较简单和较容易解决的矛盾入手，使生产力从严重的桎梏中一下子解放出来，见效很快，受益面广，一个家庭联产承包责任制就极大地调动了亿万农民的生产积极性，一个放权让利就激发了无数企业的活力。而改革进入攻坚阶段，面临着许多更深层、更复杂的矛盾，既涉及旧体制的彻底改革和新体制的逐步完善，也涉及各方面利益关系的再调整，以至难度越来越大。例如，国有企业建立现代企业制度和进行战略重组必须减员增效，这就必然增加下岗分流人员，为此就需要实施再就业工程，加快建立社会保障体系，为下岗分流人员和城镇居民提供最低生活保障，这又进一步涉及财政税收和金融等方面的改革。类似的情况表明，改革必须重视配套。任何一项改革措施出台都要考虑前行后序，左邻右舍，统筹谋划，整体推进，审慎地把握好人民群众总体受益原则和总体承受能力原则，以便把改革可能引起的社会震荡减小到最低程度，使改革取得预期的效果。

我国的发展正处于关键时期，更加重视协调发展。20 多年前，我国尚处于短缺经济阶段，许多产品供应不足，人民群众生活存在很多困难。我们实行改革开放，集中精力搞经济建设，允许一部分人一部分地区先富起来，经济出现了大发展，总体上告别了短缺经济，人民群众基本解决了温饱问题。如今，许多原有的不平衡得到缓解或解决，但原来的某些不平衡更加凸显，又出现了一些新的不平衡。比如，由于盲目发展、重复建设，造成经济结构严重不合理，在群众需求层次提高的情况下，出现了阶段性的低水平生产过剩。由于思想道德建设滞后，消极腐败现象滋长，贫富差距拉大，出现了某些社会发展与经济增长不相适应的状况。由于经济增长方式粗放，导致自然资源的利用不够合理，生态环境遭受破坏，经济社会的可持续发展受到制约。类似的情况表明，发展必须重视协调。在持续快速发展的过程中，协调问题愈加突出，犹如一辆高速行驶的汽车，如果零部件配备不齐全、不合理，就很容易出事故。协调发展是按比例的增长，是在不断平衡中前进。我们必须坚持全面和联系的观点，防止只见局部不见整体、只顾眼前不顾长远，妥善处理经济内部，经济与社会，经济与人口、资源、环境等方面的关系，在协调中求得国民经济持续快速健康的发展。

配套改革和协调发展是一个有机整体，两者相互联系，相互作用，相辅相成。国民经济的协调发展必须保持适当的比例关系，而配套改革能够为调整好各方面比例关系提供有效的机制。大的协调只有通过配套改革才能实现。配套改革是协调发展的动力，协调发展是配套改革的目标。我们必须对两者统筹兼顾，以配套改革促进协调发展，以协调发展支持配套改革，不断解决新矛盾，不断取得新平衡，一浪高一浪地前进。

中国加强配套改革和协调发展，需要也必将进一步扩大对外开放。中国的配套改革会更加注意与国际接轨，中国的协调发展也会更加重视国际间的合作与交流，所有这些都会对中国的经济体制、产业和产品结构产生深刻影响。

（摘自 2000 年 5 月 11 日在加中贸易理事会举办的午餐会上的讲话）

两个文明一起抓

精神文明建设是建设有中国特色社会主义的重要组成部分。在我国现代化建设的全过程中，我们必须始终像重视物质文明建设一样重视精神文明建设，像抓物质文明建设一样抓精神文明建设。只有把两个文明建设都搞上去，才能有社会的全面进步，才能满足广大人民群众的根本愿望，也才谈得上建成有中国特色的社会主义。毫无疑问，精神文明建设必须紧紧围绕经济建设这个中心，为改革开放和现代化建设提供强大的精神动力和智力支持，成为物质文明建设的重要保证。同时也要看到，精神文明本身也是我们为之努力奋斗的目标。在任何时代、任何地方，人类社会的进步总是离不开对真、善、美的追求，我们搞现代化建设，就包括了人民精神生活的改善和文明水平的提高。如果忽视精神文明建设，我们的社会就会被种种愚昧、落后、僵化、不文明的现象所困扰，经济建设也将受到严重的阻碍。

邓小平同志在视察南方谈话中，一再强调要两手抓，两手都要硬，希望广东用 20 年赶上亚洲的“四小龙”，包括在精神文明建设方面也超过它们。我们必须深刻理解邓小平同志的这一重要思想，并认真贯彻于建设有中国特色社会主义的伟大实践中，不断继承和发扬我们民族的优良文化传统，同时善于吸收人类文明发展的一切优秀成果，把精神文明建设提高到新水平。

在精神文明建设中，当前首先要强调进一步用小平同志建设有中国特色社会主义理论武装全党。去年 1 月我在全国宣传部长会议上讲了一番话，其中核心的一段讲到：共产党夺取政权后，究竟怎样才能巩固和发展社会主义制度，这是国际共产主义运动长期研究、探索的重大问题。我们党执政后，在这个问题上下了很大力量并取得了显著的成绩，但也遭受了不少挫折，付出了巨大代价。成功与失败，胜利与挫折，深刻地教育了我们，使我们终于找到了一条符合国情的正确道路，这就是十一届三中全会以来邓小平同志倡导的建设有中国特色社会主义的理论和路线。当时社会上对如何看待改革开放不是没有争议的。人们对一些重大问题短期内能不能解决，也不是没有担心的。小平同志视察南方一番谈话，使全国发生了多大的变化，使人们的思想认识发生了多大的变化！这些变化对中国历史将继续产生长远而深刻的影响。历史已经证明并将继续证明，在当今中国，只有小平同志这套理论，才能顶住风浪，巩固政权，发展自己。我们要认真刻苦地学习，真心实意地贯彻，把这套理论变成广大干部群众的行动指南。

精神文明建设的一个重要方面，是坚持和改进思想政治工作。对于思想政治工作，我们党是有着丰富经验的，当然，也有过不少失误和教训。在改革开放新形势下，我们既要保持和发扬思想政治工作的优良传统，又要不断探索和总结新鲜经验，从而提高思想政治工作的水平，发挥党的政治优势，保证两个文明建设的顺利进行。当前社会上存在一些值得注意的现象，思想政治工作在有些单位有所削弱，政工干部工作困难，情绪波动，队伍不稳。在一些人包括一些干部当中，拜金主义、利己主义、享乐主义思想有所抬头，挥霍浪费的奢糜之风日盛，冷落无私奉献和艰苦奋斗精神而崇尚某些所谓“大款”、“大腕”敛财、挥金的病态心理也滋长起来。这些尽管还是局部现象，但颇有蔓延之势，必须引起各级党委的重视，决不能重蹈一抓经济，就把思想政治工作推到一边的覆辙。我国劳动生产率和生活水平总体上还比较低。如果一方面少数人穷奢极欲、一掷千金，而另一方面多得多的人连发工资都困难，这种现象持续下去、扩大起来，必然会引发严重的社会问题。即使将来生活普遍富了，作为一个国家、一个民族，要向上，要发展，总还要有一点奋发、苦干的精神。社会主义国家更应该讲理想，讲道德，讲奉献，绝不能允许那种损人利己、唯利是图、金钱至上、尔虞我诈的风气在社会生活中泛滥，绝不允许给各种腐朽思想提供阵地。当然，解决这些问题不完全靠思想政治工作，但思想政治工作是一个十分重要的方面。

与此相联系的是要惩治腐败现象。许多国家在发展市场经济初期，都存在官商勾结、贪污受贿、谋取私利的问题，我们必须引以为戒。第一，不能同意某些人所说的腐败现象大量出现，是发展商品生产中一个不可避免的“阶段”，不能以为搞市场经济，就可以不讲共产党的性质和宗旨了。第二，要制定一些切实可行的措施、制度，同消极腐败现象进行坚决斗争，以保证社会主义市场经济体制顺利建立，保护国家和人民的利益在从计划经济到市场经济这场社会大转变中不受损害。要进行广泛的廉政宣传、廉政教育，从道理上使群众懂得廉政建设是关系国家前途和每个人切身利益的大事，从舆论上坚决揭露一切违法乱纪、损害国家和人民利益的行为。要完善法制，从制度上使一切贪污腐败的人无利可获，并必然受到法律的惩处。作为社会主义国家，我们应该也可能在廉政建设上比“四小龙”中获得国际赞誉的国家或地区做得更好。

社会治安是一个与精神文明建设密切相关的问题。现在一些地方犯罪分子气焰十分嚣张，社会秩序不好，老百姓没有安全感。治安问题关系重大，绝不可掉以轻心。要保持政法队伍的高昂士气，经常开展专项斗争。对犯罪团伙，要始终保持严打势头，年年打，月月打，天天打，露头一个打掉一个，不让它站住脚跟。我在考察一个地方时讲过，我们把日本侵略者打跑了，把国民党打垮了，把土匪消灭了，几个犯罪团伙有什么了不起的？如果我们连这些人都对付不了，老百姓连起码的安全感都没有，我们还谈什么宏图大略？我相信，只要决心大，措施具体，就可以把犯罪团伙打掉。同时，“扫黄”、“除六害”要重视，要常抓不懈，绝不能让这些毒化社会风气，毒害青少年的东西泛滥成灾。

（摘自 1993 年 4 月 18 日听取广西壮族自治区党委、政府工作汇报时的讲话）

把城市的平衡、稳定、协调发展作为总题目

城市科学是把城市作为一个整体、一个系统、一个认识的对象来进行研究的。城市科学要研究城市整体的构成，研究构成这个整体的方方面面的各个因素，以及这些方面、因素之间的关系，研究它们的规律。城市作为一定地域内的政治、经济、文化的中心，各个领域、各个行业和各个部门集中在一起，构成了一个非常复杂的有机体。这种复杂性，从城市内部来讲，首先是由于它包含着许多方面和系统。比如人口的高度密集，人们的社会、政治、经济、科学、文化活动的高度密集，以及与此相联系的生产、生活和各种活动手段的高度密集，同时还要有一整套与其相适应、相配套的市政、公用设施等等。可以这样说，在一个国家、一个地区内，人们所掌握的科学门类，大多都是从城市开始，并在城市中存在和发挥作用的。就以天津而言，全市几百个行业之间，以及每个行业内部，无不互相联系、互相依存、互相制约，其结构是否合理，发展是否协调，都是非常复杂的。城市

科学的研究对象和研究任务应该是构成城市的各个系统、各个行业、各个部门在城市中的地位、作用和它们之间的相互关系。通过这种研究，找出它们不平衡之所在，通过我们的工作，使它们能够相对平衡地协调发展。在研究城市中各个行业、各个部门、各个系统之间的相互关系时，不仅要研究定性的关系，还要研究定量的关系即它们的比例关系。这样，才能找出城市建设中突出的问题，亟需解决的问题，也就是市政府应该抓紧解决的问题。把城市科学单纯地理解为研究建筑、研究工业是片面的。而我们过去吃到的苦头，恰恰就是：工业城市只研究工业，研究如何建工厂，发展生产，忽视了整个城市的建设，造成“骨”“肉”失调；而城建部门研究城市建设，又只看到自己这个局部，比如，房子盖得慢了就加人，结果基建队伍迅速膨胀。50 年代大发展，60 年代压缩下放，最近几年许多地方又出现农民工云集城市，将来究竟如何？国民生产总值到 2000 年要翻两番，从总的方面讲，大家都有信心。但具体一问：翻两番对城市建设以及城市的其他方面提出了什么要求？就很难说清楚了，特别是在定量上说不清楚。大家都同意这个观点：交通如果不解决，就难以达到翻两番的目标。但仔细一问：交通怎么解决？交通解决到什么程度才能保证翻两番？也还是说不清楚。从天津来说，1980 年底的产值是 200 个亿，翻两番是 800 个亿。有的中央领导同志还曾讲过天津要搞到 1 000 个亿。就以 800 个亿来讲，它的产品都是些什么？是大的，还是小的？是值钱的，还是不值钱的？假如，要拉泡沫塑料，这一个亿要相当多的车，而拉电子产品，像计算机，就要不了多少车。车上装什么不知道，装多大个儿、装多少都说不清楚，就说你这个路要保证又够用又不浪费，怎么可能？可以这样说，我们现在不仅是对城市的各个部门没有研究清楚，部门之间的相互关系没有研究清楚，甚至对应该设立什么部门，已有部门要不要调整，也没有研究清楚。由于我们对城市没有认真地进行科学研究，没有把握城市发展的规律，没有科学的预见，常常是头痛医头，脚痛医脚。马路上堵了车，才说交通有问题；经常停电，才知道能源有问题；市场上什么东西买不着了，才知道这是畅销品，卖不出去了，才知道这种商品滞销了。只看现象，不看本质。现象丰富，但易逝、多变；本质枯燥，但稳定、再现。我觉得应该从当前天津的实际出发，以天津现实作为研究的素材，认真分析一下城市究竟应该含有多少部门，含有多少行业，含有多少“零件”；这些部门究竟在城市里各是什么位置，起什么作用；这些部门之间相互的关系究竟是怎样的，并找出不合理、不平衡的症结，向市政府提供解决这些问题的建议或方案。我看，这就是当前城市科学研究的任务。

一个城市的存在总是以其周围的存在作为自己存在的环境的，起码就现状来讲，没有农村就无所谓城市。因此，要研究好城市，不仅要研究城市本身，还必须同时研究该城市与周围地区之间的关系。现在有个论点，叫“环球城市”，就是随着城市化的不断发展，城市和城市逐渐连成一片，都成为城市了。城市的发展带动了物质和精神的发展，或者说物质和精神的提高。由于城市里面物质和精神的提高，吸引了大量的人们到城市里来，给城市带来一系列问题，使人们又离开了城市。这是外国人的“逆城市化”理论。研究天津这个城市，起码要了解一下北京和河北的情况，把北京和河北作为我们研究天津总体的一个部分。《人民日报》介绍了廊坊地区和三河县发展商品经济的经验，它们的经验就在于把生产发展建立在了解与研究北京和天津的基础上。它们研究北京和天津今年种了多少菜，多少大白菜、菠菜、黄瓜，有多少面粉，养了多少鸡……京津多，它们就少，京津少，它们就多，反正眼睛瞟着这两个城市。沧州地区的青县也是这样，天天了解天津。同样的道理，天津要发展，就需要了解上海、北京、河北及其他各个地区。比如，天津出口的相当一部分名称冠以“天津”的农副产品，像天津红小豆、天津鸭梨、天津板栗等等，实际上大多是河北省产的。要研究周围地区的经济、思想、文化、风俗。对于风俗我们过去就不知道它的作用。有的地方喜欢吃这个，有的地方喜欢吃那个，不同地方穿衣服的喜好要求也不同，如果你不知道就会吃亏。比如，我们的“狗不理”包子是名牌，到深圳去开包子铺，挂上天津“狗不理”，自以为名扬四海，结果碰了一鼻子灰。香港人，还有一些广东人什么都讲吉利，他们很信这个，你狗都不理，我怎么做买卖，怎么发财？谁都不愿进来吃。

城市的现在是由过去发展而来的，常常受着过去的影响，因此研究城市还要研究历史。我以前从毛主席的书里知道天津的小洋楼、北京的四合院。到了天津以后，才知道天津的小洋楼不仅多，而且很好。因为，除了帝国主义入侵以后的各国租界地里的领事馆和一些大商号盖了一批洋楼以外，辛亥革命和冯玉祥逼宫之后，把溥仪这个末代皇帝逼到了天津，北京一大批遗老遗少也跟着跑到天津，又盖了一些小洋楼。还因为经常打仗，一些军阀和有钱人在北京、河北、山西等地感到不安全，也在天津租界地里盖了一些小洋楼。历史上有几个大总统、总理和一些政界要人在天津有房子，如袁世凯、冯国璋、曹锟、段祺瑞、孔祥熙、宋子文、孙传芳等等。这就形成了天津与其他城市的区别。我过去不太了解，北京的画家、文人为什么经常到天津来买文物，外国的、香港的商人也都到天津来买文物。后来才了解，全国的古玩特别是字画在大陆最多的，第一数北京，第二就数天津。因为封建社会的遗老遗少以及许多军阀、政客、买办在这里都留了一些遗产，就是古老的家具也是天津比较多。两个月前在北京钓鱼台陪中央领导同志会见外宾，看到那里有些家具是乾隆年间的，一问来源，是从天津买去的。

正因为城市的现在是由过去发展而来的，不论今天有多高水平，也总带有历史的痕迹，形成这个地区的所谓传统、习惯、特点、风格。当然，有些东西不是不需要改，但离开了历史盲目地与其他城市去比，当地的人民群众是难以接受的。我们这个国家有着几千年的封建经济，反映这种封建经济的思想体系，包括封建的伦理道德，在相当大的范围内，今后相当一段时间里，也必然会反映到我们的城市建设中来。大的不说，比如大家天天碰见的垒围墙、圈院子，就是一例。挺好的一个大楼，盖得很漂亮，却是围墙一封闭，门口搭一溜棚子，弄得很不像样子。这种思想还反映在一些单位的建设上，都要万事不求人，随便几十个人的一个单位也要有食堂、会议室、车库、幼儿园、接待室等等，要它跟别人合用，不行。这种东西，一方面要随着城市的发展逐渐加以解决，另一方面也必须承认在相当长的时间内还会存在。

强调研究城市要有历史的观点，还在于城市本身是向前发展的，是变化的，而不是静止的。城市科学研究要看到这种发展，要随着城市的发展而发展。比如党的十一届三中全会后，农村、城市都出现了新的形势，人们在物质和文化生活上都提出许多新的要求，而我们不少同志仍停留在原来的观点上，因而造成了很多人为的问题。比如，穿西服突然兴起，带来了做西服难，洗西服更难，洗一件要几个月，因为干洗店太少。再比如第三产业，过去长期不重视，现在由于人民生活的提高和经济的发展，提出了许多新的要求，如果再满足于原来城市建设中的那些配套设施，不考虑洗衣店、饭馆以及其他一系列服务设施，就不能适应。建设南市食品街时，许多人认为只凭卖煎饼果子、豆腐脑儿、贴饽饽熬小鱼等大众饮食很难收回 2 000 万元的投资。结果，食品街还没有开张，房子就都卖出去了，照目前的势头，用不了四五年时间，就可以把所有的钱赚回来。就说马路这个问题吧，过去批“大马路主义”，主要指西青道，当时看西青道宽了一点，今天看这条路宽不宽呢？大家都感到并不宽。这就是说，研究城市必须要有发展的观点，不能把从实际出发理解成简单地从今天出发，要想到将来。

可见，城市的复杂性，在于它包括城市内部各系统之间、城市与周围之间的关系，历史状况及其今后的发展。这种复杂性，带来了城市科学研究的艰巨性，它决定了城市科学的研究与城市其他领域的科学研究既是不同的，又是相联系的；既不能互相代替，又必须互为关系。这就是说，研究城市总体的发展，必须了解组成城市整体的各个行业、各个部门、各个方面的发展，研究局部的、专门的、系统的或者说特殊领域的发展，而这些研究又都不能脱离开整个城市的发展运行。城市科学必须站在城市总体的高度用发展的眼光来观察各个局部，把城市的平衡、稳定、协调发展，作为一个总的题目和对象，以此来看各个学科，看各个行业，看各个部门，下力量把它们之间的关系弄清、理顺，找出那些与总体发展不相适应的方面和部分，通过工作使之得到尽快解决。

（摘自 1984 年 12 月 31 日在天津市城市科学研究会成立大会上的讲话）

努力实现可持续发展

实现可持续发展是世界各国共同的任务。人类共同生活在一个地球上。经济全球化使各国的关系越来越密切。一个国家的人口状况、资源状况、环境状况和经济发展状况不仅与本民族的命运息息相关，而且最终会对全人类的生存和发展产生影响。如何使经济、社会、环境相协调，实现可持续发展，已经成为一个世界性课题，愈来愈紧迫地摆在我们面前，各国领导人对此都负有重大责任。因此，我们在确定一个国家的发展战略时，无论选择什么样的目标、模式和途径，都不能只顾眼前不顾长远，只顾局部不顾全局，只顾自己不顾别人，而应当多从全球发展的角度考虑，多为我们的子孙后代着想。滥用资源、毁坏环境、过度消费是绝对不可取的。中国是世界上最大的发展中国家。在建设社会主义现代化的进程中，既面临着发展社会生产力、增强综合国力和提高人民生活水平的历史任务，又面临着人口基数庞大、资源相对短缺、经济发展水平低等一些相当严峻的问题，实现可持续发展困难很多。中国领导人对此已有清醒的认识。中国政府把可持续发展战略确定为一项基本国策，积极付诸实施，并希望同世界各国加强合作，虚心学习包括新西兰在内的各国的有益经验，为人类实现可持续发展作出贡献。

（摘自 1997 年 12 月 11 日会见新西兰总理希普利时的谈话）

环境保护是人类面临的共同问题

中国的环保面临许多问题，其中能源结构、能源使用方式是一个最大、最急迫的问题。中国的许多城市，包括大中小城市，多数居民一家一户生煤球炉子，使用这种方式，燃煤的热效率只有 10%，搞得天上乌烟瘴气；煤和煤灰运进运出，搞得地上尘土飞扬；室内弄得很脏，衣服也要多洗几道。这个问题在发达国家早已解决了，中国何时解决、怎样解决，始终是中国政府和广大群众十分关注的问题。把各家各户分散烧煤炉子、烧木柴变成集中供热、集中供暖，这应当是努力的方向。在中国完成这个任务难度很大，但我们始终要朝这个方向努力。

关于天然气的利用问题，中国目前还存在很大分歧。有些部门认为，天然气应该用于搞化肥厂、化工厂和其他工厂。天津有个大港油田，产出的天然气本来可以供天津做饭、取暖，但有人反对，最后把天然气引到沧州去搞化肥厂，而天津还得每年从外地运进一千多万吨煤用作燃料。我认为，天然气最合理的利用方式还是作为城市生活能源，用于管道供热、供暖。这样既简单，又干净，又节省，多用时可以把气门开大些，少用时可以把气门开小些，尚未利用的气储存在地下也不损失。如果你们认为这个观点正确，可以在中国广泛宣传。你们从环保的角度讲，容易讲清利害关系。

中国是发展中大国，也是环境大国。中国近年来经济发展很快，建设规模很大，但如果不注意环境保护，就会造成污染，留下严重的后果。比如工业发展离不开水，但如果在水源地区建厂，就可能污染水源，这在许多地方已经发生了。而大气污染则不仅影响当地，而且可能污染邻国。所以，中国的环保具有世界意义，任何真正关心世界环境的人，都应该关心、研究中国的环保问题，都应该帮助中国搞好环保工作。这几年中国在环保方面有了很大进展，提高了思想认识，制定了法律法规，采取了各种措施，积累了不少经验，在很大程度上减少了环境污染。我们所提出的“经济建设、城乡建设和环境建设同步规划、同步实施、同步发展，实现经济效益、社会效益和环境效益的统一”的战略方针，就是多年成绩和经验的总结。当然，我们面临的困难和问题还很多，要取得更大成绩，还需要进行艰巨的努力。

我们搞好环保工作必须解决几个问题：

（一）思想认识问题。这个问题不仅群众中存在，干部中包括领导干部中也存在；不仅是眼前的问题，也是长远的问题；不仅是局部的问题，也是整体的问题；不仅是少数人的问题，也是多数人的问题。这个问题解决不好，把地球搞坏了，其他搞得再好也白搭。人类无法生存，一切都完了！这是很简单的道理。简单道理能被人接受，也比较难。因此要继续努力搞好宣传教育，提高广大干部和群众的环境意识，使他们高度重视环境保护，自觉爱惜人类赖以生存的地球。

（二）经济利益问题。从整体上讲，环境效益、社会效益与经济效益是一致的，但是从局部上讲，防止、治理污染是要多花一些钱的。有些地方就是只顾自己占便宜，把污水排泄到河流中去，把废气释放到天空中去，为害社会。这种只顾局部利益、不顾社会利益的行为，从一开始就要制止住。今后建工厂，在项目设计时就要把环保这一块安排在内，适当增加这方面的投资。从眼前看环保要多花点钱，而从长远和整体来看是很合算的。

（三）组织管理问题。要搞好环保，就要加强组织管理，包括利用行政手段和法律手段进行强制性管理。纵观世界各国环境保护的经验，没有政府实行行政和法律等强制性干预是不行的。治理环境必须在经济上有一套办法，要采取经济手段，不能谁污染谁占便宜，而必须是谁污染谁在经济上吃大亏。这个办法怎样制定，请大家继续研究。总之要使任何人在考虑个人利益、局部利益的同时，必须首先考虑到环境问题，考虑到全社会的公共利益。

（四）科学技术问题。预防和治理环境污染，既有经济问题，也有科学技术即预防和治理手段的现代化问题。没有切实有效的科技手段，就不可能有环境保护的成功。当前，有许多行之有效的环保科技成果还没有得到很好的推广运用，也有许多环保问题的解决还有待于从科学技术上作进一步的研究。因此，我们必须加强科学研究，尽可能地采用先进的科技成果，借鉴国外一切成功的经验，解决我国环境保护中的难题。

环境保护是人类面临的共同课题，是一个国际性问题，因此必须通过国际合作来解决。人类生活在一个地球上，生活在一个大气层中，很难说一个国家的污染不会跨越国界影响其他国家。比如中国的大气污染就有可能影响日本，严重到一定程度甚至可能影响美国、加拿大。而发达国家的污染也不是没有可能影响中国。共同的课题，需要大家共同努力来解决。发达国家在环保问题上走过一段弯路，应当积极向发展中国家提供先进的环保技术和经验，使发展中国家不再重复那些曲折，较快达到环保先进水平。开展环保合作不能过分强调各国经济利益、专利、保密等等，因为环保事业是造福人类的事业，是高尚的事业，开展这一领域的合作比什么合作都有意义。

中国政府重视世界各国在环保方面的先进经验，也重视与各国在这一领域中的合作。中国政府尤其重视你们这个委员会的每次会议，认真听取和研究你们的意见和建议。希望在每次会议之后，经过我们的努力，在中国960万平方公里的土地上能够看到实际的成效，以答谢各国专家对中国环保事业的关心之情。

（摘自1994年9月22日会见中国环境与发展国际合作委员会第三次会议中外代表时的谈话）

环境保护问题是当今世界人们普遍关注的中心话题。上个世纪人类社会有了突飞猛进的发展，取得前所未有的成就，但也对生态环境造成了极其严重的破坏。如何唤起人类进一步关心这个问题，并且齐心协力来解决这个问题，这是一个重大紧迫而又十分困难的问题。我们举办这次会议，就是提供一个高层次讲坛，请各位朋友就绿色与环保问题充分交换意见，进行深入研讨。

一个地球，一块地；一个星球，一片天。海水没有边界地来回流动，空气不用签证地进进出出。环境保护，不仅需要各国自己的努力，还需要加强国际合作，靠大家共同努力来解决。

中国政府对环境保护十分重视，工作抓得越来越紧，前两天又颁布了防沙治沙法，治理环境的力度越来越大，取得了一定的成绩，但由于种种原因，还存在许许多多亟待解决的问题。我们将继续努力为保护建设好人类的共同家园做出应有的贡献。

（摘自2001年9月4日会见出席“二十一世纪论坛”会议外方代表时的谈话）

历史表明，一个良好生态环境的形成可能需要上千年、上万年、上亿年，而对它的破坏则可能是几十年、几年乃至一朝一夕。生态环境一旦遭到破坏，就很难甚至不能得到完全恢复，致使自己或后代吞食苦果。中国的经验和教训使我们认识到，有些事情或做法在当时是有效益的，但从长远看却贻害无穷；有些事情或做法在当时看也许没有多少作用，但从长远看却意义重大。

在环境这个问题上，必须对历史负责，为未来着想。如果只顾当前、不看长远，急功近利、竭泽而渔，就是“吃祖宗饭、造子孙孽”，就会成为历史的罪人。

（摘自2001年11月15日会见巴布亚新几内亚总督阿托帕尔时的谈话）

切实保护耕地是一项基本国策

（一）马克思说：“土地是一切生产和一切存在的源泉”。土地是人类赖以生存的立足空间，是一切物质生产的首要条件。离开土地就无所谓农业。在中国这块广袤的土地上，我们的祖先，世世代代辛勤耕作，繁衍生息，创造了优秀的中华民族文化，在人类文明发展史上写下了光辉的篇章。新中国成立以后，我们在土地的保护、利用和开发方面取得了很大成就，特别是中共十一届三中全会以来，农村实行联产承包责任制，改革土地使用制度，极大地调动了农民的积极性，大幅度地提高了土地的生产率。我们国家以占世界7%的耕地养活了占世界22%的人口，被赞叹为人类历史的一大奇迹。

但是，我们必须清醒地看到，人口多、耕地少是我们的基本国情。我国国土总面积960万平方公里，约占世界陆地面积的1/15，居世界第三位。但由于人口多，人均占有国土面积不到世界人均数的1/3。而在我国国土总面积中，不能或难以利用的沙漠、冰川、戈壁、石山与高寒荒漠又占去相当大一部分。据统计，我国目前共有耕地14.3亿亩，人均不到1.3亩，仅为世界人均数的1/4。有1/3的省人均耕地不足1亩，广东、浙江、福建等省在0.6亩以下。在历史上我国人均耕地远远高于现在，如汉代人均9.6亩，唐代、明代人均12.6亩。在全世界26个人口5 000万以上的国家中，我国人均耕地仅高于日本和孟加拉国，居第24位，相当于美国的1/9，泰国的1/4，印度、巴基斯坦的1/2。我国耕地后备资源不足，据统计，现有宜农荒地不过5亿亩，其中可开垦为耕地的只有1.7亿亩。说我国地大物博并不假，但从人均占有量来看，说我国土地资源相对贫乏也是事实。我们想问题、办事情都不能离开人多地少这个基本国情，特别是研究以土地为先决条件的农业，更要时刻牢记这个基本国情。

（二）目前，我国人口仍在日益膨胀，耕地却在急剧减少，这一严峻形势令人十分担忧。据统计，从1957年到1986年的

29 年间，全国累计减少耕地 6.1 亿亩，净减少 2.3 亿亩，平均每年净减少 790 万亩。1986 年《土地管理法》颁布实施后，耕地锐减的趋势一度得到控制，但近两年来，又重新回升，仅 1993 年全国耕地就减少 937 万亩，相当于一个青海省的耕地面积。根据国家计生委的数字，现在我国每年净增人口 1 600 万，相当于每年增加三个半青海省的人口。到 2000 年，我国人口将达到 13 亿，到 2040 年达到最高峰 16～17 亿。如果这种耕地锐减、人口剧增的势头得不到遏制，50 年以后我国的人均耕地将降到 0.6 亩，100 年后还能留给我们子孙后代多少耕地?!

我国耕地面积大幅度减少，人为占用是一个重要原因。据粗略统计，1992 年各项建设、农业内部结构调整和设立开发区等占用耕地高达 1 000 多万亩。一般说来，在国民经济高速增长时期，由于建设规模的扩大、产业结构的调整和城市化进程的加速，占用耕地难以避免。但如此大幅度的占用，在任何国家都不能容许，在我们这样人多地少的国家尤其无法承受，更何况有相当一部分是属于乱占滥用。1987 年曾搞过一次全国性非农用地清查，查出违法占地案件 1 000 多万件，违法占地达 816 万亩。1993 年全国清理开发区，查出在新设立的 2 804 个各级各类开发区中，有 78％属于滥设，涉及土地面积高达 1 143 万亩。

我国农地面临的另一个深刻危机，是水土流失严重，土地生态环境恶化。现在全国水土流失面积已达 360 多万平方公里，土地沙化面积已达 160 多万平方公里，荒漠化面积达 260 多万平方公里，每年都有大量耕地、草地被吞蚀。若不尽快采取有效措施，水土流失面积和沙化、荒漠化面积将继续扩大。熟悉历史的人们不会忘记，我国唐代繁荣一时的丝绸之路，由于生态环境的破坏，昔日的西部绿洲变成了今天的一片荒漠。殷鉴不远，我们应该汲取这种沉痛的教训，绝不能重蹈历史的覆辙。

土地资源状况制约着国民经济的发展，影响着社会的各个方面，关系到中华民族的兴衰。土地的保护、利用和开发是一项事关全局和长远的大事。我们要广泛、深入、持久地开展爱护土地特别是耕地的教育，增强全民的土地忧患意识。要牢固树立“十分珍惜和合理利用每一寸土地，切实保护耕地”的基本国策观念，严格依法管理土地。要实行领导干部任期目标责任制，处理好发展经济与合理利用土地的关系，坚决刹住乱占滥用耕地之风，扭转耕地锐减的势头。

（三）解决我国耕地不足问题，必须面向全部国土，充分挖掘潜力，尽可能把农用土地搞得多一些，把土地的利用方式搞得合理一些，把土地的质量搞得高一些。

要加快农地后备资源的综合开发。我国除宜农荒地 5 亿多亩外，还有牧草地 39 亿亩，林地 29.4 亿亩，内陆水域 5.39 亿亩，沿海滩涂 3 000 万亩，其中有一部分尚待开发，已开发部分的产出率同发达国家相比也还有很大差距。因采矿、烧砖、燃煤发电、修路取土等人为因素废弃的土地累计约 2 亿多亩，其中 70%以上是耕地。这部分土地大多位于人口密集、土地短缺的地区，已复垦的只占能够复垦的 2%。要利用传统农业技术和现代科技手段，把一切可以利用的农地都尽可能地合理利用起来。要走“大农业”的路子，因地制宜，宜耕则耕，宜牧则牧，宜林则林，宜渔则渔。要注意眼前利益、中期效果和长远发展兼顾，经济效益、社会效益和环境效益并举，力求避免重复历史上那种盲目开垦草原、围湖造地、毁林造田，严重破坏生态环境的错误做法。

要根据不同自然条件和当地经济发展状况，合理调整土地的利用方式。近年来有些地方利用低山丘陵发展果木、茶叶、木本油料等经济作物，既充分利用了荒山荒坡的土地资源，又把条件较好的土地腾出来用作耕地；有些地方先以速生树种实现荒山绿化，改善生态环境，然后逐步用经济林木更替，提高土地产出率；有些地方随着经济实力的增强，对农民住宅和乡镇企业用地进行规划、调整，适当集中过于分散的村庄，把位于耕地的村庄迁移到不宜耕种的土地上，并提倡多建楼房。这些做法在有条件的地方可以逐步推广。

要依靠科技进步和增加投入提高土地的质量。在我国现有耕地中，中低产田占到70%以上，通过农田水利建设、改良种籽、增加肥力、适当提高复种指数以及其他整治、改造措施，努力把低产田改造为中产田，把中产田改造为高产田，使高产田更上一层楼，就可以较大幅度地增加农产品产量。在有条件的地方，通过合理安排种植业、养殖业和加工业，使三者有机结合起来，构成一个多层次、多产业，经营上高效益，生态上良性循环，技术上规范化的立体农业生产体系，也是提高土地产出率的有效途径。提高林地的单位面积蓄积量和生长量，扩大优质草地面积以增加畜产品产量，同样也有巨大的潜力。

（四）开发大西北是一篇大文章。我国西北地区具有地广人稀的显著特点，除内蒙古西部之外，陕西、甘肃、宁夏、青海、新疆五省区有296万平方公里，占国土总面积的31%，耕地后备资源占全国的32.3%，而人口只占全国的7%。大西北光热资源充足，地下矿藏丰富，边境线长达3 000多公里，欧亚大陆桥横贯东西，具有发展经济和对外贸易的多方面优势。开发大西北，不仅对当前推动我国农业的发展、解决我国地区间经济发展的不平衡、加强我国民族大家庭的团结具有极为重要的战略意义，而且对下个世纪增强我国发展的后劲、保持国家的长治久安也将产生极为深远的影响。研究中国的农业用地，研究中国的未来发展，不能不研究中国大西北的开发。

由于自然条件的限制，大西北的许多地方确实很难改造成为农地，但确也有许多地方具有开发成为农地的广阔前景。有些地方开发的关键在于水。只要有了水，就能发展农业，只要水资源充足，粮食单产、总产就可以大幅度提高。解决大西北缺水的问题，必须采取一些重大步骤。一是尽量把水用于发展粮食生产和大规模植树造林。二是提倡合理、节约用水，采用先进灌溉技术，发展节水型农业。三是加快水利建设，把尽可能多的水留在西北、用在西北，特别是对于西北建设具有战略意义的水利项目，应加快研究、论证，早日决策、实施。四是研究从区外调水。有些专家提出从长江上游向黄河上游调水的方案，并已研究多年，还有从雅鲁藏布江调水过昆仑山入新疆的方案，调黑龙江水南下入内蒙古和华北的方案。这些方案如果可行，对改造开发大西北及其他缺水地区具有重大意义。

开发大西北这篇文章，必须全国人民共同来做，必须世世代代长期坚持来做。地方要发挥主动性，中央也要予以支持和引导，提高西北地区的农业比较效益，调动地方和农民种粮、种树、种草的积极性。只要我们的政策符合实际，地方和农民有了开发利用土地资源、发展农业的积极性，大西北的耕地和绿化面积就可以不断扩大。只要绿化达到一定程度，大西北的生态环境就可以得到改善。一旦大西北的生态环境发生了大的改善，将会对我们的国家、我们的民族、我们的子孙后代，产生不可估量的作用和影响。

（五）我国地形的特点是西高东低，造成大量宝贵的水资源白白流失。水资源的分布是南多北少，导致南方经常洪涝成灾，北方普遍干旱缺水。特别是由于降雨量的季节性、区域性严重失衡，旱涝灾害常常是异地同时发生或同地异时发生。有的地方，旱季赤日炎炎，土地龟裂，河川断流，人畜饮水都非常困难；有的地方，汛期连降暴雨，洪水泛滥，大片农田、村镇、厂矿被淹。在过去的两千多年间，我国共发生大旱灾1 600多次，大水灾1 300多次。连绵不断的自然灾害，使水土大量流失，土地严重盐碱沙化，农田遭受大面积的破坏，给人民带来无穷的灾难，给国家造成巨大的损失。

为了战胜自然灾害，谋求生存和发展，我们的祖先进行了不屈不挠的斗争，表现了非凡的智慧和伟大的力量，创造了宝贵的经验和可歌可泣的业绩。大禹治水，至今仍为人们所传颂，其壮举成为我们民族精神的象征；两千多年前的都江堰工程，今天仍在造福人民，其智慧为世人所叹服；开掘于一千三百多年前的京杭大运河，沟通南北几大水系，其规模仍居当今世界人工河之最。新中国成立以后，我国人民响应毛泽东主席“一定要把淮河修好”、“要把黄河的事情办好”、“一定要根治海河”等伟大号召，治理江河，兴修水利，取得了举世瞩目的成就。今天，我们各方面条件比以往任何时候都好多了，我们拥有更加强大的经济实力、前人无法想象的科学技术和世界上最充足的劳动力资源，应该像邓小平同志所说的那样“发挥社会主义制度能够集中力量办大事的优势”，在认识和改造自然的过程中有新的更大的作为。比如，我们能不能通过各种工程，使不同高程上的水流经更多的缺水地区；能不能通过各种工程，实现水资源的跨流域调剂，把尽可能多的水从东、南调到西、北；能不能通过各种工程，大幅度地提高内陆蓄水能力、调控水平和利用程度，变“水害”为“水利”；能不能通过各种工程，大规模地围海造地、改造滩涂，增加陆地和耕地面积；能不能通过各种工程，遏制沙化，使尽可能多的沙漠变成绿洲，扩大农地面积；能不能通过各种工程，开展大规模植树造林，实行小流域系统治理，从根本上改变我国水土流失状况；能不能根据水资源的分布，合理调整工业布局，把用水量大的项目尽可能安排到水源充足的地方；如此等等。当然，把这些设想变成现实，绝不是容易的事，一定会碰到许多问题和困难。但是，我深信，只要我们有这种雄心壮志和长远的战略构想，只要我们尊重科学，进行充分的论证，制定周密的规划，只要全国各族人民万众一心，锲而不舍，世世代代奋斗不息，我们就一定能够在整治国土、安排河山、战胜灾害、改善环境等方面创造出无愧于先辈的伟大业绩，中国这块古老的土地一定会展现出新的面貌。

（摘自1994年7月1日在政协第八届全国委员会常务委员会第七次会议上的讲话）

我国是一个农业大国，农民占人口的绝大多数，国民经济的发展离不开农民，农业、农村、农民问题始终是我们面临的重大课题；土地是物质生产的首要条件，人多地少是我们的基本国情，如果耕地锐减的势头得不到遏制，最终会危及我们的生存；粮食问题关乎国计民生，十几亿人口的大国一旦粮食出了问题，我们无处去买，白给也运不进来。热爱农民、珍惜土地、重视粮食，这是农村政策的基本出发点，也是需要长期面对的问题。

（摘自1994年6月21日就起草《关于农用土地的几个问题》同身边工作人员的谈话）

遵循自然规律解决水的问题

（一）今年我国长江发生了自1954年以来又一次全流域性大洪水，松花江、嫩江出现超历史记录的特大洪水，珠江流域的西江和福建闽江也一度发生大洪水。全党、全军和全国人民在以江泽民同志为核心的中共中央坚强领导下，齐心协力，英勇奋战，取得了抗洪抢险斗争的伟大胜利，有力地保障了全国改革、发展和稳定的大局。特别是在这场斗争中形成的抗洪精神，充分体现了中华民族的优秀品德，体现了中国共产党和人民军队的优良传统，体现了爱国主义、集体主义、社会主义的伟大力量。这种精神，对于鼓舞人民的士气，增强社会的凝聚力，推动各项工作，具有重大而深远的意义。

江泽民同志最近指出："洪涝灾害历来是中华民族的心腹之患，必须引起全党和全国的高度重视。这次洪灾造成了严重的损失，我们付出了很大的代价。自然灾害是件坏事，但通过同它的斗争，人们可以加深对自然规律的认识和把握，从中得出有益的结论。"今年我国南北洪水水位之高、时间之长、范围之广是历史上罕见的。造成这种局面，从根本上说是由于气候异常、降雨量过大和过于集中，但作为痛定思痛，作为总结经验，作为改进工作，我们也应该汲取一些教训。以长江为例，长期以来上游过量砍伐森林、陡坡开荒，造成生态恶化、水土流失，加上河道未能及时整治疏浚、堤坝未能切实加高加固，严重影响行洪泄洪。沿江湖泊是天然滞洪、蓄洪区，对于分洪削峰、调节水位、缓解堤坝压力有重大作用。长江流域原有大的通江湖泊30多处，总面积1.7万平方公里，总容积1 200亿立方米。由于多年的泥沙淤积和围湖造田，湖泊面积缩小了6 700平方公里，达40%；湖泊容积减少了567亿立方米，达47%。历史上"衔远山，吞长江，浩浩荡荡，横无际涯"的洞庭湖，作为长江中下游最重要的过水性调蓄湖泊，面积由建国初期的4 350平方公里减少到目前的2 691平方公里，蓄水容积从293亿立方米下降到174亿立方米。鄱阳湖的面积也由建国初期的5 314平方公里减少到目前的3 914平方公里，蓄水容积由370亿立方米下降到298亿立方米。长江河道的行洪能力、过水流量是有限的，超过限量的水有去处就可安然无事，反之就会泛滥成灾。围湖造田的最大弊端，就是使过量的水无处排放，造成各方来水同时争挤一条河道、水位越壅越高的危险局面。应该说当初提出“蓄洪垦殖”、围湖造田的动机是好的。沿江沿湖地区人多地少，在不发生洪水的时候抢种一些作物，确实可以收到一定的经济效益。但久而久之，垸越做越多，堤越垒越高，形成了“垸益多，水益迫，客堤益高，主堤益卑”的状况。自然界有其不以人的意志为转移的运动规律。人不能违背规律，也不能改造规律，否则就要受到惩罚。在人类的历史上，因为违背自然规律而受到惩罚的事例不胜枚举。世界上一些文明古国如古巴比伦的衰落，我国古丝绸之路上一些名城的消失，都与生态遭到严重破坏有着密切的关系。恩格斯说过：“我们不要过分陶醉于我们人类对自然界的胜利。对于每一次这样的胜利，自然界都对我们进行报复。”无度的围湖造田，从局部看有所收益，从全局看危害甚大；由一时看是人对自然的胜利，由长远看是干了一件蠢事。

无视自然规律，片面夸大人的力量，是唯意志论；听任自然摆布，否定人的能动作用，是宿命论。人不能违背规律、改造规律，但人可以认识规律、掌握规律、运用规律。自古以来，水给中华民族带来巨大的利益，也造成无数次灾难。在兴利避害的过程中，我们积累了丰富的经验和系统的资料，对水有了比较充分的了解。就长江而言，我们知道从公元前 185 年到现在发生的 200 多次较大洪水灾害的情况；我们知道长江宜昌站洪峰流量 5 年一遇是 6.03 万立方米/秒，20 年一遇是 7.23 万立方米/秒，百年一遇是 8.37 万立方米/秒，千年一遇是 9.88 万立方米/秒，超千年一遇是 11.5 万立方米/秒；我们还知道长江来水的时间和空间分布以及各个河段的行洪能力和承载水量。可以说，我们对长江发生洪水的基本情况是比较清楚的。经过探索和总结，对治理长江的方向、方法也是大体明确的。除了下大力量切实抓好植树造林、改善生态这个长远大计之外，最主要的是，按照必要的防洪标准，确定适当的堤坝高度、河床断面；在此范围内整治河道、保证水流畅通无阻，加固堤防、保证大堤万无一失；建设相应的蓄洪区，遇有河道承载不了的超量洪水，根据情况有计划地分洪蓄洪。今天，我们已经掌握了古人难以想象的科学技术，积累了比较雄厚的物质基础，加上我们有共产党的领导和优越的社会主义制度，只要统一认识，下定决心，“坚持全面规划、统筹兼顾、标本兼治、综合治理的原则”，就一定能够把长江治理好，把祖国的大江大河大湖治理好。

（二）我国是一个缺水的国家，从总体上讲水不是多而是少。我国年水资源总量为 2.8 万多亿立方米，人均水量不足 2 400 立方米，仅为世界人均水量的 1/4。我国水资源总量中，可用水储量只有 1.1 万亿立方米，而用水量增加很快，自 1949 年以来平均每 10 年增加近 1 000 亿立方米，目前已达 5 600 亿立方米。照此趋势，用不了很长时间，我国用水就将达到可用水储量的极限。我国农业自然灾害主要是水旱灾害，水旱灾害面积占农业自然灾害面积的 70%，而旱灾面积又占水旱灾害面积的 70%。从 1950 年至 1989 年，我国平均每年洪涝面积约 1.2 亿亩，而干旱面积约 3.1 亿亩，90 年代平均每年干旱面积更增至 3.8 亿亩。由于缺水，全国 668 个城市中有 400 多个供水不足，生产和生活受到严重影响；由于缺水，大量耕地草场废置，土地沙漠化以平均每年2 460平方公里的惊人速度扩展，总面积已达 160.7 万平方公里；由于缺水，地下水超量开采，一些地区地面沉降、河湖干涸。中华民族的母亲河——黄河 1972 年发生第一次断流，1985 年后更是年年断流，1997 年断流累计竟达 226 天。缺水已经成为威胁中华民族生存和发展的一个紧迫问题。

要在全民牢固树立科学的水意识。通过广泛、深入、持久的宣传教育，使广大干部群众知道水是不可替代的有限资源，离开水万物就不能生长，离开水人类就不能生存，离开水社会就不能前进；了解我国水的基本情况，牢记我国是一个水资源短缺的国家，水的问题已成为影响我国可持续发展的重要因素，增强水的忧患意识；懂得节水是我国的一项基本政策，保护水资源、水环境是每个公民的责任，破除“水取之不尽、用之不竭、取用无偿”的传统观念，形成节约用水、合理用水的社会风气。

要努力建立节水型经济和节水型社会。农业用水是我国用水的大头，占总用水量的72%，而我国大部分农田仍采用大水漫灌方式，输水渠道渗漏严重，浪费很大。喷灌普及率很低，只占全部灌溉面积的2%，而一些发达国家已达60%～80%。如果普遍推行渠系衬砌，推广喷灌滴灌，节水数量是相当可观的。我国工业耗水量太高，万元产值耗水量达225立方米，而发达国家仅为100多立方米。大部分城市工业用水的重复利用率仅为40%左右，而发达国家已达75%以上。如果采用先进技术、提高水的重复利用率，使单位产值耗水量接近发达国家的水平，并在沿海城市大量采用海水冷却，每年就可以节水数百亿立方米。我国城市用水很不合理，生活用水与工业用水不分，清洁用水与饮用水不分，雨水与污水不分，这既不利于污水的处理，又给提高饮用水质量、合理调整水价带来困难。如果将不同的水用不同的管道输送，根据不同的用途进行处理，就可以大大提高水的有效利用。

要认真保护水资源，治理水污染。目前我国80%的污水未经处理直接排入江河湖海，1/3以上的河段受到污染，约90%的城市水域污染严重。水污染破坏了生态环境，加剧了水资源的供需矛盾，不同程度地影响了人们的生活和健康。要加大治理水污染的力度，尽可能减少污水排放总量；要认真落实“三同时”的规定，严防出现新的污染源；要努力提高污水处理率，逐步实现污水资源化；要坚持依法办事，加强对水污染防治工作的监督管理。

解决中国的缺水问题，是一个艰巨的任务，需要多方面的努力。要加强对水资源的科学研究，建立健全有关的法律法规，加快水利设施的建设，形成多渠道投资的机制。当前，要特别强调提高水资源的市场化程度，改变低价用水甚至无偿用水的状况，运用经济手段促进节水，使我国水资源的利用逐步走上良性循环的轨道。

（三）我国水资源的分布严重不平衡，既患寡又患不均。在时间方面，年降水的70％～90％集中在6、7、8、9四个月，并多以暴雨形式出现，水资源70％以上由洪水组成，利用的难度很大。在空间方面，水资源的分布是东南多西北少。长江流域及其以南地区水资源占全国总量的82％以上，而耕地只占36％；长江流域以北地区水资源不到全国的18％，而耕地却占64％。由于这种严重不平衡，往往在同一时候，有的地方赤日炎炎，土地龟裂，河川断流，有的地方连降暴雨，洪水泛滥，农田、村镇、厂矿被淹；有时在同一地区，干旱和洪涝接踵而至，交替成灾。江泽民同志明确指出，水资源问题必须引起全党的高度重视，人无远虑，必有近忧。因此，我们研究中国水的问题，不仅要研究水灾问题，还要研究旱灾问题；不仅要研究水资源的总量问题，还要研究水资源的平衡问题。如何最大限度地把水留住，如何把水引到最需要的地方去，实行水的再分配，这是我国治水事业中的重大战略问题。

要提高水的拦蓄能力。新中国建立后，毛主席等老一辈领导人非常关心水利事业，重视拦洪蓄洪，动员全国人民兴建了一大批水利工程。这些工程对全国的抗旱防洪发挥了巨大的作用，如官厅水库、密云水库、潘家口水库等，不仅缓解了海河、滦河流域的洪涝威胁，而且成为京津唐三个城市的“水缸”。今年，隔河岩水库、葛洲坝水库、丹江口水库、五强溪水库等多次拦洪削峰，大大减轻了长江、汉江和洞庭湖大堤的压力。但是，从总体上看，我国拦蓄洪水的水平还不高。全国现有各类水库可用来调洪的库容约 1 800 亿立方米，仅占洪水径流量的 11%，多数洪水白白流失甚至泛滥成灾。江河径流的形成主要是在山区，我国是个多山国家，这种地形有利于洪水的拦蓄。特别是我国西部，地势高峻，峡谷密集，江河落差大，在这里建设水库，既有利于防汛抗洪，又有利于水的截留利用。

要搞好跨流域的调水。不仅要把水多时候的水留住用于缺水的时候，还要把水多地方的水引导到缺水的地方。要充分利用自然落差，实现最大限度的长距离引水。根据水往低处流的规律，要尽可能把水拦在高处，水拦得越高，送得就越远，流经的面积也就越大。我们知道，长江从宜昌到入海口落差不过 40 多米，一年就把几千亿立方米的江水送到 1 800 公里以外的大海。如果我们能在海拔更高的地方，比如一百米、几百米、一千米、两千米的高程把水拦蓄住，通过必要的工程引导水的流向，就可以使水流到我们所希望的更远、更广的地区。比如，从长江上游通天河、雅砻江、大渡河取水，穿越巴颜喀拉山，每年调 200 亿立方米水入黄河上游，就可以有效缓解西北几省乃至整个黄河流域的干旱状态；如果每年从长江三峡水库、丹江口水库调水 500 亿，就等于为黄河增加了一倍的水量；更进一步，如果每年从南方调水 1 000 亿、2 000 亿，那么西北、华北大部分地区就可以基本解决干旱缺水问题。类似的情况还有很多。东北地区的北部水资源比较丰富，如果把松花江、嫩江的水在上游控制起来，引到东北地区缺水的西南部，那么这片广袤的土地就可以为国家作出更多的贡献。占国土面积 1/6 的新疆，水资源达 1 150 亿立方米，相当于两条黄河，如果把这些水资源充分挖掘出来，控制好，引导好，就可以使大片戈壁沙漠改变面貌。总之，我们要通过努力，把江河尽可能地控制起来，将更多的水拦在高处，按照我们的意图流向需要的地方，如同大城市的给排水那样，上水随时都有，下水自动排走。这样，我们就可以把解决洪涝问题和干旱问题、水资源分布不平衡问题和水资源短缺问题有机结合起来，走出一条符合中国实际的治水之路。

上述设想听起来似乎有点浪漫，实行起来难度也会很大。但我们应当有这样的雄心壮志，有这样的宏图大略。中华民族在中国这块土地上生息繁衍了几千年，几千年来我们的祖先在治水中表现出了非凡的才智，创造出了辉煌的业绩。公元前 250 年李冰修建都江堰，引岷江水灌溉成都平原，使这一地区从此“不知饥馑，时无荒年”。公元前 214 年史禄开凿灵渠，引湘江水入漓江，沟通了长江与珠江两大水系，至今仍兼有农业灌溉和城市供水的功能。公元 612 年隋朝修建大运河，全长 1 780 公里，沟通了钱塘江、长江、淮河、黄河、海河五大水系，成为我国南北交通大动脉，至今仍居世界人工河之首。今天我们所拥有的条件是任何朝代都不可比拟的。且不谈社会制度、经济实力、科学技术，仅就人力资源来说，秦朝在凿灵渠、修长城时人口不过 2 000 万，隋朝在修建大运河时不过 5 600 万，直到清朝前期不过 1 亿，而我们今天有多少人口、多少劳动力、多少富余劳动力？这里还没有包括人的科学文化素质的提高。我们应该也有条件继承前人的事业，在重新安排江河方面有更大的作为，为子孙后代创造更加美好的生存空间。水利工程说到底，无非是穿山打洞、开渠架桥，无非是钢筋水泥、土方石方，无非是距离远、难度大、用工多、耗时长。当年，河南林县人民在极端困难的条件下，举一县之力，苦战10年，劈山1 250座，凿洞180个，修渠总长近2 000公里，将山西漳河水沿太行山引入林县，成为中外水利史上的壮举。如果全国都有这种精神、这股劲头，有什么困难克服不了！我们应把治水作为一项国民世代工程，每位公民一生都应有一定的时间参加义务治水。人多是中国劳动力的优势，就业是中国长期存在的问题。把治水与就业紧密结合起来，具有重要意义。我这里说人多是优势，并不是主张人越多越好，而是说必须面对人多这个现实；我这里说就业是中国的长期问题，也不是指一般意义上的就业问题，而是说中国的劳动力实在过多。治水同就业相辅相成，既可以使治水有充足的劳动力、节省工程费用，又可以使一大批人有活可干、减轻就业压力。我们要有一个较好的长远总体规划和分期实施计划，一项一项地干，一天不停地干，祖祖辈辈地干，并在实践中不断总结、不断提高，形成制度、形成传统。我相信，随着经济和社会的发展，我们一定能够实现从根本上变水害为水利的理想，中华民族一定能够为解决缺水这个世界性难题作出自己的贡献！

（摘自1998年10月23日在政协第九届全国委员会常务委员会第三次会议上的讲话）

绿化是协调人与自然关系的重要环节

（一）绿化，特别是植树造林，对于人类居住环境的保护和改善，对于人类自身的生存和发展，有着极为重要的意义。森林是陆地生态系统的主体，对保持水土、涵养水源、调节气候、净化空气、防风固沙、养护物种具有不可替代的作用。森林是发展经济、改善人民生活的重要基础，能提供人们所需要的木材、食品、药品、燃料及工业原料。人类不能离开森林，历史上由于森林消失而导致国家衰亡、文明转移的例证屡见不鲜。古巴比伦、古埃及、古印度文明的衰落，以及我国古黄河文明的转移，都与森林被破坏密切相关。可以说，人类如果失去森林也就会失去未来，失去一切。

我国大部分疆土适宜森林生长，在古代森林资源十分丰富。3 000 多年前，黄土高原曾经“草木繁茂，禽兽繁殖”，森林覆盖率达 50%以上。天山、祁连山、阿尔泰山也曾经“有松柏五木，其水草茂密”，分布着大片森林。只是在此后的漫长岁月中，由于过度开发、社会动乱和自然灾害等多种原因，我国森林资源遭到严重破坏，逐渐变成少林国家。新中国成立后，党和国家一直高度重视绿化事业，采取了一系列措施，制定了有关政策和法律、法规，取得了巨大的成就。经过全国人民近半个世纪的奋斗，全国累计义务植树 300 多亿株，现有人工林面积达 5 亿多亩；“三北”防护林、长江中上游防护林、沿海防护林、平原农田防护林体系建设等工程取得阶段性成果；一批省、自治区基本消灭宜林荒山，一批城市初步建成园林城市。

但我们必须清醒地看到，我国绿化事业仍然面临严峻的形势。森林人均占有量少，我国共有森林 20.06 亿亩，人均只有 1.6 亩，为世界人均水平的 12%；林木蓄积量 117.85 亿立方米，人均不足 10 立方米，为世界人均水平的 13%。森林覆盖率低，仅有 13.92%，为世界平均水平的一半，在 160 多个国家和地区中排在第 120 位左右。森林分布不均，总的来说东南多，西北少，许多地方基本没有树。我国森林的这种状况带来一系列生态环境问题。水土流失日趋严重，面积已达 367 万平方公里，约占国土面积的 38%，而且还以每年 1 万平方公里的速度增加。土地荒漠化不断扩大，面积已达262万平方公里，大大超过全国耕地面积的总和，而且还以每年6 700平方公里的速度扩展，其中沙化土地每年就净增2 460平方公里。野生动植物资源数量下降，物种总数的15%～20%受到威胁，数千种动植物濒危，已经有一批珍贵的野生动植物在国土上绝迹。自然灾害日益加剧，从1950年至1989年，我国平均每年洪涝面积约1.2亿亩，干旱面积约3亿亩，而1990年至今平均每年洪涝面积增至2.5亿亩，干旱面积增至3.4亿亩。以大家熟知的沙尘暴来说，特大沙尘暴在60年代发生过8次，70年代发生过13次，80年代发生过14次，而1990年至今已发生23次，并且波及的范围愈来愈广，造成的损失愈来愈重。去年4月北方地区发生的一次大范围沙尘暴不仅使北京降落泥雨，还危及包括南京、杭州在内的长江中下游广大地区。尤其令人不安的是，破坏森林资源的行为在许多地方仍未有效制止，由于各种原因，全国每年约有3 000万亩有林地逆转为疏林地、灌木林地、无林地乃至非林用地。如果我们再不增强危机感和紧迫感，采取切实有效的措施，从根本上改变这种被动状况，那么，不仅我们的现代化建设目标和可持续发展战略难以实现，就连中华民族的生存也会成为问题。

（二）我国绿化工作面临的严峻局面，是多种原因造成的。作为思考问题、改进工作，我们应该着重研究主观原因，研究思路、研究政策、研究方法。

必须在人多上打主意。人多是中国的基本国情，中国许许多多问题是人多造成的，许许多多问题的解决也必须在人多上打主意。我国有960万平方公里国土，要使如此广阔的大地山川都绿起来，只靠少数人使劲不行，必须有广大人民群众的积极支持和踊跃参加。我国是发展中国家，经济基础比较薄弱，花钱买绿化的事情办不起，必须走全民动手、艰苦奋斗的路子。我国劳动力资源丰富，绿化又是一个需要大量劳动力的行当，通过各种形式把尽可能多的人组织起来投身绿化，可以为富余劳动力开辟一条就业的门路。我们要下大力气琢磨如何把人多的优势发挥出来，努力形成千军万马齐心协力大搞绿化的局面。

必须在物质利益原则上作文章。思想教育、组织动员是我们的优良传统，义务植树是我们的成功做法，应该继续坚持和发扬。但是，要把思想觉悟、文化水平和职业分工千差万别的人们都发动起来，自觉自愿、长期不懈地参加绿化，还必须切实贯彻物质利益原则。我们搞社会主义市场经济，发展以公有制为主体的多种所有制经济，实行以按劳分配为主体的多种分配方式，就是承认和运用物质利益原则。绿化工作也应当充分体现这个原则。在劳动还是谋生手段的历史阶段，人类从事生产活动的直接目的，就是获得满足自身需要的物质利益。绿化是义务，是责任，也应该是利益。没有利益就没有动力，没有动力就没有活力。我们要建立一种利益驱动的工作机制，最大限度地调动广大群众的积极性，使每一个人在谋取自己利益的同时为发展集体利益尽责任，在追求自己致富目标的过程中为实现国家宏伟目标作贡献。这是发展我国绿化事业的基本思路，也是我们研究许多问题的出发点。

必须在研究管用的方法上下功夫。我们许多事情之所以没有办好，不少问题之所以长期得不到解决，不是因为思路不对，也不是因为原则不好，就是因为缺乏管用的方法。过去，我们为了解决吃饭问题，憋足了气儿，使足了劲儿，想尽了法儿，制定了农业四十条，提出了粮食产量上纲要、过黄河、跨长江的目标，但就是吃不饱肚子。当时，地比现在多，人比现在少，党风不能说不好，领导威信不能说不高，粮食生产之所以上不去，究其原因，就是没有找到真正体现物质利益原则的有效方法。后来，实行家庭联产承包责任制，把农业生产同农民的切身利益挂起钩来，广大农民的积极性得到前所未有的发挥，我国农业才实现了具有重大历史意义的飞跃，被国际上称为一大奇迹。可以这样说，正确的思路和原则确定之后，关键就在于找到行之有效的方法。一种好的方法、一个对路的实招，可以下活一盘棋，可以开辟一条道，可以影响一大片。我国的绿化工作要取得突破性进展，也必须开动脑筋，深入研究，积极寻找确实管用的正确方法。

真正能够解决问题的正确方法从哪里来？只能来自实践。我们应当按照小平同志的要求大胆地想，大胆地试，大胆地闯。在大西北这样的地方，有那么多土地长期荒着，当务之急是让它尽快绿起来。国家要加大基础设施建设力度，首先要解决缺水问题。同时，要解放思想，放宽政策，谁绿化谁所有，谁投入谁受益，谁经营谁得利，鼓励不同地区、不同行业、不同所有制的投资者来进行开发。我们的大目标是绿起来，只要有利于绿，绿得多、绿得快、绿得好，各种方法都可以探索和试验。在已经绿起来的许多地方，可以推广森林管护经营责任制，实行管护承包，责任到人，利益到人，并进一步明晰和稳定林地权属关系，切实减轻林业税费负担。对其他需要绿化的荒山荒地、田边路旁、公园庭院等，也应该制定一些能够体现物质利益原则的具体政策。这些想法不一定都对，还会有其他做法。我的目的是鼓励积极探索，不要坐而论道。有些事情来回地争论，争论十年、二十年，到头来一事无成，把时间也丢了。应先干起来再说，在干的过程中研究比较，在干的过程中总结提高。我相信，只要有这种精神，总会找到适合自己情况的绿化之路。

（三）大力发展经济林木，是推进我国绿化事业的一项重大举措。

发展经济林木，能够给绿化者带来较多的经济利益。与其他林木相比，经济林木不仅具有一定的生态功能，还具有更高的经济价值。据了解，核桃平均亩产约 400 斤，一般可收入1 200元，板栗平均亩产约 500 斤，一般可收入2 500元，荔枝平均亩产约 800 斤，一般可收入 8 000 元。由于高新技术的运用，经济林木的挂果期已经大大提前，不少是一年栽植，三年结果，产量和质量都有很大提高。自古以来，我国人民就有种植经济林木的传统和经验。许多家庭千方百计在房前屋后、田间地头种上几棵经济林木，称之为“长年结果的摇钱树”，并把它作为一种财富留传给子孙后代。改革开放后，随着党的富民政策的实施，群众越来越重视种植经济林木，出现了许多依靠经济林木发家致富的典型。广西右江河谷地区是经济贫困的少数民族地区，通过种植芒果，不少群众走上了富裕路，去年芒果收入超万元的近 800 户。福建漳州的西坑村通过种植芦柑等经济林木，每户收入数万元，盖起了 100 多幢别墅式的住宅，由一个村民四处讨饭的“贫困村”变成了闻名八闽大地的“现代村”。实践证明，种植经济林木人们积极，容易坚持，容易推广，有利于形成绿化的良性循环。

发展经济林木，能够充分利用土地等自然资源。土壤、水分、日照和温度是植物生长的主要条件，在我国，这几个条件都好的地方常常农业发达、人口密集、土地珍贵。在这样的地方搞绿化，不能不考虑比较效益。一棵树，占那么大一块地皮，用那么多水分和阳光，不能仅仅为了观赏，还应当发挥更多的作用，既有生态效益又有经济效益。比如丘岗地区，过去大炼钢铁把树都砍光了，当然很荒唐；后来提倡绿化，秃山变绿山，这是进步。但从合理利用土地等自然资源来讲，只绿还不够，应当大力发展经济林木，宜果则果，宜茶则茶，宜药则药。湖南怀化有个钦万有，以承包、入股、购买等方式，开发丘岗地 4 500 亩，种植柑桔、金秋梨，绿化了山岗，增加了收入，安排了就业。湖南计划开发丘岗地5 000万亩，相当于全省耕地的面积。江西也提出在山上“再造一个江西”。类似湖南、江西这样条件的地方还有很多，如有计划地进行开发，其意义不可估量。按照这样的思路，不论是丘岗还是平原，不论是农村还是城市，不论是成片的地块还是零散的角落，像公园、庭院、沟旁、路边等，都应地尽其力，见缝插针，广种经济林木，这将对发展经济、改善生活和绿化祖国具有重大的影响和作用。

发展经济林木，能够为解决我国未来的吃饭问题提供新途径。目前，我们用仅占世界7%的耕地养活占世界22%的人口，这是举世公认的伟大成就。但应当看到，我国人口仍在以每年一千几百万的速度增加，而耕地却在以每年几百万亩的速度减少，到下世纪中叶，我国人口将达到16亿，人多地少的矛盾会更加突出。“民以食为天”，吃饭问题始终是关系中华民族生存和发展的头等大事。在我国，解决吃饭问题当然主要靠提高粮食产量，但还必须调整食物结构，广辟食品渠道。我国经济林木有1 000多种，其中，木本粮食类100多种，木本油料类200多种，大部分可作为传统粮油的替代品。如板栗、核桃、柿子、枣、油茶等，就被群众誉为“铁杆庄稼”。根据专家测算，经过改造，木本粮食林平均亩产可达250斤，我国现有木本粮食林4 000万亩，适宜开发的还有2亿亩，如果全部开发出来，每年总产可达600亿斤，按照一斤抵一斤粮食计算，相当于6 000万亩耕地的粮食产量。水果尽管不是木本粮，但多吃水果，也可以减少吃粮。

当然，提倡种植经济林木，不是要在所有地方、把所有的树都变过来，不是用经济林取代用材林、防护林等其他林种，在什么地方种什么树，必须尊重科学，从实际出发，因地制宜，适地适树，突出特色，协调发展。

（四）国土绿化是一项长远的战略任务，是一个宏大的系统工程，需要从多方面做大量扎实有效的工作。

要搞好绿化规划。规划应立足长远，为子孙后代着想，该留的绿化用地必须留足留够，不能因现在穷，就只图眼前，不顾长远，也不能因为要搞开发、上项目，就随意挤占和破坏林地绿地。规划应统筹兼顾，哪里建防护林带，哪里搞经济林木，哪里种乔木灌木，哪里栽花种草，都要合理布局、科学安排，并与国土整治、区域开发和城乡建设结合起来。规划应有权威性，一经制定颁布，就要保证实施，不能因领导人的主观意志而任意改变。

要加强科学研究。搞好绿化尤其是发展经济林木必须依靠科技进步。要强化科技兴绿意识，健全科研机构，组织科研力量，重视绿化造林的基础研究和应用研究。要采用现代生物技术，选育提供品种对路、数量充足的优良种苗，同时搞好对林木的抚育管理，防止退化、老化。要抓好技术试验示范区的建设，积极推广先进适用的技术，大力促进科技成果的转化、应用，保障绿化造林向优质、高产、高效的方向发展。

要完善服务体系。我们不但要使该绿的地方绿起来，还要使已绿的地方富起来，这就要为绿化造林者提供产前、产中、产后一系列服务。最近连续发生果贱伤农现象，并不表明水果真的多了，其主要原因是服务跟不上，致使水果多的地方运不出、卖不掉，水果少的地方见不到、买不着。目前我国的果品消费量还很低，人均每年仅 30 公斤左右，而世界上有的国家已高达 200 公斤。因此，要大力培育市场，疏通销售渠道，帮助种树人把辛勤劳动的果实卖出去，实现其价值。要切实解决好水果的贮存、保鲜、加工、运输等问题，特别是要搞好精加工、深加工，使产品既适销对路又得以增值。要兴办产供销相配套、贸工林一体化的服务组织，建立稳定、高效的生产、销售体系，确保绿化产业的经济效益。

要加大绿化投入。搞好造林绿化，国家必须保证基本投入，并随着经济的发展而逐步增加。去年以来，中央决定加强基础设施建设，把生态工程建设作为重点，大幅度增加投入，今年仅天然林保护工程一项，就拨款近60亿元。但绿化需要大量资金，必须开辟多种渠道。应落实《森林法》有关森林生态效益经济补偿的规定。可采用租赁、承包、股份合作、“四荒”使用权拍卖和独资、合资等各种形式，吸引各方面的资金，形成国有资本、集体资本、私营资本和国外资本共同参与的多元化投入机制，并通过政策上的倾斜与扶持，保证其投资收益。

一部人类的发展史，就是人与自然的关系史。中国数千年来在认识和改造自然的过程中，创造了辉煌的文明成果，也付出了环境恶化、资源紧缺的沉重代价。在人口、资源、环境之间矛盾日益突出的情况下，必须调整发展的模式，寻求人与自然的和谐。绿化是协调人与自然关系的重要环节。我们要进一步提高对绿化事业的认识，使绿化成为全体公民的自觉行动；要一年一年地干，一辈一辈地干，给子孙后代留下山清水秀的美丽环境，为中华民族开辟生存和发展的广阔空间。

（摘自1999年6月25日在政协第九届全国委员会常务委员会第六次会议上的讲话）

七、坚持生产力决定论

生产力决定论是马克思主义的基本观点

新中国建立以后的几十年中，我们取得了很大成绩，但也出现过很大的失误，受到很大的挫折，付出很大的代价。成功和失败的正反经验使我们认识到，在相当长的时间内，在许多方面，我们对马克思主义理论存在着片面的、绝对化的理解，没有把马克思主义基本原理同中国实际很好地结合起来。我们有些做法主要是照搬原苏联的模式，犯了教条主义的错误，表现为经济上搞计划经济、高度集中，政治上长期“以阶级斗争为纲”。其中最大的教训是我们搞了灾难性的“文化大革命”，使我国经济到了崩溃的边缘。我们过去长期强调巩固无产阶级专政和社会主义制度，这是对的，但我们忽视了搞经济建设，经济在长时间内得不到大的发展，人民生活得不到明显提高，整个国家的面貌没有大的变化，这样下去，政权是很难巩固住的。十一届三中全会以后，邓小平同志从中国的实际出发，提出了建设有中国特色社会主义的理论。这一理论是在严肃认真地总结了我国历史上成功与失败两方面经验的基础上提出的。其中最重要的是以经济建设为中心，坚持四项基本原则，坚持改革开放。改革开放 10 多年来，中国在各方面都发生了很大的变化。建设有中国特色社会主义理论的提出，可以看成是对中国历史经验的总结，也可以看成是对马克思主义理论的发展，还可以解释为是马克思主义基本原理与中国实际情况的结合和运用。马克思主义的一个最基本的观点，历史唯物主义的最基本的原理之一，就是生产力决定生产关系，生产关系一定要适应生产力的发展状况。生产力是生产关系的决定力量，从而也是整个社会存在和发展的最后的决定力量。任何一个社会都是如此。世界上的事物都是处在不断变化之中，生产力作为最活跃的因素在日新月异地发展着。要不断地解放生产力，发展生产力，那么生产关系理所当然地也应随着变化，与生产力的发展相适应。如果无视生产力发展变化的实际状况，把一种生产关系凝固起来，不准变动，这显然就违背了马克思主义的基本观点，违背了历史唯物主义的基本原理。

（摘自1992年12月11日会见西班牙联合左翼代表团时的谈话）

社会主义必须大力发展生产力

正确认识我国社会主义初级阶段的性质，既是一个重大的理论问题，也是一个重大的实践问题。可以这样讲，从建国到现在38年的时间里，我们党在领导革命和建设中的胜利与挫折、正确与错误，都与对这个重大问题的认识有关。

我们对于我国社会主义社会发展阶段问题的认识，经历了一个曲折的过程。在我国进入社会主义社会之后不久，毛泽东同志就曾经正确地指出，我国的社会主义制度还刚刚建立，社会生产力发展水平还很低，因此，我国的经济制度和政治制度还缺乏充分的物质基础。他认为，只有经过一段较长时间的艰苦努力，使生产力获得充分发展之后，我国的社会主义社会才算从根本上建成。这里边，实际上已经蕴含着我国正处在社会主义初级阶段的思想。但是，毛泽东同志的这个思想未能贯彻到底，而且在提出后不久就在许多问题上离开了这一正确的认识。比如在50年代后期，党内有不少同志认为："共产主义在我国的实现，已经不是什么遥远的事情了，我们应该积极地运用人民公社的形式，摸索出一条过渡到共产主义的具体途径。"在这种脱离实际的思想指导下，以高指标、瞎指挥、浮夸风和"共产风"为主要标志的"左"的错误严重泛滥。后来尽管从总体上对这一失误作了纠正，但并没有从理论上和思想上进行认真的研究和总结，以至在以后很长时间里，"左"的指导思想越来越系统，影响面越来越扩大，所带来的后果越来越严重。直到党的十一届三中全会以后，我们党对这个问题才有了比较深刻的认识。1981年6月，十一届六中全会通过的《关于建国以来党的若干历史问题的决议》，首次明确提出我国目前正处在社会主义初级阶段的概念，十二届六中全会决议重申了这个论断。最近一个时期，中央突出地强调了这个问题。可以这样讲，十一届三中全会以来，我们党关于社会主义初级阶段的思想，是对社会主义发展规律认识的深化和飞跃。如何正确认识初级阶段的性质，以及如何适应这个阶段的特点，需要从理论上实践上进行不断的探索。

社会主义初级阶段的特征可以讲很多，但最主要的特征是生产力水平低。就我们中国的情况来讲，革命的胜利是在一个落后的半封建、半殖民地的国家取得的，这与马克思、恩格斯设想的在发达的资本主义国家无产阶级首先取得胜利是有很大不同的。中国过去是一个小生产占优势的国家，处于自给、半自给状态，商品经济没有充分发展。生产力水平低下，应该说这是我们的先天不足，社会主义制度建立起来之后，本应集中精力发展生产力，带领人民迅速摆脱贫困。但是在建国后的30多年里，由于我们党有不少失误，主要是政策偏“左”，生产力没有得到应有的发展，相当多的地区还处于贫困落后状况。这就决定了我们必须坚定不移地把发展生产力作为社会主义初级阶段的根本任务。我们过去吃的一个很大的苦头，就是离开社会生产力，抽象地讲所谓的社会主义原则，造成了很大的主观随意性，使许多“左”的东西应运而生，畅行无阻。比如，在很长一段时间里，一些同志错误地认为只要改变生产关系，社会就可以前进，而忽视生产力的标准，不顾生产力的实际发展水平，农村在短短几年内从初级社到高级社，又到人民公社。公社化超越了生产发展水平。这种不讲社会生产力的发展水平，片面地强调生产关系的变革，必然要违背社会主义初级阶段的客观规律，犯“左”的错误，这是我们应该记取的一个深刻教训。发展社会生产力，不仅仅是个经济问题，而且是个重大的政治问题。我们讲社会主义优于资本主义，集中到一点上就是可以创造出比资本主义更高的劳动生产率。如果再过20年、30年我们仍然改变不了贫困落后状况，社会主义制度能不能站得住脚都会是个问题。因此，在社会主义初级阶段，必须把有利于生产力的发展，作为观察和处理一切问题的基本出发点。离开了这个根本任务，任何理论和主张都是毫无意义的，而且是十分有害的。

（摘自1987年6月27日在天津市党代表会议上的讲话）

如何看待社会主义初级阶段，这是一个很大的理论问题，很难一下子讲清楚。我在这里提示一点，请大家研究，就是社会主义是从旧的社会脱离出来的，它在初级阶段不可避免地会有社会主义取得胜利以前旧社会的许许多多的痕迹。这些痕迹不仅表现在经济领域，而且表现在道德精神方面。从马克思主义的生产力决定生产关系的原理来看，社会主义初级阶段是一个很长的历史时期。列宁曾经讲过这个意思，在社会主义的建立初期，应该利用资本主义作为提高生产力的手段、途径、方法和方式。这一思想很值得我们深思。这样看待问题，才能帮助我们深刻认识现行政策的正确性，才能避免用超越时代的“左”的观点来看待当前的改革。

建国 30 多年来，我们的生产力有较大的发展，但是不够理想，与发达国家相比，差距还很大，所以出现这种现象，我想主要有先天不足、后天失误两个方面的原因。第一方面，社会主义首先是在资本主义链条最薄弱的地方取得胜利，这就先天地带来了社会主义国家生产力水平不高的问题。在中国虽然建立了社会主义制度，但在生产力的发展上存在着严重的先天不足，这就是我们常讲的基础差、底子薄。不克服这种先天不足，想在短时期内就赶上或者超过生产力发达的国家，是不实际的。第二方面，就是我们多年来对社会生产力的发展很不重视。离开社会生产力抽象地讲所谓社会主义原则，这就造成了很大的随意性。大家可以回顾一下，过去很长一段时间里，我们只注意改变生产关系，不注意发展生产力，不注意改善人民生活，而是随心所欲地给马克思主义附加上许多“左”的东西，使人们对社会主义认识越来越模糊。这种“左”的东西，造成了工作的失误，影响了社会主义制度优越性的发挥，使我们走了很大的弯路，耽误了许多时间，教训是十分深刻的。

（摘自 1987 年 6 月 15 日与天津警备区部分干部战士的对话）

巩固和发展社会主义制度的根本途径

历史的经验证明，社会主义制度要得以巩固和发展，需要做多方面的工作，但其根本途径是发展生产力。马克思主义创始人当初设想，社会主义制度首先在资本主义高度发展的国家建立。列宁对马克思主义的最大贡献，就是提出并实践了社会主义可以在资本主义薄弱环节首先取得胜利。列宁的这个论断同时也说明，社会主义国家开始时经济都比较落后，俄国是这样，中国和其他社会主义国家也是这样。但贫穷不是社会主义，人们向往并支持社会主义制度的建立，就是因为社会主义能够提供比资本主义更高的社会生产力，能够使广大劳苦大众改变贫困的处境。社会主义的本质就是解放生产力，发展生产力，消灭剥削，消除两极分化，达到共同富裕。如果社会主义国家在革命胜利后的长时间内不能做到这些，人民就会在比较中对社会主义优越性产生怀疑，社会主义也就不可能从根本上得到巩固，在一定条件下甚至有垮台的危险。因此，只有生产力发展了，人民生活改善了，社会才能稳定，政权才能巩固，我们美好的理想才能实现。这就决定了社会主义国家在新制度建立起来以后，特别是在社会主义初级阶段，必须坚定不移地以经济建设为中心，而绝不能偏离这个中心，也不能搞多中心。我们党不久前召开的第十五次全国代表大会再次强调了这个问题，要求全党同志在这方面务必保持清醒的头脑。我们相信，只要坚持这个方向不动摇，牢牢地抓住这个中心不放，社会主义的优越性一定会得到更充分的显示，社会主义在中国一定会更加兴旺起来。

（摘自 1997 年 12 月 9 日会见越南总理潘文凯时的谈话）

无产阶级取得政权以后，究竟怎样巩固和发展社会主义制度，是许多社会主义国家，当然也包括苏联，长期没有解决好的问题。我们党在探索这个问题上下了不少功夫，取得了很大的成绩，使全党认识到对马列主义、毛泽东思想的基本原理要坚信不疑，对坚持社会主义方向要坚定不移。但是应该承认，在这个探索的过程中，我们也遇到不少的挫折，付出了不小的代价，包括“文化大革命”那样大的代价。只是到了十一届三中全会后，我们才逐步地找到了一条正确的道路，这就是邓小平同志倡导的建设有中国特色社会主义的理论和路线。这套理论和路线的内容十分丰富。第一，提出了“中国特色”。“中国特色”这四个字，是一篇大文章。就是说，社会主义建设必须从中国的实际情况出发，不能照搬外国的模式，照抄书本的结论，而必须走自己的路。第二，提出了“初级阶段”。别看这话很简单，但含义是极为深刻的。“初级阶段”是不可逾越的，必然存在许多特有的情况，既不能把现阶段必然出现、应该允许存在的东西简单加以排斥，也不能超越阶段，把将来才有可能办到的事情放到现在来办，只能从实际出发，按其固有的规律办事。如果没有这个“初级阶段”，“联产承包责任制”怎么解释？“一部分人先富起来”怎么解释？还有合资企业等等，怎么解释？第三，提出了“根本任务”。小平同志提出社会主义的根本任务是发展生产力，努力满足人民日益增长的物质文化生活的需要。在社会主义初级阶段更要扭住经济建设不放，不断壮大社会主义的物质基础。关于“中国特色”、“初级阶段”、“根本任务”等重要理论观点，是以邓小平同志为代表的中国共产党人，对科学社会主义认识上的具有深远意义的重大突破，是对国际共产主义运动理论和实践的重大贡献。

党的“一个中心、两个基本点”的基本路线，是建设有中国特色社会主义理论和路线的极其重要的组成部分。它完全符合我国的国情，不仅鲜明地体现了社会主义初级阶段根本任务的要求，而且为完成这一任务指明了正确途径，提供了可靠保证。对此，我们必须全面理解，坚决执行，绝不能有任何动摇。我们要扭住经济建设不放。苏联共产党之所以垮台，在这个问题上出了问题是个重要原因。你长期不重视经济工作，人民生活长期得不到改善，甚至吃不饱，穿不暖，你还说自己这个好、那个好，怎么说得通呢？其实，生产力在马克思主义理论中占有十分重要的位置，马克思主义的一个基本原理是生产力的发展决定生产关系的变革。历史唯物主义认为，社会进步经历了石器时代、铜器时代、铁器时代。这就是生产力不断发展带来了生产关系的不断变革。历史发展到资本主义时代，大生产、社会化的生产力同少数资本家寡头占有生产资料发生矛盾，到这里生产关系成了社会前进的桎梏，因而革命就到来了。这也是生产力发展的结果。就连马克思主义理论本身的产生也和生产力发展相联系，是生产力发展到一定程度的产物。我们都熟悉毛主席的这段论述："在很长的历史时期内，大家对于社会的历史只能限于片面的了解，这一方面是由于剥削阶级的偏见经常歪曲社会的历史，另方面，则由于生产规模的狭小，限制了人们的眼界。人们能够对于社会历史的发展作全面的历史的了解，把对于社会的认识变成了科学，这只是到了伴随巨大生产力——大工业而出现近代无产阶级的时候，这就是马克思主义的科学。"这是《实践论》里的一段话。生产力只有发展到这个程度，出现了工人阶级时，才产生了马克思主义。由此可见，生产力在社会发展和马克思主义发展史上的极其重要的作用。所以，必须把发展生产力作为根本任务，把经济建设放在中心位置，不能再转向。怎样才能以经济建设为中心，大幅度提高社会生产力呢？必须实行改革开放。要改革生产关系，使之适应生产力发展，这是理所当然的。更何况我们的上层建筑和我们的体制很多方面受苏联的影响，存在着限制生产力发展的问题。因此，我们必须改革，必须开放，把全人类的进步成果吸收过来。现在到农村看看，那地种得多好啊！要不是取消人民公社，实行联产承包责任制，农民哪来这么大的劲？在经济建设和改革开放的过程中，必须坚持四项基本原则，不要搞乱了，搞歪了。建设有中国特色社会主义的理论和路线当然还有很多内容，如关于科技是第一生产力的观点，关于计划和市场的观点，关于先富和共富的观点，关于两个文明一起抓的观点，关于政治体制改革的观点，关于“一国两制”的观点，关于和平与发展是当今世界的两大主题的观点，等等。这些都需要我们认真坚持，并在实践中加深理解。

（摘自 1992 年 1 月 22 日与黑龙江省委负责同志和宣传、文化部门代表座谈时的讲话）

始终坚持以经济建设为中心

我们要始终坚持以经济建设为中心，这是我们总结建国以来正反两方面的经验教训，付出巨大代价确定的正确方针。“天下顺治在于民富”，只有经济不断发展，人民生活日益提高，广大群众高兴满意，其他事情才能办好。在国家的全部工作中，只有经济建设一个中心，上上下下、方方面面都必须围绕这个中心，服从服务于这个中心，而不能动摇、干扰和游离这个中心。当然强调经济工作重要，并不是说其他工作不重要。如果科技教育、思想道德、民主法制等方面搞不好，经济工作就很难搞好，即使一时上去了也不可能持久。但所有这些都必须围绕经济建设这个中心进行。

改革开放20多年来，在这个方针指引下，国民经济快速发展，人民生活显著改善，国际地位不断提高，整个国家发生了翻天覆地的变化。以经济建设为中心，以发展为主题，是中国人民的最大共识，是解决种种矛盾的根本途径。当前，经济全球化进程明显加快，科技革命突飞猛进，发达国家凭借各种优势极力扩充经济实力，许多发展中国家也在调整政策急起直追，综合国力的竞争空前激烈。面对这种形势，我们必须增强紧迫感、危机感、责任感，集中精力，抓紧时间，千方百计发展壮大自己。否则，我们就会再次丧失宝贵的历史机遇，不仅难以实现赶上中等发达国家的目标，甚至还可能落在一些发展中国家的后面。对于以经济建设为中心，我们一定要坚定不移、坚持不懈，一定要专心致志、心无旁骛，一定要顽固一点、扭住不放，真正做到一切围绕这个中心，一切为了这个中心。这是各个党派、各个团体、各族人民的共同任务和根本利益。

（摘自2000年8月11日在中国农工民主党成立七十周年纪念大会上的讲话）

发展，是当今国际社会的共同主题。人类的历史是一部社会生产力不断发展的历史。经济的发展，人类社会文明的进步，是不可逆转的必然趋势。随着现代科学技术的日新月异，世界总体经济水平迅速提高，人类社会的发展进程大大加快。任何国家想要跟上时代的潮流，都必须高度重视、认真研究、切实解决发展问题。发展，是广大发展中国家的迫切任务。当今许多发展中国家经济水平低下，人民生活贫困，社会问题突出，国际债务负担日趋沉重，同发达国家的差距进一步扩大。要改变这种状况，发展中国家就必须抓紧时间，集中精力，加快经济发展。发展，对中国来说尤其重要。中国是世界上最大的发展中国家，在近现代历史上多次遭受帝国主义列强的侵略和掠夺，社会生产力遭到极大破坏，长期处于发展缓慢、停滞乃至倒退的悲惨境地。新中国成立 40 多年来，经济建设和社会发展取得了历史性的进步，但也走了不少弯路，特别是长达 10 年的“文化大革命”的动乱，耗费了民族的宝贵精力，耽误了国家的发展良机，延误了现代化建设的进程。众所周知，现在中国有 12 亿人口，每年新增人口就有 1 600 万，人均耕地不足 0.08 公顷，相当于世界人均数的 1/4，其他资源也相对贫乏。中国人民如果不抓住机遇加快发展，就难以生存，更谈不上赶上发达国家。发展是硬道理，不发展就没有出路，就没有希望。这是中国人民从世界的现实和自己正反两方面的历史经验中得出的基本结论。

要加快发展，就要实行改革开放。生产力的发展，要求不断改变与它不相适应的生产关系和上层建筑。进入 80 年代以来，许多国家都在探索改革的路子，改革已成为当代世界的潮流。中国的改革从农村开始，逐步扩展到城市；从经济领域开始，逐步扩展到社会各个领域；从局部的单项的改革开始，逐步发展到以建立社会主义市场经济体制为目标的全面改革。中国的改革开放是社会主义制度的自我完善。它克服了平均主义分配方式的弊端，调动起广大群众勤劳致富的积极性；它摆脱了高度集中的计划经济体制的束缚，给经济建设注入了新的活力；它打破了单一的公有制结构，形成以公有制为主体，多种经济成分并存、共同发展的格局；它改变了以往固步自封、封闭半封闭的状态，使中国跻身世界范围的经济合作与竞争。改革开放冲破了长期束缚我们的僵化观念，带来了全民族的思想解放，使我们找到一条符合中国国情的发展道路。改革开放给人民带来了实惠，得到人民的支持，已经深深植根于中国的大地。

要改革和发展，就要有一个稳定的社会环境。中国和世界其他一些国家的大量事实一再告诉我们，没有稳定，就无法塌下心来搞建设，就无法将预想的改革方案和措施付诸实践，也就无法实现人民求发展、求富裕的美好愿望。稳定是发展的前提。没有稳定，一切都无从谈起。因此，中国人民百倍珍惜来之不易的安定团结的政治局面，坚决反对来自任何方面的、以任何借口出现的破坏社会稳定的企图。同时，我们也十分重视改革和发展对于实现社会稳定的重要作用。我们所说的稳定，不是孤立的稳定、静止的稳定、停滞的稳定，而是建立在经济和社会不断发展基础上的稳定。只有通过改革达到发展，满足人民日益增长的物质和文化需求，才可能实现真正的稳定，社会才能长治久安。总之，发展需要改革，改革和发展需要稳定，而有序的改革和健康的发展又有利于稳定。改革的力度、发展的速度和稳定的程度以及三者之间的关系，是当今中国密切关注、慎重把握的重大问题。

中国人民在探索自己发展道路的长期过程中，取得了重大成就，发生过一些失误，从中积累了不少经验。我们总是希望发展速度快一些，但是必须注意协调适度，如果忽视经济各种要素、各个领域之间内在的联系和制约，就可能欲速则不达，即使一时搞上去也还会掉下来。当然，我们也不能放过加快发展的机遇。我们总是愿意积累多一些，但是必须注意积累和分配兼顾，如果积累比重过大，人民的生活不能随着生产的发展而提高，就可能诱发一系列社会问题。当然，我们也反对脱离现实的高消费。我们总是主张全体人民共同富裕，但是必须允许和鼓励一部分地区、一部分人先富起来，如果固守平均主义政策，就可能压抑人们发展经济的积极性，最终导致共同贫穷。当然，我们也十分警惕贫富两极分化的问题。在中国发展社会主义市场经济还会遇到许多新的情况，面临许多新的课题。经历过困难和挫折的中国人民一定会十分注意总结实践经验，发扬成绩，纠正错误，不断前进，顺利地达到预期的目标。

（摘自 1995 年 6 月 26 日在智利联合国拉丁美洲及加勒比经济委员会的演讲）

民族地区的主要任务是发展经济、改善生活。民族地区的经济确实比较落后。尽管改革开放以来民族地区经济建设成绩显著，城乡面貌大有改观，但总体上还没有摆脱经济落后的局面。这些地区历史上就不发达，现在的发展速度又相对较慢，与全国特别是发达地区的差距越来越大。以 1992 年的人均国内生产总值与 1985 年相比，民族自治地方与全国的差距由 218 元扩大为 655 元；与东部沿海地区的差距由 385.9 元扩大为 1 464.3 元。民族地区的产业结构、产品结构本来就不够合理，财政、资金又十分困难，面对激烈的市场竞争，更加无法适应。民族地区有优势、有潜力，但受交通、能源、通讯等基础设施滞后的制约，一时还发挥不出来。对这种形势的严峻性和紧迫性，必须有足够的认识，下大决心，下大力量，努力把经济搞上去，否则就会越来越落后。

民族地区群众的生活普遍比较困难。改革开放以来，民族地区群众生活水平有了很大提高，但由于历史和客观的原因，这些地方平均收入、生活水平与沿海地区相差甚远。迄今全国没有稳定解决温饱问题的 8 000 万人口和其中处于绝对贫困状态的2 700 万人口，大部分分布在民族地区。在荒漠干旱、高寒阴湿和石山秃岭地区，有一部分群众连吃水都成问题，生病就医、小孩上学就更谈不上。如新疆的喀什、和田等地，许多群众常年喝“涝坝水”，即在村头挖一大坑，夏天下雨盛满后供一年饮用，由于坑水被严重污染，群众喝后引起许多疾病。造成这种情况，有的是由于客观上的原因，彻底解决无疑需要一个过程，有的则与我们有些同志对群众的困难视而不见、议而不行、抓而不实有关。我国是社会主义制度的国家，我们党是为人民谋利益的党，对群众的疾苦，我们理当坐卧不宁，寝食不安！民族地区发展经济、改善生活的困难较多，有两个条件是必需的，一是领导威信，二是群众精神。领导威信不高，不能号令三军；群众精神不振，一切无从谈起。领导的威信从哪里来？靠上级封不出来，靠权力压不出来，靠自己或靠宣传吹不出来，靠耍小聪明骗不出来，只有靠真心实意地、尽心竭力地、坚持不懈地为人民办实事才能逐步地建立起来。群众也只有在他们艰苦创业的过程中，使他们得到实实在在的利益，感到有希望、有盼头，他们才会有劲头、有积极性，才会振奋精神。在发展经济中改善生活，为改善生活而发展经济，这在群众生活还比较困难的民族地区，具有突出的现实意义。

民族地区的各项工作是互相联系的有机整体。贯彻民族宗教政策，坚持和完善民族区域自治制度，发展民族教育、科技、文化、卫生事业，培养民族干部，加强民族团结，维护社会稳定等，都十分重要，都必须切实抓好。所有这些工作，都是与发展经济、改善生活相一致的。这些工作如果不抓紧抓好，发展经济、改善生活就没有前提和保证。同样，如果经济长期不发展，群众生活长期不提高，这些工作也难以做好。实践证明，经济落后可以导致一连串的落后，经济发展可以带来一连串的发展，民族地区的各项工作任务都应当放到发展经济、改善生活的过程中去完成。

发展民族地区经济的关键是搞好资源开发。加快民族地区经济建设，离不开国家的大力支持，离不开发达地区的多方援助，更离不开这些地区本身的自力更生、奋发图强。实践证明，民族地区要真正摆脱贫穷落后，实现繁荣富裕，必须有一条符合本地实际、能够发挥自身优势的发展路子。就大多数民族地区来说，这条路子就是做好资源开发这篇大文章。

民族地区具有地广人稀、资源丰富的显著特征。这些地区地上地下资源人均占有量远远高于全国平均水平。我国农用土地后备资源主要集中在民族地区，煤炭、石油、天然气储量相当大部分也在这些地区，已探明的多种有色金属储量几乎都占到全国的1/3到1/2以上，水利蕴藏量超过全国的一半，潜力巨大，前景广阔。把资源开发作为民族地区经济发展的战略方向，尽快使民族地区资源优势转化为现实的经济优势，是实现民族地区经济振兴的有效和可靠的途径。

国家对民族地区的扶持，发达地区对民族地区的帮助，要朝资源开发的方向努力。各行各业、各部门对民族地区资源的开发，要与当地经济发展相结合，要赋予扶贫的意义，尽可能多地使用当地劳动力，增加资源就地加工和利用的比重，带动当地各类产业及基础设施建设，促进当地群众物质和文化生活水平的提高以及生态环境的改善，推进各项事业的发展。

搞好民族地区的开发和建设，不只是民族地区发展的重要问题，同时对整个国家的未来发展具有重大战略意义。作为我国产业重心地带的东部沿海地区，具有资金、技术、人才、管理等多方面优势，把这些优势同民族地区的资源优势结合起来，实现优势互补，我们国家就会有更大的发展。因此，一切关心民族团结、国家振兴、子孙后代命运的人，都应该关心民族地区的经济发展，都有责任为此做出一份贡献。

（摘自1994年9月8日在各界少数民族人士座谈会上的讲话）

科学技术是第一生产力

科学技术是第一生产力，是邓小平同志1988年提出来的。重视科学技术，是邓小平同志的一贯主张。建国40多年来，无论是在社会主义建设起步阶段，还是在同“四人帮”作坚决斗争的时期；无论是在改革开放蓬勃发展的年代，还是在世界风云急剧变化的紧要关头，邓小平同志都对发展我国科学技术给予了极大的关注，以马克思主义者的远见卓识，作出了一系列重要的论述。特别是进入80年代以来，根据国际政治、经济出现的新情况和世界科学技术发展的新趋势，基于我国社会主义建设的现实，邓小平同志对科学技术的关键作用讲的次数越来越多，分量越来越重。他要求全党同志不仅要掌握科学技术是生产力这个马克思主义的基本观点，而且要看到科学技术已经成为第一生产力这个现代的事实，从而对于大力发展科学技术，以推进我国社会主义事业，有一种历史的责任感和时代的紧迫感。同时，邓小平同志还亲自领导了若干发展高科技项目的决策制定，如北京正负电子对撞机的研制、863高科技计划的实施等。他对我国科学技术所取得的每一项重大成就，都表示由衷的喜悦，并给予热情的鼓励。

邓小平同志关于科学技术的重要性特别是科学技术是第一生产力的思想，内涵是很丰富的，其基本观点，是否可以概括为以下六个方面。第一，社会主义的根本任务是发展生产力。不发展生产力，不提高人民的生活水平，就不符合社会主义的要求，就不可能建成合格的社会主义。而要发展生产力，就必须注重发展科学技术这个第一生产力。第二，中国要赶上世界先进水平，必须从科学和教育入手。我国到下世纪中叶将达到中等发达国家水平，根据之一就是在这段时间里我们有能力把教育搞上去，把科学技术搞上去。对外开放，首先是为了把资本主义发达国家先进的科学、先进的技术、先进的管理学过来，为社会主义服务。这些东西本身并没有阶级性。坚持改革开放，推进科技进步，再加上发挥我们的传统政治优势，我们完全可以比资本主义发达国家干得更好。第三，四个现代化的关键是科学技术的现代化。没有现代科学技术，就不可能建设现代农业、现代工业、现代国防。研究科学技术是一项基本建设，这方面的投资是基本建设投资。要充分重视发挥科学技术在国民经济中的先导作用。第四，中国必须发展高科技，实现产业化。下个世纪将是高科技的世纪，在激烈的国际竞争中，中国必须在世界高科技领域占有一席之地，搞出一些具有世界先进水平的东西。第五，包括科技人员在内的知识分子是主要从事脑力劳动的劳动者，是工人阶级的一部分。要尊重知识，尊重人才，保证科技人员把最大的精力放到科学技术工作上去。对科技人员政治上要信任，工作条件要保障，生活待遇要提高，有突出贡献的要给予重奖。第六，为了最大限度地解放科学生产力，必须相应地改革经济体制和科技体制。体制改革必须创造一种良好的社会政治环境，有利于拔尖人才脱颖而出，有利于科技同经济的结合，使科技成果尽快转化为现实的生产力。

邓小平同志关于科技是第一生产力的这一系列基本观点，是建设有中国特色的社会主义理论的重要组成部分，是对马克思列宁主义、毛泽东思想的继承和发展。它对于我们这个人口众多、经济文化都比较落后的东方大国，在无产阶级取得政权以后，如何面对世界科学技术迅猛发展的形势，实现社会主义制度同现代科学技术的结合，尽快把经济和科技搞上去，迎头赶上发达国家，具有重大的理论和实践意义。全党同志尤其是高级干部，对于邓小平同志这样一个关系到社会主义建设全局的极其重要的指导思想，必须深刻领会并认真贯彻执行。

（摘自1991年5月21日听取浙江省委、省政府工作汇报时的讲话）

发展科学技术既是经济问题也是政治问题

在90年代，坚持按照科学技术是第一生产力的指导思想，大力发展科学技术，既是经济问题，也是政治问题，既具有现实意义，又具有长远意义。

第一，这是实现第二步战略目标的关键。第二步战略目标不仅是一个数量概念，还包括相应的质量要求。实现这一目标，从总体上说，必须一靠政策，二靠科技。所谓依靠政策，就是通过政策调整和体制改革，充分调动各方面的积极性。所谓依靠科技，就是用现代科学技术改造传统产业，并积极发展高科技和高科技产业，提高国民经济整体素质。在过去相当长一段时期内，我们依靠人力、物力、财力的大量投入，走了一条投入多、产出少的粗放式发展道路。80年代为改变这种状况，我们作了不少努力，也取得了可观的成就，但根本问题仍然没有解决。目前，我国经济发展来自技术进步的因素只占30％，而发达国家已达60％～80％。我国不少经济技术指标不仅与世界先进水平有很大差距，有的甚至低于我们历史上曾经达到过的最好水平。应当看到，我国资源相对缺乏，靠大量消耗资源来发展经济是没有出路的。在人口增加、耕地减少的情况下，离开科技，农业很难再上新台阶。在设备陈旧、工艺落后的情况下，离开科技，工业很难走出质量差、成本高、效益低的困境。在现代战争日益进入高科技较量的情况下，离开科技，国防实力很难有显著的增强。至于人口控制、环境保护等方面也都离不开科学技术。只有充分依靠科学技术，注意把投入向科技研究适当倾斜，加强科技开发和应用研究，努力增加产品中的技术含量，建立节耗、节能、节水、节地的资源节约型经济，并重视基础科学理论研究，为科技发展积累后劲，才能全面推进四化建设，实现可持续发展，圆满完成第二步战略目标。因此，推动科技进步既是第二步战略目标的内容，也是实现第二步战略目标的关键。

第二，这是对以经济建设为中心的深化。党的十一届三中全会果断地决定把党和国家的工作重点转移到社会主义现代化建设上来。这是一次具有重大战略意义的转移，是付出了巨大代价的，是来之不易的。这里所说的工作重点，就包括科技和教育。经验表明，如果不重视科技、教育，不发展科技、教育，工作重点的转移就是不完全的，也是难以巩固和持久的。80 年代我们坚持以经济建设为中心，开创了建国以来国家经济实力增长最快、人民得到实惠最多的时期。90 年代我们只有坚定不移地继续坚持以经济建设为中心，并把经济建设真正转移到依靠科技进步和提高劳动者素质的轨道上来，把这个转移推到更高阶段，才能使广大群众不受干扰，专心致志地学文化，钻技术，练本领，增强做好本职工作的能力；才能保证各级干部进一步解放思想，实事求是，勇于探索，创造性地解决经济和社会发展中的突出矛盾和关键问题；才能避免折腾，稳扎稳打，保持国民经济持续、稳定、协调地发展。因此，把经济建设转移到依靠科技进步和提高劳动者素质的轨道上来，是党和国家工作重点转移的深化，同样具有重大的战略意义。

第三，这是巩固和发展社会主义制度的保证。社会主义之所以能够战胜资本主义，之所以能够具有强大的吸引力，在人民群众中深深扎根，从根本上说，就在于它最终能够创造出比资本主义更高的劳动生产率。经济不发展，国力不增强，人民生活不改善，社会主义制度就难以巩固，更谈不上发展。当前国家与国家间的竞争，实质上是综合国力的竞争，综合国力的竞争归根到底又是生产力首先是科学技术的竞争。这里所说的科学技术的竞争，不单是某几项科技成果的比较，而是总体的科学技术能力及其转化为经济和军事实力的能力的较量。在这个竞争中，谁落后谁就会丧失主动权，就有可能受制于人，甚至被动挨打。苏联国力的衰落，东欧局势的剧变，海湾战争的结局，这些严峻的事实都不能不使一切真正关心社会主义前途和命运的人们警醒起来。对和平演变，对强权政治，我们必须保持高度的警惕。与此同时，对现代科学技术在国际竞争中的巨大影响和作用，我们必须有足够的认识。过去“四人帮”用什么“卫星上天、红旗落地”的言论来反对搞四个现代化，这是荒谬的。现在事实越来越清楚：要想红旗不落地，卫星必须早上天。社会主义制度的建立，为科学技术的发展开辟了极其广阔的前景，而科学技术的发展又为社会主义制度的巩固奠定了深厚的物质技术基础。科学技术是现代文明的重要组成部分，深刻地影响着人们包括思想道德在内的精神与观念。只有掌握现代科学文化知识，摆脱愚昧落后状态，劳动者的素质才能提高。发展科技和教育，既是社会主义精神文明建设的重要内容，又是它的重要条件。因此，真正巩固社会主义，真正对社会主义充满信心，就应当在世界范围的激烈竞争中集中精力把科学技术搞上去，推进两个文明建设的发展。

第四，这是推进改革开放的需要。从根本上讲，改革开放是为了大幅度地提高包括科技在内的社会生产力，而科学技术的发展，既对推进改革开放提出了新的要求，又为改革开放创造了良好条件。经济建设要进一步转到依靠科技进步的轨道，科技要进一步面向经济建设的主战场，就必须推进科技体制和经济体制的配套改革。80 年代，顺应“面向”和“依靠”的要求，我们先后开放技术市场、改革科研拨款制度、创办高新技术产业开发区等等，对解放科技生产力，促进经济增长，起到很重要的作用。90 年代我们将继续深化经济体制和科技体制改革，逐步建立经济与科技互相促进、协调发展的运行机制，推进科技成果的商品化。对于扩大开放来讲，如果我们没有水平较高的科学技术，一方面国外先进的生产技术和管理经验不能合理地引进，引进后也消化不了；另一方面国内的产品出不去，出去后也要吃亏。回顾这些年，在对外经济技术交往中，由于我们不懂或者不掌握某些方面的科学技术，上当受骗和睁着眼吃亏的事是不少的，有的引进的是过时技术，有的出口商品卖不上好价钱。比如你们的绍兴黄酒，卖的价钱理应比台湾的要好，但是瓶子过不了关，要向外国买瓶子，结果赚钱比台湾少。所以，讲改革，讲开放，都离不开科学技术发展。科技发展既是推动改革开放的强大动力，也是衡量改革开放是否成功的重要标准。

第五，这是形成尊重知识、尊重人才良好风尚的动力。把我国建成现代化的社会主义强国，不仅需要大力提高工人、农民和其他劳动者的科学文化素质，还必须造就一支宏大的知识分子队伍，培养一大批世界第一流的科学技术专家，形成尊重知识、尊重人才的良好风尚。要做到这一点，当然要加强宣传教育，改变鄙薄知识、轻视人才的陈旧观念，而更重要的是要把科技人员推向四化建设和改革开放的第一线，人尽其才，充分显示知识、人才在创造社会物质财富方面的巨大作用和无穷潜力。现在，农民把科技人员比成“财神爷”，乡镇企业竞相用重金招聘科技人员，就是因为他们对科技和科技人员的作用有切身的感受和迫切的需要。只要我们真正把科学技术作为发展国民经济的战略重点，形成向新科技革命进军的社会潮流，就会充分释放国内成千上万科技人才尚未完全发挥的潜能，就会从根本上扭转人才外流的不正常现象，就会吸引一切具有报国之心的海外华夏儿女以各种形式为振兴中华出力献策。因此，重视发展科学技术是解决我国知识分子问题的根本出路之一。

第六，这是坚持和发展马克思主义的条件。马克思主义认为，科学是“最高意义上的革命力量”，科学技术是推动经济和社会发展的强大杠杆。无数历史事实告诉我们，每次重大科学发现，都使人类对客观世界的认识产生飞跃；每次技术革命，都使人类改造客观世界的能力得到提高。1989 年 5 月邓小平同志根据世界新技术革命蓬勃发展的现实指出：真正的马列主义者必须依据实际情况认识、继承、发展马列主义。又说：世界形势，包括科学技术的发展，日新月异，不用新的思想观点来继承、发展马列主义，就不是真正的马列主义者。对于马克思主义，一要坚持，二要发展。坚持和发展的关键，就在于与社会主义建设和改革的实际相结合，与当代世界经济、政治和技术发展的实际相结合。事实上，马克思主义的产生也是与近代科学技术发展密切相关的。毛主席在《实践论》中指出，人们能够对于社会历史的发展作全面的历史的了解，把对于社会的认识变成了科学，这只是到了伴随巨大生产力——大工业而出现近代无产阶级的时候，这就是马克思主义的科学。正因为如此，马克思、恩格斯对自然科学的新成就总是“密切地注意”和感到“衷心喜悦”，并从中吸取知识和力量，形成和发展自己的哲学、政治经济学和科学社会主义学说。在 90 年代，面对科学技术日新月异的发展，我们要认真研究科学技术的最新成果，深入了解它们给政治、经济、文化、军事和社会生活带来的广泛而深刻的影响，使马克思主义理论在坚持基本原理的基础上获取新的思想内容。只有这样，马克思主义才能跟随时代前进，并且指导时代前进。

（摘自1991年5月21日听取浙江省委、省政府工作汇报时的讲话）

迎接新的科技革命的挑战

在当前激烈的国际竞争中，要把我国的科技搞上去，任务是艰巨的，困难是很多的，与此同时，也必须看到我们自己的优势。尽管我们的科技水平与发达国家相比，总体上存在不小差距，但我们经过40多年的艰苦努力，已打下了较好的基础，在有些领域还走在世界前列。尽管我们目前还不富裕，每年能用于科技投入的资金有限，但我们有社会主义制度，能够有计划地集中财力、物力，在较短的时间里办成几件大事。“两弹一星”的成功就是一个有力的证明。尽管我国科技人员在职工中的比例与发达国家相比还不算高，但这支队伍具有较高的业务水平和较强的攻关能力，具有强烈的爱国热情和无私的奉献精神。充分调动他们的积极性，把他们很好地组织起来，突出重点，联合攻关，就能够克服困难，攀登科学技术的高峰。尽管我国科技体制和经济体制仍然有许多弊端，但必须看到，经过80年代的改革和探索，在解放科技生产力方面，我们已经取得了不少成功经验。这些经验是我们90年代继续前进的基础。更重要的是，我们已经确立了以经济建设为中心，坚持四项基本原则、坚持改革开放的基本路线。这条路线的贯彻执行，为广大科技工作者专心致志地钻研业务创造了良好的社会政治环境。这一切都是我们事业必定成功的可靠保证。中华民族曾经创造过灿烂的古代科技文明，对人类进步做出了不可磨灭的贡献。只要我们充分发挥社会主义国家的这些优势，就一定能够迎接新的科技革命的挑战，创造无愧于前人的、与伟大祖国地位相称的光辉成就。

把科学技术搞上去，需要解决的问题很多。要为发展科学技术办实事，解决实际困难，提供实际帮助。但首先还是要提高思想认识，特别是领导干部的认识。这就要求加强对科技是第一生产力的宣传，加强对科技必须面向经济建设、经济建设必须依靠科学技术的宣传。我们的报刊、电台、电视台都要按照中央的精神，根据自己的特点与优势，同科技部门密切配合，采取生动活泼、群众喜闻乐见的形式，介绍科技知识，提倡科学精神，表彰和宣传科学工作者的先进事迹，总结和推广依靠科技进步的成功经验。文艺工作者要满腔热情地创作宣传科技进步的节目。总之，要努力为科学技术的发展提供有力的舆论支持和良好的舆论环境，形成举国上下重视科学技术的热烈气氛，为增强全民科技意识，促进科技发展加油鼓劲。

（摘自 1991 年 5 月 21 日听取浙江省委、省政府工作汇报时的讲话）

使科技成果尽快转化为现实生产力

中国的四化建设或者说中国的经济发展，根本问题是生产力问题。生产力的一个根本问题是科学技术问题。科研要面向经济，经济要依靠科研，科研与经济要紧密结合。不研究科技人员在社会发展中的作用，不解决把科技成果尽快转化为现实生产力的问题，我们的四化建设就不可能顺利地实现，社会主义制度优越性的发挥就会在很大程度上受到制约。

“依靠”与“面向”是一个统一整体的两个部分，“结合”需要从两个方面努力。经济部门要提高认识，解决好真心实意地、积极主动地依靠科技的问题。近几年来，在中央的大力倡导下，随着体制改革的逐步深入，经济部门的各级领导对于依靠科学技术，在认识上有很大提高，在工作上也有很大进步。但是，迄今为止，相当多的经济工作者，包括一些领导干部，对于科学技术与经济建设密切结合的重大意义，在认识上仍然存在着不少问题。

——有些同志至今未认识到科学技术也是生产力。他们不理解社会财富的创造，取决于“科学的总水平，或者把这种科学用于生产”，一说增产就增加基本建设，增加人员设备；一有钱就想到盖厂房、添设备，却不想和不肯用于智力投资和购买科研成果。结果只能是长期地简单扩大生产规模，乃至重复地制造“古董”，产品的质量和水平却总不见提高。

——有些同志把发展科学技术仅仅看作解决暂时困难的手段。产品卖不动了，才想起要提高生产技术，开发新产品；而只要产品有人要，赚钱够发奖，就盲目自满，安于现状，忘了技术，不搞技术储备；科技部门找上门来，或不加理睬，或提不出课题。这样的企业，一旦市场发生变化，就有被淘汰的危险。

——有些同志在产品质量上、技术水平上缺乏进取精神。他们标准太低，内销产品满足于不比边远地区差，出口产品满足于还能卖得出去，忘记了天津作为工业基地、经济中心和口岸城市的地位与作用，忘记了中央把天津作为开放城市的目的和意义。

——有些同志不承认技术是商品，总认为花钱买技术划不来，是干傻事，致使有些科研成果本市开花，外地结果。商品竞争实质上是科技和人才的竞争，舍不得在这个竞争上下本钱、花力气，必然在市场竞争中失败。

——有些同志片面地认为数量上去了，就可以完成翻两番的任务。他们不了解翻两番不仅仅是个量的增长，更重要的是质的飞跃。如果生产技术上不能赶上或接近国际先进水平，经济效益和社会效益不好，即便数量上去了也无法维持，翻两番的目标最终也会受到影响。

四个现代化是以科学技术现代化为基础的，不重视发展科学技术，就不是真正致力于现代化。因此，一切经济部门和各级企业，要维持生存和求得发展，都应当关心科学技术。必须对照国内外先进水平，认真找出差距，制定产品升级换代、学赶先进的规划；必须结合生产需要，提出科研课题，组织科研攻关，向科研单位提出协作要求；必须在生产基金中拿出适当的份额用于技术开发和人才开发，并按规定把技术开发费用分期摊入成本，加大智力投资和技术开发资金；必须重视调动和使用企业内部的科技力量，使人尽其才，人才辈出；必须面向商品和技术两个市场，掌握商品和技术两种信息，进行商品和技术两种竞争，通过科技进步达到产品在市场上以优取胜的目的。今后，各级领导部门要把依靠技术进步来增加经济效益作为重要的硬指标，用于考核企业。要通过宏观控制和调整，对那些质量差、技术低、效益不好的企业，实行关闭、停产，把节省下来的能源、材料，用于技术先进的企业。

广大科学技术工作者要充分认识到自己在四化建设中的历史地位和作用，从而振奋精神，自觉地搞好科研工作，创造更多的科研成果，并使之尽快转化成现实的生产力，也就是解决好面向经济建设问题。就天津的情况来看，我认为这方面的工作确有成绩但不理想，确有进步但还有潜力。科技工作、科技人员、科技机关，之所以应该受到尊重和重视，就在于它们可以直接有效地解决现实社会生活和经济生活中的若干重大问题，从而推动整个社会的进步。这既是科技工作的目的，也是衡量科技工作者成绩大小、成功与失败的标准。与此同时，也可以说这是科技发展的唯一动力。离开了实践和社会的需要，谈科技的发展，也就失去了目标和意义。所以，如何尽快地解决“面向”问题，我认为仍然是整个科技工作需要认真加以研究和解决的重大课题。我们有许许多多的科研成果、先进样品存在研究所里，一代的、二代的、三代的，由“爷爷”到“儿子”到“孙子”都有，可是这些很难走出研究所，往往在生产上只看到“爷爷”，很难看到“儿子”、“孙子”，许多成果在研究所里自生自灭了。为什么这个问题长期解决不好？我个人看，有认识问题，就是不清楚研究的目的为啥，原则上好讲，一具体就模糊了；也有政策问题，就是科技成果是否转化为生产力在利益分配上体现得不够；还有个中试的条件和开始生产的条件问题，科技体制改革问题，组织领导问题。

总而言之，解决“面向”和“依靠”问题，是我们前几年取得成绩和进步的重要经验，也是当前存在的突出问题，是我们需要集中力量加以研究和突破的一个大课题。

（摘自1985年8月2日在天津市科技体制改革工作会议上的讲话、1987年6月16日在天津市科协第三次代表大会上的讲话）

充分发挥知识分子的作用

知识分子工作同其他工作一样，由于长期受“左”的思想影响，特别是由于十年动乱造成的灾害，问题成堆。比如，对知识分子的使用、培养、考核、奖励、提拔、入党、两地分居、子女就业、工作条件、生活待遇、政治地位、社会舆论等等，都存在着一些问题，都需要切实地、认真地逐一解决。但当前最根本、最关键的问题是如何充分发挥知识分子的作用。这是解决知识分子诸多问题的总钥匙，也是我们做好知识分子工作的出发点。

充分发挥知识分子作用，是四化建设的迫切需要。现在，越来越多的人认识到，不充分发挥知识分子的作用，翻两番的目标就不能实现，建设富强、民主、文明的社会主义现代化国家就是一句空话。人类社会发展的历史告诉我们，在人类社会发展的进程中，有一种起终极作用的推动力，就是生产力的发展，也就是知识的发展、科学的发展和技术的发展。人类通过不断地探求知识，并且运用已经掌握的知识不断地增强改造世界的能力。从19世纪起，特别是20世纪以来，这个进程大大地加快了。人类掌握的知识量和信息量几倍、几十倍地增长了，科学技术对于生产的先导作用极大地提高了。可以说，所谓经济的发展，实质上是知识的发展、科学技术的发展及其应用的结果。所谓经济的竞争，归根到底，是科学技术的竞争、知识的竞争。党中央之所以一再强调重视知识、重视知识分子，正是因为解决好这个问题与国家的前途息息相关，与翻两番的战略目标息息相关。我们强调重视知识、重视知识分子，并不是要抬高哪一部分人或要贬低哪一部分人，而是在于重视四化建设，重视国家的富强，重视广大人民的根本利益。在我国历史上，凡属进步的思想家，都十分重视知识的作用、人才的作用。他们把“尊圣者王，贵贤者霸，敬贤者存，慢贤者亡”作为“古今一也”的定律。我国历史上的许多思想家，在重视知识这一点上都是相同的。他们提出：“国势之强弱，系乎人才”，“财用不足，国非贫，人才不竞之谓贫”。我们的先人尚且如此，我们共产党的各级领导干部就更应当懂得这些道理。

充分发挥知识分子作用，是广大知识分子最强烈的愿望。知识分子有许多要求，他们最关心的是什么？天津市科委最近在500名知识分子中作了一次民意测验。结果表明，大多数人最关心的是四化能不能实现，党的十二大提出的任务能不能完成。这真实地反映了当前广大知识分子的心声。据我所知，知识分子对现实生活中不如人意的地方感受较多，其中最大的不如人意、最大的苦恼是不能充分发挥自己的作用，不能把自己学到的知识贡献给社会和人民。年富力强的知识分子，最担心的是一生碌碌无为，虚度年华，知识荒废，一事无成。已过中年的知识分子的心情是，自己在十年动乱中度过了人生最宝贵的年华，现在政通人和，百废待兴，正是大有可为之时，可是年过半百，鬓有星霜，他们最大的愿望是抓紧有生之年为国家多做贡献。老年知识分子更深感时间不多了，死不足惜，可叹的是：抱负未展身先死，常使英雄泪沾襟。我认为，一个知识分子的宝贵品格是对真理的执着追求，也就是王国维指出过的那种“衣带渐宽终不悔，为伊消得人憔悴”的境界。魏明帝时有个李康（萧远）写过一篇《命运论》，其中有几句写得很精彩，他说：志士仁人，“其身可抑，而道不可屈”，“其位可排，而名不可夺”，“前鉴不远，覆车继轨”，“犹蹈之而弗悔”。这正是中国知识分子的品格。100多年来，我们有多少志士仁人，为了民族的独立、国家的富强和人民的幸福，前仆后继，奋斗不息，正是“前鉴不远，覆车继轨”。大家熟知的蒋筑英、罗健夫，还有模范共产党员、经济学家孙冶方，就是具有这种品格的知识分子。我们各级党政领导干部和做知识分子工作的同志，应该了解知识分子的基本要求，掌握他们的思想脉搏。当然，这并不是说知识分子的一些生活问题可以忽视，可以不去认真解决。恰恰相反，解决好知识分子的生活问题，是一个必须认真对待的重要问题。但是，如果只是简单地把当前知识分子问题归结为生活问题、待遇问题，那是低估了知识分子的觉悟，也不能从根本上调动知识分子的积极性。

从实际情况看，也只有充分发挥知识分子的作用，使他们有机会向群众表明自己对社会的作用和价值，才能从根本上改变人们对知识分子的偏见，提高知识分子的社会地位，为改善知识分子的生活条件和工作条件创造良好的舆论氛围。农村就是一例，现在农业科技人员为什么很受农民欢迎，就是因为他们的知识在提高农业生产中起到了良好作用。引滦入津工程又是一例，在那里，从战士到司令员，都把工程技术人员奉为上宾，开会请他们坐前边，讲话让他们先说，生活上派警卫员对他们照顾，没有一个人不赞成。原因在哪里？在于他们亲眼看到了没有这些知识分子，塌了方真砸死人，渗了水真没治。工业上类似例子就更多了。

什么是影响知识分子发挥作用的因素呢？我认为，一是在思想上，长期以来受“左”的影响和小生产者的狭隘观念，形成了轻视知识、歧视知识分子的偏见。有的人甚至拿着放大镜看知识分子的缺点和毛病。二是在体制上，长期以来逐渐形成的“单位所有制”，把大批有才能的知识分子禁锢在一个小天地里，使他们无法施展自己的全部才能。三是在政策上，长期以来的“大锅饭”，使懒人得到了保护，勤劳的人使不上劲，得不到应得的报酬。

由此看来，要真正地充分发挥知识分子的作用，没有改革的勇气，没有革命精神和科学态度，是不可能实现的。当前，首先要坚决冲破“单位所有制”的束缚，实行以任务带学科，以任务为中心，把知识分子队伍组织起来，逐步改变分布不平衡、结构不合理的状况。打个比方，就像拍电影那样，以一个电影剧本为中心，按导演的要求把各电影厂的演员借来，组织一个班子，共同拍一部电影。电影拍完了，这个剧组也就结束了。演员接着又被另外的导演请去拍别的片子。在组织方法上可以采取多种形式：一种是对全局性的重大项目，建立有权威的组织实施机构，调动和组织有关的科技力量集中攻关。另一种形式是，对一个专业、一个行业、一个单位的专项科技任务，由科研单位或大学的系、教研室对口承包。再一种形式是，单项的技术改造任务，可以由一个单位承包，也可以以一个单位的科技人员为主，吸收其他单位的科技人员参加，共同承担任务。

其次，要坚决改变“大锅饭”的状况，实行一套调动知识分子积极性的政策。农村实行家庭联产承包责任制以后，经济发展较快，给我们一个很大的启示。为什么农村可以富起来，城市不能富起来？当然，城市的情况比较复杂，但推行经济责任制的方向是肯定的。可以试行一些调动知识分子积极性的政策，使有本事的、贡献大的知识分子得到较多的经济报酬，生活得更好一些。如果不把收入差别拉开，不改变多劳不能多得、少劳也不少拿的状况，知识分子积极性就不能充分发挥出来。

第三，要加强和改善对科技队伍的管理和领导。落实知识分子政策，第一位的就是要解决好科技队伍的管理使用问题。几年来，对知识分子队伍的管理确有很大进步，但还没有走上轨道，或者说还比较混乱，需要下力量进行调查研究，进行各种改革的试点。我认为，只要我们坚持了以任务为中心，把知识分子组织起来，实行按劳分配的经济政策，建立一个有权威、讲效率的领导机构，把束缚他们的各种不合理的规章制度打破，那么，充分发挥知识分子的作用，加快四化建设的步伐，是大有希望的。

（摘自 1983 年 3 月 13 日《发挥知识分子作用是解决知识分子问题的总钥匙》一文）

生产关系必须适应生产力的发展

必须通过改革使生产关系进一步适应生产力的发展水平。我们所进行的改革，在一定意义上讲，就是要把生产关系调整得更加适应初级阶段生产力发展的要求。我国过去的经济体制，在很大的程度上是建立在对社会主义初级阶段缺乏清醒、科学认识的基础之上的。如片面强调"一大二公"，忽视商品生产、价值规律和市场的作用，把共同富裕理解为完全平均，人为地拉平分配差别等。这一切都脱离了社会主义初级阶段的经济特征，脱离了现实的国情。改革在很大的程度上就是要解决这种生产关系"不适应"的问题。苏联实行新经济政策时，列宁曾经讲过"要退却"，就是从马克思设想的理论上的社会主义，"退却"到从本国的实际情况出发来建设社会主义。我认为，我们现在进行的改革，从一定意义上说，也带有这种"退却"性质，就是从过去的理想主义"退却"到现实主义，从过去的一切从本本出发"退却"到从我国的国情出发，探索自己独特的发展道路。明确这一点是很有意义的，可以使我们在改革的过程中更加实事求是，更大胆地冲破某些条条框框的束缚，这种"退却"实际上恰恰表明了我们的进步。必须说明，我们过去对生产关系好用"先进"与"落后"的概念。这个概念并不科学。具体到每一个社会形态，生产关系对于生产力应该讲是适应还是不适应的问题，这样认识，就突出了生产力这个标准，可以限制那些"左"的东西。

（摘自 1987 年 6 月 27 日在天津市党代表会议上的讲话）

过去有许多似是而非的提法，比如"先进的生产关系同落后的生产力之间的矛盾”。其实，生产力和生产关系之间的关系是个适应还是不适应的问题。适应生产力的生产关系，就是好的生产关系；不适应生产力的生产关系，阻碍了生产力的发展，怎么能称得上是先进的呢？农业只有在实行了联产承包责任制以后，才真正找到了适合我国农村生产力发展状况的生产关系，才解决了我国人民的吃饭问题。这样的生产关系就比“人民公社”好，就是好的生产关系。诸如此类的不正确的观点、观念不少。如果不改变这种思维方式，不解放思想，我们的事业有什么希望呢？

（摘自 1992 年 8 月 10 日听取内蒙古自治区党委负责同志汇报时的讲话）

改革开放是历史的必然

近一个时期来，特别是去年春夏之交的那场政治风波后，我们大张旗鼓地批判了资产阶级自由化。国内有些同志由此产生了一些错觉，国外也有这样那样的猜测，认为中国改革开放的政策可能要变、要收。人们产生这样那样的想法不足为奇，但我们党的领导干部，特别是高级领导干部必须明确：改革开放的方针是不应该改变、不应该放弃的，这个潮流是不可逆转的，只能前进不能后退。虽然前进的道路是曲折的，但前途是光明的。后退一时可能好过，但后果不堪设想。可以这样断言，离开了改革开放，中国就没有前途，没有希望。中央为了克服我国经济中多年积累下来的问题和困难，更好地深化改革，实现国民经济持续、稳定、协调发展，提出了治理整顿这个方针，这是非常正确和必要的。但在贯彻治理整顿方针的时候，必须向广大人民群众讲清楚，治理整顿绝不是改变改革开放的方针，也不是停止改革开放的工作，而是为了使改革开放搞得更好，有些治理整顿工作本身就是改革开放。对此，我希望各级领导干部不要有丝毫的动摇。

改革开放是历史的必然，是马克思主义的本义，是完善和发展社会主义制度的要求，也是全党全国人民的选择。为什么说改革开放是历史发展的必然趋势呢？至少有这样几条：

第一，从理论上讲，改革开放是马克思主义的理论所规定了的。大家都熟悉马克思主义的一个基本原理，世界上任何事物都是发展变化的，不存在一成不变的东西，人的认识也要随客观情况的发展变化而变化。客观事物的运动变化永远不会完结。马克思主义开辟了认识真理的道路，但真理永远不可能被穷尽。在很长的时期内，人们对社会历史的发展只是片面的了解，一方面是由于剥削阶级的偏见常常歪曲社会历史，另一方面则是由于生产规模的狭小限制了人们的眼界。这就是说，随着生产的发展，科学技术水平的提高，人们的认识也一定会不断地深化和提高。马克思讲社会主义只能在几个国家同时取得胜利，列宁根据变化了的客观情况，提出可以在资本主义锁链最薄弱的地方，在一个国家首先取得胜利。毛主席从中国的国情出发，又发展了列宁的某些结论，搞农村包围城市。这个结论开始也没有多少人接受，批评它是“山沟里的马列主义”，后来实践证明这个结论是正确的。粉碎“四人帮”后，小平同志如果不是从实际出发，把长期“以阶级斗争为纲”这一套去掉，提出以经济建设为中心，坚持四项基本原则，倡导改革开放，提出建设有中国特色的社会主义的理论，就不会有中国今天的局面。所以小平同志会见戈尔巴乔夫时说，就马克思主义来讲，既要讲坚持，又要讲发展，不讲发展就没有新意，不叫真正的马克思主义。这是从事物运动发展变化的理论来看改革开放的必然性。

马克思主义的另一个基本观点是，经济基础决定上层建筑，生产力决定生产关系，生产力不断运动和变化，必然导致生产关系的调整和变化。科学技术在不断进步，生产力在不断发展，生产关系不做调整，不进行改革，这本身就违背马克思主义嘛！我在会见尼克松时讲过，改革开放是符合马克思主义基本理论的，否认改革开放的人，不是真正的马克思主义者。马克思主义认为人类的知识有两个来源，从纵向讲是历史的延续性，从横向讲是互相学习借鉴。马克思主义讲的实践，指的是人类社会实践，把实践理解为只是个人的直接经验是狭隘的经验论。在科学技术和交通、通讯高度发达的今天，理所当然地要求我们进行交流，只有蠢人才不借鉴别人现成的经验。从某种意义上说，马克思主义也是外来货，还是从苏联"转口"来的，是十月革命一声炮响给中国送来了马克思主义嘛！

第二，从社会主义发展史上讲，也可以看出改革开放的必然性。大家知道，马克思、恩格斯对社会主义的描绘、预测，是建立在对资本主义社会发展规律的研究基础之上的，是建立在对资本主义社会的无产阶级革命运动的研究基础之上的，而现实的社会主义社会究竟是什么模样，他们没有赶上。列宁根据马克思主义基本理论，又结合俄国实际，建立了世界上第一个社会主义国家。列宁执政四年左右去世了，斯大林接着搞。斯大林很了不起，在内忧外患的情况下，搞出那一整套社会主义模式。斯大林搞的那一套还是有吸引力的，否则就不会出现那么多社会主义国家，这必须肯定。斯大林搞的社会主义模式不能不受到当时环境条件的限制，它不免带有那个时代的历史局限性。当然，作为对人的评价，后人对前人不能苛求，要有历史的评判。从斯大林的模式到现在，已经那么长时间了，各方面的情况都发生了变化，我们怎么就不能根据中国发展变化了的情况加以发展变化呢？马克思主义的基本原理毫无疑问是对的，社会主义的方向必须坚定不移，但社会主义发展过程中存在的弊病需要革除，社会主义制度的优越性需要进一步发展和挖掘。只有兴利除弊，社会主义制度才能不断自我完善，自我发展。这种完善和发展就是我们所讲的改革。

第三，从实践上讲，特别是从我们10年改革开放的实践上讲，没有改革开放就没有中国的今天。中国现在11亿人口，耕地没增加，吃的穿的能达到今天这个程度，如果没有改革开放可能吗？不可能。在座的许多同志都知道，1949年8月，美国国务院发表的白皮书里说中国人口太多，中国历代的统治者都是因为解决不了这么多人的吃饭问题而垮台，国民党也是因为解决不了这个问题垮了台，共产党最终也要因为解决不了这个问题而垮台。毛主席为了驳斥他们的观点，写了五篇文章，叫做五评“白皮书”，就是现在“毛选”第四卷的最后五篇。最后一篇是《唯心历史观的破产》，里面有一段名言：“世间一切事物中，人是第一个可宝贵的。在共产党领导下，只要有了人，什么人间奇迹也可以造出来。”这个话当时是批艾奇逊，也是驳马尔萨斯人口论的，是没有错的，很长中国人志气，但后来用到了多生多育上去，这就出错了。那时候说中国人多，也只有四亿五千万人，现在11亿多人。我们的吃、穿达到今天这个程度，不改革开放是绝对不行的。看一个国家的实力，从整体和长远来讲，总要看经济发展了没有，人民生活改善了没有，人的精神面貌改观了没有，文化素质提高了没有。改革开放，势必会在这些方面增强国家的实力。

第四，从群众意愿上讲，改革开放给群众带来了实惠，继续坚持改革开放的方针，是广大人民群众的最大希望。我们不是常讲人民群众是创造历史的主人，是创造历史的动力，主导着历史发展的趋势吗？我们是人民的公仆，群众愿意改革，我们有什么理由不改革呢？人民愿意对外开放，我们为什么不对外开放呢？不是讲顺乎民心吗？我们党和政府作为政策的制定者和执行者，理所当然地必须尊重人民群众的意愿，毫不犹豫地继续把改革开放推向前进。党的四中全会、五中全会一再重申改革开放政策不变，正是顺民意、得民心之举。

（摘自 1990 年 2 月 9 日听取福建省委工作汇报时的讲话）

我们之所以要进行治理整顿，可以讲很多的原因。按照马克思主义认识论的观点，经过一段实践，总是要总结一下，加以调整。改革开放以来，我们取得了许多成功的经验，但也遇到了一些困难和问题，的确需要花些时间把它理清楚。也就是说在肯定改革开放大方向的前提下，要承认和正视我们前进中面临的严峻问题，既不能因为碰到一些暂时的困难和问题而否定改革开放，也不能因为坚持改革开放而忽视面临的困难和问题。就我们国家来讲，可以肯定地说，不改革、不开放就没有希望。

去年 10 月我会见尼克松时说过，改革开放是马克思主义理论所规定了的。他感到很新鲜，说马克思什么时候讲过改革开放？我说，马克思主义的一个基本观点是，世界上的任何事物都是发展变化的，而不是一成不变的，人们的认识也要随着实践的发展而深化，不断地认识真理，但永远不能穷尽真理。马克思主义的另一个基本观点是，生产力决定生产关系，经济基础决定上层建筑。生产力的不断变化必然导致生产关系的调整和变化，因此，不断地、经常地进行改革，恰恰是马克思主义本来之义。关于开放的意义，用马克思主义解释可能比用其他方式更简单。马克思主义认为，人类的知识有两个特点：从纵向讲是知识的延续性；从横向讲是知识的借鉴性。马克思主义历来认为，认识来源于实践。但这里讲的实践指的是人类的社会的实践，不同于把实践局限于自己的直接经验的狭隘经验论。科技、交通、信息发展到了今天的程度，使地球变小了，来往方便了，各国人民都有很多自己的创造，相互借鉴这些经验是理所当然的。有现成的经验不借鉴，自己在那里憋，那是蠢人。马克思在创立自己的理论体系时，也没有仅仅局限于研究德国，还认真研究和关注了英国、法国的理论成果和社会实践。我们讲改革、开放就是基于马克思主义的这些理论。

中国近十年的巨变也说明，正是改革开放给中国带来了勃勃的生机和巨大的希望。我国 11 亿人口，但就这么一块地皮，这些年来耕地面积又没有增加，但大家的生活却有了很大的变化。这是为什么？解放前中国有四亿五千万人，连吃饭问题都解决不了。现在人口翻了一倍多，吃的穿的都可以，温饱问题基本解决。没有改革开放能做到这一点吗？绝没有这个可能！不改革开放就根本没有现在这个局面。因此，对有些议论要正确分析。包括对深圳的一些议论，比如对腐败现象，一个时期我们说得过分严重。去年，在全国组工会议上我说了段话，意思是从总体上必须肯定我们这个党、我们这个政府是好的，真正腐败的、有问题的人是个别的。这一条必须肯定。如果不肯定这一条，地是谁种的？我们吃的菜和肉是哪来的？是天上掉下来的？种地的、做工的、干活的人多，不做工、不干活的是少数，真正懒的人更少。当然，我这么说并不意味着可以忽视腐败现象的严重性，而是说要分析，要讲准，对于腐败问题要认真严肃地加以解决。

从马克思主义运动史来讲，从社会主义制度形成发展的过程，也可看出坚持改革的必要性。科学社会主义的学说是马克思、恩格斯创立的，而付诸实践的是列宁。列宁搞了没几年就去世了，后来是斯大林搞的。斯大林在第一个社会主义国家设计和实践了有关社会主义的体制、模式、方针、政策、方法等等，这是了不起的，许多方面也是符合当时的实际的。但也应看到，由于当时苏联国内外历史条件，不可能不带有历史的局限性。我们不能苛求斯大林一下子把社会主义的各个方面都搞得那么合理。社会主义也有一个逐步完善的过程，也需要随着各方面的变化而不断发展。四项基本原则是我们的立国之本，坚持社会主义方向，这一点我们不会含糊、不会动摇，但是社会主义也有弊病需要革除，在许多方面还有潜力需要挖掘。社会主义在许多方面要自我完善、自我发展，这种完善和发展，就是我们所讲的改革。不讲发展，抱住某些过了时的具体结论不放，这不是真马克思主义，而是唯心论和形而上学。列宁如果不根据当时俄国革命实践改变和发展马克思的某些结论，就出不来列宁主义。毛主席如果不根据当时中国革命实践改变和发展马列的某些结论，就出不来毛泽东思想。邓小平同志如果不是根据当代中国的实际来创造性地运用和发展马列和毛主席的理论，也不会成为中国改革开放的总设计师，中国也不会有今天这样的局面。

所以，坚持改革开放的方针，符合马克思主义的基本理论，符合社会实践发展的要求，符合人民群众的意愿。对这个根本方针，不管遇到什么情况，听到什么议论都应该坚定不移地贯彻执行。至于这几年的改革开放，还有没有需要进一步研究、调整的地方？我看还是有许多需要研究、调整的地方。总之，治理整顿非常必要，但治理整顿决不意味着改革开放停顿不前，更不是不要改革开放。治理整顿的最终目的是为了把改革开放搞得更好。有些治理整顿的内容本身就是改革开放。深圳应该通过总结实践经验，加以理论阐述，并认真进行宣传。这在当前对全国来讲是非常重要的。

（摘自 1990 年 1 月 30 日听取深圳市工作汇报时的讲话）

改革是为了完善社会主义制度

中国正处于社会主义的初级阶段，在这个相当长的历史时期，我们的基本路线是“一个中心、两个基本点”。“一个中心”就是以经济建设为中心，“两个基本点”就是坚持四项基本原则、坚持改革开放。改革开放的出发点、过程和目的，都是为了使党的领导更加巩固和加强，使社会主义制度更加完善和发展，而不是相反。

马克思主义理论有一个基本观点，就是承认世界上各种事物都在不断变化和发展。依据这一观点，任何社会制度都不是一成不变的。社会主义制度是人类社会发展的必然趋势，但它也有一个不断完善、不断发展的过程。如果认为社会主义制度就不需要改革，这是违背马克思主义理论的。

马克思主义还认为，人类的认识来源于实践，这种实践不只是个人的直接实践，还包括对纵向历史的继承和对横向经验的借鉴，离开这些就很难谈认识的发展和社会的进步。根据这个观点，改革开放就包含着对人类一切文明成果和先进经验的借鉴。马克思主义本身就不是中国固有的。我讲这番话的目的就是说，坚持改革开放与坚持马克思主义是一致的。在中国，不坚持改革开放是没有前途和希望的。一个很明显的事实是，在改革开放以前很长的一个时期内，中国经济发展比较缓慢；而改革开放以后，广大人民群众确实得到了实惠，国力也有了明显的增强。可以说，坚持改革开放是历史发展的必然趋势，是广大人民的迫切愿望，也是马克思主义的应有之义。当然，如何将二者在实践中更好地统一起来，还要很好地探索和研究。

中国改革开放的方向是不会改变的，今后步子会更大，路子会更宽。随着经济体制改革的不断深入，还要进行政治体制改革，并以此推动经济体制改革。无论经济体制改革还是政治体制改革，都是为了完善社会主义，而不是放弃社会主义。

（摘自1991年3月8日会见日本自民党众议员渡边美智雄一行的谈话）

对社会主义制度、社会主义方向要坚定、坚决、坚持。迄今为止的实践证明，社会主义制度是世界上最先进的制度。但中国最初建立的社会主义制度受外国因素影响甚大，某些部分直接来自国外。外来模式，有的本来就不适合中国的情况，有的消极方面以前还不太显现，随着时间的推移，变得越来越不适应生产力的发展。改革就是要在坚定社会主义方向的同时，改掉旧体制中那些不适合本国情况、不利于发展的东西，进一步解放和发展生产力。

卡斯特罗主席是首次来访，没有看到我国改革开放以前的情况。那时我们的经济很困难，人们买粮食要用粮票，买布要用布票。搞外事的同志出国要借公家的衣服，用完了再还回去。过去我们在农业上提出要“上纲要”（粮食亩产达到400斤）、“过黄河”（亩产达到500斤）、“跨长江”（亩产达到800斤）的口号，并为此奋斗了很长时间，但始终没有达到。在改革开放的今天，亩产800至1 000斤的很多，每公顷产15吨粮的县、乡已相当普遍。

十一届三中全会以后，天还是这个天，地还是这片地，人还是这些人，为什么能取得如此辉煌的成就，发生这样巨大的变化？最主要的是通过各种改革政策和措施，极大地调动了人的积极性。用群众的话说，就是：一靠政策，二靠科技。政策好了，人们搞科技的积极性也就有了。所以我们讲，改革是消除各种束缚生产力发展的不利因素和外来模式的消极影响、推动经济发展的动力。当然，我们的改革是社会主义制度的自我完善，是为了使社会主义制度更具活力、生命力和吸引力，而不是改掉社会主义方向。

（摘自1995年11月30日会见古巴国务委员会主席卡斯特罗时的谈话）

建立和完善社会主义市场经济体制

建立和完善社会主义市场经济体制，是一项宏大的系统工程，是中国人民创造历史的伟大实践。在这个过程中，必然会遇到许多难以预料的困难和异常复杂的局面，对此我们务必保持清醒的头脑，有充分的估计和足够的准备。我们必须看到，建立社会主义市场经济体制是全新的事业。迄今为止，人类社会只有在资本主义制度下发展市场经济的经验，而把社会主义制度同市场经济有机地结合起来，无疑是没有先例可循的崭新探索。建国以后的相当长时间内，我们把计划与市场看成划分社会主义和资本主义的标准，对市场经济采取批判、排斥的态度，使得人们包括各级领导干部对市场经济的一般规律和基本要素了解甚少以至完全陌生。通过十几年的改革开放，市场调节的比重逐步扩大，但我们对现代市场经济通行的法则、机制和国际惯例，还不很熟悉。如何在社会主义市场经济条件下，坚持和发挥我们的政治优势，也是新的课题。我们必须看到，建立社会主义市场经济体制是深刻的革命。长期以来，从管理体制、规章制度到人们的思维方式、工作方式乃至生活习惯，都形成了一套与计划经济相适应的东西。社会主义市场经济的发展及其所要求的价值观念和行为准则，必将对它们产生强烈的冲击。这种冲击涉及经济、政治、文化、社会生活的广阔领域，触及各地区、各部门、各单位工作的各个环节。它要求我们从经济基础到上层建筑实行一系列相应的转变，在改造客观世界的同时改造主观世界，切实有效地加强社会主义民主法制建设和社会主义精神文明建设，以同社会主义市场经济体制相协调、相融合，并为它的健康发展提供多方面的有力保证。我们必须看到，建立社会主义市场经济体制是难度很大的工作。实行了几十年的计划经济体制，遗留了不少老大难问题，有的甚至积重难返。向市场经济体制转变的过程中，又难免引发一些新的经济和社会问题。各种新旧矛盾交织在一起，呈现出好坏并存、利弊伴生的复杂局面，使得我们常常面临两难的选择，许多问题处理起来非常棘手。尤其是一些涉及群众切身利益调整的改革措施，如果处理不慎，就可能引发社会波动。我们还必须看到，建立社会主义市场经济体制是一个较长的过程。西方发达国家搞市场经济，经历了几百年的时间才达到今天这样的程度，在我们这样一个经济文化基础薄弱、计划经济影响很深的东方大国，实行这样深刻的社会变革，尽管有许多有利条件，也不可能一蹴而就。而且，由于种种原因，新旧体制的转换在某些情况下甚至会出现僵持或反复。这就要求我们必须树立长期奋斗的思想，在工作中注意坚持统筹兼顾，区别轻重缓急，讲求先行后续，实行配套推进。在社会主义市场经济体制诞生、发展和完善的全过程中，始终存在处理好改革、发展与稳定三者关系的问题。改革是动力，发展是目标，稳定是前提。我们必须把维护人民群众的切身利益作为根本出发点，虚心听取群众的意见，悉心体察群众的情绪，把握好总体受益原则和总体承受能力原则，努力使我们的各项决策和措施符合广大人民群众的意愿，赢得广大人民群众的拥护和支持。我们必须慎重地把握改革的时机和力度，统揽全局，审时度势，见微知著，力争改革在比较稳定和谐的社会环境中顺利进行。

要顺利完成建立社会主义市场经济体制的历史性任务，避免前进过程中发生大的波折和损失，我们必须始终坚持用邓小平同志建设有中国特色社会主义的理论武装头脑。最近出版的《邓小平文选》第三卷是我们建立社会主义市场经济体制的理论基础，我们要认真刻苦地学习。要学习邓小平同志的立场、观点、方法和风格，提高我们认识世界、改造世界的能力和水平。要理论联系实际，不断总结经验，增强坚持党的基本路线一百年不动摇的自觉性。要通过学习，牢固确立解放思想、实事求是的思想路线，善于把握“三个有利于”的根本标准，创造性地解决社会主义市场经济发展中的各种问题。我们必须始终注重实践。《决定》（《中共中央关于建立社会主义市场经济若干问题的决定》）总结了我国以往改革开放的经验，需要通过实践在新的历史条件下继续发展；《决定》勾画了社会主义市场经济体制的基本框架，需要通过实践去充实各个细节；《决定》是指导全国经济体制改革的纲领性文件，需要通过实践去同各地的具体情况相结合；《决定》提出了基本方针政策，需要通过实践化为全国人民的统一认识和统一行动。建立社会主义市场经济体制，说到底是个实践问题。贯彻落实《决定》，既要塌下心来刻苦学习，更要扑下身子大胆实践。在理论指导下进行实践，在实践过程中学习理论、发展理论。实践、总结，再实践、再总结，这既是我国改革发展的过程，也是我们认识深化的过程。我们必须始终尊重群众的首创精神。人民群众是认识和实践的主体，是改革和建设的力量源泉。《决定》既借鉴了发达国家搞市场经济的成熟经验，更总结了我国人民群众在改革开放中创造的新鲜经验。随着《决定》的贯彻落实，人民群众中被高度集中的计划经济体制所束缚的主动性、创造性，必定会焕发出来，必定会有许许多多新的创举。要满腔热情地对待人民群众在实践中的发明创造，善于运用群众创造的经验引导群众前进。我们必须始终坚持艰苦奋斗。现在，改革的大政方针已经确定，最重要的是狠抓落实，埋头苦干。改革开放是一项造福全民的事业，但不可能改革的每项措施都使所有的人同步受益，有些人还可能吃点亏，这就需要我们有吃苦的准备，乃至为了顾全大局，甘愿承担暂时的牺牲。建立社会主义市场经济体制，必将使国家繁荣，人民富裕，但没有全国各族人民的齐心合力，艰苦奋斗，宏伟蓝图不可能变为现实。能不能做到艰苦奋斗，关键在于领导干部是否率先垂范。各级领导干部思想要艰苦，工作要艰苦，生活要艰苦。要深入实际，深入群众，主动到工作最困难的地方去解决问题，开创局面。总之，当前加快改革和发展的时机很好，有利条件很多，只要认真学习理论，尊重实践经验，密切联系群众，坚持艰苦奋斗，我们就一定能够战胜各种艰难险阻，完成建立社会主义市场经济体制的历史性任务。

（摘自1993年12月28日在政协第八届全国委员会常务委员会第四次会议上的讲话）

经济体制改革和政治体制改革互为条件

改革包括经济体制改革和政治体制改革。当前我们国家主要致力于经济体制改革。我们认为，要使社会主义制度不断巩固和发展，首先必须把经济搞上去，使综合国力增强，人民生活改善。而根据马克思主义的基本原理，要使生产力不断发展，就必须对生产关系中不适应生产力发展的部分及时进行调整。正是基于这个道理，我们把工作的重心放在经济上，并首先从经济改革入手。随着经济的发展和经济改革的深入，也需要逐步进行政治体制改革。现在国外很多人都很关心中国的政治体制改革，他们认为中国的经济体制改革劲头很足，政治体制改革似乎劲头不大。我们的理解是这样的，经济体制改革和政治体制改革两者互为条件，经济是基础，没有经济体制改革，人民的基本生活问题不能得到解决，政治体制改革也很难进行。同样，经济体制改革进行到一定程度，不相应进行政治体制改革，经济体制改革也难以继续深入。政治体制改革要以经济体制改革为基础，并为经济体制改革的进一步深化服务。政治体制改革只能在社会稳定的情况下进行，并且也应该是有利于稳定的，否则政治体制改革很难坚持下去，不仅达不到目的，最后反而给自己造成混乱，甚至把自己搞垮。这是一个原则性问题，也是我们在进行政治体制改革时考虑得比较多的一个问题。

（摘自 1992 年 2 月 26 日会见德国民主社会主义党名誉主席莫德罗时的谈话）

坚持“三个有利于”的标准

过去这些年，我们在改革开放中遇到过许多困难，遇到过许多束缚人的东西，最典型的一点就是来回地问，姓“社”呀，姓“资”呀，什么性质啊。我们过去搞“以阶级斗争为纲”吃了很大的亏，现在不能再倒回去，不能再搞那一套了。小平同志在谈话中明确了判断姓“资”姓“社”的三条是非标准：第一，是否有利于发展社会主义社会的生产力，第二，是否有利于增强社会主义国家的综合国力，第三，是否有利于提高人民生活的水平。有些人过去就不是从这三条标准上看问题，认为办合资企业、独资企业是发展资本主义，农村实行联产承包责任制是历史的倒退。如果从这三条标准来看，毫无疑问，这些措施都不是什么发展资本主义，也不是什么历史的倒退，而是历史性进步！不妨想想，如果没有农村联产承包责任制，今天会有这样多的粮食、棉花、副食品吗？能有城乡市场这样繁荣的局面吗？既然这些改革对巩固社会主义制度有好处，可以顶住外来压力，你还能说它不姓“社”吗？所以我们看问题就要从这个根本意义上看。马克思主义不是讲实践吗？要放到实践中去看，从实践的结果去看，而不能用书本上某些现成的结论来套。

小平同志还讲到，社会主义要赢得与资本主义相比较的优势，就必须大胆吸收和借鉴人类社会创造的一切文明成果，吸收和借鉴当今世界各国包括资本主义发达国家的一切反映现代社会化生产规律的先进经营方式、管理方法。大家认真想想，这句话对我们解放思想该有多大的现实意义呀！我们的社会主义社会是由封建社会、资本主义社会而来的。无产阶级要夺取政权，就必须对封建主义、资本主义进行批判，进行斗争，进行否定，这才构成你下台我上台的理由，这毫无疑问是对的。但另一方面，社会主义也不是从天上掉下来的，而是由封建社会、资本主义社会发展而来的，因此，毫无疑问，人类社会创造的一切文明成果社会主义都应该继承；而其他社会不能解决的矛盾和弊端，社会主义都应能解决。这样才能讲社会主义优越，社会主义好，有生命力！我们对资本主义应当排斥的那一面当然应该注意，不注意就忘了社会主义性质，就会出大问题。但也应看到资本主义也有文明、进步的东西，对此也必须承认，否则就无所谓对外开放了。

现在的主要问题还是能不能把国外的、先进的人类文明成果都吸收过来，变成我们的财富。

（摘自1992年4月22日听取山东潍坊市委负责同志工作汇报时的讲话）

正确看待所有制问题

以前我们对什么是以公有制为主体的理解，现在看来是受概念上的束缚太多，从小平同志“三个有利于”的观点看，有许多问题需要研究。1991年，我到了上海，也到了河南洛阳，看了一些企业，在上海我谈了一个观点，这个观点没有发表。我说，农村改革的成功可以讲很多理由，其中很重要的一条，就是过去所有制太超前，公有制比重过大，超越生产力发展水平，一旦退回到联产承包责任制，土地有了主人，主人有了自主权，很快就导出那么多变化。中国的公有制是从苏联套过来的，苏联不是在公有制比重最高的时候垮的吗？所以把提高公有制比重等同于巩固国家安全、巩固社会主义制度的说法是缺乏根据的。重要的是使公有制的比重符合社会生产力水平。从这个观点来看，我们的企业是否也有个公有制比重偏大、所有制超前的问题？我当时的看法是公有制比重确实偏大了，究竟多大合适，这是值得重视和研究的问题。如果所有制超前了，就要主动退一点，包括承包、合资、租赁，也包括出售一部分。当时算了一笔账：如果把集体和私人干得了的、包括一两千人的有一定规模的国有企业以不同方式转变所有制形式，包括有计划地卖掉，而留下骨干性的、带动性的、垄断性的若干行业的大企业，比如铁路、飞机场等，那么按当时价格计算可以收回7 000亿人民币。把这7 000亿人民币用于改造、发展少数骨干性的国有企业，使之同国际先进水平接轨，那么可以真正使我国公有制经济有一个实质性的发展。目前这种保护公有制的办法是不行的。许多国有企业一没有明确的主人，二没有一套好的经营机制，像搞机关、军队一样搞企业，一个小小的企业，有保卫科长、有宣传科长……少一样就不是政治挂帅，非生产人员占到一半，怎么能同非公有制企业去争？我们不能正视公有制比重过大的问题，还是因为怕人家攻你不搞社会主义、不坚持四项基本原则、搞私有化了。

所有制问题是一个有待在实践中继续研究的问题。最后判断的标准，还是“三个有利于”，怎么“有利于”就怎么搞。“三个有利于”，没有必要前前后后加那么多话，加得太多就冲淡了小平同志本来想强调的意思。“三个有利于”在中国是轰动性的说法，是对中国老百姓触动最深的说法，是邓小平理论一个重要的内容。稍稍往深想想，搞企业如果不是为了“三个有利于”，还办企业干什么？怎么在中国连这也成了新闻了？言外之意，我们过去办企业不是为了“三个有利于”，那么又是为了什么？只有小平同志敢这么讲，只有小平同志讲出来才产生那么大的影响。马克思的若干主张，讲的是现在还是今后？我们今天有没有统统拿来付诸实施的条件？小平同志说，社会主义几代人、十几代人才能建成，后来又改成“甚至几十代人”，这是什么意思？就是说起码我们这些人看不到它建成时到底是什么样子。从孔夫子到现在才七十几代嘛。原来我们讲社会主义、共产主义不是遥远的将来，这个说法看来不准确。小平同志没有把事情看得那么简单，他已经悟出这个道理来了。所以苏联垮台时，他说：别慌，这件事是一定要来的。他已经看出来了。我们多少年来习惯在概念的、抽象的、没有实质意义的字眼里来回折腾。只重名义概念不重实际，是走不出路子的。有计划的撤退、战略转移，这不算打败仗，而现在的问题是一些国有企业稀里糊涂就没有了，以前好的企业稀里糊涂就变成大窟窿。你去追查，厂长换了几个，市长也换了好几任，谁也没有责任。有了窟窿银行还得照样贷款，不贷职工就会闹事。这才是最令人担忧的。

（摘自1998年7月9日、13日与部分政协委员就经济问题座谈时的谈话）

有些提法本身是正确的，但说的时候要十分谨慎，十分周全，免得产生误解。比如说，在谈到规模经营时，要十分注意不能勉强，要注意那个地方的具体情况，要坚持在自愿的基础上，并切实做到给人们带来更多好处。在讲社会主义制度和社会主义方向的时候，要注意农村经济政策的稳定性和连续性，不能轻易把农村经济政策说成是社会主义的或是资本主义的。有的地方提出要“进行社会主义再教育”，就其本意来讲也许是好的，但要十分小心，不要给人们造成误解。过去“四清”，就叫“社会主义教育运动”。现在自由市场上东西很多，而相当多的是农民和个体户起早贪黑生产和送来的啊。我们到农村庭院看看，前前后后都充分用来种植、养殖。在我国经济建设中，我们必须坚持以公有制为主体、发展多种经济成分的方针。在农村，当前要特别注意稳定和完善多种形式的联产承包制，发挥个体经济和其他经济成分对社会主义经济的有益的、必要的补充作用，绝不能否定个体经济。要十分谨慎地对待这件事情。一旦农村经济政策出了问题，或者说农民对个体经济、私有经济的发展感到有什么政策上的威胁，发生了动摇，出现了混乱，那将是一个不可收拾的局面。对此全党必须有很清醒的认识。要警惕再出现那种把农村个体经济当作“资本主义尾巴”来割的错误做法。我们已经走了40年的曲曲折折的道路，酸甜苦辣都尝过，其中经过了十年

“文化大革命”的折腾，后面这十年有成功也有失误，去年又经过这么大的动乱，我们应该听点意见，改点毛病，长点出息，不能再折腾。要十分清醒和警惕。要稳定，就必须稳定农村，抓好农村。农村这一块抓好了，有了粮食，有了棉花，怎么都好说。农村要出了问题就不得了。

（摘自 1990 年 1 月 6 日在河北省六大班子成员座谈会上的讲话）

要理直气壮地支持非公有制经济的健康发展

党的十五大提出，非公有制经济是我国社会主义市场经济的重要组成部分，公有制为主体、多种所有制经济共同发展是我国社会主义初级阶段的一项基本经济制度。这就是说，非公有制经济的健康发展，不仅有利于非公有制经济人士自身，也有利于整个国家和整个民族，有利于建设有中国特色社会主义的伟大事业。这就是说，只要依法经营，照章纳税，非公有制经济人士发家致富，不仅是合法的，也是合理的、光荣的。在国外，衡量企业对社会的贡献，主要看两条：一个是缴纳税款数额的大小，一个是吸纳就业人员的多少。这几年我国非公有制经济发展很快，但绝对数不大，纳税额只占国家税收的 7%。我们要理直气壮地支持非公有制经济的健康发展，有关部门、有关方面应当堂堂正正地依法维护非公有制经济人士的合法权益。非公有制经济人士也要规范言行、遵纪守法，兢兢业业地办好企业，不断壮大自己的实力。我曾给工商联写过六个字：“爱国、敬业、守法”。这是工商联的传统，希望大家继续发扬这个传统。一方面要看到，非公有制经济发展的主流是好的，但并非十全十美，的确也存在一些需要改进完善的地方；另一方面也要看到，对非公有制经济的发展，对一部分人先富起来，有些同志的思想还转不过弯来。大家也许还记得，“文化大革命”搞所谓“斗私批修”时，总批判有钱，批判发财，把平均主义推向了极端。有个电影叫《青松岭》，里边有个人物叫钱广，他到山上捡一点蘑菇和松子，让人帮他带到城里卖，赚一点小钱，这就被打成是走资本主义道路，遭到批判。在今天看来，这个批判岂不是很可笑！有个道理要搞清楚，你没有钱并不是因为人家有钱，人家不发财你不一定就能发财。我们不能再回到《青松岭》那个时代。

非公有制经济发展了，一部分人有钱了，这就提出了一个问题，有钱以后究竟干什么？一方面，要继续推进自身发展，在现有的基础上扩大再生产，给更多人提供就业机会；另一方面，要帮助别人发展，乐善好施、助人为乐，多办一些好事善事。过去常讲“富人一餐饭，穷人半年粮”，现在一餐饭花一万块钱不算新鲜，一万块钱可买多少粮食，够一个人特别是贫困地区的群众吃多少个半年？为什么不能在吃饭上少花点钱，多帮助穷困的人办点儿善事？孟子讲：“乐民之乐者，民亦乐其乐；忧民之忧者，民亦忧其忧。”你若帮助别人，当你有困难的时候，别人也会帮你；当你发财的时候，周围的人会替你高兴。如果你只顾自己，不顾别人，甚至损人利己，为富不仁，你越发财别人越穷，别人就不会支持你，你的发展也不会顺利，你的心情也不会舒畅。我们既要理直气壮地支持非公有制经济健康发展，也要理直气壮地提倡富裕起来的人们帮助生活困难的人们。这既是解决发展过程中经济不平衡、生活不平衡现象的一种措施，也可以使那些生活比较困难的人们心理上平衡。这就是既用政策的手段克服两极分化和发展过程中的不平衡，同时又用道德的方法解决不平衡问题。

（摘自1998年10月7日在会见非公有制经济人士时的讲话）

看一个生产企业，应当看它的产品是好是坏，市场是否需要，对社会有利还是有害，企业的效益如何，而不应该先定社会性质。有些企业很难说它是什么主义，废钢市场把各地的废变压器搜集起来，把变压器中的剩机油集中起来，把白银分解出来，从集中的油和白银中得到一笔钱，然后再卖废铁。你说它是什么主义？我看在中国就是社会主义。

有些东西不要急急忙忙定性，只要市场需要、社会无害、生产者有利，就应当允许、支持。先生孩子后起名，孩子生下来可以先起个小名，阿猫、阿狗、铁蛋都行。主要的是让他身体好，长本事。

这几天你们给我的印象是好戴帽子，每到一处总是先说我这是社会主义的。你们反对别人给你们戴白帽子，你们自己也不要抢戴红帽子。不戴帽子不行吗？温州能把全国各地的破旧化纤搜集起来，经过洗染织成五颜六色的地毯，然后四块钱一平米出售。许多加工厂是家庭作坊，前面工厂后面住家，或楼下工厂楼上住家，生产机器日夜不停，父母妻子轮换上班，紧张得很，辛苦之极。你说他这种精神该不该提倡？国家要富强，生活要改善，就得有这种干劲、拼劲、苦劲。

简单地以私有经济比重来确定社会性质是不科学的。改革开放以来，我国私有经济比重是加大了，但不能说我们的国家、我们的社会主义不如改革开放以前了。原苏联、东欧一些社会主义国家公有制经济比重都很高，它们的社会主义却垮台了。

批评温州的人也说温州经济发展了，生活提高了，就是搞了资本主义。他们说的资本主义就是指温州经济多是非公有制经济。我国农村改革后，公有制经济比重小多了，但农村的经济发展了，农民的生活提高了。你能说农村改革是搞资本主义吗？应该承认，在许多情况下，公有制经济搞不过非公有制经济，其中原因是什么可以研究，但这样的事实不少。非公有制经济搞多了吗？我看中国非公有制经济还会有更大的发展。我说过，中国的国有经济很大一块要让给非公有制，这只是一个时间问题，自觉不自觉、主动与被动的问题。搞得好，是积极退却，可以收回一大笔资金；搞得不好，节节败退、溃退，会付出很大代价。对此我有一套想法。

（摘自 1991 年 5 月 19 日听取温州市委工作汇报时的讲话）

北京对温州的说法很多，说温州很乱，温州在搞资本主义，温州什么都有，等等。我这次来是想直接体察一下，是非曲直你们比我更清楚。省市一级领导，和基层干部比更了解中央精神，和中央领导比更了解实际情况，你们应当实事求是地向中央反映情况。我们常讲要坚持原则，实事求是就是原则，而且是一个大的原则。把对中央负责和对基层负责统一起来很难，但这是省委的责任。我不是说温州一切都好，我和刘锡荣同志谈话也批评了大建陵墓的问题，但总的应该说那里的经济发展了，老百姓的生活提高了，社会也比较稳定。温州的基础很差，没有什么资源，国家没给投资，交通也不发达，搞成这个样子很不容易。安徽搞承包，开始时北京说的多是坏话，小平同志支持才过了关。现在温州很需要有人替他们说公道话，省委领导应该给他们撑腰，起码不能随声附和，参加反温州的大合唱。北京有些人的话是靠不住的。温州经济搞垮，老百姓没饭吃，他们不管，最终还是要省委负责。

（摘自 1991 年 5 月 21 日和浙江省委主要负责同志的谈话）

敢于和善于利用
资本主义的某些因素和形式

在社会主义初级阶段，必须敢于和善于利用资本主义的某些因素和形式。社会主义社会是从旧的社会形态中脱胎而来的，在它的初级阶段不可避免地带有旧社会的种种痕迹，这是不以人的意志为转移的。从主观愿望出发，简单过急地消灭所有“种种痕迹”，不仅是不现实的，而且无助于社会主义制度的巩固和发展。恩格斯说：“历史不外是各个时代的依次更替。每一代都利用了以前各代遗留下来的材料、资金和生产力”。社会主义也不能例外。由于社会主义是从资本主义脱胎而来的，所以只有善于利用资本主义这些遗产，才能获得有利于自身发展的充分条件。列宁就曾经讲过：无产阶级应该利用资本主义作为小生产和社会主义之间的中间环节，作为提高生产力的手段、途径和方式。马克思主义的理论以及我们在这个问题上的经验教训都深刻说明，在社会主义的初级阶段，对于某些资本主义因素和形式，不能采取完全排斥的态度，也没有必要“犹抱琵琶半遮面”，非要贴上社会主义的标签才敢用。凡是适应当前生产力发展的，就应该允许存在，这不会改变我们国家的社会主义性质。

当然，我们研究社会主义初级阶段的问题，必须牢牢掌握一条原则，我们讲的初级阶段，是社会主义的初级阶段，而不是别的。尽管现在它还存在不完善、不成熟的地方，但毕竟具备了社会主义社会的基本特征。我们研究这个问题的目的是为了更好地建设和发展社会主义，反映到实际工作中，就是要坚定不移地坚持社会主义的方向，对这一点不能有丝毫的怀疑和动摇。

（摘自 1987 年 6 月 27 日在天津市党代表会议上的讲话）

光彩事业是先富帮后富的有效形式

党的十一届三中全会以来，特别是十四大以后，我们党确定了以公有制经济为主体、多种经济成分共同发展的方针。在这一方针的指引下，我国的个体、私营、外资等非公有制经济有了较快的发展，成为我国社会主义经济的重要部分，成为国民经济的一个新的增长点。实践证明，以公有制经济为主体、多种经济成分共同发展是改革开放的一个重要内容，也是改革开放的一条基本经验。以生产资料公有制为主体、多种经济成分并存的方针，是进了宪法的、上了党章的、载入党的代表大会文献的、见之于党和国家主要领导人讲话的。江泽民总书记最近指出，只有坚持这条方针，才能使我国经济充满生机与活力，促进社会生产力的迅速发展。

在我国非公有制经济得到发展的同时，一批非公有制经济企业家涌现出来，非公有制经济代表人士队伍不断扩大。在这种情况下，我们就面临着一个对这部分人如何组织、帮助、引导的问题。总的讲，他们对于发展我国社会生产力、繁荣城乡经济、扩大劳动就业、方便群众生活、增加国家财政收入等，是发挥了积极作用的。但就每个人来说，情况又不一样。我国非公有制经济人士在致富之后，大体有三种情况：

第一种情况是，有个别的人富了之后，不去努力扩大再生产，而是一味追求个人享受，花天酒地，纸醉金迷，挥霍浪费，一掷千金。他们既缺乏经济眼光，又缺乏道德水准。这虽然只是很小的一部分，但他们的行为，却在一定程度上对社会风气产生了消极的影响，也严重地损害了非公有制经济人士的形象。对这种行为我们是不赞成的，广大的民营企业家也是反对的。

第二种情况是，一些人富了以后，不忘仍处于贫困之中的群众，热心社会公益事业、慈善事业。有的捐资助学，有的铺路修桥，有的帮弱助残。这充分体现了中华民族扶危济困、乐善好施的传统美德，受到了广大人民群众的普遍赞誉。去年中央统战部和全国工商联向民营企业家发出为新疆和田打井工程捐款的号召，在不到一年的时间里，就有大批的企业家慷慨解囊，很快筹集了1 500万元，为改变当地人民群众千百年来吃“涝坝水”的历史做出了积极的贡献。这件事情，在新疆各族人民中被传为美谈。还有其他许多类似的善举义举，都是很好的事情，都是很光彩的事情。

第三种情况是，很多民营企业家在致富以后，不是去挥霍享受，而是把积累起来的资金用于扩大再生产。只要是用于扩大再生产，就为国家和社会创造了财富。特别是其中一批人，不单纯从经济角度考虑问题，一种道德力量促使他们发起并投入光彩事业，自觉自愿地到“老、少、边、穷”地区去开发资源、开办企业、培训人才、兴办教育。尽管这些地方交通不便，信息闭塞，基础设施比较薄弱，投资周期长，风险性大，回报率低，但他们却把它当作一项事业，认认真真地去干。据了解，目前全国各地参与光彩事业活动的企业家人数已达几千人，协议投资额达 20 多亿元，到位资金 8 亿多元，有的项目已建成投产，并开始产生效益，使一部分群众走上了富裕的道路。

光彩事业的出现，显示了我国一部分民营企业家具有致富不忘国家、致富不忘人民的觉悟，他们把自身的发展融合到全社会的发展之中。对他们这种主动为国分忧、利国利民的行动，我们从一开始就表示大力支持。光彩事业是通过民间渠道、利用民间形式实施的扶贫行为，是惠及百姓、功在千秋的事业。它既是一种经济行为，又是一种充满感情的道德行为。是经济行为，就要按社会主义市场经济的规律办事；是道德行为，就要有对国家的热爱、对社会的回报、对人民的奉献。在这里，体现了物质文明建设和社会主义精神文明建设的统一。我们在建设高度物质文明的同时，绝不能放松社会主义精神文明建设，对于整个国家来说是如此，对于非公有制经济代表人士队伍来说也应该如此。

光彩事业的出现，也为各级统战部门和工商联组织进一步做好非公有制经济人士的思想政治工作，提供了一个有效载体和具体形式。要结合推动光彩事业，在广大非公有制经济人士中进行爱国主义、社会主义的教育，以及艰苦奋斗、勤俭节约、遵纪守法的教育，帮助他们树立“爱国、敬业、守法”的思想和行为准则，培养良好的职业道德风尚，逐步建立一支拥护党的领导、对社会有贡献的积极分子队伍，为社会主义现代化建设做出更大的贡献。

我们希望更多的非公有制经济人士，以高度的责任感和使命感，积极行动起来，投身到光彩事业中来，为贫困地区群众脱贫致富，动一份真情，献一份爱心，做一份贡献。同时也希望各级党委、政府，把关心光彩事业作为关心群众疾苦、为群众谋利益的一件重要事情，列入当地的扶贫计划中去，给予大力的支持，使之越办越大、越办越光彩。

（摘自 1995 年 10 月 30 日在全国光彩事业工作会议上的讲话）

光彩事业实施六年来，取得了举世公认的成就，受到了党和政府的高度重视，赢得了社会各界的普遍赞誉，引起了国际组织和友人的广泛关注。可以说，光彩事业的的确确体现了邓小平同志提出的“富民政策”，给党的十五大确定的社会主义初级阶段的基本经济制度争了光、添了彩。现在从中央到地方，从官方到民间，从参与实施光彩事业的富裕地区、企业和人士到被支持的贫困地区、贫困群众，所有各个方面，毫无例外地认为这是一件非常有意义、有影响的事情，都希望把这件事办得更好。办一件事情，常常有说好的、说差不多的、甚至说不好的等等，而对光彩事业大家都说好，这是不多见的。之所以会有这样一个结果，我觉得，其一，它弘扬了中华民族扶危济困、乐善好施的传统美德，是一种高尚的道德行为，这是最主要的。其二，它注意按照市场经济规律办事，讲究经济效益，坚持互惠互利，使参与者在帮助别人脱贫致富的过程中实现自己的发展。如果它单纯讲支持、讲弘扬美德，作用范围就非常有限，也难以持久。其三，它替政府分忧，帮他人发展，有助于生活比较困难的人们渡过难关，有助于化解部分群众因贫富差别造成的心理失衡，是很有意义的政治行动。光彩事业这种社会形式，把道德行为、经济行为、政治行为三者有机统一，意义重大而深远，符合我国国情。

我们现在讲西部大开发，也可以说是西部大扶贫，光彩事业的宗旨与之是完全一致的。中国贫困地方多，贫困人口数大，情况比较复杂，扶贫将是一个长期而艰巨的任务。希望更多的民营企业家，抓住西部大开发的历史机遇，积极行动起来，投身到光彩事业中来。希望社会各方面的人士，都能够为帮助贫困地区和贫困群众动一份真情，献一份爱心，做一份贡献。希望各级党委和政府，对类似光彩事业这样的活动继续给予支持和扶助，并通过提倡鼓励、总结经验、表彰宣传，使之蔚然成风。同时也希望光彩事业在现有宗旨的基础上进一步拓展内涵，在已有成绩的基础上进一步扩大影响。我相信这将是随着中国社会主义市场经济进程而不断发展壮大的行为，也将是中国历史上值得大书特书的行动。

（摘自 2000 年 4 月 20 日在接见出席中国光彩事业促进会二届一次理事会议全体代表时的讲话）

八、坚持群众观点

群众观点是马克思主义的基本观点

群众观点是马克思主义的基本观点。

首先，人民群众是历史的创造者。人民群众是物质财富的创造者，也是精神财富的创造者，是推动社会发展的决定性力量。这是历史唯物主义的基本内容。

第二，人民群众是实践和认识的主体。马克思主义的辩证唯物论认为：人的认识都是从实践中来的。而这里所讲的实践，是社会的实践，群众的实践。一切智慧的源泉在群众的实践之中。只有到群众中去，总结和汲取群众在实践中创造的经验，集中起来，坚持下去，才能正确指导群众的活动。

第三，人民群众是社会主义国家的主人。人民在国家中占什么地位，这是衡量一个国家坚持什么制度的根本标准。我们实行的是社会主义制度，人民群众是国家的主人，这是区别于资本主义国家的最根本的标志。社会主义社会以前的各种阶级社会，都是少数人统治多数人，只有社会主义制度，才实现了占人口绝大多数的人民群众自己当家作主。这也决定了共产党必须加强同广大的人民群众的联系。

第四，共产党的宗旨是全心全意为人民服务。这是我们共产党区别于一切剥削阶级政党的根本标志。共产党人的世界观，党的全部活动的出发点、过程和归宿，只有一个，就是全心全意为人民服务。正如毛泽东同志所说的，马克思列宁主义的基本原则，归根到底就是要使群众认识自己的利益，并且团结起来，为自己的利益而奋斗。所以，我们讲生产任务也好，讲其他任务也好，最终是为了满足广大人民群众日益增长的物质和精神生活的需要。

所有这些，都决定了我们党的根本的工作路线就是群众路线，即相信群众，依靠群众，从群众中来，到群众中去。

（摘自1990年2月27日同津冀鲁三省市党委负责同志座谈时的讲话要点）

群众观点就是人民当家作主的观点。我经常讲这样一段话：我们革命的信念，前进的动力，智慧的源泉，胜利的保证，其最深厚的基础统统存在于人民群众之中。离开了群众，我们寸步难行；依靠了群众，我们无往不胜。在任何情况下，我们都应该牢牢记住马克思主义的这样一个基本观点：创造性的社会主义是由人民群众创立的，人民是历史的真正主人。我们是人民民主专政的社会主义国家，人民民主专政的性质决定了人民的主体地位、主人地位，决定了社会主义同资本主义的本质区别。

（摘自1987年4月30日同天津市特等劳动模范的谈话）

马克思主义的历史唯物主义有两个基本观点，一个是生产力观点，一个是群众观点。生产力观点揭示了生产力是社会发展的决定性因素，我们讲建设有中国特色社会主义，讲初级阶段、根本任务、基本路线，主要是依据这一观点。群众观点揭示了人民群众是创造历史的动力，我们讲任何推动历史前进的事业都是人民的事业、任何创造历史的过程都必须有人民的参加，讲一切为了人民、一切依靠人民，主要是从这一观点出发的。先进的政党及其领袖人物之所以能够获得成功，是因为代表了人民的利益和愿望，得到了人民的拥护和支持。我们共产党人所说的“解放全人类”，不是“恩赐”给人民什么，而是作为人民中间比较先进的一部分，去启发、引导、带领人民为自身的解放而斗争，归根结底，还是人民自己解放自己。我们共产党人的基本任务，就是要使人民认识自己的利益，并且团结起来，为自己的利益而奋斗。

（摘自 1999 年 11 月 2 日在邓小平新时期统一战线理论研究班座谈会上的讲话）

人民群众是我们力量的源泉

人民群众是我们力量的源泉，是我们力量之所在。马克思主义告诉我们，人民群众是实践和认识的主体。离开群众生气勃勃的创造性活动，忽视对群众实践经验的虚心学习和科学总结，任何切实的改革方案也不可能产生，任何美好的设计也难以实现。人民群众是创造历史的动力，改革和建设是群众创造历史的过程。必须把群众的自觉与自动、呼声与要求、智慧与力量作为我们决策的基本依据，把符合最广大群众的利益作为制定各项政策措施的第一准则，把有利于调动广大群众的积极性作为一切改革的出发点、归宿及其检验标准。人民群众是社会主义国家的主人，这是我们区别于资本主义国家的最主要特征。我们必须充分尊重群众的主人翁地位和群众的民主权利，而不能单纯用物质利益和经济手段淡化群众的主人翁地位，更不能因为强调行政领导负责制而否定群众的民主权利。全心全意为人民服务是我们党的根本宗旨。任何时候都要尽心竭力、坚持不懈地为群众办实事、办好事，改革更应该是为群众谋利益的大好事。

（摘自1989年3月《充分发挥政治优势，坚持为人民办实事》一文）

昨天我去了西柏坡，我觉得值得深思的地方很多。中国共产党在西柏坡的那段时间，是中国革命史上很关键、很辉煌的一段啊。就在那么个小屋里，指挥了三大战役，作出了伟大的战略决策，研究进城以后怎么办。党的七届二中全会就是在那个地方召开的。那时候很艰苦，但很联系群众。现在跟那个时候比，我们一些干部对群众的疾苦确实关心不够。现在重读毛主席在七届二中全会的讲话，倍感亲切。共产党执政是我们千百万革命先烈长期斗争的结果，我们应该百倍珍惜。但在执政后如果放松了自身的建设，忘记了全心全意为人民服务的根本宗旨，权力就容易和腐化联系起来，腐化就容易和脱离群众联系起来。要不断地教育我们的干部密切联系群众，这是党的三大作风之一。这一点，应该说是我们当前所有缺点和问题的一个根子。我们的目标在哪里？动力在哪里？智慧的源泉，是非的标准，克服困难、坚持原则的勇气在哪里？统统在这里，在为人民、靠人民之中。除了一切为了人民群众以外，共产党还有什么？昨天我在西柏坡看了毛主席一个批示："学会为人民工作"，周总理一个批示："学习为人民服务的道理"，他们是何等重视人民群众啊！如何使我们的干部到群众中去，密切联系群众，这是我们必须下功夫解决的问题。现在有一个说法，说我们的民主搞多了，才造成"六四"风波。这话是不对的。社会主义民主不是多了而是搞得不好，民主还应该加强。讲民主，我们比解放区时期差多了。即使讲到群众的时候，也是讲群众路线多、讲群众观点少。

我在天津讲过：群众最可敬，群众最可爱，群众最可怜，群众最可畏。说“群众最可敬”，是说他们是历史的主人，历史上一切大的进步无一不是人民群众的功劳；说“群众最可爱”，是说他们干的事很多，要求却不高，中国老百姓有什么了不起的要求？能吃上猪肉就高兴得不得了；说“群众最可怜”，指的是群众是最艰苦的，我们的决策出现失误，后果谁来承担呢？最终还是群众吃苦头；说“群众最可畏”，是说真把他们得罪发怒了，不管什么人都得垮台，“怨不在大，可畏惟人；载舟覆舟，所宜深慎”，这是封建时代政治家都懂得的道理。所以，对人民群众要非常地尊重。昨天我讲关心群众生活，要特别注意关心最困难的人的生活。这是历史唯物主义对我们的要求。昨天我跟那个乡书记讲，对救济户的审批不要过于烦琐，确有困难的，该发就发给人家，工作要主动一些。张居正有一段很好的话：为政之道在于安民，安民之要在于察其疾苦而已。在天津工作时，我曾说过，要帮最有困难的户办事，要给最有意见的人拜年，这对于稳定非常重要。上上下下要逐步形成这样一个风气：到基层去听取意见，帮助群众解决问题。忧群众之忧，喜群众之喜。要把这一点作为干部的基本素质和基本要求。我还讲过这个话：群众需要领导，没有领导，群众的积极性既不能提高，也不能持久；领导要有威信，没有威信就不能实行真正的领导。领导的威信从哪里来？靠上级封不出来，靠权力压不出来，靠宣传吹不出来，靠耍小聪明骗不出来，只能靠全心全意地、尽心竭力地、坚持不懈地为人民办事，才能逐步地树立起来。共产党能成功，归根结底是靠这一条。有人讲人多是优势，这话不全面、不准确，对领导者来讲，那里的人多，还不能就看成优势，只有得到那里大多数人的拥护，才能算是优势。当前有若干困难和问题，究竟由哪里入手，究竟应该怎样解决，从不同的角度可以谈出不同的思路和方法来。但最根本的、最重要的一条，既是政治的、也是经济的，既是立场的、也是方法的，是从关心群众、了解群众、为群众服务入手。我认为这是一个很重要的问题。河北省是老区，老区有许多好的传统，包括我昨天去的平山县，老区的味道还有不少。很多老区的人民生活现在还比较困难，各级干部要继续发扬老区的光荣传统，拿出切切实实的办法来帮助老区人民改善生活。我昨天跟一个老乡讲，我们一年到头辛辛苦苦，看到你们生活过得好，就满意、高兴，说明我们没有白奋斗。假如说我们奋斗一年，到老百姓家里一看，肉也没有，米面也没有，穿得破破烂烂，你说多少好话，我们心里也不舒服。看一个地方的工作，总要看这个地方的生产发展了没有，群众生活提高了没有，当然生活也包括精神生活。这是最基本的。否则，只讲宏图大略，而老百姓的生活却很苦，这不是我们的主张。

（摘自1990年1月6日在河北省六大班子成员座谈会上的讲话）

全心全意为人民服务
是最低要求也是最高要求

全心全意为人民服务，这是对每个共产党员和干部的最低要求，也是最高要求。所谓最低要求，因为这是每个党员入党时必备的条件，是每个干部应尽的职责；所谓最高要求，因为这是我们终身的奋斗目标，是一辈子也干不完的事情。“鞠躬尽瘁，死而后已。”我们工作的信念在哪里？目标在哪里？动力在哪里？智慧的源泉、辨别是非的标准、坚持原则和克服困难的勇气在哪里？统统在这里。因此，我们必须有意识地、自觉地培养这种思想，特别是对年轻人，要用这个标尺来要求他们，检验他们，通过为人民办实事的过程，使他们能够提高为人民服务的自觉性，造就一代新人，树立一代新风。解决了这个问题，我们才能说革命事业后继有人，我们的事业才有希望。

（摘自 1985 年 3 月《把为人民办实事提高到新水平》一文）

根据实际情况决定工作方针，这是我们的一个原则。为人民办实事的内容、规模、水平必须根据变化了的情况，从实际出发，量力而行。但全心全意为人民服务是我们党的宗旨，这是由党的性质决定的，它将和党的生命共存，只要共产党存在，它就不能改变。不能以任何理由把全心全意变成半心半意、三心二意、无心无意或假心假意，变了这一条，就叫做变质、变色。对贯彻党的宗旨这个根本问题，必须坚决、坚定、坚持，不能改变。这就叫千变万变，万变不离其宗。

（摘自 1987 年 3 月《深化认识，提高自觉》一文）

全心全意为人民服务是我们党和政府的根本宗旨。在和平建设时期，我们靠什么维系党和政府同群众的联系？党和政府的威信怎样才能巩固和不断提高？主要就是靠全心全意为人民服务这一条。我们的干部，只有想人民之所想，急人民之所急，尽心竭力地为人民办实事，办好事，才能得到人民群众的拥护和支持。

为人民服务和搞经济建设是一致的。我们搞经济建设为了什么？是为了让国家富强起来，人民群众富裕起来。我们搞经济建设靠什么？靠的是广大人民群众的积极性。如果不坚持全心全意为人民服务，不为人民群众办事，人民群众就没有精气神，那样一来经济建设也就搞不好、搞不成。无论实现党的最高目标，还是最低目标，都必须坚持全心全意为人民服务。我们在实践中体会到，党和政府为人民办事，人民就为党和政府作劲。在建设的过程中，必须照顾人民群众的利益，而不能伤害人民群众的利益。一个时期或在特殊情况下叫大家勒紧裤腰带过日子是可以的，但是如果时间长了，老是这样，群众的积极性就难以维持。只有随着经济建设的深入发展，不断地改善人民的物质文化生活，使人民得到看得见的物质利益，这样，群众才会感到有了奔头，有了盼头，从而产生更大的劲头。从根本上讲，人民的问题就是政治问题，也是一个政权问题。因此，古今中外的统治者都很注意研究这个问题，所谓“怨不在大，可畏惟人；载舟覆舟，所宜深慎”，就是讲的这个道理。我们更应该自觉地研究和处理好为人民服务和经济建设的关系，为人民服务和我们党的威望的关系，为人民服务和人民群众精神状态的关系。

自觉地为人民服务，这是我们共产党的出发点和根本宗旨。一些资本主义国家也讲为公众办事，但它们的社会性质和我们不同，它们的出发点与目的和我们不同。我们党除了人民的利益之外没有其他任何私利。我们讲为人民服务是真心实意的，是发自内心的。

这几年，我们市政府一直坚持为人民群众办实事、办好事。现在已经形成了传统，形成了制度。正因为如此，天津的老百姓心气是顺的，党和政府在人们心目中的威信是高的。如果没有尽心竭力为群众办实事这一条，就不会有天津今天的局面。为人民服务是我们最基本、最明确、最重要的一个观点，我们必须始终坚持这个观点。在和平时期，看一个干部的好坏，最根本的就是看他是不是真正和更好地坚持这个观点。

我们搞改革也必须坚持为人民服务的思想。如果改来改去把老百姓的主人翁地位改丢了，使群众的生活水平降低了，这个改革终究会失败。我们的改革，要始终把调动广大群众的积极性作为头等大事来研究。因为人民群众没有积极性，没有主动性，就谈不上有创造性；而不为人民群众办好事、办实事，也就不能调动群众的积极性。

在治理整顿中，必须十分注意关心群众生活，努力为群众排忧解难。这既是治理整顿工作应有的内容，也是搞好治理整顿的重要途径。必须看到，当前通货膨胀，物价上涨，加上社会经济生活中的一些其他问题，人民群众中确有许多困难和问题亟待解决，甚至还有一些难言之苦和哭告无门的事情，需要我们设身处地替群众着想，尽心竭力地帮助解决。凡是关系到人民群众利益的事情，都应当看成是大事，决不允许采取麻木不仁、漠然视之的官僚主义态度。有时我们说几句话、跑几步路，就可能为群众解决一个长期难以解决的大问题。我们应该用实际行动，让群众从大量现实生活的感受中体察到党和政府是为人民着想、替人民办事的，这就能够给人民以信心，使人民受到鼓舞。

社会主义制度的优越性，就在于这个制度的一切都是为了人民群众，这个制度得到了人民群众的拥护和支持。这几年市委、市政府的工作之所以能成功，也就在于坚持了一切为了人民群众，一切依靠人民群众，真心实意地为人民群众办了一些好事实事。这是我们几年来的主要成绩，也是我们的主要经验。

（摘自1988年1月18日在听取中共天津市第五次党代会报告起草组汇报时的谈话）

群众观点与民主政治建设有密切的血缘关系

发展社会主义民主，是建设有中国特色社会主义的重要内容，是中国共产党和各民主党派的共同任务，也是进行经济建设和经济体制改革的必要条件。没有民主就不能充分调动群众的积极性，就不能实现广泛的团结；没有民主就没有社会主义，就没有社会主义的现代化。我国宪法、中国共产党章程、各民主党派章程都规定，要为建设富强、民主、文明的社会主义现代化国家而奋斗。人民政协是我国发扬社会主义民主的重要组织形式，多年来在民主政治建设中积累了有益经验，在新的历史条件下，需要继续深入探索，努力改进工作，进一步发挥作用。

民主是历史的、具体的、相对的，必然要受一定的社会经济、政治、文化等条件的制约。民主建设不能脱离现实，不能超越阶段，离开具体条件谈民主，不但达不到发展民主的目的，而且还会对经济发展和社会稳定带来不良影响。民主必然要随着社会的发展而发展。当前，我国改革不断深化，社会主义市场经济体制逐步建立，人民群众的文化素质进一步提高，人们的参与意识和竞争观念日益增强，积极稳妥地推进社会主义民主政治建设，既是客观需要，也有现实可能。

研究当今中国的民主政治建设，必须从中国的国情出发，必须立足于建设有中国特色社会主义的客观现实，必须坚持以马克思主义基本原理为指导。马克思主义的历史唯物主义有两个基本观点，一个是生产力观点，一个是群众观点。生产力观点深刻揭示了生产力是一切社会发展的最终决定因素，社会主义的根本任务就是解放生产力，发展生产力。中共十一届三中全会以来，根据这个观点，我们认真总结历史经验，纠正了“以阶级斗争为纲”的“左”的错误，坚持了以经济建设为中心的指导方针，走上了改革开放之路，使我们国家的面貌发生了根本性变化。群众观点深刻揭示了人民群众是历史的创造者，是实践和认识的主体，是推动人类社会前进的动力。这个观点决定和影响着当代中国的许多方面，也决定和影响着我国的民主政治建设。中国共产党把全心全意为人民服务作为最高宗旨，把从群众中来到群众中去的群众路线作为根本的工作路线，把尽心竭力为人民群众谋利益作为全部活动的出发点和归宿，这一切都是群众观点在党的活动中的具体运用。社会主义民主的本质内容就是人民群众当家作主。人民群众通过多种形式和渠道了解情况，参与国家大事，行使管理国家和社会事务的权利，监督执政党和政府的工作人员，发挥建设社会主义的积极性和主动性，这一切都是群众观点在国家政治生活中的生动体现。群众观点与我国民主政治建设有着密切的血缘关系。把民主政治建设同马克思主义世界观联系起来，同执政党的领导方法、工作作风联系起来，同政府的各项职能和工作联系起来，同人民群众的实践活动联系起来，就使我国社会主义民主政治建设有了科学的理论依据和深厚的社会基础。在群众观点的指导下进行民主政治建设，在民主政治建设中体现群众观点，这是我国民主政治的显著特征和固有优势，也是发展我国民主政治的必然途径和基本方法。

积极稳妥地推进社会主义民主政治建设，必须始终坚持一切为了群众、一切依靠群众。要努力做到悉心体察群众的情绪，及时了解群众的意愿，坚持不懈为群众办实事；要善于集中群众的智慧，充分尊重群众的首创精神，自觉接受群众的监督；要在密切联系群众的过程中，培养民主作风，增强民主意识，创造和积累民主政治建设的经验。必须把民主建设同法制建设结合起来。要把社会公认的、具有普遍意义的、体现群众当家作主的做法和经验从制度上、法律上确认下来，使之成为社会政治生活的共同准则；要逐步建立健全比较完备的法律体系，实现民主的制度化、法律化，使这种制度和法律不因领导人的改变而改变，不因领导人的看法和注意力的改变而改变；要维护法律、制度的严肃性和权威性，增强群众依法维护自身权益的意识，制止和制裁一切侵害群众民主权利的行为，使群众享有的各项民主权利得到可靠保障。人民代表大会制度、共产党领导的多党合作和政治协商制度是我国社会主义民主的主要形式，在今后的实践中要认真坚持，并使之更加完善、更加切实、更加有效；同时要随着形势的发展，不断建立和完善基层各种民主形式，使群众在基层的社会政治生活中更好地发挥当家作主的作用。总之，我们要立足国情，吸收和借鉴人类社会一切文明成果，努力建设继承优良传统又富于时代特征、体现社会主义基本制度又适应社会主义市场经济的，这样一种有中国特色的社会主义民主。

（摘自 1994 年 3 月 19 日在中国人民政治协商会议第八届全国委员会第二次会议闭幕会上的讲话）

一切为了人民，一切依靠人民

不少的同志提出要我谈谈天津这几年之所以发展这么快、变化这么大的原因和经验。天津之所以发生这么大的变化，原因是多方面的，其中最根本的一条是党的领导和人民群众的支持。党中央的领导，党的十一届三中全会以来路线、方针、政策的指引，全市各级党组织的战斗堡垒作用和广大共产党员的先锋模范作用，是我们各项事业的根本保证；而全市 800 万人民，紧密团结在党的周围，为建设社会主义新天津尽心尽力，付出了代价与牺牲，则是推动我们各项事业不断前进的决定性力量。可以说，天津的每一点进步、每一项成就，无不凝结着全市人民的心血与汗水，都是人民智慧与劳动的结晶。人民群众是创造历史的动力，是实践和认识的主体，是社会主义国家的主人。我们所做的一切工作归结为一点，就是“使群众认识自己的利益，并且团结起来，为自己的利益而奋斗”。因此，1981 年以来，我们先后提出“把群众的精神振奋起来，把领导的威信树立起来”，“把群众的积极性最大限度地调动起来，并合理地发挥出去”，最后概括为“一切为了人民，一切依靠人民”的基本工作思路。为了贯彻好这个思路，我们反复强调各级领导必须牢固地树立群众观点，真心实意地相信和依靠群众，把群众的情绪和呼声作为第一信号，全心全意地、尽心竭力地、坚持不懈地为群众办实事。几年来，各级党组织和政府为群众办了大量实事好事，千方百计地解决了一批长期得不到解决的群众生活难题，使城乡人民的物质文化生活得到了明显改善。人们从一件件实事、一天天的变化中，深切感受到我们党和政府为人民服务的决心和热情、能力和水平，有了盼头，长了劲头，从而形成了“党和政府为群众办实事，群众为党和政府作劲”的生动局面。

（摘自 1986 年 1 月 9 日在全国第四期市长研究班学员座谈会上的讲话）

把群众的积极性充分调动起来
并合理地发挥出去

把广大群众的积极性充分调动起来并合理地发挥出去，这是我们几年来工作的基本思路，也是各项工作取得成绩的一条基本经验。所谓充分调动，就是既要广泛动员各行各业、各个方面的力量，又要使每个人的优势、长处最大限度地得到开发和利用。所谓合理发挥，就是要把群众的智慧、力量凝聚起来，科学地组织起来，使之产生巨大的社会效益和经济效益。不管任何时候，碰到任何情况，我们首先想到的不是别的而是群众，“群众生产、群众利益、群众经验、群众情绪”。当然，我们也不是否认或不重视其他方面的问题，诸如资金、材料、工作安排等，所有问题都要重视，并要认真和妥善地加以解决。但第一位的是个群众问题，因为只有解决好这个问题，才能较好地解决其他的问题。马克思、恩格斯讲，历史活动是群众的事业。列宁讲，创造性的社会主义是由人民群众创立的。斯大林讲，脱离了群众我们就会丧失任何力量而变成空架子。毛主席讲，群众是真正的英雄，而我们自己往往是幼稚可笑的。这些马克思主义的基本观点，兴邦治国的至理名言，我们必须时刻牢记。

（摘自 1987 年 3 月《深化认识，提高自觉》一文）

把群众的积极性充分调动起来并合理地发挥出去，这是领导者的基本功。这里有领导的态度问题、水平问题、方法问题，更重要的是所办事情的内容问题。要想靠人民，首先为人民。只要我们选择的事情是群众关心的、群众受益的、群众要求解决的，也就是我们常说的为民之举，群众看到大干有利于自己，贡献是为了收获，就会乐于参加，勇于出力，心甘情愿地做出奉献。

我们必须善于集中群众的智慧。群众是社会实践的主体，他们最聪明、最有智慧。实践说明，很多事靠少数人坐在屋子里冥思苦想，往往一筹莫展；而迈开双脚到群众中去求教问计，就会豁然开朗。我们这几年努力把办实事的过程作为发扬社会主义民主的过程，建立了信息网络，坚持了户卷调查，通过多种渠道听取群众的反映，发动群众献计献策；注意发挥各群众团体的桥梁纽带作用，自觉听取人民代表、政协委员、各民主党派和无党派爱国人士的意见；广泛开展民主协商对话和谈心服务活动，直接体察群众的情绪，及时发现和总结群众中的先进典型和经验。用这些办法，我们不断地把群众中的分散意见集中起来，化为系统的意见，再到群众中坚持下去。我们在办实事中，决策之所以比较正确，措施之所以比较得力，效果之所以比较理想，一个重要的原因就在这里。

我们必须坚持群众自己教育自己的方针。群众中确实存在着需要教育和引导的问题，而组织群众参加为自己办实事的活动，是使群众受到教育的最好方法。群众受益的事情发动群众参加，群众出了力气，花了心血，就会感到自己是主人，就会当作自己的事情，有困难主动克服，有成绩引以为荣，对成果倍加珍惜。群众参加了办实事，就会亲自体验党和政府的关怀，知道办事的难处，了解领导的辛苦，对一些不尽如人意的地方也就能够理解和体谅。正因为我们在办实事的过程中尽可能扩大群众的参与程度，群众在办实事中看到了自己的力量，增强了主人翁的意识和责任感，从而更加积极地响应党和政府的号召，以更加饱满的热情投身于各项工作。

在群众的积极性调动起来后，如何合理地发挥出去，即群众的劲头有地方使，使劲之后有效果，这是一件很不容易的事。天津的义务劳动为什么好发动，一个重要的原因是每次劳动都有明显的效果，群众说“累是真累，累不白累，累也值得”。但要真正做到这一点，就必须精心再精心地做好准备工作、技术指导工作、组织指挥工作、后勤保障工作。如果说发动群众积极性需要领导做工作，合理发挥群众的积极性则需要更多的领导做更多的工作，更要讲作风过硬，更要讲领导水平。

（摘自 1988 年 3 月 5 日在天津市人民政府第十届第九次全体会议上的讲话）

对领导者来说，充分调动和合理发挥群众积极性，不仅是一般的工作方法问题，而且是根本的立场、观点问题。我们党在长期的革命和建设实践中，积累和总结了一整套调动群众积极性的宝贵经验。1979 年《中共中央关于加快农业发展若干问题的决定》中指出："确定农业政策和农村经济政策的首要出发点，是充分发挥社会主义制度的优越性，充分发挥我国八亿农民的积极性。我们一定要在思想上加强对农民的社会主义教育的同时，在经济上充分关心他们的物质利益，在政治上切实保障他们的民主权利。离开一定的物质利益和政治权利，任何阶级的任何积极性是不可能自然产生的。"这里从思想教育、物质利益、民主权利三个方面阐明了调动群众积极性的基本思路。我认为这虽然是针对调动农民的积极性说的，但具有普遍意义。在实现第二步战略目标的过程中，我们要遵循这个思路，"三管齐下"，采取切实措施，把人民群众的积极性最大限度调动起来，并合理发挥出去。

（摘自 1991 年 3 月 28 日在七届全国人大四次会议天津代表团会议上的发言）

人是有自觉的能动性的，统一战线各项工作都要努力把人的主动性、自觉性、积极性充分调动起来。领导者的作用，就在于把多数人的积极性充分调动起来并合理发挥出去。领导者的积极，归根结底是为了使更多的人积极，如果领导者的积极带来周围的人都不积极，这个积极就值得怀疑，这个积极就不如不积极。看我们的方针政策是正确还是错误，看我们的每一项工作是好还是坏，看一个领导干部是合格还是不合格，都要以是否能够团结大多数、调动积极性作为重要标准。我们制定任何方针政策，都要使大多数人感到有盼头，取得大多数人的信任与支持。这样说，并不是要放弃对群众的教育和引导工作，但教育、引导终归是教育、引导，当一项方针政策不能被多数群众所接受的时候，即使它是正确的，也只能等待。如果硬要去做，就不可能获得成功，即使一时成功了，也一定会带来长期的不良后果。我们从事每一项工作，都要注意群众总体受益原则和总体承受能力原则。有的时候为了群众的全局利益和长远利益，不能不牺牲一些局部利益和暂时利益，但是这样做需要向群众讲清楚，取得他们的谅解，同时要通过我们的工作确实做到使多数人长远受益，否则，即使有良好的主观愿望，终归也是行不通的。我们评价任何一个领导干部，都要特别注意他对多数人的态度，同多数人的关系，以及多数人对他的看法。没有为多数人服务的真诚愿望、没有同多数人的良好关系、总是被多数人反对的干部，是不可能发挥好的作用的。

（摘自1999年1月20日与全国统战部长会议代表座谈时的讲话）

办事靠大家，荣誉给大家

几年来，我们天津所取得的一切成就，都是广大群众辛勤劳动的成果。相信和依靠群众，取得群众的支持，依靠群众的智慧和力量，这是我们克服困难、夺取胜利的一条最基本的经验。

坚持了这一条，有任务大家干，有困难大家担，就可以使广大群众把四化大业同自己的日常工作联系起来。比如，当我们完成财政任务有困难的时候，职工们进行了“国家有困难，我们怎么办”的大讨论，开展增产节约活动，超额完成了任务。又比如，在党的十二大发出全面开创社会主义现代化建设新局面的伟大号召时，广大群众提出“开创新局面，人人做贡献”的行动口号，以饱满的政治热情做好本职工作，使各条战线出现了生机勃勃的景象。这几年，引滦入津工程又快又好又省地完成，西青道一条街改造“六个当年”① 的实现，南市食品街的百日建成，中环线西半环工程 6 个月高水平的竣工，等等，无一不是广大群众积极支持和参加的结果。可以说，我们办成的每一件大事，都凝聚着全市人民的血汗。

坚持了这一条，为民之举靠人民，就改变了过去那种一切依赖国家、事事向上伸手的习气，解决了我们财力、物力方面的不少困难，办成了很多难办的事情。这几年，为了改变家乡的面貌，广大群众有钱出钱，有力出力，没有钱没有力的出出主意，在精神上给予支持。我们用集资和民办公助的办法，改善了农村的办学条件，支援了城市中小学教育，修复了蓟县古长城，修建了古文化街和青少年儿童活动中心，等等。广大工人、农民、解放军指战员和各界人民都为建设新天津尽了心，出了力。棉纺五厂一位 65 岁的老工人，退休后一直跟随市内几项大的工程参加义务劳动，人们称他是转战南北的“老编外”。群众的大力支持和积极参加，是我们这几年各项事业不断取得成就的力量源泉。

坚持了这一条，办事靠大家，荣誉给大家，就可以使广大群众在参加建设的过程中受到教育，激发起光荣感和自豪感。事非经过不知难。群众参加了艰辛劳动，就会体会到建设成果的来之不易，就会倍加爱护，就会引以为荣，形成竞相鼓励的风气；吹毛求疵、说泄气话的人就没有市场。现在，许多人来了外地的亲友都要讲上一段天津的变化，领到食品街、中环线、绿化小区看

① 六个当年，即当年规划，当年设计，当年拆迁，当年施工，当年配套，当年进住。

看。怀着这种自豪感的天津工人，到了外地施工也表现了良好的精神风貌和高昂的士气。天津援藏工程圆满如期完成，被自治区领导赞为“四个满意”；天津在杭州建设立交桥、污水处理厂的工人，提出要像建设家乡一样搞好施工，受到了当地领导部门和人民的赞扬。人民群众中这种自尊、自爱和自豪的精神实在难能可贵，是巩固和发展大好形势的精神支柱，必须百倍珍惜和大力发扬。

（摘自 1985 年 12 月 26 日在天津市领导干部会议上的讲话）

天津这几年发展变化的过程，就是依靠群众战胜困难的过程。有些人对天津在短短的时间里干成这么多大事、面貌发生这么大变化感到难以理解，不可思议。是不是天津投资特别多？并不是，天津的城建经费比其他大城市要少得多；是不是天津享有特殊的政策？也不是，天津在上缴国家财政比例上一直是较高的；是不是天津有什么出格的地方？更不是，天津一直规规矩矩，几年来无论压缩固定资产投资，还是控制消费基金和社会集团购买力，都较好地完成了国家下达的任务。那么，天津靠的是什么呢？就是靠全市人民奋发向上的精神状态，一往无前的拼搏劲头，无穷无尽的智慧和力量。这几年，我们一直把相信和依靠群众作为工作的基点。早在 1981 年，我们提出“把群众的精神振奋起来，把领导的威信树立起来”；1983 年，又提出“把群众的积极性最大限度地调动起来，并合理地发挥出去”；1988 年又归结为“一切为了人民，一切依靠人民”。正是我们坚持了这样一个基本思路，依靠群众的力量，用不到一年的时间，就拆除了遍布全市的 10 万多户临建棚；八年建起了相当两个多旧天津的住房；仅用一年四个月的时间，就完成了计划三年完成的引滦入津工程；用十个月的时间，在繁华的市区建成了中环线；用不到一年的时间，建成了外环线，使“美丽的幻想”变成了现实。我们用两年实现了民用煤气化，用一年五个月完成了铁路枢纽改造工程，分别用几个月的时间建成了南市食品街、旅馆街、古文化街、服装街。讲社会治安，我市是全国最好的地区之一。讲物价，我市居于全国最低水平。所有这一切，都是全市干部、群众共同努力的结果。功劳应归于群众，光荣应属于人民。广大人民群众在实践中改造了客观世界，也改造了主观世界，形成了自尊、自爱、自豪、自强的天津人精神。这种精神蕴含着巨大的能量，是我们最宝贵的财富，是我们最强大的优势。

（摘自1989年3月6日在天津市人民政府第十一届第二次全体会议上的讲话）

领导干部要学会做群众工作

对于取得的成绩，必须充分肯定，否则就不能鼓舞士气，凝聚人心；对于存在的问题和困难，必须正视，否则就不能保持清醒头脑，及时改进工作。随着改革开放的深入，市场经济的发展，我们面临的问题越来越多，特别是涉及群众利益的问题越来越多。在这种情况下，做好群众工作已成为顺利推进各项事业的关键环节。

所谓领导，是相对群众而言的。“领”就是带领群众，“导”就是引导群众；离开群众，就无所谓领导。我们是人民当家作主的社会主义国家，党和政府的宗旨是全心全意为人民服务，我们所做的一切工作都离不开群众工作，或是做群众工作，或是为群众做工作。因此，会做群众工作是对领导干部的基本要求，是领导干部的基本功。

领导者的责任就在于通过有力的宣传、组织工作，使群众认识自己的利益，并且团结起来，为自己的利益而奋斗。能不能把群众动员起来，使群众活跃起来、积极起来，并把群众科学地组织起来，投入到各项事业中去，最终达到理想的效果，这是对领导素质的综合考验。如何透彻地了解群众的心理、准确地把握群众的情绪，保证我们的宣传鼓动工作有的放矢、切实有效；如何使我们所办的事情、所提的主张符合群众的要求、能让群众受益，真正成为通常所说的“为民之举”；如何在群众动员起来之后，做到谋划有方、指挥得当，既轰轰烈烈、热火朝天又扎扎实实、有条不紊等等，这一切都需要下大功夫，需要进行深入研究，需要实践、总结、积累。

改革从一定意义上说是利益的调整。许多事情不改革不行，不改革就不能发展，而改革又有许多困难。改革中我们必须坚持总体受益原则和总体承受能力原则，但改革不可能使每一个人都同时同等受益，如何使不受益的人没有意见，如何使利益受到损害的群众尽量减少并使他们的基本生活有保障，这就需要做很多工作。

领导干部做群众工作要摆正位置，明确人民是国家的主人，干部是人民的公仆。要端正态度，平等待人、诚恳待人、以礼待人，绝不能居高临下、敷衍应付、麻木不仁。最为重要的是以身作则、言行一致，带头实践自己所提倡的道德标准和价值观念。“己不正，焉能正人。”自己满脸脏东西，怎能号召人家讲卫生？这种“语言的巨人、行动的矮子”做群众工作是不会有好效果的。

（摘自2000年3月6日在九届全国人大三次会议天津代表团会议上的发言）

时刻都要关心群众生活

就社会来讲，生产活动是人类社会的最基本的实践活动，是决定其他一切活动的东西，没有生产也就没有一切。同时，生产之所以重要，是因为只有生产才能解决人们的生活问题。生产的最终目的是为了满足人民群众的生活需要，没有生活也就没有生产。党的十二大报告指出："关心群众生活是我们党的优良传统，任何时候也不应当忽视。"因此，无论是从生产的目的上说，从发展生产本身来说，还是从党的性质上说，从我们党的优良传统来说，都应当把解决人民生活的问题摆在重要位置，切实抓好。

（摘自 1983 年 3 月《关于改善人民生活问题》一文）

当前我们正处于新旧体制转换的历史时期，各项政策措施的出台，各种社会矛盾和问题的出现，都可能涉及人民群众的切身利益，都可能引发人们情绪的变化。只有坚持把绝大多数人的利益放在第一位，时刻关心群众的生活，准确地把握群众的思想脉搏和情绪动态，我们才能赢得群众的支持，避免或减少重大失误，使经济建设和各项事业顺利发展。

改革开放以来，我国人民总体生活水平有很大提高，但由于种种原因，还有部分群众生活比较困难。在城市，由于一些企业亏损严重、停产半停产，许多职工长期不能按时领到工资，加上物价上涨，他们的生活已经相当困难，有的甚至连吃饭都发生问题。我们的许多工作，能做到 99%就算很不错了，唯独吃饭必须 100%，有 1%的人没饭吃都不行。必须看到，虽然这部分人相对比例不大，但绝对数字并不小。为政之道在于安民，安民之要在于察其疾苦而已。我们讲为人民办实事，首先应当想到最困难的这部分群众，真心实意地为他们排忧解难。特别是国有大中型企业的职工，他们过去把青春和汗水献给了国家建设，做出了巨大的贡献。对于他们来讲，干活给钱，看病给报销，退休了给养老金，是社会主义制度优越性的体现，也是他们的既得利益。现在他们的生活困难是经济转轨造成的，并非他们不努力劳动，党和政府理应予以特别的关注和照顾。我们搞改革，任何时候都要讲两个理：一个理是讲市场经济、成本核算、优化组合、按劳分配等，另一个理是讲全心全意为人民服务是我们党的最高宗旨。这后一个理是我们作为执政党的带根本性的大道理。如果这么多群众的困难长期解决不了，如果对他们的疾苦不闻不问，我们就够不上叫共产党，就会失去人民群众的拥护，失去自身存在的历史理由。各级政府要为生活困难的职工群众提供切实的帮助，不要等到节日，也不要等到一些问题酿成事端，而要经常性地深入群众，访贫问苦，谈心服务。我们目前经济上固然有许多困难，但是就国家整体实力和各级政府所掌握的物质基础来说，保证他们吃饱肚子、穿上衣服，总还是有办法的。当然，从根本上解决这个问题要靠建立健全劳动和社会保障制度。有的问题一时还拿不出办法，就“老人老办法，新人新规矩”。就是说，对新职工采取改革后的新用工制度，对老职工还是沿用由国家基本包下来的办法。这些老职工有贡献，有觉悟，现在的要求也并不算高，人数也不会再增加了。保证他们的基本生活不出现问题，应该是办得到的。

（摘自 1995 年 4 月 10 日—16 日在辽宁考察工作期间的谈话要点）

群众是国家的主人，是改革开放的主人，离开群众的智慧和力量，离开群众的理解和谅解，我们就会一事无成。在我们的思想中，在我们的发展计划中，在我们的工作安排中，在我们的舆论宣传中，总之，在我们工作的各个方面，有没有群众的位置，群众的位置摆得对不对，始终应当引起高度重视。

我们的党和政府对群众是非常关心的，对群众生活中的困难是想方设法解决的，我们的各级干部与群众的关系总的说是好的。但也必须看到，由于我国经济总体发展水平还不高，经济转轨过程中出现许多新的矛盾和问题，城乡都有部分群众生活还比较困难，特别是城市下岗失业职工增多，问题更为突出；加上社会上存在的腐败现象，分配不公现象，一些干部中的官僚主义、形式主义、弄虚作假等现象，使群众有意见、有情绪。有的群众说："企业亏损可以找种种理由，但领导对职工感情的亏损有什么理由；国有资产流失要防止，领导对群众感情流失更要防止；下岗失业难以承受，但群众在领导心中没有位置更难承受"。对这些话当然要加以分析，但其中所表现的情绪值得我们深思。

改革使群众生活水平总体上有了很大提高，但不可能使每个人同等受益、同时受益，有些人的利益还可能暂时受到损害。建立市场经济体制，必须讲竞争、讲效率，下岗失业也就难以避免。实行物质利益的原则，总的说有利于调动群众积极性，但也难免会出现某些负面影响。我们不能因为前进过程中出现某些问题、听到某些非议就怀疑改革的方向，动摇改革的决心。但是，也决不能以此为借口，对群众的实际困难视而不见，对群众的意见和情绪掉以轻心。否则，就会危害我们党同群众的血肉联系，影响改革开放和现代化建设的大局。

当前要特别注意解决部分群众生活困难的问题。就我们国家目前的物质条件来讲，是完全可以保证人们的基本生活的。只要我们心里真正装着群众，经常想一想群众的位置，找一找群众的位置，把群众摆在应有的位置，办法总会有的。

（摘自1998年3月8日在九届全国人大一次会议天津代表团会议上的发言）

这几年，我们的干部在关心群众生活、为群众办实事方面有了很大进步，不但提高了办事的能力，更重要的是提高了为人民服务的思想觉悟。正像有的领导同志所说的，“现在是看准了，认头了”。但必须看到，从全市来说，要真正形成风气，形成习惯，形成自觉，形成制度，还需要一个过程。

群众需要领导，没有领导，群众的积极性既不可能持久，也不可能提高到高级程度。领导必须取得群众的信任，没有群众的信任也就不会成为真正的领导。而这种信任，靠上级封不出来，靠权力压不出来，靠自己吹不出来，靠耍小聪明骗不出来，只有靠真心实意地、尽心竭力地、坚持不懈地为群众办实事，才能逐步地树立起来。“你们为我们办事，我们为你们作劲”，这个普通群众的朴素语言，不但概括了许多工作成败的原因，也讲出了一个深刻的道理。我希望我们的各级领导干部，结合自己的工作实际，认真地思考一下这个道理。

群众是创造历史的主人，办事要依靠群众。但如果群众的情绪不高，不积极，事情就一定不能办好。因此，任何单位、任何领导，要想办好任何事情，就必须研究解决群众的情绪问题。而如果没有一个较好的生活环境，没有一个安定的社会局面，没有人给群众解决实际困难和关心他们的利益，群众的情绪就一定不会高，也就一定不会真正地积极起来。

在改善人民生活过程中，我们也创造了一些好的经验、好的做法。如每年年初把要办的比较大的几件事，确定下来，公之于众，就比较有效。这样做，一是使领导有了明确的目标，受到约束；二是使群众有个盼头，受到鼓舞；三是便于群众监督、领导检查；四是有利于号令各方，协同作战；五是兑现之后，可以取信于民，为以后和其他工作创造条件。现在，全市很多单位坚持了这个办法，每年公布要给群众办的主要事情。一些兄弟省、市也采取了这种做法。天津市是最早提出这个办法的地方，更应该坚持下去，并在改善人民生活的过程中不断地完善和发展。

（摘自 1985 年 3 月《把为人民办实事提高到新水平》一文）

国以民为本，民以食为天

马克思主义的唯物史观是由人的生活研究起的。人首先要吃饭、要生存。而人类从事生产活动，正是为了解决物质生活问题。发展生产，满足人民日益增长的物质文化生活需要，这是社会主义经济的规律，也是我们社会主义生产的目的。从总体上讲，改革开放以来人民群众的生活水平有了很大提高，党的路线方针政策符合广大群众的切身利益，受到广大群众的衷心拥护，党群关系、干群关系基本上是好的。但也必须看到，现在一部分群众生活确实存在严重困难，一些地方和部门对群众困难确有重视不够的问题，种种现象令人忧虑。目前，我国宏观经济形势很好，但群众集体上访呈上升之势，省政府大门常常被堵的不是一个地方。上访请愿的人越来越多，批量越来越大，策略也越来越讲究，前几天就有人打着这样的口号："不反党，不动乱，要工作，要吃饭。"这绝不是没有文化的人写的，而是经过深思熟虑的。作为共产党和人民政府，我们没有理由拒绝这些要求。现在全国待业、下岗的职工有 1 200 万，不能按时发工资的大约 600 万人，共计 1 800 万人，如是三口之家，就等于5 000多万人生活受到影响。在农村还有五六千万人口处于贫困状态，亟待解决温饱问题。本世纪末完成脱贫任务十分艰巨。这些问题如果解决不好，就会影响社会的稳定，影响改革发展的大局。

对这些群众的生活困难如何解决，应该作为一件大事，深入研究，拿出切实有效的办法。我的观点是，宁可发展速度慢一点，也得首先保证吃饭。国以民为本，民以食为天，世界上没有什么问题比吃饭更重要。许多事情可以讲百分之几，唯独吃饭问题不能讲百分之几，必须讲百分之百。吃不饱肚子，难以生存，终究会出事。古代是这样，近代是这样，当代也不会例外。只要能吃饱饭，其他事都好商量。这是非常大的事情，万万不可大意。要动员、提醒我们的干部到群众中去，了解一下真实情况，听听他们的意见，特别是对最困难的，要千方百计解决问题。只有这样，我们一切工作才可能建立在广大人民群众拥护的基础上，实现跨世纪宏伟目标才会有一个长治久安的良好环境。

（摘自1997年10月25日听取四川省委、省政府工作汇报时的讲话）

为政之道在于安民，安民之要在于察其疾苦。执政的要领是把最困难的人安排好。基层群众的生活困难问题，是一个直接影响社会稳定的大问题。稳住群众、稳住人心、稳住全局的关键是稳住最困难的那部分人。各级干部要牢记党和政府的宗旨，多想些群众的冷暖，少想点个人的“政绩”；多搞些“雪中送炭”，少搞点“锦上添花”；多办些具体的必要的事，少讲点空话、废话。要正确处理吃饭和建设、积累和消费的关系，宁可少上一些项目，放慢一点速度，也要确保群众有饭吃。有关部门要下大功夫研究解决分配不公问题，建立公正合理的收入分配制度，健全社会保障体系。总之，我们要切实做到认识到位，工作到位，真正把每个生活困难的群众纳入视野之内，纳入工作网络之中。

（摘自2001年3月7日在九届全国人大四次会议天津代表团会议上的发言）

审慎对待与群众切身利益相关的问题

马克思主义的群众观点最基本的有两条。第一，一切为了人民群众，全心全意地为人民群众谋利益。也就是毛泽东同志所讲的全心全意地为人民服务，一刻也不能脱离群众，一切从人民的利益出发。第二，一切向人民群众负责，对群众的切身利益采取严肃认真的态度。也就是刘少奇同志多次强调的，共产党人要在客观上使人民因为我们的服务而真正获得解放，获得益处。我想，只要掌握了这些观点，就会理解我们在为群众办实事的工作上，为什么花这样大的精力，下这样大的功夫；也就会在任何情况下，都能正确地对待群众，对待自己，对待我们党和政府的工作。具体来讲，也就能比较自觉地尊重人民群众的主人地位，从而把最广大人民群众的最大利益作为自己一切言论行动的最高标准；就能时刻牢记自己是人民的公仆，从而尽心竭力地为人民群众谋利益；就能懂得我们党和政府之所以必须和能够存在的历史理由和客观根据，从而自觉地习惯地把为人民服务作为一切工作的出发点和归宿。

强调牢固地树立群众观点，对当前搞好改革开放和其他各项工作具有极其重要的现实意义。群众观点最核心的内容是承认群众是创造历史的主人，一切工作的成败归根结底取决于人民群众。因此，在经济体制改革的过程中，无论是发展商品经济，调整各方面的利益，还是推行厂长负责制，完善各种法律和规章制度，都必须尊重群众、关心群众、审慎地对待群众，而绝不能伤害群众。比如，在强调知识分子和专家重要性的时候，要特别注意不能忽视体力劳动者的作用。体力劳动者和脑力劳动者都是社会财富的创造者，都是国家的主人，都应当受到尊敬。对此，要在宣传报道时、具体政策上、各项工作中准确无误地体现出来。在强调厂长负责制重要性的时候，要特别注意不能忽视广大工人群众主人翁的地位和作用。工人群众是企业的主人，他们决定着企业的生存和发展。推行各种经济责任制也好，实行承包、扩大经营自主权也好，加强管理、整顿纪律也好，都要注意发挥工人群众的积极性和创造性，使厂长的管理权威同工人群众的主人翁地位统一起来。在强调经济手段、物质利益作用重要性的时候，要特别注意不能忽视思想工作和人的精神作用。我们进行经济体制改革，毫无疑问地要研究如何通过经济利益的调整与分配，来调动人们的积极性，但这绝不意味着可以削弱甚至否定思想政治工作。小平同志视察天津时曾指出，改革，现代化科学技术，加上我们讲政治，威力就大多了。在这个问题上，我们一定要保持清醒的头脑，通过卓有成效的工作，把这种特有的优势最大限度地发挥出来。

（摘自 1988 年 3 月《一切为了人民，一切依靠人民》一文）

几年来，我们改革的步子不小，成绩显著，对经济发展和社会进步，起了巨大的促进作用。但是必须看到，改革作为一场革命，要在探索中开拓前进，难免出现某些不完善；改革作为生产关系的调整，权力和利益的分配难免出现某些不适当；改革作为一项复杂的社会系统工程，各项改革措施难免出现某些不协调。因此，在一些大的改革措施出台后，有必要拿出一段时间，进行总结消化、补充完善、存利去弊、巩固提高。这是一项更复杂、更细致的工作。

在巩固和扩大改革成果的过程中，必须审慎地对待各种敏感问题。从根本上讲，改革是要解放社会生产力，它代表着广大人民的根本利益和长远利益。但改革毕竟是一种权力和利益的再分配，而权力和利益的再分配又集中反映在价格体系改革、分配制度改革和组织结构改革中，这些改革无不与干部、群众的切身利益息息相关。因此，在改革过程中，必须注意处理好与群众切身利益相关的问题，切实保护大多数人的利益。对于容易引起连锁反应、牵一发而动全身的问题，必须瞻前顾后，审慎从事。有些事情，比如一些企业和服务行业，由于原材料涨价，成本增加，要求调价或提高收费标准，在局部看来可能是合理的，但从总体来看未必是有利的。因为目前群众中有一种担心涨价的情绪，如果我们只考虑个别和局部的利益，造成整个社会的人心不稳，安定团结的大好形势就会受到损害，而安定团结是搞好各项工作的前提条件，没有这样一个局面，其他问题就无从谈起。

（摘自 1985 年 12 月《团结起来，为巩固和发展天津的大好形势而努力奋斗》一文）

尽心竭力为群众办实事

在我们的社会主义国家，人民是国家的主人，我们都是公仆。我们的权力是人民给的。人民给我们权力，不是为了别的，就是为了要我们为他们办实事，帮助他们解决实际问题。如果我们又要掌权，又不为人民办实事，那还不如让人民另请高明。“当官不为民作主，不如回家卖红薯”，封建时代的“清官”尚且懂得这个道理，我们人民当家作主的国家的干部更应当懂得为人民办实事是我们的职责。人民是否拥护共产党，并不是看共产党说了什么，而是看共产党做了什么。战争年代，人民群众那样拥护共产党，是因为看到共产党在真心实意地为他们谋利益、办实事而不惜流血牺牲。没有这一条，说得再好听，人民也不会跟我们走。说一千道一万，社会主义制度的优越性也要靠我们办实事体现出来。十一届三中全会以来，我们取得了举世公认的令广大群众振奋的成绩，就是因为我们用改革开放和四化建设的实事代替了50年代中期以后没完没了的政治运动，用办实事代替了说空话、废话。对于我们这些年来所办的实事，群众是充分肯定的。当前党群关系中存在这样那样的问题，人民群众对党和政府有这样那样的意见，就更加要求我们一件一件地、踏踏实实地办实事。通过办实事，来体现我们是真正反对腐败，不是假的；来体现我们坚持改革开放，而且要继续深化。就像小平讲的，要拿事实给人民。这样，党的威信才会更好地树立起来，人民的心里才会平静下来，社会气氛才会进一步活跃起来，才能保持稳定的好势头，使人民群众觉得有盼头、有奔头。人民群众觉得有盼头、有奔头，对党和政府的号召就会一呼百应，形成强大的向心力、凝聚力，就会攻无不克，战无不胜，什么人间的困难也不在话下。

（摘自1990年2月27日同津冀鲁三省市党委负责同志座谈时的讲话要点）

落实党的十三届六中全会决定的工作千头万绪，当前应该从哪里抓起？我认为，应该从办实事抓起。尽心竭力地为群众办实事，是落实决定的一个突破口，也是加强党同人民群众血肉联系的一条根本途径。说它是“突破口”，是因为这些年来在我们的一些干部中，确有“说得多、干得少”的毛病。群众对干部要听其言而观其行。小平同志一再强调，“少讲空话，多干实事”。他在具有历史意义的十三届四中全会前夕，语重心长地提出：四中全会产生的新班子“要聚精会神地做几件使人民满意、高兴的事情”。群众是最讲实际的，他们是从一件件具体的、实实在在的事情中来观察、了解和认识我们的，只有坚持办实事，为群众排忧解难，在客观上使群众因为我们的联系、服务而获得实实在在的利益，才能逐步取得他们的信任和支持。说它是“根本途径”，是因为要真正加强党同人民群众的血肉联系，必须从根本上处理好党的工作同人民利益的关系。毛泽东同志深刻地指出过，我们有两方面的工作：“我们的第一个方面的工作并不是向人民要东西，而是给人民以东西”，“只有在做了这一方面的工作，并确实生了成效之后，我们去做第二方面的工作——向人民要东西的工作时，我们才能取得人民的拥护”。“只有在我们的同志懂得并且实行了这样两方面工作的配合时，我们方能算得上一个完全的共产主义的革命家”。他告诫我们：“一切空话都是无用的，必须给人民以看得见的物质福利。”我们应该用自己的实际行动，让群众从大量现实生活中感受到党和政府是为人民着想、替人民办事的，从而给人民以信心，使人民受到鼓舞。这应该说是加强党同人民群众紧密联系的要旨、要招。

为人民办实事，必须真心实意地办，尽心竭力地办，坚持不懈地办。半心半意不行，三心二意不行，假心假意更不行。要真心实意地为群众办实事，必须有坚定的群众观点，必须时刻把群众装在心里，把群众的利益和意愿放在头等地位，想群众之所想，急群众之所急，办群众之所需。为群众办实事要尽心竭力，马马虎虎不行，敷衍塞责不行，见难而退更不行。只要我们的决策正确可行，就要坚持下去，不为非议动摇，不被困难吓倒。我们讲尽心竭力，是指干部应该竭尽自己的主观努力，迎难而上，鞠躬尽瘁，而不是指要竭尽国家之财力。有些问题的解决是要花钱的，有些问题的解决并不需要花钱。只要我们真正积极地采取了措施，尽了心，竭了力，并且坚持不懈，群众是通情达理的，公道自在人心。真正做到了这一点，将大有利于促进干部作风的转变和社会风气的转变，推动各项体制的改革和各项政策的完善，使六中全会的决定真正落到实处。

（摘自 1990 年 4 月 11 日在新华社国内工作会议上的讲话）

加强群众观点，坚持群众路线，贵在形成自觉。虽然这几年办实事大家尝到了甜头，认识也有很大提高，但要真正形成自觉，还有一段距离，还存在着一些问题。就总的来讲，我们的同志在一般情况下，还都清楚，但在特殊情况下，有些同志就常转向。比如在工作繁多、任务艰巨的时候，往往容易顾此失彼，忽视人民生活；在遭到非议的时候，往往缺乏主见，为某些不同看法和闲言碎语所动摇；在碰到与群众切身利益紧密相关的敏感问题的时候，往往由于受外界干扰，轻易决策，草率从事；在办了一批实事、群众高兴的时候，往往容易满足，停滞不前；在遇到困难的时候，往往缺乏迎难而上的勇气，不尽心竭力。凡此种种，都是不够自觉的表现。提高自觉性是个根本问题，自觉性不高，有个风吹草动，就会摇摇摆摆，反反复复，坚持不懈地为群众办实事这个好的做法，就可能半途而废。

自觉性的问题，归根到底是一个政治立场和思想感情问题，是个世界观的问题。这种立场、感情和世界观最本质的表现，就是看是否牢固地树立了人民至上、群众第一的观点；是否在任何时候、任何情况下都把群众利益、群众情绪作为第一信号，放在第一位；是否把全心全意为人民谋利益，作为一切工作的出发点和落脚点。一句话，是否做到了心中装着人民，办事想着人民，一切为了人民。有了这种坚定的立场和炽烈的感情，办实事就会永不自满、永不停步，不被困难所吓倒，不为非议所动摇，越办越想办，越办越会办。

（摘自1987年3月《深化改革，提高自觉》一文）

密切联系群众，最重要的是为群众办实事。这里，我要特别地谈谈注意解决贫困地区群众生活困难的问题。领导机关的干部应该到贫困地区去，花气力帮助那里脱贫致富。你们湖北荆州的张居正说过，为政之道在于安民，安民之要在于察其疾苦而已。我觉得他这话讲得非常好。要想真正使国家安定，就得解决群众的生活问题。致富要抓，扶贫更为重要。“天下顺治在于民富”。如果老百姓挺穷，你怎么治也不行，压着也不行。把经济搞上去，把生活搞上去，多为群众办实事，这是联系群众的根本之道。我认为，农村穷，农民的购买力低，这既是八亿农民的生活问题，也是当前市场疲软的一个重要原因。因此，帮助农村把生产搞上去，使农民尽快富起来，提高农民的购买力，把拥有八亿农民的农村市场启动起来，这不仅关系到农民生活，而且对解决市场疲软、促进整个国民经济的发展也有重大意义。所以，我们在考虑工业发展的同时必须研究农业，考虑城市的同时必须研究农村，考虑生产的同时必须研究生活，特别是研究广大农民的生活。在农村，特别是贫困地区，要把改善人民群众的生活作为我们领导干部的工作目标、工作动力、工作方法和检验工作好坏的标准。在那些困难的地方，群众收入三年要增加到多少，五年要增加到多少，一定要有个目标。老百姓围绕着既定目标去发展生产，这就产生了动力。动员和组织群众为提高生活去努力奋斗，这就是群众路线的方法。用生活水平的提高去检验工作好坏，那么它就成了一个标准。

（摘自1990年11月18日听取湖北省委工作汇报时的讲话）

一步步“化”，一步步富

坚持全心全意为人民服务，必须处理好国家利益与个人利益、长远利益与当前利益的关系。一方面我们要十分注意国家的长远利益，因为离开国家的长远利益，片面追求个人的、当前的利益，就会导致福利主义、工团主义，最终伤害群众的根本利益。因此，我们要经常地向群众进行宣传教育，使他们懂得“大河没水小河干”的道理，懂得国家利益和个人利益、长远利益和当前利益的关系。另一方面，我们绝不能简单地片面地以国家的、长远的利益为借口，忽视甚至伤害人民群众的当前利益。列宁曾经把“怎样使一切劳动者的生活最为安适而能够享受幸福”作为社会主义的科学依据，并强调指出，“马克思主义的全部困难和全部力量，就在于了解这个真理”。四化的实现，国家的富强，主要靠广大群众基于生活一天天美好起来而焕发的高度热情加上领导者的聪明才智，而不是靠勒人民的裤腰带，挤老百姓的牙缝。四化为了富民，也只有富民才能实现四化。我深信我们的社会主义建设必定是：四化每前进一步，人民就富裕一步，生活就改善一步，即一步步“化”，一步步富；而不能设想让人民长期忍受困难，寄希望于遥远的将来，等待四化成功之日，生活才一下子好起来。随着经济建设的发展，不断地改善人民的物质文化生活，使人民得到看得见的物质利益，这样，群众才会感到有奔头、有盼头，从而产生更大的劲头。

（摘自1988年1月12日、18日在听取中共天津市第五次党代会报告起草组汇报时的谈话）

把群众情绪作为第一信号

细心地倾听群众的呼声，善于体察群众的情绪，使我们的一切决策和措施符合广大人民群众的意愿，赢得广大人民群众的拥护和支持，这是党的群众路线的根本要求，也是重要的政治领导艺术。

在中国革命的实践中，凡是正确的决策都是人民群众意志、情绪的集中体现。我们党之所以能够力挽狂澜，战胜前进中的各种困难，都是由于顺应了人民群众的意愿、要求和情绪。在新旧体制转换的历史时期，工作中的缺点、失误是不可避免的。通货膨胀，社会分配不公，以及党内和社会上出现的某些消极腐败现象等问题，使得许多人情绪不顺。党的十三届三中全会提出了改革的方向必须坚定不移，步骤和方法应该审时度势、力求稳妥的方针。这个方针切合实际，符合民心，必将赢得广大人民群众的理解和支持，把改革事业进一步推向前进。任何决策或措施，必须顺应群众情绪，符合群众愿望，否则，群众情绪不高，甚至气呼呼，事情就不可能办好。群众情绪往往反映了群众对现实生活中各种社会现象的感受、认识和态度，因此，为了使我们的一切决策和措施都符合群众的愿望和要求，从领导的角度来说，就应当把群众情绪作为第一信号，及时把握群众情绪。

（摘自 1989 年 2 月《把群众情绪作为第一信号》一文）

改革是亿万人民的事业，群众的情绪如何，精神状态如何，决定着改革的进程。因此，凡是真正关心改革的领导干部，都应该学会把握群众情绪的本领，研究如何最大限度地调动群众的积极性。

学会把握群众情绪的本领，要深入到群众中去，认真倾听群众的意见和呼声。只是主观上有为人民服务的愿望，但自以为比群众高明，遇事不愿向群众学习，不愿同群众商量，就不可能想出好主意，拿出好办法。光有深入实际的愿望，而不迈开双腿到群众中去，了解工作中的实际情况，往往会作出与群众意愿、群众情绪相悖的决策。在新旧体制转换的特定历史时期，我们面临着一些困难和问题，群众对物价上涨、社会分配不公、党政机关消极腐败等现象有许多意见，怎么办？这就需要领导者腾出一定的时间深入到群众中去。近几年，天津市通过完善信息网络、户卷调查、建立意见箱、联系电话、举报中心以及谈心服务等多种形式，直接听取群众的反映，体察群众的情绪；根据群众的要求，市委、市政府每年为城乡人民群众办 20 件实事，受到了群众的好评。这对稳定群众的情绪，激励全市人民为建设新天津做出自己的贡献，收到了比较好的效果。

把握群众的情绪，就要发扬社会主义民主，敢于接受群众的批评意见。领导干部应当做到坦率地与群众对话谈心、交换意见。这样，群众才会感到，领导干部值得信任和依靠，他们的心情才舒畅，也才能直抒其言。新旧体制交替之际出现的各种各样的问题，有的是不可避免的，也有的是由于我们工作中的缺点和失误造成的。群众中出现一时不能适应这种局面的现象，以至产生对某些问题的误解，是难免的。怎么办？对存在的问题采取回避的态度是不行的。最好的办法是同群众对话，敢于把我们工作中的缺点、失误，我们面临的种种困难，以及我们在十年改革中总结出来的主要经验和教训，毫无保留地向群众讲清楚，同群众坦诚相见，一起商量克服困难的办法。目前，在党政机关某些工作人员中存在的消极腐败现象，为群众所深恶痛绝。群众对这些问题有意见，我们要认真听取，做到该解决的解决；同时，对一些误解也要该解释的解释，该引导的引导，绝不能采取敷衍了事的态度。党的历史表明，我们的力量在于群众，群众是拥护我们的。敢于让群众讲真话、讲批评的话，这不是坏事，而是自信与力量的表现。

把握群众的情绪，就要同群众同甘共苦。“勾践栖山中，国人能致死”，“上能同甘苦，下能共安危”。有了与群众同甘共苦的精神，就能永远和群众保持密切的联系，与群众心心相连，休戚与共。但是，我们有些干部和人民群众的距离越拉越远，个别人热衷于讲排场、摆阔气，房子越住越高级，小汽车越坐越豪华，而对于关系群众切身利益的事情，他们却采取麻木不仁的态度。群众对他们有气，有话不愿对他们说，有劲不愿为他们使。当然，他们也就无从把握群众的情绪。我们党一贯提倡，领导干部无论何时何地，都要把人民的冷暖装在心中，“先天下之忧而忧，后天下之乐而乐”，与人民群众同甘苦共患难。这样，领导干部了解、关心人民群众，人民群众才能理解、支持领导，使我们的各级领导在准确把握群众情绪的基础上，把群众的积极性充分调动起来。

群众情绪是广大群众对现实的一种直观反映，往往不那么规范、雅致，不那么有条理、有分寸，有时甚至以尖锐的、粗糙的、使你感到不那么舒服的形式和方式表现出来。作为领导者，就要善于体察，从中获得教益。当然，作为领导者，不能满足于反映群众的一般情绪，而是要引导群众前进，但是，首先要及时准确地体察、把握群众的情绪。

（摘自 1989 年 2 月《把群众情绪作为第一信号》一文）

各级领导干部要注意了解群众心情。所谓群众心情，包括群众的意愿、意见、想法、要求以及表现出来的情绪等等。心情一般反映群众对现实生活的感受和态度。群众心情影响着各个方面，是一个非常重要的问题。我们常讲人民群众是历史的主人，是实践和认识的主体，是最终决定社会发展的力量，干部是人民的公仆，全心全意为人民服务是党和政府的最高宗旨。这些都说明了人民群众在我们国家、在各项工作中的重要地位和作用。看形势发展，看政策得失，看干部形象，重要的一点是看群众满意不满意，高兴不高兴，带劲不带劲。

我们正处在新旧体制转换的历史时期，各项政策措施的出台，不可避免地触及一些人的利益，引发人们的情绪变化。只有准确地把握群众的思想脉搏、群众的情绪动态，我们才能及时制定和完善政策，正确引导群众，减少或避免造成大的损失，赢得群众的支持。当前有的干部不懂得了解群众心情的重要性；有的干部缺乏群众工作的经验；有的干部严重脱离群众，根本不知道群众在想什么。对此，群众是有意见的。

真正了解群众心情并不容易，需要做出许多努力。要深入实际，与群众同甘苦共患难。要以诚待人，广交深交一批敢于反映真实情况的朋友。要通过信息网络、问卷调查等现代手段，及时收集和处理来自群众的各种信息。要进行科学分析，透过现象抓住事物的本质和主流。长期以来，天津市对了解群众心情形成了一整套行之有效的办法，希望坚持好传统，总结新经验，把这方面的工作做得更好。

（摘自 1995 年 3 月 10 日在八届全国人大三次会议天津代表团会议上的发言）

弄清人民群众真实的思想、情绪、愿望、要求，是做好群众思想政治工作和其他各项工作的前提条件。弄不清群众在想什么，就谈不上根据对象的特点，做好深入细致的思想政治工作，充分调动群众的积极性；就谈不上想群众之所想，急群众之所急，兴办群众满意而高兴的实事；就谈不上集中群众的智慧，更好地坚持从群众中来、到群众中去，使我们的方针政策更加切合实际。总之，弄不清群众在想什么，一切将无从谈起。这不是一件简单的小事，而是一件事关全局的大事。

真实、全面、及时地弄清群众在想什么，并不容易。如果没有民主、和谐的气氛，就不容易听到真话；如果缺乏闻过则喜的胸怀，就不容易听进真话；如果对听到的情况不作科学的综合分析，就不容易抓住事物的本质和主流。还必须看到，客观现实总是发展的，群众的思想是不断变化的，即使一时了解了真实情况，也不能一劳永逸。这就要求各级干部眼睛向下、放下架子，甘当小学生，到群众中去，到基层去，做艰苦的调查研究工作。

我们党的宗旨是全心全意为人民服务，党的根本路线是群众路线，党的方针政策代表了群众的根本利益，这是我们弄清群众在想什么的重要政治基础。同时，我们党有密切联系群众、了解民心民意的宝贵传统和经验。只要我们充分认识这个问题的重要性，并把它作为一件大事自觉抓好，就能够准确地把握群众的思想脉搏，了解群众的真实意愿。

（摘自 1991 年 3 月 16 日在重庆市考察工作时的谈话）

从群众的觉悟和意愿出发

经济体制改革的根本目的在于最大限度地调动广大群众的积极性，进一步发展社会生产力。社会主义的最终胜利，归根到底取决于更高的劳动生产率。坚持和完善社会主义制度也只有在社会生产力巨大发展的过程中才能实现。人民群众是生产力中最积极、最活跃的因素，旧体制的最大弊病就是抑制了人民群众的积极性和创造力，改革就是要革除这种弊端，建立新的机制，激发出每个劳动者的主动性、积极性和创造性，促进生产力的发展。改革是群众创造历史的过程，中国的改革最终要靠中国广大群众去实践、去探索，从一定意义上讲，改革的加速或延缓、成功或失败，都取决于群众能否积极参加和乐于支持。我们是社会主义国家，群众是主人，改革必须突出群众的主人地位，必须重视群众的情绪，必须注意从群众的觉悟和意愿出发。制定改革的方针政策和实施措施，首先和第一位要考虑的是绝大多数群众的觉悟和意愿，凡是多数群众不赞成的做法，纵然有千条理由、万条理由也不能简单从事，勉强或急于去干。这要作为整个改革的出发点，并且表现于行动的过程和归宿。几年来，天津形势好，事情容易办，建设和改革发展顺利，最重要的一个原因是，我们始终尊重群众的主人地位和意志，始终注意群众的利益和情绪，始终把最大限度地调动群众的积极性并合理地发挥出去作为基本的思路和原则。过去是这样，今后也将是这样；困难时是这样，顺利时也是这样；经济建设中是这样，思想政治工作中也是这样，在改革中尤其是要这样。只要我们始终坚持这样做，我们的改革就一定能健康发展，取得良好的成效。

（摘自 1987 年 4 月 22 日在天津市人代会上的讲话）

无论干什么事情，都要细心体察民情，倾听群众呼声，按照人民的意愿办事，而决不能干那些违背群众意愿、伤害群众利益的事情。要把共同理想同具体发展目标和建设任务结合起来，同各自岗位职责和人生追求结合起来，使其产生强大的凝聚力和向心力。要干那些受益面大、长远受益的事情，干那些群众最关心、最急迫要求解决的事情，干那些群众力所能及的事情，切忌勉强群众干那些可望而不可及、可说而不可干的事情。只要我们尊重群众的意愿，坚持实事求是的原则，办每一件事都使群众最终得到实惠，群众就会始终保持高昂的革命热情，就会产生勇往直前、无坚不摧的力量。

（摘自 1986 年 11 月《两个文明结硕果，共同理想放光辉》一文）

不断理顺群众情绪

理顺群众情绪是一个十分重要的问题。中央几位领导同志来津视察时都讲过这样的话：人民高兴了，一切事情就好办了。古人讲，天下之势，常系民心。民心顺了，就会一顺百顺，一顺百兴。这几年，天津各项工作之所以进展顺利，越干越好；天津城市面貌的变化之所以越来越大，日新月异；天津的大好形势之所以经受住了种种考验，不断巩固和发展，究其原因，是因为群众心齐气盛，他们对党和政府的号召一呼百应，对国家的困难主动承担，对一些不遂心的事也能正确对待。而天津之所以出现这样的局面，原因之一就是因为我们以为人民办实事为突破口，时刻注重群众的情绪，不断理顺群众的情绪，使天津形成了一个好的民风民气。

（摘自 1985 年 10 月 13 日在天津市政府全体会议上的讲话）

所谓群众情绪，有认识问题、思想教育问题，也有一个切身利益问题。离开了对群众中实际问题的解决，离开了物质文化水平的不断提高，很难理顺群众的情绪。大家可以回忆一下，10 年前的天津是个什么样的情景，“文革”的人祸，加上地震的天灾，群众生活十分困难，心不顺，气很大，意见纷纷。在这种情况下，我们的工作能搞好吗？通过办实事，把群众的精神振奋起来，就是在这种情况下提出来的。实践证明，这个思路是正确的。几年来，我们坚持办多数人受益的事，使越来越多的群众得到了实惠，越来越多的群众心情舒畅；我们坚持办群众最急需的事，使群众中意见最突出的问题得到了及时的解决，受益者人心安定，同时赢得了更多人的同情和支持；我们坚持办长远起作用的事，使群众看到更大的希望，始终保持一种不断追求、积极进取的精神状态；我们坚持办促进精神文明的事，不断提高人们的素质，逐步形成了一种良好的社会风气和精神风貌；我们坚持办力所能及的事，使群众看到政府的努力，体谅国家的困难，养成一种艰苦奋斗、顾全大局的好风尚。正是由于实事好事年年办，才使群众从一大堆的后顾之忧中解脱出来，有条件、有可能专心致志地从事各项工作；才使群众从切身利益的变化中体会到党和政府为民办事的诚意、决心和能力，在党群、干群关系上，好的传统得以发扬，丢掉的东西得以恢复，出现了全市人民同心同德干四化的可喜局面。

目前，全市人民的情绪总的讲是顺的，但也还有不少的问题，在大满意中还有许多的小不满意，比较普遍的是对物价波动有意见，对党风和社会风气不正有反感，对收入上的过于悬殊有想法，对一些迫切的生活问题得不到及时解决有怨言。同时由于思想政治工作薄弱，在一些人中也滋长了某些不好的东西，所谓“端起碗来吃肉，放下筷子骂娘”，就是这种反映。这种情绪，如不引起重视并及时和妥善地加以解决，蔓延开来，就会造成大的消极影响，我们来之不易的大好形势就有可能受到损害。市委提出，今年要把理顺群众情绪作为一件大事来抓。希望大家在这个具有全局意义的事情上，提高自觉性，把工作做深、做细，万万不可粗心大意。

（摘自1987年3月5日在天津市人民政府第十届第七次全体会议上的讲话）

要多听听群众的意见

各级领导干部做各项工作，都要注意多听听群众的意见。之所以强调这个问题，是因为：第一，我们做一切工作从根本上讲都是为了群众，为了群众得到实实在在的利益，为了使群众满意和高兴。我们工作的结果如何，是不是达到了预期的目的，是不是与动机相符合，体会最深刻、最有发言权的是群众。第二，改革从一定意义上讲是对利益关系的调整，总要涉及这部分人或那部分人的利益，很难使所有的人同时、同等受益，但无论如何必须使多数人受益，必须考虑多数人的承受能力，必须使少数利益受到暂时影响的人生活有保障。改革举措对群众利益影响如何，利弊得失怎样，要看看多数人的感受，听听不同方面群众的意见。由于利益关系的影响，人们对同一事物往往有不同看法，有正确的也有错误的，有合理的也有不合理的，只有全面了解，才能够搞清楚群众的总体思想状况，从而准确判断形势、选择适当政策。第三，我们取得了举世公认的成就，也碰到了不少困难和问题。有些问题普遍存在，长期得不到解决；有些问题处于两难境地，处理起来十分棘手。我们承认许多问题是难以避免的，解决起来需要一个过程，需要采取多种措施，但有一条可以肯定，到群众中去听听意见、寻找办法是根本出路。

要真正听到群众的意见，听到群众的真实意见，不是一件容易的事情。首先，思想要对头。承认群众是真正的英雄，而我们自己则往往是幼稚可笑的；承认最有聪明才智、最有实践经验的是群众；承认一切真知发源于实践。第二，态度要端正。没有满腔的热忱，没有眼睛向下的决心，没有求知的渴望，没有放下臭架子、甘当小学生的精神，就不可能做好这件事情。第三，方法要得当。我们已有一些现成的渠道，只要注意充分运用，就可以听到群众的许多意见。比如，党政组织逐级听取意见，邀请人大代表、政协委员参加有关会议，依靠工、青、妇等群众组织和社会团体反映它们所联系各方面群众的意见，处理群众来信来访，利用新闻媒体，等等。天津在听取群众意见方面有经验，也有一套行之有效的办法。比如，市领导与人大代表、政协委员直接交换意见，市政府公开办公时吸收群众代表参加并通过广播电视现场报道，开展谈心服务活动，评选十佳公仆，进行户卷调查，等等。天津应当保持和发扬这个传统，并结合新的形势创造新的经验。

（摘自1999年3月7日在九届全国人大二次会议天津代表团会议上的发言）

这次“三讲”教育特别强调听取群众意见，如查摆问题听意见，评议干部听意见，制定整改方案听意见等等。实践证明，听意见越广泛越深入，收到的效果就越好。这里我想强调一个问题，就是各级领导干部听群众意见必须经常化、制度化。

毛泽东等老一辈领导人特别重视群众的意见，强调遇事同群众商量，提倡先当学生后当先生，认真听取群众意见，按照群众的意见办事。1942年8月，曾经发生过这样一件事：一天，陕甘宁边区政府小礼堂召开各县县长参加的征粮会议，由边区政府主席林伯渠主持。当时正在下大雨，忽然一声雷响，礼堂的一根柱子被劈断了，延川县长不幸触电死亡，还有几个同志受了伤。这件事传开之后，有些群众议论纷纷，借机发泄对征粮工作的不满。有一个老乡就说，“雷为什么没有劈毛泽东？”这话传出来以后，当时有的同志主张要抓那个老乡，严肃处理，甚至说要以反革命论处。毛泽东同志知道这件事后，不同意这样做。他说，你们这样做不对，群众的意见反映了我们工作上的毛病，有些问题需要我们去解决，要允许大家讲话，讲错了也不要紧，人家说救国公粮任务太重，这是实际情况。为了解决这个问题，毛泽东同志专门找人听了意见，决定将边区征收公粮的任务从20万担减少到16万担，还派人对群众是否有能力负担减少后的征收任务进行调查。这个故事已经被传为佳话。1943年6月，毛泽东同志起草了《关于领导方法的若干问题》，从领导方法、工作方法的角度论述了党的群众路线，提出了许多至今仍广为流传的一些精辟观点。如第一条讲："我们共产党人无论进行何项工作，有两个方法是必须采用的，一是一般和个别相结合，二是领导和群众相结合。"第六条讲："从群众中集中起来又到群众中坚持下去，以形成正确的领导意见，这是基本的领导方法。"1990年1月，我去了趟河北省西柏坡，党的七届二中全会就是在那里召开的。西柏坡展览馆里有毛泽东同志的一个批示："学会为人民工作"，周恩来同志的一个批示："学习为人民服务的道理"。老一辈革命家在那样的年代里时刻想着群众，把群众工作放到如此突出的位置，确实是令人深思的。可以这样说，党之所以能够在敌我力量悬殊的艰难环境里，坚持进行革命活动并最终夺取全国政权，理由可以讲一千条一万条，但最根本的理由是坚持走群众路线，认真听取群众意见，始终注意保持与人民群众的血肉联系。

就总体上讲，改革开放以来，我们重视听取群众意见，尊重群众首创精神，及时总结群众的发明创造，用以指导全国的工作。同时也要承认一些地方在听群众意见方面确有许多毛病，有许多事情与群众商量不够，听群众意见不够。有的同志自以为是，对群众意见不以为然；有的敷衍应付，听意见只是做做样子；有的只听顺耳的话，听不进半点不同意见；有的名曰听意见，实则对群众发号施令。一个单位、一个地方之所以鸦雀无声，或者普遍存在说假话的现象，固然有社会风气的影响，但根子在领导身上。

与老一辈相比，现在许多同志不善于从群众的角度考虑问题，或考虑得比较少。很多年轻的干部不太熟悉一般号召与个别指导相结合、从群众中来到群众中去的工作方法，认为现在科学技术发达，获取信息便捷，以为上网、打电话就可以代替听群众意见。作为领导干部，掌握新科技知识是必要的，但是，如果不会宣传群众、动员群众、组织群众，不掌握集中起来坚持下去的方法，不能同群众保持密切联系，就很难把工作搞好，也可以说缺乏基本功。所谓领导，就是要“领”要“导”。什么叫“领”？就是带领；后面没兵，光杆司令一个，这只能叫个人蹓跶。什么叫“导”？就是引导；没有群众，这只能叫自拉自唱。从这个意义上说，领导只有相对于群众才能存在，一时一刻也离不开群众。在延安的时候，毛泽东同志考过一位同志。毛泽东同志说，政治就是把人团结得多多的。什么叫本事？领导的本事就是把群众的积极性充分调动起来并合理地发挥出去。群众积极性调动不起来，什么也搞不成；调动起来，发挥得不好，比如我们过去搞“大跃进”、“文化大革命”，就严重挫伤了群众的积极性。所以群众的积极性还有个合理发挥的问题。什么是威信？就是让群众满意、高兴和拥护。而所有这些，离开听群众意见，是不可能做到的。因此，我们在加强干部培养教育，提高干部素质的时候，尽管可以讲许多内容，但必须把坚持群众观点、群众路线，经常听取群众意见作为最主要的内容。

我们常讲，全心全意为人民服务是党和政府的宗旨；如果不经常听取群众意见，怎么能弄清楚服务什么、服务效果如何，怎么能把服务搞得更好？我们常讲，一切依靠群众；如果不经常听取群众意见，怎么能把群众的智慧集中起来、力量凝聚起来，怎么能接受群众的监督，纠正失误、克服困难、解决问题？我们常讲，党与群众是血肉关系、是鱼水关系、是公仆和主人关系；如果不经常听取群众意见，如果二者分离，那将是什么关系？

听群众意见，一是要真心实意。要找确有意见并敢于提意见的人而不是一味说奉承话的人；对待提意见的人不是反感而是感激，给别人以说话的机会而不要让人把话憋在肚子里；有闻过则喜的胸怀，把能听到不同意见当作莫大的好事。我在天津工作时，和大学的学生对话前，管教育的同志打算找一帮积极分子、团干部、学生会干部，说找那些意见多的人没法控制局面，怕下不了台。我说，就找那些自命不凡的、最有意见的人来对话，连几个学生都应对不了还当什么市长！于是找了一帮有见解的、自视很高的学生对话。结果他们说“说不过我”。我说：“什么叫说不过我？有理尽可以讲嘛！还是你们没理啊。如果有理还说不过我，说明你们本事还是不行啊。”对话结束时我说：“第一，你们把自己看得太高。你们天天发牢骚、瞎闹腾，其实你们才读了几本书，有多大的本事？第二，你们把自己看得太低。国家花那么多钱培养你们，你们是国家的栋梁，但你们总是把自己放在普通老百姓和旁观者的位置上。”我还说：“从对话中可以得出三个结论：第一，你们当中一定会有栋梁之才；第二，你们当中一定会有平庸之辈；第三，你们当中难免会出不肖之徒。”这些学生最后还给我鼓了掌。所以，对说尖锐话的人、反对话的人不要在意，更不要怕。

二是要经常化。困难的时候要听顺利的时候也要听，有空的时候要听忙碌的时候也要听，使听意见形成习惯、形成自觉、形成风气。

三是要制度化。要把听意见作为工作日程中的正常安排而不是心血来潮的举动，作为决策过程中的一个必经程序而不是可有可无的形式，在时间、方法、内容等方面作出规定并进行严格的检查督促。

（摘自2000年2月24日听取浙江省委、省政府工作汇报时的讲话）

自觉接受群众的监督

建设具有中国特色的高度的社会主义民主，始终是我们坚定不移的目标。我们反对美化资产阶级“自由”、“民主”的错误思潮，不赞成搞“大民主”，正是为了更好地发展社会主义民主。我们要把政治生活、经济生活和社会生活的民主建设，有领导、有步骤地继续推向前进，特别要活跃基层领导单位的民主生活，最大限度地发挥广大群众的社会主义积极性和创造性。这是社会主义现代化建设的需要，也是发展安定团结大好形势所必须解决的重要问题。为此，一要开辟多种民主渠道，使人民群众有更多的条件和机会参政议政。在定期向市人民代表大会和人大常委会报告工作、听取批评建议的同时，继续坚持直接同人民代表座谈，发挥咨询委员会作用，开展户卷调查，认真对待来信来访，并采取个别谈心、联系电话、举报中心等多种途径，及时准确地了解人民的意愿。要经常同广大群众对话，把我们的方针政策、工作部署、取得的成绩以及存在的困难和问题，面对面地向群众宣传解释，直接听取群众的意见和建议。二要采取多种形式，使各级领导机关和干部置于人民群众的监督之下。充分重视和发挥人大、政协和各民主党派的监督作用，重视和发挥工会、共青团、妇联等社会群众组织以及社会舆论的监督作用。在基层企业要进一步发挥职工代表大会的作用，健全各项民主管理制度，充分行使工人当家作主的权利，经常监督和促进领导工作。要在更大范围内开展民主选举、民主推荐、民主评议干部的活动。三要健全民主生活，提倡和开展同志式的批评和自我批评，沟通思想、加深理解、消除隔阂、增进团结，建立和发展社会主义条件下人民内部的团结友爱、平等互助、和谐融洽、共同前进的新型关系。依靠群众的支持和配合，解决好社会政治、经济生活中的种种消极和混乱现象，使我们已取得的安定团结的大好局面进一步巩固和发展。

（摘自 1987 年 4 月 22 日在天津市人代会上的讲话）

市政府和人民代表、政协委员面对面地对话，从 1983 年开始，每年一次，到现在坚持 5 年了。我觉得这是一件非常有益的事情，符合党的十三大提出的建立社会协商对话制度的精神。如果说，天津这几年的工作取得了很大成就；如果说，天津的形势是好的，广大群众精神振奋，心齐气顺，各项工作都出现了蒸蒸日上的局面，其中一条重要原因，就是人民代表和政协委员积极地、及时地、认真负责地向政府提出宝贵意见。由于代表和委员们提意见，使我们避免了许多错误，避免了许多官僚主义；加强了群众对政府的监督，使我们改进了作风，改善了方法，提高了水平。

坚持对话，或者说听取代表、委员意见，这是天津市政府之所以能够和广大群众有着密切联系，之所以在许多重大决策方面能够符合实际，之所以能使我们这几年的工作越做越好，许多事情不断地向良性循环上转化的一个重要原因。及时地通过代表、委员听到广大群众的意见，集中群众的智慧，自觉地接受群众的监督，是我们能够搞好工作的一条重要经验。所以，我觉得，天津最早开展这项工作，理所当然地应该坚持下去，普及开来，不断引向深入。我个人认为，不仅是市政府领导成员要与代表、委员对话，还可以开展其他多种形式的对话。比如说，人民代表可以与选民对话，听听他们有什么意见，政协委员可以听听本界别群众的意见，及时地反映到政府来，充分行使人民代表、政协委员的权利。总之，把和群众对话工作普及开来，引向深入，这对于我们统一思想认识，加强团结，搞好工作，巩固和发展天津的大好形势，是有着十分重大意义的。特别是在当前改革开放的新形势下，许许多多过去习以为常的东西被突破了，许许多多大家一时不认识、一时接受不了的东西在不断出台，如果不对话，不和大家交换意见，思想没有准备，本来是件好事，但由于大家不认识、不理解，有时会弄得很不愉快。如果能够及时听取群众意见，讲清道理，互相沟通，我相信天津的群众是通情达理的，天津的群众历来对市委、市政府是支持、作劲的。

总而言之，今天的会开得很好，气氛很活跃，问题提得也很实在。我希望通过今天的会，使社会协商对话活动，在各个单位、各条战线，以各种形式开展起来。通过对话，提高各界人民参政议政的意识，加强对党和政府的批评监督；通过对话，互通信息，密切联系，加强了解，从而增强我们的团结，共同把工作搞好。我看这件事情，下一步可以在更大的范围开展起来。

（摘自1987年11月21日在天津市人大代表座谈会结束时的讲话）

我国是人民当家作主的社会主义国家，我们的政府是人民政府，我们的军队是人民军队，我们的警察是人民警察，我们的法院是人民法院，我们的检察院是人民检察院，我们的干部是人民公仆。我们的社会制度之所以优越，从根本上说，就在于一切权力属于人民。毛泽东同志讲过一段名言：我们的权力是谁给的？是人民给的。我们的责任就是向人民负责。我们的每句话，每个行动，每项政策，都要适合人民的利益。因此，我们应当经常听取人民群众的意见，体察人民群众的情绪，关心人民群众的疾苦，接受人民群众的监督。当前，一些地方消极腐败现象仍在滋长蔓延，已经成为改革发展的障碍、社会稳定的隐患，引起人民群众的不满。要改变这种状况，有效地预防和遏制腐败，必须对权力进行制约和监督。我国的各种形式的监督，都是人民意志的体现，从本质上讲都属于人民监督。为了人民、依靠人民是我国监督的根本特点，也是我国监督的最大优势。我们必须根据我国的实际情况，研究、创造各种能够充分发挥人民监督作用的制度和形式，使人民能够经常地、及时地、有序地防止和矫正权力在运行过程中脱轨变形，以保证人民的权力永远掌握在人民手中。

人民代表大会是人民行使国家权力的机关，依法对国家行政机关、审判机关、检察机关进行监督。人民政协是中国共产党领导的多党合作和政治协商的重要机构，“实行以协商讨论和批评建议为主要形式的民主监督”。新中国建立后，毛泽东同志提出中国共产党要与各民主党派“长期共存、互相监督”。长期共存就是为了互相监督。进入新的历史时期，邓小平同志进一步强调：中国的社会主义现代化建设事业，继续需要政协就有关国家的大政方针、政治生活和各项社会经济问题，进行协商、讨论，发挥监督作用。人民政协的民主监督，是人民监督的一个重要方面，在我国政治生活中具有不可替代的作用。人民政协包括了各党派、各团体、各界别的代表人士，能够充分反映社会各个方面的看法；人民政协人才荟萃、智力密集，能够提出切实的、深刻的意见；人民政协是国家政治体制的组成部分，其监督活动既有规范的形式又有制度的保障。充分发挥政协民主监督的作用，有利于听到来自不同方面的意见，有利于决策民主化、科学化，有利于及时发现和改正错误，也有利于防止和消除腐败现象。

（摘自2001年3月12日在中国人民政治协商会议第九届全国委员会第四次会议闭幕会上的讲话）

保持党同人民群众的血肉联系

密切联系群众是我们革命和建设取得胜利的基本经验。回顾党的历史，兴衰成败都同党与群众的关系紧密相联。当着我们与群众血肉相依，群众路线贯彻得好的时候，我们的事业就兴旺发达；相反，当着我们脱离群众，群众路线执行得不好的时候，我们的事业就出现曲折和损失。革命战争年代，面对强大的敌人，星星之火之所以燃成燎原之势，靠的是群众的拥护和支持。建国40年，在许多时候，特别是党的十一届三中全会以来，我们能够战胜困难，走向胜利，开创改革开放和社会主义现代化建设的新局面，同样是靠群众的拥护和支持。在许多情况下，有些问题，只要群众谅解，就不叫问题，就不难解决。群众真的理解你、支持你，困难就能过去。假如群众有情绪，气不顺，就不能不引起重视。

密切联系群众也是我们克服困难的根本出路。目前，我们面临着不少的困难和问题。国际上苏联和东欧出现的变化，对我们冲击比较大。国内经济生活中存在的问题解决起来难度也很大。克服困难，解决问题，核心的是如何理顺群众情绪的问题。这就是要靠加强党同人民群众的联系来解决，要在继承和发扬党的优良传统上打主意、想办法。目前存在的许多问题，说到底是在与群众的关系上体现出来的。许多问题的解决方法，说到底也必须依靠群众的拥护和支持。因此，加强党同人民群众的联系，已经成为当前最根本性的问题。对此，我们必须有清醒的认识，在这方面动点真格的。现在，我们干部的大多数是在和平环境中成长起来的，从战争时期过来、经受过群众斗争考验的已经相当少了。在现在的情况下，能不能取得群众的信任和支持，更要看是不是真心实意地执行群众路线，是不是全心全意地为人民服务，遇事是把群众放在第一位还是把自己放在第一位。一个领导干部，不懂得这一点就谈不上领导水平，也无法提高领导水平。党的路线是群众路线，党的宗旨是为人民服务，我们要和广大群众一起克服困难，就是看你在这方面表现如何。历史注定了我们这一代仍然是吃苦的一代，吃亏的一代，为中国实现现代化奠定基础而献身的一代。谁要想当共产党的干部就得准备吃苦，准备吃亏，准备作奉献，否则你别当这个干部。

（摘自1990年2月27日同津冀鲁三省市党委负责同志座谈时的讲话要点）

密切联系人民群众的重大意义，可以从以下几方面来看：

（一）四项原则的牢靠基石。四项基本原则，是我们党的基本路线的重要组成部分，是我们的立国之本。实践证明，坚持四项基本原则，中国就能稳定、团结，充满希望；背离四项基本原则，中国就会混乱、分裂，陷入灾难。

四项基本原则，集中反映了中国最广大人民群众的根本利益和共同意愿。相信和依靠人民群众，获得人民群众的支持和拥护，是四项基本原则的最牢靠的基石。我们讲坚持马列主义、毛泽东思想，是因为人民需要这种思想理论。这种思想理论是无产阶级和人民大众认识世界和改造世界的锐利武器。它在人类历史上第一次揭示了人民群众作为社会物质财富和精神财富的创造者，是实践和认识的主体，是历史的主人，是推动社会前进的动力。马列主义、毛泽东思想也只有掌握人民群众，才能变成巨大的物质力量。我们讲坚持社会主义，是因为人民需要这种社会制度。在这种制度下人民能够当家作主，能够摆脱剥削和压迫，能够充分发挥聪明才智，从而使生产力获得解放，使自己的物质和文化生活水平不断提高。社会主义也只有在实现人民群众的这种基本历史要求的进程中，才能不断巩固和发展。我们讲坚持人民民主专政，是因为人民需要这种民主专政。这种民主专政是绝大多数人对极少数人的专政，而与历来的少数人对多数人的专政根本不同。人民民主专政也只有充分依靠广大人民群众，才能强有力地保护人民权利，打击和惩治极少数敌人的破坏活动。我们讲坚持共产党的领导，是因为人民需要这种领导力量。群众中有种种不同的利益和意见，只有作为工人阶级先锋队的共产党，才能集中群众中的正确意见，克服错误意见，代表最广大人民群众的最大利益。密切联系人民群众是我们党区别于其他任何政党的最显著的标志之一。党的根本宗旨，就是全心全意为人民服务。党的全部任务，就是引导人民群众认识自己的利益，并团结起来为自己的利益而奋斗。

由此可见，四项基本原则是我们最大的政治优势，这种优势归根到底来源于最广大人民群众的支持和拥护。坚持四项基本原则，就必须坚持群众路线，在各项工作各个环节都细心地研究人民群众的利益，了解人民群众的要求，倾听人民群众的呼声，体察人民群众的情绪，调动人民群众的积极性，教育和引导人民群众前进。正如毛泽东同志所说的："只要我们依靠人民，坚决地相信人民群众的创造力是无穷无尽的，因而信任人民，和人民打成一片，那就任何困难也能克服，任何敌人也不能压倒我们，而只会被我们所压倒”。我们讲密切联系人民群众是四项基本原则的“牢靠基石”，道理就在这里。六中全会决定强调加强党同人民群众的联系，它的重大政治意义就在这里。

（二）维护稳定的关键所在。最近一个时期，中央反复强调稳定，明确指出没有稳定就没有一切，稳定是压倒一切的大局。政治稳定，经济稳定，社会稳定，说到底取决于群众的稳定，人心的稳定。有了群众的稳定，人心的稳定，即使有极少数敌对分子捣乱也容易解决；而没有群众的稳定，人心的稳定，政治、经济、社会的稳定都不可能巩固。

当前，全国的政治局势，总的来说，是稳定的。同时必须清醒地看到，也存在着若干不稳定的因素。去年那场政治风波，毫无疑问，有国外反动势力的插手和国内坚持资产阶级自由化、搞政治阴谋的人的煽动。国内外敌人反对和破坏我们的社会主义的阶级斗争，在一定范围内还会长期存在，在一定条件下还可能激化。对此我们必须保持高度的警惕。但不能否认，去年那场风波有那么多人卷进去，说明我们确实有失误，群众对我们确实有意见。小平同志说：“我们确实有失误，许多思想工作没有做，好多话没有讲清楚”。党的十三届四中全会以来，经过我们积极努力地工作，相当多的人思想认识有了提高。特别是后来国外局势的某些剧变，使更多的人进一步认识到中央坚决制止动乱的方针是正确的。如果当时不采取这样的方针，后果不堪设想。另一方面，现在也确实还有相当一些人，思想扣子还没有完全解开，一些深层的思想问题也还没有解决。同时，群众中积累很久的那些不满，像腐败问题、社会治安问题、社会分配不公问题、官僚主义问题，等等，尽管我们在努力解决，也有成效，但要解决好，取得更显著的效果，使群众比较满意，还需要继续做极大的努力。再加上去年下半年以来，停产、半停产企业增多，相当数量职工的生活受到影响。对这些确实存在着的种种不稳定因素，千万不可大意。

面对这样的形势，我们要理顺群众情绪，稳定人心，靠什么？加强并且切实地改进思想政治工作，用无产阶级思想和各种积极健康的东西占领思想文化阵地，是必要的。从各方面采取有效措施，努力解决那些引起群众不满的问题，是必要的。而最根本的，是认真落实六中全会的决定，密切党同人民群众的联系。只有这样，才能提高人民群众对党的信心，使稳定建立在党与人民群众同呼吸共命运的基础之上。这样的稳定，才是牢不可破的，才是经得起任何惊涛骇浪考验的。我们讲加强党同人民群众的联系是维护社会稳定的关键所在，道理就在这里。

（三）完成任务的根本保证。今年是治理整顿的关键一年，90 年代还要实现国民生产总值再翻一番的第二步战略目标，我们的任务宏伟而艰巨。一年来，治理整顿、深化改革已经取得了比较明显的成效，但是问题还很多。有些多年积累下来的深层次的问题，像产业结构失调、体制不合理、经济效益差等等，不是短期内可以解决的。再加上治理整顿过程中，又出现了市场销售疲软、工业增长速度回落过猛、停产半停产企业增加等新的问题。新老问题交织在一起，各方面的困难比较集中。经济形势是严峻的，我们完成任务的难度是很大的。

为了克服困难，完成任务，党中央和国务院提出了一系列重要的方针、政策和措施，必须认真贯彻执行。而这些方针、政策、措施能否真正落到实处，发挥其应有的作用，归根到底要靠群众，靠群众的积极性，靠广大职工的主人翁精神。有了群众的积极性，领导提出的种种主意、办法就能够化为群众的自觉行动，取得实际的成果。有了群众的积极性，大家还会出更多的主意，想更多的办法，从生产上、技术上、管理上、经营上和思想政治工作上，提出种种合理化建议，那是光靠领导坐在办公室里想不到、也憋不出来的。有了群众的积极性，一些涉及群众切身利益而又暂时无法解决的困难，大家能够体谅，为国家分忧，为企业分忧，问题也就可以缓解，大问题可以变成小问题。反过来，群众没有积极性，领导提出的主意和办法再多再好，也不易实现；群众不谅解，小问题也会变成大问题。

现在，在相当一部分单位，相当一部分群众积极性不高，极大地影响着各项经济任务的完成。经济工作中的具体困难和问题可以摆出许多条，但从一定意义上说，最根本、最核心的还是人的问题，群众情绪的问题，群众积极性和创造性的问题。因此，解决经济问题，不能只是就经济谈经济，见物不见人，而必须从政治上看问题，从人的积极性上看问题。就是说，要始终想着群众，紧紧依靠群众，尊重群众的主人翁地位，从这里入手来解决问题。研究形势，就要把群众情绪当作第一信号；确定任务，就要倾听群众的意见和要求；采取措施，就要把依靠群众作为主要措施。总之，加强党同群众的密切联系，把广大群众动员起来，把他们的积极性调动起来，我们克服困难、完成任务就有了根本的保证。六中全会决定的又一个重大的现实意义，就在这里。

（四）治国兴邦的宝贵经验。执政集团同人民群众的关系问题，在不同的时代、不同的社会，有不同的阶级内容。但是，无论在什么时代、什么社会，这个问题都关系到是治国兴邦，还是乱国丧邦。过去时代的有作为的清醒的政治家、思想家，无不对这个问题给以高度的重视。中国古人讲“民贵君轻”，“民惟邦本，本固邦宁”，“民，犹水也”，“水可载舟，亦可覆舟”，等等。这些重要政治思想，是很可宝贵的，是中国文化的优秀遗产，我们应当很好地继承和发扬。

无产阶级政党和马克思主义革命家，同过去时代的任何政治集团和政治家根本不同。他们相信人民群众是历史的创造者，尊重人民群众的历史主动性和创造精神，依靠人民群众进行革命斗争。以毛泽东同志为代表的中国共产党人，根据马克思主义的唯物史观，在斗争中逐步形成了一切为了人民群众、一切依靠人民群众，从群众中来、到群众中去的作风，创立了一整套关于群众路线的理论和方法。这是我们党长时期在敌我力量悬殊的艰难环境里进行革命活动的无比宝贵的经验总结。

六中全会的决定指出："历史经验反复证明，什么时候党的群众路线执行得好，党群关系密切，我们的事业就顺利发展；什么时候党的群众路线执行得不好，党群关系受到损害，我们的事业就遭受挫折。"我们党的历史上，有两次代表大会，一个是七大，一个是八大，都以透彻地论述了群众路线而给全国人民和全世界进步人士以深刻的印象。七大总结了抗日战争时期我们党领导的人民事业的胜利，并且强有力地推进了中国革命在全国的胜利。八大总结了中华人民共和国成立以后，国民经济恢复和对生产资料所有制进行社会主义改造的胜利，并且强有力地推进了我国的社会主义建设。两次大会，两个大会的政治报告，两个修改党章报告，都指出群众路线是中国共产党人取得胜利的路线，群众路线既是根本的政治路线，又是根本的组织路线。这样，就把党的政治路线、组织路线、思想路线同群众路线贯通起来，把马克思主义关于人民群众是历史的创造者的原理系统地运用到党的全部活动中，从而把无产阶级政党同人民群众密切联系的问题提到前所未有的高度，使之成为中国共产党的三大作风之一，成为毛泽东思想的活的灵魂的三个要点之一。这是中国共产党人对马克思主义理论和共产主义运动的一大贡献，也是对中华民族文明和全人类文明的一大贡献。

党的八大以后，我们党经历了挫折，一个重要原因就是群众路线遭到背离和歪曲。十一届三中全会以后，我们党重新确立了实事求是的思想路线，纠正了在社会主义建设时期还“以阶级斗争为纲”的错误，把工作重心转移到经济建设上来，形成了“一个中心、两个基本点”的新的路线，这就从根本上体现了广大人民群众的利益、愿望和要求，因而得到了最广大人民群众的拥护。十年来，我们能够取得伟大胜利、打开社会主义现代化建设和改革开放的新局面，一个重要原因就是由于继承和发扬了七大、八大群众路线的优良传统。而我们工作产生失误和党内出现种种消极腐败现象，一个重要原因就是我们对于在新的历史条件下妨碍我们联系群众的种种因素的滋生和发展缺乏警惕和有效的斗争。

党的十三届六中全会的决定，针对当前的问题，又总结了历史的经验，把能否始终保持和发展同人民群众的血肉联系，作为直接关系到党和国家盛衰兴亡的问题提到全党面前，这是完全正确的，是非常重要的。六中全会决定的深远历史意义，就在这里。

（摘自 1990 年 4 月 11 日在新华社国内工作会议上的讲话）

要依靠群众，首先就要联系群众。怎样做到密切联系群众呢？我归纳了四句话：一叫走下去，二叫听意见，三叫办实事，四叫作宣传。

所谓走下去，就是各级党政机关干部，特别是领导干部要深入基层，深入实际，深入群众；到工厂、农村、学校、商店、街道去，认真深入地进行调查研究，改变那种在机关里坐而论道的作风。要迈开双脚走出去，走下去。

所谓听意见，首先就是下去倾听群众的意见，要真心实意地听。党的十一届三中全会以来，我们国家的社会主义民主建设取得了明显的进步。但也应该承认，在发展社会主义商品经济的同时加强社会主义民主建设，仍然是一项繁重的任务，还有不少问题要进一步解决好，毛主席讲过的“又有集中又有民主，又有纪律又有自由，又有统一意志、又有个人心情舒畅、生动活泼，那样一种政治局面”，还没有真正地形成。我过去在天津讲过：群众最可敬，群众最可爱，群众最可怜，群众最可畏。最可敬，是指他们是历史的主人，历史上一切大的进步无一不是人民群众的功劳；最可爱，是说群众干的事很多，而且通情达理，要求不高；最可怜，是说群众的工作和生活条件是艰苦的，我们的决策出现错误，最终还是群众吃苦头；最可畏，是说真正把群众惹急了，无论什么人也得倒台。所以，下去必须老老实实地倾听群众的意见。

所谓办实事，就是要为群众解决实际问题。不是讲学雷锋吗？雷锋的最大优点就是为群众办实事、办好事。我们常常讲领导威信的重要性，而领导威信从哪里来？只有靠真心实意地、尽心竭力地、坚持不懈地为人民群众办实事，才能逐步树立起威信来。想群众为你作劲，你就得给群众办事。这也是一种交换吧。1942年，毛主席在一篇文章中指出，一切空话都是无用的，必须给人民以看得见的物质福利。只知道向人民要东西，这只是做了一个方面的工作，而且还不是第一个方面的工作。我们的第一个方面的工作并不是向人民要东西，而是给人民以东西。只有做了给人民以东西这一方面的工作，并确实产生了成效之后，我们才能去做向人民要东西的工作。懂得并且实行了这样两方面工作的配合时，我们方能算得上一个完全的共产主义的革命家。我们必须下功夫改变只说空话、不办实事的作风，消除群众对某些干部的反感，像邓小平同志所说的那样，要办一些使群众满意高兴的事。福州林则徐纪念馆的一副对联中有这样一句话："言之必可行。"林则徐尚且知道不能说空话，我们共产党人更应该认识到这个问题的重要。

所谓作宣传，就是向群众宣传党的路线、方针、政策，进行国内外形势教育，澄清群众的模糊认识。为什么把"作宣传"放在第四呢？这是因为只有通过听意见、办实事，取得群众信任和取得发言权后，再去作宣传，才能真正取得好的效果。

（摘自1990年2月9日听取福建省委工作汇报时的讲话）

群众的拥护和支持是我们的政治优势

我们讲的政治优势包括着十分丰富的内容，但根本的一条是党和人民群众保持密切联系的问题。人民群众是实践和认识的主体，千百万群众的实践是一切知识和智慧的源泉。历史上任何一个伟大人物的创造和发现，虽然都带有个人的因素，但是，归根结底是时代的产物，是群众劳动和智慧的结晶。人民群众是世界历史的创造者，是推动历史前进的终极力量。历史上任何一个能够站在时代潮流前头而有所作为的阶级、政党及其领袖人物，都只不过是顺应了人民群众的意愿，争取了人民群众的支持，借助了人民群众的力量。人民群众的意志和力量决定着历史发展的方向，人民群众参与和支持的程度决定着历史发展的进程。历代统治者在取得政权之前和取得政权之后的一段时间里，之所以生气勃勃，就在于他们知道"政之所要在乎民心"、"得民心者得天下"的道理，能够在客观上反映那个时代人民的一定要求。但是，由于阶级的和历史的局限，剥削阶级不可能真正认识人民群众在历史上的地位和作用，最终必然走到人民群众的对立面。纵观古今中外历代的兴衰，不管统治阶级自觉或不自觉，谁顺应了广大人民群众的意愿，谁就能赢得人民群众；有了人民群众就有了优势，可以说人民群众就是优势。

我们党与一切剥削阶级政党的本质区别在于，我们从历史唯物主义的高度，自觉地以“合乎最广大人民群众的最大利益，为最广大人民群众所拥护为最高标准”，并以此作为自己一切工作的出发点、过程及其归宿。党和人民利益的一致，党的路线和纲领的正确，党的英勇牺牲和斗争精神，使党产生了巨大的感召力、吸引力和凝聚力，使中国人民把中国共产党当作自己利益的最忠实代表，使党和人民群众建立了鱼水相依、血肉相连、生死与共的亲密关系。我们党诞生、发展、壮大的历史，是不断获得人民信任、拥护和支持的历史。在解放战争中，两种命运的决战实质上就是人心向背的较量。共产党民心所向，用“小米加步枪”战胜了国民党的“飞机加大炮”。建国40年来，我们党团结和依靠全国各族人民，取得了社会主义革命和建设的辉煌成就。历史的经验表明，与最广大人民群众保持最密切的联系，是我们党的最显著特点和最大的优势。什么时候坚持马克思主义的群众观点和群众路线，我们的事业就前进、就兴旺；什么时候违背了这一条，就走弯路、受挫折。我们党的一切胜利都是人民的胜利，我们的政治优势就是人民的优势。

所有政治优势的发挥，都同群众问题有着直接的联系。我们说党的领导是优势，就在于它代表了全国各族人民的共同利益和根本利益，反映了群众的意见和要求，集中了群众的智慧和力量。我们说社会主义制度的优势，就在于这个制度使人民真正成为国家的主人，使亿万群众的主动性、积极性和创造性得以充分发挥。我们说马克思主义的理论指导是优势，就在于这个理论揭示了人民群众的历史地位和作用，是人民群众改造自然、改造社会的锐利武器。我们强调加强思想政治工作，而思想政治工作只有以尊重人、理解人、关心人、爱护人为基点，采取群众乐于接受的方法，并依靠群众来进行，才能发挥其宣传和动员群众的作用。“实现四化、振兴中华”的共同理想，也只有为群众所认识、所接受，才能成为动员群众的精神力量和共同行动的基础。总之，发挥政治优势必须抓住群众的拥护和支持这个根本。这与我们提出的“一切为了人民、一切依靠人民”的基本工作思路是完全一致的。

（摘自1989年3月6日在天津市人民政府第十一届第二次全体会议上的讲话）

政治优势是一个不断发展变化的动态过程。不能笼统地、一般地讲优势，不能认为我们党具有这样的优势，所有的地区、单位和干部就自然而然地都有了这样的优势。在有些地方和单位，领导相信群众，依靠群众，并真心实意地为群众服务，从而得到了群众的支持，就有了这个优势；而在有些地方和单位，领导不相信群众，不依靠群众，甚至严重地脱离群众，就没有这个优势，甚至变成了劣势。另外，我们也不能孤立地、静止地看待优势。优势的加强或削弱，发挥或丧失都与实际工作状况有着直接的联系。如果工作不审慎，不努力，已有的优势就会发生变化，走向反面。正如古人所说的，“水可载舟，亦可覆舟”。那么，怎样才能获得并保持这个优势呢？最根本或者叫最关键的问题，在于能够代表人民群众的利益，体现人民群众的意愿，坚持为群众办实事，使人民群众获得实实在在的利益。早在1934年毛泽东同志就在《关心群众生活，注意工作方法》中指出：“要得到群众的拥护么？要群众拿出他们的全力放到战线上去么？那末，就得和群众在一起，就得去发动群众的积极性，就得关心群众的痛痒，就得真心实意地为群众谋利益，解决群众的生产和生活的问题，盐的问题，米的问题，房子的问题，衣的问题，生小孩子的问题，解决群众的一切问题。我们是这样做了么，广大群众就必定拥护我们，把革命当作他们的生命，把革命当作他们无上光荣的旗帜。”

现在，天津人民对党和各级政府的工作是十分支持和信赖的。这些年，每当我们提出一项重大任务时，全市人民都积极响应，争挑重担；每当我们遇到某些困难时，全市人民都同心同德，主动分忧解难；每当为了全局的利益需要一些群众做出必要的牺牲时，他们都通情达理，无私地做出奉献；即使由于我们一时工作上的疏漏而给群众的生活造成一些困难和不便时，他们也都充分理解，予以体谅。总之，人民的拥护和支持已经成为党和各级政府的坚强后盾和深厚基础，成为我们坚持和发挥政治优势的根本所在，成为我们建设有中国特色的社会主义现代化国家的关键所在。

（摘自1989年3月6日在天津市人民政府第十一届第二次全体会议上的讲话）

切实改善党群、干群关系

党群、干群关系问题是一个关系到党和国家兴衰存亡的根本问题。得民心顺民意则兴盛，失民心拂民意则衰亡，这是古今中外概莫能外的道理。必须看到，我们的党群关系、干群关系总体上是好的。不这样看，就不能解释我们所取得的巨大成就，就不能理解我们国家所发生的翻天覆地的变化。片面夸大和渲染党群、干群关系中存在的问题，既不符合实际情况，也不利于问题的解决。我曾经讲过，新闻报道的真实性，不仅要求每篇具体报道的新闻要素必须真实、全面、准确，而且要求新闻宣传总体的把握上做到真实、全面、准确。如果把阴暗面集中起来，每天八个版也登不完，其中每件事都可能是真实的，但却不符合总体实际。所以只有从总体上看问题，才能看清事物的本质和主流，而不被表象和支流所迷惑。

与此同时，也必须看到，我们的党群、干群关系中确实存在着不少问题。例如，有的干部高高在上，养尊处优，对群众漠不关心；有的干部专横跋扈，作风粗暴，对群众强迫命令；有的干部欺上瞒下，伪造政绩，使群众吃苦受罪；有的干部徇私枉法，官官相护，使群众冤屈难申；有的干部拉扯钻营，跑官要官，导致群众强烈不满；有的干部贪图享受，腐化堕落，招致群众厌恶；有的干部贪污受贿，以权谋私，激起群众公愤；更有甚者，有的干部依仗权势，横行霸道，骑在人民头上作威作福，引起群众切齿痛恨。这些现象虽然是少数，但确有发展蔓延之势，确实令人深思和忧虑，必须引起我们的高度警惕，并采取有效措施切实加以扭转。

中国共产党是最广大人民根本利益的忠实代表。全心全意地为人民服务，是我们党的宗旨。坚持一切为了人民，一切依靠人民，是我们党区别于其他政党的一个重要标志。承认不承认“人民，只有人民，才是创造世界历史的动力”，承认不承认人民群众创造历史的地位，是历史唯物主义和历史唯心主义的根本区别。群众也需要领导，也需要教育，没有领导，没有教育，群众的积极性既不能持久，也不能提到高级程度。但这种领导、教育，只是从群众中来到群众中去，先当学生后当先生，把群众中分散的意见集中起来化为系统的意见，又在群众中坚持下去；把个别先进的经验总结起来上升到理论，再在群众中普及推广。按照马克思主义的观点，群众的解放本质上都是自我解放，都是群众自己解放自己；群众的教育本质上都是自我教育，都是群众自己教育自己，不存在什么先知和救世主。共产党是干什么的？共产党的全部任务就是“要使群众认识自己的利益，并且团结起来，为自己的利益而奋斗”。群众和领导的关系，是“主仆”关系，是鱼水关系。水可载舟亦可覆舟。今天，人民拥护我们，如果我们对党内存在的恶劣作风不能有效遏制，人民也会抛弃我们。回顾历史，为了争取民族独立和人民解放，为了推动社会主义革命和建设，为了促进改革开放和现代化事业，一代又一代共产党人率领人民群众，经历了百折不挠的探索，进行了艰苦卓绝的斗争，付出了悲壮惨烈的代价。今天的局面，确实来之不易，我们决不能让关系世界社会主义历史命运的伟大事业葬送在我们手里。对共产党员来说，全心全意为人民服务是最低要求，也是最高要求。所谓最低要求，因为这是每个党员入党时必备的条件，是应尽的职责；所谓最高要求，因为这是我们终身的奋斗目标，是一辈子也干不完的事情。人民群众是我们的生存之本、胜利之本，离开了人民群众我们就一事无成、一无所有。对共产党的领导干部来说，心里没有群众，就是忘本；对群众的疾苦漠不关心，就是变质；滥用手中的权力欺压群众，就是对共产党的背叛。

我们各级领导干部，都要按照江泽民同志关于“三个代表”的要求，把符合人民群众利益、得到人民群众拥护，作为我们一切言行的最高标准。要经常想想群众在我们心目中占什么位置，我们在群众心目中是什么形象。要多花一点时间研究群众在想什么，希望什么，反对什么，我们应该为群众做点什么。要尽心竭力地为群众排忧解难，多办一些得民心、顺民意的事情。当前，对那些下岗失业人员、离退休职工和农村中尚未解决温饱问题的特殊困难群众，应该给予更多的关注，切实做到有政策规定，有单位负责，有资金保证。要发挥工会组织的作用，同时要大力提倡邻里互助，鼓励社会义举。总之，要通过多种途径，使他们有饭吃、有衣穿，基本生活得到保障。我还要特别强调一下照顾老模范、老工人的问题。他们过去勤勤恳恳地工作，贡献很大，但工资不高，积蓄很少，再碰上所在企业经营状况不好，有的没有儿女，或儿女也不宽裕，或儿女不够孝顺，生活就会相当困难。对他们的问题，请各级领导多加关照。从现在我们国家的经济状况看，让人们都能吃饱穿暖应当是不成问题的。关键是我们心里要想到，工作要做细。希望山东在这方面下点功夫，在扶贫济困、化解矛盾方面，创造一些经验。

（摘自2000年9月11日听取山东省委、省政府工作汇报时的讲话）

把代表最广大人民的根本利益作为我们一切工作的出发点、过程和归宿，是我们党区别于其他任何政党的一个显著的标志，是我们党的性质宗旨的要求，也是我们党产生、存在、发展的根基。各级领导干部一定要心里想着人民群众，一切为了人民群众，永远不脱离人民群众。否则，一切都是白搭。

我们在代表最广大人民根本利益这一点上做得是好的。但也应该看到，脱离群众甚至违背群众利益的问题确实存在，有些问题还呈愈演愈烈之势。我们绝不能忽视、轻视、回避这些问题。

我们各级干部必须经常倾听群众的呼声，真正搞清楚群众赞成什么、反对什么、希望什么。必须实实在在地为群众办实事，及时为群众排忧解难，使群众得到实惠，感受到我们所做的一切都是为了他们。必须真心实意地接受群众监督，选拔干部要以群众公认为基础，工作如何要靠群众来评判，形成有效的群众监督机制。必须切实摆正干群关系，群众是主人，干部是公仆，任何时候、任何情况下都不能颠倒主仆位置。必须妥善处理改革发展稳定与群众利益的关系，改革要把握群众总体受益和总体承受能力原则，发展要坚持“一要吃饭，二要建设”的方针，稳定要把理顺群众情绪放在突出位置。

（摘自 2002 年 11 月 9 日在中共十六大天津代表团讨论会上的发言）

认真研究新形势下影响党群关系的新问题

在执政条件下和改革开放中，确有许多影响党群关系的新问题值得研究，解决这些问题不能简单化。这几年，联系群众啊，从严治党啊，条文比解放初期严多了，可是很多问题并没有真正解决，有些甚至比解放初期更严重了。这是为什么呢？是大家不想往好里干吗？是按现在的理论搞不下去吗？还是其他什么原因？应当认真地调查研究一下。这些问题的出现，究竟哪些是由于忽视了教育，哪些是由于制度没跟上，哪些是改革开放中暴露的新问题，哪些是同改革开放和搞活经济伴生的？我们都应该仔细想想。是前几年处理人胆子小了？好像也不完全是这样，省一级的干部处理得不少了。症结究竟在什么地方呢？我总觉得没有真正摸透。由于没有说清道理，所以有的问题不管你怎么使劲去解决，人家对你还是不满意。但许多问题长期解决不了，一些群众的不满情绪继续发展下去，一定会影响生产，继而必然波及生活；生活一出问题，群众的气就上来了，这就是真家伙了。对于这些问题，一定要十分认真地去研究，为进一步解决这些问题提供思路和办法。

广大群众对分配不公意见比较大，解决这个问题也不那么简单。现在大家都喊物价高、工资低，党政机关和其他有些单位也确有一部分人生活比较困难。但如果都那么困难，银行存款怎么年年增加那么多呢？到底哪来的钱呢？这也值得好好研究。当然，分配不公的问题也确实存在。一些单位管钱、管物的人中，手里有点权的人中，手头有许多钱说不清来路的，查出来不少；有些个体、集体经济单位的人同国营企业中的一些人勾结在一起，把国家的流动资金、固定资产投资明里暗里这么一转，就变成消费基金入了兜。这样一来，很多人的气就来了，说你的经济收入，你的生活、消费水平，不再标志你对社会的贡献，不再标志你的本领和实际价值了。这样，他们就越想越觉得不痛快，说干的不如不干的，守法的不如胆大的，太不公道了。群众有意见，干部有意见；拿得少的有意见，拿得多的也有意见，弄得你不知道究竟问题在哪里，究竟是谁欠了谁的。所以，要理顺群众情绪，确有必要认真研究一下新形势下出现的这些影响党群关系的新问题。要认真解决这些问题，特别是一些深层次的问题。这些问题的解决，要实行思想的、舆论的、行政的、法律的、政策的、制度的综合治理，也都要有一点新思路和新办法。

现在，我们国家政治稳定、经济稳定、社会稳定。当然，也还有许多困难和问题。我们要乘中央号召密切联系群众的大好时机，在这方面发扬党的优良传统，总结新的经验。党的优良传统是我们的传家宝，看家的拿手戏。在新的形势下，要继续把这篇文章做下去，并且要下大功夫、下真功夫。只要这篇文章做好了，我们就会立于不败之地。

（摘自1990年2月27日同津冀鲁三省市党委负责同志座谈时的讲话要点）

作风建设是一个十分重要的问题。党的作风是党的世界观的外在表现。有什么样的世界观就应该有什么样的作风。我们的世界观是辩证唯物主义、历史唯物主义，我们承认社会存在决定社会意识，承认客观世界相互联系不断发展，所以我们要求党员干部的作风必须是深入实际、实事求是、一切从实际出发，必须是注重实践、联系群众、尊重群众的首创精神，必须是研究特点、着眼发展、不断解放思想开拓创新。反过来，如果不是这样，而是弄虚作假、闭门造车、不顾实际地憋词憋文憋套套，或者上传下达、等因奉此、不研究自己的特殊情况，或者思想僵化、迷信本本、跟不上时代的发展变化，这就说明不但作风发生了问题，而且思想深处、世界观上也出现了毛病。党的作风是党的宗旨的必然要求。有什么样的宗旨就应该有什么样的作风。我们党是最广大人民根本利益的代表，党的宗旨是全心全意为人民服务。同最广大的人民群众保持最密切的联系，一刻也不脱离群众，一切从人民的利益出发，而不是从个人或小集团的利益出发，向人民负责和向党的领导机关负责的一致性，是我们党区别于其他政党的显著标志。这次中央全会指出，加强和改进党的作风建设的核心问题，是保持党同人民群众的血肉联系，也就是坚持党的全心全意为人民服务的宗旨问题。应该说，这些年来我们党为群众办了许多实事、好事，多数群众的生活得到了改善，广大群众是拥护我们党的。但必须看到，不少群众确实对我们有意见，在某些事情上意见还比较尖锐，甚至有较大的不满情绪。“水可载舟，亦可覆舟”。我们切不可忘记这句箴言。党的作风是贯彻党的方针政策的必要保证。各级机关、各级干部总是要执行政策，不是正确地执行政策就是错误地执行政策，而政策执行得如何与作风如何有着极其密切的关系。作风好，能够深入实际、调查研究，密切联系群众，方针政策的制定就比较周全，贯彻执行就比较顺利；作风不好，高高在上，官僚主义，形式主义，虚华漂浮，不仅政策不能落实，还会产生其他许多问题。现在，群众对我们的一些政策有看法，有的是政策需要完善，更多的则是政策在贯彻过程中出了问题。政策和策略是党的生命，万万不可粗心大意。

对于当前党的作风，应当讲两句话，一是总体上是好的，绝大多数党员干部是勤政为民、廉洁奉公的，不这样看就不能理解我们所取得的巨大成就；一是确实存在不少问题，有些问题还十分严重，不这样看就是头脑不清醒。这些年来，为了纠正党内不正之风，我们开了多少会，讲了多少话，发了多少文件，作了多少规定，应该说也取得了不少成绩，查处了一批大案要案，惩治了一批腐败分子，为党和国家挽回了重大损失，同时也涌现了一大批敢于同腐败现象作斗争的先进人物。但也要承认，党的思想作风、学风、工作作风、领导作风和干部生活作风等方面的一些问题，并没有得到根本解决，有的甚至愈演愈烈，特别是贪污腐败的案子越来越多，涉及的钱数越来越大，卷入干部的职务越来越高。这是一个值得深思的现象。这里确有一个对许多事情怎么看、怎么办的问题。有些事情在改革开放和市场经济的新形势下是必需的，不能用旧观念把它看成是问题；有些事情在任何时候都是不好的，不能以新形势为借口不把它看成是问题。比如说，形式是必要的，因为没有形式就不能有效地开展工作；但形式主义是不能要的，因为形式主义不讲实效、劳民伤财，有些已发展到误事误国的地步。比如说，“本本”是要认真研究的，因为不弄通弄懂“本本”就难以指导实践；但本本主义是错误的，因为本本主义食古不化、照抄照搬，有些已经完全脱离实际。比如说，政绩是要讲的，因为政绩是考核干部的一个重要依据；但“政绩工程”是不能搞的，因为“政绩工程”沽名钓誉、华而不实，有些甚至用老百姓的救命钱往自己脸上贴金。比如说，应酬是难免的，因为应酬是对外交往的一种方式；但大吃大喝是要反对的，因为大吃大喝铺张浪费、奢侈腐败，严重影响干群关系。总之，对于党风建设中的许多事情，我们必须从实际出发，具体问题具体分析，认真总结经验，努力探索管用的方法。解决党风方面的问题，六中全会作出了一系列规定。要加强思想教育，加强制度建设，加强监督管理，在当前情况下要特别强调的是领导带头、以身作则。什么叫领导？简单地说，“领”就是带领，就是走在前边，干在前边，身先士卒，“导”就是引导、教导。只有“领”好了，“导”才能起作用。自己满脸脏东西，怎么号召人家讲卫生？你在台上讲人，人在台下讲你，你讲的还管什么用？“其身正，不令而行；其身不正，虽令不从。”如果各级领导干部都能真正做实事求是的表率、联系群众的表率、艰苦奋斗的表率、清正廉洁的表率、遵守纪律的表率、批评与自我批评的表率，都能真正克服和反对形式主义，抵制和不搞任人唯亲，都能身体力行，言行一致，那么许多问题就可以得到解决或者容易得到解决。当前社会上议论最多的是权钱交易、买官卖官。人们说，“有的人本事不大，但赚钱很多；有的人德才不佳，但升迁很快”。这些问题能不能切实解决，是党风建设的一个关键。我们要时刻想着，我国目前还有几千万农民没有脱贫，几千万职工下岗失业；我们正在建立社会主义市场经济体制，面临许多棘手问题。我们要增强使命感、责任感，用自己的模范行动带动群众、影响周围，为加强和改进党风建设、促进社会风气的好转作出应有的贡献。

（摘自 2001 年 9 月 29 日在政协第九届全国委员会常务委员会第十五次会议上的讲话）

加强群众观点、群众路线的思想教育

我们之所以强调对干部要加强群众观点、群众路线的思想教育，是因为经过“文化大革命”的破坏，有不少同志确实对全心全意为人民服务这一根本宗旨理解得不深，贯彻得不好，甚至有些违背。坚持根本宗旨有两条：一是为人民服务，一切从人民的利益出发；二是向人民负责，对群众的切身利益采取严肃的态度。可是我们有许多同志至今不能掌握马克思主义的群众观点，不懂得我们党区别于其他政党的这个显著标志，不懂得我们党和政府之所以能够存在和发展的历史理由和客观根据。尽管我们反反复复地强调，干什么事情，在任何时候都要想着群众，都要为了群众，都要依靠群众，但时至今日，我们有的干部脑子里群众的事情装得不多，个人的事想得不少；有的同志调子唱得很高，道理讲得很多，听起来决心似乎很大，但只有唱功，没有做功，嘴行千里，屁股在屋里；有的同志只想要群众卖劲，不想给群众办事，只怨群众落后，不找自己的毛病；还有的同志虽然给群众办了一些好事实事，但遇到了非议又左右摇摆，认为“费了劲，办了事，换来的是怨气”。应当承认，这些年来我们欠群众的太多，当前社会风气没有根本好转，在这种情况下，办事难免惹事，受累难免受委屈。受委屈不要紧，只要是真心实意地为人民群众，终会心安理得。我常常记得这样两句话：“岂能尽遂人意，但求无愧于心。”我们是人民的公仆，为群众办事是我们的职责，任劳任怨是我们必须具备的素质。应当说，谁为群众办了好事，谁没有办好事，谁办事尽心尽力了，谁办事没有尽心尽力，群众的眼睛是雪亮的，心里最有数，谁也骗不了他们。历史证明，要小聪明想骗取群众信任的人，都没有好下场；而老老实实地为人民办事的人，即使一时蒙受误解，但终究会得到群众的拥护和支持。

我们之所以强调对干部要加强群众观点、群众路线的思想教育，还因为我们的干部队伍结构发生了很大变化。过去，在战争时期，我们的干部和群众血肉相联，脱离了群众我们就无法生存，所以干部都比较注意密切联系群众，自觉地为人民利益而奋斗。解放以后，在和平环境里，在执政的条件下，一些人的群众观点淡薄了，和群众联系不那么密切了。特别是现在，我们各级党和政府机关正处在新老干部交替的时期，在这个过程中，有一大批久经锻炼、久经考验的老同志退居二线，有一大批年轻干部进入了领导班子，走上了领导岗位。就总的来讲，这些年轻同志绝大部分条件都是很好的，有文化，有知识，精力比较充沛。今后我们国家的命运将要倚重于他们。但这批同志究竟怎么样，能不能担当起这个重任，还需要在实践中进行锻炼和考验。在战争时期，选拔干部要经过冲锋陷阵，经历生与死的考验；现在是和平建设时期，很少有这个条件。但是，有一条是可以检验的，就是看你是不是全心全意地为人民服务。只要你真的是全心全意为人民服务，以人民的利益为自己行为的准则，只要你真的解决了这个问题，那么就可以得出这样的结论：即使将来发生什么重大的事变，你也能够辨别方向，判断是非，顶住风浪。最近，《天津日报》发了一个短评，讲用干部的标准要看实绩，我看写得不错。一个新同志上来，总是希望把自己的工作做好，在群众中有威望。那么究竟靠什么提高自己，靠什么在群众中有威望呢？事实证明，靠上级封不出来，靠权力压不出来，靠宣传吹不出来，靠耍小聪明骗不出来，只有靠真心实意地为群众办事。谁要是不把群众的疾苦放在心上，不能尽心竭力地为群众办事，他就得不到群众的拥护，也就不可能肩负起领导的重任。比如，现在有的同志上来以后，往下看得不多，往上使劲太多，功夫没有用在群众这方面。这是一个很大的问题。选拔干部究竟以什么为标准？是光听汇报，光看在你面前顺从，还是看他的实际工作？选拔干部应该看他在四化建设中、在为人民工作过程中的表现及其结果，而不是别的。我过去给《人民日报》写过一篇《再论伯乐》的文章，其中讲了这么个意思，即有那么一小部分人，在领导面前是奴才，干起工作来是庸才，一切活动为了升官发财，一旦掌权就搞个人独裁。我们必须防止这种人投机上来。这种人虽然是少数，但在群众中影响极坏。所有这些都必须引起我们的高度重视，经常不断地在全党进行基本思路的再教育，使新老干部交替过程中，人变而为人民服务和"一切为了人民，一切依靠人民"的基本思路不改变、不丢掉、不淡化。青年干部接班要接好全心全意为人民服务这个班，以不辜负党的重托、人民的期望。

（摘自1984年4月5日与天津市部分人民代表座谈时的谈话、1988年3月5日在天津市人民政府第十届第九次全体会议上的讲话）

改革开放以来，随着干部队伍结构的不断调整，大批年轻同志走上了领导岗位。这些同志热情高，干劲大，有许多优点和长处，特别是文化水平较高，懂得专业知识。但不能不承认，与老一辈相对来说，许多同志政治上还不够强，突出表现在不善于从政治上考虑问题，不熟悉群众路线的工作方法。作为领导干部，掌握一定的科学文化知识，具有一定的专业技术能力，这无疑是必要的。但是，在我们这样一个社会主义国家里，不论做什么工作，如果不善于宣传群众、动员群众、组织群众，不能同群众保持密切联系，不掌握从群众中来、到群众中去的工作方法，就很难把工作搞好，也叫做缺乏领导工作的基本功。我们不是经常讲干部要“四化”吗？而群众观点、群众路线就是革命化的重要内容；我们不是经常讲继承革命传统吗？而相信群众、依靠群众就是重要的革命传统。所以，我们在讲加强干部的培养教育、提高素质时，尽管可以讲许多条，需要做许多工作，但必须把相信和依靠群众，学会发挥政治优势作为最主要的内容，坚持不懈地抓紧抓好。

为了搞好这项基础建设，这里突出强调以下几个方面：一要认真地读点书。主要是认真学习马克思主义的基本理论，以求从根本上懂得人民群众在历史发展中、在社会主义国家中的地位和作用，进一步确立辩证唯物主义、历史唯物主义的世界观。马克思主义告诉我们，历史不过是追求着自己目的的人的活动而已，在一切生产要素中，最强大的生产力是劳动者本身。作为一个领导者，如果不懂得这一点，或者忘记了这一点，就很难担当起领导的责任。二要保持同群众的密切联系。要通过各种形式，始终与最广大的基层群众保持最广泛的接触，了解群众的情绪，体察群众的疾苦，感受群众的觉悟，学习群众的智慧，从群众中汲取营养，增添力量。要在深入群众的过程中，把群众的正确意见集中起来，再到群众中坚持下去，引导群众前进。三要坚持清廉从政。在当前党风和社会风气存在严重问题的情况下，各级党政机关要加强廉政建设，各级领导干部务须率先垂范，克己奉公，克己为民，坚决抵制各种腐败现象，经受住执政和改革开放的考验。四要不断提高自己的办事能力。为了更好地给人民办实事、谋利益，我们要刻苦钻研业务，不断更新知识，成为精通本职工作的行家；我们要勇于实践，大胆探索，创造性地开展工作；我们要善于总结经验，坚持真理，修正错误，不断增长才干，把为人民服务的良好动机与实际效果很好地统一起来。

（摘自 1989 年 3 月《充分发挥政治优势，坚持为人民办实事》一文）

实现“九五”计划和 2010 年远景目标，是中国人民在中国共产党领导下创造历史的过程。在这个过程中，处理好领导与群众的关系，坚持一切为了人民、一切依靠人民，把群众的积极性充分调动起来并合理发挥出去，始终是我们必须高度重视并认真解决的重大问题。

我们党和政府与群众的关系总体上是好的。改革开放以来，人民群众的物质文化生活得到了显著改善，对国家和社会事务的参与程度有了很大提高，施展才华、发挥作用获得了更多的机会。从根本上讲，党的路线和方针政策符合人民群众的切身利益和整体利益，受到人民群众的衷心拥护。我们的干部大多数是好的，他们勤政为民，廉洁奉公，赢得人民群众的信任。但是，现实生活里仍然存在不少令人忧虑的问题。在我们的一些干部中，有的不深入实际，惯于讲空话套话，做表面文章；有的不联系群众，不关心群众疾苦，当官做老爷；有的作风霸道，压制民主，独断专行；有的弄虚作假，欺上瞒下，沽名钓誉；有的讲排场摆阔气，贪图享乐，挥霍浪费；有的目无法纪，专横跋扈，欺压群众；有的以权谋私，贪污受贿，腐化堕落；等等。这些问题尽管是局部的，但已引起广大群众的强烈不满，如果不能切实解决，就会严重损害党和政府的威信，破坏党群、干群关系，挫伤群众的积极性，影响宏伟目标的实现，最终危及我们的事业。

在实施“九五”计划和 2010 年远景目标纲要的过程中，应当加强群众观点、群众路线的思想教育。要使我们的干部真正懂得，群众观点是马克思主义的基本观点，人民群众是实践和认识的主体，在改造自然、改造社会的斗争中始终是主人、是主角。要使我们的干部充分理解，群众的拥护与支持是我们最大的政治优势，离开群众，我们将一事无成、一无所有，我们讲要把握好改革的力度、发展的速度、稳定的程度，归根到底取决于人民群众理解、支持、参与和承受的程度。要使我们的干部深刻领会，群众路线是我们的根本工作路线，养成遇事同群众商量的习惯，学会从群众中来到群众中去、集中起来坚持下去的工作方法。要使我们的干部牢牢记住，全心全意为人民服务是我们的最高宗旨，不管现实生活发生多少变化，但万变不离其宗，全心全意为人民服务的最高宗旨不能改变，否则就会变质、变色。在新的历史条件下，我们应当不断研究新情况，解决新问题，总结新经验，把坚持群众观点、群众路线提高到新的水平，并逐步形成风气、形成制度。要尊重群众的地位，切实保障群众的民主权利，充分发挥群众在管理国家和社会事务中的作用，使他们真正当家作主。要维护群众的利益，真心实意地为群众办实事，努力改善群众的物质文化生活，尤其要下大力量为生活困难的群众排忧解难。要依靠群众的力量，善于动员和组织群众，悉心汲取群众的智慧和经验，使我们的事业成为群众自己的创造性活动。要体察群众的情绪，经常了解群众在想什么，把群众的呼声、意愿和企盼作为第一信号，不断理顺群众情绪。要接受群众的监督，让群众知道我们的工作情况，虚心听取群众的批评意见，逐步建立和完善群众监督机制。与此同时，我们还要引导和帮助群众进一步解放思想，坚定信心，增强主人翁责任感，认识自己的根本利益，并为此而努力奋斗。

（摘自 1996 年 3 月 13 日在中国人民政治协商会议第八届全国委员会第四次会议闭幕会上的讲话）

九、弘扬中华民族“和”的思想

中华民族“和”的思想源远流长

了解是友谊的前提，了解是合作的基础，了解包括对现状的了解也包括对历史的了解，包括对经济的了解也包括对政治的了解、文化的了解，特别是对传统文化的了解。因为传统文化是一个民族劳动、智慧的结晶，是构成一个民族自身特色的重要内容，是维系一个民族生生不息的精神纽带。中国是一个历史悠久的文明古国，在中华民族漫长的历史发展进程中，创造了独具特色的传统文化，在博大精深的中国传统文化中，“和”的思想占有十分突出的位置。早在三千多年前，中国的甲骨文和金文中就有了“和”字。西周时期，周太史史伯提出“和实生物，同则不继”的观点。到了春秋战国时期，诸子百家更是经常运用“和”的概念来阐发他们的哲学思想和文化理念：管子提出“畜之以道，则民和”；老子提出“知和曰常，知常曰明”；孔子的《论语》提出“礼之用，和为贵”；孟子提出“天时不如地利，地利不如人和”；荀子提出“万物各得其和以生”；《中庸》提出“和也者，天下之达道也”；等等。“和”不是盲从附和，不是不分是非，不是无原则的苟同，而是“和而不同”。“和”的思想，强调世界万事万物都是由不同方面、不同要素构成的统一整体。在这个统一体中，不同方面、不同要素相互依存、相互影响，相异相合、相反相成。由于“和”的思想反映了事物的普遍规律，因而它能够随着时代的变化而不断变化，随着社会的发展而不断丰富其内容。现在，我们所说的“和”，包括了和谐、和睦、和平、和善、祥和、中和等含义，蕴涵着和以处众、和衷共济、政通人和、内和外顺等深刻的处世哲学和人生理念。

“和”的思想作为中华民族普遍具有的价值观念和理想追求，对中国人民的生活、工作、交往、处世乃至内政和外交等各个方面都产生了深刻的影响。表现在人与自然的关系上，强调“天人调谐”，人是大自然和谐整体的一部分，又是一个能动的主体，人必须改造自然又顺应自然，与自然圆融无间、共生共荣；表现在人与人的关系上，要求“和睦相处”，待人诚恳、宽厚，互相关心、理解，与人为善、推己及人，建立团结、互助、友爱的人际关系；表现在人与社会的关系上，崇尚“合群济众”，社会由个人所组成，个人离不开社会，应当尊重个性、鼓励个人的追求和创造，又必须融入集体、把个人的目标同社会的需要结合起来；表现在国与国之间的关系上，倡导“协和万邦”，国家间应当亲仁善邻、讲信修睦、礼尚往来，不能以大欺小、以强凌弱、以富压贫，国际争端要通过协商和平解决，各国之间应在平等相待、互相尊重的基础上发展友好合作关系；表现在各种文明的关系上，主张“善解能容”，各种文明都是人类文明的组成部分，都对人类文明做出了贡献，不应当相互排斥，而应当彼此尊重、相互学习、保持特色、共同进步。在座的各位多是经商的，是从事经济贸易的，做生意要讲发财、讲发展。怎么样发财、发展呢？“和”的思想认为“和气生财”，只有通过商量沟通工作，营造出合作共事的良好氛围与环境，才容易把生意做成、做好。“君子聚财取之有道”，合作是以对方的存在为前提，坑害对方就等于破坏合作，应以互惠互利为目的，谋取双赢。做生意要着眼整体、看到长远，即使一时达不成协议，也不能伤了和气，“买卖不成仁义在”，如此等等。“和”的思想，也是经商之道、发财之道、发展之道。

中国的“和”的思想传播到世界特别是欧洲后，受到了许多思想家的重视和推崇。早在 17 世纪初，英国学者罗伯特·勃顿就在其著作中称赞中国人“和平而安静”。上个世纪 20 年代，英国著名哲学家罗素在他的《中国问题》一书中写道：“中国至高无上的伦理品质中的一些东西，现代世界极为需要。这些品质中我认为和气是第一位的。”这种品质“若能够被全世界采纳，地球上肯定会比现在有更多的欢乐祥和”。类似的看法还有很多，比如在德国学者莱布尼茨的《中国新事萃编》、法国学者伏尔泰的《风俗论》以及当代英国学者汤因比的《历史研究》等著作里，都有这方面的阐述。由于科学技术和经济全球化的迅猛发展，当今时代各个国家和地区的联系更趋紧密，世界的面貌更加快速多变、复杂多样，不同文明之间相互交融又相互激荡，不同利益之间相互依存又相互磨擦，人对自然的索取越来越多，人与自然的矛盾也越来越尖锐。人类从来没有像今天这样面临着如此众多的共同问题和挑战，也从来没有像今天这样凝聚了越来越多的共识。在这种情况下，保持和谐共存、协调共进更加受到全人类的普遍关注。如何努力克服工业社会发展带来的种种社会弊端，创造健康有益的生活方式；如何妥善处置经济与社会、人口与生态、资源与发展的关系，实现人类社会的可持续发展；如何有效化解各个国家、各种文明间错综复杂的矛盾和冲突，保持世界的和谐与安宁；如何以人类的共同利益为价值取向，解决各种全球性问题，这些已经成为世界各国必须深入思考、认真对待的现实课题。了解中国的“和”的思想，可以为思索解答这些课题提供有益的启示。

（摘自 2002 年 5 月 28 日在英中贸易协会举行的欢迎午宴上的演讲）

弘扬“和”的思想具有重要的现实意义

这次大会讲话，我想着重讲一下和的思想、和为贵的思想。这个思想是中华民族文化的重要内容，是中国哲学的宝贵遗产，是中华民族待人处事的传统美德。

任何一个民族的传统文化，都是这个民族世世代代劳动、智慧的结晶，是构成这个民族特色的重要内容，是维系这个民族生生不息的精神纽带。我们这个世界上人口最多的伟大民族，在漫长的历史过程中，历经磨难而绵延不衰，屡处逆境而聚集不散，就是因为我们祖先为我们创造了独具特色的传统文化。

和的思想、和为贵的思想，源远流长，世代相传，潜移默化，渗透到社会生活的许多方面，成为中华民族普遍的价值观念和理想追求。直到今天，和的思想对人们的生活、工作、交往、处事、从政、经商等各个方面，仍然具有深刻的影响，发挥着重要的作用。在人与人的关系中，和的思想讲求和谐、和睦、和气、和善、祥和、谦和，提倡团结、互助、友爱；在人与社会的关系中，和的思想注重合群随众、和衷共济、个人利益与集体利益相结合，围绕共同目标来构筑充分发挥个人创造才能、协调一致、和睦相处的社会；在人与自然的关系中，和的思想强调天人合一，“赞天地之化育”，也就是利用自然、改造自然、顺应自然、保护自然的统一，谋求生态平衡，实现稳定协调、可持续发展；在处理不同文明和国家之间的关系的时候，提倡“一致而百虑，同归而殊途”，最终达到“协和万邦”，和平共处。总之，和的思想可以扩展到政治、社会、生活的方方面面。我相信，这个思想一旦引起人们的重视，一旦成为研究部门的课题，一旦引入决策机关的指导观念，一旦与现实问题深入联系，必然会放出灿烂的光芒。

和的思想、和为贵的思想，长期被淡化、被贬低、被扭曲，有着深刻的历史原因。近代以来，中国人民长期遭受帝国主义、封建主义、官僚资本主义三座大山的压迫，生活在水深火热之中，内忧外患迫使人们不得不进行反抗斗争：对外抵御入侵、救亡图存、争取民族独立；对内推翻反动统治、实现民主自由。与天斗、与地斗、与人斗，实属形势使然。新中国建立后，情况发生了根本变化，民族独立了，人民当家了，整个国家进入了和平建设时期，全国上下理应团结起来，为实现富强、民主、文明的社会主义现代化目标而奋斗。令人遗憾的是，这种否定和的思想的斗争观念和习惯根深蒂固，很难被摈弃，某个时期、某个方面反而变本加厉，以至由反右斗争、反右倾斗争、“四清”斗争发展到“文化大革命”运动，特别是十年“文革”浩劫，纯粹是自己瞎折腾。在那个年月、那种气候下，一切关系都简单化为阶级关系、革命与反革命的关系，动辄上纲上线，到处批判斗争，没有人情、友情、亲情，有的只是狂热盲从、翻脸无情。转眼之间，好人就变成了坏人，革命同志就变成了反革命分子。比如我本人，当过工人、企业干部，当时也算是有名的全国劳模、学毛著积极分子，却稀里糊涂地成了“三反”分子，住了四年多的牛棚。许多事情，今天看来非常的离奇、荒谬、可笑。有个人被打为反革命分子，理由是他擦屁股的报纸上有领导人的名字。当时做早操要喊口号，一些地方规定，听到向左转的口令要喊“毛主席万岁”，听到向右转的口令要喊“打倒刘少奇”，有人喊错了，就成了现行反革命。阶级斗争年年讲、月月讲、天天讲，谁还敢讲和为贵！那时和为贵就是“无原则”、“无是非”、“抹稀泥”、“不坚定”。拨乱反正，我们党彻底否定了“文化大革命”，否定了“以阶级斗争为纲”的指导方针，但长期被淡化、被扭曲的和的思想、和为贵的思想并没有得到正名。当前，我国改革开放、现代化建设及祖国和平统一大业都任重道远，十分需要有一个和谐安定的局面、和睦融洽的关系。以各党派、各团体、社会各界为组成单位的政协组织，应该高举和的旗帜；以团结、民主为主题的政协工作，应该弘扬和为贵的思想。

反对和为贵思想的人，常常以坚持马克思主义自居，实际上他们坚持的是被自己歪曲了的马克思主义。的确，马克思主义的辩证法作为对于资本主义制度的批判的思想武器，凸显了斗争和革命的本性，它“在对现存事物的肯定的理解中同时包含对现存事物的否定的理解，即对现存事物的必然灭亡的理解”。但这种强调无疑具有策略性的意味而不是辩证法的本质。无论是马克思、恩格斯、列宁或毛泽东，他们在重视斗争性的同时，丝毫没有轻视对立面的同一性。马克思和恩格斯指出：我们这个世界面临的两大变革，是人同自然的和解以及人同本身的和解。也就是社会发展最终要实现人的全面发展和人与人、人与自然之间的和谐。列宁说过：“发展是对立面的统一”，毛泽东在《矛盾论》中把矛盾的同一性定义为对立面的相互依存和相互转化，等等，都是这方面的论述。

马克思主义既讲矛盾的普遍性和斗争的绝对性，同时又讲矛盾、斗争的特殊性、多样性，讲具体问题具体分析、不同质的矛盾用不同的方法来解决。在矛盾的转化过程中，既存在着双方同归于尽或新事物取代旧事物的方式，也存在着对立面之间互相制约而取得平衡的方式。那种将矛盾简单化为你死我活的僵化思维，不但在理论上违背马克思主义辩证法的精髓，而且在实践中危害甚大。

具体到人和人之间的关系，比如两人意见不同，要想达成共识，只能通过学习、交流、讨论来解决。先进与落后的矛盾，解决的最好方法是先进帮后进，一起向前进。这些都是在团结友爱的愿望和气氛下进行的，并非一定要斗个你死我活。对立统一规律讲事物在一定条件下的转化，但重要的是在一定条件下，量变发展到质变的情况下。通常情况下，对立双方尽管不断发展变化，但大多只是渐进性的量变。任何矛盾都有其存在和发展的过程，任何矛盾在其发展过程中都存在着多种互相依存、互相对立的关系。“一阴一阳之谓道”，而这种依存与对立的关系，并不破坏矛盾的统一体，恰恰相反，是矛盾存在的依据。比如，一块磁铁总有南北两极，这两极总是不可分割地联系着，即使将它切断、打碎，它仍然是南北两极同时存在，要想得到只有南极而没有北极或者只有北极而没有南极的单磁极是不可能的。如果把它的一极磁性消除了，那么它的另一极磁性也将同时消失。太阳系的形成和运动就是对立的力互相作用而获得平衡的结果。正是相互起相反作用的离心力和向心力，使太阳系的众多行星保持在其轨道上旋转。由于作用和反作用的统一，地球非但没有被吸引到燃烧的太阳上，也没有远离太阳奔向浩渺的太空。

和的思想、和为贵的思想不是不分是非，不是无原则的苟同，而是和而不同。它认为世界万事万物都是由不同方面、不同要素构成的统一体，在这个统一体中，不同方面、不同要素相互依存、相互影响，相异相合、相反相成。只有不同的调味品的结合，才能做出美味佳肴，只有不同的音调的交响，才能奏出动听的音乐。和为贵就是一切以和为依归，以和为出发点和落脚点，争论也好，谅解也好，一切都是为了和，为了人与人、人与自然的和睦相处、和谐共存、协调渐进。而这些和马克思主义观点是一致的。

当前，弘扬和为贵的思想，就是要提倡宽宏大度、体谅包容、和谐共存、协调并进，就是要提倡平等待人、诚恳待人、宽厚待人、以理服人，使我们的同志特别是领导干部，为人处世注意保持博大胸襟，宽容一点，谅解一点，豁达一点，糊涂一点。不要斤斤计较、是是非非、小里小气，而是能够听得进、容得下、想得开。我在政协八届一次大会上针对过去运动过多、伤人太多，讲过要“捐前嫌、解旧怨、弃小隙、全大局”。以后又反复强调统战、政协工作一定要善于求同存异；要着眼同、重视同、发展同，也应当正视异、承认异、允许存异；只要无碍大局，无关宏旨，无妨大目标，一切异都要体谅包容。这些就是和的思想。和的思想主要针对相互关系，没有关系也就没有和，有了相互关系就要妥善处理，这里最常用也最管用的方法就是协调。有人做过查阅统计，当今世界使用最多的词汇之一就是协调。在人类社会出现以前，自然界按照自然法则自发地调节、演化、发展。在人类社会出现以后，产生了人与自然、人与人之间的矛盾和冲突，人类为了生存和发展，也就有了自觉的协调活动。历史发展到今天，不仅人对自然的索取越来越多，人与自然的协调越来越迫切；而且人与人之间的互相依存、互相磨擦也日益复杂多变，需要加强协调的事情空前增多。在我国，随着改革开放的深入和市场经济的发展，社会经济成分、组织形式、就业方式、利益关系和分配方式日益多样化，人们的职业、身份经常变化，不同群体、不同行业、不同地域间的差异错综复杂，必须重视协调、善于协调，及时有效地做好协调工作，以促进经济社会的和谐稳定、协调适度发展。和的思想、和为贵的思想是做好协调工作的依据、凭借。重视协调、加强协调工作是弘扬和为贵优良传统的必然要求，符合事物的客观规律，符合马克思主义辩证法的实质，符合时代的发展潮流，也符合中华民族的优良传统。协调是政协应有的职能，也是政协特有的作用，有机会也要专门讲一讲。

（摘自1996年1月同政协八届四次大会文稿起草人员的谈话）

“和为贵”

通过正确的政策和有效的工作，把拥护我们事业的人搞得多多的，实现最广泛的大团结大联合，是一个重大的政治问题。在我国历史上，由于一盘散沙，我们的民族遭到多少侵略，受过多少凌辱；建国以后，由于动乱折腾，我们的国家失去多少宝贵时间，错过多少发展机遇。我们要永远记取这些惨痛的历史教训。一百多年来，一代又一代志士仁人，为了一雪民族屈辱，争取人民解放，前仆后继，付出了巨大的牺牲；12亿中华儿女对国家的强盛、祖国的统一、民族的振兴寄予了殷切的希望。我们要时刻想着他们的重托。所有党派所有团体所有个人都应当胸怀大局，增进共识，最大限度地团结起来联合起来，为实现跨世纪宏伟蓝图共同奋斗。和睦的人际关系是实现大联合的重要条件。我们的祖先历来重视“和”，崇尚“人和”，主张“和为贵”。和谐、和气、祥和、谦和等话语，在城市、农村里，在公众舆论、私人往来中，都能时常听到。和以处众、和衷共济、政通人和、内和外顺等词句，在生活、工作中，在讲话、文章里，仍然经常使用。“和为贵”的观念世代相传，潜移默化，已经渗透到社会生活的许多方面。今天，我国的社会历史条件发生了根本性变化，人们的奋斗目标是共同的，根本利益是一致的，应当使这一传统美德更加发扬光大，人们之间应当相互尊重、相互理解、相互关心，形成和发展平等、友爱、团结、互助的新型人际关系。当然，讲“和为贵”不是不分是非、不要原则。对违反国家法律、损害人民利益、制造民族分裂、破坏祖国统一的各种行为，我们必须坚决反对。

（摘自1996年3月13日在中国人民政治协商会议第八届全国委员会第四次会议闭幕会上的讲话）

团结稳定对各项事业的成功具有十分重要的意义，团结是保证，稳定是前提。具体到明年，顺利完成两件大事（指召开中国共产党第十五次全国代表大会和恢复对香港行使主权）尤其需要举国上下同心同德，共同奋斗，团结和稳定较之于往年更为重要。必须肯定，当前我国社会总体上是团结稳定的，党的大政方针赢得人民拥护，改革开放继续向前推进，经济建设成就举世公认，人民生活水平普遍提高，整个国家充满了生机与活力。但也要看到，妨碍团结、影响稳定的因素仍然很多，比较突出的是，部分国有企业经营比较困难，社会治安、社会秩序、社会风气也都存在许多问题。有些问题尽管我们采取了一些措施，比如严厉打击刑事犯罪取得了很大的成绩，但是老百姓还希望加大力度。腐败现象仍在蔓延，直接伤害群众情绪，影响党群、干群关系。现在会多得不得了，还有名目繁多的“节”，群众也有非议，等等。总之，不安定因素仍然存在，对此我们要有清醒的认识，把工作做在前头。任何麻痹大意都有可能引发事端，影响两件大事的顺利实现，甚至酿成大错，贻害大局。

团结是统战工作的主题。在任何时候，统一战线都是为了大目标，本着求同存异的原则，把各个方面包括把不同层次、不同见解的人团结起来共同奋斗。统一战线讲本质和宗旨，讲功能和地位，讲范围和对象，说到底，都离不开团结。团结与统一战线工作密不可分，我们大家应该多做一些这方面的文章。我在今年政协大会的讲话中谈到大团结大联合时，强调要注意发扬中华民族“和为贵”的传统。对此多数人说好，也有提不同意见的，说还讲不讲斗争啊？我们说“君子和而不同”，这种和本身就是有原则的和。过去长时期内我们不讲和，只讲斗，不斗则“修”，不斗则亡。建国以后，我们斗争不断，给我们的国家、我们的民族、我们的事业带来很大危害。所以我觉得对多数人来讲，还是应该坚持团结的原则，多交些朋友。在 1997 年特殊的环境下，我们希望各级统战部门和广大统战干部认真学习邓小平同志建设有中国特色社会主义理论，更好地履行自己的职责，多做协调关系、化解矛盾的工作，多做了解社情民意、理顺群众情绪的工作，多做联络友谊、沟通感情的工作，为增进团结、维护稳定尽到应有的责任，做出应有的贡献。

（摘自 1996 年 12 月 25 日同全国统战部长会议代表座谈时的讲话）

“家和外顺”

家庭是社会的细胞。社会的稳定首先是由家庭的稳定开始的，社会的精神文明建设也要从家庭的精神文明建设抓起。

中国有句古话：“家和外顺。”这就是说，家庭如果和谐融洽，对家庭成员的工作、对人与人之间的关系、对整个社会都有相当大的影响。家庭问题往往容易被人忽视，但它是一个非常重要的问题。因此，把我们的工作、活动做到家庭这个社会最基础的单位，是我们治理好国家乃至把各个方面的工作搞好的非常重要的一件事。

建国40多年来，我们搞过“革命家庭”、“五好家庭”等形式的家庭建设。究竟家庭建设成什么样子，才符合我们的马克思主义理论和世界观，符合中国的国情，符合我们的道德规范而又使大家乐意接受，是值得好好研究的。希望新闻媒介对一些典型的美好家庭广为宣传，促进更多的美好家庭出现。

（摘自1990年8月7日出席首届全国美好家庭评选颁奖大会时的讲话）

春节是我国人民的传统节日。春节原来叫“年”。“年”在神话传说中是一种凶残的动物。这种动物每到腊月三十，就出来伤害人畜。后来，人们发现“年”怕响、怕红、怕火，于是想出了许多抵御“年”的办法，渐渐演化成过年放爆竹、敲锣鼓、点红烛、贴“桃符”、贴对联的风俗。当然这只是一种传说。辛亥革命后，我国改用了公历，旧历的新年就改为春节，但人们还是习惯于叫过年。我国人民对过春节特别重视，为了过好春节，人们常常很早就要做很多准备。什么二十三糖瓜粘、二十四写大字、二十五扫房土、二十六去买肉、二十七宰公鸡、二十八把面发、二十九糊香斗等等。出门在外的人总要千方百计在腊月三十之前赶回家过年，一家人把最好的东西留在春节吃，最漂亮的衣服在春节穿，大年三十要守岁，大年初一要拜年，开展各种文化娱乐活动。所以，春节是一年中最热闹的节日。

对于过春节，我们党和政府历来都很重视。在战争年代，毛主席和其他领导同志经常和根据地的人民群众一起看秧歌、喝米酒、吃年糕，共同欢度春节。建国后，每逢春节党和政府都要开展一系列活动，各级领导干部都要深入工厂、农村、部队，看望群众，与民同庆，与民同乐。

今年春节是90年代的第一个春节，也是一个不寻常的春节。

之所以不寻常，一是经历了去年春夏之交的政治风波，全国的局势日益稳定，人们更加珍惜过太平安定的日子；二是治理整顿已取得初步成效，经济形势正在向好的方向发展，克服暂时困难还需要进一步振奋精神；三是国际上风云变幻，更要求我们奋发图强，办好自己的每一件事情。过好今年春节，创造一个良好的社会气氛，对于增强信心，做好工作，继续前进，有着重要意义。什么叫过好春节？我想，主要有三条：

第一，过一个欢乐的春节，就是要丰富节日的文化生活，使大家在歌舞升平中得到休息和美的享受。

各级领导和文化、宣传部门，要尽最大的努力，为人民准备精美的精神食粮。特别是电视台的节目一定要下大力量细心地编选，着眼于大多数群众，照顾到各个方面，做到丰富而不庞杂，系统而不枯燥。在此期间，一般报道要减少，广告宣传要压缩；各录音、录像和电影发行放映单位要积极组织好片源，增加放映场次；各专业艺术团体要准备一批质量较高的剧目和节目；电影发行、放映单位和艺术团体，都要尽可能地组织送片、送戏下乡、下厂、下部队，慰问坚持节日生产的职工，慰问边防、海防哨卡的战士，慰问医院的病号，慰问偏远地区的农民；各基层文化馆站以及各种公共娱乐场所，节日期间都要照常开放，搞好各种文化活动；要组织好年画、挂历、春联等节日文化用品的供应；要根据各地群众的传统习惯，组织好群众的自娱自乐活动，例如北方的花会、南方的龙灯，使大家既是表演者，也是观赏者。总之，要使节日呈现出一派红火热闹、喜气洋洋的气氛。

第二，过一个祥和的春节，就是通过过节，干群之间加深理解，同事之间增进友谊，邻居之间更为和睦，军民之间增强团结，使社会更加协调，气氛更加融洽。

要把拥军优属、拥政爱民活动搞好，在全社会进一步发扬人民爱护军队、军队爱护人民的传统。要广泛开展学雷锋、学赖宁活动，组织青少年开展为老弱病残、鳏寡孤独等有困难的人服务的活动。

各级干部要利用拜年、家访、谈心服务等方式，到困难厂、困难村、困难户去，了解他们的春节准备情况，听取他们的意见和建议，并切实帮助他们解决一些实际问题。要到那些对领导有意见的同志家里去，给他们拜年，听取意见，加强了解，增进友谊。

建国以来，特别是十年改革开放以来，我国人民生活水平不断提高。但是应该看到，也还有少数人由于这样或那样的原因，生活确有困难。各级党政部门必须采取切实措施，帮助他们解决具体问题，使他们过一个满意、高兴的春节；同时，还要通过广泛的宣传，动员社会力量共同帮助他们，体现在我们这样一个国家里人与人之间的社会主义新型关系。关心群众生活，想群众之所想，急群众之所急，办群众之所需，是我们党的光荣传统，也是进行思想政治工作的重要形式和内容。希望各地、各级领导同志在春节期间辛苦一点，把这件事努力做好。

第三，过一个文明的春节，就是要倡导健康有益的新风尚，革除愚昧落后的旧习俗，并做到安安全全、干干净净。

经过前一段的“扫黄”和各地开展的除“六害”活动，各种丑恶现象大为减少。但我们也应该看到，这类现象并没有完全消除。根据以往的经验，赌博、迷信等活动在春节期间容易出现。因此，我们要提高警惕抓紧工作，决不让这些有害的东西来干扰人们过节。

要特别注意节日期间安全。因放鞭炮而炸伤或引起火灾的现象，每年都有多起。由于高兴而放鞭炮，由于放鞭炮而受伤，由于受伤而受罪，乐极生悲，实在不值得。今年要提前做好宣传和准备工作，尽可能地防止或减少这类事情的发生。同时要搞好节日的治安工作。

要搞好春节卫生，使大家在洁净的环境中过节。要防止铺张浪费和避免暴饮暴食，注意饮食科学，做到玩得文明，也吃得文明。各级党政机关和领导干部都要把帮助广大群众过好春节作为一件重要工作来抓。要看到这是关心群众生活，做好思想工作，进行精神文明建设，改进领导作风，密切干群关系的极好时机。古人讲，天下顺治在于民富，天下和静在于民乐。我们有责任、有条件帮助广大群众过一个欢乐、祥和、文明的春节，并通过春节的各种活动，使人们进一步振奋起来，团结起来，在党中央的领导下去夺取治理整顿、深化改革和社会主义各项事业的新胜利。

（摘自 1990 年 1 月 4 日在河北省春节文化活动安排座谈会上的讲话）

中国改革开放以来，社会生产力快速发展，综合国力显著增强，人民生活不断改善，整个国家面貌发生了巨大而深刻的变化，一个重要原因是我们始终把稳定作为发展各项事业的前提和条件，非常注意处理改革、发展、稳定三者的关系，切实把握改革的力度、发展的速度和社会承受的程度，精心维护来之不易的团结稳定的局面。中国人有一句口头语，叫“家和万事兴”。一个国家只有团结稳定，上上下下、方方面面充满和气，人们才能一心一意搞建设、谋发展，才能把经济工作搞上去。

（摘自 2002 年 5 月 21 日会见斯洛文尼亚总统库昌时的谈话）

重视人与自然的和谐统一

20 世纪是人类社会取得巨大进步的世纪。科学技术日新月异，社会生产力空前发展，文明程度不断提高，人们的生活状况有了极大的改善。即将过去的 20 世纪也是人类社会蒙受巨大灾难的世纪。连绵不断的战争特别是两次世界大战造成了巨大破坏，大规模的开发建设带来了严重影响，使自然环境与人文环境日益恶化，已经危及人类的生存和发展。

值此关键时刻，人类应该冷静深入思考，应该认真总结经验，应该积极探索新路。作为人类生活环境的直接构造者的建筑师，长期以来，为实现“居者有其屋”的理想，营造良好的人居环境，作出了不可磨灭的贡献，受到人们的普遍尊敬。面对当前的严峻形势，也应该重新审视自己的工作，力求有所发现、有所创造、有所作为。要寻求人与自然的和谐发展。大自然是慷慨的，它给了人类种种生存与发展的条件；大自然是苛刻的，它对无节制的索取必然给予无情的报复。历史发展到今天，人类改造自然的能力空前提高，破坏自然的能量也日益增大。尊重客观规律，处理好人与自然的关系，是全人类面临的重大课题，也是建筑师的神圣职责。要注意在全球化进程中保持民族传统和地域特色。在国际交流日益广泛、频繁的情况下，建筑师要时刻把握世界的发展趋势，借鉴各国的先进经验，跟上不断前进的时代潮流；同时要高度重视和努力保持不同民族、不同地域的风格，使普遍性的文明成果寓于不同的个性之中，使建筑丰富多彩。要坚持既立足现实又面向未来。建筑必然受到现实的经济、政治、文化等条件的制约，因而总是带有时代的特征；建筑特别是一些重要建筑有着较长的寿命，它将存留于未来，又影响着未来。建筑师必须对历史负责，对祖先负责，对子孙负责，重视保护前人遗产，努力给未来创造财富而不是留下包袱。要做到建筑科学与其他学科的紧密结合。离开建筑专业知识，建筑师就失去了存在的根据，必须重视建筑学的研究、运用；建筑又涉及社会科学、自然科学和工程技术诸多学科领域，建筑师必须及时了解其他学科的发展、变化，借鉴和体现其他学科的综合成果。

中国建筑文化对世界作出了卓越的贡献。两千多年前中国哲人老子提出的“安其居，乐其业”的理想，至今仍是人类的共同追求。几千年来，中国建筑在中华民族灿烂的文明沃土上发展，有很多技术上和艺术上的创造，形成了大量独具特色的建筑、城镇和风景名胜。中国文明博大精深，得益于吸收人类社会创造的诸多文明成果，得益于博采众长、兼收并蓄。英国哲学家罗素曾经说过，世界文明的前途就是中西文化优秀部分的融合，以形成一种有利于全人类进步的文明。这次国际建筑师大会在北京召开，为我们提供了一个与世界各国建筑同行互相切磋、交流合作的机会。我们愿意很好地向大家学习，取长补短，增进共识，共同构筑面向 21 世纪的建筑学。

世界范围的生态环境问题，确实十分严重，确实令人忧虑，确实值得重视。一切负责任、有良知的人们，都应该行动起来，献身于认识自然、保护自然的崇高事业。人类的历史是一个不断扬弃的过程，尽管前进的道路崎岖曲折，但世界总是向着更加文明、更加理性、更加进步的方向发展，人类创造的巨大文明必然为人类造福，而不会用来毁灭人类自己。我们对未来充满着信心。保护环境就是保护人类，拯救地球就是拯救未来。让我们携起手来，为改善人类的生存环境，为创造人类的美好未来而不懈努力！

（摘自 1999 年 6 月 23 日在国际建筑师协会第二十届大会开幕式上的讲话）

为了大目标需要大团结

我们经常说统一战线非常重要，具有不可替代的作用，过去、现在、将来都是我们党的一大法宝……这些说法的理论根据是什么呢？应当说，许多同志是清楚的，但也有一些同志并不十分清楚，或理解并不一致。而这个问题是一个十分重要的问题，关系到统一战线的地位，关系到统一战线的指导思想，关系到统一战线的整个工作。

马克思主义的历史唯物主义有两个基本观点，一个是生产力观点，一个是群众观点。生产力观点揭示了生产力是社会发展的决定性因素，我们讲建设有中国特色社会主义，讲初级阶段、根本任务、基本路线，主要是依据这一观点。群众观点揭示了人民群众是创造历史的动力，我们讲任何推动历史前进的事业都是人民的事业、任何创造历史的过程都必须有人民的参加，讲一切为了人民、一切依靠人民，主要是从这一观点出发的。先进的政党及其领袖人物之所以能够获得成功，是因为代表了人民的利益和愿望，得到了人民的拥护和支持。我们共产党人所说的“解放全人类”，不是“恩赐”给人民什么，而是作为人民中间比较先进的一部分，去启发、引导、带领人民为自身的解放而斗争，归根结底，还是人民自己解放自己。我们共产党人的基本原则，就是要使人民认识自己的利益，并且团结起来，为自己的利益而奋斗。

人民这个概念，不是一成不变的，在不同的历史时期有着不同的内容。毛泽东同志说：“在抗日战争时期，一切抗日的阶级、阶层和社会集团都属于人民的范围，日本帝国主义、汉奸、亲日派都是人民的敌人。在解放战争时期，美帝国主义和它的走狗即官僚资产阶级、地主阶级以及代表这些阶级的国民党反动派，都是人民的敌人；一切反对这些敌人的阶级、阶层和社会集团，都属于人民的范围。在现阶段，在建设社会主义的时期，一切赞成、拥护和参加社会主义建设事业的阶级、阶层和社会集团，都属于人民的范围；一切反抗社会主义革命和敌视、破坏社会主义建设的社会势力和社会集团，都是人民的敌人”。由毛主席这段话可以看出，人民的概念是由革命和建设的大目标决定的，大目标改变，人民的概念也会改变。然而不管大目标和人民概念怎么改变，人民创造历史这一基本观点不能改变，为了大目标需要大团结、实现大团结需要大目标这个道理也不能改变。人民总是分为不同阶级、阶层和社会集团，总是既有社会基本群众，又有其他方面的人群。这些其他方面的人群，在大目标上同我们是基本一致的，但在信仰上、在世界观上、在具体的利益和要求上又同我们不尽一致。这些人虽然总体数量不是很多，但是有相当的社会能量和政治影响，对实现大目标有其特殊的作用。我们所说的“人民”包括他们，“人民创造历史”包括他们，“一切为了人民、一切依靠人民”也包括他们。当然，我们始终重视依靠基本群众，但是如果少了其他方面的人群，我们的“人民”就构不成一个整体，我们的团结就够不上“大团结”。而实现同他们的团结，不能采用共产党内的办法，也不能采用一般的群众工作办法，只能采用同他们结成统一战线的办法，就是通过求同存异、合作共事、平等协商、交友联谊，同他们团结、联合起来，为大目标而奋斗。只有这样，我们才能真正代表全体人民的利益和愿望，才能完成伟大的事业；也只有这样，统一战线工作对象才能充分发挥自己的潜能与影响，才能在人民创造历史的进程中做出自己的贡献。

在新时期，随着党的工作重点转移，统一战线从过去主要为阶级斗争服务转变为主要为经济建设服务，无论是工作范围还是工作内容都发生了重大变化。小平同志依据新的历史条件，强调指出：“统一战线仍然是一个重要法宝，不是可以削弱，而是应该加强，不是可以缩小，而是应该扩大”，统一战线要“把一切能够联合的都联合起来，范围以宽为宜，宽有利，不是窄有利”。他还指出：“我们的统一战线比过去任何时期都更加扩大了，不仅包括全体社会主义劳动者，还包括拥护社会主义的爱国者和拥护祖国统一的爱国者，是最广泛的爱国统一战线”。他在谈到香港问题时说：“爱国者的标准是，尊重自己民族，诚心诚意拥护祖国恢复行使对香港的主权，不损害香港的繁荣和稳定。只要具备这些条件，不管他们相信资本主义，还是相信封建主义，甚至相信奴隶主义，都是爱国者。”这些论述使新时期统一战线获得空前广阔的发展前景，焕发出新的生机和活力。我们要认真学习、深刻领会小平同志这些论述，努力提高对统一战线重要性的认识，切实做好统一战线各个方面的工作，使统一战线这个法宝在新形势下发挥更大的作用。

（摘自 1999 年 11 月 2 日在邓小平新时期统一战线理论研究班座谈会上的讲话）

伟大的任务需要广泛的团结，广泛的团结创造伟大的业绩。只有不断巩固和扩大团结，才能维护稳定的社会局面，保持和谐的人际关系；才能充分利用时间进行建设，抓住机遇发展自己；才能挖掘蕴藏的潜力，充分发挥中国人民的聪明才智；才能振奋民族精神，凝聚海内外各方面的力量。团结是实现中共十四大提出的各项任务的基本保证，是战胜艰难险阻、经受风浪考验的力量源泉。新一届人民政协要高举大团结的旗帜，为调动一切积极因素，化消极因素为积极因素，团结一切可以团结的力量而尽心竭力。

当前，进一步巩固和发展中华民族的大团结，有着广泛的共同基础和诸多的有利条件。邓小平同志视察南方的重要谈话，描绘了加快我国现代化建设的宏伟蓝图，进一步指明了强国富民的正确道路。中共十四大确立了建设有中国特色社会主义理论的指导地位，作出了一系列重大决策，为我国今后的长期稳定发展提供了思想、政治、组织保证。统一祖国、振兴中华的伟大目标，表达了海内外中华儿女的共同心愿，创造了捐前嫌、解旧怨、弃小隙、全大局的良好条件。我国源远流长、博大精深的优秀传统文化，哺育着一代又一代中华儿女，具有强大的吸引力和凝聚力。我们中华民族是一个伟大的民族，我们的祖先在历史上曾经对人类做出过重要贡献，我们今天应当而且能够为了中华民族的伟大复兴而携起手来，继续创造出无愧于先人的辉煌业绩。

人民政协包括中国共产党、各民主党派、无党派民主人士、人民团体、少数民族、社会各界和台港澳同胞、海外侨胞等三十多个方面的代表，它本身就是中华民族大团结的象征。如何促进和实现中华民族的大团结，人民政协积累了宝贵的经验。一是坚持求同存异。同，是团结的基础，应当着眼同，重视同，在合作共事中发展同。在现阶段，求同，就是求建设有中国特色社会主义之大同，求统一祖国、振兴中华之大同。与此同时，应当正视异，承认异，允许存异。二是加强广泛联系。要通过各种形式，创造必要条件，使委员之间、委员与群众之间、海内外人士之间广泛接触，密切关系，增进友谊。三是经常交心通气。各党派、各界人士要经常交往，谈心交心。特别是对重大问题、重要举措，要及时互通情况，交流看法，以增进了解，加深理解，消除误解，取得共识。四是善于合作共事。各党派之间在工作中要平等相处，以诚相待，相互尊重，相互学习。对担任领导职务的民主党派和无党派民主人士，要予以充分信任和支持，使他们有职有权。总之，要通过卓有成效的工作，使全体社会主义劳动者、拥护社会主义的爱国者和拥护祖国统一的爱国者的最广泛的联盟不断巩固和发展。

（摘自1993年3月27日在中国人民政治协商会议第八届全国委员会第一次会议闭幕会上的讲话）

努力维护团结稳定局面

一百年来，我们这个国家饱受动乱之苦，专心致志地进行经济建设没有多少时间。大家回顾一下，从上个世纪末算起，1894年甲午战争，1900年义和团运动，紧跟着八国联军进北京，1901年辛丑条约，1911年辛亥革命以后又是军阀混战、日本侵华，总之，是连续不断的动荡和战乱。虽然有些动荡是时势所迫，战争也有正义与不正义、是与非的区别。日本人侵略我们，不抗战行吗？我这里说的不是原因和性质。1949年新中国建立之后，全国上下都非常高兴，也确有过一段时间集中精力搞建设，使国家发生了很大的变化。但是时间不长，1957年反右、1958年“大跃进”，紧跟着60年代搞“四清”运动，不久，“文化大革命”就发生了，一搞就是10年。算下来，100年中，我们踏踏实实地集中力量干事的能有几年？只有1979年到现在的18年。就在这18年中间也出了点事，但每次出事以后，小平同志都赶紧摁住，强调不争论，不许变。大家都记得，“六四”之后小平同志明确说，不要争论，十三大政治报告一个字不许变，要接着搞改革开放。18年使中国发生了天翻地覆的变化。假如我们再干一个18年，中国会是什么样子？再干两个18年、三个18年，中国又会是什么样子？所以，我们大家都应该由民族的根本利益出发，维护团结稳定，保持住这个好的局面。中国人只要自己不折腾，不内耗，别人是打不垮的。保持态势，团结奋斗，中国是大有希望的。

我认为，作家艺术家应把力量用于多创作一点群众喜闻乐见的作品，满足人民群众精神生活的需要。要充分利用这难得的机遇，百倍珍惜这来之不易的局面，集中力量搞创作，拿出更多更好的作品。无意义的争论应当及早放弃，因为这没有多大益处。我这个话是不是不讲原则呢？其实讲团结，讲为人民群众生产更多更好的精神食粮，就是最大的原则。咱们过去来回争是非，争得没完没了，到底哪个真的是，哪个真的非？整来整去，谁成了英雄了？结果都是两败俱伤，两人都怄了一肚子气，都弄了一身病，最后两人死了悼词都差不多。历史是公正的，也是无情的，历史给每个人的时间是有限的。在有限的时间里干点什么？我想，对作家艺术家来讲，还是多留下一些作品叫别人评论，不要留下两个人打架的事叫别人评论。我们是历史中的人，我们也是历史中的一段，我们现在评价历史，将来历史也会评价我们。只要我们多想想这些，争论的劲就小啦，写作品的劲就大啦。我认为，作家艺术家只要认真学习贯彻邓小平的文艺思想，加强团结，振奋精神，积极深入生活，创作就会有广阔的天地，有美好的前景。

（摘自1997年3月3日在政协八届五次会议文艺、教育、特邀联组会上的讲话）

今年是我国历史进程中重要的一年。我国政府将恢复对香港行使主权，中国共产党将召开第十五次全国代表大会。这两件大事，举世瞩目，振奋人心，关系全局，意义深远。顺利圆满地完成这两件大事，需要全国人民共同努力，需要各方面做好工作，特别需要维护团结稳定的局面。惟团结才能稳定，惟稳定才能发展，惟发展才能振兴。团结、稳定、发展、振兴是中华儿女的共同愿望。

当前，我国社会总体上是团结稳定的，但也存在一些妨碍团结、影响稳定的因素。我国正处在建立社会主义市场经济体制的深刻变革之中，会出现一些经济利益的磨擦、思想观念的碰撞，出现一些不公平、不合理的事情，出现一些消极、腐败的东西，我们的工作也会出现这样那样的问题甚至失误。尽管这些是难以完全避免的，但是，它确实给一些人带来生活上的困难，心理上的失衡，情绪上的不顺。对此，决不能忽视、回避、敷衍、推托。我们必须面对现实，负起责任，真心实意地关心群众疾苦，尽心竭力地解决各种问题，耐心细致地做好思想工作，这是保持团结稳定局面的重要基础。

维护团结稳定，最根本的是紧密地团结在以江泽民同志为核心的中共中央周围，高举邓小平建设有中国特色社会主义理论的伟大旗帜。建设有中国特色社会主义理论深刻总结了国际国内社会主义事业胜利与挫折的历史经验，是当代中国的马克思主义。我们之所以能够迅速摆脱“文化大革命”造成的深重灾难，走上强国富民的康庄大道，之所以能够冲破种种障碍，使祖国统一大业取得历史性进展，之所以能够经受住国际风云变幻的严峻考验，巍然屹立于世界东方，靠的就是邓小平同志以非凡胆识创立的正确理论。建设有中国特色社会主义理论代表了广大群众的根本利益，是全国各族人民的最大共识。它着眼于解放和发展社会生产力，把一切为了群众、一切依靠群众作为出发点和归宿，给广大群众施展聪明才智提供了充分的机会，使人民群众获得了实实在在的利益，因而得到了人民群众的由衷拥护。建设有中国特色社会主义理论开辟了一个崭新的时代，是历史发展和社会进步的集中反映。它深刻地影响着我国的政治、经济、文化等各个领域，广泛地渗透到人们的价值观念、思想方法、生活方式等各个方面，已经融入我们的民族精神之中。坚定地、全面地、创造性地坚持建设有中国特色社会主义理论，顺应历史，顺从民心，顺理成章，一顺百顺，我们的国家就会强盛，人民就会幸福，社会就会长治久安。

维护团结稳定，必须讲大局、讲历史责任感。从香港被占到香港回归，历经 150 余年。在新中国建立前的一个多世纪里，我们的民族蒙受了多少屈辱，遭受了多少苦难，令人痛心疾首；在新中国建立后的几十年中，我们的国家经历了多少曲折，付出了多少代价，真是刻骨铭心。为了把一个半殖民地半封建的旧中国变成独立自主的新中国，无数志士仁人前仆后继，浴血奋斗；为了找到一条符合中国国情的正确发展道路，我们的党和人民百折不挠，艰辛探索。今天的局面确实来之不易！我们这一代人正处在我国发展的重要时期，肩负着重大的历史责任。我们这一代人也是历史发展过程中的一段，也有一个上对祖先、下对子孙交待的问题。今天我们评价历史，将来历史也会评价我们。只要我们多想想这些，还有什么一己私利不可以割舍，还有什么个人恩怨不可以超越，还有什么缺点毛病不可以抛弃！我们完全应该同心同德，团结奋斗，共同创造更加美好的未来。

（摘自 1997 年 3 月 12 日在中国人民政治协商会议第八届全国委员会第五次会议闭幕会上的讲话）

着眼大多数，实现大联合

大团结大联合关系统一战线的根本，影响党和国家的全局。从理论上讲，人民群众是实践和认识的主体，是创造历史的动力，坚持大团结大联合就是坚持历史唯物主义；从党的性质讲，中国共产党代表最广大人民的根本利益，共产党的责任就是使人民群众认识自己的利益，并且团结起来为自己的利益而奋斗；从统战本身讲，统一战线的任务就是要调动一切积极因素，化消极因素为积极因素，把一切可以团结的力量都团结起来；从历史经验讲，大团结大联合搞得好时我们就顺利前进，搞得不好时就遭受挫折，要使我们的事业不断发展就必须加强大团结大联合。

大团结大联合是一个不断发展的过程。20多年的改革开放，使我们国家发生了巨大的变化。市场经济、利益原则、竞争机制，推动了社会生产力的迅速发展，促进了人民生活的普遍改善，也产生了许多错综复杂的现象。利益的作用激发了人们的进取意识和创造热情，给社会注入了发展活力；利益的驱动也使一些人的私欲膨胀，带来诸多消极负面的东西。随着所有制结构和分配方式的调整，各社会阶层不断分化重组，利益关系日益复杂。不同所有制、不同行业、不同地域之间的人员流动日趋频繁，人们的职业、身份和地位不再固定不变。比如，不少国有企业工人进入私企、外企或者下岗待业，大批农民成为乡镇企业工人或者进城打工，一些知识分子和机关干部“下海”经商或成为各种自由职业者，各阶层中都有一些人成为股份持有者或私营企业主，等等。按照马克思主义的观点，社会存在决定社会意识。由于经济地位的区别，人们的思维方式和价值取向常常有所不同；由于具体利益的差异，人们的愿望和要求往往不尽一致。一项措施出台很难使所有人同等受益，总会有人赞成有人不赞成；一个人在改革中不可能始终受益，难免有时满意有时不满意。现在，我国经济成分和经济利益的多样化、社会生活方式的多样化、社会组织形式的多样化，都是过去难以想象的，也是不可避免的，而且还在不断发展之中。如此复杂多变的社会状况，对我们的思维观念，对政权的社会基础，对统一战线的社会构成，势必产生深刻的影响。对此，我们必须高度重视，深入研究，心中有数，并使我们的方针政策和各项工作适应不断变化的情况。否则，就不可能把一切可以团结的力量真正团结起来。

实现大团结大联合，必须始终着眼大多数。要把多数人的利益、多数人的愿望、多数人的意见、多数人的情绪作为我们制定政策的出发点和归宿。每项政策出台都要坚持总体受益原则和总体承受能力原则，考虑到有多少人受益多少人吃亏、多少人赞成多少人反对，尽可能得到广大群众的理解和支持。要加强对各方面群众的教育、引导。使群众正确认识整体利益与个人利益、长远利益与眼前利益的关系，在实现整体利益、长远利益中实现自己的利益，在追求自己发展的过程中为国家为社会做贡献。要开辟和畅通各界群众表达意见的民主渠道。充分发挥我们的政治优势，逐步完善社会调节机制，扩大公民有序的政治参与，把各方面的利益诉求和愿望主张引导到社会主义民主与法制的轨道上来。要关心和帮助有困难的群众。维护他们的合法权益，保障他们的基本生活，经常想想他们需要什么，多为他们做一些雪中送炭的实事，把贫困群众纳入我们的工作视线之内和服务网络之中。

实现大团结大联合，说到底离不开大目标。有了大目标，大团结大联合才有广泛的基础，统一战线才有前进的方向；围绕大目标，才能超越分歧、凝聚人心，把各党派团体、各族各界、海内海外所有中华儿女都团结起来、联合起来。我们的大目标是实现四化、统一祖国、振兴中华，在当前就是要通过实施“十五”计划，全面建设小康社会，并为加快实现现代化建设第三步战略目标创造更好的条件。这个大目标体现了中国各族人民的根本利益，是一代又一代仁人志士前仆后继的不懈追求。统一战线的各个方面，都要围绕这个大目标创造性地工作，为实现这个大目标做出新的贡献。

（摘自2000年12月6日在全国统战工作会议上的讲话）

团结和民主是人民政协工作的主题，也是我们国家抓紧时间发展自己的基本条件。

没有团结就没有稳定，没有团结稳定，一切无从谈起。当前，我们国家总体上是团结稳定的。改革开放的政策顺应民心，经济发展给群众带来了实惠，现代化建设的目标对全国人民具有巨大的凝聚力和感召力，团结稳定的基础进一步增强。与此同时，随着改革开放的不断深入，出现了经济成分和经济利益的多样化、社会生活方式的多样化、社会组织形式的多样化，并由此带来经济结构和社会关系的新变化，使我们面临诸多错综复杂、利弊相伴的问题，遇到不少十分棘手、难以处理的矛盾。特别是在一些地方，下岗人员过多，农民负担过重，社会治安状况不好，消极腐败现象屡禁不绝，使群众的利益和情绪受到严重的影响。保持团结稳定的局面，说到底取决于群众的稳定、人心的稳定。民心顺一切皆顺，民心稳社会就稳。我们要始终坚持人民群众总体受益原则和总体承受能力原则，在制定政策、出台改革措施时，都应充分考虑人民群众满意不满意、高兴不高兴；要尽心竭力帮助群众排忧解难，把贫困群众纳入干部视线之内和服务网络之中，使他们的基本生活得到保障。同时必须深入细致地做好思想政治工作，使人们切实了解，离开团结稳定，经济无法发展，国家不能富强，个人生活也难以改善；使人们真正懂得，团结稳定是治国安邦的大道理，要管许多小道理，中国只要自己不乱，就没有任何力量可以阻挡我们前进。

民主是目标，是手段，也是过程。没有民主就没有社会主义，就没有社会主义的现代化。我国是社会主义国家，共产党执政就是领导和支持人民当家作主。社会主义事业是人民群众自己的事业，领导者的责任就是使人民群众认识自己的利益并且团结起来为自己的利益而奋斗，就是把人民群众的积极性充分地调动起来并合理地发挥出去。离开群众的积极性，离开群众的自觉支持和主动参与，什么事情也干不成。当前，智力资源越来越成为经济发展的重要依托，创新能力越来越成为经济发展的关键因素，更加需要有一个畅所欲言、心情舒畅、能够激发人们创造精神的社会环境。我们要通过发扬社会主义民主，把12亿人民的智慧和潜能最大限度地挖掘出来，形成振兴中华的伟大力量，推动各项事业蓬勃发展。

我们所追求的团结，是持久的、生机勃勃的团结，这种团结只有在民主的基础上才能实现；我们所坚持的民主，是具有中国特色的人民民主，这种民主必须以各族人民的团结为前提才能达到。把团结和民主统一起来，以坚强的团结保证我们的民主进程健康有序，以充分的民主保证我们的团结充满活力，这是我们的传统，也是我们的优势，要始终不渝地坚持和发扬。

江泽民同志指出："在中国共产党的领导下实行团结和民主，是人民政协性质的集中体现，是人民政协产生和发展的历史根据，是人民政协继往开来的方向和使命。"人民政协作为最广泛的爱国统一战线组织，应当高举大团结的旗帜，通过求同存异、体谅包容、协调关系、化解矛盾，把不同党派、不同阶层、不同民族、不同信仰的人凝聚起来，在实现祖国统一和振兴中华的大目标下，努力增进全体中华儿女的大团结、大联合。人民政协作为共产党领导的多党合作和政治协商机构，应当发扬社会主义民主，营造知无不言、言无不尽、融洽和谐、生动活泼的氛围，尊重和保障各界代表人士充分发表意见的权利，搞好以协商讨论和批评建议为主要形式的民主监督，积极促进我国的社会主义民主政治建设。加强团结、维护稳定、发扬民主、促进发展，是人民政协应尽的责任，我们一定要很好地担负起这个责任。

（摘自 2000 年 3 月 11 日在中国人民政治协商会议第九届全国委员会第三次会议闭幕会上的讲话）

提倡和合，加强团结

香港回归后怎么管好，我曾经讲过两句话，第一要满怀信心，第二要谨慎小心。我之所以强调谨慎小心，是因为“一国两制”、“港人治港”、高度自治是一件新事，也是一件难事。有的朋友可能还记得我讲的那个茶壶的故事，主要的意思就是说认识香港、管好香港很不简单，不可自以为是，不要麻痹大意。三年过去了，香港的情况比我预想的还要好得多。董建华先生没有从过政，没有当过官，更没有当过这样特殊的官，其实世界上有几个这样特殊的官？过去可以说没有，现在加了个何厚铧。董建华特首能够率领特区政府成功抵御亚洲金融风波的冲击，妥善处理各种复杂问题，保持了香港稳定繁荣的局面，确实不容易。毫无疑问，香港成就的取得，是由于中央政府的坚决支持，是由于特区政府的有效工作，是由于六百万香港人民的团结奋斗，也是由于在座各位利用自己的优势和条件，发挥了特殊的重要作用。在此，我向香港人民表示崇高的敬意，向在座的各位表示诚挚的感谢。

香港面临的形势总体上是好的，同时也存在不少困难。香港回归后开局不错，但解决好殖民统治的遗留问题还需要长期努力。香港成功抵御了亚洲金融风波的冲击，但风波中暴露出来的深层次问题还没有完全解决。香港继续保持了国际金融、贸易、航运中心的地位，但周边地区新的经济增长势头又咄咄逼人。特别是当今世界科学技术发展迅猛，经济全球化趋势加快，香港既面临着难得的机遇，也面临着严峻的挑战。在这种情况下，香港要继续前进，就必须有充分的思想准备，有总体长远的谋划，有应付各种困难的方案。在我国悠久的历史发展过程中，我们积累了很多的经验和教训，其中最重要的一条就是提倡“和合”，强调团结。人和、祥和、和睦、和谐、和以处众、和衷共济、和气生财、内和外顺等词语经常使用，随处可见。团结就是力量，团结就是胜利，团结就是生命，人们经常讲，反复讲，到处讲，常讲常新。古书中记载了这样一个故事：汉朝时，京城田氏三兄弟田真、田庆和田广，一直和睦相处，庭院中有棵紫荆树，也长得花繁叶茂，但后来他们闹别扭，要分家，紫荆一夜之间就枯萎了。兄弟三人大为震惊、大受感动，于是兄弟不再分家，和好如初，紫荆花又盛开如故。晋代陆机作诗说：“三荆欢同株，四鸟悲异林”；唐代李白感慨道：“田氏仓卒骨肉分，青天白日摧紫荆。”上面讲的紫荆花，和作为香港区旗区徽标志的紫荆花是不是一个品种，我没有考证；上面讲的故事，是体现“天人感应”思想的一个传说，未必真有其事。但这个故事所表达的道理，的确发人深思。我们这个五千年文明古国，之所以历经磨难而绵延不衰，屡处逆境而昂扬奋起，就是因为有许多这样博大深邃的思想，有一种内在的强大凝聚力。当今中国要发展、要振兴，必须继续弘扬中华民族的优良传统，特别要倡导“和合”，强调团结。我看香港也是如此，最最重要的是加强团结。惟团结才能稳定，惟团结稳定才能发展繁荣。香港也只有团结稳定、发展繁荣，才能为我们祖国统一和民族振兴做出新的更大的贡献。香港地方很小，容易磕磕碰碰；香港讲市场经济，难免你赔我赚。我希望大家多想想别人，多想想大局，多一些尊重理解，多一些体谅包容，团结起来把香港的事情办得更好。

不久前，中共十五届五中全会通过了《中共中央关于制定国民经济和社会发展第十个五年计划的建议》，描绘了下世纪初国家发展的宏伟蓝图。“十五”计划的实施，对我国经济和社会的发展具有十分重要的意义，为香港的繁荣发展提供了新的机遇。在座诸位都是香港各界有代表性和有影响力的人士，曾为香港的顺利回归和稳定繁荣，为内地的改革开放和经济建设发挥了积极的作用，做出了重大的贡献。希望大家一如既往，支持国家的发展，支持香港的发展，在支持国家发展、香港发展的过程中，使自己的事业得到发展。总之，不管是国家的发展，香港的发展，还是自己的发展，都是中国的发展、中国人的发展，我们都应该高兴，都应该鼓掌。

（摘自 2000 年 11 月 7 日会见香港各界知名人士时的讲话）

实现香港的长期稳定和繁荣，需要付出极大的努力。真正把香港管好，并不简单，决不是喊喊口号就可以解决的。香港那么小的地方，能在世界经济贸易中发挥那么大的作用，占有那么重要的地位，有那么多的世界第一，其原因是什么？对此，许多人不十分清楚。有些人自以为清楚，实际上并不清楚。按照哲学原理，感觉到了的东西不能立刻理解它，理解了的东西才能更深刻地感觉它。不理解就不自觉，不自觉就可能把从总体看、从长远看有益的东西，当成有害的东西而丢掉。有这样一个故事：宜兴有一种紫砂壶，用的时间长了，壶中就会长出茶山，据说长了茶山的壶不放茶叶也有茶味。有位老太太家中有这么一把用了几代上百年的老壶，她拿到市场上去卖，要价五钱银子。一位买主很懂行，一看里边是茶山，知道这是难得的好东西，愿出价三两，并说一会儿来拿。老太太心想，这么一把旧茶壶给这么多钱，里边这么脏实在不好意思，于是就把茶山给刮净了。一会儿，买主来拿壶，一看茶山没有了，掉头就走，说就是五钱也不要了。这个故事说明一个道理，当你不理解、不自觉的时候，就很难把好的东西坚持下去，也很难保证你丢弃的就一定是坏的东西。香港人管香港，既是个大事，又是个新事、难事。首先要有信心，没有信心一切无从谈起，但只有信心还不够，还要有办法，没有办法，缺少实招，信心就是空的。现在离香港回归已经不远，事情很多，时间有限。我觉得，所有关心香港繁荣稳定的人，所有关心祖国发展进步的人，所有关心中华民族形象的人，都应该高度地重视起来，紧急地行动起来，为搞好香港而努力。

如何搞好香港工作，具体的意见我谈不出多少，有些原则性意见我看是应该肯定的。第一，要抓紧。如果干别的事情，两年可能是很长的时间，而对香港恢复行使主权这样的大事来说，时间很短，必须抓紧。第二，要精心。对各方面工作都不能一般性地、抽象地对待，而要精心细致地研究。对任何事情都要详细地想，都要具体、深入地做，都要对过程中可能发生的问题想全、想细、想到底、想到万一，以求尽可能地减少意外。第三，要团结。我们中华民族不能说不团结，但确实也吃过不少不团结的亏。过去有人说我们是一盘散沙，至今也有人说中国人在一起合不来。美国人说，在研究所等高科技单位来一个日本人甭担心，他没多少招；来一个中国人就要小心，因为中国人聪明，他会把技术学走。如果来两个日本人就要小心，因为他们合起来就有力量了；来两个中国人，就不用怕，因为他俩准会打架。如果来三个中国人，你就更不用管，他们自己就折腾起来了。这当然有讽刺和挖苦之意，但我们自己是是非非，张家长、李家短，不团结的事确实太多了。现实中还有这种情况，两人闹不团结不是因为你做错了，而是因为你做对了；不是因为你太穷了，而是因为你太富了；不是因为你太笨了，而是因为你太能了。对香港恢复行使主权的整个过程，是对中国人的团结，包括香港人的团结、内地人与香港人的团结的考验。在这样重大的历史关头，我们应该更好地团结起来。中国人倒霉的时候容易团结，打胜仗以后常常不团结，历史上这样的事很多。我们一定要牢记历史的教训。我的这些话总起来说，就是要“抓紧再抓紧，精心再精心，团结再团结，务实再务实”。

（摘自 1995 年 3 月 13 日同港澳地区全国政协委员座谈时的讲话）

坚持求同存异、体谅包容的原则

做好统一战线工作需要把握许多重要原则，这里我不想作全面的阐述，但有一条我认为在当前十分重要，特别需要引起重视，这就是求同存异、体谅包容的原则。

统一战线是“同”和“异”的矛盾统一体。“同”主要是统一战线成员基于共同利益而确立的共同目标和要求。没有“同”，就建立不起统一战线。“异”主要是统一战线成员间在信仰上、世界观上、具体利益和要求上以及其他方面存在的差别。没有“异”，就没有必要建立统一战线。统战工作，既要“求同”，也要“存异”，二者不可偏废。统一战线的首要任务是“求同”。对于共产党来说，放弃“求同”，就是放弃方向，放弃领导，放弃工作。为此，统战工作必须保持政治坚定、头脑清醒，主动宣传党的路线方针政策，积极开展教育引导工作，不断提高统战对象为实现共同目标团结奋斗的责任感和自觉性；对不利于实现大目标、有损于共同政治基础的倾向，要坦诚、负责地给予指出，热情、及时地帮助纠正。统一战线的一个重要问题是“存异”。在统一战线中，有些差异可以通过工作加以限制、缩小乃至转化，但有些差异是应当而且可以长期存在的。比如，党派之间的差异，信仰之间的差异，民族之间的差异，多种经济成分之间的差异，等等。有些人正是由于同我们之间存在差异，才成为统战对象。如果否定这些差异，不能“存异”，也就否定了统一战线存在的理由。

从我们党的历史看，从统一战线的历史看，有忽视“求同”的错误，但主要的还是不能“存异”的错误，因为追求“清一色”、“纯而又纯”，给我们带来巨大损失。能不能“存异”，敢不敢“存异”，会不会“存异”，很重要的一条，在于能否体谅包容。做统战工作，就是要宽容一点、谅解一点、豁达一点、“糊涂”一点，就是要听得进、容得下、想得开。对于有些人提出的不同意见甚至比较刺耳、比较尖锐的意见，要听得进；对于有些人在信仰上、世界观上以及思维方式、生活方式上同我们的差别，要容得下；对于那些反对过我们并证明是反对错了的人给以适当安排，也要想得开。这是我们的气度，是我们的胸襟，也是我们的原则和品格。中国共产党已经是有 70 多年正反两方面经验和 50 年执政历史的大党，当前正在从事一场前无古人而又异常艰巨复杂的伟大事业。我们应当有超越前人的远大眼光和宽阔胸怀。只要是无碍大局，无关宏旨，无妨大目标，一切“异”都要体谅包容。只有这样，统一战线才会充满生机和活力，才能把一切积极因素都调动起来，把一切可以团结的力量都团结起来，为实现大目标而共同奋斗。

（摘自 1999 年 11 月 2 日在邓小平新时期统一战线理论研究班座谈会上的讲话）

协调关系、化解矛盾

早在人民政协成立初期，毛主席就明确提出，政协的一项主要任务是调整关系，即协调各民族各党派团体及其他人员间的关系。进入新时期以后，邓小平同志强调，人民政协是发扬人民民主、联系各方面人民群众的一个重要组织，要帮助各方面的人士和群众不断增强团结。在庆祝人民政协成立五十周年大会上，江泽民同志又进一步指出，人民政协作为广泛联系社会各界的重要组织，要在协调关系、化解矛盾方面发挥积极作用。

世界上万事万物都是相互联系、相互影响的，都是在平衡与不平衡、协调与不协调的矛盾运动中变化发展的。在人类社会出现以前，自然界按照自然法则自发地调节、演化和发展。在人类社会出现以后，产生了人与自然、人与人之间的矛盾和冲突，人类为了生存和发展，也就有了自觉的协调活动。历史发展到今天，整个世界呈现出快速多变、复杂多样的特点，不同文明之间相互交融又相互激荡，不同利益之间相互依存又相互磨擦，人对自然的索取越来越多，人与自然的矛盾也越来越突出。和谐共存、协调共进的问题已经成为人类普遍关注的重大问题。在我国，随着改革开放的深入和市场经济的发展，社会经济成分、组织形式、就业方式、利益关系和分配方式日益多样化，人们的职业、身份经常变动，不同群体、不同行业、不同地域间的差异和矛盾错综复杂，协调的任务比以往任何时候都要繁重。应当看到，我国现阶段的各种社会矛盾多属于根本利益一致基础上的人民内部矛盾。解决人民内部矛盾，主要的大量的要靠协调工作。如果不重视协调，不善于协调，不能及时、有效地加以协调，就会影响改革发展稳定的大局。协调的思想在中华民族的文化遗产中占有重要的位置，“和衷共济”、“兼容并包”、“厚德载物”、“天人合一”等许多人所熟知的成语，都包含着和谐、协调的意思。强调协调的作用，符合事物的客观规律，符合时代的发展潮流，也符合中华民族的优良传统。

各级政协组织要充分认识人民政协在协调关系方面的特点和优势，把发挥协调作用作为工作的一个着力点，认真抓，经常抓，切实抓好。要多做沟通、联谊的工作，在共同的大目标下把各方面人士凝聚起来，促进中华民族的大团结大联合。要积极宣传党的方针政策，及时反映社会各方面的真实情况和呼声，真正成为联系各界群众的纽带和桥梁。要保障各党派、各团体和各位委员充分发表意见的权利，既尊重多数人的共同意愿又照顾少数人的合理要求，使一些社会矛盾和群众情绪得到化解和疏导。要围绕关系国计民生的重大问题深入调研，提出切合实际的意见建议，促使有关政策的出台兼顾到各方面的利益。人民政协要不断适应形势发展的要求，拓展工作内容，提高工作水平，为保持社会的和谐稳定和协调发展发挥积极的作用。

（摘自 2002 年 3 月 13 日在中国人民政治协商会议第九届全国委员会第五次会议闭幕会上的讲话）

要多做“活血化瘀”的工作

要稳定，就必须团结。你埋怨我，我埋怨你，心不齐，气不顺，怎么稳定？团结本身就是稳定。讲团结，当前主要的是要协调好各个方面相互之间的关系，理顺人的思想情绪，团结一切可以团结的人。目的是克服困难，顶住各种压力，把经济搞上去。说简单一点，就是协调关系，理顺情绪，加强团结，发展经济。这是当前的大局。关系是可以协调的，矛盾是可以调节的，我们不但要讲矛盾的普遍性，而且要讲矛盾的特殊性；不但要懂得斗争的绝对性，还要懂得斗争的多样性。筷子与肉斗，肉到了嘴里；手术刀与人斗，可以去除病灶；扁担与肩斗，可以把水挑进家里。这些都是斗嘛，为什么一说斗，非要你把我整垮，我把你整垮呢？具体问题要具体分析，不同性质的矛盾，要用不同的方法去解决，这是马克思主义最本质的东西，活的灵魂。当前要多做“活血化瘀”的工作。协调关系，理顺情绪，尽可能把可以团结的人团结起来，以克服我们国内目前的经济困难，顶住外来的压力，这是我们当前的大局。

（摘自 1990 年 4 月 28 日在《人民日报》国内记者工作会议上的谈话）

我们需要更开放一点，豁达一点，“糊涂”一点。我好说两句话，叫做心中有数装糊涂，心中有数团结多数。当然，在重大原则问题上，要立场坚定、旗帜鲜明，但是无关紧要的小事太清楚了反而不好。大夫容易看见到处都是病菌，就来回地洗手，搞得神经高度紧张。管仲临死的时候，齐桓公想叫管仲的好朋友鲍叔牙接他的班，问管仲怎么样。管仲有一段很有名的话，意思是：叔牙君子也，虽然，不能为相，叔牙见人一恶始记终生，是其短也。

（摘自1990年4月28日在《人民日报》国内记者工作会议上的谈话）

现在讲阶级斗争，强调到什么程度，一定要注意分寸。“一个中心、两个基本点”中的“一个中心”，是针对“以阶级斗争为纲”讲的。党和国家工作着重点的转移，就是从“以阶级斗争为纲”转移到以经济建设为中心上来。对“六四”政治风波中错误严重的人，该怎么处理就怎么处理。对大多数人，主要是通过学习，提高认识，不要结下死疙瘩。我在天津说过，要“开窗子、搭梯子”。“开窗子”就是使他呼吸到新鲜空气，“搭梯子”就是给一个台阶叫他下来。

（摘自1989年8月11日—18日考察山西时的谈话要点）

不要激化矛盾

看形势好不好，其中一条标准就是团结。团结如何，决定着工作如何、局面如何。我们都是来自五湖四海，为了一个共同的目标走到一起来了，哪有什么重大的恩怨、根本性的矛盾、了不起的问题啊！我常说能到一起工作是一种缘分。这不是要人们抹稀泥，不讲原则。因为有些问题，对、错都是小事，没必要争论你长我短。团结本身就是一个原则。现在我们改革与建设的任务相当繁重，机遇难得，时间紧迫，无休止的纠纷闹不起，宝贵的时间丢不得。团结起来，抓住机遇，尽快发展自己，这就是一个大的原则。

我在分管宣传工作时曾经讲过，我们长期以来对一分为二的观点讲得有毛病。什么事情都讲分，分是对的，但分了之后就强调斗，太简单化、绝对化了。一个班子要一分为二，有正确的代表，有错误的代表。一个家庭也要一分为二，有正确的代表，有错误的代表。先讲分的普遍性，后讲斗争的绝对性，不斗则修，不斗则退，不斗则亡，太简单。列宁是讲过，统一物之分为两个部分以及对它的矛盾着的部分的认识，是辩证法的实质，但列宁同时讲这需要解释和说明。“批邓”时我就说，北京建委班子里的几位同志谁斗谁？叫我斗他们，我没见他们有什么不好；叫他们斗我，我为什么叫你斗。事物是可分的，但斗争是多样的，两个人谈心、争论，把思想统一了；手术刀和病灶斗，把病去掉了；扁担和肩膀斗，把水挑回家了，这就是斗争方式的多样性。不讲斗争的多样性只讲斗争的绝对性，斗来斗去，有几个斗对了？俗话讲，有缘千里来相会，能在一起工作，真是个缘分，有这么一段合作共事的历史，应该留下美好的记忆。人总是有优点有缺点，有长处有短处，不能把自己的长处搁在脑袋上来回晃悠，把人家的缺点抠出来跟自己的优点比；一个班子总有强一点的弱一点的，没有弱一点的也显不出来强一点的，你强是因为有弱一点的托着，相互可以取长补短才成其为班子；一班人中总是有文的有武的，一个乐队有吹管的、有拉弦的，但指挥就是一个人，一班人都来指挥这个班子，就没法办。所以我说，假如把12个省委书记弄到一个班子里，那这个班子肯定弄不好。毛主席讲，友谊与谅解比什么都重要。人人都需要谅解和理解。要诚恳待人，平等待人，以理服人，一视同仁。要加强了解，增进理解，消除误解达到谅解。我们建国以来在这方面吃亏太多了。我曾会见过来北京访问的一位波兰报社总编，这个人原来是波兰共产党执政时的最后一任总理。我请他谈谈东欧和苏联垮台有什么教训。他说，教训很多，但重要的是两条：一个是天天搞政治不搞经济，老百姓生活提高不了有意见；二是你斗我、我斗你，斗来斗去没完没了。

（摘自 1999 年 9 月 9 日听取陕西省委、省政府工作汇报时的讲话）

大家常说的我们中国，包括 960 万平方公里领土、56 个民族以及由这些民族组成的 12 亿人民这样一些最基本的构成条件。这些条件缺一不可，缺少其中任何一项，就不成其为中国。这些条件不可割裂，领土不能分裂，民族不能分裂，人民不能分裂，如果分裂了，中国同样不成其为中国。

中国少数民族有近 1 亿人口，各级民族自治地方的面积加起来超过全国面积的一半。因此在一定意义上可以说，中国领土的完整、人民的团结，是以各民族的团结为基础的。没有各民族的团结，就没有国家的统一；破坏各民族的团结，就是破坏国家的统一。任何人，如果他自认为是中华民族的一员，是爱国主义者，那么他就必须像爱护眼睛一样爱护各民族的团结。在中国，讲力量和成绩，是 56 个民族共同的力量和成绩；讲困难和曲折，是 56 个民族共同的困难和曲折；讲前途和未来，是 56 个民族共同的前途和未来。只有这样认识问题，中国才能在当今世界全方位的激烈竞争中立于不败之地，中国各民族也才能跟上时代发展的步伐，走向兴旺发达。

新中国建立以来，我们的民族政策是符合实际的，是富有远见的，在处理民族关系上总的来说做得也是好的。所以，尽管这几年国际上风云变幻，不少国家和地区的民族矛盾和宗教纷争十分突出，而我们始终能保持各民族的团结和民族地区的稳定。今后，我们要继续坚持党的民族政策，进一步完善民族区域自治制度，充分尊重少数民族的特点，切实维护少数民族的利益。同时也要注意强调各民族利益同中华民族总体利益的一致性，强调尊重少数民族特点同维护国家统一的一致性。

民族、宗教问题是重大的问题，也是复杂的问题。它常常涉及千百万群众，有时还联系到某些国际因素，因而处理民族、宗教问题是政治性、政策性很强的工作，必须采取十分谨慎的态度。

处理民族、宗教的问题，必须严格按照中央有关政策办事。对中央的大政方针理解不准，执行不力，必然在具体工作中迷失方向，甚至贻误大事，造成严重后果。执行中央的政策必须从实际出发，实事求是，做到具体情况具体分析，具体问题具体解决。我们过去在处理这类问题时发生的失误，有的是由于偏离中央政策，许多是由于对情况了解不够，对问题定性不准确，以致举措失当，反反复复，到后来又不得不“落实政策”。

在现阶段，我国民族、宗教领域发生的问题，主要属于人民内部矛盾，但也不排除有的问题带有对抗性质。对于人民内部矛盾，只能用耐心说服、改进工作的办法来解决。绝不能把非对抗性矛盾当作对抗性矛盾，人为树敌；不能把非对抗性矛盾激化成为对抗性矛盾，自讨苦吃。对一些人借口民族、宗教问题引发事端，制造动乱，我们也不能丧失警惕，必须严肃对待，果断处理。此类事端，有时是非对抗性矛盾和对抗性矛盾交织在一起，不明真相的群众和别有用心的坏人搅和在一起，增加了我们工作的难度。事实证明，正确地识别和处理这类问题，必须高举维护人民利益、维护法律尊严这两面旗帜。任何人以任何理由损害人民利益、践踏法律尊严，都是不能允许的，都必须坚决制止。

（摘自1994年7月4日与新形势下民族、宗教问题研讨班学员座谈时的谈话）

用简单的、抽象的提法概括复杂的思想认识问题和工作实践中的具体问题以至不同意见和具体偏差，容易把事情搞坏。应当说，大汉族主义有，地方民族主义也有，“两个主义”的现象是存在的。但“两个主义”的帽子不要轻易戴，是什么问题就解决什么问题。我们处理问题，总是要使大家化解矛盾，消除隔阂，更好地团结起来。动不动就上纲，就戴大帽子，听起来很解气，实际上很坏事。这既不利于团结，也无助于问题的解决。

宗教问题很多属于思想问题。解决思想问题不能操之过急，解决宗教问题也不能操之过急。讲宗教问题有长期性，就是说问题一下子解决不了。讲宗教问题有国际性，就是说解决国内的宗教问题应与国际问题相联系。既然承认宗教有群众性、民族性、复杂性、国际性和长期性这“五性”，就要以此为依据来制定政策、规范行为、指导工作。

我国民族、宗教问题，基本上是属于人民内部矛盾性质的群众性问题。有些地方即使矛盾激化了，甚至动了刀枪，也未必都是阶级斗争的反映。有的是官僚主义，处事不当，激起民愤。有的地方闹事，里面可能有坏人，有敌对分子。即使如此，这件事从整体上讲也未必一定都是敌我矛盾。对于这类问题，不能掉以轻心，不能简单化处理。对民族、宗教纠纷要尽可能解决在萌芽状态，宜解不宜结，宜疏不宜阻，宜散不宜聚，尤其不能用夸大问题的严重性，来掩盖自己的错误，掩盖自己的无能。

（摘自1993年2月24日在听取中央统战部关于民族、宗教工作汇报时的谈话）

不要计较个人的恩恩怨怨、是是非非

唯物辩证法有一条基本原理：外因只是事物变化的条件，内因才是事物变化的根据，外因只有通过内因才能起作用。文学艺术要真正搞上去，归根结底要靠文艺工作者自身的艰苦努力。如果文艺界自己不争气，不作劲，外部条件再好，也创作不出震惊当世、流传千古的佳作，也迎不来百花齐放、万紫千红的文艺春天。针对天津文艺队伍的现实情况，我对大家提出“八字希望”，这就是：团结、振奋、改革、前进。

这里着重讲讲团结问题。我们这个国家，论人一不懒二不笨，论资源一不缺二不差，但为什么长期以来发展缓慢，屡遭挫折？这当然和我们的某些失误有关系，但团结问题也是个非常重要的原因。国家是这样，具体到一个地区，一个行业，一个单位，往往也是如此。就天津文艺界讲，长期以来事业发展不快，成果不够理想，这和团结问题一直没有解决好关系很大。在几次座谈会上，不少同志都讲了这样一个意见：天津的文学艺术要在全国打出威风，创出水平，第一要团结，第二要团结，第三还是要团结。这个意见是很中肯的。天津文艺界不团结的现象可以列举许多。比如，领导和群众不团结，疙疙瘩瘩的事情不少。有的领导同志是该领导的不领导，不该领导的瞎领导；许多该管的不管，不该管的又过多干预。还有些领导同志搞亲亲疏疏，团团伙伙。也有些同志对领导干部怀有成见，要求过苛，稍不合自己的心意，就造舆论，出难题，甚至把“抗上”作为一种“美德”，谁当领导反对谁。在这些单位里，上下之间的关系很不正常，有的闹得水火不相容。又比如，新老之间不团结，有相当一部分单位至今没有形成新老密切合作的局面。有些老的文艺工作者对年轻的同志看不惯，在帮助青年成才上缺乏热情，缺乏公心，教戏不教拿手戏，演出和青年争舞台，有的甚至嫉妒人才的成长，说什么“我可以把你扶上马，也可以把你拉下马”；有些青年人对老一辈不够尊重，把他们的艺术、才能看做“陈旧”、“糟粕”，虚心不够，傲气很足，有的甚至“过河拆桥”，缺乏起码的艺术道德。再比如，名人名家之间不团结，为了比座次、争待遇、论高低，明争暗斗，互相拆台，甚至公开声称：“一山不二虎，有我无他”；一个演员上台演唱，对他有意见的人竟把扩音器的效果故意调差。有的人可以把对方的一言一行，都偷偷地记录在案，一有机会就添油加醋地告黑状。有的同志讲，看到这些人的行为，浑身直冒冷汗。最近，有些人听说我在抓文艺，就托人捎话，写信写条，互相告状。过去，马、谭、张、裘①可以在一个剧团共事，而我们有些同志却发展到势不两立，不能同台演出，本来就不行，又不能合作，结果使一些剧团凑不齐四梁四柱，缺胳膊短腿，形不成气候。再比如，不同艺术门类之间的关系也不够协调，你看我不行，我看你差劲，互不服气，互相掣肘，经常搞些小动作。除此之外，主角与配角、前台与后台、专业与业余、作家与评论家之间，都存在一些不和谐、不团结的问题。应该说，天津文艺界还没有真正形成一个和谐的环境，这固然有领导的责任，但内部不团结也是一个非常重要的原因。这种状况，使得许多同志把宝贵的精力浪费在没完没了的人事纠葛上，文艺界的许多工作也在这种无休止的“内耗”中削弱了、贻误了。所以，不解决团结问题，繁荣天津文艺就没基础、没希望。文艺界的各个部门、各个单位，都应该严肃

① 指当代著名京剧表演艺术家马连良、谭富英、张君秋、裘盛戎。

认真地抓一下团结问题。特别是那些由于不团结而影响正常工作、妨碍事业发展的单位，必须采取措施，限期解决问题。争取在不长的时间里，使文艺界出现一个齐心协力、团结奋进的新局面。

怎样抓团结，各个单位的情况不同，采取的方法和解决的重点也应该有所不同，但有两个问题需要引起大家注意。第一，要克服那种不择手段追名逐利的不良倾向。影响文艺界团结的一个带普遍性的原因，是有些同志对名利看得过重，往往因争名争利而伤害了感情，造成了隔阂。所以，不断提高广大文艺工作者的思想境界，教育大家正确地对待名利，对搞好团结具有十分重要的意义。我们并不是一般地反对功利主义，相反，我们鼓励、支持大家好学上进，鼓励、支持个人成名成才，希望天津多出一些名作家、名演员。但是，争名于朝，争利于市，对于个人名利斤斤计较，患得患失，甚至勾心斗角，不惜损害集体、伤害同志，这是很不好的。希望大家能用更高的精神境界来对待这些问题。同志们不是用艺术手段塑造和宣传了许多正确对待名利的先进人物吗？像“亏了我一个，幸福十亿人”的老山前线战士；像“自己活着，就是为了使别人过得更美好”的雷锋式人物；像“一息尚存须努力，留作青年好范畴”的老一辈革命家等等，我们应当把他们作为自己的榜样。中国有句老话，叫“志逾鸿鹄，行若赤金”。志，有远大、高尚的追求；行，有坚定、闪光的实际行动，我们每个文艺工作者都应当有这样的修养和素质。有了这一条，我们的团结状况就会有个根本好转。第二，要扶正压邪，把正气树起来。在 1984 年创作会议上，我讲了“文人双轻（清）”的毛病，即文人相轻、自命清高。当时有一句话我没有讲，就是历史上整文人最厉害的往往是文人，特别是有威望的和掌了权的文人，反动统治者往往利用这一点使文人自相残杀。这方面历史有记载，野史上讲得更多。侯宝林说相声，讲《关公战秦琼》，讽刺韩复榘式的文艺领导，这不可怕，因为这是明眼人一眼就能看穿的问题。倒是文艺界内部有那么一些人，作品写不出，表演没本领，不学无术，整人有方，这是造成文艺界不团结、不安定的一个重要原因。比如，有些人整天热衷于走东家，串西家，“茶碗一端，说话无边，香烟一点，专说人短”，光捉摸人，不琢磨事。再比如，有些人对好学上进、工作成绩优异的同志，不是抱着尊敬、学习的态度，而是冷眼相看，说短道长，无见贤思齐之心，有嫉才妒能之意，谁要一冒尖，就讽刺挖苦，甚至造谣诬陷。不把这种坏风气压下去，听任先进受打击，正气被压抑，团结就无从说起。各级领导都应该旗帜鲜明地支持、鼓励干事的人，当他们受到非难时，要敢于为这些同志撑腰、作劲，坚决改变那种功过不分、赏罚不明的做法，更不允许出现“干的不如看的，看的不如捣乱的”的怪现象。对于极少数专门打击先进的所谓“铲子匠”，要严肃批评，加强教育，屡教不改的，应当给以必要的纪律处分，绝对不能听任不干事的人捉摸、妨碍以至打击干事的人。

关于天津文艺界的团结问题，我讲的有些话可能尖锐了些，大家要理解我的一片苦心。我希望文艺界的同志再也不要计较个人的恩恩怨怨、是是非非了，要一门心思集中到事业上，大家都做团结的工作，使讲团结、顾大局成为文艺界的一股浩然正气，使那些搬弄是非、破坏团结的人成为“过街老鼠，人人喊打”，无以售其奸。这样，天津的文艺事业才有希望。

（摘自 1986 年 6 月 28 日在天津市文艺创作座谈会上的讲话）

遇事多商量

政协是一个协商机构。在政协工作中，遇事要多商量，特别是与党外人士商量。这是一个十分重要的问题。

（一）商量是政协存在的理由

政协的首要职能是协商，协商就是一种商量。商量一般指人们之间相互沟通、交换意见，而政协的协商，是就国家的重大问题听取各方面意见，是一种有特定组织形式和程序的高层次商量。这种协商，已经成为我们发扬社会主义民主的一种重要方式，成为我国政治体制的一个特点和优点。

我们党的三代领导人都十分重视政协的协商。1954 年，毛主席针对一些人提出人大召开后政协还要不要存在、协商还有没有必要的疑问，明确指出：人民代表大会是国家权力机关，政协是各党派的协商机关，有了人大，并不妨碍政协进行政治协商。周恩来同志强调：凡是重大的议案总是要事先协商，“协商这两个字非常好，就包括这个新民主的精神。”“就是在普选的全国人民代表大会召开以后，政协会议还将对中央政府的工作起协商、参谋和推动的作用。”在新的历史时期，邓小平同志重申：“中国的社会主义现代化建设事业，继续需要政协就有关国家的大政方针、政治生活和四个现代化建设中的各项社会经济问题，进行协商、讨论”。他在谈到改革能否取得成功时，认为关键是两条，“第一条就是要同人民一起商量着办事”。他还曾严厉批评一些干部存在自以为是、惯于发号施令的现象，指出有的人“喜欢以领导者自居，喜欢站在群众之上发号施令，遇事不愿意同群众商量。这实际上是一种狭隘的宗派主义倾向，也是一种最脱离群众的危险倾向”。江泽民同志明确要求：“按规定应当交政协协商的问题，一定要在决策之前交政协协商，并在协商中认真听取各方面的意见。”实践证明，遇事商量比不商量好，多商量比少商量好，早商量比晚商量好。平时多商量，遇事先商量，有利于广泛听取各党派团体和各族各界人士的意见，促进决策的民主化、科学化；有利于增进理解、扩大共识，使党和政府的方针政策成为大多数人的自觉行动；有利于发现和集中群众的智慧与经验，依靠群众的力量克服困难、解决问题；有利于协调利益关系、化解社会矛盾，维护和发展团结稳定的政治局面。

（二）商量是马克思主义认识论的要求

人的正确思想是从哪里来的？只能来源于实践。这里所说的实践，不是指哪一个人的实践，而是指千百万人民群众的社会实践。一个人的实践活动总是有限的，一个人的认识也总会有局限性。高明的领导之所以高明，主要不在于他的脑袋比别人聪明，而在于他善于综合，善于概括，善于汲取更多人的实践经验和聪明才智。如果离开人民群众这个实践的主体，只凭个人的苦思冥想、个别体验，甚至自以为是、闭目塞听，不愿意听取别人的意见，就不能获得正确的认识，就不会作出正确的决策，就无法把事情办好。在商量的过程中了解各方面情况、集中群众的智慧，这是领导者少犯错误、不断进步的重要途径。人们对客观事物的认识是一个不断深化的过程。我们每一项方针政策的制定和实施，既是对过去实践经验的总结，又是一个新的认识过程的开始。这些方针政策是否符合实际，是否符合群众意愿，能不能随着客观情况的变化而变化，并不断地有所创新、有所前进，都离不开人民群众的社会实践，离不开实践的检验，离不开与实践的主体人民群众进行商量。

建国初期，我们很重视商量，像土地改革、对工商业的社会主义改造、制定第一部宪法以及贯彻“双百”方针等等，都经过了党内党外、上上下下、反反复复的商量，那时我们的各项工作也进展得比较顺利。党的十一届三中全会以后，我们作出的许多重大决策都注意了事先商量。邓小平同志曾找胡厥文等党外“五老”商量利用外资和发挥原工商业者的作用问题，被人们传为佳话。当然，我们也有商量不够而吃了亏的教训。比如，对马寅初先生提出的控制人口的意见，梁思成先生提出的保护北京古城的建议，都由于缺乏充分商量，没有认真听取他们的意见，以至于造成了不可挽回的损失。

（三）商量是领导者民主的表现，开明的表现，高明的表现

商量要能够听得进不同意见。我们与人商量，不是为了摆样子、走形式，而是为了听到各种声音，从别人的意见中发现问题，纠正错误，吸取有益的东西。没有民主的作风，没有虚心对待不同意见的正确态度，商量就不可能收到好的效果。古人主张“每有大事，必相咨访”、“用人之言，若自己出”；并认为“千人之诺诺，不如一士之谔谔”。我们共产党人以人民群众的利益为最高利益，以马克思主义作为自己的世界观，应当有更高的思想境界和博大胸怀。我们只有对不同意见抱着“与其说是允许、毋宁说是欢迎”的态度，才能自觉、主动地与别人搞好商量。

商量要平等待人、诚恳待人。有的时候你愿意和别人商量，但人家却不愿和你商量；即使商量了，谈的也不是真实想法。之所以这样，一个重要的原因就是你不能平等待人、诚恳待人。没

有平等，高人一等，盛气凌人，只能叫做强加于人，而不能称之为商量。有了平等，有了相互尊重、和谐融洽的气氛，才能使人们畅所欲言，把各种意见、主张都讲出来。没有诚恳的态度，拿腔作调，虚情假意，别人只会同你虚与委蛇、敷衍应付，而不会和你说真心话。待人诚诚恳恳，说话实实在在，才能听到真诚、坦率的肺腑之言。

对于我们共产党人来讲，是不是重视商量、愿不愿与人商量、能不能搞好商量，决不是一件小事。毛主席早在延安时期就告诫全党："我们不是一个自以为是的小宗派，我们一定要学会打开大门和党外人士实行民主合作的方法，我们一定要学会善于同别人商量问题。"我们要深刻领会毛主席这段话的精神，提高遇事同人商量的认识，学会商量问题的本领，养成商量问题的习惯，搞好同党外人士的合作共事，努力成为统战工作和政协工作的行家里手，为推进政协事业，为推进有中国特色的社会主义民主政治建设，作出自己的贡献。

（摘自2000年3月7日在全国政协九届三次会议中共组联组讨论会上的讲话）

树立和平、合作、合理、和气的形象

做外事工作首先要讲原则，讲国家主权，讲领土完整，讲民族尊严，这是不能含糊的。同时，做外事工作也要讲策略，讲求同存异，讲体谅包容。世界就是同和异的统一体，没有差异就没有世界，绝对一样的人和事是没有的。有些差异通过工作是可以缩小或消除的，有些差异是长期存在的。不能简单地以自己为标准评判他人、评判是非。比如，自己长得丑并不希望找个老婆或丈夫也丑；自己没文化总不希望自己孩子也没文化。这就是不以自己为标准。须知，和你一样的不一定就对、就好，和你不一样的不一定就错、就差；你对很多人看不惯，其结果常常是很多人对你也看不惯。

就国际形势说，和平与发展是时代的主题；就国内工作说，经济建设是中心；就社会主义事业说，目前处于低潮。审时度势，我们应当高举“和合”旗帜，树立和平、合作、合理、和气的形象，以创造良好的国际环境，为国内建设服务。

和平：热爱和平，需要和平，维护和平。

中国人民曾饱受列强欺凌，深知战乱之苦，对和平有强烈的渴望。中国正在进行的现代化建设要取得成功，决定于两个条件。一个是国内条件，就是坚持现行的改革开放政策，安定团结的政治局面。还有一个是国际条件，就是持久的和平环境。中华民族崇尚“和为贵”，“己所不欲，勿施于人”，中国人民绝不会将自己过去所遭遇的那种苦难强加给别人。中国现在不称霸，将来富强了也不会称霸，也反对任何人称霸，我们要使各国人民相信，中国的强大是维护世界和平与稳定的积极力量。

合作：真诚合作，广泛合作，善于合作。

当今世界，经济全球化趋势日益增强，各国经济在竞争的同时相互依存和优势互补越来越明显，相互开放和交流合作越来越广泛。只有顺应这一潮流，才能不断赢得主动，发展壮大自己。中国在许多方面处于落后状态，离开与世界各国进行广泛的合作，离开学习借鉴他人的先进经验，是没有出路的。合作是我们的需要，是我们的利益，也是人类社会发展的必然趋势。我们对外合作的时间还不长，领域还不宽，必须努力拓展；对外合作的本事还不大，必须逐步提高。

合理：凡事讲理，言之成理，以理服人。

常言道，有理走遍天下，无理寸步难行。事事讲理，时时讲理，处处讲理。讲正理不讲歪理，多讲公认的理，少讲自家的理。要让人觉得中国人说话办事通情达理，有理有据，而不是强词夺理。通俗易懂的语言、细致严密的逻辑、生动形象的例证，这些都是讲理、以理服人所必需的，这些都要用心学习。

和气：宽厚平和，随众合群，和蔼可亲。

要胸襟开阔，平心静气，听得进不同意见。要懂得真理不是哪个人的专利，别人讲话即使有错也要让人家把话讲完。要求大同存小异，孔子曰，大德不逾闲，小德出入可也。由于长时期“以阶级斗争为纲”，有的人养成上纲上线的习惯，“头上长角，身上长刺”，动不动搞大批判，使人望而生畏。讲话要注意分寸，尖锐的话、伤人的话，尽量少讲，中国传统讲究人缘，讲究合群，不要太“各”；要使人愿意亲近，不要让人看见就躲。

上述“四和（合）”，反映了中华民族的优良传统，体现了小平同志韬光养晦的思想，也符合我们国家和人民的根本利益。

（摘自2001年5月2日在出访亚非四国结束午餐会上的即兴讲话）

中国人民十分珍惜和平

中国人民十分珍惜和平。中国在近代历史上，曾有100多年时间处于连绵不断的战乱和动荡之中。为了争得独立与解放，中国人民进行了艰苦卓绝的斗争，承受了巨大的损失和牺牲。饱经战乱苦难的中国人民，对于和平有着特殊的渴望与要求。

中国的发展特别需要和平。为了找到一条适合自己国情的发展道路，中国人民进行了艰难曲折的探索，付出了十分沉重的代价。12亿中国人的最大共识是毫不动摇地沿着这条道路走下去，以实现我们建设现代化的目标。要做到这一点，需要两个最基本的条件：一是国内的稳定，二是国际的和平。没有和平的国际环境，我们就不可能专心致志搞建设，也无法开展国际交流与合作。就我们本意来讲，不想同任何国家找别扭、闹矛盾、搞磨擦，我们希望同所有的国家在和平共处五项原则的基础上，建立和发展友好合作关系。因此，坚定不移地维护世界和平，是我们的一贯主张，也是我们的现实需要和长远利益。当然，在事关国家主权和领土完整的问题上，我们绝不含糊。

中国对外政策的目标是争取和平。我们历来主张一切国家不论大小、贫富、强弱，不论社会制度、文化传统、价值观念有何不同，都是国际社会平等的一员，都应当相互尊重，求同存异，平等相待，友好相处。中加两国同处于亚太地区，在经济、科技和文化等领域合作的潜力很大；中加两国都是在国际事务中具有重要影响的国家，在建立和维护公正合理的国际新秩序方面可以发挥积极的作用。我们衷心希望同加拿大进一步加强交流与合作，为促进世界的和平与发展作出应有的贡献。

（摘自2000年5月9日会见加拿大总理克雷蒂安时的谈话）

和平是人民的愿望，是发展的前提。上个世纪，两次世界大战造成巨大的生命财产损失，给人民带来深重的灾难。人民从历史的经验中深深体会到和平之可贵！中国古人曾十分形象地将战争与和平比喻成“干戈”和“玉帛”，主张“化干戈为玉帛”，要

“玉帛”不要“干戈”。当前，随着科学技术突飞猛进，经济全球化进程日益加快，各国之间的联系越来越紧密，一个国家的动荡常常牵涉多国利益，一个地区的冲突往往波及整个世界。和平对人类影响的程度，人们对和平关切的程度，比以往任何时候都要广泛和深入。没有和平的环境，经济怎么发展，社会怎么进步，人们生活水平怎么提高？全世界所有爱好和平的国家和民族，都应当联合起来，反对一切破坏和平的行径。

当前，恐怖主义对世界和平构成了现实威胁。中国坚决反对一切形式的恐怖主义。中国主张打击恐怖主义应目标明确，避免伤及无辜，符合《联合国宪章》以及公认的国际法准则，充分发挥联合国和安理会的作用。

中国历来崇尚和平，一贯奉行独立自主的和平外交政策。中国人民衷心希望同包括斐济在内的世界各国人民一起，携手合作，共同努力，为维护来之不易的和平局面，为创造一个光明的新世纪作出自己应有的贡献。

（摘自2001年11月12日会见斐济总理恩加拉塞时的谈话）

要协商、对话，不要战争、对抗

世界新技术革命所引起的社会生产力的巨大发展，极大地推动了经济全球化。生产力各种要素的跨国流动加速，世界市场不断向深度和广度发展，各国各地区之间的经济贸易联系日趋紧密。在这种条件下，任何国家的发展都要受到国际大背景、大环境、大市场的制约，同时，事关人类生存、发展的任何重大问题的解决，也都离不开不同国家的普遍参与。在这一世界潮流面前，我们认为，应当加快建立公正合理、平等互利的国际经济新秩序，加强国家之间、地区之间的经贸交流与合作，谋求各国的共同发展。中国作为发展中的大国，作为国际经济和政治事务中负责任的一员，将坚持并扩大对外开放，全面参与国际合作。我们同时也希望发达国家和世界性经贸组织提高对中国的开放程度，给予中国应有的公正待遇。

当今世界一个重大而深刻的变化，就是用协商、对话解决国际争端成为越来越多国家的共识和要求。这是人类正确总结历史经验的结果，也是人类自觉引导历史发展进程的能力不断增强的标示。20世纪无数大大小小的局部战争，特别是两次世界大战使各国人民蒙受了惨重的生命和财产损失。事实使越来越多的人要协商、要对话，不要战争、不要对抗。在这种情况下，个别国家领导迷恋和炫耀武力，加紧核军备竞赛的行径，是不合时宜不得人心的，不仅是对世界各国人民根本利益的损害，也是对本国人民发展经济、改善生活的损害，理所当然地遭到各国人民的强烈谴责，也导致本国人民的严重不满。

（摘自1998年5月21日会见西班牙首相阿斯纳尔时的谈话）

求同存异、平等互利是发展友好关系的重要条件

求同存异、平等互利是发展友好关系的重要条件，是各国人民的共同追求，也可以说是当代国际关系的基本准则。要重视求同。首先着眼共同点，扩大共同点。发展经济、改善生活是许多国家共同的任务，这方面可合作的事情很多。应该集中精力使大家意见一致，对各方有利的事情先办起来。要善于存异。承认差异，正视差异，在求同与合作中妥善处理差异。各国在历史背

景、文化传统、社会制度、宗教信仰和经济发展等方面都有自己的特点，这是正常的。正因如此，世界才变得丰富多彩，各国的交流和合作才成为必要。我们决不能把差异看成异端，也不能把自己的主张强加于人。要坚持平等。国家不分大小、贫富、强弱，都应平等相待，互相尊重，尊重对方的主权和领土完整，尊重对方根据本国国情作出的制度选择，尊重对方平等参与地区和国际事务的权利，不能以大欺小，以富压贫，以强凌弱。要注意互利。各国都有长处，在各项活动中应既谋求自己的利益，也考虑别人的利益，既善于利用别人的优势改变自己的劣势，又肯于发挥自己的长处弥补别人的不足，取长补短，共同发展。事实表明，不能求同存异，老想闹对立，不能平等互利，老想占便宜，世界就不能安宁，自己也会孤立。

中国正在致力于改革开放和现代化建设，不仅需要稳定的国内环境，也需要良好的国际环境。我们真诚希望与各个国家本着求同存异、平等互利的基本准则和睦相处，共同发展。

（摘自 1999 年 5 月 23 日会见埃及总统穆巴拉克时的谈话）

人类社会即将进入 21 世纪，和平与发展是当今时代的主题，经济优先成为影响国际关系发展的主要因素。在这种形势下，各国都十分重视并认真研究如何更好地融入国际社会，加强国际合作与交流。中国同样重视这个问题。我们认为，解决这个问题必须做多方面的工作，必须坚持国际社会公认的行为准则，特别是必须坚持平等互利、求同存异的原则。平等的原则，就是说国家不分大小、贫富、强弱，在政治上一律平等，尊重对方的主权，尊重对方的国情，尊重对方的传统，尊重对方人民的意愿和选择。互利的原则，就是说不论是发达国家还是发展中国家，在经贸合作中应当互惠互利，既谋求自己的利益，也考虑别人的利益，既善于利用别人的优势改变自己的劣势，又肯于发挥自己的长处弥补别人的不足，互通有无，取长补短，共同发展。求同的原则，就是说首先要着眼同，重视同，把一致的事情先做起来，在不断合作的过程中增进了解，加深理解，消除误解，达到谅解。各国都面临着发展经济、改善生活、壮大自己的任务，在这个大同的前提下，相互之间应当诚恳相待，协商对话，超越分歧，谋求共识。存异的原则，就是说各国之间都有差异，有些差异可以缩小或消除，对此我们应当满怀信心积极工作，但这要有一个过程，需要大度、容忍、耐心；有些差异不可能缩小和消除，大千世界万事万物不存在绝对相同，否定差异就否定了事物的特质特色。存在差异并不都是坏事，差异使世界丰富多彩，差异使交流与合作成为必需。平等互利、求同存异，是人类文明进步的结果，也是今后人类社会和平相处、继续发展的基础和追求。

（摘自1997年12月17日在澳大利亚总理霍华德为庆祝中澳建交25周年举行的招待会上的讲话）

增进了解，消除误解，加深理解，达到谅解

国与国相处，必须相互尊重，尊重对方的国情实际，尊重对方的历史传统，尊重对方人民的意愿和政治选择，只有尊重别人，才能得到别人的尊重。必须平等互利，互通有无，互利互惠，公平合理地处理双方利益关系，谋求共同发展，只有考虑到对方的利益，才能谈得上自己的利益。必须加强交流，多交往，多对话，以求增进了解，消除误解，加深理解，达到谅

解，只有经常沟通，才能增进共识。必须求同存异，承认世界的多样性，承认不同国家的经济利益、文化传统、价值取向的差异，彼此诚恳相待、平等相待、以礼相待，从中寻求共同利益和普遍遵循的原则，只有求同存异，才能不断地扩大同、减少异。

（摘自 1997 年 12 月 11 日在新西兰总理希普利举行的庆祝中新建交 25 周年招待会上的讲话）

长期以来，中国与包括赞比亚在内的非洲国家之间，关系一直很好。之所以如此，一个重要原因就是，我们双方都属于发展中国家，在国内面临着发展经济、改善生活的共同任务，在国际上对许多重大问题有相同或相近的看法，在各个领域的交往中能够始终彼此尊重、平等相待、相互理解、相互谅解。

理解、谅解是处理相互关系、搞好合作共事的重要条件。在现实生活中，人人都需要别人理解、谅解，人人都应当理解、谅解别人；希望别人理解、谅解，自己必须首先学会理解、谅解别人；不懂得理解、谅解别人，也常常得不到别人的理解、谅解。人与人之间是这样，国与国之间也是这样。由于各个国家在文化传统、历史背景、生活习惯、经济利益以及社会制度等诸多方面总是存在一些差异，各国都有各国的实际、各自的难题。彼此应当提倡大度耐心，提倡求同存异，提倡互谅互让，多设身处地为对方着想，多考虑长远的利益，相信许多问题当前解决不了将来总可以解决，我们这一代解决不了我们的后代总能够解决。只有这样，才能妥善地处置和化解彼此间的矛盾，达到和睦相处、和谐共存、共同发展的目的。

（摘自 2003 年 2 月 17 日会见赞比亚总统姆瓦纳瓦萨时的谈话）

平等待人、诚恳待人、宽厚待人、依理待人

中华民族有着优良的文化传统，对其中待人接物的部分，加以马克思主义的说明，赋予时代意义，在对外交往中或许有用。

一是平等待人。庄子说，“物无贵贱，平等无私”，韩愈说，“一视而同仁”。

尊重别人亦自重，不亢不卑要自然；

平和平易不平板，可信可亲不可辱；

对强国不低三下四，对弱国不盛气凌人；

对显贵不阿谀奉承，对平民不小瞧慢待。

二是诚恳待人。孟子说，“诚者，天之道也；思诚者，人之道也”。

襟怀坦坦荡荡，讲话实实在在；

赞扬人不华丽溢美，听意见要虚心认真；

策略灵活不世故圆滑，内外有别不故弄玄虚。

三是宽厚待人。孔子说，“宽则得众”。

求同真心实意，存异体谅包容；

一时分歧不争论，无伤大体不计较；

大智若愚，看似糊涂不真糊涂；

善解人意，设身处地考虑对方。

四是依理待人。苏轼说，“成事在理不在势”。

坚持原则不简单生硬，以理服人不强加于人；

驳谬误不急躁有理有据，讲主张不说教虚实结合；

遵守规矩不墨守陈规，待之以礼亦动之以情。

平等待人、诚恳待人、宽厚待人、依理待人四准则体现了中国人民的优秀品德，弘扬了中华民族的传统文化，对外有用，对内也适用。

（摘自1999年12月15日在出访亚洲三国总结会上的讲话）

十、加强精神文明建设

重视和加强精神文明建设

精神文明建设是建设有中国特色的社会主义的重要组成部分，是建设社会主义物质文明的重要保证。科学技术，现代化，这些东西哪个国家都讲，只有同时赋予社会主义精神文明这个内容，才能保证它的社会主义方向，才能真正为社会主义物质文明建设的发展提供精神动力和智力支持。所以，坚持和加强社会主义精神文明建设，关系到建设有中国特色的社会主义大业的兴衰成败。如果离开了社会主义精神文明建设，就根本谈不上建设有中国特色的社会主义。精神文明建设的内涵，包括思想道德建设和教育科学文化建设两个方面。它是渗透在整个物质文明建设之中，体现在经济、政治、文化、社会生活各个方面的。前年北戴河会议讨论物价改革的时候，我提了两个意见：第一是必须从政治上看问题，光从经济上看问题，中国的许多事情说不清楚；第二是必须发挥我们党的政治优势，不能光用经济手段。人是要有点精神的。许多问题光算经济账是算不清楚的，只有从政治角度看，通过加强思想政治教育、发挥党团员的先锋模范作用等政治的办法，把群众的精神振奋起来，把情绪理顺，才能很好地解决。共产党的一个传家宝，就是讲思想，讲精神，讲政治优势。

近年来，我们党在加强整个意识形态领域工作的过程中，有若干重要的提法，如反对资产阶级自由化，加强思想政治工作，一手抓“扫黄”，一手抓繁荣文艺，弘扬民族文化等等。可否考虑有一个带总的提法，就是加强社会主义精神文明建设。在这个总的口号下，指导和抓好整个意识形态领域的各项工作，有立有破，使各项工作有一个明确的方向、目标和落脚点。从三明的经验和福建的做法中，我也看到了这样一种思路。你们坚持两个文明一起抓，两个方面工作都比较顺，成效也大。希望你们认真总结经验，在这方面继续多下点功夫。

（摘自 1990 年 2 月 9 日听取福建省委工作汇报时的讲话）

经济上富强、政治上民主、精神上文明，是我们总的发展目标。这个目标已写进宪法和党章。精神文明建设可以为物质文明建设服务，是发展物质文明的重要条件。但是我们不能简单地把精神文明理解为就是为物质文明服务的手段、工具，更重要的是要看到它本身也是目标。各个民族、各个党派、各个行业、各项工作所追求的目标，都应当包含精神文明的内容。城市建设与精神文明的关系十分密切，对精神文明的建设和发展影响极大。一方面，城建的内容，城建的规划和设计，城建的技术和手段，建筑的艺术和风格，本身就是城市精神文明中不可或缺的组成部分。另一方面，城市建设为精神文明提供了物质基础，提供了硬件和载体，比如，医院、学校、公园、影剧院、图书馆、博物馆、体育馆、展览馆等，都是精神文明建设必不可少的基础设施，为精神文明的发展提供了条件。

城市，是社会经济、政治、科学文化集中的地方，是人类文明发展程度的一个标志。特别是大城市、中心城市，无论是在发达国家还是在我们这样的发展中国家，都是文明文化程度较高的地方，高等学府和科研机构林立，各种文化设施齐全，人民的文化修养和道德素质较高，思想观念较易于接受新事物。充分发挥中心城市的作用，不仅会加快经济发展，而且会促进科学教育和文化艺术事业的繁荣。斯大林在《苏联社会主义经济问题》一书中，讲到社会主义时期的大城市时指出："不仅大城市不会毁灭，并且还要出现新的大城市，它们是文化最发达的中心……这种情况将促进全国文化的繁荣。"因此，我们的城市建设必须坚持为物质和精神两个文明服务，两个文明一起抓，两种成果一起要。

城市建设中许多事都具有物质文明建设和精神文明建设两重性质。比如整修建筑、街道，修复文物古迹，建设公园、绿地和庭院式绿化小区等，究竟属于哪个文明？它作为城市的公共设施，为群众提供了各种物质服务，提供了各种方便，显然属于物质文明。但它为群众提供的优美环境，有利于陶冶情操，给人以奋发向上的精神力量，从这方面看，又属于精神文明。再比如，修建校舍，扩建医院，增设电视文艺台等，这既是人民生活急需，又是为精神文明建设创造物质基础。

（摘自1984年10月10日在天津市规划设计工作会议上的讲话）

今后的10年，是我们国家社会主义现代化建设至关重要的10年。这10年经济建设搞得如何，不仅是一个重大的经济问题，而且是一个重大的政治问题，乃至于直接关系到社会主义的前途和命运。大家知道，我们党曾明确提出，到2000年，国民生产总值以1980年为基数要翻两番，人民生活达到小康水平，综合国力进一步增强。今后10年的战略目标不只是一个数量问题，还有一个质量问题，不仅有一个物质文明建设问题，还有一个精神文明建设问题，比如说科学技术达到什么水平，社会文明达到什么程度等等。在向这个目标进军的道路上，我们会碰到许多困难和矛盾。不但要解决当前的经济困难和今后的经济发展问题，而且还要在这10年的过程中，通过改革进一步完善党的十一届三中全会以来摸索出的符合中国实际情况的建设社会主义的路子，为下一个世纪的继续发展奠定基础。我说这些，不是要我们这个会议来研究国民经济问题，而是说，在实现这样一个奋斗目标的过程中，我们在思想战线工作的同志要认清自己的地位和担负的任务。一方面要自觉地把经济建设放在中心地位，积极地为经济建设服务；另一方面，精神文明建设本身也要有一个明确的战略目标，有一个与经济发展相适应的或者说与经济目标相匹配的五年或十年规划。叫规划也行，叫设想也行，单写一本也行，列在国民经济和社会发展规划之中也行。我个人认为应该有这么一个东西，中央应该有，各省市、各地区也应该有。理由有四条：

第一，是物质文明建设的需要。在社会主义时期，物质文明建设为精神文明建设提供物质条件和实践经验；精神文明建设又为物质文明建设提供精神动力、智力支持，为它的正确发展方向提供有力的思想保证。可以断言，没有精神文明建设，社会主义的物质文明建设最终还是搞不上去。单就如何给改革开放和经济建设以更强有力的理论指导和支持来说，目前还有许多工作要做。比如，在社会主义公有制为主体的条件下，社会主义商品经济究竟怎么搞？计划经济与市场调节相结合，具体怎样结合？再比如说，一放就乱，一乱就收，一收就死的问题如何解决？这些都要从理论与实践的结合上加强研究，都需要有一个总体设想和安排。

第二，是精神文明建设本身的需要。精神文明建设既有软件也有硬件，许多建设内容必须有一个载体，必须有一些物质条件，必须有一定的经费支持。比如说，扩大电视、广播的覆盖率，发展和充实图书馆、文化馆、科学馆、少年宫等等，更不要说发展教育事业，发展科学研究，出版马列主义的重要著作和优秀学术著作，都是要花钱的事。刚才还有同志讲，弘扬民族优秀文化提得不错，但是有些较大规模的编纂项目，没有钱就实现不了。我过去讲过一个意见，凡是好的，我们提倡的书或戏，而经济上有困难，都要给予经济支持。怎么支持，支持什么，是钱是物，支持多少，5 年多少，10 年多少，都得有一个总体的计划安排，并纳入到经济和社会发展的总体计划之中，否则经费就没有来源。有些事没干好不是钱的问题，有些事没有干就是因为没钱。我看过故宫一个仓库，房子很破，但东西很多，几万件瓷器，有的是无价之宝，有的一件就值上百万元。故宫的同志说，要是发生大地震，就全报销了。看完之后，我非常感慨。可是修文物库房、修复古建筑是要花大钱的。我对文物局的同志说，你们写一个报告，共三条：第一条，请求中央拨款，一年增加 2 000万元；第二条，允许门票提价；第三条，如不批准，很难负责。我拿着这个报告又写了一封信，找有关领导同志商量，最后同意门票由五角钱提到三元钱。每年参观故宫的人大约 1 000 多万，一年就可增加 2 500 万元。有了这笔钱，故宫的修缮费就有了保证。陕西华清池是唐明皇、杨贵妃沐浴的地方，谁都说重要，可是原址挖出八年了没有整修，唐朝的木门，在水里泡着，风吹雨淋，寒冬酷暑，再过几年，就什么都没了。不修，主要是没有钱。我把建筑师找到一起，商量了一个意见，提了一个仿唐建筑的方案，他们说要 1 000 多万，我说二到三百万，国家文物局、国家旅游局、陕西省共同分担。前些时候我去看，修得很好，总共花了 300 多万。当前，我国资金比较紧，我们要体谅国家困难，要坚持艰苦奋斗、勤俭节约办一切事业的方针，但总还是要花一些钱。要有一个总体规划，有一个单子，就可以逐步实现。我在天津时，剧团没有地方排戏，没有地方演戏，我说你们规划一下，要做到一个剧团一个剧场，结果几年就补齐了。你没有一个规划，说要多少钱多少钱，很难办。

第三，是社会主义社会全面发展的需要。以马克思主义为指导的社会主义精神文明是社会主义社会的重要特征，是社会主义社会全面发展的应有之义。社会主义精神文明与物质文明，是相互联系又相对独立地存在着，精神文明本身就是我们的一个战略目标。这个目标包括思想道德建设和科学教育文化建设等非常广泛的内容。这些内容之间既有区别又有联系，既互相制约又互相促进，构成了精神文明建设的统一体。在社会主义社会的全部发展过程中，这个统一体与物质文明建设要做到相互渗透，相互影响，相互促进，必须有一个总体规划。例如要切实地把马克思主义的科学思想和社会主义的道德观念渗透到各个方面，渗透到社会的各个角落，让人们在为现代化事业和为工作目标奋斗的过程中，在实现个人爱好和个人追求的过程中，在高高兴兴、喜闻乐见的过程中，潜移默化地受到影响。这是一项重要、长期、复杂、艰巨的任务。在封建社会里，统治者为了宣传他们的道德，采取了许多办法，比如《三字经》、《千字文》、《道德经》、《女儿经》、《神童诗》、《治家格言》等等，搞得通俗易懂，妇幼皆知，乃至说书、唱戏等等宣传的都是它那一套。相比之下，我们的工作深度就差得多。我们从事社会主义和共产主义的思想、理论、道德宣传工作的队伍，可能是全世界最庞大的，我们是执政党，人、财、物、设施、阵地都在我们手里，只要我们有一个好的规划，并坚持不懈地抓下去，就完全能够做好这件事。

第四，也是进一步解决“一手硬、一手软”的需要。一个好的规划，既表明重视精神文明建设的态度，又表现对精神文明建设的认识程度，也是进行精神文明建设的重要依据。没有规划，也就没有目标和实现目标的措施，很难不犯“一手硬、一手软”的毛病。应当说，一年多来，“一手硬、一手软”的状况有了很大改变。在思想理论上，在社会环境上，在实际工作上，精神文明建设开始有了新的转机。在肯定成绩的同时，还要看到，从与今后十年再翻一番、达到小康水平的战略目标相适应来讲，从进一步解决“一手硬、一手软”的现实问题来讲，仍然存在着不少差距。有些事，如思想政治工作、党的建设、“扫黄”、除“六害”，即使我们已经做了，并且做得很有成绩，但从经济建设和精神文明建设的整体要求来看，仍然显得比较薄弱、比较零碎，存在着说得多、做得少的问题。要改变目前这个状况，如果没有一个总的本本，一个总体的、科学的、使人信服的本本，“一手硬、一手软”的问题，仍然难以从根本上得到解决，而且很难避免再出现反复。

以上四条说明，中央和地方都要有一个与经济建设规划相适应的精神文明建设规划，并纳入到经济和社会发展的总体规划中去。只有这样，精神文明建设的各项工作才能有计划地进行，才能落到实处，才能得到保证。

（摘自 1990 年 11 月 9 日同全国精神文明建设活动工作会议代表座谈时的讲话）

思想政治工作是
坚持唯物史观的应有之义

思想政治工作是坚持唯物史观的应有之义。马克思主义唯物史观认为，人类社会的历史是人民群众的历史，而不是神仙皇帝和少数英雄豪杰的历史。人民群众在创造历史的过程中，表现出强烈的历史主动性和主观能动性。马克思指出："自由自觉的活动恰恰就是人类的特征"。毛泽东同志说："思想等等是主观的东西，做或行动是主观见之于客观的东西，都是人类特殊的能动性。这种能动性，我们名之曰'自觉的能动性'，是人之所以区别于物的特点。"这种主观能动性的发挥是否正确以及程度如何，首先取决于人们对客观世界的科学认识。我们的思想政治工作，就是用人类历史上最先进、最科学的世界观、方法论去教育人、启发人，解决人的立场和思想问题，使人们从各种谬误和偏见中解放出来，不断提高认识和改造世界的能力。工人阶级从自在阶级变成自为阶级，人类从必然王国走向自由王国，这是一个伟大的实践过程，也是一个曲折的认识过程。在这个过程中，思想政治工作，马克思主义理论的灌输起着十分重要的作用。唯物史观还认为，推动历史发展的决定性动力是生产力，而人是生产力中最活跃的因素。这里所说的人，是指掌握一定的劳动技能、科学技术知识和具有一定的思想觉悟、道德修养的劳动者。而开掘人的潜能，提高人的素质，改造人的认识能力，激发人的创造热情，都离不开教育，离不开思想政治工作。实践表明，随着现代科学技术的进步，提高劳动者的科学文化素质和思想道德素质，对于促进生产力的发展，具有越来越重要的意义。在社会主义条件下，思想政治工作天地广阔，大有作为。由此可见，重视思想政治工作，就是重视人民群众在创造历史过程中的巨大主观能动作用，就是重视人的因素在发展生产力中的决定性作用。

思想政治工作是实现远大理想的必需条件。我们的远大理想是实现共产主义。共产主义社会既要求物质财富的极大丰富，也要求思想觉悟的极大提高。刘少奇同志说：在共产主义社会里，"人类都成为有高等文化程度和技术水平的、大公无私的、聪明的共产主义劳动者，人类中彼此充满了互相帮助、互相亲爱，没有尔虞我诈、互相损害、互相残杀和战争等等不合理的事情”。这段话清楚地告诉我们，高度的思想觉悟和道德修养，是共产主义社会的一个重要特征。为了达到这样的美好境界，我们从社会主义初级阶段起，就要在大力搞好经济建设、创造越来越丰富的物质财富的同时，高度重视加强社会主义精神文明建设，培养一代又一代有理想、有道德、有文化、有纪律的社会主义新人。而离开思想政治工作，精神文明建设的任务就要落空，物质文明建设也搞不上去，实现远大理想就会成为一句空话。实现共产主义远大理想，决不是一蹴而就的事情，必须经过一个很长的社会主义历史阶段。这个历史阶段是不可逾越的。在社会主义阶段，特别是社会主义初级阶段，旧社会遗留下来的痕迹不可能马上消除，旧思想、旧观念、旧习俗会纠缠人们的头脑；经济、文化的落后在很大程度上制约着人们思想道德水准的普遍提高，原始、愚昧、落后的东西会顽固地表现出来；改革所带来的利益调整，会在思想道德方面引起种种新的矛盾、困惑和追求；风云变幻、错综复杂的国际环境和国内一定范围的阶级斗争，对人们的思想会不断地产生种种冲击。克服旧思想、旧习俗，抵御内外侵袭和腐蚀，战胜各种冲击和挑战，消释困惑和疑问，所有这一切，都离不开强有力的思想政治工作。只有通过卓有成效的思想政治工作，处于社会主义历史阶段的人们才会在创造物质文明的同时，不断地向思想道德的新境界迈进。实现共产主义远大目标，需要许多代人长期不懈地艰苦奋斗，奋力开拓，无私奉献，必要时不惜牺牲自己的生命。在整个过程中，我们不可避免地会遇到许多曲折、挫折和困难，人们也不可避免地会产生这样或那样的思想问题，这就决定了思想政治工作必须伴随并贯穿于为共产主义理想奋斗的全过程。忽视、否定思想政治工作，就谈不上实现共产主义理想的伟大历史使命。

思想政治工作是贯彻党的基本路线的可靠保证。党的十三大确定的社会主义初级阶段的基本路线，是十一届三中全会以来全党和全国人民进行改革和建设的伟大实践的科学总结，是以邓小平同志关于建设有中国特色的社会主义理论为指导而作出的高度概括。四项基本原则是立国之本，改革开放是强国之路。能否坚定正确地坚持党的基本路线，关键在于正确地理解四项基本原则和改革开放这两个基本点的相互关系，在于自觉地把两个基本点有机地结合起来，贯彻到各项工作中去。而要做到这一点，不能没有相应的、强有力的思想政治工作。因此，离开了思想政治工作，就不能正确地认识党的基本路线，也不能坚定地执行党的基本路线。

思想政治工作是协调人际关系的基本方法。在社会主义社会中，最广大的社会成员的根本利益是一致的，在共同的理想、共同的目标、共同的道德要求下形成良好的人际关系，这是社会主义优越性的一个重要体现。但是，在社会主义社会中，也仍然存在着矛盾和差别。由于人们生活在不同的社会群体之中，其社会地位、实践经验、知识水平和认识能力等各不相同，对利益的追求，对事物的认识，包括兴趣、性格、习惯等在内的个性，都存在着许多差异，再加上人们对整体和他人情况了解的局限性，因此，在群体与群体、个人与群体以及人与人之间的关系中经常地、普遍地存在着大量矛盾。要及时地解决这些矛盾，保持社会的稳定和发展，就需要有组织地进行经常性的协调。还应当看到，在社会主义初级阶段，由于经济和文化不够发达，由于不同经济成分的存在，由于地区经济、政治、文化发展很不平衡，在人际关系方面出现的不协调现象还会相当广泛、突出和长久。协调人际关系，简单地用行政命令的方法不行，用强制压服的方法不行，只能用民主的说服的方法，互相沟通以达到互相理解的方法，从团结的愿望出发，经过批评与自我批评，达到新的团结的方法，也就是我们讲的思想政治工作的方法。没有相应的、强有力的思想政治工作，人与人之间就容易疙疙瘩瘩，整个社会就难以协调，我们的雄图大略就无法实现。

思想政治工作是凝聚全民族力量的重要途径。缺乏凝聚力的民族只会四分五裂，没有凝聚力的国家必然是一盘散沙。中国是一个有 56 个民族、11 亿人口的大国。在这样一个大国，不论是革命还是建设，都必须有全民族的团结，必须有全民族力量的凝聚。半殖民地、半封建的旧中国任人宰割的悲惨历史，原因是多方面的，其中一个重要原因就是没有凝聚成全民族的伟大力量。这种情况是由当时统治阶级反动和腐败造成的。我们现在是在建设社会主义的中国，在新的历史条件下，我们强调思想政治工作的重要性，其主要原因之一就在于培养和激励人们执著、深厚的爱国主义情感，提高人们的民族自尊心和自信心，就在于对人们进行马克思主义的教育、中国历史和国情的教育以及远大理想和目标的教育，把中华民族的爱国热情和建设有中国特色的社会主义的共同理想，融化和渗透到人民群众中去，使之成为全国人民的共同行为准则和道德规范，成为团结和激励人们奋发图强、开拓进取的精神支柱。

思想政治工作是社会主义企业的内在要求。我国的社会主义企业，首先是一个经济组织，发展生产力是它的根本任务。企业必须坚持以经济工作为中心，把职工组织起来，保证完成生产、经营任务。同时，社会主义企业又是建立在生产资料公有制基础上的企业，这是它同资本主义企业的根本区别。在社会主义企业里，只有切实加强思想政治工作，才能保证企业坚决贯彻执行党的各项方针政策和国家的法律、法令，保证企业坚持社会主义的性质和方向，保证工人阶级在企业中的主人翁地位，为企业的不断发展提供强大的动力。近几年来，一些企业的生产经营方向不端正，出现了一些损害国家利益、消费者利益、职工利益的不良现象，这与思想政治工作被削弱有直接关系，这个教训应当记取。我们的社会主义企业要在生产和社会实践中培育有理想、有道德、有文化、有纪律的职工队伍，担负起建设物质文明和精神文明的双重任务，也就是我们常讲的两个文明一起抓，两个任务一起下，两副担子一起挑，两个成果一起要。企业要完成这双重任务，加强思想政治工作是一项必不可少的措施。我国工人阶级是我们党的阶级基础，是国家的领导阶级，是社会主义现代化建设和全面改革的强大动力，也是维护社会稳定的中坚力量。工人阶级要真正担负起对国家前途和社会主义命运的重大责任，就必须在改造客观世界的同时，不断提高当家作主的自觉程度，提高参与管理企业和社会事务的能力。在这方面，思想政治工作有着不可替代的作用。

综上所述，我们对思想政治工作地位和作用的认识是建立在科学基础之上的。既然思想政治工作是坚持唯物史观的应有之义，是实现远大理想的必需条件，是贯彻党的基本路线的可靠保证，是协调人际关系的基本方法，是凝聚全民族力量的重要途径，是社会主义企业的内在要求，那么，任何削弱、否定、取消思想政治工作的观点和做法，都是错误的，都是有害的，都是不能允许和必须坚决反对的。

（摘自1990年5月18日在中国职工思想政治工作研究会第六次年会上的讲话）

改革的全面推行和不断深化，使人们增强了商品经济观念、民主政治观念和竞争观念。对外开放冲破了封闭状态，引进了世界的先进技术、管理经验和科学文化，拓宽了人们的视野。随着城乡文化结构的变化和物质生活的提高，人们思想活跃，民主意识增强，思文求知、爱美求乐的欲望更加强烈。在这种情况下，全民范围的思想道德建设和思想政治工作，必须适应政治生活、经济生活和社会生活的变化，适应人们思想观念和文化素质的变化，进行体制、内容和方法上的改革或改进。现在，思想政治工作正处在新旧体制交替和转变的时期，老的做法哪些应该继承，哪些应该改进；新的路子哪些已经成熟，哪些只是试验，都在探索之中。在这个探索和转变的过程中，特别需要各级党组织和政治工作部门、行政管理部门、科学教育部门、文化艺术部门、新闻出版部门共同努力，从活生生的现实生活出发，深入调查研究，认真总结经验，反复论证比较，努力创造各种有效形式和具体途径。几年来，我市各级党组织和政工干部进行了大量富有成效的工作，积累了一些新鲜经验，形成了一些新的思路，我们要继续推进这方面的工作。

（一）确立尊重人、理解人、关心人、爱护人的指导思想。马克思、恩格斯指出，共产主义者所向往的，是个人全面发展的社会。过去一个长时期里，在“左”的思想影响下，不适当地干预个人志趣和爱好，造成了消极影响。新时期的思想政治工作，必须树立这样一个指导原则：在宪法和法律的范围内，在不违反社会道德规范和公共行为准则的前提下，允许和鼓励个人的志向、爱好和追求，为个人发展提供必要的环境和条件。把尊重人、理解人、关心人、爱护人作为思想政治工作的基点，充分调动人们的积极性、主动性和创造性，尽可能地使更多的人高兴、满意，让各阶层的人都能在四化建设中发挥自己的聪明才智。

（二）推广寓教于乐、寓教于文、寓教于各种服务之中的活动方式。在社会主义社会中，人们的生活应该是多姿多彩的。不同阶层的社会成员其需要是分层次的，我们的工作方式也就应该分出层次，使思想政治工作具有更大的吸引力。我们要坚持马克思主义的思想教育，向人们灌输社会主义思想，但必须抛弃空洞乏味的党八股，必须抛弃简单生硬的方式方法。要用群众切身的经验和喜闻乐见的形式开展思想政治工作。把思想教育寓于娱乐之中，寓于文化知识的学习之中，寓于科学普及的活动之中，寓于各种形式的服务之中，通过丰富多彩的活动，使群众得到哲理的启迪、心灵的感染、情操的陶冶，进而帮助人们分清是非，提高觉悟，树立正确思想，升华精神境界。

（三）倡导民主平等、双向交流的工作方法。思想政治工作者要树立从平等地位出发、共同商讨问题的作风，破除教育者和被教育者之间的严格界限。通过真诚坦率、赤诚相见的交流、恳谈，形成一种彼此沟通、相互教育的良好环境和气氛，增进领导和群众、党员和非党员以及社会各阶层成员之间的理解和友谊，吸引更多的群众自觉地接受党的引导。党的十三大提出的建立社会协商对话制度，既是推进民主政治建设的一项重要措施，也是思想政治工作的一个有效方法。在加强和改进思想政治工作的过程中，要把协商对话制度长期坚持下去，并且同过去已有的谈心、家访、民主讨论、接待来访等形式配套运用。

（四）形成专兼结合，齐抓共管的新格局。思想政治工作只靠党委和专职政工干部是难以承担的，应该发挥各方面的作用，把管人、管事、管思想结合起来。在基层单位特别是企业，要尽快建立起以党政干部为主体，党、政、工、团和各个职能部门齐抓共管的思想政治工作网络。这就要求，各级行政干部必须学会抓业务工作和抓思想工作两套本领，不仅用行政指令和经济手段，而且用思想动员和思想教育去组织群众，完成各项任务。新时期的思想政治工作，是一个全社会的系统工程，重要的是组织起一支宏大的思想政治工作队伍。这支队伍应包括：各级党政领导和专职兼职政工干部，各类学校的教师，从事新闻出版、广播电视、文化艺术、理论研究工作的人员，科学普及工作者，各条战线的英雄模范人物等。要根据各自的优势，充分发挥各自的作用，通过开展多种形式的社会教育活动，把思想政治工作扩展到八小时以外，扩展到社会的各个领域中去。

（摘自1988年4月22日在中共天津市党代会上的讲话）

如何把我们所提倡的信仰、道德与现行的经济政策统一起来，是一个需要重视和研究的问题。有两段历史值得总结：一是“文化大革命”期间以及在此之前，把道德和政策混同起来，出现了平均主义、大锅饭，口号越叫越响，经济越搞越差。当时的情况我们都记得，什么都短缺，什么都凭票。二是党的十一届三中全会以后，邓小平同志提出改革开放、建设有中国特色社会主义的方针，使中国经济发生了很大变化，出现了从未有过的好局面。当然，在这个过程中我们也出现了偏差，主要是用政策代替道德，忽视和削弱了思想政治工作，拜金主义、利己主义、享乐主义思想在社会上乃至我们一些干部中抬头，社会丑恶现象沉渣泛起。深刻的教训使我们认识到，政策和道德互相代替是不对的，但使之对立也是有害的。比如，现在我们提倡奉献精神，但不能用奉献精神去批判按劳分配，不能去批评因劳动好挣钱多的人。相反，也不能因为实行按劳分配，就不提倡奉献精神、表扬道德高尚的人。所以必须研究道德和政策的统一，这是思想政治工作的一项重要任务。离开道德教育，人们没有远大理想和胸怀，国家也就没有什么希望。在道德教育方面，我们做得不如我们的祖宗好，我们的祖宗比我们强。他们把伦理道德渗透到生活与文化的各个方面。我们还没有形成这种局面。一说到思想教育，就是讲课、开会，没有采取群众喜闻乐见的方式，潜移默化的渗透不够。应努力把思想教育寓于娱乐之中，寓于个人的追求之中，这里面有许多值得深入研究的东西。

（摘自1990年6月4日会见莫斯科文化基金会访华团时的谈话）

百年大计，教育为本

（一）基础教育，包括学前教育、小学教育和中学教育，在我国教育事业中占有十分重要的地位。抓好基础教育尤其是九年义务教育，是今后一个时期内发展我国教育事业的“重中之重”。

基础教育是发展高等教育的奠基工程。实现现代化，需要大批科技人才和各个领域的高级人才。这些人才的培养主要靠高等教育，而高等教育的生源在基础教育。即使那些未能进入高等院校而自学成才的人，同样离不开基础教育阶段所掌握的知识和本领。根深才能叶茂，只有切实搞好基础教育，高等教育才有可靠的根基。

基础教育是提高劳动者素质的关键环节。根据我国的情况，接受基础教育之后能够进入高等学校的人总是少数。我国基础教育的主要任务是为各行各业培养合格的劳动者。劳动者是生产力中最基本的要素。没有较高素质的劳动者，任何先进的科学技术都不可能转化为现实生产力；一切行业劳动效率的提高，产品质量的保证，经济效益的增加，都难以实现。不论是从现实情况看，还是从长远观点看，决定我国国民经济和各项事业发展的一个根本因素，在于全体劳动者的素质。基础教育所传授的知识，既是每一个合格劳动者素质的内涵，也是他们进一步发展提高的起点。

基础教育是推动社会文明进步的基本条件。基础教育传授的科学文化和劳动技能，培育的思想道德和身心素质，都是社会文明进步的内容。基础教育阶段所掌握的知识，为进一步接受人类文明的成果提供了条件。基础教育的对象是儿童和青少年，这个时期所受的教育，影响人生观、世界观的形成，影响健全人格的形成，影响人的一生，进一步说，也就影响整个中华民族的素质。我们常说，培养“四有”新人，从幼小抓起，从根基抓起，就是从基础教育抓起。

基础教育是覆盖全社会的重要工作。在各级各类教育中，只有基础教育是全民性教育。特别是九年义务教育，是每一个公民都必须依法接受的教育。基础教育牵动着千家万户，受到全社会的重视。由于我国实行计划生育制度，独生子女在中小学生中已占有相当大比重，他们普遍成为家庭的关注中心，凝聚着家庭几代人的希望。对家长来说，学校办好了，孩子教好了，比什么都高兴。搞好基础教育，实际上已经成为全心全意为人民办实事的一项重要内容，对于密切党群关系、理顺群众情绪、维护社会稳定，具有特殊的意义和作用。

（二）这些年来，我国基础教育发展很快，取得了很大的成就。教育规模日益扩大，教学质量稳步提高，办学条件明显改善，教师队伍不断加强，教育改革逐步深化，这些都是有目共睹的。但是同两个文明建设的需要相比，我国基础教育仍然有较大差距，仍然面临许多亟待解决的困难和问题。

基础教育的任务非常繁重。我国需要接受基础教育的适龄人口数量居世界首位，没有完成义务教育的成年公民数量也非常惊人。全民平均受教育年限仅有 5.4 年。据 1990 年全国第四次人口普查，15 岁以上文盲有 1.8 亿，占同龄人口的 22.25%，其中青壮年文盲约 5 200 多万。尽管党和政府为扫盲进行了不懈努力，每年仍有成百万新生文盲涌入劳动者的行列。特别是近两年，不少地方中小学辍学率呈回升之势，使普及义务教育面临更加严峻的形势。

基础教育的经费十分困难。近些年来，我国基础教育经费有较大幅度的增长，但与基础教育发展的要求相比，仍然显得非常不够。我国教育经费在国民生产总值中所占比重，1993 年为 2.66％，人均只有 12.92 美元。这不仅比世界发达国家低得多，而且与发展中国家的平均 4.1％、人均 42 美元相比，也存在不小的差距。按照中央的要求，省级教育经费应占到财政支出的 20％以上，目前全国实际上达到这一标准的省仅有四个。问题还在于，这些本来不足的投入，绝大部分用于人员开支。据统计，1993 年我国预算内教育事业费普通中学用于人员部分达 82.81％，小学将近 90％，教学经费所剩无几。

基础教育教师的待遇仍然偏低。目前许多地方中小学教师特别是农村中小学教师的收入与许多行业相比，存在很大的差距。全国民办教师的月平均收入只有 80～100 元。在一些地方，拖欠教师工资的问题还没有根本解决。中小学教师的福利待遇也偏低，在住房、医疗、子女就业等方面都有很多困难。基础教育师资匮乏越来越令人担忧。

基础教育的教学内容、方法有待更新。目前，在我国中小学教育中存在不少值得认真研究解决的问题，教材内容有的陈旧，课程设置不尽合理；脱离多数学生将要就业的需要，片面追求升学率；教学方法不够科学，填鸭式、满堂灌、死记硬背等现象严重存在；中小学生学习负担过重，影响了德、智、体全面发展。

（三）发展基础教育是一项复杂的系统工程，必须从我国实际出发，必须全社会共同努力，必须在实践中不断探索，必须扎扎实实地工作，按照《中国教育改革和发展纲要》规定的目标，有计划有步骤地向前推进。

第一，领导要真正重视。基础教育实行地方负责，分级办学，分级管理，各级领导是否重视，关系极大。没有领导重视，就不能把基础教育工作摆上应有的位置，经常研究讨论；就不能采取有力措施，切实解决实际问题特别是优先安排教育经费问题。实践证明，只有领导特别是主要领导重视，才能带动逐级领导和有关部门的重视，形成上下左右齐心协力抓教育的局面。要认真组织学习邓小平同志的教育理论，努力提高各级领导对基础教育的认识，牢固树立“百年大计，教育为本”的指导思想。要大力宣传表彰那些重视教育、身体力行、卓有成效的领导干部，批评以至处理一些极端不负责任、空谈误教的官僚主义者，以分清功过，明辨是非。要把基础教育发展状况列入各级领导干部政绩的考核内容，作为评价、提拔、任用干部的一个重要标准。

第二，全社会要大力支持。人多是我国一大国情，许多问题由人多而产生，许多问题的解决也必须在人多上做文章。在我们这样一个经济不发达的大国办教育，不可能完全由政府包下来，必须依靠全社会共同努力。要坚持多种形式办学。在实行基础教育以地方政府兴办为主的同时，继续提倡和鼓励企业事业单位、社会团体、社区组织以及公民集体或个人举办各类学校。社会办学要严格遵守国家有关法律法规、方针政策，有关方面也要爱护社会办学的积极性，尊重其办学的自主权。要利用多种渠道筹资。继续动员和支持海内外各界人士为基础教育捐资助学，千方百计地把他们捐助的资金用好。大张旗鼓地宣传各种兴学支教义举，表彰热心教育的先进人物，使我国尊师重教的优良传统得以发扬，使社会支教活动形成风气、形成制度。这几年开展的“希望工程”、“春蕾计划”等活动，效果很好，要总结经验，推广创新。要加强各方面的配合。教育好下一代是学校、社会及家庭共同的责任。新闻出版、广播影视、文学艺术等部门要积极为青少年提供有益的精神食粮，为青少年的健康成长创造良好的社会环境。家长有责任有义务按照国家法律的要求，确保子女完成九年义务教育，并配合学校引导孩子健康发展。总之，社会各个方面要形成合力，共同承担起教育下一代的任务。

第三，教育工作者要艰苦奋斗。搞好基础教育，归根结底要靠教育工作者自身的努力。几十年来，广大教育工作者在艰苦的条件下，任劳任怨，呕心沥血，为教育事业的发展做出了巨大贡献。党和人民永远感谢他们。随着经济发展和社会进步，基础教育的办学条件会有所改善，教师的生活待遇也会逐步提高，但是困难和问题不是短时期内都能解决的。广大教育工作者要树立远大理想，以从事教师工作为荣，为着民族的振兴，为着祖国的未来，不怕艰难，安贫乐道，把毕生精力献给教书育人的神圣事业；要提倡勤俭办学，挖掘潜力，创造条件，把学校办好，把学生教好；要发扬敬业精神，坚持“三个面向”，加强政治修养，刻苦钻研业务，不断改革教学内容和教学方法，培育出适合现代化需要的“四有”新人。

第四，工作要狠抓落实。邓小平同志在 1985 年 5 月全国教育工作会议上曾经指出，搞好教育工作，必须“少讲空话、多办实事”，必须转变“那种只靠发指示、说空话过日子的坏作风”。当前，有些地方官僚主义严重，形式主义泛滥，空话、套话、假话盛行，会议、文件、应酬成灾，影响了干群关系，贻误了许多工作。基础教育存在的问题既多又难，只有经常抓、具体抓、反复抓，才能解决。我们必须转变作风，切实做到小平同志所要求的“扎扎实实地抓”，“抓紧、抓好”。

（摘自 1995 年 1 月 14 日在政协第八届全国委员会常务委员会第九次会议上的讲话）

学习和掌握科技知识

从根本的意义讲，我们的一切领导都是为了实现社会主义现代化目标的领导。我们的领导干部，所在单位不同，工作的条件不同，工作的内容和范围也不同，但都是为四化建设服务的。四个现代化关键是科技的现代化。工业的现代化、农业的现代化、国防的现代化，都取决于现代科学技术的运用和发展。因此，不管从事哪一方面工作的领导，如果不学习一点自然科学知识，不了解当前世界科技特别是高科技的发展动向及其对国家政治、经济和社会生活各个领域的广泛而深刻的影响，就无法使自己负责的工作正确、有效地围绕四化建设来进行。当然，不能要求大家都像科技工作者那样学得很专，钻得很深，但是做到对一般科技知识和科技发展大趋势有所了解，对与自己工作有关的主要学科有所研究，是必要的，也是能办到的。

就一般情况来说，领导者对科技的认识和态度极大地影响着群众。在我们国家，如果不能在群众中、在全社会形成尊重知识、尊重人才、注重科技、推动科技进步的良好风气，就不能真正做到把经济建设进一步转移到依靠科技进步和提高劳动者素质的轨道上来，就不能很好地完成“八五”计划和十年规划提出的各项任务。增强全党、全民的科技意识，把“科学技术是第一生产力”的思想贯彻到各方面工作中去，需要作多方面的努力，需要领导者做大量的、艰苦细致的工作。如果领导干部不懂得一点自然科学知识，不了解一些当代科技发展趋势，就不可能下大力量去做这些工作，也不知道应该怎样去做这些工作，因而也就不可能把中央提出的发展科技的方针、政策、措施同自己工作的实际情况很好地结合起来，并使之落到实处。

实行决策的科学化和领导方式的现代化，是中央的号召、群众的呼声，也是历史发展的必然趋势。我们党在长期的革命战争和过去的经济建设中形成了许多好的领导方式和工作方法，这是我们的宝贵财富。但必须看到，要适应当前现代化建设的新的形势和任务的需要，还必须尽可能地采取一些现代化的领导方式和科技手段。领导就要决策，而决策必须有科学论证；领导就是服务，而服务就必须及时、准确、全面地掌握信息；领导工作必须正确、高效，而正确、高效就必须有好的工作方法。要做到这些，领导者不但要掌握马克思主义基本原理，还要学习和了解一定的现代科技知识，学会一些依靠科技知识、运用科技手段进行领导的方法。

学习和掌握科技知识，有利于学习和理解马克思主义基本原理。马克思主义的产生和发展，同科学技术的发展是密切相关的。马克思主义创始人都十分重视并善于从科技成果中吸取知识和力量。为了著作《资本论》，马克思对技术史进行了系统的研究，写了好多本笔记。为了著作《反杜林论》和《自然辩证法》来系统地阐明辩证唯物主义学说，恩格斯用了多年时间精心研究自然科学。马克思、恩格斯对由远距离输电实验所预示的第二次技术革命的萌芽对社会主义运动的意义给予高度评价，并进行了热情的讨论。现在世界科技进步一日千里，对人类社会影响的广度和深度大大超过以往任何时代。今天的马克思主义者应该更加重视科学技术的发展，善于从当代最新科技成果中汲取思想养料。只有这样，才能正确地运用马克思主义，对错综复杂的形势作出正确判断；才能完整、准确地贯彻党的“一个中心、两个基本点”的基本路线，保证建设有中国特色社会主义的顺利进行；才能使马克思主义理论不断获得新的内容，在坚持基本原理的基础上得到新的发展。

最后，让我念一段毛主席的讲话，作为这篇短话的结束语。毛主席说："只要我们更多地懂得马克思列宁主义，更多地懂得自然科学，一句话，更多地懂得客观世界的规律，少犯主观主义错误，我们的革命工作和建设工作，是一定能够达到目的的。"

（摘自1991年11月5日在九十年代科技发展与中国现代化系列讲座开幕式上的讲话）

高度重视对社会科学的研究

我们党有重视思想理论、重视社会科学的优良传统。我们说毛泽东思想、邓小平理论是党和人民集体智慧的结晶，这中间就包含了众多社会科学研究工作者的智慧在内。近二十年来在邓小平理论指导下，我国社会主义现代化建设和改革开放的巨大成就，与社会科学的研究及其成果在实际生活中发挥作用是有密切关系的。为此应当对广大的社会科学工作者表示敬意。但是也应当看到，我国社会科学工作的现状还不能适应新的历史时期的需要，社会科学工作者的素质也亟待提高。我觉得，对于自然科学落后给建设事业带来的损害，人们比较容易警觉，而对于社会科学落后带来的损害，则往往不大为人们所重视。在这方面我们要多做宣传工作。我们正在隆重纪念党的十一届三中全会召开二十周年，明年又将迎来中华人民共和国诞生五十周年庆典。经过这半个世纪，特别是近二十年的努力，我们已经逐步学会根据我国国情来建设社会主义，在这方面积累了许多宝贵的经验，而随着改革的攻坚和深入，又有许多新问题新困难出现，人们的思想观念又有许多新变化。在不断扩大的对外开放中，对于复杂多变的世界形势，各种类型国家建设的长处和短处，我国同它们相互关系的发展，对于人类创造的一切有益的文明成果的吸收，对于我们民族优秀文化遗产的保护和发扬，对于马克思主义在当代中国和世界的发展，所有这些，都要求我们的社会科学进行研究，作出科学的总结，取得创造性的成果。这是时代和人民赋予广大社会科学工作者的历史使命。我们有许多很有造诣的党内党外的老学者，他们有严谨的治学精神和治学方法，有深厚的学识和成就。我们也有许多中青年的党内党外的研究工作者，他们思想活跃，勇于进取，精力充沛，大有作为。我们希望老学者们在治学上作好对年轻人的传帮带，使学术薪火能够代代相传。年轻人要善于学习和继承前一代人的积极成果，并力求超过前人。

（摘自1998年12月22日在《胡绳全书》出版座谈会上的讲话）

理论上搞不清楚，行动上必然产生盲目性。我们在一些事情上如果出问题，未必是在自然科学上，很可能出在社会科学上。从思想政治工作来讲，现在常常由于有些理论上的问题说不清楚，或者理论和实践不统一，给工作造成很多困难。现在有些人，荒唐的东西他相信，正确的话他却听不进去。你给他讲理想，他说是空想；你给他讲信仰，他说是迷信；你给他讲长远，他说看不见。这都说明，人们缺少一个统一的思想上、精神上的依靠与寄托。我认为，这不仅是思想政治工作的课题，而且是整个改革的课题。

（摘自1988年5月为《文化采珍》一书所作的序）

我赞成加强对社会科学特别是对社会主义理论问题的研究。近年来国际上发生了那么多事情，而且许多发生在社会主义国家，我们理所当然地要关心、要研究。要通过客观、全面的研究，做到心中有数，确定我们应该做什么和怎么做，从而使我们的方针、政策符合发展、变化了的实际情况。所以，这种理论研究不仅迫切需要，而且要跟上进度。

必须创造一个好的研究环境。研究的过程是探索的过程，坚持实事求是的过程。它需要将大量的实际材料，在马克思主义原理的指导下，去粗取精，去伪存真，由此及彼，由表及里，进行一番改造制作。在这个过程中，难免有不同的意见，有错误的看法。如果不允许人们发表一些不正确的意见、看法，等于不叫人发表意见，也就没有真正的科学研究。1984 年我在天津讲过，中国将来出问题可能还是出在社会科学方面。我当时讲这话的意思，不但是要强调社会科学的重要，也包括如何进行社会科学研究，为社会科学研究创造一个好的环境。

最近会见外宾时，他们经常提出社会主义的前途问题。我说，对我们来讲，在任何情况下，一切对共产党领导和社会主义制度怀疑、动摇的言行，都是十分错误、极其有害和非常危险的，是需要特别警惕的。但这决不是说不注意当代国际共产主义运动中出现的新情况新问题。中国能有今天这样一个好的局面，主要就是因为我们在克服旧体制的弊端，完善社会主义制度方面，作了成功的尝试，进行了十年改革开放。应当肯定，社会主义制度具有极大的优越性，是能够得到广大人民群众拥护的。对社会主义发生动摇、怀疑的人是极少数。但社会主义制度也必须不断完善。根据这个理由，我们必须鼓励大家畅所欲言。要善于听取不同意见。我们领导者，在工作中常常碰到两种人：一种是顺着捧的，一种是顶着干的。一般来说，对顶着干的，我们比较注意；对顺着捧的，我们则常常上当吃亏。不信可以回头想想看。我们是执政党，有如此庞大的社会科学队伍，花这么多的钱研究社会科学，应当形成一套研究的规矩。邓小平同志早就说过，要认真总结经验，去年又讲了要冷静地考虑过去，冷静地考虑未来。总结经验也是研究工作，做好研究就要有适宜的环境和正确的方法。

决策必须建立在研究的基础之上。决策特别是方针、政策的制定，重大问题的决断，阶段性的重大工作的部署，应该以科学研究的结论为根据，是科学研究成果的转化。我们的一些决策，往往缺乏科学的程序，缺乏科学的研究基础。研究部门应该先研究，根据研究的结果提出建议，然后提交决策机构考虑；而不是领导先作决定，然后由研究工作者来阐述、注解、圆场。我们决策时不能临时叫来几个人随便说说，说了就作决定，这样的草率决定还能指望不出问题？哪有这样的神仙！所以，研究对决策具有重大意义，研究必须作为决策程序中的第一道工序。

总起来说，理论研究是非常重要的，搞好研究工作必须有一个好的环境，必须详细占有材料，必须以马克思主义原理为指导，必须坚持实事求是。这样的研究才有意义。

（摘自1990年12月13日在社会主义理论问题研究座谈会上的讲话）

弘扬民族优秀文化

中华民族文化是一个丰富博大的有机整体，既包括汉民族的文化，也包括各少数民族的文化；既包括悠久的古代文化，也包括近代和现代文化。中华民族文化在世界文明史上占有极其重要的地位。它有以下几个显著特点：

一是源远流长。我国是世界上经济、文化发展最早的国家之一，有记载的历史长达五千年之久。我国人民依靠自己的勤劳和智慧，很早就有了发达的农业和手工业。许多重要的农作物都是中华民族的先民最早从野生植物培育而成的，在公元6世纪就有了完整的农耕理论著述。在春秋时期就炼出了生铁，早于欧洲很多年。我们的祖先有举世闻名的造纸、印刷术、指南针、火药四大发明，并且是第一个将指南针用于航海的国家。在观天测地方面，我们的祖先也创造过奇迹。我国至今还保留着世界上最早最丰富的古代天象记录资料，在春秋时期就发现并记录了后来以哈雷命名的彗星，早在战国时期就编制出了恒星表。在公元132年我国就发明了地震仪，开始了人类使用仪器观测地震的历史。我们的祖先不仅在认识和改造大自然的过程中曾经遥遥领先于世界，而且在文化思想领域也有许多成就居于世界前列。早在周朝，我国便产生了文学巨著《诗经》。中国的戏曲艺术也有悠久的历史，从古代歌舞发展起来的戏曲——元杂剧是中国古典戏曲的高峰。著名的剧作家关汉卿活动的时代比世界著名的英国戏剧家莎士比亚要早三百年。

二是博大精深。中华民族的传统文化内容极其丰富，不仅包括政治、经济、文化、军事、史学、教育、哲学、道德、宗教等方面的理论、思想，还包括科技成就、文艺创作、文物古迹和民风民俗等等。在上述许多领域，我们的祖先都曾分别达到过当时世界水平的巅峰。我国的文学艺术，就其作品的丰富、成就的辉煌和名家的众多来说，在世界文学史上占有突出地位。以诗歌为例，继《诗经》、楚辞之后，汉乐府、唐诗、宋词、元曲，递相继承又有创新。就小说而论，《三国演义》、《西游记》、《水浒》、《红楼梦》、《聊斋志异》等文学巨著更是闻名世界。我国古代的美术，不仅有《韩熙载夜宴图》、《清明上河图》这样的杰作和诸多画派名家留下的大量艺术珍品，还有敦煌、云冈、龙门、麦积山四大石窟和秦陵兵马俑这样堪称世界奇观的地上地下的绘画雕塑宝藏。我国古代的学术，诸子百家，经史子集，经过千百年的繁衍和发展，有些已形成了完备的体系，其中尽管有一些封建性的糟粕，但也有许多值得吸取的精华。

三是影响深远。我们的民族文化是随着中华民族的发展而发展起来的，它对于中华民族的形成、繁衍、统一、稳定和自立于世界民族之林，都起了不可取代的巨大作用，有着超越时代的深远影响。而刻苦耐劳、酷爱自由、不畏强暴、英勇奋斗、从不屈服于外来压迫的民族精神，正是中华民族优秀文化传统的集中体现。在漫长的岁月中，我们的民族屡经曲折磨难，甚至几临倾覆厄运，却一次再一次地衰而复兴，蹶而复振，转危为安，巍然屹立。在当今世界上，凡是中华儿女，不管走到什么地方，只要他良知未泯，都不能不为辉煌灿烂的中华民族文化而感到骄傲。

中华民族文化对于人类的进步和发展产生了广泛深远的影响。我国古代的四大发明对于人类文明的贡献自不待言，若干领域的学术思想成就也丰富了世界思想文化宝库。中国古代的辩证法、教育思想、军事理论等，在当今的世界上仍然具有不衰的魅力。

总之，我们的祖先给我们留下了一份极其丰厚、极其珍贵的文化宝藏。我们要为后代留下点什么？这的确是个严肃的问题。我们应该珍惜、保护和发掘中华民族的优秀文化遗产，并在继承的基础上，有所创造，有所前进。在新时期，我们就是要在邓小平同志建设有中国特色的社会主义理论的指导下，在推进改革开放和经济建设的同时，努力建设有中国特色的社会主义新文化。现实是历史的发展，是历史长河的一定阶段。现代文明无一不是在已有的物质和文化基础上建立起来的。因此，建设有中国特色的社会主义新文化，一定要植根于中华民族文化的深厚土壤，深入地研究中国的历史文化，弘扬中华民族文化的优秀传统。我们相信，只要我们明确方向，坚定信心，团结奋斗，经过坚持不懈的努力，随着我国社会主义经济、政治的发展，就一定能够发扬光大中华民族文化的优秀传统，建设起无愧于先人和当今时代的有中国特色的社会主义新文化。

（摘自1990年1月10日在全国文化艺术工作情况交流座谈会上的讲话）

在当今世界上，凡是华夏儿女，不管走到什么地方，只要他良知未泯，都不能不为辉煌灿烂的中华民族文化感到骄傲。更好地使人类这一文化宝藏发扬光大，为建设四化、振兴中华服务，是我们义不容辞的历史责任。

不管什么人，要想在中国这块土地上做一些有益于人民、有益于民族、有益于历史进步的重大事情，就必须深入了解和研究中华民族历史文化。早在几十年前，毛泽东同志就号召我们在学习马列主义、了解中国现状的同时，要学习、研究中国历史和中华民族文化。毛泽东同志是运用马克思主义立场、观点、方法研究和利用中华民族优秀文化的光辉典范。

弘扬民族优秀文化，是实现第二步战略目标的现实需要，也是建设有中国特色社会主义的重要内容。它有利于振奋民族精神，凝聚各族人民的力量和智能；有利于加深海内外华夏儿女的相互理解，增强中华民族的向心力。我们要尽最大力量，扎扎实实地、一件一件地把这项具有重大意义的工作做好。

弘扬民族优秀文化，绝不意味着排斥外来文化，也不意味着“食古不化”。在改革开放的今天，我们吸收外来文化的气魄应该更大一点。不管是本国的，还是外国的，不管是古代的，还是近现代的，凡属人类创造的积极的文明成果，我们都要善于分析、鉴别、选择和吸收，以达到“古为今用”、“洋为中用”的目的。

（摘自1991年5月10日在中华炎黄文化研究会成立大会上的讲话）

要珍惜和弘扬中华民族的优秀文化传统。继承和发展，首先是继承，没有继承，就没有发展。只有继承了我们民族文化的优秀传统，才能建设社会主义文化。要反对民族虚无主义。应该明白：越是民族的东西，越能走向世界。外国人批评我们许多地方不足，但他们很尊重我们民族的优秀文化传统。

（摘自1989年10月23日出席梅兰芳塑像揭幕仪式时的谈话）

对待民族文化要“推陈出新”、“古为今用”

弘扬民族文化的优秀传统，并不是要搞复古主义。历史文化都是一定时代的产物。同任何事物一样，中华民族的文化遗产也具有两重性。建立在小农生产基础上的封建文化的狭隘性和保守性，诸如鄙视劳动、宗法观念、家长作风、因循守旧、封建迷信、男尊女卑等等，曾经是导致我国社会长期停滞的思想根源之一。因此，对历史文化遗产绝不应不分良莠，兼收并蓄，而应当批判地继承，吸取其精华，剔除其糟粕。我们弘扬民族文化的根本目的，是要推陈出新，古为今用，是为了向前看，而不是向后看。

对待民族文化遗产，必须采取历史唯物主义的态度，就其所处的历史条件去分析它进步与否，而不能用今天的标准苛求历史和前人。苛求势必导致历史虚无主义。文化遗产具有相对的稳定性，它的许多方面并不是为某一个阶级、某一个时代所独有的，也不只是为某一个阶级、某一个时代所专用的。我们既要看到文化遗产的阶级性、时代性，又要重视它的继承性、借鉴性。我们的先辈在治理国家、修养品德、成就事业等方面，为我们留下了大量可资借鉴的宝贵经验，他们提出的许多警句格言，至今仍然闪烁着哲理的光辉，其中有些东西一旦赋予新意，便可成为社会主义精神文明的组成部分。

（摘自 1990 年 1 月 10 日在全国文化艺术工作情况交流座谈会上的讲话）

优秀的文化遗产作为人类认识和改造世界的共同成果，决定了它具有相对的稳定性。也就是说，不但物质文明，而且精神文明的许多方面，不是某一个阶级所独有的，而是经过不同阶级世世代代的努力共同创造的成果；它也不是只为某一个社会形态服务的，而是可以为各个不同的社会形态服务的。因此，我们既要看到历史文化遗产的阶级性，又要重视它的继承性和借鉴性。中国历史上下五千年，历代王朝交相更替，阶级关系不断变化，但人们在改造自然、治理国家、提高自身素质等方面，积累了许多共同的精神财富，是不同时代、不同阶级的人都可以接受、利用和借鉴的。且不说中国兵、农、医、艺的实用的文化，诗骚曲赋的文学精粹，民谚俚俗的熠熠智慧，即使在治理国家、安定社会、修养品德、成就事业等方面，我们的先辈所提出的许多至理名言，都使后人受益无穷。诸如“正奇互补”、“乱极而治”的朴素哲理，“民为贵”、“天下为公”的民本思想，“魂系中华”、“爱国如饥渴”的民族正气，“先天下之忧而忧，后天下之乐而乐”的政治抱负，砥砺品学、上下求索的进取精神等，即使在今天也仍然闪耀着光辉，其中有些东西一旦赋予新意，便可成为社会主义精神文明的组成部分。把所有的历史文明简单地贴上阶级的标签，并拒绝继承、借鉴，不是马克思主义对待传统文化的正确态度。

要继承、借鉴好中华民族的文化遗产，就要在广征博采的基础上，廓清历史文化发展的脉络，赋予其应有的历史地位，并运用马克思主义的方法加以批判地总结，取其精华，剔其糟粕，鉴往而知来，更好地为现实服务。对古文化遗产抱残守缺、照搬照抄，是不可取的；而妄自菲薄，数典忘祖，采取历史虚无主义态度，把我国悠久的文化斥之为历史“积淀”，视为沉重的“负担”，更是极其有害的。时至今日，许多东西方发达国家都在用很大的精力研究中国文化。相比之下，我们对中国古籍的研究与发掘，倒显得不是多了而是太少了，不是深了而是很浅。这是值得我们认真思考的。

（摘自1989年6月为《中国历代文献精粹大典》所撰的序言）

现实是人类发展历史长河中的一个阶段。现代文明是人类社会创造的全部知识合乎规律的发展结果。事实证明，许多文明成果，尽管在其开始创造出来的时候，由于历史条件的限制，往往只能在局部地区和特定事物上发生作用，人们还不能全部认识其固有的意义。但随着社会经济的发展，在新的历史条件下，它们会不断汇进世界文明的宝库，逐渐成为人类共享的精神财富。就一个国家、一个地区来说，要想使自己不落后，要想使自己尽快地发展，就必须善于吸收和借鉴人类创造的一切文明成果。这个“人类”，应该是既包括古代人，也包括外国人。这就是人们常说的人类文明在纵向上具有继承性，在横向上具有借鉴性。如果忽视人类文明这种超越时空的特点，借口它是某一个阶段、某一个国家、某一种社会制度所独有的而简单地加以排斥，那就不是历史唯物主义的观点，是要走弯路，要吃亏的。道理很简单，在科技高度发达的今天，即使一个十分聪明的人，如果不吸收已有的知识而事事都由自己去从头摸索，那恐怕连我们现在会场上使用的麦克风也造不出来，这就是为什么我们要强调大胆吸收和借鉴外国的包括资本主义国家的一切先进文明成果。

（摘自 1992 年 4 月 8 日与第三届孙子兵法国际研讨会部分中外代表座谈时的讲话）

中华民族传统文化源远流长，博大精深，对于中华民族的形成、繁衍、统一及其自立于世界民族之林，起到了不可估量的作用，对于人类文明的进步和发展，也产生了极其深远的影响。作为华夏子孙，我们既感到骄傲自豪，也感到责任重大，我们必须把祖先留下的这一极其丰厚、极其宝贵的文化遗产保护好、整理好、继承好，并在此基础上有所创造、有所前进。按照马克思主义的观点，文化具有继承性和借鉴性，它的许多内容并不是为某一个阶级、某一个时代所特有，也不只是为某一个阶级、某一个时代所专用。中华民族传统文化所包含的政治、经济、文艺、军事、哲学、道德等方面的理论和思想，在许多方面都反映了事物的客观规律，具有超越时空的意义，可以为我们所借鉴、利用。特别是其中关于改造自然、经邦济世、修身养性、成就事业等方面的警句格言，一旦赋予新意，便可以为现实服务。比如“实事求是”一词，最早出自近两千年前的《汉书·河间献王传》，原意是真诚地依据事实，探求古书真义。毛泽东同志加以新的阐发，把“实事”作为客观存在的事物，把“是”看做客观事物的规律，把“求”当作研究、探索。新解后的“实事求是”，已经成为马克思主义认识论最中国化的概括，也是毛泽东思想和邓小平理论的精髓。又比如“天人合一”一词，我们过去只是片面地把它当成一种唯心的、主观的东西加以理解，现在我们能体会到其中更为丰富的含义，认识到人在改造大自然的同时又必须与之亲契合一，与万事万物和谐共存。科学阐释“天人合一”的内涵，就有助于人们提高保护自然环境的意识，自觉坚持走可持续发展之路。

（摘自 2002 年 5 月 9 日在《续修四库全书》出版座谈会上的讲话）

借鉴和吸收外来文化，“洋为中用”

人类知识有两大特性，一个是纵向的继承性，一个是横向的借鉴性。纵向讲继承，就是毛主席讲的从孔夫子到孙中山都要研究，好的都要继承；横向讲借鉴，就是别人的经验，包括现在资本主义国家好的东西，都要借鉴。简单地否定别人的包括资本主义在内的一切先进成果，或者绝对地肯定我们过去所奉行的一切东西，都是不正确的。

（摘自 1992 年 4 月 22 日听取山东潍坊市委、市政府负责同志工作汇报时的讲话）

实践证明，一个民族，只有敢于并善于大胆地吸收外来文化成果，不断为自己注入新的活力，才能保持蓬勃生机。如果固步自封，墨守成规，拒绝与其他文明交流，拒绝接受外来的有益的东西，结果只能是走向停滞和落后。中华文化几千年来之所以能够生生不息、连绵不断，得益于国内各民族相互砥砺、相互渗透，也得益于同各国相互学习、相互交流。即使到了近代，中华民族饱受外来侵略和欺凌，中国的仁人志士仍然竭力从西方先进思想文化中汲取营养，寻找救国救民之道。改革开放以来，中国人民按照邓小平提出的“大胆吸收和借鉴人类社会创造的一切文明成果”，努力向各国人民学习，学习先进技术和管理经验，学习一切有利于中国现代化建设的东西。

（摘自1998年5月18日会见意大利总理普罗迪时的谈话）

随着我国实行对外开放政策，对外交流日益频繁，我们要吸收外国的一切有益的东西，做到“洋为中用”。但外国的东西只有经过消化吸收，和我们的民族特点相结合，才能成为自己的东西，真正为我所用。歌德说过，民族性就是世界性。越是民族性强的东西，不仅越受本国人民的欢迎，也越能走向世界，跻身于世界先进文化之林。我国的文化艺术有着光荣的传统，我们应该自信、自爱、自重、自强。

（摘自1986年6月《齐心合力，繁荣文艺》一文）

积极地借鉴、吸收外来文化中一切对我有用的东西，是促进民族文化发展的一个重要条件。在我国历史上，汉、唐时代既是吸收外来文化最为积极最有气魄的时代，同时也是民族主体意识高扬、民族文化蓬勃发展的时代。“五四”以来，以鲁迅、郭沫若、茅盾、老舍为代表的革命作家和进步作家，都最善于借鉴、吸收外来文化，同时又都对民族文化的发展做出了卓越贡献。在社会主义条件下，在改革开放的今天，我们吸收外来文化的气魄应该更大一点，更要有世界眼光。不管是资本主义国家的还是社会主义国家的，不管是第三世界的还是发达国家的，不管是古代的还是近代、现代的，凡是人类创造的积极的精神财富，凡属人类文明发展的新成果，凡属世界各民族创造的优秀艺术表现形式，我们都要积极地了解、介绍、学习、借鉴。

吸收、借鉴外来文化的目的不是用它来取代本民族的文化，而是为了丰富和发展本民族的文化。因此，借鉴外来文化必须立足于本民族的实践，从思想内容到艺术形式，都要根据促进社会主义现代化建设和发展我国民族文化的需要加以检验和考察，用马克思主义的立场、观点和方法加以分析、鉴别、选择和改造，做到“洋为中用”。把我们民族的优秀传统弘扬起来，使我们的文化具有深厚的民族基础，才会增强我们吸收外来文化的能力。

（摘自1990年1月10日在全国文化艺术工作情况交流座谈会上的讲话）

建设有中国特色社会主义新文化

邓小平同志提出的关于建设有中国特色的社会主义的基本理论，是毛泽东思想的新发展，是指导我们建设社会主义现代化强大国家的锐利武器。毛泽东同志在《新民主主义论》中说，我们共产党人，一切奋斗的目标，在于建设一个中华民族的新社会和新国家，在这个新社会和新国家中，不但有新政治、新经济，而且有新文化。同样地，建设有中国特色的社会主义，不但要建设有中国特色的社会主义的政治和经济，而且要建设有中国特色的社会主义的文化。

一定的文化（作为观念形态的文化）是一定的政治和经济的反映，又给予伟大影响和作用于一定社会的政治和经济；而经济是基础，政治则是经济的集中的表现。我们讨论中国文化问题，不能忘记这个马克思主义的基本观点。有中国特色的社会主义新文化，即我们的民族形式与社会主义内容相结合的新文化，就其本质和主体上说，它应该是符合中国国情的，表现社会主义的时代生活和时代风貌，揭示现实社会关系的本质和历史发展趋势的，应该是体现社会主义的时代精神的。这种新文化必然是以有中国特色的社会主义的政治和经济为根据的，反转过来又给予政治、经济以伟大的影响和作用。如果不能建成这种新文化，建设有中国特色的社会主义的历史任务就不可能真正完成。

列宁说过："无产阶级文化并不是从天上掉下来的，也不是那些自命为无产阶级文化专家的人杜撰出来的。如果硬说是这样，那完全是一派胡言。无产阶级文化应当是人类在资本主义社会、地主社会和官僚社会压迫下创造出来的全部知识合乎规律的发展。"现实是历史的发展，是历史长河的一定阶段。现代文明无一不是在已有的物质和文化基础上建立起来的。因此，建设有中国特色的社会主义新文化，一定要植根于中华民族文化的深厚土壤，深入地研究中国的历史文化，弘扬中华民族文化的优秀传统。

自"五四"以来，我们党领导的无产阶级新文化运动即新民主主义的文化革命运动是卓有成就的。新中国成立四十年来，我国的社会主义文化建设取得了重要的进展。特别是在邓小平同志提出建设有中国特色的社会主义的基本理论以后，在改革开放和经济建设取得巨大成就的同时，社会主义文化建设事业又有重要的发展。但是，我们必须清醒地看到，建设有中国特色的社会主义新文化，是一项浩大的系统工程，是一个非常艰巨、非常复杂而又非解决不可的任务。究竟怎样实现民族形式与社会主义内容的有机结合，社会主义新文化各门学科和各个领域的内容、构架、体系、发展趋势及其相互关系究竟应当是怎样的，这是一个需要认真实践和探索的重大课题，是一个长期的过程。但是，我们相信，只要我们明确了方向，坚定了信心，团结奋斗，经过坚持不懈的努力，随着我国社会主义经济、政治的发展，就一定能够发扬光大中华民族文化的优秀传统，建设起无愧于先人和当今时代的有中国特色的社会主义新文化。

（摘自 1990 年 1 月 10 日在全国文化艺术工作情况交流座谈会上的讲话）

弘扬民族文化的问题是一个关系到能否建成有中国特色的社会主义的重大问题。毛主席曾经把新民主主义的内容划分为三个部分，即新民主主义政治、新民主主义经济和新民主主义文化。按照这一分类方法，有中国特色的社会主义，应包括有中国特色的社会主义的政治、经济和文化。那么，什么是有中国特色的社会主义文化呢？可以肯定地说，这种文化是以中华民族文化为主体的文化，它既是有中国特色的社会主义的重要内容，又极大地影响着有中国特色的社会主义的政治和经济。从一定意义上说，对中国的历史、文化缺乏深入系统的研究，要想在中国干成大事是不可能的。大家知道，毛主席对中国历史的研究极其深刻，对民族文化的了解也极其深刻，这是他领导中国革命和建设取得伟大胜利的一个原因。这里不去详细论述他在这方面的贡献，单就改造中国的典故和语言来说，他创造了一代语言。他常常巧妙地赋予一些典故、成语以现代含义，把一些很复杂的问题讲得很通俗生动，连不识字的工人、农民都能听得懂。直到现在，在我们许多领导人的讲话和党政部门的文件中，即使没有直接引用毛主席的话，也可以找到不少毛主席创造的语言词汇。一些外国人对中国的问题常有不同看法，但对中华民族的优秀文化遗产却不敢轻视。不管是哪国人，只要把他拉到中国，到西安兵马俑一看，恐怕都不能不为中国的古代文化所折服。法国在近代文艺复兴中出了好多文化巨匠，他们常常为法兰西民族的优秀文化而自豪。据说法国菜在西餐中很有名气。有一次一位法国人请我吃饭，问我法国菜怎么样，我说不错。他又问和中国菜比怎么样，我说这不可比，两者不是一码子事。他又说，如果非要比一比，哪个更好一些呢？我说按照中国菜的要求，法国菜中的很多东西只称得上是“半成品”，还要做许多道加工才能吃。我举这些事例，是要说明我们的祖先曾创造了灿烂辉煌的古代文化，为人类文明的发展做出过重要的贡献。而保存在地上和地下的大量文物则是中华民族文明史发展的见证，也是我们中华民族子孙的骄傲。这就是说，我们要把文物工作同弘扬民族优秀文化、同建设有中国特色的社会主义联系起来，从这样的高度，来看待和搞好文物的保护和利用。

（摘自 1990 年 4 月 19 日听取陕西省委、省政府工作汇报时的讲话）

我曾讲过一个观点，即弘扬民族文化是关系到能否建成有中国特色社会主义的问题。毛主席在《新民主主义论》中讲，新民主主义是由三部分构成的，即新民主主义政治、新民主主义经济、新民主主义文化，并说政治、经济决定着文化，文化又极大地影响政治和经济。按这个道理，我们现在提出的有中国特色的社会主义，应该包括有中国特色的社会主义政治、经济和文化。有中国特色的社会主义文化，既是有中国特色的社会主义的组成部分，又极大地影响着有中国特色的社会主义的政治、经济。因此，重视不重视有中国特色的社会主义文化的问题，实际上是要不要坚持建设有中国特色的社会主义的问题。按照马克思主义的原理，所谓有中国特色的社会主义文化，一定是以民族文化为主体的文化。所以，现在讲弘扬民族文化，也就是建设有中国特色的社会主义文化。

（摘自1990年4月28日在《人民日报》国内记者工作会议上的谈话）

各种文明应当互相尊重、互相学习、保持特色

今年是联合国倡导的“不同文明对话年”，许多国家积极响应并开展了一些有益的活动。当前国际局势的变化使这个活动显得更加富有意义。各种文明都是人类文明的组成部分，都相互联系，相互影响。随着经济全球化的日益发展，这种联系越来越紧密，影响越来越深刻。应当承认，各种文明之间确有差异。差异往往是民族存在的理由。正是这种差异使世界丰富多彩，使交流与合作成为需要。假如世界上万事万物全都一模一样，那还有什么意思？因此，把差异当作异端，以差异为借口排斥其他文明，或唯我独尊，将自己的文明强加于其他文明之上，都是错误的，不利于世界的安宁与人类的进步。各种文明都应当相互尊重，相互学习，求同存异，和谐共存。中斐友好关系充分证明，不同文明完全可以实现和谐共存。我们衷心希望与包括斐济在内的世界各国人民加强交流，扩大合作，在新的历史条件下为人类文明谱写新的篇章。

（摘自2001年11月14日会见斐济总统伊洛伊洛时的谈话）

人类的历史，是一部多种文明共同存在、共同发展的历史。尽管各种文明在漫长的岁月里经历过自身的兴衰消长，但在人类

文明史上都有其特殊的贡献和地位。在处理不同文明之间的关系问题上，我们认为，一要相互尊重。由于自然环境不同、历史背景不同，使各国的文明都具有特色，应承认人类文明的多元性，肯定他国、他民族的历史地位和贡献，尊重各国人民的意愿和选择，不能把某一国的做法作为唯一模式强加于人。二要相互学习。各国、各民族都不能满足于自己以往的成就，而应实行开放政策，通过交流、合作，认真汲取和借鉴其他国家、民族所创造的优秀的文明成果，不断为自己的文明注入新的活力。三要保持特色。在科学高度发达，特别是交通、信息十分便捷的条件下，做到既学习别人的优点，又保持自己的特色是很不容易的，然而这是必需的。汲取他人成果要同本国、本民族的实际相结合，发扬自己的长处和优势，增强人民自立于世界民族之林的自信心。遵循这样一些原则，人类社会就能够和平稳定，就能够丰富多彩，就能够发展进步。

（摘自1997年6月3日会见希腊总统康斯坦丁·斯特凡诺普洛斯时的谈话）

总统阁下提出的不同文明对话的倡议，符合时代潮流，颇具远见卓识，引起了国际社会广泛而积极的响应。民族是多种的，文明是多元的。每一种文明之所以能够存在和发展，都有其理由和根据，都有其价值和作用。各种文明都是人类文明的组成部分，都对人类文明做出了贡献。在人类几千年的历史上，不同文明之间尽管有过磨擦、碰撞和冲突，但交流、借鉴和融合始终是发展的主流。当今世界，科技日新月异，联系日趋便捷，每种文明都毫无例外地面临着完善、发展的问题，不同文明之间扩大交流、加强对话更为迫切而必要。如果自恃先进，高人一等，对别的文明采取歧视、蔑视甚至敌视的态度，只能破坏世界大家庭的和谐与稳定。只有互相尊重，互相学习，取长补短，共同进步，人类文明才能保持丰富多彩，不断繁荣兴盛。我们衷心希望中国、伊朗这两个拥有灿烂文明的国家在新的历史条件下携手共进，共同为人类文明谱写新的篇章。

（摘自 2000 年 6 月 23 日会见伊朗总统哈塔米时的谈话）

入世后对中国文化要有信心。刚才几位同志谈到中国文化如何应对入世、如何应对全球化的问题，这是一个很重要也很现实的问题。依我看，面对全球化，中国文化最不怕，全球化给中国文化创造了更多走向世界的机会。换句话说，全球化过程中，中国最具竞争力的就是文化。说世界上其他文化会把中国文化吃掉，我可以肯定地讲，这不可能。中国文化曾传到日本、朝鲜、越南等诸多国家，结果不但没有消失，反而影响甚至一度主导了这些国家的文化。在东亚、东南亚诸多国家，至今仍然可以处处感受到中国文化的影响。

中国文化历史悠久、源远流长。坐在一起聊文化，说三皇五帝、诸子百家如何如何，说公元前多少年如何如何，说一千几百年来如何如何，很多国家就没有发言权了，比如美国的历史总共才二百多年。拿文学作品来说，早在两千多年前的周朝我们就有了《诗经》，关汉卿活动的时代比莎士比亚要早三百年。拿酒来说，我们可以摆出若干种，曹操“何以解忧，唯有杜康”中的杜康就是一种很有名的酒，至于酿酒的历史就更不用说了。再比如说中药，大规模地从植物里提取元素用以治病，这在西方是最近些年的事，而中国的神农试百草多少年了？《本草纲目》多少年了？还可以举出许多。总而言之，一讲到中国文化的古老，外国人没有不佩服的。

中国文化博大精深、内涵丰富。比如“天人合一”思想，我们过去只是片面地理解，把它当成一种唯心的东西加以批判，当成一种糟粕加以抛弃。相当长时期以来，人们认为什么毒蛇呀猛兽呀都是人类的天敌，都应该消灭。现在才发现，自然界所有东西都有它存在的理由，所有东西都是相互依赖、相互依存的。“天人合一”思想中就有主张自然与人类亲契合一，主张万事万物和谐共存的内容。这种思想是多么重要，咱们老祖宗是多么英明呀！现在环境保护、可持续发展炒得非常热。其实它们的内涵就是“天人合一”嘛！中国传统文化里面真是有许多深刻、深奥的东西，我们现在还挖掘得远远不够。

当然，我们说中国文化如何如何了不起，应该引以自豪，要有信心，但不能自大，不能排外，不能搞闭关锁国。我讲过，各国文化都是世界文化的组成部分，都对人类文明作出过贡献，应该互相尊重，互相借鉴，互相学习。中华民族有着善于学习借鉴外来文化成果的优良传统。鲁迅先生说过，我们的先人有一种“放开度量，大胆地，无畏地，将新文化尽量地吸收”的气魄。当今在中国依然存在并占据重要地位的农产品，许多都是外来的，比如玉米、红薯、花生，它们分别占我国粮食总产量的22.5％和4.7％、油料作物总产量的42％，都不是我们固有的。对中国文化有重大影响的佛教，与人们日常生活息息相关的纪年方法、重要节日，还有诸多流行的语言词汇，都是外来的。西服，现在中国人都喜欢穿，也是外来的。虽然去年下半年唐装开始流行，但要是咱们在座的都穿唐装，政协委员、人大代表进人民大会堂都穿唐装，那将是一番什么景象啊！

学习、吸收外来文化必须注意保持特色，无论如何不能因为融入世界而把自己的好东西给弄丢了弄没了，也就是说改革、改进、改善都可以，但是不能改行、变种。比如说中国画，上个世纪之所以有一个很大的飞跃，之所以达到一个顶峰，就是因为有徐悲鸿等一批人到欧洲学习油画，从油画中学习、借鉴了许多好东西，如用色、空间感等等。但是他们没有离开中国画的传统和根本，没有把中国画变成油画。画油画中国人画不过法国人，国画却只有中国这么一个标准，中国最好的就是世界最好的。比如说京剧，有些节奏太慢、太拖沓，戏词也不太讲究，我赞成作些改进。但我主张先继承，然后再逐步地发展，离开了继承，就谈不上发展。总之，对入世后的中国文化，我们要有信心，也应该有这个信心。随着对外开放的不断扩大，外国文化进来更容易了，中国文化出去也更方便了。外国文化进来以后，对我有用的都拿过来，取诸家之长，走自己的路，这样中国文化就更有生命力，出去后就可以占领更大的市场。

（摘自 2002 年 3 月 7 日看望政协文艺界委员时的讲话）

珍惜与保护中华民族文化瑰宝

无论是东方还是西方，世界各民族都有自己独具特色的文化。文化离不开人民的生活、习惯、思想、感情。而各民族人民语言不同，历史发展不同，地理环境各异，经济和社会发展形态有别，所以，文化总是具有鲜明的民族形式、民族风格。一般来说，文化的民族保守性比较强，许多古典的东西，甚至可以保持几百年、几千年，后人还是继承它、喜欢它。提起俄罗斯民族文化，人们就会联想到普希金的诗歌和托尔斯泰的长篇小说；提起日耳曼民族文化，人们就会想到歌德、海涅的诗歌、剧作和贝多芬的音乐；提起意大利民族文化，人们就会想到但丁的《神曲》和达·芬奇的绘画。这些富有民族特色的文化，是各族人民生活、劳动、斗争和智慧的结晶，是各族人民的创造，也是各族人民吸收人类文明成果又对人类文明的贡献。它构成了维系民族成员的心理纽带，是民族生命的重要组成部分。一个国家要实现文化的繁荣，必须注重研究和继承民族文化的优秀遗产。在深刻的社会变革过程中，文化的内容和形式必然会有许多新的变化，但优秀的民族文化不能丢掉。越是民族的，越是世界的。丢掉民族的优秀文化遗产，不仅是民族自身的悲剧，也是人类的损失。

（摘自 1990 年 1 月 10 日在全国文化艺术工作情况交流座谈会上的讲话）

中国古代文化源远流长、博大精深，饱含着华夏先哲们的无穷智慧，记载了炎黄子孙的辉煌业绩，是祖先留给我们的一笔丰厚遗产。如何使人类这一文化瑰宝为当今世界所用，为振兴中华服务，是我们这一代人的共同责任。

（摘自 1989 年 6 月为《中国历代文献精粹大典》所撰的序言）

挖掘、整理、研究古代典籍

我国是一个历史悠久的文明古国，文化遗产十分丰富。据专家估计，几千年来，尽管历经劫难，书籍多有散失，仍有十万余种流传至今。当然，古代文化作为历史的产物，有精华，亦有糟粕，瑕瑜互见，这是时代所限，不可苛求于古人。我们的责任是有批判地吸收，有选择地借鉴，在继承中求发展，真正做到博古通今，鉴古知今，古为今用，继往开来，以五千年的历史视野，十亿人的大国襟怀，探索民族振兴之道，奔向新的崛起。

中国古代文化博大精深，而古典书籍艰涩难通，有待于进一步整理发掘，并需要做大量的通俗化普及工作。我们的专家学者，如能在马克思主义指导下，对于浩瀚的古典著作，采取选编或摘编的方法，去伪存真，去粗取精，并加以必要的注释，按照不同的专题辑录成书，必将适应广大干部群众学习的需求，有利于继承和发扬我国优秀的民族文化传统，让历史更好地为现实服务。《古典诗词百科描写辞典》的编辑出版，在这方面做了有益的尝试，希望能引起学术界、教育界、文艺界、出版界以及广大读者的关注，群策群力把这方面的事情认真地办起来，那就是我的莫大欣慰了。

（摘自 1987 年 9 月《古典诗词百科描写辞典》序）

《四库全书》是我国历史乃至世界历史上规模最大的一部百科性丛书。在乾隆时代那种历史条件下，能修出这样一部书来，不仅我们中国人感到惊讶，世界上很多国家的人也十分地佩服。《四库全书》汇集了乾隆以前历朝历代的重要著作 3 462 种，基本涵盖了到编纂截止时我国的各学科领域、各学术流派的优秀典籍，其门类之全、内容之丰，令世人叹为观止。应该肯定，清王朝对中华民族传统文化的整理和保留是做了大量有益工作的。但由于清朝统治者的狭隘心理，由于编纂者的学术偏见，也由于当时技术手段所限，《四库全书》既不全也不准，一些该收入的重要著作没有收入，一些著作收入时作了若干改窜或删除，一些著作收入的不是最好的版本，造成了这部大书的历史遗憾。1781 年《四库全书》问世以后，又有大量优秀著作出现。对《四库全书》拾遗匡谬补缺，成为一代又一代有识之士和专家学者的夙愿，但或由于时势所限，或由于势单力薄，终无所成。改革开放以来，我国社会安定，学术繁荣，续修《四库全书》的条件日臻成熟。在这种情况下，从 90 年代中期开始，我国学术界、出版界集中精锐力量，历时八年，终于完成了续修《四库全书》这件前人多年来想做而做不成的盛事。该书既收录了《四库全书》遗漏、禁毁而确有价值的图书，又收录了乾隆中期至辛亥革命以前我国在学术方面的代表性著作，共 5 213 种。它与《四库全书》相配套，构筑起一座中华传统文化的大型书库，1911 年以前的重要典籍，可以大致齐备。这是一项了不起的工程，对保存、研究和弘扬中华民族的传统文化，必将产生重大的影响。这不仅是文化出版界的大事，也是社会科学界的大事。

（摘自 2002 年 5 月 9 日在《续修四库全书》出版座谈会上的讲话）

孔子是中国古代伟大的思想家、教育家，他所创建的儒家学说博大精深，包括了政治、经济、哲学、伦理、教育、艺术等方面的思想和主张，构成了中华民族传统文化的基础，对于中华民族的形成、繁衍、统一、稳定和自立于世界民族之林都起了不可替代的作用，对于人类文明的进步和发展做出了极其重大的贡献，有着超越时代、超越国界的深远影响。儒学的许多重要论著，特别是做人、处事、立国的至理名言，至今还被人们广为引用。

当前，人类社会正处在世纪之交，面临着许许多多的矛盾和问题。解决这些问题，固然首先要依靠当代人的聪明才智，但也可以从古代哲人那里寻找智慧。两千多年来的历史充分证明，儒家学说可以为我们解决人类社会面临的问题提供有益的启示。我们要采取科学的态度，运用科学的方法，对儒家学说进行挖掘、整理、总结、研究，取其精华，剔其糟粕，既不抱残守旧、照搬照抄，也不数典忘祖、全盘否定。要结合新的时代情况赋予其新的意义，并使之有机地渗透到政治、经济、文化以及社会生活的方方面面，更好地为现实服务，真正做到古为今用。

中国作为儒家学说的发源地，我们既感到自豪，也感到责任重大，我们应该为儒学研究做更多的工作。我对中外学者研究儒学的热情表示敬意，希望大家携手合作，加强交流，把儒学研究提高到一个新的水平。

（摘自1999年10月9日会见参加纪念孔子诞辰2 550周年大会暨国际儒学联合会第二届会员大会的中外专家学者时的谈话）

文物工作坚持
保护为主、抢救第一的方针

（一）博大精深的中国历史文物是中华民族的骄傲。我们伟大的祖国，是世界文明古国之一。在漫长的历史岁月中，我们的祖先用自己辛勤的劳动和卓越的智慧，创造了举世瞩目的中华民族文化，留下了极其丰富的文物宝藏。论历史悠久、源远流长，中国文物可以追溯到史前时期。旧石器时代大量猿人化石和文化遗址的发现，说明中国是世界上少数几个拥有最古老历史文物的国家之一。在人类历史上，不少地方都曾燃起古文明的火炬，但由于各种原因，大都发生过断层，唯我中华文明五千年来一脉相承、经久不衰，作为这一古老文明实物映照的中国文物世代留存、从未间断。如果把我国不同时代的文物排列起来，就是一部完整系统、生动形象、翔实可征的“中国通史”。论规模宏大、广博浩瀚，中国文物遍布祖国各地，从白山黑水到七闽八桂，从东海之

滨到西部戈壁，到处都有丰富的文物资源。在我国的文物宝库中，包融了56个民族的智慧结晶，吸收了世界众多地区的文明精粹，表现了中华文明强大的向心力和恢宏气度。论丰富多样、技艺精湛，中国文物精品荟萃，蔚为大观，品种之多，门类之全，是世界其他国家难以比拟的，在许多领域都代表了当时人类文明的巅峰。现在保存下来的古器物、古书画、古文献、古建筑、古石刻、文化遗址、历史名城、帝王陵寝和古代园林等等，无不反映出我们祖先高超的思想文化水平和科技艺术才华，至今令人叹为观止。

中华文明对世界各国的文明与进步产生过巨大的影响，大量的文物是这一客观事实的验证。早在汉代，丝织品就源源不断运往国外，著名的丝绸之路遗址使人联想到当时中外交流的繁华景象。在唐代，都城长安是世界性的大都会，现存的许多文物史料充分反映了当时各国商贾云集、学人聚会的盛况。特别是指南针、造纸术、印刷术和火药四大发明，传播到世界各地，对人类的科技和文化进步起到了不可估量的作用。马克思对此曾给予高度评价，他说："火药、指南针、印刷术——这是预告资产阶级社会到来的三大发明。火药把骑士阶层炸得粉碎，指南针打开了世界市场并建立了殖民地，而印刷术则变成新教的工具，总的来说变成科学复兴的手段，变成对精神发展创造必要前提的最强大的杠杆。"在当今世界，人们越来越多地从人类文明总体发展的角度来认识和评价各国文物，中国文物以其独有的民族风格放射出璀璨夺目的光彩。世界各国的文人学者，无论其政治信仰和价值观念如何，都不得不承认中国文物的丰厚珍贵和艺术魅力，都不得不为古代中国人民的巨大创造力所折服。直到今天，世界上仍有许多人花费很大的精力来研究中国古代文化典籍，寻求它对现代社会发展的重要价值。许多达官巨贾和旅游者对中国文物表现出浓厚兴趣，把观赏中国文物当作一种美好的精神享受，都以能够一睹中国珍贵文物的丰采而感到荣耀，都以能够收藏几件中国文物来显示其高雅。

在今天我国社会主义现代化建设和改革开放中，文物仍然发挥着特有的作用。历史文物是我们学习历史唯物主义的直观、生动、形象的教材。它把各个时代的社会制度、社会生产、社会生活以实物的形式展现在人们面前，帮助我们了解社会发展规律和历史演变进程，了解中华民族长期居于世界领先地位的古代文明，了解近百年来中国人民前赴后继、争取民族独立解放的英勇斗争。丰富的历史文物有利于促进文化繁荣和经济发展。随着人们物质生活的提高，欣赏历史文物，参观名胜古迹，已日益成为人们精神生活的一部分。利用文物资源，吸引海内外游客，是发展我国旅游业的一大特色和优势，也是开展国际文化交流的一个重要方面。通过举办文物展览，经营文物商店，发行文物图书，提供参观服务等活动，既可以宣传扩大中国文物的影响，又可以为文物保护筹措资金。历史文物是联结中华民族的强大精神纽带。有些珍贵文物已成为举世公认的中华民族的象征。无论是身居中国本土还是生长在异国他乡的中华儿女，只要提到伟大祖国的文物瑰宝，都会联想到我们勤劳、勇敢、智慧的祖先，联想到中华民族在世界文明史上的历史地位，都会引为骄傲和自豪。历史文物的发掘、保护和展现，必将进一步激发海内外中华儿女的爱国热情，增强民族凝聚力，鼓舞人们在中华民族伟大复兴的旗帜下，为实现祖国统一和四化大业，做出自己应有的贡献。

（二）保护好文物是我们的历史责任。我们这个国家历史上发生过无数次战争、灾荒，人民颠沛流离，饱受动乱之苦，历史文物也遭受了严重损失；特别是近代帝国主义列强和文物强盗疯狂掠夺，肆意破坏，历史文物损失更为惨重，或化成灰烬，或沦为废墟，或流落异国，或不明去向，许多稀世瑰宝已荡然无存，有的仅仅剩下文字记载。回想这些，真是叫人痛心疾首，无限惋惜。我国现存的文物，是我们的祖辈一代又一代，付出了巨大代价和牺牲才保留下来的，是非常不容易的。现在这些历经磨难的珍贵遗产传到了我们这一代手里，我们应该怎么办呢？是尽最大努力保护好，继续传给我们的后代子孙，还是不负责任，在我们手里任其毁掉呢？这确是一个值得每个当代中国人严肃思考的重大问题。我们常讲"历史的人干历史的事"。这句话包含着两层意思：一方面是说我们不要超越历史阶段去干未来才能干的事；另一方面是说我们不能逃避历史责任，不去干我们应当而且可以干的事。如果我们这些"历史的人"没有干"历史的事"，使祖先留下的这份遗产在我们手中糟蹋了，损坏了，那就不是一般的工作失职，而是上无以对祖先，下无以对子孙，成为千古罪人。

强调保护文物是我们应尽的历史责任，还在于这是两个文明建设的重要组成部分，是各级党政领导进行四化建设和改革开放不可忽视的一项工作。当前，我们面临的各方面任务都很繁重，大事、急事、难事很多，但必须明确，保护文物，特别是大规模地抢救文物，决不是可办可不办的事情，而必须作为一项重要任务，纳入当地经济和社会发展的总体规划，自觉地认真抓好。保护文物是要花一点钱的。我国目前也确实是缺钱，但缺钱并不能只缺文物保护这笔钱。进一步讲，在四化建设的过程中，什么时候才能不缺钱呢？如果以此为理由，对文物保护工作中该办的事一拖再拖，拖上几年、十几年、几十年，那么有些文物还能存在吗？现在世界各国普遍重视文物保护工作。许多西方国家不仅对保护本国的历史文物很重视，而且对它们当年从其他国家抢劫来的文物也保护得很好。如果我们目光短浅，在文物保护方面该花的钱不花，该办的事不办，致使文物保护长期处于一种较低的水平，那么我们还有什么资格自称文物大国，在世界文化舞台上还有什么光彩？我们各级领导，包括各位当省长、当市长、当县长的，都要以对祖国、对民族、对历史、对子孙高度负责的态度，把自己管辖范围内的文物保护好。

历史的责任，时代的责任，也就是全民的责任，全社会的责任。文物是人民群众制造的，保护文物也必须依靠人民群众。事实证明，只有动员广大人民群众关心和参与文物保护工作，实行文物单位、执法部门与广大人民群众相结合，文物保护工作才有广泛的基础，才能真正落到实处。必须看到，长期以来由于“左”的思想影响，由于宣传教育工作薄弱，人们对文物的重要意义缺乏足够的认识。特别是“文化大革命”中把文物当作扫“四旧”的对象，不仅使文物遭受了一场浩劫，而且在人们思想上造成了极大混乱，这种影响迄今仍到处可见，成为做好文物保护工作的一大障碍。我们必须通过艰苦细致的宣传教育工作，唤起全民的文物保护意识，造成“保护文物，人人有责”的强大社会舆论，在广大群众特别是青少年中形成“爱护文物光荣，损坏文物可耻”的良好风尚，使爱惜、保护文物成为每个公民的行为规范，从而开创全民、全社会自觉保护文物的崭新局面。

（三）坚持保护为主、抢救第一的方针。文物事业战线长，涉及面广，各方面的工作无疑都应当抓紧抓好，但是，在当前任务繁重而我们的力量又很有限的情况下，必须坚持保护为主、抢救第一的方针。

我们所以强调保护为主、把抢救放在首位，这是由我国文物事业的特殊性决定的。与一些历史较短的国家相比，我国文物的显著特点一是年代久，二是数量多。由于年代久，许多文物经历了几百年、上千年，称得上饱经风霜，抵御自然侵蚀的能力大大降低，有些抢救一下就保存下来了，不抢救就没有了；早抢救几年甚至几个月就保存下来了，晚几年甚至几个月就没有了，而历史文物是无法再生的，一时的延误就有可能造成千古遗恨。由于数量多，加上我们过去的欠账又比较多，即使投入的力量有较大增长，与实际需要相比仍然会有相当大的距离，这就需要按轻重缓急进行比较排队，本着“先救命后治病”的原则，抓住重点，急事先办，把有限的力量首先用于抢救那些快“断气”的孤品、珍品上去。只有这样，我们的文物保护工作才能做到有重点、有区别、有标准、有成效。

强调保护为主、把抢救放在首位，也是文物事业当前面临的问题所要求的。近几年来，许多地方盗窃、盗掘、走私文物愈演愈烈，已逐步发展成为一个带有全国性的问题。一些人为了牟取暴利，不惜损害国家和民族利益，有的甚至利用职权，上下串通，内外勾结，结成团伙，形成网络，猖狂地进行犯罪活动，使文物大量破坏和流失，这种状况如不引起高度重视，不采取紧急措施加以制止，必将造成难以想象的严重后果。还有一些严重损害文物的问题，尽管不属于有意破坏，但造成的后果也是不容忽视的。如在大规模基本建设中，各种文物出土面世的速度大为加快，而由于缺乏必要的文物调查和有效的保护措施，往往使许多文物在出土过程中受到损坏。有些地方在古建筑周围乱拆乱建，破坏了文物的环境；有些地方在维修、保护文物过程中由于不懂行、不负责，把真古董修成假古董，造成了“保护性”破坏；还有一些地方只想利用文物赚钱，急功近利，不顾文物的承受能力，实行超负荷、破坏性的利用。上述这些问题虽然性质不同，但都构成了对文物的严重威胁，说明文物保护工作面临着严峻的形势。只有坚定不移地把抢救放在首位，区别情况，采取不同的措施妥善解决好这些问题，大批濒临危亡的文物才能得救；同时，也只有把抢救放在首位，才能引起人们对这些问题的重视，从而动员全社会普遍关心、支持文物的保护和抢救工作。

我们强调保护为主，强调把抢救放在首位，并不是否定文物的合理利用。从一定意义上讲，保护文物的目的最终还是利用。实践证明，合理、适度、科学的利用，不仅不会妨碍保护而且有利于保护。这几年，许多地方领导利用文物发展旅游，增加对外交往，有效地促进了地方经济发展，由此他们也更加关心并有更多的财力支持文物事业。一些地方的文物景点就是随着旅游业的兴旺而在有关部门支持下逐步恢复的。只有结合地方经济的发展，适应人民的实际需要，文物工作才能得到地方的理解和支持。当前，文物部门普遍反映经费困难，可以多想一点利用文物扩大经济效益的办法，以增加文物部门自身的“造血能力”。在改革开放的形势下，把文物事业搞得更活一点，大有文章可做，要大力加以研究。比如一些外国人来华必看的珍贵文物点，票价就可以再适当提高一点，一些文物的展出方式也可以更加多样化、高档化，更具吸引力。但是，所有的文物利用，都要服从国家有关法规，在保护文物安全的前提下进行，都应当有助于保护。“无其器则无其道”，有了文物的存在，才谈得上文物的利用，如果文物毁灭、流失了，不仅谈不上利用，连文物工作本身都失去安身立命的基石。

我们强调保护为主，强调把抢救放在首位，也不是否定文物市场的作用。文物市场在世界上有，中国历史上也有，现在也不是没有。当前的问题在于国家文物购销经营比较刻板，许多文物交易缺乏必要的管理。可以有领导、有计划地适当放开国内部分市场，积极探索同国外市场进行流通的路子，包括向国外卖一点富余的、重复的文物。但是，与此同时必须清醒地看到，文物市场是个非常复杂的问题。目前我们管理文物流通的机构还不健全，法规还不完善，队伍还很薄弱，文物经营的经验还很缺乏，社会上不正之风还相当严重，打我们珍贵文物主意的也还大有人在，特别是一些外国人为了把中国文物搞到手，不择手段、不惜重金。如果我们掉以轻心，工作出现漏洞，就可能造成无法挽回的损失。为了使文物市场健康发展，国家文物局要尽快拿出有关文物市场的管理办法，报中央批准。

（摘自 1992 年 5 月 8 日在全国文物工作会议上的讲话）

整修、保护好黄帝陵

（一）整修黄帝陵，是我的一个心愿。那是 1990 年 4 月，我第一次到陕西考察文物工作时，看到黄帝陵园建筑简陋，祭祀场所窄小，感到十分愧疚。我们的国家发生了巨大变化，许多城市面貌焕然一新，我们的祖陵也应该有个变化，提议对黄帝陵进行一次整修。1992 年 10 月，黄帝陵基金会成立，我自愿担任基金会名誉会长。为了筹集资金，我多次出面做工作，几次赴黄帝陵考察，在北京与陕西省的同志一起研究有关事宜。十多年来，陕西省在各个方面配合下，抓紧工作，取得了显著的成绩。第一，组织一批国家级建筑设计和规划大师，经过反复论证修改并广泛征求意见，制定了一个比较好的黄帝陵整修总体规划。第二，完成了包括防火、排水、道路和庙区整修等在内的 22 个建设项目，黄帝陵的面貌有了明显的改观。第三，截止到今年 8 月，共募集了 1.22 亿资金。许多省市都有奉献。捐赠者中，有老人也有小孩，有干部也有群众，有内地居民也有海外同胞。有的人捐钱虽然数量不多，但事迹感人，精神可嘉。整修黄帝陵，国家不是不可以拿钱，但采取社会募捐的方式，给广大海内外中华儿女提供了一个尽忠尽孝的机会，达到了增强民族凝聚力，进行爱国主义教育的目的。第四，一年一度的清明公祭活动影响不断扩大，到黄帝陵谒陵祭祖的人士日益增多，一批宣传介绍黄帝陵的音像制品和图书先后面世，黄帝陵已经家喻户晓，整修黄帝陵有了良好的社会氛围。

办任何事情都应该有头有尾，都不可能无休无止。提出整修黄帝陵迄今整整 12 年了，应该尽快划上一个完整的句号。现在，二期工程准备工作已经就绪，主体建筑设计方案初步形成，工程建设资金基本到位。只要我们高度重视、加强领导、狠抓落实，只要明确分工、包干负责、并行操作，一年之内是完全可以完成整修任务的。这是我们开座谈会提出的奋斗目标，希望大家齐心协力，圆满实现这一目标。

（二）黄帝是中华民族的人文始祖，黄帝陵是中华儿女朝拜的圣地。早在春秋战国时代，祭祀黄帝的活动就已经开始。自汉以后，历朝历代都把祭扫黄帝陵作为国家大典，并对黄帝陵进行修缮和扩建。古往今来，祭祀不绝。前往黄帝陵朝拜的，既有皇亲国戚，也有草泽布衣；既有显达富贵，也有困顿寒微；既有汉族百姓，也有其他民族兄弟。抗日战争时期，在国难当头、民族危亡的形势下，各界人士一致倡导将每年清明节定为民族扫墓节，共产党人、国民党人、其他党派和无党派人士都纷纷前去祭陵扫墓。华夏子孙之所以高度重视祭祀黄帝，代代相因整修黄帝陵，不仅因为黄帝是中华民族的共同祖先，祭祀黄帝反映了华夏子孙寻根祭祖的心愿，而且因为经过千百年的沧桑演变，黄帝已成为中华民族的象征，维系民族感情的纽带。祭祀黄帝体现着广大华夏儿女对中华文化传统的认同，对民族团结和睦的企盼，对祖国繁荣昌盛的希望。祭祀全民族共同始祖的活动，在民族成员之间架起了一座座相互沟通和理解的桥梁。中华民族屡经磨难而不衰，几临厄运而不散，一个最深层的原因就在于有着这种深厚的民族情感和独特的民族文化。在同一个祖先面前，不论有多大的歧见都可以搁置，不论有什么样的恩怨都可以化解，所有华夏儿女都可以携起手来，万众一心，形成民族复兴的强大力量！

（三）整修黄帝陵既要抓紧做好当前的工作，又要有长远的考虑。要把扫墓、祭陵规范化、程序化。运用历史唯物主义的观点，并结合近年来谒陵祭祖的经验，对我国历代祭祀文化进行认真的研究，在此基础上，制定出一套反映民族传统、体现时代风貌、符合黄帝陵特点的礼仪制度，努力使公祭黄帝典礼成为所有祭祀中层次最高、影响最大的活动。要提高服务水平。随着整修工程的加快，来黄帝陵祭祖寻根、观光旅游的人越来越多，黄帝陵的管理亟待改善和加强，绿化、交通、卫生以及所有服务项目都要争创一流，做到既保护好文物、保护好环境，又保护好宾客的权益，实现人文效益、环境效益和经济效益的统一。要健全管理机构。保护好、管理好黄帝陵是一项长期的工作，要本着高效精干的原则，理顺体制、健全机构、筹足力量，保证各项工作不停顿地向前推进。

（摘自2002年10月26日在黄帝陵基金会成立十周年暨整修黄帝陵工作座谈会上的讲话）

故宫管理应该一年比一年好

到今天为止，北京故宫仍然是世界上最完整的古代宫殿建筑群。应该说故宫保存到现在这样的程度很不简单。为了进一步加强对故宫的保护和管理，包括日常的参观、维修，我希望能制定一个较为完整、长远的规划。前些年由于经费不够，该修的不能及时去修，现在已经有了一笔固定的收入，我们有条件把工作做得更好些。首先要把仓库转移到地下，变成恒温、恒湿、防震的库房，将珍贵文物妥善地保护好。我老是担心，故宫的瓷器库放着那么多瓷器，如不立即转移到地下文物库房，来一次大地震就会遭受很大的破坏。所以，故宫要有一套计划，赶紧动手，争取在较短时间内把珍贵文物都转移到地下库房。我认为这是完全可以做到的。还有，现在故宫里临时搭盖的一些建筑，乱堆乱放的杂物，尤其是易燃的木料，要有计划地尽快拆除和转移。历史上宫廷失火的教训不少，防火千万不可大意。此外，在故宫内不能随便居住闲杂人员，进出的制度要十分严格。

总之，故宫不能出事。故宫管理应该一年比一年好。进入故宫，应该让人感觉进了紫禁城，处处有一种庄严、肃穆的环境及文化气氛。

我希望，故宫作为全国文物保护的重点，在保护和管理工作上能成为全国文物单位学习的榜样。

（摘自1991年4月6日在国家文物局汇报会上的讲话）

促进国画的普及和提高

国画是中国文化的重要组成部分，有着数千年的历史和辉煌的业绩。近代以来，尽管我们的国家历经曲折、坎坷，但国画的传统绵延不断、经久不衰，出现了许多艺术精品、名家巨匠。改革开放以来，国画艺术呈现出空前繁荣兴旺的局面，涌现出一批颇有造诣的优秀画家，但客观地讲，现在还缺少大师，缺少入选《近代国画名家》画册那样的大师，缺少由任熊到黄胄72大师的那种水平、那种名气、那种公认程度。举办这个画展，就是要宣传、推介一批优秀的中青年画家。这是政协美术界委员的共同要求，也是政协书画室策划了几年的事情。我们希望通过这次画展，使一批优秀的画家能够被大家所认识，使更多的画家能够在比较中得到改进、提高，从而促进国画的普及和提高。

要认真总结国画事业繁荣的经验，积极引导国画艺术健康发展。国画艺术应当提倡创新。历史上所有的国画大师都有自己的特色造诣，都有自己的创新，但任何真正意义上的创新，都离不开对前人成果的继承和了解，离不开国画特有的规律和规矩。国画艺术应当善于借鉴。近代国画的发展乃至飞跃，在很多方面得益于对西洋画成就的合理吸收，但所有借鉴或吸收，都不能脱离中国画的基础。国画源于中国，根在中国，水平最高的画家和鉴赏者也在中国，中国最好也就是世界最好。民族性和世界性并不对立，就艺术而言，越有民族性就越有世界性。国画艺术应当注意宣传。我们举办画展就是一种宣传，但作为画家不能把主要心思用于宣传，用于广告、公关，而要力戒浮华，甘于寂寞，深入生活，潜心创作。只有这样，才能创作出好的作品；只要作品好，即便一时不为人知，最终也会被历史所承认。

我们提倡国画，并不排斥油画，油画在世界上有很大影响，在中国也应当发展繁荣。我们说尊重国画规律，并不反对油画和国画结合而产生的新品种，我们希望能有这种不东不西、亦东亦西的好东西。

我们这次画展仅仅是个开始，今后还要不断办下去，而且力争越办越好。希望通过这种形式，促使更多的人认识国画、喜欢国画、懂得国画，促使国画进入更多的家庭，进入更多人的生活，成为人们生活的组成部分。

（摘自 2002 年 7 月 10 日出席“当代国画优秀作品展”开幕式的讲话）

京剧要在继承中求发展

京剧艺术植根于中华民族文化的沃土之中，集我国戏曲之大成，源远流长。虽然正式形成京剧只有一百几十年的历史，但追本溯源，它是同近两千年的中国戏曲传统一脉相承的。中国戏曲源于古代的民间歌舞传统，经过长期的孕育和发展，从唐代歌舞戏到宋杂剧、金院本，以及南戏，初步形成了中国古典戏曲的完整形式。发展到元杂剧，有了结构比较严谨的剧本，有了表现生活和塑造人物的多种艺术手段，提高了舞台艺术，成为中国古典戏曲艺术的一个高峰。到了明代，衍化成为北杂剧和传奇并存。及至明末清初，涌现出数以百计的地方剧种。它们既继承了中国戏曲的历史传统，又各自吸收了当地的民间艺术，因地域之不同而有不同的音乐声腔和艺术表现手段，呈现出许多剧种争奇斗妍的繁荣局面。这中间，作为京剧前身的徽戏（徽调）、汉戏（楚调）、昆曲、秦腔和弋阳腔（包括后来在北京融化成的京腔）等，都以其悠久的历史和突出的艺术成就，广为人们所喜爱。京剧正是在这些戏曲的基础上，融汇了它们的优点和长处而形成和发展起来的。

京剧来源于民间，流传于民间，又为清代宫廷所重视和提倡，加上京都人文荟萃，使它得以广泛借鉴中华民族的传统文化，吸收融化各地和多种文艺形式的精华。正是在这种得天独厚的环境里，京剧博采众长，经过一代代表演艺术家的辛勤努力，终于形成了独有的艺术特色，发展成为全国性剧种，被称为“大戏”、“国剧”，一度在剧坛独领风骚。京剧艺术蕴含丰厚，对此，学者专家有过许多论述。比如京剧的声腔和音乐方面，是在吸收徽剧、汉剧、昆曲、梆子以及其他地方剧种的一些曲腔和民间小调的基础上形成的以西皮、二黄为主，兼有昆腔、吹腔、小调的声腔音乐体系。它的唱词继承了我国诗、词、曲和说唱文学的艺术传统，确立了由上下句组成的“板腔体”的表现形式，可以说是一种雅俗共赏的剧诗。它的唱腔和板式多种多样，不同行当、不同流派各有不同的声腔和演唱方法，宜于表达各类人物丰富多变的思想感情。它的伴奏，既有很高的音乐欣赏价值，又能对演唱起重要的烘托作用，形成了文武场合奏和以京胡为主要伴奏乐器的独有风格。又如在表演手段和技巧方面，它在生活原貌的基础上加以提炼、美化，吸收了各地方戏曲的精粹和民族舞蹈、武术、杂技的长处和技巧，经过不断丰富加工，形成了唱、念、做、打、翻兼有，手、眼、身、法、步俱全的程式化、舞蹈化的表演特点。再如在服饰、道具、人物造型、脸谱方面，它借鉴和吸收了我国的民族绘画、雕塑、书法、刺绣及民间工艺的特长，具有象征性、装饰性和程式性，不仅鲜明生动、艳丽多彩，而且同京剧表演融为一体，富于表现力和感染力。另外，在剧目方面，也很有特色。它在内容上确有不少封建糟粕，应予剔除，但也有相当部分弘扬了中华民族的传统美德，诸如惩恶扬善、崇俭戒奢、褒勤贬懒、精忠报国、孝亲尊师、扶弱济贫，等等，还有不少戏表现了民族的智慧和人生的哲理，并给人以历史的知识。这些可以异时共存、异地共赏的东西，有助于人们道德品质的熏陶和思想智慧的启迪。观赏这些剧目，不但可以使人们得到美的享受和心灵的愉悦，同时也可以从中吸取一定的教益。总之，京剧以其丰富的内容、完美的形式、精湛的技艺，达到了我国戏曲艺术发展的高峰。它具有鲜明的民族特色和浓郁的艺术魅力，它的突破时间空间界限的虚拟化表现方式，从化装到表演的艺术夸张和写意手法，有很高的艺术价值，体现了中国传统的美学观点，形成了中国特有的东方戏剧艺术体系，完全可以同斯坦尼斯拉夫斯基、布莱希特等外国戏剧艺术体系相媲美，在国际上享有崇高的声誉。

（摘自1990年12月27日在纪念徽班进京二百周年振兴京剧学术讨论会上的讲话）

京剧艺术经过历代艺人的千锤百炼，已经比较成熟，是一笔宝贵的民族文化遗产，我们必须十分珍爱，认真加以继承。著名的科学家牛顿曾经说过，他所以比别人看得远一点，是因为站在了前人的肩上。科学是如此，艺术也是如此。不把一代代京剧前辈用毕生精力凝结成的艺术精华继承下来，就不可能发展京剧艺术。在目前情况下，尤为重要和紧迫的是搞好继承。要抓紧抢救老年京剧艺术家的艺术精华，使他们的精湛技艺、玩艺儿、绝活，尽可能原原本本地传下来。一方面靠口传心授，手把手地教；另一方面为他们录音、录像，也可以把过去京剧大师们的唱片、录音配上现在中青年演员的表演，作为声形兼备的教材。要充分发挥中年演员的作用。中年演员一般都具有相当的艺术造诣，是舞台演出的骨干，他们在继承中具有承上启下的条件。要下大力量培养青年演员。青年演员可塑性大，艺术生命较长，下力量把他们教好了，京剧艺术就可以代代相传。

强调继承并不是否定发展，也不会妨害发展。恰恰相反，强调继承的目的正是为了使京剧艺术获得真正的发展。京剧也像其他事物一样，如果不发展、不创新，它的生命力就会逐渐枯萎。随着时代的前进和观众艺术需求的变化，京剧艺术包括它的形式和内容都需要有新的提高、新的发展。要按照“二为”方向和“双百”方针，对京剧面临的新形势和新问题进行多方面的研究，只要有利于京剧的发展与繁荣，各种观点、看法都可以提出和讨论，各种各样的艺术实践都可以探索和试验。科学技术的发展和新的艺术形式的出现，有不少适合京剧艺术、有利于改进京剧表演的东西，应该积极吸收和消化。这方面的试验有些即使不太成功，也不要过多地指责。当然，发展京剧必须符合京剧的特点，必须遵循京剧艺术的规律。京剧就是京剧，京剧的发展是对京剧的完善和提高，而不是把它变成别的剧种。京剧从诞生到现在，一直是在继承前人的基础上不断演化和发展的。但是这种演化和发展是一个渐进的、逐步完善的过程，具有相对的稳定性。京剧吸收其他戏曲艺术的优点，是见好就拿，拿来就化，把人家的优点融合到京剧艺术之中，而不是淡化自己的特色。离开京剧的发展规律，简单地、生拉硬扯地糅进一些与京剧格格不入的东西，不能叫发展京剧，而是对京剧艺术失去信心的表现。还要看到，京剧艺术与观众的关系同其他艺术有所不同。有些艺术形式，同一节目人们很少重复看几遍，而京剧则不然，同一出戏观众百看不厌，越是熟悉的戏越爱看。这就是所谓的“生书熟戏”。一些戏迷不但对唱词、念白背得滚瓜烂熟，而且对一腔一调一招一式都自有评判标准。从某种意义上讲，京剧培养了观众，观众也在一定程度上影响和制约着京剧。因此，对京剧的发展和创新还要充分考虑观众的欣赏习惯和接受程度。

大量事实说明，凡是在发展京剧艺术上取得突出成就的艺术家，都是因为他们在继承前人方面花了很长时间，用了很多精力。这方面的情况大家比我熟悉，我随便举几个例子。比如老生这个行当，谭鑫培可以说是祖师爷，但他的演唱和做工，是学习和继承了程长庚、余三胜、王九龄及张胜奎诸家之长，还吸收了旦行、净行以至大鼓腔的某些技巧，化为己有，因而形成了具有独特风格的“谭派”。在谭鑫培的诸多弟子中，余叔岩是最突出的一个。余叔岩早年是学他祖父余三胜的，后来他的剧目以及唱、念、做、打主要是继承“谭派”，但又以丰富的演唱技巧对“谭派”进行了发展创新，逐步形成了新“谭派”，最终发展成“余派”。杨宝森初学“谭派”，后又研习“余派”唱腔，有人说他是“由谭腔入，由余腔出”，其实他的唱腔、唱法还吸收了一些“汪（桂芬）派”的东西，最后结合自己的嗓音条件，形成了具有鲜明特色的唱腔风格，成为“杨派”。在旦角行当中，起初集大成的应该说是王瑶卿。他首先突破京剧行当严格分工的界限，融汇青衣、花旦、刀马旦的唱、念、做、打，创造出旦行的新行当——花衫。梅兰芳的唱、做无一腔一式无来历，但又无一腔一式是机械照搬。他先是学陈德霖、时小福，后来吸收了王瑶卿之长，并结合自己的特色逐步形成“梅派”，其唱法极为纯净饱满，其表演臻于完美境界。著名国画大师李可染在谈到继承和发展关系时，曾深有感触地说：“流派不是自封的，是自然形成的”，“搞艺术不能速成，取巧，速成必然掺假，艺术贵在真诚”。黄宾虹老人八十多岁时还用“不能求脱太早”来告诫后学。事实上一些有成就的京剧大师们开始时并不曾想到成家立派，而是老老实实地向老师学习，认认真真地继承前人，把名家的专长真正学到手。当自身艺术达到很高造诣，其特色就会脱颖而出，得到社会公认。总之，继承与发展是振兴京剧的一个问题的两个方面，两者紧密联系，相辅相成，把继承与发展有机结合起来，统一于京剧艺术的实践过程之中，这是振兴京剧的唯一正确道路。

（摘自1990年12月27日在纪念徽班进京二百周年振兴京剧学术讨论会上的讲话）

录制京剧音配像，主要目的就是为了京剧艺术的抢救、传留和振兴。音配像的起因是针对“文化大革命”后出现的京剧剧目、演员、观众三断档的局面，希望抓住一些老艺术家还健在的时机，通过音配像复原、重现前辈名家的舞台形象，抢救濒临失传的优秀剧目，使京剧经典艺术得以保留、传承，为京剧的发展、创新提供必要的依据和示范。实践证明，当初的想法是正确的。现在录制的355出戏，基本上囊括了上个世纪40年代以来京剧名家的主要剧目。总观这些京剧音配像，绝大多数都达到或近似当年的演出原貌，有些音配像剧目，不仅形象逼真，而且把握了流派艺术的神韵，堪称声情并茂、形神兼备，被京剧票友誉为美轮美奂、完美无缺。音配像的录音带，都经过精心选择、制作加工，都是同人同戏的最佳录音。我们希望有关图书馆、博物馆等单位，对这套音配像高度重视，为后世子孙保管好这份珍贵的文化遗产。把音配像、把京剧艺术传留下去，最重要的是，各京剧院团、戏校以音配像为范本，认真学习，对照音配像找差距，根据音配像多排戏，力争多演戏、多出人才，使京剧艺术繁荣起来、振兴起来。毫无疑问，京剧像其他任何事物一样，必须重视发展、重视创新，没有发展、没有创新，不能与时俱进，就没有生命力。京剧像其他任何事物一样，必须以继承为基础。没有继承就是空中楼阁，就失去了依据。事实上，京剧从诞生到现在，一直是在继承前人的基础上不断演化和发展的，所有的京剧大师都有发展，所有的京剧大师都在继承前人方面花费了巨大精力。可以说，继承前人的成就，借鉴别人的经验，结合时代的特征，这本身就是发展。京剧艺术是“角儿”的艺术，“艺在人身，艺随人走”，京剧音配像恰是把“角儿”的音像传留下来。我们希望今后能演出更多的戏、能涌现更多的“角儿”。京剧音配像表现为对前人成果的忠实继承，但最终的结果应该是促进京剧的繁荣、创新和发展。

（摘自2002年9月5日在京剧音配像总结会上的讲话）

文艺的目的是满足人民群众精神生活的需要

要使文艺得到繁荣和发展，必须首先搞清文艺的目的和功能问题。这是能否形成和谐、稳定环境的带根本性的问题。建国以来，文艺界几度空气紧张，有些文艺家和他们的作品遭到错误批判，几乎都和这个问题有直接关系。党中央总结历史经验教训，重新规定了文艺工作的总任务和根本目的，提出了“文艺为人民服务、为社会主义服务”的方向，这是对毛泽东文艺思想的丰富和发展。

究竟应该怎样认识文艺的目的，也就是说，如何理解文艺要为人民服务、为社会主义服务的方向？我认为，文艺的根本目的应该是最大限度地满足广大群众精神生活的需要。说得更明白一些，我不同意只是把文艺作为教育群众的一种手段的看法。文艺，应该是通过其特有形式，千方百计地提高和丰富人民群众的精神生活，为他们提供美的享受。如果说物质生产的最终目的，是要使人民群众尽快地富起来，得到更多的物质享受；那么，艺术生产的最终目的，便应当是驱除人民群众精神上的“饥渴”，使他们在精神上极大地“富有”起来，得到更多的美的享受。毫无疑问，文艺作为思想战线的一个重要组成部分，有着教育群众的作用。但如果把根本目的仅仅理解为“教育”，而忽视给群众以美的享受，使人民得到娱乐，实际上是否认文艺是人民生活的一项内容，因而也就违背了全心全意为人民服务的宗旨。

对于这样理解文学艺术的根本目的，有些同志可能提出异议，认为这违背了传统说法。有不同意见当然可以研究、讨论，但不能把凡是不符合传统的说法和做法，一律视为异端。我们有个老毛病，往往认为祖宗说过的不能改，祖宗没说的不能做，一切以祖宗的是非为是非，即所谓“天不变，道亦不变”。这种毛病，禁锢了人们的思想，窒息了民主与科学，是中国社会前进的巨大障碍。在革命战争年代，国土沦丧，中华民族处于危急存亡之秋，人民生活于水深火热之中，那时候把政治斗争摆在突出的头等的地位，要求文艺直接配合抗日救亡和打倒蒋介石、建立新中国的革命斗争，这是完全必要的、正确的。革命战争年代的文艺在中国共产党的领导下，也确实发挥了团结人民、打击敌人的作用。今天，我们已经进入社会主义现代化建设新的历史时期，肩负的历史重任是建设高度民主、高度文明的社会主义现代化国家，我们的人民安居乐业，文化素养不断提高。存在变了，任务变了，文艺的方针也必须相应地调整。在政治领域，我们抛弃了“以阶级斗争为纲”的口号；在经济领域，我们突破了许许多多过去被视为不能改变的条条，使我们进入了政治上空前安定团结、经济上空前活跃昌盛的时期。我相信，根据马克思主义的基本原理和客观形势的发展，摒弃那些与现实不很适合的观点，把文艺理论推向前进，我们的文学艺术也一定会更加兴旺繁荣。

既然社会主义文艺的根本目的是最大限度地满足广大群众精神生活的需要，那么对文艺的功能也应该做更加全面、更加广泛、更加准确的理解。一是在文艺的教育、认识、审美和娱乐这四项功能中，对长期忽视的认识作用、审美作用、特别是娱乐作用要适当地加以强调和突出。也就是说，整个文艺工作要注重扩大人们的生活视野，增长人们多方面的知识，提高人们观察生活、认识生活的能力，帮助人们树立起科学的世界观；注重歌颂一切真、善、美的东西，反对一切假、恶、丑的东西，从而使人们得到美的享受、得到娱乐，进而陶冶人们的情操，培养人们健康的审美观念。按照这个要求，艺术生产必须强调丰富多彩、不拘一格。在政治上有益无害的可以，在政治上所谓无益无害而艺术上好的也可以。有教育意义的可以，所谓教育意义不大，但可以给人以美的享受的也可以。二是要强调文艺的教育、认识作用一定要通过审美作用、娱乐作用来实现。文艺不同于其他意识形态，它的教育、认识作用，只有在作品和演出具有强烈感染力的前提下，才能收到积极的效果。作品只有让人们在满足艺术享受的过程中，才能启人心智，给人以教育。这就是我们平时所说的“寓教于乐”，潜移默化。离开了娱乐功能，其他功能都无从谈起。欣赏文艺，属于满足人们的精神生活，首先应该让人们在精神上得到享受和满足，当然应该是健康、有益的享受和满足。只要无害，大家看了高兴，就可以算实现了文艺的功能，在这个意义上讲，无害就是有益。我们应该努力克服那种内容浅薄、公式化、雷同化以及图解政策、跟着口号跑的现象，再不要搞那种没有艺术力量的所谓“标语口号式”的文艺作品。新的历史时期，全党的总任务、总目标是发展社会生产力，实现四个现代化。而我们的人民通过文学艺术给予的享受，使精神生活得到提高和满足，就会心情舒畅、情绪饱满。这就有利于安定团结，有利于社会生产力的发展，有利于国家的繁荣富强和人民的富裕文明。如果讲政治，我认为这就是最大的政治。

（摘自 1986 年 6 月《齐心合力，繁荣文艺》一文）

在社会主义社会，人民群众是我们国家和社会的主人。他们需要通过文艺来满足自己日益增长的精神文化生活需求，获得美的享受。因此，为最广大的人民群众服务，既是文艺的方向，也是文艺的目的。对于健康的作品来说，看的人越多，它的社会效益就越大。而要真正做到为广大群众喜闻乐见，就必须具有民族形式、民族风格。很难设想，缺乏民族特色的作品会赢得广大人民群众的喜爱，会具有长久的魅力。我们的文艺工作者，应当下功夫研究人民群众的文化心理和欣赏习惯，大力创作具有浓郁的民族特色和地方特色的文艺作品。我国有 11 亿人口，绝大多数在农村，面向人民大众，要特别注意面向农村。对于广大工人、农民、知识分子所需要、所喜闻乐见的，包括海峡两岸骨肉同胞和海外侨胞所需要、所喜闻乐见的，我们都有责任积极地加以挖掘、整理、加工、创作、表演和传播。

民族的文艺，是最易于普及的文艺，因而也是大众的文艺。正是从这个意义上讲，文艺的革命化、民族化、大众化是不可分割的。民族化和大众化有着天然的联系。要重视并组织好群众性的自娱自乐文化活动，因为群众既是我们的服务对象，又是弘扬民族文化的动力。他们自编自演、自拉自唱，既是演员又是观众，既活跃了文化生活，配合了生产和工作，又能产生出很多好作品，培养出很多艺术人才；既推动了民族文化的普及，又为民族文化的提高提供了土壤。与此同时，人民群众对民族文化的需求，也一定会在普及的基础上不断提高。整个社会对民族文化的鉴赏水平提高了，必然会提出更高的要求，推动民族文化向前发展。好比懂戏的人多，唱戏的就难唱了，非得提高自己的表演水平不可。我们相信，随着弘扬民族文化活动的普及和深入，广大人民群众必将为我们民族文化的艺术宝库增添新的光彩，必将有许许多多新的创造。

（摘自 1990 年 1 月 10 日在全国文化艺术工作情况交流座谈会上的讲话）

正确衡量和评价文艺作品的标准

文艺作为意识形态领域的一个组成部分，究竟有没有政治标准？回答应该是肯定的。在新的历史时期，文艺的政治标准是十分明确的，就是要统一到党的四项基本原则上来。四项基本原则是我国宪法规定的社会生活各个领域都必须遵循的原则，文艺当然也不能例外，问题在于如何正确坚持、正确遵循。四项基本原则作为重大的政治原则，应该从总体上去认识，去把握，而不能要求文艺作品简单地去图解，也不能用来直接地规范具体的艺术创作，更不能把对现实生活的某些批评指责为违背四项基本原则。我们有些同志或者是出于个人的好恶，或者是从个人利害出发，对某些作品和作者轻率地批评和指责，这是另立政治标准来代替四项基本原则。

在坚持四项基本原则的前提下，如何使作家、艺术家更加注重艺术标准，集中精力创作出具有较高艺术质量的文艺精品，是文艺工作应该注意解决的问题。我们提倡表现四化建设和改革，反映时代、反映现实生活，目前这方面的作品确实是太少了，但我们也不能强求作家、艺术家都必须去写这类题材的作品。广大作家、艺术家，可以从时代发展和人民需要出发，选择各自熟悉和擅长的文艺作品。既可以写直接反映四化和改革的作品，也可以写间接反映四化和改革的作品；既可以写反映现实生活的作品，也可以用新的手法、从新的角度写反映我们中华民族伟大历史的作品；喜欢写现实的写现实，喜欢写历史的写历史，喜欢写人生的写人生，喜欢在伦理道德上作些新的探求的也可以大胆探求，写一些有较大社会容量，能够异时共存、异地共赏的文艺作品，比如刻画人的诚实与虚伪、艰苦与奢侈、勇敢与怯懦、进步与保守、勤奋与懒惰，等等。总之，只要不违背四项基本原则，各种题材、各种风格、各种表现手法都应该允许，这样才能真正做到百花齐放，才能真正克服题材狭窄、风格单调、公式化、概念化等弊端。

在衡量文艺标准方面，还有个很重要的问题，就是要正确理解文艺的社会效益。去年，邓小平同志在全国党的代表会议上提出：思想、文化、教育、卫生部门，都要以社会效益为最高准则。这个要求是完全正确的，而且在实际生活中产生了重大影响。有些同志把文艺的社会效益仅仅局限于某种单一的政治效益，并以此作为标准来衡量文艺作品的价值，这显然是片面的。文艺的社会效益是一个非常宽泛的概念。给人以思想启发和人生思考，具有社会效益；使人赏心悦目，增添生活情趣，也有社会效益；帮助人们开阔眼界，增长知识，“多识鱼虫草木之名”，同样也具有社会效益。歌颂四化建设的新成就，宣传改革、开放的新步伐，介绍人民如何奋勇建设自己的新生活，使人们受到鼓舞，增长信心与干劲，具有社会效益；反映工作中的矛盾，揭露生活中的阴暗面，指出前进中的困难，唤起人们的警觉，激励人们同困难和邪恶现象作斗争，同样具有社会效益。一句话，一切能够提高和满足人民群众文化生活需要的艺术创作，都能产生这样那样的程度不同的社会效益，都应当允许存在、发展。强调社会效益为文艺开辟了十分广阔的天地，而绝不应当成为束缚作家、艺术家创作手脚的框框。

要正确衡量和评价文艺作品，还必须处理好领导、专家和群众之间不同的标准和要求。一般地说，领导、专家标准和群众标准应该是一致的，领导、专家在评价一部作品、一场演出时，应该反映群众的呼声，表达群众的心愿。但是，目前这方面有些不正常的情况，比如，有些演出不卖座，有些领导和文艺工作者不是从自身找原因，而是抱怨观众水平低。有些演出爆满，观众排队买不到票，有些领导、专家却不以为然，甚至指责为迎合低级趣味。这些情况，原因当然很复杂，不能一概而论，但是艺术终究属于人民，群众喜闻乐见是文艺创作的出发点，也是对文艺是否坚持为人民服务的最终检验。物质产品讲求适销对路，有些精神产品群众不喜欢、不接受，也不能总是抱怨群众水平低，没有欣赏能力，而是要在自己的产品上找原因，即使群众对某种文艺样式缺乏欣赏习惯，也应该帮助群众提高欣赏能力，做好普及推广工作。我认为，今天的问题不是“曲高和寡”，而是“曲低和寡”。中国的文艺要为广大人民群众服务，必须有自己的形式，即毛泽东同志所说的“新鲜活泼的、为中国老百姓所喜闻乐见的中国作风和中国气派”。

（摘自1986年6月《齐心合力，繁荣文艺》一文）

文艺创作要有一个宽松、稳定的环境

文艺创作要有一个宽松、稳定的环境，这不仅是人们的意愿问题，而且是客观的必然问题，是一个能否坚持按照艺术生产规律办事的问题。艺术生产与物质生产不同，尽管它必须以物质生产为基础，以千百万群众的认识和实践为源泉，但是基础、源泉并不等于文艺自身，不等于文艺作品的多少与好坏。要产生好的艺术成果，必须通过文艺工作者独立的、复杂的脑力劳动。这种生产方式是一种高度民主、非常自由的精神活动，与过多的干预、机械的强制不能相容。这种精神产品是丰富多彩、多种多样的，最忌简单划一、强求一律，来不得任何公式主义和命令主义。文艺工作者的个人认识和实践总是有一定的局限，其产品总是由不成熟到逐步成熟，既不可能一步达到尽善尽美，也不可能完全不犯错误。所以在艺术实践面前必须有一个人人平等、自由讨论、彼此争鸣、宽松和谐的环境，如果动辄揪辫子、打棍子、扣帽子，把气氛搞得十分紧张，其结果只能是扼杀文艺。

坚持创作自由，是马克思主义文艺思想的一条重要原则。马克思在批判对精神生产的压制和禁锢时，曾尖锐指出："你们赞美大自然悦人心目的千变万化和无穷无尽的丰富宝藏，你们并不要求玫瑰花和紫罗兰散发出同样的芳香，但你们为什么却要求世界上最丰富的东西——精神只能有一种存在形式呢?"列宁也强调，在文学艺术事业中，绝对必须保证有个人创造性和个人爱好的广阔天地，有思想和幻想、形式和内容的广阔天地。毛泽东同志在这方面的论述就更多了。比如《在延安文艺座谈会上的讲话》中他指出："在团结抗日的大原则下，我们应该容许包含各种各色政治态度的文艺作品的存在"，"我们的批评，也应该容许各种各色艺术品的自由竞争"。1956 年，他又正式提出了"百花齐放、百家争鸣"的方针，认为这是"促进艺术发展和科学进步的方针，是促进我国的社会主义文化繁荣的方针。艺术上不同的形式和风格可以自由发展，科学上不同的学派可以自由争论"。过去，一些同志自觉或不自觉地制造紧张气氛，搞一些极左的东西，还常常以"坚持党性原则"、"坚持马克思主义"自居，实际上恰恰是违背了马克思主义。

新的历史时期需要有一个比任何时候更加宽松、稳定的创作环境。我们正在展开和将要进行的经济改革、政治改革和文化改革，是一个人民创造历史的过程，是一场前所未有的伟大创举。我们希望文艺工作者要投身改革、反映改革、为改革服务，这就需要给文艺工作者一个敢于思考、敢于说话、敢于实践、允许失误的政策和环境。如果清规戒律很多，或是稍有失误就大惊小怪，文艺的探索和创新就无法进行，繁荣文艺也就成了一句空话。因此，一切真正愿意把文学艺术繁荣起来的同志，都应该自觉地创造和维护这个文学艺术发展所必需的良好环境，特别是各级领导同志，要充分认识和尊重文艺事业的特殊性，根据艺术生产的客观规律去实施正确的领导。

（摘自 1986 年 6 月《齐心合力，繁荣文艺》一文）

要尊重广大文艺工作者的创作个性。我在 1986 年的文艺创作座谈会上，曾经比较系统地讲过这个问题。我认为，在今天研究现实题材作品创作问题时，重提这个问题有着十分重要的意义。在一定意义上讲，这个问题不解决，现实题材作品的普及和提高都是不可能的。在过去很长一段时间里，文艺战线确实存在着强调统一过多，忽视百花齐放的倾向，基本上不承认个性。比如，电影里凡是政委，都是一个模样，司令员、知识分子、厂长，穿衣戴帽、走路说话，都似乎有个标准。这种没有个性的艺术形象，恰恰违背了马克思主义的基本观点：人类的解放包括人的个性的解放。我们在总的、统一的大原则下，要承认个性。我们可以从生活中看出这样的问题：在我们国家，往往越发达的地方，管得越细的地方，人们生活显得越单一，越缺乏个性。少数民族同志大都穿得花花绿绿，且能歌善舞，我们感到新鲜、有生气。共产党是讲唯物论，讲忠诚老实的，可是我们的一些同志却常常扮演两面人的角色。明明他自己想看活跃点的、丰富多彩的，可是嘴上却说这是嘛玩艺儿？这种心口不一的假道学实在不可取。话又说回来，我们要创作更多更好的现实题材作品，就必须尊重广大文艺工作者的创作个性。文艺在表现现实题材中，如何正确处理政治与艺术的关系，是一个难度较大的问题。政治和艺术是统一的，政治要通过艺术来表现，最难的还是艺术问题，艺术搞不上去，政治目的也很难达到。所以，这里一个很重要的问题，就是要尊重创作个性，努力提高作家的艺术创作能力。因为，只有这样，才有助于每个文艺工作者形成自己独特的反映领域，使他们能够在自己所熟悉的范围内得心应手、运用自如地进行创作；只有这样，才有助于每个文艺工作者形成自己独特的生活见解，使他们在奔腾而过、丰富多彩、错综复杂的生活中敏锐地抓住自己的印象，提炼自己的见解，创作出个性鲜明的作品；也只有这样，才有助于每个文艺工作者形成自己独特的表现形式，使他们的作品更富有生命力和吸引力。

（摘自 1988 年 7 月 26 日在电视剧《大学》获“飞天奖”庆功会上的讲话）

繁荣文艺必须解放思想。由于“左”的思想影响，长期以来，我们有些同志对文艺的功能、文艺的目的和文艺的标准，存在着片面的理解。文艺有娱乐、审美、认识、教育等多方面的作用。我们总是希望并努力争取充分发挥文艺的思想政治教育的作用，但也必须承认，不可能使每个作品都具有这种作用。文艺的根本任务，是满足广大人民群众日益增长的文化生活的需要。因此，我们在提倡多创作健康有益、群众喜闻乐见的作品的同时，也不反对政治思想上无害、艺术上较好、群众喜闻乐见的作品，只要不违反国家宪法和法律，就不要横加干涉。实践证明，对文艺作品简单地、片面地、过分地强调姓“社”姓“资”、强调思想政治教育的作用，就不能很好地坚持“二为”方向和“双百”方针，就很难做到“古为今用”、“洋为中用”，就不利于形成生动活泼、百花盛开的良好局面。

（摘自 1992 年 8 月 10 日在内蒙古乌兰牧骑艺术节闭幕式上的讲话）

贴近群众，贴近生活，贴近实际

要出好的作品，就必须学习。要学习马克思主义的基本理论，用马克思主义的立场、观点、方法去观察和研究事物，指导自己的创作。我过去讲过这样的话，有的作家的作品，之所以给人的印象不深，之所以生命力不强，有的像时装一样过几天就不“时髦”了，很重要的原因是缺乏理论功底。大家都知道，世界上许多伟大的作家，同时又是思想家。要学习知识，包括历史知识、社会知识和自然科学知识等。要紧紧地贴近群众，了解群众，贴近生活，了解生活。生活是一切创作的源泉，一切作品都来源于生活。要不断地磨炼自己，提高自己的文学修养。功夫不负有心人。只有这样，才会创作出无愧于时代的好作品来。

（摘自1991年5月26日在全国青年作家会议上的讲话）

生活是文学艺术的源泉。文艺工作者如果脱离了生活，脱离了人民，就会成为无源之水，无本之木，创作的源泉就会枯竭。为什么现在有些作品显得那么平庸、贫乏、干瘪，有的甚至显然是胡编乱造出来的呢？主要是“营养不良”，缺乏生活，缺乏生活素材的积累。小平同志深刻地指出：“人民需要艺术，艺术更需要人民”。所以，到人民群众中去，到火热的斗争中去，这确实是搞好文艺创作的一个大问题。一提倡下去，有些同志就想到“文化大革命”中把作家和创作人员都轰下去劳改的情景。其实，文艺工作者下去，深入到人民群众的生活中去，本来是件好事，是让“文化大革命”给搞臭了。我建议大家下去，绝不是要惩罚谁，也不是现在工业上缺人叫你们去干活。现在的工矿企业里劳动力不缺，大约还富余了25%。让同志们下去，正是为了给大家提供创作的条件。

（摘自1984年1月7日在天津市文艺座谈会上的讲话）

《渴望》这部电视剧能引起这么大的轰动，引起这么多人的共鸣，带来如此积极的社会效果，这在我国电视剧创作史上是罕见的。《渴望》不仅丰富了人民群众的精神文化生活，而且为我国电视剧、电影的创作闯出了一条新路。我们的文艺工作者、思想文化部门的负责同志以及各级领导干部，都可以从中得到应有的鼓舞和启迪。一部描写平凡生活的电视剧，产生如此强烈的社会反响，很值得深思，我们要认真研究和总结，从中悟出一些道理来。文艺作品首先要让人喜欢看，其次才谈得上教育人，这就是常说的寓教于乐。我们要善于用群众喜闻乐见的形式，使我们所倡导的社会主义伦理道德不知不觉、潜移默化地为广大群众所接受。在社会主义条件下，人民群众的根本利益是一致的，这就决定了人与人之间应该是诚恳宽厚、平等互助、团结友爱、和谐融洽的新型关系。这种新的人际关系是我们中华民族传统的美德在新的历史条件下的继承和发扬。我们的文艺作品应当着力表现这种新型的人际关系。《渴望》很好地表现了这种关系。艺术源于生活，高于生活。高于生活不是脱离生活，而是更典型、更普遍地反映生活。艺术的生命在于真实、真诚。创作者应善于运用自己的生活积累，善于从自己周围的人那里获取信息，确定应该写什么、怎么写。希望广大文艺工作者进一步贴近群众，贴近生活，贴近实际。

（摘自1991年1月8日同电视剧《渴望》剧组人员座谈时的谈话）

学哲学要学原理，用哲学也要用原理

我们学习马克思主义哲学，是为了用辩证唯物主义和历史唯物主义观点观察世界、观察社会、观察事物，而不是简单地生搬硬套某些结论。在学习的初始阶段，应用哲学的某个观点说明现实生活中的某个事例，或者针对现实生活中的某个问题查找理论根据，这些都是必需的，也可以叫学用结合，但其意义更多地还是加深对理论的理解。因为客观事物是复杂的，任何一个事物，要想真正地认识它，全面地说明它，正确地处理它，都不是哪一个观点所能担当得了的，应该既符合唯物论，也符合辩证法，符合各个哲学原理。还因为马克思主义哲学是一个完整的体系，我们通常把它分为唯物论、辩证法、认识论等等，主要是为了教学表达的方便，实际上它们互相是连为一体的，不能说某件事情的合理解决，只是应用了唯物论而不符合辩证法，或者只是用了辩证法而没了唯物论，应该是应用并符合全部的哲学原理。因此，学哲学、用哲学，应该是学习应用它的原理，学习应用它的立场、观点、方法。简单地查找结论，机械地对号入座，这是教条主义的学习方法，不但无济于事，反而常常坏事。我举一个大家熟知的例子：我国的农村改革在开始时阻力很大，反对者似乎有理有据、理直气壮。他们理直气壮的依据是什么呢？都是经典著作中的说法，都是马恩列斯毛怎么怎么讲的，无非是社会主义农业是公有制呀、机械化呀等等，联产承包责任制、分田到户违背了这些原则，是赤裸裸地走资本主义道路。改革者所讲的也是经典著作中的道理，也是马恩列斯毛的思想。他们认为一切都必须从实际出发，实际是粮食产量低，人们吃不饱，应该研究新办法。他们认为生产力决定生产关系，改不改要看生产关系是否适应生产力；人民群众是创造历史的主人，改不改要看群众是愿意还是反对，是积极还是消极；实践是检验真理的标准，好坏对错要看实践的结果。前者讲的是个别结论，后者讲的是基本原理，谁对谁错？20 多年过去了，农村改革的是非功过早已有了定论，对于当时的那场争论也很少有人再提了。其实，回顾一下那场争论，回顾一下争论双方引经据典的文章，从而使人们懂得什么是马克思主义，怎样学习马克思主义，具有十分深刻的现实意义。

人类社会是一个永无休止的发展过程，各方面条件复杂多变，新生事物层出不穷。先贤导师不可能把所有的事情都讲到，尤其不能把他们根本没见过的事情也讲到，后人根本无法对号入座。但他们讲的那些事物的最一般的规律、讲的哲学原理并没有过时，仍然是“任何事物都逃不出它的范围”。我们学哲学就是应该学习它的最一般规律，学习它的原理，应用它的原理。

任何人做任何工作都离不开了解情况、分析矛盾、研究对策这三个环节。我们讲用哲学原理指导工作，最主要、最经常地就是处理好这三个环节的问题。

了解情况是做好一切工作的根本，也是坚持唯物论、辩证法的根本。这如同盖高楼打基础，基础不牢，上边的结构、室内的装修再花功夫也没有意义。按照哲学原理，了解情况必须是丰富而合于实际，了解得全，了解得准，“周到而必要”。要做到这样，必须按照唯物辩证法的要求，深入调查研究，有目的地、有计划地了解，了解事物的内部，了解事物的外部，了解事物的各个方面；了解今天，了解昨天，了解事物的运动发展。只有这样，才能做到既不丢三落四，也不事无巨细，避免劳工费时、贻误时机。这也就是说，为什么了解情况需要哲学，怎样去了解情况也需要哲学，哲学贯穿了解情况的始终。

学哲学、用哲学就是学会分析矛盾。事物就是矛盾，问题就是矛盾，矛盾的法则是唯物辩证法的根本法则。矛盾无处不在，用哲学原理分析矛盾也就无处不在。我们经常说在哲学指导下研究某某问题，例如工业问题、农业问题、文化问题、文艺问题等等，也可以说就是在哲学指导下分析某某矛盾。我们讲任何事情都可以应用哲学原理，就是因为任何事情都是矛盾。分析矛盾，首先要对材料进行筛选，去粗取精、去伪存真，分分类、排排队、归归堆、论论辈；然后把材料掰开了、揉碎了，由此及彼、由表及里加工改造。一个大的矛盾，包含若干小的矛盾，任何矛盾都有各个方面。分析和综合是统一的。先分析后综合，边分析边综合，分析是综合的基础，综合是分析的归宿。分析事物的内部，分析事物的外部，分析事物之间的联结，分析事物的发展，经过加工改造，概括抽象，找出事物的本质及本质和本质的关系，找出主要和次要方面等等。在这个过程中，哲学具有导航的作用，具有望远镜、显微镜的作用，具有加工工具的作用。

研究对策就是研究解决矛盾的方法。马克思主义认为，世界观和方法论是统一的，有些哲学观点本身就是方法。如实事求是是哲学的基本观点，同时也是最常用最重要的方法；群众路线是哲学的基本观点，被称为党的根本思想路线和工作路线，同时又是党的根本的工作方法。有些常用的方法尽管本身不等于观点，但稍加琢磨就可以看出是哲学观点的延伸或运用。比如，调查研究的方法是唯物论、存在第一观点的运用；集中起来、坚持下去的方法是实践论观点的运用；一般号召和个别指导相结合的方法是矛盾普遍性和特殊性观点的运用；抓典型、学先进的方法是认识论由个别到一般观点的运用；等等。所以，许多问题只要情况了解得准确，矛盾分析得透彻，解决问题的方法也就迎刃而解了。

现实生活是复杂多变的，许多事情在书本上或没有讲过，或讲得比较简单，或局限于一时一地的特殊情况，有的结论在今天看来并不合适，这就需要在哲学的指导下重新研究探索。比如文艺工作，战争时期我们讲文艺的目的是团结人民、打击敌人，文艺的功能也被简化为主要只有教育的作用；而在改革开放的今天，这种讲法显然就比较片面。再比如文物工作，我们在很长时间内对文物不够重视，甚至一度视为“四旧”大肆破除，把老城墙、老城楼拆了，把古寺庙、古书院、帝王陵毁了，把旧书画烧了，这一切在今天看来是何等的荒唐。这充分说明，没有哲学的指导或哲学根底不牢靠、哲学思想不彻底，研究形成的对策就会畸形走样。

研究对策，哲学最大的意义是确定原则、指引方向、启迪思路。研究对策首要的必须是解放思想，而辩证唯物主义哲学可以解决思维方式问题，帮助你从认识论、方法论的根本上破除迷信、解放思想；研究对策必须研究解决不同矛盾的不同方法，而对立统一规律能够开阔你的思路，矛盾特殊性的原理可以帮助你寻找方法；研究对策必须研究创造新的方法，而任何新的方法都是在旧的方法的基础上产生的，哲学可以告诉你如何在继承基础上创造新的方法；研究对策必须重视间接经验，而哲学关于直接经验、间接经验的论述，可以使你懂得为什么借鉴间接经验和怎样借鉴间接经验；研究对策必须采用新的科技成果，而生产力决定社会发展的理论、科学技术是第一生产力的观点，可以告诉你方法创新和科技创新的关系；研究对策必须深入实际广泛听取群众意见，而群众观点、从群众中来到群众中去的方法，可以帮助你集中正确的意见；研究对策必须重视实践，而马克思主义认识论使你懂得实践产生办法、实践检验办法，试验、试点、实践是研究对策、不断创新的必由之路。总而言之，哲学可以使你脑子灵、点子多，哲学对研究对策作用很大。

学哲学要学原理，用哲学也要用原理。把哲学原理应用于了解情况、分析矛盾、研究对策的过程之中，也就是应用于一切工作之中。因为一切工作都要了解情况、分析矛盾、研究对策。这样，工作不断，应用不断。这就是理论联系实际的学习方法，也是理论联系实际的工作方法。在我看来，要想学习有成就、工作有成就，就必须研究这个方法。

我这一生最感兴趣的一门学问是哲学，下功夫最多的是哲学，对我帮助最大的也是哲学。我学哲学，主要是在实践中学，在使用中学，最基本的是哲学原理主导着我的思维。我的文章、讲话中，哲学词语有的多一些，有的少一些，有的没有。哲学词语多的常常是为了说理、论证、辩护，哲学词语少的或没有哲学词语的并不是没有哲学指导。有些哲学词语很少的文章、讲话，倒可能是我的得意之作。按照我上述精神，再看看我的文章、讲话，捋一捋，归一归，到底哪些适合入选。这对你们的选编工作可能会有些帮助。

（摘自 2004 年 6 月 3 日同本书编辑人员的谈话）

后　记

《学哲学 用哲学》是一部按专题摘编、真实记录李瑞环同志学习运用马克思主义哲学原理的论著。

书中文稿除个别篇目外，均选自作者1981年以来在天津和中央工作期间的有关文章和讲话，绝大部分已公开发表。

所选文稿的基本观点和内容未做改动，只对文字作了一些删节处理。由于时间跨度较大，背景和场合也不尽相同，文中一些表述前后可能不完全一样，在材料的使用上也难免有些交叉重复。

方放、陈改户、牛旭光、郭湛、干春松、吴秀生同志参加了本书的整理和编辑工作，沈宝祥、郝怀明、梁澄宇、杨再平同志在前期做了大量工作。在编辑和出版过程中，全国政协办公厅、中国人民大学等单位给予了大力支持和帮助。

由于编者水平有限，加之本书是一个较为特殊的体例，可能会有某些不妥或未尽合理之处，敬请读者批评指正。

编　者

2005年8月

图书在版编目（CIP）数据

学哲学 用哲学/李瑞环
北京：中国人民大学出版社，2005
ISBN 978-7-300-06856-5

Ⅰ. 学…
Ⅱ. 李…
Ⅲ. 马克思主义哲学-研究
Ⅳ. B0-0

中国版本图书馆 CIP 数据核字（2005）第 107910 号

学哲学 用哲学
李瑞环

出版发行	中国人民大学出版社		
社　　址	北京中关村大街 31 号	**邮政编码**	100080
电　　话	010-62511242（总编室）		010-62511770（质管部）
	010-82501766（邮购部）		010-62514148（门市部）
	010-62511173（发行公司）		010-62515275（盗版举报）
网　　址	http：//www.crup.com.cn		
经　　销	新华书店		
印　　刷	北京华联印刷有限公司		
开　　本	720mm×1000mm　1/16	**版　　次**	2005 年 9 月第 1 版
印　　张	46 插页 9	**印　　次**	2025 年 6 月第 14 次印刷
字　　数	553 000	**定　　价**	（上下）188.00 元

学习马克思主义，学习哲学，主要是学习他

这种分析问题的方法，不是学他

（的具体）对某些问题的结论。但有的结论都（因为）

是一定条件下的结论，情况变了，结

（时间地点）论未必完全适用，更何况很多

细问题，导师们并没有见过。（具体时 具体情）

而这种分析问题的方法永远适用。比如

在社会主义时期、在改革开放的形势下（以经济建设为中心的）

（自己们）文艺方针究竟是什么。

经典著作中有专门的论述。有些

过似的讲法，今天看来也不合适，